그리스도 예수:

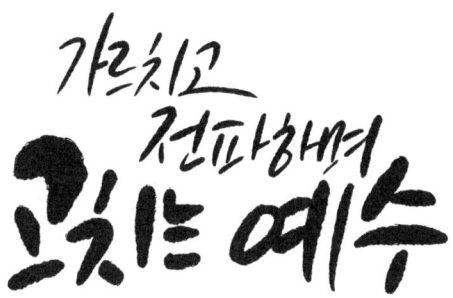
가르치고
전파하며
고치는 예수

사순절 40일 특별새벽기도회

정기철 지음

쿰란출판사

추천하며

　여수성광교회에서 목양의 사역을 하고 있는 정기철 목사께서 이번에 '그리스도론 설교집'을 낸 것을 축하드린다. 그는 20년 이상 호남신학대학에서 기독교 철학과 신학을 가르치다 여수성광교회의 부름을 받아 교수생활을 청산하고, 신학의 꽃인 목회의 생활에 전념하고 있다. 그는 작년에 프랑스의 기독교 철학자의 사상을 상세히 소개하는 《폴 리꾀르의 철학》(2016, 시와진실)을 출판함으로써 목양생활 가운데서도 학자적 연구생활을 지속하고 있음을 보여주었다.

　그리고 지난 3년 동안 교회에서 사순절 40일 특별새벽기도회에 설교한 내용을 모은 설교집, 40편의 설교가 실려 있는 본서 《그리스도 예수: 가르치고 전파하며 고치는 예수》를 올해 출판하게 된 것이다.

　이 저서는 교회에서 예배드리면서 하나님 말씀을 듣고자 하는 성도들에게 설교자로서 사순절이라는 기독교 절기에, 인류를 위하여 고난의 십자가를 지신 '예수 그리스도가 누구신가?'를 주제로 선포한 것을 집성한 것이다. 4복음서를 중심으로 성령의 인도하심에 따라 명상하고 그가 학문적으로 연마한 해석학적 사유를 적용하여 성경 본문을 강해하면서 신앙적으로, 신학적으로, 목회실천적으로 적용한 것이다.

　이 설교집에서 저자는 제1부에서 '예수의 탄생에서부터 공생애 시작 전까지' 다룬다. 그는 예수의 탄생이 성령으로 말미암는다는 동정녀 탄생을 그대로 증언하고 있다. 그리고 그는 나사렛 예수가 '말씀이 육신이 되신, 성육신하신 그리스도'임을 믿으며, 그 성육신의 목적이 우리를 죄에서 구원하시기 위해서라는 전통적 대속론을 받아들이고 있다. 저자는 예수의 오심을 자기 비움이라는 하나님의 사랑의 고통을 우리에게 전하는 사건이라고 해석한다. 저자는 루터의 설명을 인용하면서 예수의 동정녀 탄생을 '진정한 겸손'(vera humilitas)으로 이해한다. 처녀 탄생을 하나님이 자기를 비우는 일, 자기 자신을 버리는 일로 해석하고 있다.

제2부에는 저자는 '가르치고 전파하며 고치는 예수의 사역'을 증거한다. 저자는 역사적 예수는 하나님 나라와 진리를 가르치는 랍비, 하나님 나라의 복음을 전파한 전도자, 그리고 우리의 질병을 고치는 의사라고 소개하고 있다. 여기서 주목되는 부분은 일반적인 기독론이 놓치고 있는 질병을 고치고, 귀신들린 자들을 고치는 예수의 사역을 소개하는 부분이다. 저자는 이 질병 치유 사역이 성령의 권능에 의한 것이라고 해석하고 있다.

제3부에서 저자는 예수의 십자가 사건을 소개한다. 21장 "시기 때문에 죽는 예수"에서 예수를 십자가에 처형하는 유대 지도자들의 시기를 드러내고 인간의 시기하는 부패한 마음을 드러내는 대목은 목회의 상황을 드러내는 장면으로, 한국교회에 주는 메시지가 크다. 저자는 예수의 십자가 죽음을 하나님의 사랑하는 아들의 죽음으로 본다. 역사적 예수께서 실제로 하신 "네가 나와 함께 낙원에 이르리라", "다 이루었다", "여자여, 보소서 아들이니이다" 십자가 상의 세 가지 말씀을

해석하면서 십자가 사건의 의미를 밝히고 있다.

　제4부에서 저자는 예수 그리스도의 부활이 주는 의미를 소개한다. 그는 예수가 죽은 지 사흘 만에 다시 사시게 된 부활의 네 가지 의미를 조명한다. 첫째, '살아 있는 자를 죽은 자 가운데서 찾지 말라'는 것에서 예수 부활의 의미를 밝힌다. 둘째, 엠마오로 내려가는 두 제자들에게서 배울 수 있듯이, 마음이 불타야 부활한 예수를 알아볼 수 있게 된다. 부활하신 예수는 제자들에게 마음을 열어 성경을 깨닫게 하신다. 셋째, "성령을 받으라" 하시며 제자들에게 "믿는 자가 되라"고 요구하신다. 넷째, 부활 후 세 번째로 제자들에게 나타나신 주님은 특별히 베드로를 다시금 "나를 따르라"며 부르신다.

　제5부에서 저자는 예수의 종말과 심판에 대한 말씀을 소개하고 이를 신학적으로 해석한다. 예수는 심판주로 다시 오실 것이다. 성도들은 그리스도께서 심판주로 재림하실 때까지 거룩함을 옷 입어야 한다. 그 첫걸음이 바로 심판의 날을 위해 회개와 거룩함의 삶을 살아야 한다. 심판주이신 인자의 재림을 기다리는 성도의 태도는 '정신을 차리고 마음을 가다듬고 기도해야' 한다고 선포하고 있다. 마지막 장인 40장에는 재림의 날 예수님이 행위대로 심판하실 것을 강조하면서 예수님이 가르치신 사랑의 윤리, "대접받고자 하는 대로 대접하라"는 황금률을 실천할 것을 권면하고 있다.

본 설교집은 강해설교의 틀을 유지하고 있으며, 본문 강해를 통하여 그리스도 예수가 누구이고, 왜 예수가 그리스도인지 그리고 예수가 그리스도이심이 우리에게 어떤 의미를 주는지 밝히고 있다. 학자로 신학교 강단에서 이론적으로 기독론을 강의했던 저자는 본서에서 설교로 푸는 그리스도론을 전개하고 있다. 저자는 본서의 머리말에서 자신의 목회적 체험을 고백하고 있다. "성령의 역사는 참으로 컸습니다. 무엇보다 먼저 설교자에게 임하는 하나님의 은혜가 말로 표현할 수 없을 정도입니다. 매 시간 성령의 임재를 느꼈고, 특별히 40일 동안은 하나님이 함께하시는 은혜의 날들이었습니다."

저자는 사순절 설교를 하면서 그의 설교를 듣고 은혜를 받은 교회 성도들로부터 기도 응답 받았다는 간증에서부터 질병을 고침 받았다는 찬양과 고난당하시는 그리스도 예수의 삶에 그리고 가르침에 동참하고 있음을 느끼게 되었다는 증언을 들었다고 피력하고 있다. 이러한 목회적 체험을 통하여 저자는 설교자로서 "예수의 생애와 사상을 체계적으로 배울 때 받는 감동과 은혜를 체험하게 되었다"고 증언하고 있다.

본 설교집에서 저자는 정통신학이 가르치는 역사적 예수를 그대로 소개하고 있다. 그 구체적인 내용은 성육신한 로고스, 마귀의 일을 멸하러 오신 자, 인류의 죄를 대속하신 하나님의 아들, 십자가에서 우리의 죄를 담당하신 구세주, 죽은 지 3일 만에 다시 사신 부활하신 주, 심판주로 다시 오시는 인자 등이다. 저자는 설교집에서 성경 텍스트를 중심으로 역사적 예수의 진정한 모습을 우리에게 알려준다. 저자의 언어는 성경적이고 복음적이며 정통신앙에 근거를 두고 있다.

본 설교집은 역사적 예수가 어떤 분인가에 관심을 지니는 젊은 청년들과 신자들에게 신앙의 확신을 가져다주는 지성인을 위한 신앙 에세이라고 말할 수 있다. 이 설교집을 통하여 저자는 리꾀르를 전공한 기독교 철학자, 종말론을 연구한 조직신학자의 모습에서 보다 목회실천적으로 사유와 사역의 범위를 넓혀서 교회 공동체를 위하여 하나님의 말씀을 선포하는 목회 설교자로서 다시 한번 자신의 정체성을 드러내고 있다. 본서는 실천적으로 설명하는 기독론으로서 역사적 예수가 우리 인류의 구세주가 되시는 것을 핵심적으로 증언해 주는 기독론 교과서라고 말할 수 있다. 예수님을 알기 원하는 평신도들, 젊은 지식인들, 신학생들, 목회자들에게 필독을 권하고 싶다.

2017년 10월 1일
김영한
(기독교학술원장/숭실대기독교학대학원 설립원장/한국개혁신학회 초대회장)

추천하며

　우리에게 가장 중요한 것은 우리 자신이 구원받는 것입니다. 우리를 위해서도 그렇지만 정말 하나님을 영화롭게 하고 기쁨을 드리기 위해서도 그렇습니다. 하나님이 우리를 구원하기 위해 독생자까지 보내주셨는데 우리가 구원받지 못하면 어떻게 하나님께 영광과 기쁨이 되겠습니까?

　우리가 구원을 받으려면 예수님을 믿어야 합니다. 엄격히 말하면 예수님을 바로 믿어야 합니다. 예수님을 잘못 믿으면 구원받기 어렵습니다. 마태복음 7장 21-23절에는 심판 때에 자기가 예수님을 잘 믿어서 당연히 구원받을 줄 알았던 사람들이 예수님으로부터 이런 말씀을 듣고 쫓겨나는 장면이 나오지 않습니까? "내가 너희를 도무지 알지 못하니 불법을 행하는 자들아 내게서 떠나가라."

　예수님을 바로 믿으려면 무엇이 필요하겠습니까? 당연히 예수님을 바로 알아야 합니다. 더욱이 예수님을 바로 알면 하나님을 바로 알 수 있습니다. 예수님이 하나님을 보여주신 분이기 때문입니다. 그래서 예수님을 바로 아는 것은 우리 신앙생활의 핵심 중 핵심이라고 볼 수 있습니다. 비록 우리가 이 땅에 사는 동안 예수님을 완전히 바르게 알 수는 없겠지만 그래도 예수님의 기본적인 모습만큼은 제대로 알고 믿어야 합니다. 그러나 지금 한국교회의 현실은 정말 구원을 받을 수 있을지 염려가 될 정도로 예수님을 잘못 믿고 있는 성도가 많은 것 같습니다.

우리가 예수님을 잘못 믿으면 우리만 구원받지 못하는 게 아니라 우리가 교회로 인도하는 사람들까지 구원받지 못하게 만들 것입니다. 그렇게 되면 마태복음 23장 13절에서 예수님이 유대 종교지도자들에게 경고하신 말씀처럼 될 수도 있습니다. "화 있을진저 외식하는 서기관들과 바리새인들이여 너희는 천국 문을 사람들 앞에서 닫고 너희도 들어가지 않고 들어가려 하는 자도 들어가지 못하게 하는도다."

　많은 사람들이 한국교회를 염려하고 있습니다. 이런 한국교회의 잘못된 모습을 고치는 가장 좋은 방법이 뭐겠습니까? 바른 믿음을 회복하는 것 아니겠습니까? 그렇다면 지금 우리에게 가장 필요한 것은 예수님을 바로 알고 바로 믿는 것입니다.

　이런 우리의 현실에서 정기철 목사님이 쓰신 예수님의 생애와 사역에 대한 설교집이 나온 것은 정말 고마운 일입니다. 정 목사님은 한국교회에서 보기 드물게 학문적인 공부도 많이 하고 목회현장에서 직접 교회를 담임하여 성도들을 섬기고 있는 분입니다. 그래서 정 목사님의 설교는 학문적으로 깊은 연구와 통찰이 있는 말씀입니다. 물론 설교를 학문만으로 하는 것은 아닙니다. 그러나 하나님이 주신 학문을 바르게 이용하여 남달리 많은 연구를 했다면 설교가 더욱 바르고 깊이 있는 말씀이 되는 게 자연스럽습니다. 부족한 사람이 보기에 실제로 정 목사님의 설교는 그런 장점을 가지고 있습니다.

그러나 설교가 학문적 연구의 발표에 그쳐서는 안 됩니다. 설교는 성령님의 감동 속에 선포되는 하나님의 말씀이어야 합니다. 설교가 하나님의 말씀이 되기 위해서는 성령님이 주신 믿음 위에 세워져야 합니다. 학자들이 설교할 때 빠지기 쉬운 함정이 학문적 연구에 치중하다가 신앙고백이라는 본질을 잃기 쉽다는 것입니다. 그러나 정 목사님은 확고한 신앙고백 위에 학문적 연구를 더하여 말씀을 전하고 있습니다.

정 목사님은 이렇게 건실한 믿음과 학문적 연구를 통해 예수님의 생애와 사역에 대한 설교를 준비했습니다. 예수님의 탄생부터 재림까지 예수님에 대한 모든 내용을 총정리하여 우리가 예수님을 더욱 바르게 알 수 있도록 도와주신 정 목사님께 감사의 마음을 전합니다.

한국교회의 모든 성도들이 이 책을 읽고 믿음이 더욱 성숙하여 하나님을 기쁘게 해드리고 자신도 구원의 길을 가며 세상도 구원하는 참된 하나님의 자녀가 될 수 있기 바랍니다. 아울러 한국교회도 정말 그리스도를 닮는 참된 제자가 되어 세상의 존경을 받고 세상을 변화시키는 주님의 몸 된 교회로 세워질 수 있기 바랍니다.

2017년 10월 1일
오덕호
(서울산정현교회 목사)

들어가며

　지난 3년 동안 교회에서 사순절 40일 특별새벽기도회 때 선포한 말씀을 한 권의 책으로 엮어서 세상에 내놓습니다. 이 책에는 40편의 설교가 실려 있습니다. 중심은 그리스도론으로 '그리스도론 설교집'이라 해야 할 것 같습니다. '그리스도 예수'에 대해 성경이 무엇을 가르치는지를 살폈습니다. 당연히 텍스트는 4복음서입니다. 예수가 그리스도이심을 증언하는 4복음서 기자들을 따라 예수의 탄생에서부터 공생애 기간에 예수의 가르치고 전파하고 고치는 사역을 정리하였습니다. 십자가와 부활 그리고 종말의 심판까지 그리스도 예수의 생애와 사역을 조명하고자 했습니다.

　제1부는 예수의 탄생에서부터 공생애 시작 전까지로 제한했습니다. 예수의 탄생은 성령으로 말미암습니다. 하나님은 예수의 탄생을 통해 우리와 함께하기를 원하십니다. 우리와 함께하시고자 하는 이유는 우리를 죄에서 구원하시기 위해서입니다. 요한복음은 예수의 탄생을 성육신하신 로고스라 합니다. 그것을 통해 요한 교회의 문제를 해결하고자 했을 것입니다. 바울은 하나님이 사람이 되신 성육신 사건을 '자기 부인 또는 자기 포기'라 봤습니다. 베드로는 하나님이 사람이 되어 함께 있고자 한 것처럼, 마음을 같이하여 형제를 사랑하는 것으로 성육신 사건을 받아들입니다. 예수는 부모의 신앙에 따라 할례를 받으셨습니다. 오늘날은 할례 대신 유아세례를 베푸는데 아직도 구원 효력 논쟁을 계속하고 있습니다. 예수가 12살일 때의 사건을 보면 예수는 하나님의 은혜 안

에서 자랍니다. 특별히 누가는 어린 시절이나 청소년 때 예수 안에서 일하시는 하나님의 섭리와 은혜를 우리에게 소개하고 있습니다.

제2부는 가르치고 전파하며 고치는 예수의 사역을 소개하고 있습니다. Part 1에서는 가르치는 랍비인 예수가 어떻게 하나님의 말씀을 권위로 가르쳤는지 알아보았습니다. 예수의 가르침의 중심은 하나님의 나라입니다. 예수는 많은 분량을 차지하며 하나님의 나라를 비유 말씀을 통해 가르칩니다. 그것만이 아닙니다. 참 예배를 가르쳤고 기도를 가르쳤습니다. 따라서 제자는 영과 진리로 예배하는 하나님이 찾으시는 예배자가 될 수 있었습니다. 제자들에게 기도를 가르쳐 하나님의 집을 기도하는 집으로 그리고 제자 공동체를 기도 공동체로 만들었습니다. 예수님은 제자들을 가르치셨습니다.

Part 2에서는 예수의 전파 사역이 무엇인지 들여다보았습니다. 다시 말하면, 성경은 여러 차례에 걸쳐 예수가 이 세상에 왜 오시게 되었는지 연유를 대는데, 그것의 대부분은 예수의 전파 사역에 해당합니다. 예수는 구원을 전하기 위해 오셨다고 말합니다. 물론 예수가 이 세상에 오신 제일 중요한 이유는 하나님의 복음을 전파하기 위해서입니다. 하나님의 복음은 하나님의 나라가 대부분입니다. 하나님의 나라를 전파하고 전하기 위해 오셨다는 것입니다. 그것만이 아닙니다. 예수는 진리를 증언하기 위해 세상에 오십니다.

Part 3에서는 예수의 고치는 의사 역할이 소개되고 있습니다. 병을 고치시는데, 그 사역은 성령의 충만함을 입어 행하십니다. 고치는 사역의 대부분은 마귀와 귀신 들린 사람들을 치유하는 것으로 모아집니다. 성령이 충만하여 사탄에게 시험을 받으면서 공생애가 시작됩니다. 예수는 마귀의 일을 멸하려고 오셨습니다.

　　제3부는 예수의 십자가 사건에 집중했습니다. 예수가 십자가에서 죽는 여러 가지 이유 중에 우리의 눈에 띄는 것은 '시기' 때문이라는 것입니다. 예수가 십자가를 지실 때에 사람들은 그 십자가의 예수를 여러 가지로 봅니다. 우리는 십자가를 어떻게 생각하는지 물었고, 구레네 시몬처럼 십자가는 억지로 지는 것이라고 결론을 내리게 되었습니다. 그러나 하나님은 십자가를 사랑하신 아들의 죽음으로 봅니다. 그리스도인은 십자가의 고난처럼 예수를 위한 고난을 당하게 될 것입니다. 예수의 십자가 7언 중에 '낙원에 이르게 하는 십자가'와 '다 이루었다'는 말씀과 함께 '여자여, 보소서 아들이니이다' 세 가지를 통해 십자가 사건의 의미를 바로 알려고 했습니다.

　　제4부는 예수 그리스도의 부활이 주는 의미에 대해 집중했습니다. 그리스도의 부활이 주는 첫 메시지는 '살아 있는 자를 죽은 자 가운데서 찾지 말라'는 것입니다. 엠마오로 내려가는 두 제자들에게서 배울 수 있듯이, 마음이 불타야 부활한 예수를 알아볼 수 있게 됩니다. 부

활하신 예수는 제자들에게 마음을 열어 성경을 깨닫게 하십니다. 그리고는 요한복음에 따르면, "성령을 받으라" 하시며 제자들에게 "믿는 자가 되라"고 요구하십니다. 부활 후 세 번째로 제자들에게 나타나신 주님은 특별히 베드로를 "나를 따르라"며 다시금 부르십니다. 예수가 무덤에 머무른 지 3일 만에 하나님이 하신 일이 바로 부활입니다.

제5부는 예수의 종말과 심판에 대한 말씀을 정리했습니다. 예수는 세상의 종말에 대해 말씀하십니다. 그는 심판주로 다시 오실 것입니다. 우리는 그리스도께서 심판주로 재림하실 때까지 거룩함을 옷 입어야 합니다. 그 첫걸음이 바로 심판의 날을 위해 진정으로 회개하는 것입니다. 심판주이신 인자가 올 때에 구체적으로 어떤 일들이 일어나는지 성경을 따라 밝혔습니다. 베드로의 제안처럼 재림을 위해서는 '정신을 차리고 마음을 가다듬고 기도해야' 합니다.

본 설교집은 강해설교의 틀을 유지했습니다. 시작하면서 설교의 목적을 제시했고, 성경 본문을 푼 다음, 삶의 적용에 이어서 간략한 요약으로 마무리했습니다. 중점을 둔 부분은 삶의 적용입니다. 그러나 무엇보다도 그리스도 예수가 누구이고, 왜 예수가 그리스도인지 그리고 예수가 그리스도이심이 우리에게 어떤 의미를 주는지 밝히려고 했습니다. 앞에서도 말했듯이, 설교로 푸는 그리스도론입니다.

사순절 40일 특별새벽기도회를 3차례에 걸쳐 진행하면서 성령의 역사는 참으로 컸습니다. 무엇보다 먼저 설교자에게 임하는 하나님의 은혜가 말로 표현할 수 없을 정도입니다. 매 시간 성령의 임재를 느꼈고, 특별히 40일 동안은 하나님과 함께하시는 은혜의 날들이었습니다. 특별새벽기도회에 참석하는 성도들의 얼굴 표정도 달라졌습니다. 40일 특별새벽기도회를 마치고 은혜 받은 성도들의 간증 기회를 통해 성령의 역사가 믿음의 분량대로 부어지고 있음을 알게 되었습니다. 기도 응답을 받았고, 질병을 고침 받았으며, 고난당하시는 그리스도 예수의 삶에 그리고 가르침에 동참하게 되었다고 증언했습니다. 대부분이 예수의 생애와 사상을 체계적으로 배우면서 많은 감동과 은혜를 체험하게 되었다고 입을 모아 고백했습니다. 어떤 성도는 가정의 변화를, 다른 성도는 일터에서의 축복을 전해오기도 했습니다.

　　어려운 출판 환경 속에서도 좋은 책 출간을 위해 수고하시는 쿰란출판사 이형규 장로님께 진심으로 감사를 드립니다. 그리고 쿰란 편집부에서 독자들이 쉽게 읽을 수 있도록 해 주셔서 감사합니다. 이 책은 여수성광교회의 후원으로 출간이 되었습니다. 교회에 감사를 전합니다.

2017년 10월 1일
정기철 목사

차 례

■ 추천하며

김영한(기독교학술원장/숭실대기독교학대학원 설립원장/한국개혁신학회 초대회장) … 2

오덕호(서울산정현교회 목사) … 7

■ 들어가며 … 10

제1부 탄생에서부터 공생애 시작 전까지 ……………… 19

1장 • 예수 그리스도의 탄생   20
2장 • 성육신하신 로고스: "말씀이 육신이 되어"   34
3장 • 할례 받으시는 아기 예수   48
4장 • 하나님의 은혜 안에서 자라시는 예수   62
5장 • 예수의 세례 받음과 성령 강림   74

제2부 가르치고 전파하며 고치는 예수의 사역 ………… 97

part 1. 그리스도 예수의 가르치는 사역   99
6장 • 하나님의 말씀을 가르치시는 예수   102
7장 • 하나님 나라를 비유 말씀으로 가르치시는 예수   117
8장 • 참 예배를 가르치시는 예수   132
9장 • 기도를 가르치시는 예수   150
10장 • 제자를 부르시고 가르치시는 예수   168

part 2. 그리스도 예수의 전파 사역　　　　　　　　　　　　186

11장 • 구원을 전하기 위해 오신 예수　　　　　　　　　　187
12장 • 하나님의 복음을 전파하시는 예수　　　　　　　　202
13장 • 하나님의 나라 복음을 전하기 위해 보내심을 받은 예수　220
14장 • 전도하기 위해 오신 예수　　　　　　　　　　　　241
15장 • 진리를 증언하려고 세상에 오신 예수　　　　　　　255

part 3. 그리스도 예수의 고치는 사역　　　　　　　　　　　279

16장 • 성령이 충만하여 사탄에게 시험 받으시는 예수　　280
17장 • 마귀의 일을 멸하려고 오신 예수　　　　　　　　295
18장 • 귀신 들린 사람을 치유하시는 예수　　　　　　　311
19장 • 예수를 비난하는 대적자들("지금 네가 귀신 들린 줄을 아노라")　327
20장 • "병을 고치는 주의 능력이 예수와 함께하더라"　　339

제3부 십자가 ································· 361

21장 • 시기 때문에 죽는 예수　　　　　　　　　　　　362
22장 • 우리가 생각하는 십자가와 억지로 지는 십자가　　376
23장 • 하나님의 사랑하는 아들의 죽음인 십자가　　　　395
24장 • 그리스도인이 받는 고난　　　　　　　　　　　　408
25장 • 낙원에 이르게 하는 십자가　　　　　　　　　　420
26장 • "다 이루었다"　　　　　　　　　　　　　　　　432
27장 • "여자여, 보소서 아들이니이다"　　　　　　　　446

제4부 부활 459

28장 · "살아 있는 자를 죽은 자 가운데서 찾지 말라"　460
29장 · 마음이 불타야 보이는 부활하신 예수　478
30장 · "마음을 열어 성경을 깨닫게 하시고"　493
31장 · "성령을 받으라"　510
32장 · "믿는 자가 되라"　519
33장 · 부활 후 세 번째로 제자들에게 나타나신 주님　531
34장 · 3일 만에 하나님이 하신 일　545

제5부 종말과 심판 563

35장 · 세상의 종말　564
36장 · 심판주로 다시 오실 그리스도　577
37장 · 그리스도께서 재림하실 때까지의 거룩함　589
38장 · 심판의 날을 위한 회개　603
39장 · "인자가 올 때에"　613
40장 · 재림을 위한 기도: "정신을 차리고 마음을 가다듬고 기도하라"　627

제1부

탄생에서부터
공생애 시작 전까지

제1부에서 우리는 예수님의 탄생에서부터 공생애 시작 전까지 성령의 역사를 살피고자 합니다. 예수 그리스도의 탄생은 성령으로 말미암은 탄생입니다. 요한복음은 예수님의 탄생을 성육신하신 로고스의 탄생 곧 '말씀이 육신이 되신' 하나님의 사건이라 보고합니다. 예수님은 부모의 신앙에 의해 유대 전통을 따라 할례를 받습니다. 어려서부터 예수님은 하나님의 은혜 안에서 자랍니다. 키가 크고 자랄수록 하나님의 은혜가 함께하고 지혜가 자랍니다. 예수님이 열두 살 되던 때에 성전에 오르신 사건을 기록한 것을 보면 이것을 더욱 잘 느낄 수 있습니다. 예수님은 공생애를 시작하기 전에 성령세례를 받으시고 성령과 더불어 사역하기 시작하십니다.

예수 그리스도의 탄생
마태복음 1:18-25

○●● 오늘 우리는 예수 그리스도의 탄생을 보고하는 성경의 가르침과 의미가 무엇인지 배우고자 합니다.

예수 탄생에 대해 성경 기자들은 여러 견해를 가집니다. 물론 동정녀 탄생은 성령이 하신 일입니다. 하나님은 예수의 탄생으로 '우리와 함께하고자' 하십니다. 구체적으로 말하자면, 인간을 '죄에서 구원하시고자' 예수를 세상에 보내셨습니다. 임마누엘로 예수의 인성과 신성이 증명됩니다. 예수 그리스도의 탄생이 주는 의미를 우리의 삶에서 적용하고자 할 때에, 하나님의 뜻에 순종하는 부부가 되어야 가능하므로 요셉과 마리아처럼 성령님께 순종해야 합니다. 요셉과 마리아처럼 가정을 하나님의 뜻과 섭리가 수행되는 장소가 되게 해야 합니다. 곧 복 있는 아내와 의로운 남편으로 살아가야 합니다. 그리할 때에 하나님께서 우리의 자손을 통해 아브라함에게 약속하신 복을 주실 것입니다. 이것이 설교의 목적입니다.

1. 예수 탄생에 대해 성경 기자들은 다양한 견해를 피력합니다

사복음서 중에서 누가(눅 2:1-7)와 마태(마 1:18-25)는 예수의 탄생에 대해 보고하지만, 마가나 요한은 침묵하고 있습니다. 마태와 누가가 전하는 예수의 나심에 대한 보고도 내용이 약간 다릅니다. 마태복음의 예수 탄생 기사는 수태고지를 요셉이 받는 데 반해, 누가복음에서는 마리아가 받습니다. 마태는 예수가 성령으로 잉태되었고, 이름에서 보듯이, 하나님이 우리와 함께하셔서 우리를 '죄에서 구원할 자'라고 소개합니다. 반면에 누가는 예수 탄생의 역사적 사실만을 보고하고 있습니다.

마태는 1장 1-17절에서 족보를 언급하면서 예수의 인간성을 강조하고 있으며, 구약과 연계시키며 성령을 통한 동정녀 탄생뿐만 아니라 예수가 "유대인의 왕"(마 2:2)임을 밝혀서 예수를 인성과 신성을 동시에 가지신 분으로 소개합니다. 다시 말하면, 아기 예수는 구약의 예언을 성취하는 분이고 만민이 예배할 대상이며, 우주까지도 수종드는 대상이라고 밝힙니다. 마태의 예수 탄생에 대한 보고를 통해 '신성과 인성을 동시에 가지신 예수가 바로 예배 대상이다'라는 사실이 강조되고 있습니다.

그런데 바울은 빌립보서 2장 6절에서, 그리스도는 본래 하나님과 같지만 그 영광스러운 자리를 포기하신 분으로 소개하면서 하나님의 자기 비움을 예수 탄생 사건의 가장 중요한 의미로 해석합니다. '하나님이시던 분이 종의 모양으로 사람의 형상을 입으셨다'는 진술은 누가나 마태가 소개하는 예수 탄생 보고와는 너무나 다릅니다. 마태나 누가가 '예수가 사람의 몸을 입었지만 하나님의 아들이시며, 구주시요 왕'이심을 기술했다면, 바울은 예수가 영광스러운 하나님의 아들이심에도 그 자리를 버리고 고난을 당하시고 사람이 되셨다고 기술합니다.

이러한 성경 기자들의 여러 이해를 통해 우리는 예수 그리스도의 탄생이 가지는 의미의 다양성을 배워야 합니다. 예수의 탄생은 영광스러운 나심이지만, 동시에 최고의 비극이요 고통이요 희생이기도 하기 때문입니다. 예수의 탄생은 영광의 탄생만큼이나 자기 비움이라는 하나님의 고통을 우리에게 전하는 사건인 것입니다.

2. 동정녀 탄생은 성령이 하신 일입니다

아기 예수는 성령으로 잉태되었습니다. '성령으로 잉태되었다'는 말은 성령 하나님의 무한한 창조 능력에 의한 사건임을 뜻합니다. 주의 사자인 천사가 꿈을 통해 이 사실을 마태복음에서는 요셉에게, 그리고 누가복음에서는 마리아에게 고지합니다. 꿈은 하나님의 계시를 전달하는 매체입니다. 천사들이 꿈에 나타나서 계시를 전달하는 것은 인간 역사에 하나님이 개입하고 계심을 알리는 것입니다. 마태복음에서 '주의 천사'는 탄생 이야기와 부활의 경우에만 나타나는데(마 1:20, 24, 2:13, 19, 28:2), 주의 천사가 하는 역할은 하나님의 계획, 특히 예수의 정체와 관련된 비밀을 전하고 지시합니다(마 1:20, 2:12-13, 22, 23).

우리는 우리를 향한 하나님의 뜻을 이루고자 하시는 하나님의 주권과 계획에 순종할 수 있는 직접적인 매개가 있어야 합니다. 우리에게 그것은 하나님의 말씀입니다. 문제는 예수의 동정녀 탄생이라는 하나님의 말씀을 '처녀가 임신할 수 없다'는 과학적 사고에 따라 이해하려 할 때에 발생합니다. '처녀가 임신할 수 있다, 없다'의 여부가, 하나님의 말씀인 성경에 의해 기록됨으로써 가려지는 것이 아니라 현대의 과학적 지식에 따라서 결정된다는 것은, 그리스도인의 신앙을 위협하는 일입니다. 히브리어로 기록된 이사야 7장 14절에 나오는 "처녀(Almah)가 잉태하여 아들을 낳으리라"는 문구가 헬라어 70인역에는 "처녀(parthenos)가 잉태하여 아들을 낳을 것이요"라고 번역되어 있는데, '알마'(Almah)가 '처녀'임이 분명합니다.

가브리엘 천사가 전해 주는 잉태 고지에 대해 마리아가 "나는 남자를 알지 못하니 어찌 이 일이 있으리이까"(눅 1:34)라고 놀라는 사실에서 보듯이, 처녀가 잉태한 사실이 아니라 성령이 하신 일에 낯설어하는 마리아의 반응에 우리는 주목해야 합니다. 바울은 예수의 나심을 "하나님이 그 아들을 보내사 여자에게서 나게 하시고"(갈 4:4)라고 풀이하면서, '처녀'라는 용어 대신에 '여자'에게서 나셨다고 함으로써 '처녀냐 아니냐?'가 문제가 아니라, 어떻게 하나님이 '자기를 비워 종의 형체를 가지사 사람들과 같이 되셨는가?'(빌 2:7)라는 점에 주목하도록 만듭니다.

루터의 설명에 의하면, 그것은 '진정한 겸손'(vera humilitas) 개념으로 이해되어야 할 내용입니다. 자기를 비우는 일, 자기 자신을 버리는 일이 더 어려운 일입니다. 하나님이 자기를 비우고 버리는 일이 바로 동정녀 탄생이고, 그것은 성령이 하신 일입니다.

3. 예수의 탄생은 '우리와 함께하고자' 원하시는 하나님 뜻의 실현입니다

하나님의 뜻은 예수를 통해 '우리와 함께하고자 하심'입니다. 하나님은 자신의 뜻을 선지자를 통해 말씀해 오셨습니다. 따라서 예수의 탄생은 "주께서 선지자로 하신 말씀을 이루려 하심"(마 1:22)입니다. 아기 예수는 하나님이 우리와 함께 계심의 증거입니다. 다시 말하면, 하나님이 땅과 자기 백성에게 오고 계심을 알리고 있습니다.

'하나님이 우리와 함께하심'이라는 뜻을 가진 단어 '임마누엘'에 대해 두 가지를 바르게 이해할 필요가 있습니다.

1) "이 모든 일이 된 것"인 예수의 탄생은 말씀을 이루려 하심이기 때문에, 임마누엘은 말씀이 이루어진 사건입니다.

세상 사람들이 '예수의 탄생이 성령의 사건'이라는 사실을 믿기 힘들어하는 점에 대해 바울을 들어 진정으로 이해하려고 노력해야 할 문제가 따로 있다는 사실을 밝혔습니다. 그것은 마태가 '임마누엘'을 "이 모든 일이 된 것은 주께서 선지자로 하신 말씀을 이루려 하심" 곧 '하나님이 우리와 함께 계시는' 사건이라고 해석해 주는 것입니다. 왜냐하면 우리의 삶에서 성령이 하신 일을 믿지 못해서 생긴 문제가 우리의 신앙의 삶을 가로막는 일이 너무 많기 때문입니다. 또한 어떤 일이나 사건 또는 살아가는 일 속에서 하나님이 우리와 함께하시는지를 우리는 알고 싶어 하기 때문입니다. 하나님은 예수를 통해 우리와 함께하고자 하시는 자신의 뜻을 밝히셨습니다. 이제 우리 가정이 하나님의 뜻이 실현되는 장소가 되게 해야 합니다.

그 일을 위해서는 마리아에게 "성령으로 잉태된 것이 나타났더니"(마 1:18)라고 성령의 사건임을 밝히고 있을 뿐 아니라, 약혼자인 요셉에게도 "그에게 잉태된 자는 성령으로 된 것이라"(마 1:20)라고 하여, 두 사람에게 일어난 일이 성령의 일임을 밝히고 있습니다. 그것은 무엇을 함축합니까? 하나님의 일은 우리 인간의 눈으로 쉽게 이해되지 않는 것들이 많은데, 일어난 일이 하나님의 일인지 깨닫고자 원한다면 성령의 깨닫게 하시는 역사가 있어야 한다는 것입니다.

처녀인 마리아가 잉태한 것이 어렵습니까, 아니면 마리아가 잉태한 사실을 받아들이는 것이 어렵습니까? 우리의 삶에서 우리와 항상 함께하고자 하시는 하나님의 뜻을 우리가 읽어내지 못하고 받아들이지 못하고 있다는 사실에 문제의 심각성이 놓여 있습니다. 마리아에게 성령으로 잉태된 것이 나타난 것이 어려운 것이 아닙니다. 왜냐하면 그 사건은 성령이 하신 일이니까요. 마리아가 순종할 수 있었던 것은 '말씀을 이루려고 하신' 하나님의 뜻을 받아들여야 한다고 성령께서 깨우치셨기 때문입니다.

요셉도 마찬가지일 것입니다. 요셉이 아무리 의로운 사람일지라도 그런 엄청난 일을 쉽게 수긍하고 하나님의 뜻에 순종하기는 쉽지 않았을 것입니다. 그럼에도 요셉은 천사를 통해 꿈속에서 계시된 하나님의 뜻에 순종합니다. 그것은 그가 의인이었기 때문이 아니라, 마리아처럼 성령이 하나님의 뜻을 깨우쳐 주셨기 때문입니다. 하나님은 우리 가정을 통해, 그리고 마리아처럼 '나'를 통해 하나님의 뜻을 이루고자 하십니다. 사람의 생각으로 이해되지 않을지라도 순종해야 하는 것은, 성령이 '그것은 하나님의 뜻이고, 말씀을 이루려 하심'이라고 깨우치시면 '말씀이 내게 이루어지리이다' 하고 마리아처럼 순종하여, 하나님의 은혜가 머무는 사람이 되어야 하기 때문입니다.

2) 임마누엘로 예수의 인성과 신성이 증명됩니다.

아기 예수의 동정녀 탄생 이야기는 인성과 신성을 동시에 포함하고 있습니다. 아기 '예수'의 이름의 뜻인 '임마누엘' 속에 하나님이 우리와 함께 하심만이 아니라 '죄에서 구원'이라는 '그리스도'라는 내용이 이미 담겨 있습니다. 우리가 예수를 그리스도라 시인하고 고백하는 것은 그리스도가 우리의 죄를 구속하셨음을 인정하는 것입니다. 성경은 예수가 그리스도라는 사실을 이미 예수의 탄생 기사에서 선포하고 있습니다.

학자들은 '하나님은 왜 인간이 되셨는가' 묻고 답하려고 애씁니다. 그것은 "그가 자기 백성을 그들의 죄에서 구원할 자(마 1:21)이시기" 때문이라는 것이 성경의 설명입니다. 중세에 안셀무스라는 사람은 《왜 하나님은 인간이 되셨는가?》(Cur Deus Homo)라는 책에서 "하나님은 다른 방법으로도 동일한 결과를 얻을 수 있을 것으로 보이는데, 왜 자신의 죽음을 통해 인류를 구원하기 위해 사람이 되셨는가?"라고 물었습니다. 그는 그 이유를 인간을 구원하기 위해서는 하나님-인간이신 그리스도의 죽음을 통해 인류의 죄를 보속(補贖, satisfactio)하기 위함이라고 답합니다. 그 책이 나오고 수십 년 후에 아벨라르두스라는 사람은 무고한 희생자를 통한 보속은 부정의한 것이 아니냐면서, 《로마서 주석》에서, 하나님의 아들을 죽이는 것은 인간이 저지른 원죄보다 더 큰 범죄로서 그리스도의 수난을 통한 인간의 구원을 그리스도의 최상의 사랑 표현으로 이해하려고 합니다.

그러나 '자기 백성을 그들의 죄에서 구원하시고자 하나님이 사람이 되셨다'는 진술은 그리스도의 십자가를 통한 보속뿐만 아니라 그리스도의 최고의 사랑을 표현하고 있다는 것을 우리는 잘 알고 있습니다. 죄에 대한 보상 없이는 죄를 용서하실 수 없는 하나님의 정의가 가지는 속성과 그리스도의 성육신이라는 신비한 이유인 죄에서 구원하고자 하시는 하나님의 사랑의 실현이 분리되어 논의되어서는 안 됩니다. 하나님이 우리와 함께하심은 대속의 죽음을 통해 하나님의 의로 구원받게 하시는 하나님의 최고의 사랑 표현이기 때문에 우리는 하나님의 최고의 사랑을 받은 귀한 존재라는 사실에 더욱 감사해야 합니다.

예수의 탄생 기사에서 우리가 놓치지 않고 읽어야 하는 '죄에서 구원'하시려는 하나님의 마음을 더 자세하게 살펴보겠습니다.

4. 하나님은 인간을 '죄에서 구원하시기' 위해 예수를 이 땅에 보내셨습니다

하나님은 왜 자기를 버리고 사람이 되시고 우리와 함께하기를 원하십니까? 예수의 탄생을 의도하시는 하나님의 계획과 뜻의 목적은 우리를 '죄에서 구원하기' 원하셨기 때문입니다. '나'를 위해서, '우리'와 함께 계시고 싶어서 하나님은 그 일을 계획하셨고, 그 일을 이루고 계신다는 것입니다. 우리는 예수의 탄생을 통해서야 하나님이 우리와 함께 계신다는 것을 확인할 수 있습니다. 나를 사랑하시고, 나를 구원하고자 하시는 하나님, 나를 살리고자 자신의 아들을 사람의 형체를 입고 이 땅에 오게 하시는 하나님, 오늘 우리는 이 일을 하시는 하나님을 만나야 합니다. 하나님은 우리와 함께하고자 하십니다. 나의 생각 속에, 나의 살아가는 일상의 삶 속에, 나의 말 속에, 그리고 나의 마음속에 나와 함께하고자 하시는 하나님을 드러내야 합니다.

주님도 그리하셨습니다. 주님 안에 아버지가 계신 것처럼 말하고 생각하고 행동하셨습니다. "그러니 너희들도 언제나 내 안에 머물러 있어라. 그러면 나도 너희 안에 머물러 있겠다. 너희가 내 안에 머물러 있지 않으면 열매를 맺을 수 없다. 아버지께서 나를 사랑하신 것과 같이, 나도 너희를 사랑하였다. 너희는 내 사랑 안에 머물러 있어라"(요 15:4-5, 9) 하고 권면하십니다. 나를 위해서 일하시는 하나님, 나를 죄에서 구원하시기 위해 아들을 사람의 모양으로 보내신 하나님의 은혜와 사랑에 대해 우리는 감사해야 합니다.

5. 예수 그리스도의 탄생이 우리 삶에 주는 의미와 적용

1) 성령님께 순종할 때에 하나님은 우리와 함께하시며 일하십니다.

아버지 하나님은 인간을 죄에서 구원하고자 하는 사랑의 계획을 가지셨지만 순종하는 자를 통해서 그 일을 행하십니다. 하나님은 마리아의 순종을 통해 그 일을 행하셨습니다. 따라서 우리가 결단해야 할 일은 우리 또한 하나님이 일하시도록 순종하는 사람이 되어야 한다는 것입니다. 성령의 뜻을 이룰 순종의 사람이 되고자 하는 결단을 합시다!

하나님께는 성령으로 잉태하게 하신 일이 어려운 일이 아니기 때문에, 불가능한 일이 가능하도록 약속을 주시는 하나님을 믿고 신뢰하는 일에서부터 다시 시작합시다. 우리가 마리아처럼 주께서 쓰시는 도구가 되려면, 말씀을 듣는 것으로 그치지 않고 말씀대로 이루어지기를 믿어야 합니다. 사람들이 하나님을 믿지 않으니까 '성령으로 잉태하게 되는 일'이 과학적으로 불가능하다고 말하지만, 우리는 불가능한 일을 가능하게 하시는 그 하나님이 나를 통해 하나님의 일을 하실 수 있도록 마리아처럼 '말씀대로 이루어지기'를 믿어야 합니다.

"마리아가 이르되 주의 여종이오니 말씀대로 내게 이루어지이다"(눅 1:38)라고 했더니 "주께서 하신 말씀이 반드시 이루어지리라고 믿은 그 여자에게 복이 있도다"(눅 1:45)라고 칭찬해 줍니다. 복을 받은 여인 마리아는 기뻐서 주를 찬양합니다.

> "그의 여종의 비천함을 돌보셨음이라 보라 이제 후로는 만세에 나를 복이 있다 일컬으리로다"(눅 1:48).

요셉은 어떻습니까? 마리아의 남편 요셉은 의로운 사람이라 그를 드러내지 아니하고 가만히 끊고자 합니다. 마리아의 어려움을 외면하지 않고 배려하는 사람입니다. 그 이유를 성경은 "그의 남편 요셉은 의로운 사람(마 1:19)이기" 때문이라고 풀어 주고 있습니다. 그도 마리아처럼 하나님의 일을 더 중요하게, 그리고 먼저 생각합니다. 이 일을 생각할 때에 주의 사자가 현몽하여 줍니다(마 1:20). 다시 한 번 확인합시다. 우리의 일상 삶과 일들에서 하나님이 우리와 함께하고자 하심을 우리가 깨닫고 알려면, 가르치시고 생각나게 도우시는 보혜사 성령이 함께하셔야 합니다. 성령의 조명이 없이는 깨달을 수 없기 때문입니다.

하나님의 뜻과 섭리는 순종하는 자에게, 믿음으로 순종하는 자들에게 구원을 주시는데, 우리는 '내가 바로 하나님의 뜻에 순종하는 자인지' 물어야 합니다. 마리아에게는 성령으로 잉태되는 것이 어려운 일이 아니라, 그 일이 자신에게 일어난다는 사실을 바로 깨닫고 하나님의 말씀에 자신을 맡기는 믿음으로 '말씀대로 이루어지기를 청하여' 불가능한 일이 가능하도록 하는 것이 더 어려운 일이었을 것입니다.

그 일이 일어나게 한 마리아처럼 우리 또한 하나님이 하나님의 뜻을 이루려고 세우신 자가 될 수 있어야 합니다. 복 있는 여인 마리아가 바로 '내'가 되어야 합니다. 내가 하나님의 계획이 이루어지기를 바란다고 해서 그런 일이 일어난다고 말할 수 없습니다. 왜냐하면 그 일은 우리가 바란다고 해서 일어날 일이 아니기 때문입니다. 인간을 구원하려면 죗값을 대신 치러 줄 가장 확실한 방법인 아들을 세상에 보내고, 그 일로 '죄'에서 구원하시고자 하는 이유에서 그리 했습니다. 아들을 낳게 하려면 마리아가 필요하고, 마리아는 '말씀이 이루어지기'를 믿고 순종해야 했습니다.

마리아도 처음에는 어떻게 이런 일이 일어날 수 있겠느냐고 불가능함을 말했지만, 불가능한 일을 가능하게 만드시는 하나님이 말씀하셨기 때문에, 마리아는 불가능한 일이 일어나게 하는 것은 하나님의 몫이기 때문에 그 일은 하나님께 맡기고 자기는 그런 하나님을 신뢰하고 말씀에 순종했을 뿐입니다. 우리가 마리아처럼 복된 여인이 되려면, 복 있는 그리스도인이 되려면, 그리하여 주께서 쓰시는 사람이 되려면 말씀을 듣는 것으로 멈추는 것이 아니라 그 말씀이 이루어지도록 믿어야 합니다.

성령으로 말미암은 예수 탄생도 요셉과 마리아의 순종을 통해 성취됩니다. 요셉이 순종할 수 있었던 동인이 무엇이었을까요? '말씀이 이루어지기를 믿어야 할' 뿐만 아니라 '그가 의로운 사람이었다'는 사실을 통해서도 설명될 수 있습니다. 마리아와 결혼하면 간음죄를 용납하는 사람이 됩니다. 그렇다고 율법에 따라 돌로 쳐 죽이도록 놔둘 수도 없었을 것입니다. 주의 천사가 나타나 성령으로 인해 잉태된 것이라고 한 고지를 요셉은 수긍합니다. 요셉은 어떻게 율법 곧 정의를 따를 것인가 하는 문제와 용서할 것인가 하는 갈등과 대립을 극복하고 순종할 수 있었을까요?

우리는 요셉처럼 의로운 사람이기 때문에 정의를 따르고자 택할 수 있습니다. 그러나 사랑하는 약혼자를 죽일 수 없는, 용서라는 어려운 문제를 안고 있는 것처럼 보입니다. 정의와 사랑 중에서 어느 것을 택해야 할까요? 정의를 따르자면 사랑을 잃고, 사랑을 택하면 정의가 사라질 수 있습니다. 둘을 적당하게 타협하게 만들어야 하나요?

성령도, 천사도 '아기 예수'라는 생명을 택하도록 요청합니다. 생명보다 우선하는 정의는 없습니다. 반대로 생명보다 우선하는 사랑은 없습니다. 예수는 '불의한 생명'이 아닙니다. 이 세상에 필요한 생명이고, 하나님의 일을 할 생명입니다. 아기 예수라는 생명이 사라지면 하나님이 우리와 함께 계실 수 없습니다. 그들의 죄에서 구원할 그리스도이기 때문에 생명을 위한 정의, 생명을 위한 사랑인 것입니다. 교회를 살리기 위한 정의였습니다. 교회를 죽이는 정의란 가치가 없습니다. 사랑도 생명을 살리기 위한 사랑이어야 합니다. 요셉은 의로운 사람이라는 자신을 지칭하는 명예를 지키는 것보다 성령의 일인 '생명을 살리는' 일에 순종합니다.

성령으로 잉태된 것이 나타난 여인인 마리아는 어떤 사람이었기에 하나님의 일을 감당해 낼 수 있었을까요? 먼저, 성령으로 자신이 잉태하게 될 것이라고 천사가 일러줄 때, "나는 남자를 알지 못하니 어찌 이 일이 있으리이까?"(눅 1:34)라는 마리아의 말을 통해서, 우리는 마리아도 하나님의 일을 알지 못하고 있었음을 알 수 있습니다. 하나님은 하나님의 뜻과 일을, 사람이 반드시 이해하고 동의해야만 실행하시는 것은 아님을 알 수 있습니다. 하나님의 구원 계획을 위해서는 인간의 동의가 없더라도 하실 것입니다.

그러나 하나님은 반드시 동의를 구하십니다. 천사가 마리아에게 인사를 전합니다. '은혜를 입은 사람아, 기뻐하여라. 주께서 너와 함께 계신다'(눅 1:28). 마리아는 무슨 이런 인사가 있는가 하고 이 말을 듣고 몹시 놀라, 그 인사말이 무슨 뜻일까 깊이 생각해 봅니다. 앞에서도 말했지만, 하나님이 하신 일이 어려운 일이 아니라, 하나님이 하신 일을 마리아가 곧 우리가 깨닫지 못한다는 사실에 문제의 심각성이 있습니다.

나에게도 하나님께서 나와 같이 계시고 싶어서 하시는 일들이 많이 있는데, 우리가 그것을 깨닫지 못한다는 데에 문제가 있습니다.

2) 요셉과 마리아처럼 부부가 함께 가정을 하나님의 일이 일어나는 장소로, 복 있는 여자와 함께 사는 남편으로 살아가야 합니다. 그러면 하나님은 우리의 자손들을 통해 복 받는 가정이 되게 하십니다.

부부가 신앙생활을 같이 한다는 것은 큰 축복입니다. 하나님의 일을 성령을 통해 깨닫게 되어 복 있는 여인이 되고, 복 있는 여인을 데려오는 남편이 되면, 우리도 이런 부부가 있는 가정을 만든다면, 우리에게도 마리아와 요셉 부부에게 허락하신 하나님의 은혜가 함께할 것입니다. 신앙의 가정을 사람의 일들이 깨지 않게 해야 합니다. 하나님의 일을 읽을 줄 아는 사람이, 복 있는 여인과 남편으로 살아가야 할 사람이 사람의 일들 때문에 그것을 깨거나 상실하거나 놓친다면, 이것처럼 불행한 일이 어디 있겠습니까?

성령이 하시는 일에 주목해야 합니다. '결혼' 사건 속에서 하나님의 뜻을 이루도록 하시는 분이 바로 성령이십니다. 성령 하나님은 우리와 함께하고자 원하시는 하나님이 우리 속에 계실 수 있도록 우리가 그 뜻에 순종하도록 이끄십니다. 그러므로 성령의 목소리를 들을 수 있어야 합니다. 요셉과 마리아라는 부부가 하나님의 일, 성령의 역사를 이루고 있습니다. 우리 가정도 하나님의 일을 이루는 가정이기를 기도해야 합니다. 순종함으로 그 일을 해내야 합니다. 성도님들 중에 가정을 이루려고 계획하는 사람이나 그리스도의 가정을 이루어 그리스도인의 가정과 후손을 원하는 사람은 요셉과 마리아 같은 부부가 되어야 합니다. 그러면 우리 가정과 부부를 통해 하나님은 하나님의 일을 이루려고 하실 것입니다. 가정 교회가 하나님의 축복을 받는 통로가 되어야 합니다.

마리아와 요셉은 우리와 성정이 다른 인간이 아닙니다. 마리아를 요셉이 내쳤다면, 마리아의 믿음만으로 하나님의 일은 성취되지 못했을 것입니다. 하나님은 하나님의 일을 이루시기 위해, 만약 요셉이 받아들이지 않았는데도 순종한 마리아를 통해서만 하나님의 일을 성취시키셨을까요? 아닙니다. 하나님은 가정을 깨면서까지 하나님의 일을 하지 않으십니다. 가정을 지키시고 세우시는 하나님, 그런 가정을 통해 하나님의 일을 하고자 하시는 하나님을 믿어야지, '나'만이라도 잘 믿어야 하겠다고 생각해서는 안 됩니다. 그런 의미에서 믿지 않는 남편이나 아내가 있으면, 이번 태신자 카드에 이름을 적어 제출한 다음 기도해야 합니다. 하나님께서 원하시면, 그리고 우리의 기도를 들으시는 것을 우리가 믿기 때문에, 우리의 소원을 들어주실 것입니다.

"너희가 내 안에 머물러 있고 나의 말이 너희 안에 머물러 있으면, 너희가 무엇을 구하든지 다 그대로 이루어질 것이다"(요 15:7)라고 주님은 말씀하셨습니다. 주님은 분명 말씀하셨습니다. "너희가 나를 떠나서는 아무것도 할 수 없다"(요 15:5)라고요. 우리는 마리아처럼, "주의 여종이오니 말씀대로 내게 이루어지이다"(눅 1:38)라고 고백해야 합니다. 우리가 믿으면, 하나님은 우리 부부를 요셉과 마리아처럼 만들어 주실 것입니다. 요셉과 마리아의 순종은 하나님의 일이, 성령의 사역이 이 땅, 특히 가정 안에서 이루어지도록 만들었습니다. 우리 또한 우리를 통해 일하고자 하시는 하나님의 뜻을 읽을 수 있어야 합니다. 그것은 순종을 통해서 일어납니다.

결론입니다.
예수 그리스도의 탄생은 하나님의 뜻이었습니다. 하나님은 선지자들을 통해 자신의 뜻을 말씀해 주셨습니다. 이 모든 일이 일어난 것은 말씀을 이루려고 하신 것입니다. 마리아와 요셉은 '우리와 함께하기를 원하시는' 하나님의 뜻을 말씀을 통해 고지받고 말씀이 이루어지기를 믿었습니다. 그리하여 마리아는 '하나님의 은혜를 입은 자'가 되고, 요셉은 '성령으로 말미암아 잉태된 아기'를 보게 됩니다. 그들의 순종을 통해 하나님은 인간을 죄에서 구원하시려는 뜻을 실현하기 시작하십니다. 우리는 마리아와 요셉처럼 하나님의 은혜를 입은 자가 되어야 합니다. 우리 가정은 하나님의 뜻이 실현되는 장소가 되어야 합니다.

성육신하신 로고스: "말씀이 육신이 되어"
요한복음 1:1-18

　　　　ㅇ●● 복음서는 예수의 탄생을 보고하면서 예수가 그리스도 되심을 증명합니다. 공관복음의 저자와는 달리 요한복음은 예수의 탄생을 성육신하신 로고스라고 합니다. 성육신하신 로고스가 바로 예수인데, 성육신하신 로고스인 예수가 그리스도인 이유는 로고스가 바로 하나님이시기 때문이고, 하나님이 사람의 몸을 입고 태어났기 때문이라는 것입니다.

　요한복음 1장 1절부터 18절까지를 세분하여 나눠 보자면, 1-4절은 영원하고 창조적인 로고스가 인격으로 예수 그리스도로 나타나시고 복음 역사의 주체가 된다는 것을 밝힙니다. 그렇지만 로고스인 예수를 믿지 않는 불신이 자기가 택한 백성 안에서도 일어나고 있다는 것입니다(5-13절). 이와는 달리 로고스인 예수를 믿는 자들에게 주어지는 축복이 선언되고 있습니다(14-18절).

　우리는 '말씀이 육신이 되신' 곧 성육신하신 로고스를 집중적으로 살피겠습니다. 오늘 설교의 목적은, 성육신하신 로고스가 우리 신앙 삶에 어떤 의미를 주는지 살펴 우리의 신앙이 성육신하신 로고스에 기초해야 함을 전하는 것입니다.

1. "말씀이 육신이 되어"라고 할 때의 '말씀'은 무엇을 뜻하는가?

1) 말씀은 로고스입니다.

로고스란 하나님의 말씀입니다. 하나님은 말씀으로 천지를 창조하셨습니다. "말씀이 육신이 되어"라고 할 때의 '말씀'이 바로 하나님의 능력이고, 하나님은 말씀을 통해 능력을 나타내십니다. 하나님의 말씀은 창조 능력(창조주 하나님)이고, 말씀이 육신이 되심(성자 하나님)이고, 성령은 말씀을 통해 예수가 그리스도이심을 깨우치십니다.

"말씀이 육신이 되어"라는 문장에서 헬라어 '로고스'에 해당하는 히브리어는 '다바르'입니다. '다바르'의 어원적인 원뜻은 사람의 밑바닥, 즉 사물 속에 숨어 있는 핵심을 표현하는 하나님의 말씀을 주로 지칭했습니다. 하나님의 말씀은 사람이나 일 속에 숨어 있는 핵심, 곧 숨어 있어 잘 보이지 않고 이해되지 않는 것을 드러냅니다. 그런 의미에서 거짓 신은 말을 할 수 없는(시 115:5) 반면 여호와는 말씀하시는 하나님(출 20:22)입니다. 하나님의 말씀은 없던 것을 있게 창조합니다. 사람 마음속에 감추어져 있어서 드러나지 않은 것이 말로, 밖으로 표출됨으로 드러납니다. 그래서 말씀이 진리라고 합니다. 기독교는 진리의 종교입니다. 거짓말하는 것은 '말씀이 육신이 되신' 성육신 가르침을 부정하는 것입니다.

2) 요한복음은 말씀을 '우리 가운데 거하시는 아버지의 독생자'라고 하면서 하나님의 '은혜와 진리'(요 1:14)라고 합니다.

성령은 말씀의 은혜와 진리로 예수를 충만하게 합니다. 예수의 육신은 육신의 자체 때문이 아니라, 말씀의 은혜와 진리로 충만해진 육체가 되었습니다.

구원 문제에 있어서 가장 걸림돌이 되는 것은 범죄의 장소요 주체인 육신인데, 예수가 이런 육신을 입고 세상에 나신 것입니다. 타락 후 아담의 몸을 취한 예수 그리스도는 이 육신 속에 있는 죄를 처리하는 구원의 장치로서 오셨습니다. 죄 아래 있는 인간 예수가 어떻게 우리를 구원하실 수 있습니까? 예수도 아버지의 독생자의 영광이지만, 하나님 아버지의 "은혜와 진리가 충만"(요 1:14)하였습니다.

먼저 '진리' 개념부터 설명하자면, 진리는 예수 그리스도로 성육신하신 말씀 자체를 지칭합니다. 하나님께서 예수 안에서 자신의 '은혜와 진리'를 계시하시는 것처럼 예수는 진리의 성령이 함께하심으로 진리가 예수의 육신 안에 충만하였고, 그리하여 진리가 충만한 예수는 육신에도 불구하고 죄를 이기게 되었습니다. 은혜와 진리가 예수의 육체에 충만하게 되었습니다. 죄를 이기신 분만이 우리를 죄에서 구원하십니다. 죄에서 구원하실 뿐만 아니라 성령님만이 거룩한 성화의 삶을 살게 하십니다. 예수를 주라 시인하는 자마다 성령을 받았습니다.

2. "말씀이 육신이 되어"라고 할 때의 '육신'은 어떤 육신인가?
   - 가현설과 성육신

예수의 신성만을 강조하고 인성, 특히 '육신'을 부정하는 가현설이 세 가지로 제시됩니다.

1) "어떤 사람은 그리스도라 하며 어떤 이들은 그리스도가 어찌 갈릴리에서 나오겠느냐"(요 7:41).

'예수는 갈릴리 출신이기 때문에 메시아가 되지 못한다'는 것입니다. 그러나 요한 공동체는 요한복음 1장 1절에서 로고스의 선재론으로 대답합니다. 로고스의 선재론은 신약성경의 여러 곳에서(고전 8:6; 갈 4:4; 롬 10:6-7; 빌 2:6-8; 골 1:15-20; 히 1:3), 그리고 요한복음 전체에서(6:33, 50-51,

58, 7:28-29, 8:14, 23, 26, 42, 10:36, 16:28) 고백되고 있는 믿음의 내용입니다.

요한 공동체 안에는 예수의 인성을 부정하는 가현설을 주장하는 사람들이 있었습니다. 그렇지만 요한 교회는 로고스의 선재설과 예수의 족보에 근거해 그리고 마리아가 타락한 아담의 후손이듯이 예수 역시 육신을 입고 태어났다는 사실에 근거해 가현설을 거부합니다. 마리아가 아담의 후손인 육신이 되었다는 사실은 누가복음 2장 22절에서도 잘 드러납니다. '모세의 법대로 결례의 날이 차매 아기를 데리고 예루살렘에 올라갑니다.' 마리아가 아기 예수와 더불어 결례를 행한 사실은 죄가 없는 동정녀라는 견해와는 다른 것을 말해 줍니다. 그리스도는 족보를 가지는 아담의 후손으로 육신이 되셨습니다.

2) "이는 요셉의 아들 예수가 아니냐 그 부모를 우리가 아는데 자기가 지금 어찌하여 하늘에서 내려왔다 하느냐"(요 6:42).

예수는 요셉의 아들인 이상 하늘로부터 온 자일 수 없다고 주장합니다. 요한복음은 예수가 요셉의 아들이 맞지만, 하늘로부터 왔다면서 "자기 땅에 오매 자기 백성이 영접하지 아니하였으나"(요 1:11)라고 지적합니다. 하늘로부터 왔지만 사람의 몸으로 오셨습니다. 요한 공동체는 이를 부정한 사람을, 즉 "예수를 시인하지 아니하는 영마다 하나님께 속한 것이 아니니 이것이 곧 적그리스도의 영이니라"(요일 4:3)고 적그리스도라고 반박합니다.

육신은 악의 처소이기 때문에 죽음을 통해 영이 육체를 벗어나는 것이 더 좋은 일이라고 보는 영지주의자들이 요한 공동체 안에 있었습니다. 그러나 하나님은 영만을 창조하신 것이 아니라 육체도 창조하셨고, 영만이 부활하는 것이 아니라 궁극에 육체도 부활한다고 요한복음은 가르칩니다. 영지주의자들의 주장대로 물질이 악하다면 하나님 자신이 인간의 몸으로 성육신하실 수 없기 때문에, 가현설주의자들은 예수 그리스도께서 인간의 몸으로 오셨다는 것을 인정하지 않았습니다. 가현설(~처럼 보이다)은 예수가 하나님이시기 때문에 인간으로서의 몸은 인간처럼 보이는 것일 뿐이라고 주장하는 이론입니다. 가현설주의자들은 육체는 죄의 원천이기 때문에 구원은 영지(gnosis)를 통해서만 가능하다고 주장했습니다.

하나님은 죄가 없었기 때문에 마리아를 택하신 것이 아니었습니다. 죄가 있음에도 그녀를 택하신 이유는 그녀가 '은혜를 받은 자', 곧 죄가 있었음에도 불구하고 하나님의 은혜로 용서함을 받아 정결하게 되었기 때문입니다. '은혜를 받았을' 뿐만 아니라 수태고지를 그녀가 "말씀대로 내게 이루어지이다"라고 믿었기 때문에 마리아에게 그 일이 일어난 것입니다. 믿음으로 하나님의 일이 일어나게 만든 마리아의 믿음의 특성은, 자기 자신을 하나님 앞으로 가까이 내세워 하나님이 사용하시도록 허락하는 것입니다. 그것이 바로 마리아에게 믿음의 순종이었던 것입니다.

마리아가 본질적으로 무흠했다거나 그의 태가 깨끗하게 되어서 무흠한 구원자를 생산한 것이 아닙니다. 예수 그리스도가 깨끗한 마리아를 통해 태어났기 때문이 아니라 성령을 통해 잉태되었다는 성경의 진술에 우리는 주의를 돌려야 합니다. 성령으로 잉태된 사실이 강조하는 것은 마리아의 동정녀 탄생이 결코 사탄이 개입할 수 없는 하나님의 사건이라는 것입니다. 잉태 때부터 성령이 역사합니다. 성령의 역사는 타락한 본성뿐 아니라 죽을 수밖에 없는 인간 전체인 육체를 새롭게 거듭나게 하는 하나님의 능력을 나타냅니다.

3) "유대인들이 놀랍게 여겨 이르되 이 사람은 배우지 아니하였거늘 어떻게 글을 아느냐"(요 7:15).

예수는 배우지 못한 자이기 때문에 진리를 가르칠 수 없다고 생각했습니다. 그렇지만 예수님은 그가 배운 것을 말하는 것이 아니라 하늘에서 보고 들은 바를 말씀하셨습니다.

"내가 땅의 일을 말하여도 너희가 믿지 아니하거든 하물며 하늘의 일을 말하면 어떻게 믿겠느냐"(요 3:12).

이에 대해 성경은 예수가 '은혜와 진리로 충만'하였다고 설명합니다. 요한일서 4장 2절은 '그리스도께서 육체로 오신 것'을 통해 그것은 우리와 똑같은 성정을 지닌 실제의 사람이라는 것, 즉 죄성을 가진 인간임을 풀이하고 있습니다. 예수는 가현설의 인간이 아니었습니다. 참 인간만이 우리를 구원합니다.

그러면 하나님은 왜 자기 아들을 인성 또는 육신 안에 지배하고 있는 죄 속에서 세상에 나게 하셨습니까? 그것은 우리 육신 안에서, 타락하고 더러워진 인성 안에서 지배하고 있던 죄를 정죄하고 파괴하며 붕괴시키기 위해서였습니다. 즉 의를 회복하기 위해 죄를 처리하는 방법의 비밀을 그렇게 드러내신 것입니다.

3. 되어감 속에 계시는 하나님

"말씀이 육신이 되어"(14절)라는 구절에서 '되어'(ginomei)라는 단어는 하나님이 변하시는 분임을 말해 줍니다. 하나님의 존재는 '되어감' 속에 계시는 분입니다. 초월하여 계시는 하나님의 존재의 불변성도 강조되어야 하지만, 본문은 하나님의 존재의 '육신이 되어'를 통해 시간 속에 계시는 하나님이심을 드러냅니다. 하나님은 말씀 속에서 계속 일하십니다. 이제 예수는 말씀 행위 속에 존재하시게 되었습니다. 영원 속에서 계시는 하나님이 시간 속에서, 특히 말씀으로 우리와 관계하시는 하나님이 되셨습니다. 성경은 '말씀'이 인간이 되었다고 말하지 않고 '육신'이 되었다고 말합니다.

하나님은 스스로 존재하십니다. 그렇지만 성육신을 통해 이제 하나님은 '되어감' 속에 계시는 하나님이 되었습니다. '되어'란 변화를 뜻합니다. 되어감 속에 계시는 하나님은 하나님의 자기 비움이라는 고통 속에 존재하십니다. 바울은 빌립보서 2장 6절에서, 그리스도는 본래 하나님과 같은 분이지만 그 영광스러운 자리를 포기하신 분으로 소개하면서, 하나님의 자기 비움을 예수의 탄생의 의미로 해석합니다. '하나님이시던 분이 종의 모양으로 사람의 형상을 입으셨다'는 진술은 누가나 마태가 소개하는 예수 탄생과는 너무나 다른 의미를 가진 것으로 보입니다. 마태나 누가가 '예수가 사람의 몸을 입었지만 하나님의 아들이시며, 구주시요 왕이심'을 기술했다면, 바울은 예수가 영광스러운 하나님의 아들이심에도 그 자리를 버리고 고난을 당하시고 사람이 되셨다고 기술합니다.

이러한 성경 기자들의 여러 이해를 통해 우리는 예수 그리스도의 탄생이 가지는 다양성을 배워야 합니다. 영광스러운 나심이지만 동시에 최고의 비극이요, 고통이요, 희생이라는 것입니다. 영광의 탄생만큼이나 자기 비움이 위대한 하나님의 일임을 드러내고 있습니다. 하나님께서 아들 예수를 사람의 육신이 되게 하신 것은 하나님의 자기 비움, 자기 버림이라는 고통이 수반되는 사건이었습니다. 그런 의미에서 성육신은 하나님이 고통받으시는 방식입니다. 고통을 모르시는 하나님이 아니라 고통을 당하시는 하나님이신데, 하나님은 성육신을 통해 고통을 배우셨습니다.

하나님이 사람이 되신 성육신 사건은 신약성경이 해석한 것처럼 자기를 비운 일입니다. 자기를 비운 이유가 인간을 죄에서 구원하시기 위해서입니다. 예수 그리스도는 어떤 방식으로, 그리고 어떤 마음으로 우리의 구원을 돕습니까? "우리에게 있는 대제사장은 우리의 연약함을 동정하지 못하실 이가 아니요 모든 일에 우리와 똑같이 시험을 받으신 이로되 죄는 없으시니라"(히 4:15)에 따르면, 우리의 연약함을 동정하시는 마음 때문입니다. 예수님의 동정심에 대해 오늘 우리는 배우고자 합니다.

4. 성육신하신 로고스의 목적과 요청, 그리고 로고스 신앙의 필요성

1) 성육신의 목적: 기독론과 구원론

성경은 성육신의 목적을 인간의 죄를 구원하시기 위함이라고 설명합니다. 교회는 성육신 교리를 통해 여러 가지를 설명합니다. 요한복음 3장 16절은 하나님이 사랑하는 독생자를 주신 이유를 "그를 믿는 자마다 멸망하지 않고 영생을 얻게 하려 하심이라" 하였고, 요한복음 3장 17절은 하나님이 그 아들을 보내신 것은 "세상을 심판하려 하심이 아니요 그로 말미암아 세상이 구원을 받게 하려 하심이라"고 했습니다.

'하나님이 몸이 되셨다'는 선언은 하늘에 계시는 하나님이 사람의 몸을 입고 세상 속에 직접 임재하셨다는 것을 뜻합니다. 기독교는 이 기독론에 기초하고 있습니다. 다시 말하면, 하나님이 육신이 되어 세상에 오셨고, 그 말씀이 육신이 된 하나님이 바로 예수 그리스도시라는 신앙고백에 근거합니다. 말씀이 사람의 몸을 입고 세상에 체현된 사실이 강조되어야 하는 이유는 그것이 하나님께서 내재하시는 방식이기 때문입니다. 우리는 볼 수 없는 하늘에 계신 하나님을 예수 그리스도를 통해 직접 보게 되었습니다. 하나님은 이제 하늘에만 계신 것이 아니라 우리 몸과 함께 계십니다. 이 땅의 우리와 같이 계십니다. 이러한 하나님의 내재가 바로 하나님의 초월과 동시에 함께하게 되었습니다. 성육신하신 말씀, 곧 몸을 입으신 하나님은 우리와 함께 내재하시며 통치하십니다. 동시에 하늘에 계신 하나님은 세상을 초월하여 우주까지 통치하십니다. 이 세상을 사랑하여 이 세상에 몸으로 와서 존재하시는 하나님이 바로 '말씀이 육신이 되신' 하나님이십니다.

하늘에 계시며 변할 수 없는 초월해 계시는 하나님이 사람의 몸을 입고 고난을 당하며 십자가에서 죽는 하나님이 되셨습니다. 하나님의 불변성과 불가고통성(不可苦痛性)은 육신이 되신 로고스인 예수와 동일 본질을 가지신 분으로 몸으로 오심으로 인간을 연결합니다. 즉 하나님은 몸을 입은 로고스가 되어 참 인간이 되셨습니다. 물론 그 목적은 인간을 죄에서 구원하시기 위함입니다. 성육신론을 구원론으로 읽도록 성경은 풀이하고 있습니다.

2) "말씀이 육신이 되어"라는 성육신은 공감을 나누는 그리스도인 되기를 요청합니다.

히브리서 기자는 예수를 "하나님의 아들"(히 4:14)이라고 표현하여, 하나님은 하나님의 아들 예수를 통해 "우리의 연약함을 동정"(히 4:15)하고자 하신다고 설명합니다. 우리를 동정하려면, 하나님의 아들은 신성을 가지고 있어야 한다고 생각하는데, 히브리서 기자는 "모든 일에 우리와 똑같이 시험을 받으신 이로되 죄는 없으시니라"(히 4:15)고 설명합니다. 그래서 죄만 없지 우리와 똑같이 시험을 받으시고 고난을 당하시고 죽는다면, 어떻게 우리를 동정하실 수 있는지 궁금해할 수 있습니다.

우리와 똑같이 시험 받고 고난 당하시면서 하나님의 아들 예수는 어떻게 우리의 연약함을 동정할까요? 시편 기자인 다윗은 하나님의 자비로우심을 높이 찬양하면서 "아버지가 자식을 긍휼히 여김같이 여호와께서는 자기를 경외하는 자를 긍휼히 여기시나니"(시 103:13)라고 하면서, 우리의 "체질"(시 103:14)도 아시기 때문에 온전하게 도우신다고 말합니다. 우리는 보통 체질이 예수 믿는다고 해서 변하지 않는 것이라고들 말합니다. 한의학에서 체질이란 오장육부의 선천적 대소관계를 뜻하지만 서양의학에서는 육체, 몸을 가리킵니다. 그런데 요한복음은 하나님의 아들 예수가 "말씀이 육신이 되어"(요 1:14)라고 하여 우리의 육체에 어디가 연약한지도 아시고 동정하신다고 말합니다.

공감(empathy)은 '~속으로'를 뜻하는 그리스어 em과 '고통, 정념'을 나타내는 patheos의 합성어로, '고통 속으로 들어간다'는 어원을 가집니다. 공감은 어려움에 처한 사람의 애타는 마음을 함께 느끼는 동정심(sympathy)과는 달리 애타는 마음에 들어가는, 보다 적극적인 마음입니다. 성육신을 예수의 자기 비움(kenosis)이라고 보는 바울의 입장에 따르면, 예수의 성육신은 인간의 자리로 내려와 안으로부터 고통을 받는 공감을 나누는 것입니다. 성육신은 인간의 연약함을 체휼하고 그들의 시험과 고난을 동일하게 공감하기 위해 하나님이 사람의 몸을 입고 오신 것입니다. 성육신이 바로 자기 비움이기 때문에, 그리고 고통을 공감함이기 때문에 우리는 성육신하신 로고스인 예수를 따라 고통을 공감하는 신앙인이 되어야 합니다.

예수님은 공감을 여러 방식으로 나타내셨습니다.

공감이란 결국에 자리를 바꾸는 것입니다. 하나님이 인간으로 자리를 바꿉니다. 내가 다른 사람의 입장과 처지가 되어 보는 것입니다. 역할 바꾸기가 바로 공감이라면, 성육신하신 로고스가 바로 공감이며 역할 바꾸기입니다. 역할을 바꾸려면 나와 다른 사람과 세계, 그리고 다름 자체를 인정하고 동일화하며 차이를 받아들여야 합니다. 그렇게 하려면 하나님이 사람의 몸을 입어야 합니다. 즉 하나님의 자기 비움이 있어야 합니다. 성육신은 참으로 자기 비움입니다.

자기를 비움으로 이제 예수 그리스도는 인간의 '연약함을 동정하십니다'(히 4:15). 이때의 '동정'(sumpathe)이란 empathy와 sympathy 두 단어로 옮겨지고 있습니다. 두 단어는 공통적으로 pathos에서 나왔습니다. '파토스'는 성경에서 예수의 십자가 고난을 지칭합니다. 당하기 싫지만 하나님의 뜻이니까 짊어져야만 합니다. 하나님은 예수께서 죄인의 육체로 나심으로 인해 십자가의 고난과 죽음을 육체로 함께 느끼고 계십니다. 그런 의미에서 동정녀 탄생이 성령의 임하심이듯이, 십자가의 죽음은 성부수난설, 곧 예수의 십자가 죽음 속에 하나님이 침묵하시는 것이 아니라 함께 죽는 아버지이십니다. 물론 십자가의 수난을 하나님의 구원사적인 섭리를 따른 자발적인 희생제물(빌 2:7-8)로 볼 것인지, 하나님의 뜻에 따른 불가피한 희생(갈 1:3-4)이라 해야 하는지 논쟁하고 있는 것은 사실입니다.

예수님은 불쌍히 여기는 마음을 가지셨습니다. 예수님이 모든 도시와 마을을 두루 찾아다니시며 천국 복음을 전파하십니다. 예수님은 무리들을 불쌍히 여기사 모든 병과 모든 약한 것을 고치십니다. "그들이 목자 없는 양과 같이 고생하며 기진"(마 9:36)했기 때문에, 즉 양이 목자가 없어서 고생하며 기진(힘이 빠진 것)하는 것을 가장 마음 아파하셨다는 것입니다. 예수님이 나인이라는 성에서 과부의 아들이 죽어 장사를 지내기 위해 메고 나오는 장면을 보셨습니다. 주께서 과부를 보시고 '불쌍히 여기시고' 울지 말라 하시고, 죽었던 청년을 살리십니다. 그 사건을 본 모든 사람들이 "하나님께서 자기 백성을 돌보셨다"(눅 7:16)라는 말로 하나님께 영광을 돌립니다.

사도 베드로는 "너희가 다 마음을 같이하여 동정하며(sympatheis) 형제를 사랑하며 불쌍히 여기며(eusplagchnoi) 겸손하라"(벧전 3:8)고 교회에 마지막으로 권면합니다. 사도 요한은 "누가 이 세상의 재물을 가지고 형제의 궁핍함을 보고도 도와줄 마음을 닫으면 하나님의 사랑이 어찌 그 속에 거하겠느냐"(요일 3:17)고 물음으로써 불쌍히 여겨서 온정을 베푸는 구체적인 경우를 말하고 있습니다. '도와줄 마음'이 바로 동감(empathy)입니다. 우리가 그리스도인이라는 말은 "이웃을 네 몸과 같이 사랑하라"는 명령을 받고 이웃의 필요를 보고 도와줄 마음을 서로 갖는 것임을 알 수 있습니다.

바울은 "우리 많은 사람이 그리스도 안에서 한 몸이 되어 서로 지체가 되었느니라"(롬 12:5) 한 것이 바로 공감, 곧 동정심을 베풀었기 때문에 가능했고, 서로 하나가 되게 하기 위해 성령의 여러 은사를 주신다고 말하고 있습니다. 성령의 은사란 결국에 예수의 십자가의 고난을 함께 나누는 것을 말합니다. 성령은 불로 임하십니다.

고난이라는 단어 passion은 원래 수동성을 뜻합니다. 수동성이 '받아들이는 것'이라면 마음에서 받아들인 것을 능동적으로 행동하게 하는 긍정의 힘, 곧 불이 타는 마음으로 몸을 움직이게 한다고 봐야 한다는 것입니다. 성령이 불로 우리의 마음을 태우며 움직이게 하면 엠마오로 내려가던 제자들이 즉시 일어나 예루살렘으로 올라갑니다. 죽음을 피해 도망가던 제자들이 그곳으로 돌아가면 체포되어 죽을지도 모르는데 예루살렘으로 돌아간다는 것은 죽음과 고난을 당하겠다는 것이므로 '고난'으로 옮긴다는 것입니다. 인간은 생각하는 존재이지만 생각대로 움직이지 않는 몸을 가지고 삽니다. 옳은 대로 살아야겠다고 다짐하지만 몸은 정반대로 움직일 때가 있습니다. 생각으로는 믿지만 행동은 다르게 나타날 때가 있습니다. 생각과 믿음을 몸으로 실천하며 산다는 것은 어렵습니다. 그렇기 때문에 passion을 수난 또는 고난이라고 옮기는 것입니다.

3) 로고스 신앙이 필요합니다.

우리가 예수를 그리스도로 신앙고백 하고 믿어야 한다고 할 때, 그분이 참 인간이시며 참 신이심을 믿어야 한다는 것을 함축합니다. 참 인간이시고 참 신이신 예수 그리스도를 믿는다면, 먼저 참 인간이신 예수를 믿어야 함을 뜻하고, 나아가 참 신이신 예수 그리스도를 믿어야 함을 말합니다. 참 인간이신 예수를 믿는 것은 그가 하나님의 아들이지만 자기를 부인하고 자기를 비우고 십자가의 고통을 통해 순종함을 배워 아버지의 뜻을 온전히 이루심을 믿는 것입니다.

예수는 인간으로 살면서 어려운 일을 만나면 신성을 이용하여 아무런 어려움 없이 해결한 것이 아닙니다. 예수님은 신성을 사용하지 않으려고 작정했다고 말합니다. 신성을 포기하는 예수님이십니다. 따라서 예수는 제자들에게 자기를 부인할 것을 요구하셨고 믿음이라는 순종의 삶을 살기를 요구하십니다. 따라서 그분이 하나님 아버지께 한 것처럼 우리도 그리해야 한다는 것입니다. 예수에게 순종이란 아버지의 뜻대로 이루어지기를 맡기는 신뢰이고 확신입니다.

또 다른 차원에서 예수의 참 신성은 성육신으로 나타납니다. 성육신은 육체, 몸, 곧 영만이 아니라 우리 삶의 진실성, 다시 말하면 이 몸이 하나님의 영이 거하시는 성전이 되는 것입니다. 몸이 바로 예배 처소가 되는 것입니다. 성경은 몸도 부활한다고 가르칩니다. 몸도 하나님의 창조물입니다. 우리의 육체, 삶 속에 신성이 묻어나야 합니다. 말씀이 육신이 되었기 때문에 우리의 육체 속에서 말씀의 창조 능력이 나타나야 합니다.

다시 말하면, 나의 육체와 몸을 움직이는 근원이 말씀이어야 한다는 것입니다. 말씀은 하나님 자체이고 하나님의 뜻이기 때문에, 하나님의 말씀이 육체를 지배하도록 만들어야 한다는 것입니다. 달리 말하면, 육체를 지배하는 정신이 바로 '말씀이 육신이 되어'로 표현되었습니다. '생각 따로 몸 따로'가 되어서는 안 됩니다. '믿음 따로 삶 따로'이어서는 안 됩니다. 생각대로 몸이 움직이기 때문에 바른 생각, 진리에 합당한 생각을 가져야 하고, 그런 생각은 하늘의 생각이지 세상의 것이 아님을 성경은 말합니다. 우리의 몸과 육체를 거짓과 왜곡된 진리 또는 욕망을 따르는 생각에 의해 움직이게 해서는 안 됩니다. 몸이 죄의 처소였다고 할지라도 이제는 하나님이 거하시는 집이 되도록 해야 합니다. 영이 정결함을 받은 것처럼, 몸도 정결해야 합니다.

"내가 거룩하니 너희도 거룩하라"는 명령은 영만이 아닌 몸도 포함하는 것입니다. 생각으로만 거룩한 것이 아니기 때문에 육체가 거룩하고 정결해야 합니다. 거룩의 장소가 바로 육체여야 합니다. 예배의 장소는 영적인 몸, 곧 삶으로 변천되지만 참으로 예배하는 자를 찾으시는 하나님은 몸과 영이 진리로 함께하는 참 인간의 예배를 원하신다는 것을 깨달아야 합니다. 이제 하나님이 찾으시는 예배하는 자, 곧 마음과 몸이 영의 진리로 거룩한 자가 되려면 로고스 신앙에서부터 출발해야 합니다.

결론입니다.

하나님은 하늘에 계십니다. 성육신은 하늘에 계신 하나님이 사람이 되신 하나님의 사건입니다. 영원이 시간 속에 거하게 되었습니다. 유한은 무한을 볼 수 없음에도 성육신하신 예수를 통해 제자들은 아버지를 보게 되었습니다. 제자들은 하나님의 영광을 보게 되었습니다. 예수 안에서 하나님의 영광을 보려거든, 그런 의미에서 예수를 따르려면, 예수가 그리했듯이 "자기를 포기하고 나를 따르라"는 말씀대로 살아야 합니다. 바울은 하나님이 사람이 되신 성육신 사건을 자기 부인, 자기 포기라 해석합니다. 베드로는 '마음을 같이하여 동정하며 형제를 사랑하며 불쌍히 여기는' 것이라 보았습니다. 사요 요한은 '재물을 가지고 형제의 궁핍함을 볼 때에 도와주고자 하는 마음'이라 했습니다.

이러한 로고스 신앙으로 살아가야 합니다. 말씀으로 천지를 창조하신 하나님처럼, 예수님은 제자들을 말씀으로 하나님의 자녀로 새롭게 만들어 주십니다. 새 창조가 일어나야 합니다. 말씀으로 새롭게 창조된 사람이 되어야 합니다. 육체도 거룩한 하나님이 거하시는 성전이 되어 죄의 종 노릇을 해서는 안 되고 예배하는 처소가 되어야 합니다.

할례 받으시는 아기 예수
누가복음 2:21-38

○●● 누가복음 2장 21-38절은 예수의 유아기를 소개하고 있습니다. 오늘 이야기의 중심 무대는 가정이 아니라 성전입니다. 예수의 부모가 예수를 주께 바치려고 예루살렘 성전에 올라갔고(22절), 성전에서 시므온과 안나라는 선지자를 만납니다(25-38절). 성전에 오른 이유는, 율법에 순종하기 위해서입니다. 율법에 따르면 생후 8일 만에 할례를 받아야 하기 때문에(레 12:3), 그리고 예수의 모친이 행해야 할 정결예식인 레위기 12장 2-4절을 실행하기 위해, 또한 맏아들을 하나님께 바치는 예식(출 13:2, 12)을 행하기 위해 성전에 오른 것입니다. 그러나 대속물로 대속하지(출 13:13) 않은 것을 보면, 아기 예수가 '값을 지불하고 되찾을 수 없을 만큼' 하나님께 속해 있다는 사실을 알 수 있습니다. 아기 예수는 "모세의 법대로"(22절), "주의 율법에 쓴 바"(23절), "주의 율법에 말씀하신 대로"(24절), "율법의 관례대로"(27절) '성전'에서 '율법'을 따르고 있습니다.

이 사실에 기초하여 우리는 우리의 삶에서 자녀를, 그리고 다음 세대를 어떻게 양육해야 하는지 배워야 합니다. 유아기의 예수는 부모와 성령으로 감동된 사람들로 인해 인도되기 때문입니다. 오늘 설교의 목적은, 할례 받으시는 아기 예수에 대해 바르게 배워 우리의 신앙이 자녀를 하나님의 자녀로 드리는 길을 찾는 데 있습니다.

1. 하나님의 자녀를 하나님께 바치기 위해 성전에 오르는 예수의 부모

예수의 생애는 성전에서 하나님의 말씀인 율법을 준수하는 데서 시작합니다. 예수의 부모는 예수가 하나님께 바쳐진 아이임을 따르기 위해 태어난 지 이레 만에 성전에 오릅니다. 성전에 바쳐진 아이는 교회의 가르침을 준수해야 합니다. 즉 레위기 12장에 나오는 규정대로, 아들을 출산한 유대 여인은 40일이 지나면 예루살렘에 올라가서 성전에서 두 번의 희생제사를 드림으로써 결례를 행해야 합니다. 또한 장자의 경우에는 그가 여호와께 속한 자라는 것을 특별한 방식을 통해서 하나님 앞에 나타내야 했습니다(출 13:2, 12, 15).

아기 예수는 하나님께 바쳐진 아이, 곧 '주께 드려진'(눅 2:23) 아이입니다. 이제 성경은 '여자에게서 나시고 율법 아래 나신'(갈 4:4) 예수님께서 율법을 철저하게 지키시고 모든 죄를 대속할 희생제물이 되기 위해 의를 이루시게 되었다고 전합니다. 신앙 전승에 따라 자녀는 주께 드려져야 합니다.

부모의 신앙이 예수를 할례를 받도록 만들었습니다. 예수의 부모의 신앙에 의해 시행된 할례는 '하나님의 언약의 표지이며, 하나님의 백성의 정체성을 규정하는 표시이며, 이방인이 하나님의 언약 공동체의 일원으로 가입하는 조건으로 제시된 할례의 활용성 등의 이유'로 전승되고 있었습니다.

우리는 아이를 하나님의 자녀로 바치고 양육하는 부모의 신앙과 역할에 주목해야 합니다. 부모의 신앙이 자녀를 하나님의 자녀로 만드는 사례를 구약성경도 소개하고 있습니다. 기도의 어머니 한나의 경우가 바로 그렇습니다. 그녀가 기도하여 낳은 아들인 사무엘을 성전에서 자라게 하여 하나님의 종이 되게 합니다. 사무엘을 성전에 바친 행위는 주의 거룩한 자임을 표시하는 것이기도 합니다(눅 2:23). 아기 예수는 천사가 탄생을 예고할 때 이미 밝힌 것처럼, 하나님을 섬기기 위하여 드려집니다. 사무엘이 그리했듯이, 예수도 '성전'에 드려집니다. 그런데 예루살렘 성전은, 예언자를 돌로 치고(눅 13:34-35), 과부의 가산을 삼키는 곳(눅 20:47, 21:5-6)일 뿐이고, 그리하여 예수로부터 저주를 받는 곳이 되고 말며(눅 19:41-44), 정화되어야 할 곳으로 변질되고 맙니다(눅 20:45-47).

아기 예수는 태어나면서부터 이미 '주의 거룩한 자'(눅 2:23)임에 틀림없으나 율법을 따라 할례를 받을 때 '주의 거룩한 자'로 선포됩니다. 부모의 역할이 바로 이것이어야 합니다. 거룩한 자를 거룩한 자로 선포할 수 있도록 만드는 사람이 바로 부모여야 하기 때문입니다. 부모의 신앙에 의해 '주의 거룩한 자'가 되었음을 선포하게 합니다. 거룩함은 신앙의 전통 속에서 만들어져 가는 것입니다. 예수의 거룩한 습관은 부모의 신앙을 통해 형성되어 갑니다. 하나님은 이스라엘 백성에게 "너희는 거룩한 백성이 되고, 제사장 나라가 되라"고 요구하셨습니다. 예수의 생애는 교회에서부터 시작되고 있으며, 그러한 일을 하도록 이끈 사람은 바로 예수의 부모였습니다.

성전에 오른 아기 예수를 성령으로 감동된 사람들이 기다리고 있습니다.

2. 성령이 충만한 시므온과 안나를 통해 고지되는 예수

1) 성령의 사람 시므온을 통해 아기 예수가 누구인지, 그리고 어떤 하나님의 일을 할 것인지 고지됩니다.

시므온은 구약성경이 경건이라 칭할 때 "의롭고 경건하여 이스라엘의 위로를 기다리는 자"(눅 2:25)라는 세 가지 속성을 다 갖춘 인물입니다.

첫째, 하나님과 사람에 대한 관계와 태도에서의 '바름'을 갖추었습니다. 그는 신앙의 삶 자체가 의로운 사람이었습니다. 성경에서 정의로운 사람이라 불러 준 사람은 구약의 욥(우스 땅에 욥이라 불리는 사람이 있었는데 그 사람은 온전하고 정직하여 하나님을 경외하며 악에서 떠난 자더라, 욥 1:1)과 세례 요한의 아버지 사가랴(하나님 앞에 의인이니 주의 모든 계명과 규례대로 흠이 없이 행하더라, 눅 1:6), 그리고 백부장 고넬료(의인이요 하나님을 경외하는 사람이라 유대 온 족속이 칭찬하더니, 행 10:22) 등에게서나 볼 수 있을 정도로 굉장한 칭찬입니다.

둘째, 바리새주의의 교만한 자기주장과 대립되는 '하나님을 두려워하는'(경건이라는 말 자체가 이 뜻임) 사람이었습니다.

셋째, 약속이 성취될 것을 간절하게 기다리는, 곧 이스라엘의 위로를 간절하게 기다리는 사람이었습니다.

2) '성령이 그 위에 계시는' 시므온은 성령의 감동으로 성전에 올라 '주의 구원을 봅니다.'

'성령으로 아니하고는 누구든지 예수를 주시라 할 수 없습니다'(고전 12:3). 성령이 가야 할 곳을 가르쳐 주시고, 만나야 할 사람을 만나게 하시고, 일어나는 일을 어떻게 처리해야 할지 가르쳐 주신다면, 우리는 참으로 그리스도인의 승리의 삶을 살 수 있습니다. '주님의 백성에게는 영광'이신 주님을 성령의 감동으로 볼 수 있다는 것은 그리스도인의 최고의 목표입니다. 그것은 마치 스데반이 '하나님의 영광과 하나님의 오른편에 서 계신 예수님'을 본 것에 대해 우리가 참으로 스데반처럼 성령으로 감동한 사람이기를 소원하는 이유와도 같습니다.

'성령의 감동으로'란 '성령의 인도로' 또는 '영에 이끌리어'라는 뜻으로 '성령의 영감을 받아' 그날 성령께서 성전에 가게 하셨다는 뜻입니다. 그러므로 우리도 하나님의 집인 기도하는 아버지 집에 성령으로 충만해져서 오른다면, 시므온에게 일어났던 것과 같은 주님의 구원과 계시의 빛이요 주님의 백성의 영광을 볼 수 있을 것입니다. 성령의 사람만이 '구원이시요 영광이신' 아기 예수를 볼 수 있을 것입니다. 성령의 사람인 시므온이 그 아기 예수를 본 것처럼, 우리도 성령의 사람이어야 하는 이유는 '주님의 구원을 보고자 함' 때문이고, '주님의 백성에게는 영광'이신 우리 주 예수 그리스도를 보기 위해서입니다.

3) 시므온은 성령의 지시를 받은 사람입니다.

시므온은 자신의 죽음에 대해서조차도 성령이 알려 주시는 성령의 사람입니다. '주님의 그리스도를 보기 전에는 결코 죽지 않을 것이라'는 성령의 지시를 받은 시므온은 참으로 복인입니다. 그런 의미에서 우리도 시므온처럼 성령께서 우리의 삶의 중요한 사건이나 일들을 알려 주시는 사람이 될 수 있도록 기도해야겠습니다. 성령님은 시므온의 경우처럼 우리에게 우리의 삶에서 해야만 할 일을 알려 주시기를 원합니다. 그렇게 하려면 우리가 성령의 지시에 순복해야 합니다. 성령이 우리와 함께하시는데도 우리가 살면서 성령을 소멸하고, 성령을 근심시키고 훼방해서는 안 됩니다.

4) 기도함으로 섬기는 사람 안나는 '그에 관하여 말합니다.'

누가복음 2장에 소개되고 있는 '안나'라는 사람은 구약의 사무엘상에 소개되고 있는 한나와 너무나 닮은 점이 많습니다. 히브리어 한나를 신약의 언어인 헬라어로 안나 또는 한나로 발음합니다. 따라서 누가복음의 안나를 '한나'로 부르는 것이 좋습니다. 이름만 같은 것이 아니고 두 사람 모두 기도하는 사람들이었습니다. 더 나아가 성전에서 살았습니다. 교회를 지키며 사는 일은 특별한 소명을 받은 사람들입니다. 그리고 기도하여 응답받는 내용들 또한 비슷한데, 그것은 바로 하나님께 바쳐진 사람들이었다는 것입니다.

안나라는 여인은 우리에게 그리스도인의 삶이 어떠해야 하는지 가르쳐 줍니다.

(1) 안나는 성령의 사람이었습니다.

성전에서 늘 기도하는 사람이었지만 '마침 이때에 나아옵니다'(눅 2:38). 정확한 때를 아는 사람은 분명 성령에 감동한 사람입니다. 그녀에게 '이때'는 구원자를 만날 수 있는 때입니다. 바로 '그때'(hora)란 '어떤 일을 위한 때'로 그 일을 하기에 가장 적합한 때, 일정한 때, 가장 좋은 때를 의미합니다.

예를 들면, 마태복음 8장에 가버나움의 백부장이 하인의 중풍병을 믿음으로 고침 받는 이야기가 소개되고 있는데, "가라 네 믿은 대로 될지어다 하시니 그 즉시 하인이 나으니라"(마 8:13) 한 바로 '그 즉시'입니다. 믿음으로 병 고침을 받는 바로 그때는 다시 오지 않을 수 있습니다. 가버나움의 백부장은 다시는 예수를 만날 기회가 없을 수 있기 때문입니다. 안나는 기도의 영으로 기도하다가 성령의 깨닫게 하심을 따라 '마침 이때에 나아옵니다.' 그리하여 아기 예수를 만납니다. 성령의 사람은 때를 분별할 줄 압니다.

(2) 안나는 기도하는 여인이었습니다.

당시 종교지도자를 비롯한 경건한 사람들은 아기 예수를 알아보지 못합니다. 그러나 그녀는 알아봅니다. 물론 성령의 인도를 따른 것이지만, 기도하는 사람에게 응답하시는 하나님의 섭리를 다시 한 번 깨닫게 됩니다. "기도함으로 섬기더니"(눅 2:37)라는 말씀에서 배울 수 있듯이 기도로 교회를 섬기는 사람을 통해 하나님은 일하십니다.

구약의 한나가 "마음이 괴로워서 여호와께 기도하고 통곡하며 서원하여……오래 기도하는 동안에"(삼상 1:10, 12) 엘리 제사장은 그녀가 술

취한 줄로 압니다. 즉 구약의 한나 시대가 기도가 없던 시대임을 말해 주는 것입니다. 누가복음의 안나 시대 역시 기도가 없었습니다. 당시 종교지도자들이 형식적인 기도, 그리고 자기 의를 드러내는 기도를 하는 시대였고, 그리하여 주님은 그들과 같이 기도하지 말라고 가르치십니다. 하나님은 기도하는 사람이 교회를 섬기는 것을 아주 좋아하십니다. 기도로 교회를 섬기는 안나가 평생을 '성전을 떠나지 않았다'는 말을 통해 우리는 그녀의 삶 자체가 기도로 교회를 섬기는 삶이었음을 배우게 됩니다.

(3) 안나는 '그에 대하여 말합니다'(눅 2:38).

안나라는 선지자는 당시의 어떤 율법사보다 더 바른 신학자였습니다. 신학자란 '예수에 대하여 말하는' 사람이기 때문입니다. 그녀는 참으로 바른 선지자였습니다. 왜냐하면 신학자는 '그에 대하여 말할' 때에 자기 생각으로 그에 대하여 말할 수 있기 때문입니다. 그리고 그를 보지도 않고 말할 수 있기 때문입니다. 그러나 그녀는 그를 보고 '그에 대하여 말합니다.' 이것은 그녀가 참으로 바른 선지자임을 증명해 줍니다. 그가 보고 말할 뿐 아니라 '그에 대하여' 말한 내용인 '예루살렘을 속량할 구원자'라는 말은 참으로 '그에 대한' 바른 진술 내용이기 때문입니다.

예를 들어 엠마오로 내려가던 두 제자는 예수를 "이스라엘을 속량할 자라고 바랐지만"(눅 24:21) 그가 죽고 말았다고 하며 부활하신 예수를 알아보지 못합니다. 예수와 더불어 3년을 살았다고 해서 '그에 대하여 [바르게 인식하고] 말할 수' 있는 것이 아닙니다. 고린도전서 12장 3절의 말씀처럼 '성령으로 아니하고는 누구든지 예수를 주시라 할 수 없습니다.' 따라서 한나는 참으로 성령이 함께한 선지자, 곧 신학자였음을 증명해 줍니다. 우리가 한나라는 여선지자를 참으로 귀하게 여겨야 하는 이유는 우리도 그처럼 '그에 대하여 말해야' 하기 때문입니다. '그'이신 예수 그리스도가 우리의 진술의 참 내용이어야 합니다.

3. 할례 받으시는 예수를 본받는 우리 삶에의 적용

오늘날 우리는 더 이상 할례를 받지 않습니다. 그 대신에 세례를 받습니다. 할례가 세례로 대체되었기 때문입니다. "손으로 하지 아니한 할례를 받았으니 곧 육의 몸을 벗는 것이요 그리스도의 할례니라 너희가 세례로 그리스도와 함께 장사되고"(골 2:11-12)라 합니다.

구약에서부터 육체의 할례보다 마음의 할례를 받아야 한다고 말해 왔습니다. 이제는 마음의 할례를 받을 때입니다. 더 나아가 손으로 하지 아니한 할례인 그리스도의 할례, 곧 그리스도와 함께 장사된 세례 또는 성령세례를 받아야 할 때입니다. 세례의 문제는 예수가 세례를 받고 기도하실 때에 성령이 비둘기같이 임하는 사건에서 자세하게 고찰하도록 하겠습니다.

오늘 우리가 살펴야 할 주제인 할례 받는 예수를 통해 우리 삶에서 적용할 사항은 두 가지입니다. 할례의 유효성에 대한 초대교회의 논란과 성령의 사람인 시므온과 안나가 우리 교회에 필요하다는 사실입니다.

1) 할례의 구원 효력 논쟁

여호와께서 아브람에게 나타나셔서 이르시기를, 여호와 앞에서 '행하여 완전하라'(창 17:1) 하십니다. 즉 할례를 행하여 완전해지라고 명령하셨습니다. 할례가 '완전함'의 표징이 될 뿐만 아니라 모세의 아내 십보라의 할례 사건에서 보듯이 죽음으로부터 구원받은 예식이 되어, 할례의 구원 효력을 증명하는 사건이 됩니다(출 4:24-26). 바울도 할례가 '의의 표징'(롬 4:11)임을 인정하고, 자신이 예수 그리스도를 알기 전에 받앉던 할례 받은 육체를 자랑했습니다(빌 3:4-6). 에스겔에 따르면 할례 받지 아니한 이방인은 성소에 들어갈 수 없습니다.

> "주 여호와께서 이같이 말씀하셨느니라 이스라엘 족속 중에 있는 이방인 중에 마음과 몸에 할례를 받지 아니한 이방인은 내 성소에 들어오지 못하리라"(겔 44:9).

사도행전 15장 1절에서 말하듯이, '할례를 받지 아니하면 능히 구원을 받지 못한다'는 논쟁이 예루살렘의 사도회의에 제기됩니다. 그러나 사도회의는 "주 예수의 은혜로 구원받는 줄을 믿노라"(행 15:11)라는 베드로의 제안으로 결의됩니다. 이러한 사도회의 결의에도 불구하고 '할례를 행해야 구원 얻는다'는 가르침이 갈라디아 교회를 어지럽히고 있었습니다. 바울은 할례가 구원에 미치는 효력이 없다고 분명하게 정리합니다(갈 5:6, 6:15).

디모데를 할례 받게 하는 경우에서 보듯이(행 16:3), 바울도 할례의 행위 자체를 거부하는 것은 아닙니다. 할례의 구원 효력을 인정하게 되면 '그리스도께서 너희에게 아무 유익이 없기'(갈 5:2) 때문이고, '그리스도께서 헛되이 죽으신'(갈 2:21) 것이 되기 때문이라는 것이 바울의 생각입니다.

바울이 헬라인 디도까지도 억지로 할례를 받게 하려는 것을 보면서, 할례를 유대인으로서 살기 위해 지켜야 할 삶의 유형(갈 2:14)이 아니라 구원의 관점에서 보려는 것을 단호하게 거절합니다(고전 7:18). 바울의 결론은 '그리스도 예수 안에서는 할례나 무할례나 효력이 없으되 사랑으로써 역사하는 믿음뿐이라는 것입니다'(갈 5:6). 바울은 아브라함이 할례를 받고 의로워진 것이 아니라, 믿음으로 의롭게 된 이후에 할례를 받았다고 잘 정리해 줍니다(롬 4:11).

이제 우리의 삶에서 할례의 문제를 어떻게 적용하며 신앙생활을 할 것입니까? 예수님도 할례를 받으셨습니다. 그러나 예루살렘 공의회는 '구원은 오직 주 예수 그리스도의 은혜로 받는다'고 결의했습니다. 할례가 아브라함의 경우에서 보듯이 '완전함'을 행하는 표징이고, 십보라가 말했듯이 죽음에서부터 구원받는 예표임에 틀림없지만, 우리 주 예수 그리스도의 보혈을 믿음으로만 구원 얻는다고 하는 교회의 신앙고백을 우리는 확실하게 견지해야 합니다.

그런 다음, 할례의 진정성의 문제를 생각해야 합니다. 곧 신명기 30장 6절에서 모세는 "네 하나님 여호와께서 네 마음과 네 자손의 마음에 할례를 베푸사 너로 마음을 다하며 뜻을 다하여 네 하나님 여호와를 사랑하게 하사 너로 생명을 얻게 하실 것이며"라고 '마음의 할례'를 언급했습니다. 예레미야도 마음에 할례를 받아 정결해져서 하나님이 맡기신 일에 소명을 다해야 한다고 강조합니다.

할례 받는 장소가 마음으로 달라졌을 뿐, 할례를 받지 말라는 의미는 아닙니다. "할례는 마음에 할지니 영에 있고 율법 조문에 있지 아니한 것이라"(롬 2:29)고 바울은 재차 강조합니다. 왜냐하면 의로움과 거룩함이 특히 몸에 있어야 하기 때문입니다. '몸'이 거룩해져 성령이 거하시는 전이 되도록 만들어야 합니다. 그런 의미에서 세례, 특히 성령세례를 받아야 합니다.

그럼에도 불구하고 구약에서 할례가 형식화되고 의식 속에서만 자리하게 됨으로 진정한 할례는 마음에 하는 것이라고 했던 것입니다. 할례 받는 장소가 마음으로 바뀐 것은, 마음에 바로 사람의 경험과 행위의 동기 부여, 그리고 행동의 욕망이 자리하고 있기 때문입니다(롬 1:21). 부모의 신앙은 자녀에게 '마음'의 할례를 받도록 이끌어야 합니다. 내 아이의 '마음'에 부모의 욕망과 자기중심적인 인간관계 방식, 그리고 세상을 보는 시각이 자리 잡는 것이 아니라, 하나님의 영이 거하는 자리가 되어 순결한 믿음이 자리하고 정결한 양심이 살아 있는 곳이 되도록 해야 합니다.

바울은 그래서 마음의 할례를 그리스도의 할례라고 합니다.

> "또 그 안에서 너희가 손으로 하지 아니한 할례를 받았으니 곧 육의 몸을 벗는 것이요 그리스도의 할례니라"(골 2:11).

그리스도의 할례란 '손으로 하지 아니한' 것이니까 마음의 할례에 해당하는 것으로 이해할 수 있는데, 골로새서 2장 12절에 '그리스도와 함께 장사된' 세례라고 하는 것을 보면 성령의 세례라고 해석할 수 있습니다. 결국 성령의 세례가 화두가 되었습니다.

초대교회 첫 순교자였던 스데반은 "목이 곧고 마음과 귀에 할례를 받지 못한 사람들"을 "조상과 같이 항상 성령을 거스르는"(행 7:51) 사람이라고 책망합니다. 마음에 할례를 행하지 않는 사람들, 곧 마음의 진실로 순종하지 않는 사람들, 형식적으로 몸에 할례를 받은 것으로 구원받았다고 여기며 살아가는 사람들을 향하여 그들은 바로 성령을 거스르는 사람들이라 한 것을 보면, 성령은 마음의 진실로 순종하게 이끌고 돕는 분이심을 알 수 있습니다.

우리는 성령께 순종하는 사람이어야 합니다. 성령은 우리의 마음에 계시기 때문입니다. 마음은 성령이 거하시는 자리입니다. 성령만이 우리로 하여금 예수 그리스도의 은혜로써 구원받는다는 것을 깨닫게 하십니다. 할례가 우리를 구원받게 하는 것이 아니라 성령의 역사가 우리를 구원받게 합니다(갈 3:3-5).

2) 우리 교회에 성령의 사람인 시므온과 안나 같은 성령의 사람이 필요합니다.

우리 교회에 시므온과 안나가 필요합니다. '내'가 바로 시므온과 안

나여야 합니다. 시므온은 '이스라엘이 받을 위로'를 기다리는 자로 인생을 살면서 가장 값진 노년기를 보낸 본보기 신앙인이었습니다. 노인은 죽음의 복을 달라고 기도했습니다. 시므온은 죽음의 복을 달라고 기도할 수도 없는 사람이었습니다. 왜냐하면 주의 그리스도를 보기 전에는 죽지도 못하리라는 성령의 지시를 받았기 때문입니다. 그러나 주의 구원을 보았으니, 그리고 이스라엘의 영광을 보았으니 죽게 해달라고 기도합니다. 주님께서 이 세상에 오심이 어떤 사람에게는 죽음의 복이 임하는 사건이 되었습니다.

우리 교회에도 죽음의 기도를 하는 성도가 많이 있습니다. 시므온의 기도를 하셔야 합니다. 별세신학을 주창하여 하나님께 영광을 돌린 목사님이 계십니다. 한신교회 이중표 목사님입니다. 별세신학의 기원은 바로 우리 주님입니다. 변화산상에서 모세와 엘리야가 영광 중에 나타나 '장차 예수께서 예루살렘에서 별세하실 것을 말합니다'(눅 9:31). 기독교는 죽음을 이기고 부활하신 예수를 그리스도라 고백합니다. 시므온은 "그런 주의 구원을 보았사오니, 그리고 온 세상을 비추는 영광을 보았사오니 이제는 거룩한 죽음을 주시옵소서!"라고 별세 기도를 했습니다. 우리 모든 그리스도인들도 시므온과 같은 별세의 기도를 해야 합니다.

시므온은 자기 죽음의 때를 아는 사람이었습니다. 인생 살면서, 특히나 죽음을 기다리면서 자기의 죽음의 때를 아는 것처럼 복 받은 일이 어디 있습니까? 죽음의 때를 아는 사람이 하고 싶은 일이 무엇입니까? 시므온처럼 성전을 찾고 주의 구원을 보고자 소원해야 할 것입니다. 그리고 "이제는 종을 평안히 놓아 주옵소서!"라고 기도해야 합니다.

교회를 부둥켜안고 평생 성전을 떠나지 못하며 위로와 회복을 기도하고 노래한 시므온 여러분! 이제 시므온의 기도를 올릴 차례입니다. "주님, 이제 당신께서 당신의 말씀대로 종을 평안히 놓아 주시옵소서!" 이사야가 노래했듯이, '너희는 위로하라! 나의 백성을 위로하라!'는 말씀을 따라 주의 백성인 교회를 위로하고 회복시켜 주시기를 소원하면서, '모든 슬픈 자를 위로하라!'는 말씀처럼, 슬픔과 눈물과 아픔과 고통의 세월을 지나온 우리 교회를, 시므온이 팔에 안은 위로자, 구원자를 내려놓았듯이 우리 교회를 내려놓고 평안한 죽음을 맞이해야 합니다.

우리 교회는 시므온과 안나와 같은 영안이 뜨인 사람이 필요합니다. 아기를 보고도 '구원을 볼 줄 알고'(시므온), '예루살렘을 속량할 자임을 아는'(안나) 영안이 밝은 사람이 필요합니다. '의롭고 경건한'(시므온) 사람일 뿐만 아니라, '성전을 떠나지 않고 주야로 금식하며 기도함으로 섬기는'(안나) 사람들 말입니다. 아기이지만, 예수는 의롭고 경건한 시므온에게 '위로자'로 나타나셨고, 성전에서 기도함으로 섬기는 안나에게는 '구속자', 곧 '속량해 주시는 자'로 다가가십니다.

시므온이 예수의 부모에게 전하는 말처럼(눅 2:34-35), 교회를 향하여 말을 하십시오!

> "보라 이는 이스라엘 중 많은 사람을 패하거나 흥하게 하며 비방을 받는 표적이 되기 위하여 세움을 받았고"(눅 2:34).

많은 사람을 패하거나 흥하게 할 것이라는 사실을 정확하게 말해야 합니다. 모두 다 흥할 수 없다는 것을, 그러나 모두 다 패해서는 안 되지 않겠느냐고 말해야 합니다. 그러나 어떤 경우이든 비난, 곧 고통과 눈물을 흘려야만 한다는 것을, 비방을 받는 표적이 되기 위하여 세움을 입는 아들을 둔 어머니 마리아의 마음을 검처럼 찌르는 것이 무엇일까요?

안나처럼 평생을 기도로 섬기는 교회, 주의 사람들이여! 당신들이 그토록 '그에 대하여 말하여' 온 대로 우리 교회는 '그'만이 우리 말의 전부가 되도록 노력하겠습니다. 우리 교회는 우리 교회를 구원할 구원자 예수만이 주인이신 교회입니다. 평생을 기도로 섬기다가 '그'를 보고 이제는 '그에 대하여 말하는' 안나와 같은 성령의 사람이 많이 계셔서 우리 교회가 주님의 교회가 되었습니다. 평생을 기도로 섬기는 당신들의 그 섬김으로 하나님 나라에서 큰 자로 세워지실 것을 믿습니다.

결론입니다.

예수는 아기 때에 할례를 받습니다. 예수의 부모는 하나님의 자녀를 하나님께 바치기 위해 성전에 오릅니다. 성전에 오르는 아기의 예배를 성령이 충만한 시므온과 기도의 사람 안나라는 선지자가 맞이합니다. 그들은 이스라엘을 위로할 자 예수에 대하여 말합니다. 오늘날도 교회는 유아세례를 베풉니다. 부모의 신앙을 확인하고 베풀지만 구원 효력 논쟁을 지금도 하고 있습니다. '할례를 받지 아니하면 능히 구원을 받지 못한다'고 하지만 '주 예수의 은혜로 구원받는 줄을 믿어야' 합니다. 그리스도 예수 안에서는 할례나 무할례가 문제가 아니라 사랑으로써 역사하는 믿음이 있어야 합니다.

하나님의 은혜 안에서 자라시는 예수
누가복음 2:39-52

○●● 오늘 주제는 하나님의 은혜 안에서 자라는 청소년 시기의 예수의 이야기입니다. '천상의 아버지 집에서 지상의 아버지 집으로'라는 부제로 내용을 설명할 수 있습니다.

오늘 본문은 예수의 열두 살 때의 이야기입니다. 유대 전통에 따르면, 솔로몬이 열두 살에 왕위에 올랐습니다. 사무엘의 첫 예언 나이가 열두 살이었습니다. 다니엘이 수산나의 무죄를 주장하며 재심을 요구할 때의 나이가 열두 살이었습니다. 오늘 설교의 목적은, 하나님의 은혜 안에서 자라는 예수처럼 우리의 자녀도 하나님의 은혜 안에서 자라야 함을 가르치는 것입니다. 자녀에게 위대한 신앙의 습관을 만들어 주어야 합니다. 키가 커가고 자랄수록 하나님의 은혜 안에 있어야 하고, 사람과 하나님에게 사랑을 받아야 함을 드러내게 하는 것입니다.

1. 절기의 관례를 따라 성전을 찾았습니다

"관례를 따라"(눅 2:42)라는 말은 '습관적으로'라는 말로 풀이할 수 있습니다. '관례를 따라'의 원어가 'kata to ethos'인데 'ethos'를 한 개인이 익숙해져 있는 삶의 패턴을 지칭하는 '습관'(habit)이라고 한다면, 다른 하나는 한 공동체가 사회적으로 반복되는 과정 중에 보편화된 행동양식인 '관습'(custom)을 뜻합니다. 유대인들 공동체에 종교적으로 정착되어 있는 신앙 행동의 틀을 지칭합니다(눅 1:9, 2:42; 행 15:1, 6:14, 16:21, 21:21, 28:17).

성전을 찾는 것이 습관인 이유는, 41절에 의하면, 그의 부모가 해마다 유월절이 되면 예루살렘으로 갔다는 말에서 근거를 찾을 수 있습니다. 예수의 부모는 경건한 신앙인이었습니다. 경건한 신앙인이 예배당을 찾으면서 아이와 동행하지 않았다는 것은 상상하기 힘든 이야기입니다.

유대 전통에 따르면, 남자아이가 열세 살이 되면 '바르 미츠와' 곧 '계명의 아들'이라 해서 스스로 율법을 지키는 책임을 지게 되므로, 부모는 그전까지는 자녀와 동행합니다. 현대 교회의 언어로 설명하자면, 유아세례를 받은 자녀가 열다섯 살이 되면 스스로의 고백으로 하나님과 교회 앞에서 신앙인의 책임을 다하겠다고 하는 입교 의식과 같은 것입니다.

누가복음 4장 16절에 의하면, 예수님이 자라나신 곳인 나사렛에 이릅니다. 자기 고향을 찾으신 예수님은 자신의 어릴 때의 추억을 떠올릴 것입니다. 4장 16절에 의하면 "늘 하시던 대로" 회당에 들어가사 성경을 읽으려고 하셨습니다. '늘 하시던 대로'란 '습관'을 뜻하는데, 거룩한 습관이 필요합니다. 좋은 습관은 어릴 때부터 시작되어 형성이 됩니다.

그러면 우리 스스로에게 물어봅시다. 내가 어릴 때부터 습관적으로 해온 것이 무엇입니까? 좋은 부모는 자녀에게 경건의 훈련을 시키는 것입니다. 예수의 부모는 자녀를 데리고 성전을 찾았습니다. 우리도 가능하면 자녀에게 그렇게 하고 싶어 합니다. 이처럼 좋은 유산이 없으니까요! 그러나 부모의 경건의 훈련은 자녀를 세상에 빼앗기지 않도록 만드는 일을 완전하게 못합니다. 다시 말하면, 우리 중에 자녀를 세상에, 성적인 유혹에, 물질에, 그리고 세상의 좋은 것들에 빼앗기고 말아 눈물짓는 분들이 많습니다. 고등학교 다닐 때까지는 교회에 잘 다녔는데 하며 아쉬움과 한숨과 절망을 내뿜으면서, 사람의 마음대로 안 된다고 고백하는 것을 보았습니다.

경건한 신앙의 부모인 요셉과 마리아도 예외가 아닙니다. 예수님이 49-50절에서 대답하신 것처럼 "내가 내 아버지 집에 있어야 될 줄을 알지 못하셨나이까" 하시니 그 부모가 그가 하신 말씀을 깨닫지 못합니다. 예수님은 교회를 그냥 다닌 것이 아닙니다. 아버지의 뜻을 알고 싶어서 말씀을 듣기도 하며 묻습니다. 그러고는 깨닫습니다. 그리하여 명확하게 깨닫습니다. 성경은 그것을 "예수는 지혜와 키가 자라가며"(눅 2:52)라고 말합니다. 말씀을 듣는 것으로 끝나서는 안 됩니다. 말씀을 듣고만 있지 말고 물어야 합니다. 아버지의 뜻이 무엇인지! 그리하여 아버지의 뜻을 인식하여, '내 아버지 집에 있어야만 한다'는 필연적 의식을 가졌습니다. 그리하여 아버지와의 관계를 아버지 일과의 관계, 반드시 있어야만 한다는 의무의 관계 속에서 이해했습니다.

부모와 자식의 관계는 여러 차원에서 규정될 수 있습니다. 그러나 부모와 자식의 관계에서 '내가 내 아버지 집에 있어야 한다'는 의식이 만들어낸 관계처럼 중요한 것이 없습니다. 나는 내 아버지 집을 떠나야만 한다는 생각을 가지게 되면, 아버지와의 관계는 불편한 관계가 될 수 있습니다.

2. 지혜와 키가 커가고 은혜 안에 거합니다

예수께서 '지혜와 키가 자라간'(눅 2:40) 또 다른 증거가 있습니다. 47절을 보십시오. 듣는 자가 다 그 지혜와 대답에 놀랍니다. 열두 살이 된 예수 안에 이미 그 말씀이 놀라움을 일으키는 능력으로 자리하고 있습니다. 예수의 가르침은 권위 있는 자와 같고 그들의 서기관들과 같지 아니하였습니다(마 7:29). 40절에 의하면, 말씀의 지혜(sophia)가 충만해집니다. 다시 말하면, 하나님의 은사인 지혜가 벼가 익을수록 고개를 숙이듯이, 충분하게 채워져 갔다는 뜻입니다. 그래서 52절에 '지혜(sophia)가 자라간다(쉬네세이, synesei)'고 언급했습니다. 어떤 사건이나 사물의 이치를 꿰뚫어 보는 이해력이나 통찰력이 뛰어나고 사태의 본질을 알아채기 시작했다는 것입니다.

고린도전서 1장은 사람의 지혜와 하나님의 지혜가 다르며, 세상의 지혜로 하나님을 알 수 없다고 말합니다. 그래서 바울은 그리스도 예수 안에 있는 하나님으로부터 오는 지혜를 가져야 한다고 언급합니다(고전 1:30). 왜냐하면 우리가 관심을 두고 있는 지혜가 '은밀하게 감추어져 있는 하나님의 지혜'(고전 2:7)일 뿐 아니라 성령으로 말미암아 예수 안에서 계시되기 때문이라는 것입니다. 이 지혜가 없이는 하나님의 뜻을 알 수 없기 때문이라는 것입니다(골 1:9).

"하나님과 사람에게 더욱 사랑스러워 가시더라"는 말은 하나님의 은혜 안에(in) 있었다는 말인데, 예수가 아기였을 때에는 하나님의 은혜가 아기 위에(upon) 머뭅니다. 그러나 예수가 커가면서 하나님과 사람 앞에서 은혜 안에, 곧 마음으로 늘 아버지의 뜻을 생각하고, 아버지가 원하는 생각을 하고, 아버지가 내 안에 거하시는 자로서 말을 하고, 아버지가 나를 사랑한 것같이 제자를 사랑합니다. 그것이 바로 은혜 안에 거하는 예수의 모습입니다.

3. 예수님은 '하나님과 사람에게 더욱 사랑스러워 갑니다'

예수님께는 순종해야 할 아버지가 두 분이 계십니다. 하늘에 계신 아버지만이 아니라 나사렛에 사는 아버지가 계십니다. 하나님 아버지를 섬겨야 한다는 자기의식을 '내가 내 아버지 집에 있어야 할 줄'이라는 말로 표현하셨다면, 육신의 부모와 '함께 내려가사 나사렛에 이르러 순종하여 받드십니다.' 그리하여 예수는 '하나님과 사람에게 더욱 사랑스러워 갑니다'(눅 2:52). 예수님은 하나님 아버지만이 아니라 육신의 아버지를 동시에 섬겨야 한다는 의식을 가졌습니다. '아버지 집'에서 아버지의 일을 하는 것만이 그가 받은 소명이 아닙니다. 하나님의 말씀은 십계명 중 "네 부모를 공경하라"는 제5계명을 지키는 것도 예수가 지켜야 할 소명이라 말합니다. 하나님께 순종하는 예수는 육신의 부모에게 순종하는 예수와 동일한 존재입니다. '하나님과 사람' 중에 양자택일할 수 없습니다.

예수님은 어릴 때부터 순종하는 모습이 습관이 되어 있었기 때문에 하나님 아버지의 뜻에 복종할 수 있었습니다. 기록되어 있어서 알 수 있는 나이인 열두 살부터, 공생애를 시작하는 30세 사이인 18년 동안 예수는 목수인 아버지 요셉의 일을 도와 목수의 아들로 살았습니다. 30년 동안 부모를 섬기며 사는 시간이 없었다면, 3년 동안 하나님 아버지를 섬기며 사는 시간은 힘들었을 것입니다. 그리고 30년 동안 부모께 순종하며 사는 방법을 몰랐다면, 3년 동안 하나님 아버지의 뜻을 받들어 복종하는 일이 어려웠을 것입니다. 다시 말하면, 예수의 공생애 3년은 30년의 부모를 섬기는 시간과 내용을 통해 가능했던 것입니다. 30년 동안 육신의 부모 섬기는 일을 통해 비로소 3년 동안 하늘에 계신 아버지를 섬길 수 있었습니다.

바울은 예수의 "이 마음을 품으라 곧 그리스도 예수의 마음이니"(빌 2:5)라 하여, 곧 예수의 마음을 배워 우리도 부모에게 마음으로 순종해야 함을 말합니다. 우리가 진실한 마음이 아니고는 부모에게 순종의 흉내만 내고 있을 뿐이라는 것을 잘 압니다. 그런데 예수의 마음은 그렇지 아니했습니다. 하나님 아버지의 이 엄청난 요구, 곧 십자가 죽음은 하루아침에 할 수 있는 순종이 아닙니다. "네 부모를 공경하라"는 계명은 말씀으로 말미암은 훈련을 통한 거룩한 습관으로 가능합니다.

'순종'이란 휘포+타소(hypo+tassw)로 '아래에 두다, 복종시키다, 굴복하다'라는 뜻을 가집니다. 성경에는 칠십 명의 사람이 기쁨에 넘쳐 돌아와 보고하기를, "주님, 주님의 이름을 대면, 귀신들까지도 우리에게 복종합니다"(눅 10:17)라는 문맥에서 사용되고 있습니다. '육신에 속한 생각은 하나님의 법을 따르지 않으며, 또 복종할 수도 없습니다'(롬 8:7). 예수님이 순종했다는 말은 이곳에서만 사용되고 있습니다. 그 말은 예수님은 죄에, 그리고 악에 굴복당하지 않고 물리쳤음을 뜻합니다. 그러나 이 단어는 아내가 남편에게, 그리고 자녀가 부모에게 순종해야 한다고 말할 때에 사용되고 있음을 주목해야 합니다.

'주체'(subject)라는 단어를 우리의 이야기 맥락에 적용하자면, '부모 앞에서 자신을 내려 부모를 떠받치다'라는 뜻을 가집니다. 무조건 그리한 것은 아닙니다. 예수의 어머니와 형제들이 찾아왔을 때에 누가 내 형제요 어머니냐고 물으면서, 하나님의 뜻에 순종하여 행하는 자라고 분명하게 말씀하셨기 때문입니다. 동생들조차 '당신을 세상에 나타내라', 곧 '예루살렘에 올라가서 임금이 되라'고 요구했을 때, 그것은 세상의 일들이고 '세상의 일은 악하다'며 부모 형제의 말이라고 해서 무조건 따른 것이 아닙니다. 예수 자신의 말에 의하면, 나는 아버지가 보내신 목적대로, 하늘에서 본 것을 말하고 들은 것을 말하며, 행할 뿐이라는 것입니다.

4. '내 아버지의 집': 두 아버지 집(인성과 신성)

예수에게는 두 아버지가 계십니다. 예수의 어머니 마리아가 "네 아버지와 내가"(눅 2:48)라고 말할 때의 아버지와 "내가 내 아버지의 집"(눅 2:49)에 있어야 한다고 대답할 때의 아버지가 계십니다. 우리는 보통 그것을 육적인 아버지와 영적인 아버지라 부릅니다. '두 아버지' 때문에 정신을 잃거나 두 아버지를 대하는 태도가 다른 것이 아닙니다. 열두 살의 예수는 신성의 아버지 집인 성전에서 인성의 아버지인 부모의 집이 있는 나사렛으로 내려가 부모에게 순종합니다. 이것이야말로 참된 순종입니다. 하나님이 사람이 되신 것을 유대 신학자들은 '자기 포기'라 칭합니다. 하나님 아버지의 집에서 사람의 아버지 집으로 가는 것이 순종입니다. 하나님이 사람이 되시고, 성전에서 부모의 집으로 내려가신 것이 바로 순종의 일입니다.

그렇다면 예수님이 말씀하신 '내 아버지의 집'은 무엇을 뜻할까요?

예수님이 말씀하신 아버지의 집은 예루살렘 성전을 지칭하는 것이 사실입니다. 그런데 '아버지 집'을 원문에 맞게 풀이하자면, '아버지의 일에 관계하여'라는 뜻으로 풀어야 합니다. 다시 말하면, 예수는 아버지의 집을 아버지의 일 중에 "기도하는"(눅 19:46) 일과 관계된 것으로 말했지만, 사람들은 성전 하면 하나님이 계신 곳이라고 생각하여 하나님을 그곳에 계시도록 만들고 말았습니다. 그래서 예수님은 성전을 '헐라'고 말씀하셨던 것입니다.

그리고는 요한복음 14장 2-3절에서 '아버지 집'을 다시금 언급합니다. 이 아버지의 집을 천상에 있는 집이라고 해석해 왔습니다. '거처를 예비하기' 위해 가시기 때문이라는 이유에서입니다. 그러나 요한복음 14장의 문맥을 살피면, 이 구절을 다음과 같이 옮기는 것이 좋습니다. "내 아버지의 집(가족) 안에는 너희가 거할 곳이 많다. 그렇지 않다면 내가 너희에게 일렀으리라. 내가 너희를 위해 거처(부활의 몸)를 예비하러 간다. 거처(부활의 몸)를 예비하면, 너희에게 다시 와서, 내게로 영접하여, 나 있는 곳(성령 공동체)에 너희도 있게 하리라."

예수는 부활하여, 즉 거처를 예비한 후 다시 제자들에게 오실 것을 약속하고 있습니다. 이때 그의 제자들은 예수 안에, 그리고 예수가 주신 성령 안에서 아버지와 아들과 함께 거하게 되고, 이것이 곧 아버지의 집이요, 아버지의 가족이 되는 것임을 밝힙니다. '오심'이 부활과 성령으로 오심을 뜻하고, '거처'가 예수 성전인 부활의 몸인 교회 곧 성령 공동체이기 때문에, 우리는 이렇게 해석해야 합니다. 성령 안에서 아버지와 아들이 함께 거하는 거처란 부활 후에 부어 주신 성령 공동체인 교회를 뜻하는 것이며, 아버지의 집은 아버지의 통치를 받는 가족들이 있는 곳을 지칭하기 때문입니다. 결국에 예수님은 아버지의 집을 하나님 아버지와 아들 하나님, 그리고 아들을 통해 구원한 사람들이 함께 하는 곳으로 이해하고 있습니다.

5. 두 아버지를 섬기는 예수를 따라 사는 삶의 적용

우리는 예수를 닮아, 그리고 예수의 명령을 따라 부모에게 순종해야 합니다. '순종'이라는 단어가 예수께서 부모에게 순종하며 살았다는 대목에서 사용되고, 아내들에게 "남편에게 순종하라" 또는 자녀들에게 "부모에게 순종하라"고 명령하는 곳에서 사용되고 있는 사실에서 알 수 있듯이 '순종'은 관계를 규정하는 낱말입니다.

1) "주 안에서 부모를 공경하라."

사도 바울에 따르면 "자녀들아 주 안에서 너희 부모에게 순종하라 이것이 옳으니라"(엡 6:1) 했습니다. 이때 '주 안에서'라는 말을 여러 가지로 해석합니다. 그중의 하나가 오늘 우리의 주제와 연관이 깊습니다. 다시 말하면, 주님이 부모에게 순종하셨던 것처럼 너희들도 그 마음으로 부모에게 순종하라고 해석하기도 합니다. 그런데 부모에게 순종하는 일이 쉽지 않습니다. 어떤 사람들은 '주 안에서'라는 말을 주님을 믿지 못하게 하는 부모에게는 순종하지 말라는 의미로 받아들입니다. 그러나 우리는 '주 안에서'라는 말의 참뜻을 빌립보서 2장 6-8절에서 읽어야 합니다. 아버지의 뜻이라면 '자기를 낮추시고 죽기까지 복종하여 십자가에 죽기'까지 복종하셨기 때문입니다.

우리는 분명하게 성경을 읽어야 합니다. 우선순위는 분명 있습니다. 하나님의 말씀을 깨닫고 아버지와 나의 관계, 곧 내가 아버지께 '해야만 하는' 의무나 당연한 필연성을 의식한 다음 육신의 부모를 순종하여 받들게 하십시오. 다시 말하면, 육신의 부모를 섬기는 일은 순종'해야만 한다'는 말씀에 의한 깨달음이 없이는 불가능합니다. 더구나 말씀이 가르치면, 말씀의 내용이 나의 삶에서 드러나도록 만들어야 합니다. 예수님은 인간이었지만 하나님의 아들이었으니까 하나님 아버지만 섬기고 육신의 부모는 섬기지 않아도 되지 않느냐고 생각하는 것은, 육신의 부모를 모시기 싫어하는 속마음이 만들어낸 거짓 논리일 뿐입니다.

살다 보면 육신의 부모를 섬기는 일과 하나님을 섬기는 일 중에 우선순위를 정해야 할 때가 많습니다. 하나님을 섬기는 일을 더 중시하고 먼저 하고자 합니다. 옳은 일입니다. 그러나 하나님이 싫어하시는 일을 해서는 안 됩니다. 하나님은 결코 하나님만 섬기고 육신의 부모를 버리라고 요구하지 않으십니다.

하나님은 아십니다. 우리가 우리의 편리대로, 원하는 대로 부모를 모시고 싶어 한다는 것을요. 그러나 예수님은 죽기까지 복종하셨지, 편하게 복종하려고 하지 않으셨습니다. 우리는 '복종' 또는 '순종'이라는 단어가 우리의 뜻대로 해석하거나 행해서는 안 되는 개념이라는 것을 알아야 합니다. 더구나 거짓 순종이나 형식적 순종이 얼마나 우리를 주님에게서 멀어지게 만드는 것인지 잘 알고 있습니다. 순종은 참 순종이어야지, 곧 마음으로 순종해야지 거짓 순종해서는 안 됩니다. 하나님 아버지께 참 순종하는 것은 육신의 부모에게 순종하는 경건의 훈련이 쌓여 갈 때 가능한 일입니다. 예수님은 어릴 때부터 순종했습니다. 우리가 지금 우리 뜻대로 하나님께 순종하는 일이, 어릴 때부터 순종하는 습관이 형성되지 않았기 때문에 이렇게밖에 순종하지 못하는 것일 수도 있습니다.

2) 부모 공경의 조건 유무

'부모를 무조건 공경해야 하는가? 아니면, 부모를 공경하는 데에도 어떤 이유나 조건이 붙어야 하는 것 아닌가?'라고 묻게 됩니다. 부모가 공경 받을 만하니까 부모를 공경하는 경우와 부모를 도저히 공경할 수 없는 경우, 즉 부모가 술주정뱅이였거나 자식들을 전혀 돌보지 않고 폭력을 행사하는 경우, 또는 무능력하거나 심지어 자식을 살해하려는 경우, 그리고 언급하기 싫지만 부모로부터 성폭행을 당한 경우에도 부모를 공경해야 할까요? 부모로부터 받은 상처가 너무 커서 부모에게 마음이 열리지 않는데, 계명이니까 무조건 부모를 공경해야 할까요? 우리가 부모를 공경하는 데 어떤 조건을 붙이기 시작하면, 결국 우리는 부모를 공경 안 해도 괜찮은 조건 찾기에 급급할지도 모릅니다.

십계명 중 "네 부모를 공경하라"는 제5계명은 부모 공경에 아무런 조건을 달고 있지 않습니다. 그러나 신약시대가 되면, 조건이 붙습니다.

"자녀들아 주 안에서 너희 부모에게 순종하라 이것이 옳으니라"(엡 6:1).

그렇다면 '주 안에서'라는 조건과 "자녀들아 모든 일에 부모에게 순종하라 이는 주 안에서 기쁘게 하는 것이니라"(골 3:20)는 가르침은 모순되지 않는 것일까요?

'모든 일에' 부모에게 순종하는 것과 '주 안에서' 부모에게 순종하라는 것이 모순된다고 느낄 수도 있습니다. 왜냐하면 '모든 일' 속에는 계명을 지키지 못하게 하는 부모, 하나님을 믿지 못하게 하는 부모의 뜻대로 사는 것도 포함된다고 생각할 수 있기 때문입니다. 이 문제를 어떻게 풀어야 할까요? 골로새서 3장 20절도, 에베소서 6장 1절도 하나님의 말씀입니다. 그러므로 둘을 대립으로 봐서는 안 됩니다.

우리는 '모든 일에' 부모에게 순종해야 합니다. 다만 '모든 일'을 '주 안에서' 순종해야 합니다. 신앙을 떠나게 하거나, 범죄를 행하게 하거나, 불의를 저지르게 하는 부모의 뜻도 '모든 일' 속에 포함될 수는 없습니다. 그러나 그것을 요구하는 부모라도 그리스도인인 자녀라면, 신앙 안에서 바로잡도록 해야 합니다. 칼빈은 《기독교 강요》에서, 그런 부모일 경우 참되신 아버지를 공경하지 못하도록 우리를 유혹하는 낯선 사람일 뿐이라고 생각하라고 권면합니다.

3) 우리는 어떤 방법으로 부모를 공경해야 합니까?

예수님은 마가복음 7장에 의하면, 하나님을 빙자해 육신의 부모를 공경하지 않는 것 곧 고르반 제도를 비판하십니다(막 7:6-13). 그것은 외식으로 부모를 공경하는 경우이고, 마음으로 공경하지 않는 경우로, 헛되이 경배하는 경우라 말씀해 주십니다.

> "모세는 네 부모를 공경하라 하고 또 아버지나 어머니를 모욕하는 자는 죽임을 당하리라 하였거늘"(막 7:10).

하나님께 드림, 곧 고르반이 되었다고만 하면 그만이라 하여 부모에게는 아무것도 드리기를 허락하지 아니하지만, 그것은 잘못된 경우라고 비판합니다. 부모 공경은 마음의 존경은 물론 물질적인 돌봄을 포함하고 있습니다.

사람들은 하나님 아버지를 진실로 섬기려고 합니다. 그러나 육신의 부모 형제를 돌보는 일은 이차적으로 치부합니다. 그렇지만 성경은 "누구든지 하나님을 사랑하노라 하고 그 형제를 미워하면 이는 거짓말하는 자니 보는 바 그 형제를 사랑하지 아니하는 자는 보지 못하는 바 하나님을 사랑할 수 없느니라"(요일 4:20)고 가르칩니다. 보이는 부모를 섬기지 못하면서 보이지 않는 하나님 아버지를 섬기는 것은 거짓말이라고 말합니다. 형식적인 그리스도인일 뿐이라는 것입니다. 우리는 하나님 아버지는 잘 섬기면서 육신의 부모는 잘 섬기지 못하는 경우를 잘 압니다.

결론입니다.

누가는 '예수가 어린아이 때부터 부모의 신앙교육을 잘 받고 있다'는 것과 '하나님의 지혜에 충만하고 하나님의 은혜를 입고 자라고 있다'는 것을 보고하고 있습니다. 부모의 신앙교육도, 지혜의 충만과 하나님의 은혜가 함께함도, 예수를 통해 구원을 이루고자 하시는 하나님의 계획 안에서 일어나고 있습니다. 우리는 누가를 통해서 예수를 알고자 할 때에, 누가가 소개하고 있는 예수는 구원자요, 이스라엘을 속량할 그리스도요, 온 우주와 모든 민족을 구원할 메시아라는 시각에 초점을 맞추어야 합니다. 누가는 어린 시절이나 청소년 때의 예수 안에서 일하시는 하나님의 섭리와 은혜를 우리에게 소개하고 있습니다.

예수의 세례 받음과 성령 강림
마태복음 3:13-17; 마가복음 1:9-11; 누가복음 3:21-22; 요한복음 1:29-34

○●● 예수님은 공생애를 시작하기 전에 세례 요한으로부터 세례를 받습니다. 이 세례는 하나님의 '의를 이루기 위한' 세례로, 이때에 성령이 강림합니다. 성령 강림은 예수를 하늘로부터 부르시는 소명의식을 공지해 줍니다. 구약의 할례가 신약의 시대에는 세례로 대체되어, 세례를 받으려고 오시는 예수님을 본 세례 요한이 불가한 일임을 밝힙니다. 즉 세례는 누가 받고, 어떤 목적으로 받아야 하며, 세례를 받은 효력이 무엇인지 등의 여러 문제를 잘 정리해야 할 필요가 있다는 것입니다. 그러나 이미 세례를 받은 예수님에게는 아버지가 주신 잔을 의미하는 '내가 받을 세례'가 있다는 것을 말합니다. 부활하신 예수님은 승천하시기 전에 우리를 제자로 부르시고 세례를 제정하심으로 세례는 교회의 성례가 되었습니다. 이제 우리는 세례를 받아야 하나님의 자녀가 되고 예수님의 제자가 됩니다. 마지막으로 예수가 직접 우리에게 주시는 세례가 있는데 그것은 바로 성령세례입니다. 예수는 성령세례를 받고 공생애 사역 준비를 완성합니다.

따라서 우리는 일차적으로 하나님의 의를 이루기 위해 예수가 받는 세례에 대해 먼저 살펴보겠습니다. 그런 다음 예수님이 받을 세례에 대해 분석하면서, 그것은 다름 아닌 십자가의 고난의 잔이라는 것을 밝히겠습니다. 세 번째로 예수의 제자가 되기 위한 세례를 제정하신 예수님의 말씀을 따라 우리가 받아야 하는 세례의 일반을 살펴보겠습니다. 우리가 예수로부터 받아야 하는 세례는 성령세례이지만, 성령세례의 문제는 중요하기 때문에 다음에 다루도록 하겠습니다.

오늘 설교의 목적은 '우리가 세례 받은 존재'라는 사실을 잊지 않도록 강조하는 것입니다. 세례를 받아야만 거듭나고, 그리하여야 하나님 나라를 볼 수 있기 때문입니다.

1. 하나님의 의를 이루기 위해 예수가 받아야 하는 세례

마태는 세례 요한이 예수에게 세례 불가를 표명한 것으로 보도합니다. 마태는 그 이유를, 그가 죄가 없기 때문에 그는 죄 사함을 받는 세례를 받을 필요가 없다고 밝힙니다. 그것은 '구원받기 위해 세례를 받아야만 하는가?'라는 논의거리를 예수에게 던질 수 없음을 뜻합니다.

예수님은 '모든 의를 이루기'(마 3:15) 위해 세례를 받아야 한다고 답하므로 세례의 필요성을 설명하십니다. 이때 '의'란 하나님이 인간에게 요구하신 '하나님의 의'입니다. 세례 요한은 '의'를 하나님의 나라와 연계시킵니다. 의를 이루기 위한 세례의 예로 우리는 이스라엘 백성이 출애굽하여 홍해를 건널 때 물로 세례를 받은 것을 들 수 있습니다(고전 10:1-4). 약속의 땅에 들어가기 위해 옛 삶을 버린 증표로 홍해의 물세례를 받은 것처럼, '예수에 의해 새로운 출애굽을 이루기 위해서' 받는 세례라고 해석할 수 있습니다.

"우리가 이와 같이 하여 모든 의를 이루는 것이 합당"하다면 메시아가 세례를 받는 것이 하나님의 뜻을 이루는 것인데, '의를 이루는 것이 합당하다'는 말은 '하나님의 뜻에 따라 행하는 것이 마땅하다'는 말과 같습니다. 예수가 세례를 받아야 할 이유나 목적은 세례를 받으실 때에 성령이 강림하시며 하늘로부터 나는 소리의 내용에 의해 더욱 분명해집니다.

1) 예수께서 세례를 받으실 때(마가, 마태) 성령이 강림하시어 예수를 부르시는 소명의식을 부여합니다.

물에서 올라오실 때에 '하늘이 열리는데'(마 3:16), '열리다'라는 신적인 수동태가 사용되어 '하늘이 열렸다', 곧 하나님이 그 행위의 대리자로 묘사되고 있습니다. "하늘의 갈라짐"(막 1:10)의 근거는 이사야 63장 11, 14절과 64장 1절에서 찾을 수 있습니다. 하늘이 열리는 신적 수동태가 사용되어 성령의 강림이 하나님의 자기 계시 방식임을 알리는데, 신적 수동태가 사용되어 예수가 하나님의 아들임을 알리는 사건이 예수의 탄생 이야기에서도 등장합니다.

마태복음 1장에서 예수의 계보를 아버지가 아들을 '낳다'로 설명해 오다가 16절에서는 "마리아에게서 그리스도라 칭하는 예수가 나시니라" 하여 성령으로 동정녀 마리아를 통해 예수가 출생되었음을 강조합니다. 그렇다고 우리가 예수님께서 이때부터 자신이 하나님의 아들이며 구약에서 약속한 메시아로 보냄을 받았다고 자기의식 했다고 생각하기 힘듭니다. 그러나 공생애를 시작하기 위해 세례를 받고 성령이 강림하실 때에 예수는 소명의식을 가졌다고 말할 수 있을 것입니다.

물론 세례를 받고 성령이 강림하실 때만이 아니라, 그의 공생애 동안의 사역 중에 예수가 하나님의 아들이며 메시아라는 의식을 가지고 있음을 지적할 수 있는 사례들이 있었습니다. 예를 들어 죄 용서를 선언하는 것은 율법학자들이 바르게 본 것처럼, 오직 하나님 한 분 외에는 누가 능히 죄를 사할 수 있습니까?(막 2:7) 그럼에도 불구하고 예수는 '인자가 땅에서 죄를 사하는 권세를 가지고 있다'(막 2:10)고 선언하고 있습니다. 그것만이 아닙니다. 성령을 힘입어 하나님 나라를 선언하면 그것은 메시아가 올 때에만 이루어지는 나라인데도 예수가 "내가 하나님의 성령을 힘입어 귀신을 쫓아내는 것이면 하나님의 나라가 이미 너희에게 임하였느니라"(마 12:28)고 선언한 것을 보면, 예수님은 자신이 하나님의 아들이며 메시아로 보냄을 받은 소명의식을 가지고 있었다고 말해야 합니다. 마태복음 16장에서 베드로가 예수를 "주는 그리스도시요 하나님의 아들이시니이다"(마 16:16)라고 신앙고백 하였을 때에, 이를 부정하지 않으면서 "이를 네게 알게 한 이는 혈육이 아니요 하늘에 계신 내 아버지시니라"(마 16:17)고 칭찬하신 것을 보면, 예수님이 분명한 소명의식을 가지고 있었다는 것을 우리는 알 수 있습니다.

예수님의 이러한 소명의식, 곧 예수님 자신이 하나님의 아들이며 그리스도로서 메시아 의식을 가지게 된 부름의 사건은, 분명 세례를 받고 성령이 강림하실 때라는 것을 알 수 있습니다. 그런 의미에서 예수님이 받은 세례는 예수님의 소명의식을 확인시켜 줍니다. 이때의 성령의 강림은 이사야 42장 1절의 성령에 의한 주의 종의 기름 부음과 이사야 11장 2절에서 성령에 의한 다윗 가지의 기름 부음을 암시합니다. 창세기 1장 2절처럼, 수면 위에 운행하는 하나님의 영의 '새 창조'를 상징한다고 보거나 또는 창세기 8장 8-12절처럼 노아의 비둘기와 비교할 수도 있습니다. 또는 신명기 32장 11절과 연결하여 성령 강림을 새로운 출애굽 사건으로 볼 수도 있습니다. 세례를 받으시고 사탄의 시험을 이기신 예수님이 갈릴리에서 공생애를 시작하면서 자라신 곳인 나사렛 회당에서 "주의 성령이 내게 임하셨으니"(눅 4:18)라는 이사야(사 61:1) 말씀을 인용하면서 "이 글이 오늘 너희 귀에 응하였느니라"(눅 4:21)고 선언하신 것을 보면, 예수님은 자신의 소명의식을 명확하게 가지고 있었습니다. 그때가 바로 세례 받을 때라는 것입니다.

지금까지 우리는 예수님의 세례의식이 성령 강림 사건이요 예수님의 소명의식임을 밝혔습니다. 이것은 우리로 하여금 우리가 세례 받은 존재라는 각인과 함께, 하나님이 우리를 부르신 소명의식을 확인하게 만듭니다.

2) 예수께서 세례를 받고 기도하실 때에(누가복음) 성령이 강림하십니다.

누가는 예수가 세례를 받은 다음, 그가 기도하고 있는 동안 하늘로부터 소리가 들렸다고 진술하므로 당시의 상황을 약간 달리 기술합니다. 마가와 마태가 세례를 받고 "물에서 올라오실새"(마 3:16; 막 1:10)라고 서술한 것과 달리 누가는 "세례를 받으시고 기도하실 때에"(눅 3:21)라고 하여, 예수가 기도하고 있는 동안 성령이 비둘기 같은 형체로 예수 위에 내려왔으며 하늘로부터 소리가 들리는 것으로 묘사하고 있습니다.

기도할 때 성령을 받은 것이나 세례를 받고 물에서 올라올 때 성령을 받은 사건이 동일한 사건이라고 볼 수도 있습니다. 세례를 받을 때에 기도할 수 있기 때문이고, 세례를 받고 물에서 올라와 기도할 때 성령을 받을 수도 있기 때문입니다.

기도할 때에 성령을 받고 하늘의 음성을 들었다는 누가의 진술은, 예수님에게 중요한 일이 있을 때마다 예수님이 기도했다는 사실이 누가에게 아주 크게 각인되어 있었기 때문일 것입니다. 그러한 누가의 이해는 우리에게 기도의 중요성을 각인시켜 줍니다. 인생을 살면서 예수님처럼 중요한 일이 있을 때마다 하나님께 기도한다는 것은 참 의미 있고 중요한 일이라 생각됩니다. 누가는 성령의 강림이 세례를 받고 기도하실 때에 임하셨다고 진술하는 것보다, 성령 강림 사건의 의미를 하늘로서 나는 소리를 통해 드러내고 있습니다.

그것은 두 가지인데, 먼저는 "너는 내 사랑하는 아들이라"는, 영원한 하나님의 나라와 하나님의 집을 세울 왕적인 메시아 대관식에서 사용하는 사무엘하 7장 13-14절과 시편 2편 7절을 인용하여 예수가 이스라엘의 왕임을 나타내 주고 있고, 그다음에 들린 "내가 너를 기뻐하노라"라는 이사야 42장 1절과 8절의 내용으로 예수님이 여호와의 종임을 밝힙니다. "내가 너를 기뻐하노라" 하실 때의 '하나님께서 기뻐하시는 자'라는 말은 "내가 붙드는 나의 종, 내 마음에 기뻐하는 자 곧 내가 택한 사람"(사 42:1)이라는 말에서 보듯이 야훼의 종으로, 하나님의 '의로운 종'(사 53:11)이 해야 할 일을 나타내는 것입니다. 그것은 '멸시를 받아 사람들에게 버림받았으며 간고를 많이 겪었으며 질고를 아는 자……하나님께 맞으며 고난을 당하고……그가 채찍에 맞으므로……우리 모두의 죄악을 그에게 담당'(사 53:3-6)시키는 사역에서 드러납니다.

예수님의 존재의 정체성은 '하나님의 아들'로서 왕적인 메시아이지만, 동시에 야훼의 종으로 하나님 백성들의 죄를 대신 짊어지고 그들을 대신하여 고난을 당함으로써 그들을 죄악에서 구원하여 내는 고난의 종의 삶을 살아야 하는 것입니다. 예수님이 "인자가 온 것은 섬김을 받으려 함이 아니라 도리어 섬기려 하고 자기 목숨을 많은 사람의 대속물로 주려 함이니라"(막 10:45)라는 소명의식을 표명하신 것을 보면 예수님이 자기 존재 정체성을 바르게 세우고 있었음을 알 수 있습니다.

예수님은 기도하실 때에 성령이 임하셔서 이 두 가지 존재의 정체성을 바로 세웁니다. 메시아 왕은 종으로서 섬길 때에만 바르게 세워진다는 진리를 보여주셨습니다.

기독교의 진리는 예수의 존재 정체성에서 드러납니다. 다시 말하면, 종으로서 섬길 때 하나님의 진정한 아들 됨이 나타납니다. 바울은 이런 예수를 예수의 자기 비움(kenosis)이라고 표현했습니다. 예수님이 기도하실 때에 성령님께서 깨닫게 하셨습니다. 구약의 말씀으로 하늘에서 소리가 난 응답이 바로 메시아 왕('하나님의 아들')과 야훼의 종('기뻐하는 자')임을 깨달아 알게 하신 분이 성령님입니다. 이 사실은 우리가 기도할 때 성령으로, 성령 안에서, 성령님과 함께 기도해야 하는 이유입니다. 성령님은 하나님의 뜻을 깨달아 알게 도우시기 때문입니다.

2. 아버지가 주신 고난의 잔인 예수가 받을 세례

예수는 공생애를 시작하기 전에 세례 요한으로부터 세례를 받았습니다. 우리는 세례는 한 번만 받는다고 알고 있습니다. 그러나 예수님은 다시 받아야 할 세례가 있다고 하시면서, 마치 우리로 하여금 두 번째 세례를 받아야 하는 것으로 인식하게 만드는 발언을 합니다. 마지막으로 예루살렘에 입성하기 전에 수난과 부활에 관한 세 번째 예고를 하신 후에 세베대의 아들들의 질문에 답하시면서 "내가 마시는 잔을 너희가 마실 수 있으며 내가 받는 세례를 너희가 받을 수 있느냐"(막 10:38)고 물으십니다. 이때에 예수님이 "나는 받을 세례가 있으니 그것이 이루어지기까지 나의 답답함이 어떠하겠느냐"(눅 12:50)라고 답답함을 토로하셨는데, 이미 받은 세례와 다른 종류의 세례가 있다는 것이고, 그것은 십자가의 죽음이라는 고난의 잔을 마시는 일이라고 말씀하십니다. '나는 받을 세례가 있다'는 말씀을 원문에 따라 옮기면 '세례로 세례를 받는다'는 뜻을 가집니다.

그런데 누가복음 12장 50절에서 언급된 '세례'란, 구약에서 홍수로 인한 재앙의 위협의 의미로 사용된 경우를 따라 해석해 보자면 다가올 고난을 상징합니다. 그런 의미에서 받아야 할 세례란 십자가의 고난을 뜻합니다. 예수님은 겟세마네 동산에서 기도하시면서 이 '고난의 잔'에 대한 두려움을 토로하셨습니다. 따라서 제자들은 이 고난의 잔을 마시는 것이 세례라는 것을 알고 있었습니다. 그래서 예수님께서 '내가 받아야 할 고난의 잔을 마실 수 있으며, 내가 받을 세례를 받을 수 있겠느냐'고 물으실 때에 세베대의 아들들인 야고보와 요한 형제는 "할 수 있나이다"(마 20:22; 막 10:39)라고 대답합니다. 그 대답대로 "요한의 형제 야고보를 칼로 죽이니"(행 12:2)라는 보고에서 알 수 있듯이 야고보가 제자 중 첫 순교자가 되고, 초대교회사의 기록에 의하면 야고보의 형제 요한도 순교합니다.

이제 '우리도 예수님의 경우처럼 두 번의 세례를 받아야 하는가?'라는 질문을 생각해 볼 필요가 있습니다. 예수님이 부활하여 승천하시기 하루 전에 세례를 제정하시면서 '세례를 베풀라'고 명령하시는 것과 달리, 두 번째 세례는 '받으라'고 명령하시는 것이 아니라 '세례를 받을 수 있느냐'고 물으십니다. 그것은 고난의 죽음이기 때문입니다. 교회는 두 번 세례를 받는 것을 반대합니다. 그러나 예수님이 제자들에게 물어보신 것은 다른 성질의 세례라는 것을 알 수 있습니다.

예수님은 자신이 받을 세례를 아버지께서 주신 잔이라고 표현합니다.

"아버지께서 주신 잔을 내가 마시지 아니하겠느냐"(요 18:11).

고난의 잔을 마셔야 한다고 예수님이 말씀하신 이유가 그것이 '아버지가 주신 잔이기' 때문이라면, 제자들에게 '너희가 내가 받을 세례인 고난의 잔을 마실 수 있겠느냐'고 물으실 때에 우리는 야고보와 요한처럼 '할 수 있나이다'라고 대답할 수도 있지만 다른 제자들처럼 아무 대답이 없을 수도 있습니다.

3. 예수의 제자가 되기 위해 우리가 받아야 할 세례

"모든 민족을 제자로 삼아……세례를 베풀고"(마 28:19)라는 예수의 세례 제정에 따라 예수의 제자가 되고자 하는 사람은 세례를 받아야 합니다. 아버지와 아들과 성령 하나님의 이름으로 베풀어지는 세례는 물로 세례가 주어지나 성령이 주어지는 세례일 수도 있기 때문에, 마가는 세례를 베풀 때 세례를 받는 사람이 "믿고 세례를 받는 사람은 구원을 얻을 것이요"(막 16:16)라고 덧붙입니다. 이때의 구원이란 초대교회가 세례를 권하면서 "죄 사함을 받으라"(행 2:38)고 한 것처럼 세례의 효능과 속성을 뜻하는 것으로 보아야 합니다. 다시 말하면, '죄 사함'은, 바울에게 세례를 베푼 아나니아의 용어로 하자면 '죄를 씻는' 것입니다.

> "이제는 왜 주저하느냐 일어나 주의 이름을 불러 세례를 받고 너의 죄를 씻으라 하더라"(행 22:16).

교회는 세례를 하나님의 은혜의 방편으로 시행하고 있지만, 교회들마다 세례에 대해 다양한 이해를 가지고 있습니다. 오순절교회 일부는 물세례가 성령세례로 대체되었다고 말하고, 퀘이커교는 세례를 부인합니다. 그러나 물세례는 여전히 교회들에서 시행되고 있습니다.

로마 가톨릭은 우리가 왕자가 되기 위해 세례 받는 것이 아니라 구원받기 위해 세례를 받는다고 주장합니다. 세례를 구원의 사건으로 보는 성경의 전거들이 사실 많이 있습니다. 그러나 '우리가 세례 받으면 원죄에서 자유롭게 된다'는 로마 가톨릭의 세례에 대한 이해에 동의하기 어렵습니다.

침례교는 '그리스도를 믿는 자들만이 세례를 받을 자격이 있으며, 그리스도에 대한 신뢰할 만한 증거를 댈 수 있는 자들만이 세례를 받아야 한다'고 말함으로써 유아세례를 반대합니다. 분명 세례는 믿음으로 받아야 합니다(막 16:16; 행 10:44-48, 16:14-15, 31, 34).

개혁교회는 세례를 '하나님의 언약의 징표'로 봅니다. '바울아, 네 죄가 사하여졌음을 확신하고, 세례를 받으라. 세례로 주께서 죄 사함을 약속하시니, 그것을 받아들이고, 평안을 얻으라'(행 22:16)는 바울에게 세례를 베푼 아나니아의 말을 들어 보면, 세례는 우리의 믿음을 확증하는 인침, 곧 증표입니다.

1) 제자가 되기 위해 우리가 받아야 하는 세례에 대한 예수님의 이해

세례의 가장 중요한 의미는 '하나님 나라를 위한' 세례의 필요성에서 명확하게 드러납니다. 세례는 그것이 물세례든 혹은 성령세례든 하나님 나라에 들어가기 위해 받아야 하는 은혜의 방편입니다. 그러면 이제 우리는 자신에게 물어야 합니다. 하나님 나라에 들어가기 위한 세례를 받았습니까? 하나님 나라에 들어가기에 합당한 세례를 받아 놓고도 이 땅에서 시작된 하나님 나라에 들어가지 못했다면 뭐가 문제인지 잘 따져 보아야 합니다.

하나님의 나라에 죄인이 들어갈 수는 없기 때문에 예수님은 죄인들의 죄를 씻어 줄 방식인 세례를 제정하시면서 그래야만 하나님 나라에 들어갈 수 있다고 말씀해 주십니다. 예수 그리스도는 참으로 신실하고 의로우신 분이라 우리의 죄를 용서해 주시기 원하시며, 우리를 모든 불의에서 깨끗하게 해주시기를 원하십니다. 따라서 예수님은 우리의 삶 안에 하나님이 이미 행하고 계시는 물과 성령으로 거듭나기를 명령하시는 것입니다.

그런데 요한복음 3장 5절의 '물'이 세례를 의미하는지 분명하게 밝혀야 합니다. 칼빈은 《기독교 강요》에서 '물과 성령'을 '물이신 성령'으로 풀이합니다(《기독교강요》 4.16·25). 그 근거는 "성령과 불로 너희에게 세례를 베푸실 것이요"(마 3:11; 눅 3:16)라고 세례 요한이 말했듯이, 예수님은 살아 있는 물, 곧 성령으로 새로움을 얻지 않고서는 하나님의 나라에 들어갈 수 없다는 것을 가르치고 계시기 때문입니다.

이제 예수가 세례를 제정하여 세례를 통해 제자를 삼아 교회를 통해 하나님의 나라를 계속하여 세워 나가게 하심에 대해 집중해 보겠습니다. 세례는 예수의 제자가 되게 하기 위해 교회에서 시행해야 하는 성례가 되었습니다. 초대교회는 세례를 실행함으로 교회가 바로 예수의 제자 공동체임을 드러냅니다.

우리는 세례를 예수님의 몇 제자들의 세례 이해를 통해 정리해 볼 필요가 있습니다.

2) 베드로의 세례 이해

베드로는 물세례를 '구원하는 표[실체]'(벧전 3:21)라 하여 세례를 선한 양심의 간구라고 정의해 줍니다.

> "물은 예수 그리스도께서 부활하심으로 말미암아 이제 너희를 구원하는 표니 곧 세례라 이는 육체의 더러운 것을 제하여 버림이 아니요 하나님을 향한 선한 양심의 간구니라"(벧전 3:21).

죄를 씻음으로서의 세례는 믿음의 공동체 안에서 선한 양심을 갖게 하는 예식이고, 믿음으로 하나님의 은혜를 받는 방편입니다.

애굽에서 출애굽하던 이스라엘 백성(출 14:22)이 바다 가운데로 지난 것은 '바다에서 세례를 받은'(고전 10:1-2) 사건이라는 바울의 해석도 있습니다. 이때의 세례란 노예생활하던 이스라엘 백성이 자유자로 살기 위해 출애굽하면서 홍해를 건너던 사건으로, 이 사건은 "주께서 백성을 애굽에서 구원하여 내시고 후에 믿지 아니하는 자들을 멸하셨으며"(유 1:5)라는 말씀에 기초해 보면, 세례는 분명 구원 사건입니다.

세례가 구원에 절대적으로 필요한 것이냐 아니냐의 여부를 가지고 논쟁할 때에 '믿음만이 구원의 도구적 조건'(요 5:24, 6:29, 3:36; 행 16:31)이라는 성경 구절과 '물세례가 믿음을 일으키는 것이 아니라 그것을 전제로 하는 것이며, 믿음이 받아들여진 곳에서 시행된다'(행 2:41, 16:14-15, 30, 33; 고전 11:23-32)는 성경 구절들, 그리고 십자가에 달린 강도 중의 한 사람이 물세례를 받지 않았지만 십자가 위에서 회개하였기 때문에 그리고 하나님 나라를 믿고 소망하였기 때문에 구원을 받은 사례를 통해 세례가 '구원의 표'라는 말을 어떻게 이해해야 하는지 정확하게 알 필요가 있습니다.

'우리가 세례 받았다고 해서 구원받는 것이 아니라, 예수 그리스도를 믿음으로 구원받는다'는 전통적인 가르침을 먼저 기억해야 합니다. 그리고 성령님께서 그리스도의 피로 우리의 죄를 씻으시는 성령세례로 우리가 죄 사함 받고 구원받는 사실을 교회는 고백합니다. 중생의 씻음과 성령의 새롭게 하심이 곧 구원입니다.

세례의 물로 씻음이 바로 죄 씻음 자체는 아닙니다(마 3:11; 엡 5:26; 벧전 3:21). 오직 예수 그리스도의 피와 성령만이 우리를 모든 죄에서 깨끗하게 합니다(고전 6:11; 요일 1:7). 물로 세례를 받는다고 해서 죄 자체가 씻기는 것은 아닌데도 왜 우리 주님은 세례를 '중생의 씻음'과 '죄를 씻음'이라 하셨을까요? 그 이유는 하나님께서는 몸의 더러운 것이 물로 씻기듯이 그리스도의 피와 성령으로 우리의 죄가 없어짐을 우리에게 가르치려 하셨기 때문입니다(고전 6:11; 요일 3:5, 5:6-8; 계 1:5). 우리의 죄가 영적으로 씻기는 것이 우리의 몸이 물로 씻기는 것처럼 매우 실제적임을 신적 약속과 표로써 우리에게 확신시키고자 하셨기 때문입니다(막 16:16; 행 2:38; 갈 3:27).

하이델베르크 요리문답 역시 세례 자체가 죄 씻음이 아니지만, 세례가 정결하게 하는 본질을 상징하고 있다고 풀이합니다. "십자가 위의 그리스도의 한 희생에 참여하는 거룩한 세례는 당신에게 어떤 의미가 있으며 어떻게 인쳐지는가?" 묻고, 시편 51편 7절과 에스겔 36장 25절, 그리고 요한복음 3장 25-26절에 근거해 "그리스도가 이러한 외부적으로 보이는 물로써 씻는 의식을 정하시고, 외면적인 신체의 때가 물로써 씻기는 것과 같이 확실히 그리스도의 피와 영에 의하여 나의 영혼의 때가 즉 나의 모든 죄가 씻기는 것임을 약속하셨습니다"(69문)라고 답을 제시합니다. 여기에서 우리는 물에 담겼다가 나오는 행위를 세례의 본질로 보는 것이 아니라, 영적인 정결하게 함 또는 죄를 씻음을 상징하고 있다는 것을 잘 알 수 있습니다.

이런 고찰에 근거해 세례가 구원에 필수조건이라는 주장에 대해 반론을 제시하고자 합니다. 세례는 구원에 절대적으로 필요한 것이 될 수 없습니다. 주님이 세례를 받지 않은 사람을 구원받지 못할 사람이라고 책망하신 적이 없습니다. '세례를 받지 못한 것' 자체가 아니라 '세례를 무시하고 멸시하는 것'이 하나님 앞에서 잘못입니다. 삼위일체 하나님의 이름으로 세례를 받는 것인데, 결국에 하나님의 이름을 무시하는 것이 되게 하면 안 됩니다.

저의 말로 표현하자면, 세례를 받아 놓고도 세례 받은 자로 살지 못하는 것은 하나님을 무시하는 것입니다. 세례 받은 자의 삶과 세례 받지 않은 자의 삶이 달라야 합니다. 우리 교회 안에도 아직 세례 받지 않은 분도 계시는데, 그분들의 삶은 죄에서 자유자가 되지 않았기 때문에 마음대로 살아도 된다고 말해서는 안 됩니다. 마찬가지로 세례를 받았는데도 불구하고 세례를 받은 자의 삶인지 아닌지 구분이 안 된다면 무엇이 잘못되었는지 반성해 보아야 합니다.

물론 주님은 세례를 제정하시면서 '믿고 세례를 받는 사람은 구원을 얻을 것'(막 16:16)이라고 선언하셨습니다. 마가복음 16장 16절은 그리스도께서 사도들을 보내셔서 땅의 모든 민족에게 복음을 전파하게 하고 구원을 가르치게 하심으로써 죄인들을 하나님의 나라로 들어가게 하려는 목적을 밝히고 있습니다. 따라서 제자들의 복음 전파를 듣고 예수의 피 구속을 믿고 세례를 받아야 합니다. 모든 죄에서 '우리를 깨끗하게 하는' 것은 그리스도의 보혈이기 때문입니다(요일 1:7).

3) 바울의 세례 이해

죄를 씻는 세례를 받은 사람은 이제 그리스도와 연합하여 삽니다.

세례를 예수 그리스도와의 연합이라고 강조하는 분이 바로 사도 바울입니다.

> "무릇 그리스도 예수와 합하여 세례를 받은 우리는 그의 죽으심과 합하여 세례를 받은 줄을 알지 못하느냐 그러므로 우리가 그의 죽으심과 합하여 세례를 받음으로 그와 함께 장사되었나니 이는 아버지의 영광으로 말미암아 그리스도를 죽은 자 가운데서 살리심과 같이 우리로 또한 새 생명 가운데서 행하게 하려 함이라"(롬 6:3-4).

예수와 함께(syn) 죽는다는 것은 세상 혹은 죄에 대해서 죽는 것이고(롬 6:2, 5-11), 일으킴을 받는 것 혹은 새 생명(롬 6:4)을 산다는 것은 그리스도의 몸(교회) 안에서(en) 새 삶을 살게 되는 것을 의미합니다(롬 6:5).

다시 말하면, 믿음 이전의 죄된 삶을 포기하는 회개(repentance)와 새로운 믿음의 공동체 안에서 새 삶을 결심하는 회심(conversion)을 포함하여, 세례 받은 자는 세상과는 구별되어 죄악의 세상에서 구원을 받고(행 2:40-41), 예수의 제자가 되며(마 28:19; 요 4:1), 그의 교회에 가입되고(고전 12:13) 새로운 사람으로 살게 되었다는 것입니다.

우리는 바울의 세례 이해를 따라, 세례란 '나'라는 '자기'가 십자가에서 죽고 이제는 새 생명을 가진 새사람이 되어 그리스도와 연합하여 산다는 것임을 명심해야 합니다. 이때에 우리가 늘 관심을 두고 질문하게 되는 사항은 '세례를 한 번 받은 사람이 죄를 또 지으면 그 죄를 씻기 위해 다시금 세례를 받아야 하는가?'라는 질문인데, 세례를 두 번 받을 수 없다는 것을 우리는 잘 알고 있습니다. 세례를 받은 후에 죄를 지었다고 해서 세례의 효능이 사라지는 것은 아닙니다. 따라서 한 번 세례를 받은 이상 그것은 삶의 전체 동안 죄를 씻었다는 확신을 가지는 것은 좋습니다. 그러나 세례를 받아 죄를 씻었기 때문에 세례 받은 이후에 죄를 지어도 좋은 것은 아닙니다. 세례 받은 후에 죄를 범했다고 해서 세례가 무효화되는 것은 아니지만 죄를 반복해서 짓는 것은 잘못이기 때문에, 죄 씻음 받은 세례 받은 자라는 의식으로 승리하며 살아야 합니다.

그런데도 불구하고 죄를 지었다면, 죄를 씻기 위해 다시 세례를 받는 것이 아니고 그때에는 회개해야 하는데, 가톨릭은 고해성사를 통해 그 일을 해결합니다. 그러나 세례 자체가 고해성사인데, 만일 고해가 평생토록 계속해야 하는 것이라면 세례도 똑같이 죄를 지을 때마다 해야 하는 것이 되고 맙니다. 그래서 우리는 물세례를 통해 씻어진 다음에 '말씀으로 깨끗하게 하여야'(엡 5:26) 거룩하게 된다는 가르침을 따릅니다.

이제 말씀과 세례의 관계를 규명할 차례입니다. 말씀이 믿음을 일으키는 수단이라면, 세례라는 성례는 믿음을 강화시키는 역할을 담당합니다. 세례는 하나님이 주시는 선물인 동시에 인간이 받아들일 때에만 성립하는 언약의 속성을 가집니다. 세례를 받는 사람은 외형적으로 교회 앞에서 신앙을 고백해야 합니다(막 16:16; 행 2:41, 16:31-33). 진실한 믿음으로 고백했는지의 여부는 고백하는 사람의 마음속을 아시는 주님이 판단하실 일입니다.

그리스도와의 연합은 바로 교회와의 연합을 동시에 뜻합니다. 세례는 교회론의 차원에서 이해되어야 합니다. 세례는 교회의 일원이 되는 수단으로, 그리스도 안에서 세례를 받음으로 교회 곧 그리스도의 몸의 지체가 되고, 그리하여 그리스도 안에 있게 되는 것입니다. 그런 의미에서 세례는 분명 교회와의 연합의 성격을 가집니다.

"우리가 유대인이나 헬라인이나 종이나 자유인이나 다 한 성령으로 세례를 받아 한 몸이 되었고 또 다 한 성령을 마시게 하셨느니라"(고전 12:13).

세례를 통해 그리스도인들은 한 몸, 즉 그리스도의 몸인 교회의 구성원이 되는 것입니다.

> "누구든지 그리스도와 합하기 위하여 세례를 받은 자는 그리스도로 옷 입었느니라 너희는 유대인이나 헬라인이나 종이나 자유인이나 남자나 여자나 다 그리스도 예수 안에서 하나이니라"(갈 3:27-28).

세례에 대한 바울의 이해에서 그가 가장 중시하는 문제인 세례의 효과, 곧 믿음으로 말미암아 받는 세례의 문제를 살필 차례입니다. 믿음으로 세례를 받아야만 세례의 효력이 나타납니다. 믿음처럼 세례도 죄의 용서를 가져오며(행 2:38, 22:16, 10:43; 롬 4:3-8) 그리스도와 연합되게 할 뿐 아니라(갈 3:27; 엡 3:17) 하나님의 아들이 되게 합니다(갈 3:26-27; 요 1:12). 따라서 세례를 안 받았다고 해서 그 사람이 중생을 할 수 없다든가 구원을 받을 수 없다든가(롬 4:11; 행 10:2, 4, 22, 31, 45, 47), 또는 세례를 받은 사람이 모두 분명히 중생했다고 할 만큼(행 8:13, 23) 세례와 은혜와 구원이 부착되어 있는 것은 아닙니다.

믿음이 없는 세례는 무효입니다. 믿고 세례를 받아야 합니다. 믿고 세례를 받았다고 하더라도, 회개가 합당한 열매를 맺어야 하듯이 믿고 받은 세례는 중생의 삶이 있어야 하고, 특히 성령세례는 성령의 열매를 맺어야 합니다.

'구원에 이르게 하는 세례의 효력은 믿음을 전제로 한다'는 명제만큼이나, 저가 강조하는 점은 소위 '완전한 구원, 곧 세례의 열매, 세례받은 자의 성화의 삶, 죄 씻은 자의 그리스도와의 연합의 삶이 중요하다'는 것입니다.

웨스트민스터 신앙고백은 세례의 효력이 "성령은 그 은혜를 하나님이 정하신 때에 하나님 자신이 뜻하신 계획에 따라 그 은혜에 속한 사람들에게 나타내시고 전달"(28.7)할 때 나타난다고 밝히고 있습니다. 세례의 효과 또는 참으로 하나님의 세례를 받았다면 반드시 세례의 효과가 명시되어야 하는데, 죄를 깨끗하게 씻어 육신의 정욕을 죽여야 하며 반대로 영은 살아 그리스도와 연합하여야 합니다. 세례의 효과 또는 효력은 거짓 세례가 아닌 경우에만 거론되어야 합니다. 그런 의미에서 그것은 믿음에 의해 세례를 받았느냐의 여부에 따라 논의되어야 합니다.

이제 우리는 믿음으로 받지 않는 세례의 유효성에 대해 명확하게 밝힐 차례입니다. 세례는 믿음으로 받아야 합니다. 우리는 세례를 통해 죄 용서함을 받는 것이 아니라 믿음을 더욱 확실하게 세울 수 있다는 것을 알아야 합니다. 세례가 믿음을 확증하는 증표라는 것을 아나니아가 바울에게 세례를 통해 그의 죄를 씻으라고 한 사례(행 22:16)를 통해 설명할 수 있습니다. 칼빈의 이 구절에 대한 해석이 이를 잘 드러내 줍니다. "바울이시여, 당신의 죄가 사해진 것을 확신하기 위해 세례를 받으시오. 왜냐하면 주님은 세례에서 죄 용서를 약속하시기 때문이오. 세례를 받고 확신을 얻으시오."《기독교 강요》, 칼빈, 4권 15장 15번)

은총을 유효하게 받기 위해서는 믿음이 반드시 필요합니다. 우리는 모두 주님의 세례의 선물을 받음으로써 믿음에 의해서 주님께 접목됩니다.

믿음 없이 받은 세례는 가차없이 버려지게 된다는 로마서 11장 19-24절의 설명에 따르면, 하나님이 돌감람나무 가지를 접붙이기 위해 참감람나무의 열매 없는 가지도 꺾으셨기 때문에, 믿음으로 세례를 받아 그리스도와 연합하지 못하는 사람은 꺾어 버리게 된다는 설명입니다. 본래 나무에 다른 가지를 접붙였는데 접붙인 가지의 열매를 맺어 버리면 그것은 잘못된 접붙임입니다. '나'라는 나뭇가지의 죄의 속성들이 예수라는 원나무 가지에 접붙임으로 죄에 대하여 죽고 의에 대하여 살아야 합니다(롬 6:11). 이제부터는 원나무의 기운과 속성들이 접붙인 가지에 흘러서 원나무의 열매들이 달려야 합니다. 그 사실을 우리는 일반적으로 성령의 은혜가 새 생명, 곧 새로운 열매를 맺게 하는 것이라 말합니다. 이러한 일은 성경의 용어로 풀자면, 그리스도와의 연합 속에서 일어납니다. 참 믿음으로 세례 받았는지의 여부는 "우리가 마음에 뿌림을 받아 악한 양심으로부터 벗어나고 몸은 맑은 물로 씻음을 받았으니"(히 10:22)에 의해 결정됩니다.

4. 세례 받은 그리스도인의 삶의 의미와 적용

우리는 세례 받은 그리스도인입니다. 그런데 우리가 참으로 세례 받은 그리스도인인지 아니면 거짓으로 또는 사이비 세례를 받은 것이 아닌지 적용의 차원에서 따져 보아야 합니다. 물세례의 경우에 세례 절차가 있기 때문에 절차를 따라 세례를 받았으면 참 세례 여부를 쉽게 알 수 있습니다. 그러나 중요한 것은 물세례를 받았는지의 여부가 아니라 참 물세례를 받았는가 하는 것입니다. 형식적인 절차 속에서도 참, 거짓을 나눌 수 있기 때문입니다.

먼저 믿음에 따른 신앙고백도 없이 형식적으로만 받은 물세례는 참 세례라고 할 수 없습니다. 이 문제 때문에 유아세례의 문제가 논쟁거리가 됩니다. 물세례를 받고 나면, 예수님의 경우에서 보듯이 사탄이 시험하고 세례를 무효화시키려고 합니다. 세례를 받고 사탄의 시험을 이겨내지 못한다면 세례의 의미가 사라질 수 있습니다. 세례가 사탄의 시험을 이겨낼 수 없는 것이 되도록 만들어서는 안 됩니다. 자신에게서 세례 받은 결과나 효과가 나타나지 않으면 세례를 주신 삼위일체 하나님의 이름을 망령되이 일컫는 것이 되고 이는 하나님을 무시하는 것이 되기 때문에, 세례가 죄가 되는 경우입니다. 세례가 죄가 되게 해서는 안 됩니다. 세례 안 받은 것이 죄가 아니라, 세례를 삼위일체 하나님의 이름으로 받기 때문에 세례 받은 것을 무시하는 것이 바로 죄가 되기 때문입니다.

우리로 하여금 예수님의 제자가 되도록 제정하신 세례를 받아 예수님의 제자가 되었습니다. 예수님의 제자로 부르심을 받은 증거가 바로 세례이기 때문에, 세례를 받았으면 부르심의 소명에 합당하게 제자의 삶을 살아야 합니다. 베드로를 제자로 부르신 주님의 목적이 '사람을 낚는 어부가 되게 하시기 위함'이었듯이, 우리를 부르시고 부르신 소명에 합당한 목적을 위해 세례를 주셨기 때문에 우리는 세례 받은 자로서 그에 합당한 삶을 살아야 합니다.

물세례는 결국에 성령세례를 통해 완성되어야 합니다. 왜냐하면 성령세례는 예수님이 직접 주시는 세례이기 때문입니다. 성령세례가 아니고는 우리의 구원이 완성될 수 없기 때문입니다.

그러면 이제 세례를 우리의 삶에서 실제로 적용할 수 있는 몇 가지를 말씀드리겠습니다.

1) '나는 세례 받은 존재이다'라는 사실을 매일 믿음의 삶 속에서 실천해야 합니다.

루터가 '나는 세례 받은 존재이다'(Baptizatus sum)라는 문구를 책상 앞에 붙여두고 날마다 그 의미를 따라 살려고 했던 것을 우리도 하자는 것입니다. '나는 세례 받은 사람이다'라는 말은 '예수가 나를 제자로 부르셨다'는 말이기 때문에, 제자로 부르신 소명의식을 가지고 살고 있는가 반문해야 합니다. 예수님은 자신을 세례 받은 존재로 스스로 인정했습니다. 왜냐하면 예수님은 세례를 통해 자기가 누구인지(하나님의 아들이요), 무엇을 해야만 하는지(기뻐하는 자) 성령의 소리를 들었기 때문입니다. 예수님은 하나님이 부르셨다는 소명의식 속에서 살았습니다. 왕인 메시아(하나님의 아들)와 고난받는 종(기뻐하는 자), 곧 '고난받는 메시아'로 부르신 하나님의 뜻에 순종하였습니다.

이처럼 우리에게 세례는 '내가 예수의 제자로 부름 받았다'는 나의 존재의식을 세울 수 있는 근거입니다. 예수님이 나를 제자로 부르신 이유는 이 땅에서 하나님 나라의 백성으로 살도록 하기 위함입니다. '나는 세례 받았다'는 나의 존재 인정 및 존재 근거를 잊지 않도록 만드는 것이 바로 세례입니다. '사람을 낚는 어부로 살도록'(베드로) 부르신 것처럼, 나를 이 세상에서 구별하여 세례 받은 자로 부르신 하나님의 뜻이 무엇인지 명확하게 깨달아야 합니다. 내가 세례 받았기 때문에 세례를 통해 나를 부르신 하나님의 뜻을 깨달아야만 참으로 세례 받은 자로 살 수 있습니다.

2) 세례 문제로 고린도 교회가 위기를 맞습니다(고전 1장).

고린도 교회처럼 세례가 교회의 위기를 가져오는 것이 되게 해서는 안 됩니다. 세례에 대한 바른 이해가 필요하고, 세례 받은 자의 삶의 열매가 있어야 합니다. 세례 때문에 교회 안에 분파가 생기고 그로 말미암은 분쟁이 생긴다면 그것은 하나님이 원하시는 일이 아닙니다. 세례 자체에 사죄의 능력이 있는 것은 아닙니다. 세례자는 회개해야 하며 말씀의 은혜로 세례의 효과가 나타나므로 세례자는 믿음으로 세례를 받아야 합니다. 따라서 세례가 은혜의 성례로, 그리스도와의 연합으로, 죄를 씻는 것으로 중생과 연관이 있는 것이라 해도, 믿음 없이 참여하는 세례의식은 은혜의 수단이 되지 못할 것입니다.

이런 점에서 세례도 믿음 안에 포함시켜야 합니다. 믿음 없는 세례는 생각할 수조차 없는 것이기 때문입니다.

3) 세례를 받았다고 해서 '육체의 일'(갈 5:19)이 사라지는 것이 아닌 이상, 우리 속에 있는 죄와의 싸움은 어떻게 계속되어야 할까요?

세례 받은 사람도 죄를 지을 수 있습니다. 죄 사함을 받기 위해 다시 세례를 받으면 안 되기 때문에, 세례 받았다고 해서 육체의 일인 성적인 정욕이 완전하게 사라지는 것이 아니라면, 육체라는 몸을 입고 살아가는 인간에게는 바울이 말한 것처럼 '날마다 죽는' 것밖에 다른 길이 없습니다. 다시 말하면, 세례를 받은 자로 살아야 합니다. 삼위일체 하나님이 주신 세례를 무시하면 안 됩니다. 세례는 은혜의 통로입니다. 바울은 세례를 죽음과 새 생명을 얻는 것이라고 말해 줍니다. '세례를 받음으로 그와 함께 장사되었고, 살리심과 같이 우리로 또한 새 생명 가운데서'(롬 6:4) 사는 것이 바로 세례라는 것입니다. 세례를 받았다는 말은 '나는 죽고' 그리스도와 더불어 새 생명을 얻은 자로 사는 것을 뜻합니다. 루터가 "믿음은 세례의 반복 이상도 이하도 아니다"라고 했듯이, 죽었다 다시 살아난 감격으로 새 생명을 얻은 자로 사는 것을 뜻합니다.

4) 주 예수 그리스도의 이름으로 회개와 죄 씻음의 세례를 받는 것으로 끝나서는 안 됩니다.

예수가 주시는 성령세례를 받아야 합니다. 성령세례의 문제는 다음에 다루기로 하겠습니다.

결론입니다.

우리는 예수가 세례를 받고 성령의 강림과 더불어 공생애를 시작하는 이야기를 살폈습니다. 예수님은 세례를 받을 필요가 없는 분이지만, 하나님의 의를 이루기 위해 세례를 받으셨습니다. 예수께서 세례를 받으실 때에 성령이 강림하시어 예수를 부르시는 소명의식이 부여됩니다. 누가에 따르면, 예수께서 세례를 받고 기도하실 때에 성령께서 강림하십니다.

예수는 성령을 받으시는 세례를 받지만, 우리 그리스도인이 받을 성령세례를 주시는 분입니다. 또한 예수는 아버지가 주신 고난의 잔을 마셔야 하는 세례가 있음을 말씀하십니다. 우리가 예수의 참 제자가 되기 위해 받아야 할 세례만이 아니라 베풀 세례를 제정하십니다.

세례의 가장 중요한 의미는, 하나님의 나라와 의를 이루기 위한 세례여야 한다는 것입니다. 베드로는 세례를 구원의 표 또는 실체라 하였습니다. 바울은 세례를 그리스도와의 연합 사건이라 풀이합니다.

우리는 '나는 세례 받은 존재이다'라는 루터의 확인을 매일 반복해야 합니다. 세례 문제로 고린도 교회가 위기를 맞기도 합니다. 물세례만이 아니라 성령세례를 받아야 합니다.

제2부

가르치고 전파하며 고치는 예수의 사역

예수 그리스도는 전체 사역 기간에 가르치고 전파하고 고치는 3대 사역을 시행하십니다.

(1) 예수님은 가르치셨습니다.
주님은 세상에 랍비로 오셨습니다. 회당에서 가르치시는 주님을 생각해 보십시오. 그것도 하늘나라를요. 얼마나 아름다웠을까요? 우리 교회도 주님이 회당에서 가르치신 것처럼 하나님의 말씀을 가르치는 교회가 되어야 하겠습니다. 교회는 하나님의 말씀을 가르칠 때 교회답습니다.
교회는 세상의 교육을 따라 하는 곳이 아닙니다. 세상 교육이 가르치지 않는 것을 가르쳐야 합니다. 세상도 교육합니다. 가르칩니다. 어떻게 하면 세상에서 잘살고, 성공하고, 행복하게 살 것인가를 가르칩니다. 그러나 교회에서는 그것과는 다른 것을 교육합니다. 교회는 성도들에게 세상에서 잘살도록 교육시키는 것이 아니라 '세상을' 구원할 방법을 가르칩니다. 학교는 '체제와 틀을 벗어나지 말라. 학교의 틀 안에서 자유하라'고 가르칩니다. 그러나 교회는 '세상을 창조하신 하나님을 바라보라. 틀을 넘어서서 자유하게 하신 분을 바라보라'고 가르칩니다.

이렇게 가르치는 내용만이 다른 것이 아닙니다. 가르치시는 주님을 사람들이 랍비(선생)라 칭할 때 주님은 그 칭호를 거부하지 않으셨지만, 당시 유대 랍비들과 너무도 다른 점이 있었습니다. 가르치시는 권위가 달랐습니다. 말씀을 가르칠 때 말씀의 능력이 무조건 나타나지 않습니다. 그러나 예수님은 말씀을 가르치실 때 말씀의 능력이 나타났고, 사람들은 예수의 말씀을 가르치는 권위에 놀랍니다. 마가는 예수의 가르침이 랍비들과 달랐고, 권위에 사람들이 놀라는 모습을 마가복음 1장 22절 이하에서 이렇게 묘사해 줍니다. "뭇 사람이 그의 교훈에 놀라니 이는 그가 가르치시는 것이 권위 있는 자와 같고 서기관들과 같지 아니함일러라." 그 이유는 예수님이 더러운 귀신 들린 사람을 고치셨기 때문입니다.

(2) 예수님은 전파하셨습니다.
예수님은 이 땅에 전도자로 오셨습니다. 구원을 전하고 하나님의 복음을 전파하고 하나님의 나라를 전하고 진리를 증언합니다. 예수님은 하나님의 나라를 선포하기 시작하셨습니다. 시작은 미미하나 창대한 결과를 이루어, 온 세상에 하나님의 나라가 선포되고 있습니다. 우리는 아직도 땅 끝까지 이르러 복음을 전파하라는 주님의 명령을 다 따르지 못했습니다. 우리 교회는 복음을 전파하는 교회가 되어야 합니다. '예수가 그리스도이다'임을 전하는 교회가 되어야 합니다. 전도자 예수를 따라 우리 교회는 전도하는 교회여야 합니다.

(3) 예수님은 고치시는 의사입니다.
예수님은 모든 병과 약한 것들을 고치시고 치유하시고 회복하셔서 봉사(diakonia), 교제(koinonia)하게 하셨습니다. 그래서 마태복음 8장 31절은 영육이 상한 자를 고치시는 의원으로 예수님을 소개합니다. 교육자인 선생으로서의 예수님과 천국 복음을 전하는 전도자로서의 예수님은 말씀을 통한 계시자이지만, 치유하고 회복시키시는 예수님은 행위를 통한 계시자입니다.
질병은 죄의 결과로 주어지기도 합니다. 마음의 상처가 심하면 그렇습니다. 지금도 병원에 가면 스트레스 때문에 병에 걸렸다고 진단합니다. 예수님은 오래된 병을 고침 받아 자리를 들고 걷게 된 사람에게 "네가 나았으니 더 심한 것이 생기지 않게 다시는 죄를 범하지 말라"(요 5:14)고 명하십니다. 기독교에서는 죄 때문에 질병이 온다고 말하기도 합니다. 그런 의미에서 마음의 병이 육체의 병이 됩니다. 근심의 병이 심장을 압박합니다. 죄악의 습관이 몸을 망쳐 놓기도 합니다. 사탄은 우리의 몸을 넘어뜨리려고 하는데, 생각을 교묘하게 꾀어서 결국은 마음을 흔들어 놓고, 자기 손 아래 놓아 몸으로 죄를 짓게 만듭니다. 그러나 주님은 몸만이 아니라 영혼의 치유자가 되십니다. 그러니 우리는 주님 앞에서 청결한 자가 되어 사탄이 내 몸을 치지 않도록 주의 성전인 내 몸을 지켜야 합니다.

part 1.
그리스도 예수의 가르치는 사역

하나님은 아들 예수를 세상에 보내실 때, 세상을 가르치고 지도하고 이끄는 '선생'으로 보내십니다. 예수가 가르치는 것은 다름 아닌 하나님의 말씀입니다. 하나님의 말씀을 가르치는 예수야말로 진정한 스승입니다. 하나님의 말씀은 하나님의 나라를 지시합니다. 예수님은 하나님의 나라를 비유 말씀으로 가르칩니다. 비유 말씀을 잘 배워야 합니다.

예수는 하나님이 찾으시는 참 예배자가 누구여야 하는지 가르칩니다. 그리고 참 예배가 무엇인지 가르칩니다. 참 예배를 드리는 교회가 되어야 합니다.

예수님은 무엇보다 기도를 가르칩니다. 그것이 바로 주기도문입니다. 우리는 주님이 가르치신 대로 기도해야 합니다. 그리스도인은 예수께 기도를 배워서 기도해야 합니다. 기도를 배우지 않고도 잘하는 그리스도인이 되어서는 안 됩니다. 결국 예수님은 제자들을 부르시고 이 모든 것들을 가르치며 양육합니다. 선생이 있으면 선생의 가르침을 따르는 제자가 있어야 합니다. 우리 그리스도인은 예수의 학교에 입학했습니다. 예수의 학교에 입학한 이상 선생이신 예수의 가르침을 잘 배워야 합니다.

우리 교회는 예수님처럼 가르치는 교훈과 권위를 가진 선생들이 많아져야 합니다. 교회에서 가르치는 교사는 학교에서 가르치는 선생과 달라야 합니다. 예수님이 귀신을 고쳐서 생명을 살린 선생이 되셨던 것처럼, 우리 교회의 선생님들은 영혼을 살리는 선생이 되어야 합니다. 영혼을 살리는 선생이 되기 위해서는 가르치는 권위를 가져야 합니다. 가르치는 권위는 예수님이 제자를 파송할 때, 제자들에게 이미 위임하셨습니다. 누가복음 9장 1절 말씀에 따르면 '예수께서 열두 제자를 불러모으사 모든 귀신을 제어하며 병을 고치는 능력과 권위를 주시고 하나님의 나라를 전파하며 앓는 자를 고치게 하려고 내보내십니다.'

권위를 주셨는데도 권위를 나타내지 못하고 귀신을 제어하지 못하는 것은, 권위가 나에게 주어지지 않았거나 권위가 나에게 있다는 것을 믿지 못하거나 권위가 나에게서 한 번도 나타난 경험이 없기 때문에, 나에게 그런 권위가 있다고 인정하지 않기 때문입니다. 그러면 나에게 있는 권위는 어떠할 때 나타납니까? 예수의 이름으로 권위가 나타납니다. 따라서 선생님들은 가르치실 때에 예수를 가르쳐야 합니다. 그리고 예수의 이름으로 기도하듯이 예수의 이름으로 나타나는 말씀의 능력을 체험해야 합니다.

또한 우리 교회의 선생님들은 권위를 나타내는 교육 방식에 주목해야 합니다. 예수님이 말씀으로 귀신을 꾸짖어 귀신을 고치시듯이 학생들을 가르치는 방법이 달라야 합니다. 로고스(말씀)가 귀신을 내쫓았듯이, 운동력이 있는 하나님의 말씀을 가르쳐야 합니다. 선생님들은 말씀이 아닙니다. 선생님들이 말씀의 주인도 아닙니다. 선생님들은 말씀 자체 안에 있는 능력이 나타나도록 말씀 자체를 가르쳐야 합니다. 말씀의 내용을 선생님들의 살아온 이야기로 채워서는 안 됩니다. 말씀의 내용은 예수님이 그리했던 것처럼 하나님의 나라로 채워야 합니다. 가르치다 보면 선생님이 주인공이 되어 있을 수 있습니다. 그러나 말씀의 주인공은 하나님이십니다.

선생님은 무엇보다 말씀 자체 안에 있는 능력에 주목해야 합니다. 말씀 자체가 가지는 능력 때문에 말씀에는 권위가 있습니다. 그런데 선생님들은 중세 로마 가톨릭이 저지른 잘못처럼, 설교하는 자 즉 가르치는 자에게 권위가 있는 것처럼 선생님들이 권위를 가지려고 하는데, 그것은 잘못된 것입니다. 말씀의 권위는 말씀 자체가 가지고 있습니다. 말씀은 하나님의 말씀이기 때문에, 그리고 하나님의 말씀은 하나님의 일을 말하는 것이기 때문에, 하나님 자신의 일은 하나님 자신만이 가장 잘 알 수 있습니다. 따라서 하나님 자신인 성령만이 하나님의 말씀을 가장 잘 알 수 있습니다. 그래서 선생님들은 자신의 능력이나 열심으로 가르쳐서는 안 되고, 깨닫고 가르치시는 성령님의 도우심으로 가르쳐야 합니다. 따라서 우리 교회 선생님들은 성령의 충만을 입은 자들이어야 합니다.

하나님의 말씀을 가르치시는 예수

누가복음 4:14-37

○●● 우리 주 예수 그리스도는 하나님의 말씀을 가르치기 위해 이 세상에 오셨습니다. 예수 그리스도는 랍비, 선생입니다. 우리는 세상에서 가장 위대한 스승을 모신 제자들입니다. 제자는 선생의 가르침을 잘 받아 훌륭한 학생이 되어야 합니다. 예수님은 하나님의 말씀으로 제자들을 가르칠 때에 거룩하도록 가르치십니다. 예수님의 가르침을 따라 우리는 거룩한 습관을 익혀야 합니다. 습관적으로 죄를 짓던 자가 그리스도 예수의 가르침을 받아 습관적으로 기도하고, 습관적으로 하나님 말씀을 공부하고, 습관적으로 교회를 찾는 사람이 되는 것입니다.

하나님의 말씀을 가르치는 예수님에게는 다른 선생들의 가르침과는 달리 권위가 있고 능력이 있었습니다. 귀신이 물러가거나, 제자를 부르실 때에 제자들이 모든 것을 버려두고 따르거나, 자기를 부인하고 자기 십자가를 지고 순종하며 섬기는 자가 되라고 가르칠 때에 그런 사람으로 변화되어 갔습니다. 가르침을 받은 모두가 가르침대로 그렇게 되는 것은 아닙니다. 하나님의 말씀은 "교훈과 책망과 바르게 함과 의로 교육하기에 유익"하기 때문에 하나님의 말씀으로 가르치면 "하나님의 사람으로 온전하게 하며 모든 선한 일을 행할 능력을 갖추게"(딤후 3:16-17) 됩니다. 그래서 교회는 하나님의 말씀으로 가르칩니다.

오늘 설교의 목적은, 교회가 하나님의 말씀으로 가르치면 그 교훈과 책망과 바르게 함과 의로 교육함이 나를 하나님의 사람으로 만들고, 그 가르침을 따라 하나님의 사람으로 온전하게 하고, 모든 선한 일을 행할 능력을 갖추게 함을 일깨우는 데 있습니다.

1. 예수님은 말씀을 가르치십니다

누가복음 4장은 예수님이 세례를 받으신 후 기도하실 때에 성령의 충만함을 받아 성령에 이끌리어 마귀에게 시험을 받지만 이기시고, 성령의 능력으로 자라나신 곳으로 돌아가 "주의 성령이 내게 임하셨으니"(눅 4:18)라는 이사야 61장 1절 말씀을 읽고 계시는 것을 소개합니다. 이제 예수님은 성령이 임하셨으니 포로 된 자에게 자유를 선포하십니다.

예수님은 성령이 임한 자가 해야 할 포로 된 자에게 자유를 선포하는 일, 곧 더러운 귀신 들린 사람을 고치는 치유 사역을 성령을 통해 행하십니다. 예수님의 첫 사역은 마귀의 종인 귀신과의 싸움입니다. '거짓의 아비'인 마귀와 싸우려면, 권세가 있는 진리인 '로고스'(눅 4:32)로 해야 합니다.

누가복음에 따르면, 예수님의 첫 사역인 말씀을 가르치시는 일은 예수님의 고향에서 일어납니다. 고향 사람들은 예수님의 말씀 선포를 듣고 "은혜로운 말을 놀랍게"(눅 4:22) 여기기는 했지만 '이 사람이 요셉의 아들이 아니냐'면서 예수님이 요셉의 아들이기 때문에 그의 말씀이 가지는 권위를 인정하지 않았습니다. 그러나 가버나움 사람들은 '로고스가 권위가 있었기' 때문에 가르치심에 놀랍니다. 가버나움 사람들은 로고스가 권위를 가지는 이유가 예수께서 '성령이 충만하고'(눅 4:1) '성령의 능력'(눅 4:14)을 입으셨기 때문임을 알지는 못했습니다. 그러나 귀신은 그 사실을 알고 있는데, 예수를 시험했지만 성령의 충만함을 입어서 예수를 무너뜨리지 못한 경험이 있었기 때문입니다.

예수님이 말씀을 가르치자 고향 사람들은 예수님의 가르침을 듣고 다 크게 화를 내며 동네 밖으로 쫓아내어 산 밑으로 떨어뜨리려고 합니다. 그러나 가버나움 사람들은 말씀의 권위와 가르침의 권위를 인정합니다. 고향 사람들도 예수님의 말이 은혜로운 말인 것은 인정했지만 말씀의 권위를 인정하지 않았습니다. 그러나 가버나움 사람들은 권위를 인정했던 것입니다. 예수님의 로고스는 자체로 은혜로운 말씀이지만 말씀의 권위가 나타나기도 하고 그렇지 않기도 하는 것을 보면, 말씀의 권위가 어떠할 때에 나타나는지 주의해야 할 뿐만 아니라 가르침의 권위를 인정하느냐 인정하지 않느냐의 여부에 따라 어떤 결과가 주어지는지도 잘 살펴야 합니다.

고향 사람들은 말씀에 권위가 있음을 '이 사람이 요셉의 아들이 아니냐'며 부정하고 말았습니다. 그러나 귀신 들린 사람은 "나는 당신이 누구인 줄 아노니 하나님의 거룩한 자니이다"(눅 4:34)라고 말하여, 말씀의 권위가 '하나님의 거룩한 자'에 의해 역사된다는 사실을 밝힙니다. 하나님의 말씀은 거룩하신 하나님의 말씀이고 예수님은 하나님의 거룩한 자이기 때문에, 하나님의 거룩한 자이신 예수가 말씀의 권위와 능력을 드러낼 수 있었다는 것입니다. 고향 사람들과 달리 가버나움 사람들은 예수님의 로고스가 권위가 있다는 것을 알고 놀랐지만 그들도 하나님의 말씀이 하나님의 거룩한 자를 통해 권위와 능력이 나타나게 된다는 것은 몰랐습니다. 오직 더러운 귀신 들린 사람만 예수가 '하나님의 거룩한 자'이신 것을 알았습니다.

동일한 내용을 보고하는 마가복음은 사람들이 예수님의 가르침과 '권위'에 놀라는 것으로 기술합니다(막 1:22, 27). 사람들은 예수님의 가르침이 서기관들과는 다르게 새로운 가르침이라고 놀랍니다. 22절은 예수님이 '권위 있는 자'처럼 가르치셨다고 하는데, 27절은 예수님의 권위를 축귀와 관련시킵니다. 하나님의 거룩한 자이신 예수님은 귀신에게 명령할 수 있는 권위를 가지십니다.

말씀을 읽고 듣는 우리는 말씀의 능력과 권위가 우리에게서 일어나도록 만들어야 합니다. 그런데 우리는 죄인입니다. 우리로서는 불가능합니다. 따라서 하나님의 거룩하신 자이신 예수님이 우리 안에 계셔야 합니다. 하나님의 거룩한 자이신 예수가 우리 안에 거하실 수 있는 길은 진리이신 하나님의 말씀으로 거룩해지는 길밖에 없습니다.

예수님은 아버지께서 내게 주신 말씀들을 그들에게 주었다고 하셨습니다(요 17:8). 예수님은 말씀을 가르치십니다. 예수님이 가르치는 로고스는 권세와 능력을 가지고 있습니다.

2. 하나님의 거룩한 자이신 예수님은 하나님 말씀으로 제자들을 거룩하도록 가르치십니다

하나님의 거룩한 자이신 예수님은 제자들이 '하나님 말씀으로 거룩해진'(딤전 4:5) 자가 되기를 원해서, 그들에게 하나님의 말씀을 가르치십니다. 사람은 떡으로만 살 것이 아니요 하나님의 입으로부터 나오는 모든 말씀(Rhema)으로 살아야 합니다(신 8:3; 마 4:4). 하나님 말씀은 인간을 하나님의 자녀로 살게 합니다. 하나님의 자녀는 혈통이나 육정으로나 사람의 뜻으로가 아니라 '오직 하나님께로부터'(요 1:13), 야고보의 단어로 하자면 '진리의 말씀으로'(약 1:18) 난 자들입니다. 예수님은 아버지의 뜻을 행하는 사람을 참 가족이라 하셨고(마 12:50; 막 3:35), 누가복음 8장 21절에서는 "하나님의 말씀을 듣고 행하는 이 사람들"이라 하셨습니다. 씨 뿌리는 자의 비유에 따르면, "씨는 하나님의 말씀"(눅 8:11)이고, 씨를 뿌리는 자를 "말씀을 뿌리는"(막 4:14) 자라고 한 것을 보면 예수님의 말씀 선포가 바로 하나님 말씀임을 알 수 있습니다.

예수님은 하나님의 말씀을 듣는 데서 끝나는 것이 아니라 결국에 결실해야 한다고 가르칩니다. '말씀을 듣고 깨달아'(마 13:23), '받아'(막 4:20), '지키어 결실'(눅 8:15)해야 합니다. 누가복음은 말씀을 들으려면 '착하고 좋은 마음'(눅 8:15)을 가지고 있어야 한다고 말합니다. 야고보는 말씀을 '받는다'는 것을 "영혼을 능히 구원할 바 마음에 심어진 말씀을 온유함으로 받으라"(약 1:21)고 풀어 줍니다. 누가는 '인내로 결실'(눅 8:15)하게 된다고 결실에 필요한 조건을 풀어 줍니다.

누가복음은 말씀을 '믿어 구원을 얻게'(눅 8:12) 하는 하나님의 능력이라고 풀어 줍니다. '말씀이 반드시 이루어지리라고 믿는 여자'(눅 1:45)인 예수의 어머니 마리아를 통해 그 실례를 들 수 있습니다. 천사가 전하는 잉태 소식, 곧 "하나님의 모든 말씀은 능하지 못하심이 없느니라"(눅 1:37)라고 이르자 마리아는 "말씀대로 내게 이루어지이다"(눅 1:38)라고 응답합니다. 하나님의 말씀은 능력이 있습니다. 말씀으로 천지를 창조하신 말씀의 능력대로 마리아는 성령으로 잉태합니다. 처녀가 임신한 사실 때문에 산골에 있는 친척 사가랴의 집으로 갑니다. 엘리사벳은 "주께서 하신 말씀이 반드시 이루어지리라고 믿은 그 여자에게 복이 있도다"(눅 1:45)라고 마리아에게 문안인사 합니다.

마리아처럼 하나님의 말씀을 받았으면 그 '말씀이 또한 너희 믿는 자 가운데서 역사하게'(살전 2:13) 해야 합니다. 뿐만 아니라 '그 말씀이 여러분을 능히 든든히 세우사 거룩하게 하심을 입은 모든 자 가운데서 기업이 있게'(행 20:32) 해야 합니다. 결국에 예수님은 '하나님 말씀은 진리'이기 때문에 제자들을 "진리로 거룩하게 하옵소서"(요 17:17)라고 기도하십니다. 하나님 말씀에 응답하고 말씀으로 거룩해져야 합니다.

말씀이 임한다고 말씀대로 누구나 다, 언제나, 그리고 모두에게 말씀의 권위와 능력이 나타나는 것은 아닙니다. 그 사례를 "제자들이 말씀을 깨닫지 못하고"(막 9:32)라는 구절에서 찾을 수 있습니다. 제자들은 처음에 이 일을 깨닫지 못하였다가 예수께서 영광을 얻으신 후에야 이것이 예수께 대하여 기록된 것임과 사람들이 예수께 이같이 한 것임이 생각납니다(요 12:16). 특히 십자가의 죽음은 여러 차례 고지되었지만 깨닫지 못합니다. 빈 무덤을 보고도 그들은 성경에 그가 죽은 자 가운데서 다시 살아나야 하리라 하신 말씀을 아직 알지 못합니다(요 20:9). 성령을 받고 나서야, 죽은 자 가운데서 살아나신 후에야 제자들이 이 말씀하신 것을 기억하고 성경과 예수께서 하신 말씀을 믿습니다(요 2:22).

베드로의 경우를 통해 설명할 수 있습니다. 베드로는 세 번이나 부름을 받습니다. '말씀에 의지하여' 그물을 던지고 잡은 고기가 많음을 보고 자기를 죄인이라고 고백하면서, 사람을 낚는 어부가 되리라 부르시니 '모든 것을 버려두고 예수를 따릅니다'. 하지만 재물과 가족은 버렸으나 '자기'는 버리지 못했습니다. 그래서 예수님은 나를 따라오려거든 "자기를 부인하고 자기 십자가를 지고 나를 따를 것이니라"(마 16:24)고 재차 부르십니다. 부활하신 주님께서 갈릴리에서 다시 베드로를 만나 "나를 사랑하느냐"고 세 번이나 물으시면서 "내 양을 치라" 하시고 "나를 따르라" 하십니다(요 21장).

부활하신 주님께서 부어 주신 성령을 받고 나서야 베드로는 자기를 부인하고 자기 십자가를 지고 예수를 따릅니다. "나를 따르라!"는 예수의 말씀을 제자가 되어 따른다고 해서 온전히 지키고 결실을 맺는 것이 아닙니다. '하나님의 말씀을 듣고 지키는 자가 복이 있습니다'(눅 11:28). 바울은 복이 있는 하나님의 말씀을 주의 '은혜의 말씀'이라 칭합니다. 주님을 통해 말씀이 선포되었다고 해서 그것이 모두에게 은혜의 말씀이 되는 것이 아닙니다. 예수님의 말씀처럼, 하나님의 말씀을 들었다고 은혜의 말씀인 것이 아니라, 지켜야 그것이 은혜의 말씀이 된다고 풀어 줍니다.

말씀의 능력은 거룩함을 입어야 나타나기 시작합니다. 예수님은 처음부터 '하나님의 거룩한 자'이시지만, 사람으로 나신 이상 말씀으로 거룩해집니다. 그런 경험을 기초로 해서, 거룩해지려면 하나님 말씀으로 거룩해져야 한다고 가르치십니다. 하나님 말씀으로 거룩해지기 위해서는 말씀에 순종할 수 있는 거룩한 습관이 필요합니다. '습관'은 가르침을 통해 만들어지는 것입니다. 그래서 예수님은 제자들에게 말씀을 가르치십니다. 가르치는 예수의 학교에 입학해야 합니다. 예수의 학교에서 배워야 합니다. 거룩은 말씀으로 가르침을 받아 배워서 가지게 되는 특성을 가지고 있습니다.

예수님은 어려서부터 말씀을 듣고 읽고 순종하는 거룩한 습관을 부모로부터 배워 가지게 되었습니다. "예수께서 그 자라나신 곳 나사렛에 이르사 안식일에 늘 하시던 대로 회당에 들어가사 성경을 읽으려고 서시매"(눅 4:16) 할 때에 '늘 하시던 대로'가 바로 '에토스'(ethos)입니다. 여기서 '에토스'는 습관을 뜻합니다. 습관은 혼자서가 아니라, 그 낱말의 어원에서 보듯이 '거주지' 혹은 '체류지'라는 공간 속에서 형성된 것으로, 부모의 경건생활을 본받아 배워서 가지게 된 것입니다. 그런 의미에서 습관이란, 자기 혼자서가 아니라 환경이나 상황, 그리고 자라난 배경 등이 어떤 것을 인식하거나 행하게 하는 요인으로 작용하게 되는 것이라고 볼 수 있습니다. 특히 말씀을 통해 가르침을 받아 가지게 되는 것이 바로 거룩한 습관인 것입니다.

그러나 구약에는 말씀을 습관적으로 거부하는 사례가 등장합니다.

3. 말씀을 습관적으로 거부하니(렘 22:21)

습관은 예수님의 경우처럼, 말씀을 가르치는 권위를 통해 배워서 거룩한 습관이 되게 해야 합니다. 그렇지 못하고 말씀을 거부하는 것이 습관이 되어 버리면 안 됩니다. 그런 사례를 예레미야를 통해 알아보겠습니다.

예레미야 선지자는 말씀을 습관적으로 거부하는 목이 곧은 이스라엘 백성을 책망합니다. 히브리어로 '습관'을 가리키는 용어는 주로 '데렉'과 '미쉬파트'를 씁니다. '데렉'(derekh)은 보통 '길'을 의미합니다. 그 길의 상징적 의미는 인간의 지속적인 행위로 말미암은 '생활의 삶의 양상'을 가리킬 때 잘 나타납니다. 그래서 성경에서는 종종 '데렉'을 '행위'로 번역합니다(대하 6:23; 욥 4:6; 시 37:14; 잠 13:6 등). 다시 말해서, 한 사람이 걸어온 길로 그 사람의 삶에 대한 발자취가 그 사람의 습관인 것입니다. 이 단어가 사용된 대표적인 예가 바로 예레미야 22장 21절입니다. "네가 어려서부터 내 목소리를 청종하지 아니함이 네 습관이라" 하였습니다. 이스라엘 백성은 어려서부터 여호와의 말씀을 실행하지 않는 것이 몸에 배어 '습관'이 되었다고 예레미야는 고발하고 있습니다.

그다음 '미쉬파트'(mishpat)라는 단어가 사무엘상 2장 13절에서는 사무엘 시대의 엘리 제사장이 낳은 두 아들의 악한 행실을 가리켜서 '관습'이라고 번역되어 사용되고 있습니다. 인간의 습관이란 인간 자신의 판단이나 권리에 따른 행위를 뜻합니다. 그래서 습관은 자기 자신이 책임져야 할 자신의 주체적 행동을 의미합니다. 습관은 타인에 의해 주어지는 것이 아니라 자기 자신의 소신과 주관으로 말미암는다는 것입니다.

예레미야 22장 21절을 보면, 하나님께서는 예레미야 선지자를 통하여 유다 왕 요시야의 아들 여호야김의 나쁜 습관을 지적하십니다. 그 나쁜 습관이란, 그가 평안할 때 하나님께서 그에게 말씀하셨지만 그는 하나님의 말씀을 듣지 않기로 결심한 것입니다. 그가 "나는 듣지 아니하리라"고 말한 이유는 그가 어려서부터 하나님의 목소리를 청종하지 아니하는 나쁜 습관을 가지고 있었기 때문입니다. 요시야 왕이 죽자 백성들은 그 아들 여호야김과 여호아하스 가운데 애굽에 대해 굴욕적인 외교를 반대하는 여호아하스를 왕으로 세웠고, 이 사실을 알게 된 애굽 왕 바로느고는 즉시 예루살렘에 쳐들어가 여호아하스를 사로잡아 애굽에서 죽인 후 엘리야김을 유다 왕으로 세우고 이름을 여호야김으로 바꿉니다. 이때 여호야김은 25세였고 11년 동안 통치한 유다의 18대 왕이 됩니다.

이렇게 여호야김은 바로느고에 의해 왕위에 올랐으므로 애굽에 조공을 바치고 신하 노릇을 할 수밖에 없었습니다. 3년 후 바벨론이 애굽을 지배하게 되자 여호야김도 자연히 느부갓네살의 종이 되었습니다. 여호야김은 강포하여 심한 노동으로 백성을 괴롭혔고 매우 이기적이며 사치스러운 왕이었습니다. 또한 종교적으로도 우상숭배에 빠져, 하나님이 예레미야를 통해 하나님의 권고를 두루마리에 적어 전달하였으나 이를 불에 던져 태우고 맙니다(렘 36장). 하나님께 무서운 불경죄를 범한 사람이었습니다. 예레미야 22장 19절에 "그가 끌려 예루살렘 문 밖에 던져지고 나귀같이 매장함을 당하리라"고 한 예언과 같이 그는 바벨론이 예루살렘을 함락시킴으로 그 종말이 알려지지 않은 채 왕으로서 수치스럽게 죽고 맙니다.

말씀을 습관적으로 거부하는 자의 결말이 어떠한지 볼 수 있습니다.

4. 거룩한 성도의 삶을 위한 적용

1) 말씀으로 거룩한 성도의 삶

모든 그리스도인은 거룩하게 살도록 부르심을 받았습니다. 특히 하나님 말씀으로 거룩해질 수 있습니다. 거룩한 삶은 하나님을 기쁘시게 합니다. 거룩함이 없으면 주님을 볼 수 없습니다. 거룩함이 없이는 하나님의 말씀의 권위와 능력을 맛볼 수 없습니다.

우리는 그리스도와 함께하는 거룩의 학교에 입학하였습니다. 하나님의 말씀과 기도로 거룩해지기 위해서는 기도도 배워야 하고, 하나님의 말씀으로 거룩해지는 것도 배워야 합니다. 그리스도와 함께하는 성결학교에서 두 가지 훈련과정을 잘 통과해야 합니다. 위로 성장하기 위해서는 먼저 회개를 통해 아래로부터 자라야 합니다.

거룩함은 영성과 도덕성이라는 두 바퀴가 굴러가야 작동하는 차와 같습니다. 한 바퀴만으로는 갈 수 없습니다. 말씀이 가지는 권위와 능력은 나를 거룩하게 할 수 있기 때문에, 반대로 거룩한 자의 가르침을 잘 배워 하나님 말씀의 권위와 능력이 나타나도록 해야 합니다. 하나님의 거룩한 자이신 예수님이 선생이 되어 하나님 말씀을 가르치시면, 그 권위와 능력이 나를 거룩하게 옷 입히기 시작합니다. 먼저 마음 안에 그분의 말씀이 뿌려지고 터를 잡아 뿌리를 내리게 해야 합니다. 줄기가 점점 자라 나의 기질과 인격과 인간관계, 그리고 말들에서, 베드로의 말대로 하자면 '모든 행실에 거룩한 자가 되어야'(벧전 1:15) 합니다.

역사적으로 보면, 4세기 수도사들은 육체적 고행과 영적 훈련을 통해 거룩해지는 거룩 학교에 입학합니다. 대표적으로 안토니라는 수도사는 20년 동안 이집트 사막에서 수도하였고, 시므온은 자신이 세운 기둥 꼭대기에서 무려 30년을 삽니다. 중세에 이 거룩 학교가 인기를 얻습니다. 거룩해지기 위해 수도사나 수녀 또는 은둔자가 되는 것을 자랑스럽게 선택하였습니다. 수도원이 발달하고 은둔자 숫자가 늘어납니다. 결혼이나 재물을 포기합니다.

그런데 종교개혁자들은 수도를 통해서가 아니라 성경인 하나님 말씀으로 거룩해지는 길을 선호합니다. 중세와는 달리 은둔 생활을 권장한 것이 아니라 거룩한 자가 사회를 개혁하고 구원하는 역할을 담당해야 한다고 주장합니다. 죄를 용서받은 자로서 하나님의 은혜에 감사하며 자신을 헌신하는 생활이 성결의 삶인 줄로 깨달아, 예배자와 일꾼과 증인으로서 가정과 교회와 사회 공동체 안에서 다른 사람과의 관계를 통해 거룩함을 삶으로 살아야 한다고 가르칩니다. 그래서 근대에는 근대 시민사회가 등장합니다. 성숙한 사회가 되고자, 사회를 거룩한 하나님의 나라로 만들고자 애씁니다.

우리는 종교개혁자들의 가르침을 따라 세상 속에서 거룩함을 완성시켜 나가야 합니다. 그것은 다른 사람과 관계 속에서 거룩함을 증명해 보여야 한다는 것을 뜻합니다. 삶이 바로 거룩한 삶이어야 합니다.

저는 성도님들께, 오늘 말씀을 통해 그리스도와 함께하는 거룩 학교에 입학하였으니, 하나님 말씀으로 먼저 거룩해지고 난 다음, 거룩한 자의 삶을 가정에서 교회에서, 그리고 일터에서 증명해야 한다고 강조하고 싶습니다. 거룩함은 외적인 면과 내적인 면을 동시에 가지고 있어야 합니다. 하나님의 은총과 인간의 노력, 하나님 앞에서 거룩함과 인간들 사이에서 거룩함, 그리고 무엇보다 죄를 죽이는 일과 은혜를 살리는 두 가지가 동전의 양면처럼 같이 있어야 합니다. 혹시 신앙이 좋은지 몰라도 그 신앙인의 삶과 인격과 사회생활이 일치가 안 된 경우가 많은데, 우리는 그 사람의 문제점을 '의인이 되었으나 거룩한 자가 되지 못한 사람'이라고 말해야 합니다. 믿음으로 의롭다 칭함을 받았으면 이제 거룩한 자가 되어야 합니다. 거룩한 자만이 하나님을 볼 수 있기 때문입니다.

2) 예수의 학생인가?

우리는 그리스도 예수의 학교에 입학한 제자이고 학생입니다. 예수의 학교는 교훈이 있고, 책망하기도 합니다. 오늘날도 교회가 하나님의 말씀으로 제자들을 가르칩니다. 교훈할 뿐만 아니라 책망하기도 합니다. 그런데 현대 그리스도인들은 그런 설교를 듣기 싫어합니다. 자기가 원하는 설교를 해주기를 청합니다. 가르치는 교사요 목사의 설교를, 예수의 동네 사람들처럼 은혜의 말씀이라고 하지만 말씀이 가지는 능력이 나타나지 못하도록 거부하고 맙니다. 그러나 하나님의 말씀으로 바르게 되어야 합니다. 정의로운 사람으로 양육을 받아야 합니다. 예수는 제자들이 하나님의 사람으로 온전하게 되도록 하나님의 말씀으로 가르칩니다. 또한 모든 선한 일을 행할 능력을 갖추도록 가르칩니다. 우리 그리스도인이 바로 이런 예수의 학생이어야 합니다.

3) 거룩한 습관

에토스(ethos)를 구약에서 습관이라 옮긴 사례가, 사무엘상 2장의 어려서부터 엘리의 아들들이 악한 습관을 가진 경우에 사용됩니다. 사무엘상 2장 12절에 의하면, 엘리의 아들들은 행실이 나빴고 여호와를 알지 못하였다고 말하고 있습니다. 당시 '제사장들이 백성에게 행하는 관습(ethos=습관)'(삼상 2:13)을 소개하는데, 엘리 제사장의 아들들은 제물로 드린 고기의 일부를 요구할 권리가 제사장에게 있었지만, 하나님께 돌릴 몫을 제단 위에서 불태우기도 전에 자기들 맘대로 고기를 가져오게 합니다. 고기를 구워 먹을 수 있도록 이들은 하나님의 것으로 남겨둔 기름도 요구합니다. "이 소년들의 죄가 여호와 앞에 심히 큼은"(삼상 2:17)이라고 표현한 것으로 봐서, 어렸을 때부터 전혀 경건생활을 교육하지 않아 자녀들로 하여금 "여호와의 제사를 멸시"(삼상 2:17)하도록 만들고 말았다는 것입니다.

사무엘하 13장에도 '에토스'라는 단어가 사용되고 있습니다. 다윗의 첫째 아들 암논이 그의 누이인 다말을 겁탈하려고 할 때에 다말은 "그가 그에게 대답하되 아니라 내 오라버니여 나를 욕되게 하지 말라 이런 일은 이스라엘에서 마땅히 행하지 못할 것이니 이 어리석은 일을 행하지 말라"(삼하 13:12) 하면서, 왕께 말하면 왕이 나를 오라버니에게 주기를 거절하지 않을 것이라고 그 방법까지 말합니다. 그럼에도 그는 '이스라엘 안에서 마땅히 행하지 못할 일'(ethos)을 행하고 맙니다.

습관이라는 단어를 풀이하자면, '습'(習, 익힐 습)은 태어나서 날지 못하는 새가 여러 날 동안 날개[羽]를 퍼덕여 나는 법을 익힌다는 뜻에서 습관의 의미가 잘 드러납니다. 갓 태어나 털에 물기도 채 마르지 않은 아기 새는 엄마 새를 따라 백 번은 연습해야 겨우 날기를 시작할 수 있는데, 여기에 스스로 여러 번 반복해서 익혀야 한다는 뜻도 더해집니다. 그만큼 반복해서 자기 것으로 만든 것이 바로 '습'입니다. '관'(慣, 익숙할 관)은 엽전을 꿰듯 마음을 꿴다는 뜻으로, 한마디로 수백 번 익히고 마음에 새겨 자신의 천성으로 만드는 과정을 뜻합니다.

인간은 자기 행위의 열매를 먹습니다(잠 1:31). 한 사람이 살아온 행적은 그 사람의 삶을 단정 짓습니다. 살아온 그 길을 걸어오면서 취한 모든 행동들에 의해 그가 어떤 사람이었는지 알 수 있습니다. 그래서 어떤 사람의 인생길을 표현함에 있어서 악한 자의 길(잠 2:12), 어두운 길(잠 2:13), 지혜로운 길(잠 4:11), 생명의 길(잠 6:23), 음녀의 길(잠 7:25), 사망의 길(잠 14:12), 공의로운 길(잠 16:31) 등에서 보듯이 '길' 앞에 여러 수식어가 붙습니다.

바울은 하나님의 말씀이 예수님에 의해 우리에게 가르쳐질 때에, 우리에게 '은혜의 말씀'이 되어야 한다고 강조합니다. '은혜의 말씀'의 한 사례를 소개하고자 합니다. 당시는 강화읍 잠두교회, 지금의 강화 중앙교회에 80이 넘은 할머니가 부유하여 여종과 함께 살았습니다. 마태복음 18장 18절 "진실로 너희에게 이르노니 무엇이든지 너희가 땅에서 매면 하늘에서도 매일 것이요 무엇이든지 땅에서 풀면 하늘에서도 풀리리라"는 말씀에 은혜를 받고 새로운 삶을 사신 분입니다.

> 강화 읍내에 김씨 부인은 복섬이라 하는 여종을 데리고 세상을 지내더니 하루는 예수 씨의 복음을 듣고 스스로 죄를 깨달아 회개하고 주를 믿기로 작정한 후 언문을 알지 못하므로 성경을 보지 못하여

주야 근심하고 날마다 언문을 힘써 공부하여 나중에 언문 성경을 보기에 이르러 성경 뜻을 상고하매 종 두는 것이 또한 큰 죄인 줄을 깨닫고 말하되 '우리의 주인은 하늘에 계시고 우리는 다 한 형제라 내가 어찌 감히 하나님 앞에서 주인이 되어 죄를 범하리오' 하고 하루는 교중 한 형제를 청하여 그 종 복섬이를 불러 앉히고 마태복음 18장 15-20절까지 읽은 후에 좋은 말씀으로 몇 마디 하신 후에 종 문서를 불사르고 그 종에게 일러 가라사대 내가 금일부터는 너를 종으로 알지 않고 나의 딸로 아노라 하고 주일마다 한가지로 예배당에 열심히 다니시니 종 되었던 여자가 기쁜 마음이 충만하여 친어머니같이 섬기며 날마다 온 집안이 화목한 것이 충만하니 하나님께 만만감사할 일이로다.

[한국감리교사학회편(1988), 〈신학월보〉, 1903. 7:203-204]

결론입니다.

하나님의 말씀이 나에게 '은혜의 말씀'이어야 합니다. 하나님의 말씀이 모두에게 은혜의 말씀인 것은 아닙니다. 하나님의 말씀을 거부하는 사람, 기질적으로 거부 반응이 일어나는 사람, 성경을 통해 설명하자면 아담의 원죄가 사람의 본성 속에 있어서 하나님의 말씀을 거부하게 만드는 사람에게 하나님의 말씀은 은혜의 말씀으로 작용하지 않습니다. 하나님의 말씀을 듣기만 하는 사람에게도 말씀이 은혜로 작용하지 않습니다. 말씀이 은혜로 다가오는 사람에게만, 즉 예수의 십자가 죽음이 나를 거룩하게 하심이라는 신앙고백을 하는 사람에게만 죄 사함의 회개를 가져오고, 성령을 통해 거룩해져서, 하나님과 교제할 수 있도록 회복됩니다.

예수님은 하나님 말씀을 가르치십니다. 말씀 자체는 권위와 능력을 가지고 있습니다. 말씀 자체가 가지는 권위와 능력은 거룩한 자를 통해 나타납니다. 하나님의 거룩한 자이신 예수님은 하나님 말씀으로 제자들이 거룩해지도록 가르치십니다. 거룩은 말씀으로 가르침을 받아 습관이 되어야 합니다. 제자들처럼 그리스도인은 예수의 학교, 거룩의 학교에 입학하였습니다. 이제 그리스도인은 거룩한 습관을 가진 자여야 합니다.

하나님 나라를 비유 말씀으로 가르치시는 예수
마태복음 13:18-23; 마가복음 4:13-20; 누가복음 8:11-15

○●● 예수님은 하나님의 나라[천국]를 비유 말씀으로 가르치셨습니다. 공관복음은 '예수가 비유 외에는 말씀하시지 않았다'고 전하면서 씨 뿌리는 자의 비유를 비유의 꽃이라 합니다. 예수님은 '하나님 나라가 하나님의 말씀인 씨와 같음'을 씨 뿌리는 비유로 가르치십니다. 씨를 뿌리듯이 말씀을 들으면, 그 말씀의 의미를 깨닫고, 말씀이 삶의 자리에서 열매 맺게 해야 합니다. 오늘 설교의 목적은, 비유 말씀을 가르치시는 예수님이 이 세 과정을 통해 결국에 우리에게 결실, 곧 하나님의 나라를 요구하시는 대로, 하나님의 나라를 뜻하는 '하나님이 주인이신 삶을 살고 있는지' 묻는 데 있습니다. 하나님의 통치를 받는 삶을 살려면 먼저 하나님 말씀을 듣는 데서 시작해야 합니다. 설교의 목적은 이 세 가지를 바르게 배워 하나님의 통치를 받는 삶을 살도록 하는 것입니다.

1. 말씀을 '들어야' 합니다

구약의 이사야는 이스라엘 백성이 듣기는 들어도 깨닫지 못하며 보기는 보아도 알지 못할 것이라는 하나님의 뜻을 전합니다. 그럴 이유가 있습니다. 듣는 것도 하나님의 주권에 의해 가능하기 때문입니다. 하나님은 '그들의 귀를 막아'(사 6:10) 듣지 못하게 하실 수 있습니다. 하나님의 섭리와 은혜로만 들을 수 있다는 대원리는 구약뿐 아니라 신약에도 관통하고 있습니다.

예수님 역시 "나는 내 양을 알고 양도 나를 안다"(요 10:14)고 하시면서 들으려면 듣는 자가 '내 양', 곧 아버지가 "내게 주신 자"(요 6:39)여야 가능하다고 말씀하십니다. 여러분이 주님의 양이어야 주님의 음성을 듣습니다. 그래서 바울은 예수님의 가르침을 올바로 받아 '믿음은 들음에서 나며 들음은 그리스도의 말씀으로 말미암는다'(롬 10:17)고 전합니다. 바울의 말대로, 오늘 성도님들은 그리스도의 말씀을 듣고 믿음이 더욱 생기기를 바랍니다. 히브리서 기자가 말한 대로, 복음 전함을 듣고 '듣는 자가 믿음과 결부시키지 아니하면'(히 4:2) 그 말씀이 그들에게 유익하지 못하기 때문입니다. 다시 말하면, 말씀이 아무런 능력을 나타내지 못하게 된다는 것입니다.

이런 대전제가 충족되었다고 해서 끝나는 것이 아닙니다. 사탄은 그리스도의 말씀을 듣고 믿음이 나서 구원을 얻지 못하도록 마음에 뿌려진 말씀도 빼앗아가 버립니다. 예수께서는 씨를 길 위에 뿌린다는 비유로 가르치신 것처럼, 당신의 수난을 예고하는 '말씀'(막 8:31-32)을 '길 위에서'(막 8:27) 전합니다. 예수 수난의 말씀을 듣자마자 사탄은 제자들에게 뿌려진 말씀을 빼앗고 맙니다(마 16:21-23).

그래서 예수님은 듣기 위해서는 아버지가 주신 '내 양'이 "착하고 좋은 마음"(눅 8:15)을 가지고 있어야 한다고 덧붙이십니다. '착하고 좋은 마음'은 솔로몬에 따르면, '듣는 마음'입니다. 그래서 그는 듣는 마음을 종에게 주시기를 기도했던 것입니다(왕상 3:9). 솔로몬이 올바르게 보았습니다. 듣는 마음은 하나님이 주셔야 가능한 것입니다. '착하고 좋은 마음'은 예수님이 가르치는 하나님의 말씀과 무관한 것이 아닙니다. 예수와 무관한, 사람이 나면서부터 가지고 있는 '선한 마음'에 대해 말하는 것이 아닙니다.

　인간의 마음은 하나님의 형상으로 지음을 받을 때는 참으로 착하고 좋은 마음이었습니다. 그러나 죄를 짓고 나서부터는 인간의 마음이 타락하고 말았습니다. 타락한 인간을 구원하고자 원하시는 하나님의 섭리를 따라 예수의 십자가 보혈로 인간의 죄를 용서해 주셨고, 그것을 믿는 사람들의 믿음을 의롭다 여겨 주시고 의인이라 칭해 주십니다. 그리하여 그리스도의 형상인 거룩함과 지혜, 그리고 그리스도의 마음이 회복되었습니다. 다시 말하면, 타락한 인간이 '착하고 좋은 마음'을 가진 인간으로 회복되었습니다.

　말씀을 듣는 마음이 중요합니다. 사도행전은 이런 마음을 '주께서 열어 주신 마음'(행 16:14)이라 하여 그 마음을 가질 때에만 말씀을 듣게 된다고 합니다.

> "두아디라 시에 있는 자색 옷감 장사로서 하나님을 섬기는 루디아라 하는 한 여자가 말을 듣고 있을 때 주께서 그 마음(kardia)을 열어 바울의 말을 따르게 하신지라"(행 16:14).

2. 말씀을 들은 다음 들은 말씀을 '깨달아야' 합니다

　말씀을 듣는 것으로 끝나서는 안 됩니다. 말씀을 들은 다음 '깨달아야'(마 13:19, 23) 합니다. 마가복음은 '깨닫는다'는 단어 대신에 '받아들인다'(막 4:20)는 단어를 사용하였고, 누가는 '지킨다'(눅 8:15)는 단어를 사용합니다. 같은 내용을 다른 단어들로 설명해 주고 있습니다.

　이사야에 따르면, 하나님의 뜻이나 말씀을 깨닫는 일은 전적으로 하나님의 뜻과 주권에 달려 있습니다. 사람들은 '깨닫는' 것을 인간의 이해력에 따라 가능한 일이라고 생각합니다. 그러나 깨달음은 하나님의 허락 사항이기 때문에 시편 기자는 "나로 하여금 깨닫게 하여 주소서" (시 119:34)라고 간구했던 것입니다. 깨닫게 해주셔야만 "주의 법을 준행하며 전심으로 지키리이다"(시 119:34) 할 수 있기 때문입니다.

이 원리는 신약에 그대로 적용됩니다. 마태에 의하면, 천국의 비밀을 깨달을 수 있는 사람은 '그것이 허락된'(마 13:11) 사람들일 경우에만 가능합니다. 신약성경은 말씀을 깨닫지 못하도록 방해하는 세력으로 사탄을 지목합니다. 마귀가 말씀을 깨닫지 못하도록 막는 이유는 '믿어 구원을 얻지 못하게 하기'(눅 8:12) 위함입니다.

하나님은 이사야를 부르고 '확실하게 들어라. 깨닫지 못할 것이다' (사 6:9)라는 하나님의 뜻을 전하라 명하십니다. 이렇게까지 된 것은, 하나님의 백성들이 하나님 말씀을 거절했고, 그리하여 예루살렘을 심판하셨기 때문입니다. 열매 맺지 않는 포도원 곧 이스라엘 백성에 대해 심판하기 위해 적들을 불러들인 상황이었습니다. 이제 예루살렘에서 살아남은 자들을 위한 미래의 구원을 계획하는 상황에 이르고 말았습니다. 이 상황에서 이사야의 임무는 백성을 듣지 못하게 하고 보지 못하게 하여 마음을 두텁게 하는 역할이 아니라 반대로 역설적으로 그러한 능력이 상실된 백성에게 하나님의 말씀을 전하는 역할입니다.

신약의 언어로 말하자면, 하나님의 비밀을 사람이 어떻게 알 수 있습니까? '하나님 나라의 비밀'(마 13:11; 막 4:11; 눅 8:10)이고 "은밀한 가운데 있는 하나님의 지혜를 말하는 것으로서 곧 감추어졌던 것"(고전 2:7)을 우리가 깨달아 알 수 있는 유일한 길은 '하나님이 성령으로 우리에게 보이셔야'(고전 2:10) 가능합니다. 깨닫게 하시는 이는 성령이시기 때문입니다.

성도 여러분은 주님께서 제자들의 마음(nous)을 열어 '성경을 깨닫게 (suni-mi) 하기를'(눅 24:45) 원하시는 것을 알고 있습니까? 예수님의 이런 마음을 바울은 잊지 않고 우리에게 "어리석은 자가 되지 말고 오직 주의 뜻이 무엇인가 이해하라[깨달아야 한다]"(엡 5:17)고 호소합니다. 주님의 뜻은 우리가 하나님의 말씀을 듣고 잘 깨닫는 것입니다. 잘 깨달으려면 먼저 우리가 '그것이 허락된' 주의 사람이어야 합니다. 그런 사람에게만 '하나님이 성령으로 우리에게 보이시기' 때문입니다. 그리스도인은 하나님의 비밀인 하나님의 나라를 깨닫기 위해 성령을 주시기를 간구해야 합니다.

성령을 통해 깨닫게 되어야만 마가복음이 말한 대로 말씀을 받아들일 수 있습니다. 말씀을 '받아들이려면' 주께서 마음을 열어 주셔야 합니다. 주님께서 성령을 통해 일하시지 않고는 말씀을 받아들일 수 없습니다. 마음은 말씀을 받아들이는 곳이기 때문에 하나님은 "오늘 내가 네게 명하는 이 말씀을 너는 마음에 새기고"(신 6:6)라고 명하셨던 것입니다. 말씀을 마음에 받아들이려면 "마음에 할례"(신 10:16, 30:6)를 받아야 합니다. 신약성경은 그것을 세례라 합니다. 세례는 물과 성령으로 거듭나게 합니다. 중생한 자의 마음으로 말씀을 받을 수 있다는 것입니다.

말도 마음으로 해야 합니다. 마음이 말하게 해야지 입으로 말하게 하면 안 됩니다.

"내가 내 마음속으로 말하여 이르기를"(전 1:16).

눈으로만 보지 말고 마음으로 봐야 합니다.

"내 마음이 지혜와 지식을 많이 만나 보았음으로다"(전 1:16).

듣는 것도 귀로 듣는 것으로 끝나지 말고 듣는 마음인 지혜를 받아야 선악을 분별할 수 있습니다.

"듣는 마음을 종에게 주사 주의 백성을 재판하여 선악을 분별하게 하옵소서"(왕상 3:9).

걷는 발걸음도 마음으로 걸어야 합니다. 마음 없이 걸으면 그저 육신이 걷는 것일 뿐입니다.

"엘리사가 이르되 한 사람이 수레에서 내려 너를 맞이할 때에 내 마음이 함께 가지 아니하였느냐"(왕하 5:26).

그런데 마음이 고집을 피우고 마음이 완고하고 싫으면 배반하고 맙니다. 마음에 하나님의 말씀이 넘쳐야 합니다.

"내 마음이 좋은 말로 왕을 위하여 지은 것을 말하리니"(시 45:1).

마음으로 말씀을 받아들여야 합니다. "오늘 내가 네게 명하는 이 말씀을 너는 마음에 새기고"(신 6:6), 즉 '내[하나님]가 오늘 너에게 명령하는 이 말씀을 네 마음에 둘 것이라'는 말씀처럼 마음에 말씀, 곧 가르침을 써야 합니다.

"인자와 진리가 네게서 떠나지 말게 하고 그것을 네 목에 매며 네 마음판에 새기라"(잠 3:3).

야고보의 언어로 표현해 보자면, 말씀을 '받으려면' 온유가 필요합니다.

"모든 더러운 것과 넘치는 악을 내버리고 너희 영혼을 능히 구원할 바 마음에 심어진 말씀을 온유함으로 받으라"(약 1:21).

말씀을 받는 데 온유가 필요한 이유는, 온유는 그리스도께 배워야 할 그리스도의 마음이기 때문입니다.

누가복음은 '깨닫는다' 또는 '받는다'는 용어 대신에 말씀을 '지켜야 한다'고 합니다. '지키다'란 '꽉 잡다'라는 의미로, 말씀을 꽉 잡으려면 그리스도 예수의 마음이 아니고는 안 됩니다. 그리스도 예수는 하나님의 말씀을 잘 지킵니다. 다시 말하면, 꽉 붙들고 있고 말씀대로 순종합니다. 예수는 순종을 말씀에서 배워서 했다고 합니다.

3. 말씀을 듣고 깨달아 '결실해야' 합니다

열매가 있어야만 합니다. 그것도 풍성한 열매가 있어야 합니다. 예수님은 사람을 '열매로 알 수 있다'(마 7:16, 20)고 가르치셨습니다. 열매도 '나쁜 열매'가 아니라 '좋은(agaton) 열매'(마 7:17)여야 합니다. '착하고 좋은 마음'이어야 말씀을 듣는다고 했듯이, 말씀을 듣고 깨달아 지키어 '좋은' 열매를 맺어야 합니다. 좋은 열매를 맺지 아니하는 나무는 찍혀 불에 던져질 뿐이라고 합니다. 바울은 '모든 선한 일[행위]에 열매를 맺어야 한다'(골 1:10)고 말하고 있습니다.

예수님은 30배, 60배, 100배의 결실을 거둔다고 말씀하셨습니다. 예수로부터 시작된 사역은 지금 우리가 계산하자면, 100배가 아니라 수백만 배라고 해야 합니다. 그러나 우리의 입장에서 보자면 너무 많은 방해요소가 산재합니다. 새들이 와서 먹어 버리거나, 해가 돋았을 때 타버리거나, 가시들이 자라 질식시키거나 하는 등의 여러 난관들이 많습니다. 그럼에도 예수님은 충만한 열매를 요청하십니다.

예수님의 요청대로 성경은 여러 곳에서 말씀을 듣고 깨달아 결실한 사례를 소개하고 있습니다. 마가복음에 소개되고 있는, 귀신 들린 딸을 고쳐 주기를 청하는 수로보니게 여인 이야기를 해보겠습니다(막

7:24-30). 헬라인인 수로보니게 여인이 귀신 들린 딸을 고쳐 달라고 예수께 간구합니다. 하나님의 말씀은 허락된 사람에게만 들린다는 의미로 말씀인 떡을 개들에게 주지 않는다고 하시자, 그 여자는 '개들도 부스러기는 먹을 수 있다'며, 말씀이 허락된 사람인지 아는 길은 예수께서 말씀만 하시면 귀신이 쫓겨나는 일이 일어난다고 답합니다. 예수님은 그 여인에게서 말씀을 들을 수 있도록 '허락된 사람', 그리고 말씀을 깨닫고 받아 지켜 결실이 일어날 수 있는 사람인지를 밝히기 위하여 "돌아가라 귀신이 네 딸에게서 나갔느니라"(막 7:29) 하십니다.

반대의 실례를 들겠습니다. 자신들은 하나님의 말씀을 듣고 깨달을 수 있는 허락된 사람이라 생각하는 사람들로, 고향 사람들과 대화한 경우를 살펴보겠습니다. 예수님이 성령을 받으시고 '주의 영이 임한 자'가 가르쳐야 할 하나님의 말씀을 이사야의 글로 가르치십니다. 그 가르침을 듣고 고향 사람들은 "은혜로운 말"(눅 4:22)이라고 놀랍니다. 그러나 "이 사람이 요셉의 아들이 아니냐"(눅 4:22)며, 은혜로운 말 때문에 문제를 삼는 것이 아니라 요셉의 아들인 예수의 설교는 싫다는 것입니다. 그러자 예수님은 선지자가 고향에서 환영받지 못한다고 아픔을 토로하십니다.

그러면서 엘리야라는 하나님의 종을 대접한 사람은 고향 사람이나 유대 사람이 아니며 시돈 땅에 있는 사렙다의 한 과부만이 엘리야를 3년 동안 대접했다는 것입니다. 하나님의 종을 대접한 그 여인의 죽은 아들도 하나님은 고쳐 주십니다. 그 이야기만 하신 것이 아니라 선지자 엘리사 시대의 수리아 사람 나아만 장군 이야기를 해주시면서, 말씀을 듣는다고 다 듣는 것이 아니며 듣는다고 해서 다 깨닫는 것도 아니고 열매 곧 고침을 받는 사람은 수리아 장군 나아만뿐이라고 지적하십니다. 이 설교를 들은 회당에 있던 자들이 "듣고 다 크게 화가 나서"(눅 4:28) 예수를 죽이려고 산 낭떠러지로 밀쳐 냅니다. 말씀을 가르치지만 다 말씀을 듣거나 깨닫거나 결실하는 것은 아닙니다.

4. 하나님의 나라를 비유 말씀으로 가르치시는 예수님의 가르침을 삶에 적용하는 문제

1) 누가복음을 따라 이 비유를 '믿어 구원 얻는'(눅 8:12) 길, 곧 하나님의 나라를 얻는 길을 밝히는 것으로 보고자 합니다.

누가는 '믿고 구원을 얻는 사람' 여부에 의해 네 부류의 사람으로 나눕니다. 믿지 못하고 구원을 '빼앗기는'(눅 8:12) 사람이 있는가 하면, 잠시 동안 믿다가 시련이 오면 '배반하는'(눅 8:13) 사람도 있고, 살아가는 동안에 근심과 재물과 인생의 향락에 사로잡혀서 결국에 '온전히 결실하지 못하는'(눅 8:14) 사람도 있습니다. 그러나 믿지 못하고 구원을 빼앗기거나 배반하거나 혹은 온전히 결실하지 못하면 안 되고, 참는 가운데 열매를 맺는 사람(15절)만이 하나님 나라에 들어갑니다.

우리는 누가복음의 관점을 우리 교회와 상황에 적용해야 합니다. 이 비유는 하나님 나라의 비밀을 아는 문제와 연관되어 있기 때문에 하나님 나라를 보거나 들어가기 위해 하나님의 말씀으로 결실할 수 있는지 물어야 합니다. 제자들도 매우 놀라 "누가 구원을 얻을 수 있는가"(막 10:26) 묻습니다. 예수님은 사람으로는 할 수 없지만, 하나님은 다 하실 수 있다고 답하십니다. 사람으로는 불가능한 구원을 하나님은 능히 하실 수 있다는 것입니다. 분명 가능합니다. 그리스도인인 '나'는 하나님만이 하실 수 있는 구원을 얻은 사람이 되어야 합니다.

2) 마가복음을 따라 이 비유를 네 부류의 사람으로 묘사하고 있는 것으로 보아 우리는 현재 어느 부류에 속하는 사람인지 살펴야 합니다.

'네 부류의 사람, 곧 나는 사탄의 위협을 극복한 사람인가(막 4:15), 환난과 박해의 상황에서도 넘어지지 않고 있는가(막 4:17), 이 세상의 여러 유혹에 굴복하고 말았는가(막 4:19), 아니면 풍부하게 결실하는 자인가?'

사탄의 위협을 극복한 사람이어야 하는데도 사탄처럼 예수를 대적하는 사람이 되어서는 안 됩니다. 그들이 바로 예수와 대립했던 유대 지도층(막 2:1-12)인 것을 보면, 교회든 어디든 지도층은 이 사실을 주목해야 합니다. 예수를 없애려고 모의를 주도하는 바리새인은 분명히 이 부류에 해당합니다(막 3:6). 왜냐하면 사탄은 바리새인들의 활동과 연관되어 있기 때문입니다(막 8:11, 10:2, 12:15). 예수를 적대하는 대적자들을 제외시킬 수는 없습니다(막 8:11-12). 문제는 오늘날 누가 바리새인인가 물어야 하기 때문입니다. 마태복음 23장에 나열되고 있는 바리새인들의 특징은 현대 교인들의 모습을 반영하고 있습니다. 예수님은 그 어떤 대적자들보다 바리새인들의 외식을 비난하셨기 때문에 주목해야 합니다.

돌밭에 떨어진 씨의 부류에 해당하는 사람으로, 환난과 박해가 오면 넘어지는 사람으로 베드로를 들 수 있습니다. 그 이유는 그의 이름 자체가 '돌'로서 반석이지만 걸림돌이 되고 말기 때문입니다. '돌' 밭에는 뿌리가 내릴 수 없어 고난이나 박해가 주어지면 넘어지고 만다고 했는데, 베드로가 바로 예수의 수난 예고를 거부했기 때문입니다. 현대 그리스도인들, 특히 한국의 상황에서 생각해 보면 예수 믿는다고 고난 받는 사람들이 거의 없습니다. 그럼에도 선교사들 중에는 목숨의 위협을 느끼며 사는 분들이 계십니다.

가시떨기를 세상 염려와 재물의 유혹과 기타 욕심으로 풀이하는데, 가시덤불과 같은 마음을 가진 자들은 '말씀을 듣지만 세상의 염려와 재물의 유혹과 기타 욕심이 들어와 말씀을 막아 결실하지 못하게'(막 4:18-19) 됩니다. 재물 많은 부자 청년의 사례가 이에 해당합니다. 영생 얻기를 원해서 예수에게 나아오고 계명을 다 지키며 살지만 물질 때문에 근심하며 돌아가고 맙니다. 부자가 천국에 들어가는 길은 낙타가 바늘귀로 들어가는 것보다 힘들다고 하면서, '재물이 있는 자는 하나님의 나라에 들어가기가 심히 어렵다"(막 10:23)고 하십니다. 그래서 제자들이 그렇다면 누가 구원을 얻을 수 있는지 물어봅니다. 예수님은 제자들에게 "하나님의 나라에 들어가기가 얼마나 어려운지"(막 10:24)라고 대답하시면서 사람으로는 할 수 없다 하십니다.

예수님은 누가복음에서 '염려'하지 말라고 하셨습니다. 그 말씀은 나를 향해 하신 말씀 아닙니까? 성경은 염려 자체를 나쁘다고 말하지 않았고 살아가면서 염려 안 할 수 없기에 베드로는 "너희 염려를 다 주께 맡기라"(벧전 5:7)고 권면합니다. 예수님도 "생활의 염려"(눅 21:34) 때문에 마음이 둔하여질 수 있다고 하셨습니다. 예수님의 이 말씀을 우리는 삶에서 실제로 많이 경험합니다.

누가복음 12장 28절에 따르면, '믿음이 작은 자'가 염려합니다. 주님은 '일용할 양식'을 위해 기도해야 한다고 가르치셨습니다. 그리스도인들이 기도해야 할 일용할 양식과 세상 사람들이 구하는 일용할 양식의 차이가 무엇입니까? '하나님이 주시는' 일용할 양식이 문제가 아니라 내가 생각하는 일용할 양식의 양이나 질 등에서 문제가 생깁니다. 결국 나의 욕심(몸, 생활습관, 살아가는 환경)이 구하는 일용할 양식이 문제이지 하나님이 나에게 주시는 일용할 양식이 문제인 것은 아닙니다. 하나님이 주신 일용할 양식만 바라보았을 때는 감사하고 만족했지만 나의 몸, 삶의 틀, 욕망, 생활 습관 등에서 요구하는 일용할 양식은 날개를 달고 세상으로 날아가 버리고 맙니다. 특히나 나의 눈이 다른 사람의 일용할 양식을 바라보고 나의 일용할 양식과 비교하기 시작하면, 불행만 커져 갑니다.

일용할 양식의 먹는 양(내용)보다 질을 더 탐하는 시대가 되었습니다. 그렇지만 양이든 질이든, "너희 소유를 팔아 구제하여 낡아지지 아니하는 배낭"(눅 12:33)을 만들어야 합니다.

3) 공관복음은 공통으로 풍성한 결실을 강조합니다.

누가복음에 따르면, '온전히 결실해야'(눅 8:14) 하고, 마가복음이 요구한 대로 풍성한 열매, 곧 "삼십 배나 육십 배나 백 배의 결실"(막 4:20)을 하는 자여야 합니다.

우리의 신앙의 삶은 열매가 있어야 합니다. 말씀만이 열매를 맺는데, 말씀이 열매를 맺기까지는 현실에서 장애물들이 너무 많습니다. 네 종류에는 결실이 없는 결과가 비율적으로 더 많다는 것을 알아야 합니다. 결과만이 중시된 것이 아니라 결실하게 되는 과정, 특히 실패를 포함한 결과가 중시되고 있습니다. 열매를 거두기까지 성공보다는 실패와 좌절 등의 장애물을 만나게 됩니다. 그런데 그리스도인들조차 성공만을 바라고 기적만 바랍니다. 심지도 않은 데서 열매를 거두게 해달라고 은총을 소원합니다.

주님은 씨를 뿌리면 열매가 맺되 좋은 씨를 뿌리면 좋은 열매를, 악의 씨를 뿌리면 악의 열매를 맺는다는 것을 말씀하고 계시며, 씨를 뿌리지도 않았는데 좋은 열매를 바라는 것은 잘못이라고 가르치십니다.

예수님은 제자들이 이렇게 넘어지고 쓰러질 것을 알고 계심에도 불구하고 결실이라는 결과만을 중시하신 것은 아닙니다. 그런 결과가 주어질지 모르지만 지금은 씨라는 말씀을 마음밭에 뿌리고 있습니다. 거두는 마음만이 아니라 뿌리는 마음도 중시해야 합니다. 우리는 씨를 현재에 뿌려야 합니다. 열매를 우리가 책임지는 것이 아닙니다. 더구나 거두시는 이는 하나님이심을 압니다. 현재는 뿌릴 뿐이고 그 결과가 미래에 보장되지 않습니다. 그렇더라도 뿌려야 합니다.

우리의 현재가 뿌리는 시작에 있다면, 우리는 이 단계에 충실해야 합니다. 우리가 지금 뿌려진 것이 뿌리를 내릴 수 있도록 하는 과정이나 단계에 있다면, 과정을 중시해야 합니다. 그리고 이제 결실할 때라면 결과가 있어야 합니다. 씨도 뿌리지 않고 결실하려고 해서도 안 되고, 결실이 두려워 뿌리지 않으려고 해서도 안 됩니다. 과정이 중요합니다. 열매는 과정의 결실일 뿐입니다. 과정에서 아무렇게나 살아도 되는 것이 아닙니다. 끝까지 참아 구원을 이루도록 '착하고 좋은 마음'을 가져야 합니다. '착하고 좋은 마음'이란 끝까지 참아 인내하며 구원하게 하는 마음입니다.

예수님은 심지도 않았는데 기적을 바라고 하나님 나라를 세우려고 하는 것이 아닙니다. 결과가 세 번이나 넘어져서 좋지 않을 것이라는 것을 알면서도 말씀을 마음의 밭에 심고 있습니다. 더구나 정당한 노력도 없이 결실할 수 있는 것도 아니고, 씨를 뿌린다고 해서 저절로 자라는 것도 아니라는 것을 잘 압니다. 예수님은 결실에서도 손실이 더 크다는 것을 잘 아십니다. 결실이란 하나님이 하시는 일입니다.

하나님 앞에서 씨를 뿌리는 기간에 속하여 살고 있는 분은 주님의 씨 뿌리는 마음으로 마음밭에 씨인 말씀을 뿌려야 합니다. 하나님 앞에서 믿음의 경주를 달음질하는 자들은 씨가 뿌리를 내리고 열매를 맺도록 참으로 과정에서 진실해야 하고, 끝까지 인내로 참아내고, 말씀을 지키며 살아야 합니다. 이제 하나님 앞에 갈 날을 기다리는 성도는 열매가 무엇인지 되돌아보아야 합니다. 열매가 있어야 합니다. 정말 아무렇게나 살아도 되는 것이 아닙니다. 그리스도인의 삶을 시작하고 있는 분, 그리스도인의 삶을 피땀으로 살아가고 있는 사람, 그리고 이제 결실을 기다리는 그리스도인의 삶은 어떻게 살아야 할 것인지 오늘 비유가 말해 주고 있습니다.

"네 소유를 팔아 가난한 자에게 주고 나를 따르라"는 말씀 그대로 '빚 문서를 태운 부자 교인'(이덕주, 〈성서한국〉, 대한성서공회, 2000 봄 제64권 1호) 종순일은 말씀의 풍성한 결실을 한 우리가 적용해야 할 믿음의 선배입니다.

1897년 무렵 강화 북부 해안 홍의마을에 종순일(種純一)이란 교인이 있었다. 전통 유학자 출신으로 땅도 많고 여유 있던 부자였다. 그가 사는 마을에 그에게 돈을 빌려다 쓰지 않은 사람이 거의 없을 정도였다. 그런 그가 마을 훈장 박능일이 전하는 복음을 듣고 기독교인이 되었다. 그리고 성경을 읽다가 마태복음 18장 23절 이하에 나오는 '용서할 줄 모르는 무자비한 종에 대한 비유' 대목에서 멈추었다. 임금에게 1만 달란트 빚진 신하가 그 빚을 탕감 받고 나가다가 자기에게 100데나리온 빚진 자를 만나 그의 빚을 탕감해 주지 않고 옥에 가두었는데, 그 사실을 안 임금이 화를 내며 그를 다시 잡아 옥에 가두었다는 내용의 말씀이었다.

'마을 부자' 종순일은 이 말씀을 읽고 며칠 동안 고민하다가, 주일 오후에 예배를 마치고 자기에게 돈을 빌려간 마을 사람들을 집으로 불러들였다. 마을 사람들은 '빌린 돈을 갚으라는 것인가, 아니면 이자를 높이려는가?' 하는 두려운 마음으로 모였다. 종순일은 성경을 펴서 마태복음 18장 말씀을 읽은 후에 다음과 같이 선언하였다.

"오늘 이 말씀에 나오는 무자비한 종이 바로 나외다. 내가 그리스도의 은혜로 죄 사함을 받은 것이 1만 달란트 빚 탕감 받은 것보다 더 크거늘, 여러분에게 돈을 빌려 주고 그 돈을 받으려 하는 것이 100데나리온 빚을 탕감해 주지 못한 것보다 더 악한 짓이오. 그러다 내가 천국을 가지 못할 것이 분명하니 오늘부로 여러분에게 빌려준 돈은 없는 것으로 하겠소."

그는 빚 문서를 꺼내 모두가 보는 앞에서 불살라 없앴다. 그 자리에 동석했던 교회 전도사가 증인이 되었다. 그러니 그 사람들이 모두 교인이 될 것은 당연한 일 아닌가?

이것으로 끝난 것이 아니다. 종순일은 "네 소유를 팔아 가난한 자에게 주고 나를 따르라"(마 19:21)는 말씀을 읽고 자기 재산을 처분하여 교회에 헌납했다. 그러고 나서 얼마 있다가 예수님께서 제자들을 둘씩 짝지어 각 지방과 고을에 보내셨다는 말씀(눅 10:1)을 읽고 아내와 함께 괴나리봇짐 하나씩 메고 남쪽 길상면으로 전도여행을 떠났다. 그가 찾아간 "땅 끝"(행 1:8)은 강화 주변의 작은 섬들이었다. 그는 그렇게 강화, 옹진 섬 지역을 돌며 수십 처 교회를 개척하였고, 평생 가난한 전도자로 생을 마쳤다.

결론입니다.

예수님은 천국 말씀으로 제자들을 양육하십니다. 예수의 가르침의 내용은 천국, 곧 하나님 나라입니다. 예수는 천국을 비유 말씀으로 가르치십니다. 하나님 나라는 결국에 온전한 열매를 맺는 자가 들어갑니다. 그러기 위해서는 먼저 천국 말씀을 들어야 합니다. 그런 다음 말씀을 듣고 깨달아야 합니다. 말씀을 듣고 깨달은 다음, 풍성한 열매를 맺어야 합니다.

말씀을 듣기 위해서는 솔로몬이 기도한 것처럼 말씀을 듣는 마음을 주시라고 기도해야 합니다. 듣는 것은 하나님이 허락해 주셔야만 가능한 은총에 속하는 것이기 때문입니다. 깨닫는 것도 '그것이 허락된' 사람에게만 일어납니다. 허락되었다고 해도 사탄이 와서 빼앗아 버려 '믿어 구원을 얻지 못하게 합니다.' 그러니 예수님은 제자들의 마음을 열어 성경을 깨닫게 해주십니다. '깨닫는다'는 말은 믿음으로 받거나 말씀을 지키는 것을 뜻합니다. 이제 결국은 말씀을 듣고 깨달아 결실해야 합니다. 온전한 열매는 좋은 열매여야 하고, 풍성해야 합니다. 말씀 그대로 '빚 문서를 태운 부자 교인' 종순일을 통해 풍성한 좋은 열매를 사모해 봅니다.

참 예배를 가르치시는 예수
요한복음 4:1-42

○●● 요한복음 4장은 참 예배를 가르치시는 예수 그리스도를 소개하고 있습니다. 사마리아 여인은 왕이신 그리스도를 만나 '영과 진리로 예배하는' 참 예배를 드리는 여인으로 변화됩니다. 먼저 사마리아 여인부터 소개한 다음, 예수 그리스도가 가르치는 참 예배가 무엇인지 밝혀 보도록 하겠습니다. 오늘 설교의 목적은 우리가 하나님이 찾으시는 참 예배자가 되어야 한다는 것과 영과 진리로 예배를 드리고 있는지를 살피는 것입니다.

1. 왕이신 그리스도를 만난 사마리아 여인

1) 사마리아 샘에 오신 성전

사마리아 여인은 불행한 여인이 아니라 행복한 여인이 됩니다. 왜냐하면 자신의 삶에 스스로 만족하지 못했고, 뭔가 변화를 원했으며, 삶이 달라졌으면 좋겠다고 생각했지만 바뀐 것이 없던 현실에 예수님이 찾아오셨기 때문입니다. 그리하여 그녀가 변화되었기 때문입니다.

그녀가 예수님을 찾은 것이 아닙니다. 예수님이 그녀를 찾아오십니다. 그녀는 우연한 만남이라고 보았겠지만, 예수님이 그녀를 찾아오신 것입니다. 그녀는 자기와 대화하는 자가 누구인지 모릅니다. 단지 대화하거나 말을 걸어 줄 사람이 아니라는 것을 알고 있었습니다. 그러나 그와의 대화를 통해 결국에 마음의 문을 엽니다. 마음의 문을 열기까지는 쉽지 않습니다. 마음의 문은 그녀가 결코 열고 싶지 않은 영역이기 때문입니다. 사람을 피하여 사는 사람, 인생에서 많은 것이 뒤범벅되어 있고, 과거의 무거운 짐들이 벗어날 수 없는 무거움으로 짓누르고 있을 뿐입니다.

사마리아 샘에 오신 분은 요한복음 2장에서 교회를 정결하게 청소하셔서 기도하는 아버지 집인 교회를 다니도록 만들어 주신 분이시고, 요한복음 3장에서 성령으로 거듭나야 들어갈 수 있는 하나님 나라를 열어 주신 분입니다. 그분이 요한복음 4장에서는 사마리아 샘에 오십니다. 사마리아 여인은 예배하는 처소인 정결한 교회에 들어가기 위해서는 어떠해야 하는지, 그리고 하나님 나라에 들어가기 위해서는 어떠해야 하는지 아직 모르고 있습니다. 그러나 우리는 예수님이 그것을 어떻게 준비시키고 사마리아 여인을 만나고 계시는지 알아야 합니다.

2) 거룩한 상종

그녀는 말을 걸어오는 예수에게, 특히 물 한 모금 달라고 말을 걸어 오는 예수에게 '상종하지 않는 관계인데 왜 물을 달라 하느냐'(요 4:9) 묻습니다. 그녀는 여인이고, 더구나 사마리아 여인과 유대인은 서로 상종을 할 수 없는 관계 속에 있는데 자신에게 말을 걸어 올 뿐 아니라 물을 달라고 하는 이유를 물은 것입니다. 예수님은 물을 달라고 한 이가 "누구인 줄 알았더라면"(요 4:10), 곧 만나 주고 말을 걸어 온 사람이 누구인 줄 아느냐고 여인에게 다시 물으십니다. 그런데 여인은 '그가 누구인지!' 더 묻지 않습니다. 물을 달라고 했기 때문에 그저 물에 대해 이야기할 뿐입니다.

예수님은 물의 종류에 따라 물의 내용이 달라진다는 것을 말해 주고자 합니다. 그녀는 대화하는 그가 누구인지는 관심 밖이고, 영생수와 마시는 물의 차이도 모릅니다. 그 여인은 '물 길을 그릇도 없고 우물이 깊기 때문에 물을 얻을 수 없을 것'이라고 말하고 있을 뿐입니다. 그럼에도 물을 주겠다고 하니, 당신이 야곱보다 더 크냐고 묻습니다.

거룩한 상종이 만들어 가는 대화 내용이 변화합니다. 그다음에 듣는 우리로 하여금 가슴이 뛰게 하는 내용이 나옵니다. 곧 완전히 다른 세계, 천 년의 전설이 전해 오는 야곱의 물을 천 년의 신비, 곧 영원한 생명수로 바꾸고 있습니다. 영원히 목마르지 않는 생명수란 하나님 나라에서 맛볼 수 있는 물일 것입니다.

3) 천 년의 전설(야곱의 물), 천 년의 신비(생명수)

"그 속에서 영생하도록 솟아나는 샘물"(요 4:14), 곧 물이 생명수가 '되는' 변화 능력의 세계를 그녀는 모릅니다. 또한 '마시는 자가 영원히 목마르지 아니하는'(요 4:14) 물이 있는 것도 아닙니다. 그러나 '주님이 주시는 물을 마시는 자는 영원히 목마르지 아니합니다.' 야곱의 우물을 마시기 위해서는 많은 수고가 필요합니다. 그러나 예수님의 생명의 샘물은 그냥 마시기만 하면 됩니다. 그래서 그 여인은 그 물을 마시고 싶다 요청합니다. 천 년의 우물 안에 담겨 있는 신비, 그 물을 마시고자 합니다.

요한복음 4장 15절에 따르면, 그녀가 예수님을 칭하는 호칭이 달라집니다. 처음에는 그저 물을 마시게 요구하는 '상종'(요 4:9)하면 안 되는 남자일 뿐입니다. 그러던 사람이 '야곱보다 더 큰 자'(요 4:12)로 변합니다. '큰 자'가 15절에는 '주여!'로 바뀝니다. '주님'을 만났습니다. 여인은 예수님과의 대화를 통해 예수가 '누구인지' 알기를 원했습니다. 여인이 예수가 누구인지를 그토록 알고자 한 이유는, 여인 자신도 몰랐던 영혼의 목마름, 진정한 예배, 하나님의 나라에 들어가는 것, 영원히 목마르지 않는 생명수를 마실 수 있는 실체가 드러나고 있기 때문입니다.

우리는 누구나 그 여인이 그토록 마시고 싶어 하던 목마름을 가지고 있습니다. 마셔도 해결되지 않는 문제들을 해결 받고 싶어 합니다. 그것은 예수님만이 해결해 주십니다. 그분에게 달라고 요청해야 합니다. 예수님은 진정한 예배 처소인 교회를(요 2장), 그리고 교회를 통해 세워 나가야 할 하나님 나라(요 3장)에서 마실 물을 주고자 하십니다.

4) 그리스도의 육체에서 받으실 예배 처소인 성전

예수님은 여인에게 남편 얘기를 꺼내면서 '사람의 속에 있는 것을 아시기'(요 2:25) 때문에, 그녀의 가장 아픈 것을 건드리십니다. 그런 후에야 여인은 비로소 마음을 엽니다. 그리고 주를 만난 여인이 요구하는 것은 예배 처소입니다. 그리심 산이나 예루살렘이라는 성전 장소는, 구약의 전승 속에서는 하나님의 영광이 머무는 곳이고 구름이 뒤덮은 곳입니다. 그러나 예수님은 그 성전을 헐라고 말씀하십니다. 성전은 분명 하나님이 안식하시는 곳(쉐키나, Shekinah)임에 틀림없지만, 그러나 그곳은 "이 산에서도 말고 예루살렘에서도 말고"(요 4:21)일 뿐입니다. 이곳도 아니고 저곳도 아닌 장소가 어디입니까? 진정한 예배를 드리는 교회를 위해 예수님은 요한복음 2장에서 먼저 교회를 청소하셨고, 그리고는 "이 성전을 헐라"(요 2:19)고 말씀하시며, 다시금 "성전 된 자기 육체"(요 2:21) 곧 부활한 주님을 만난 자들만이 드릴 수 있는 그런 진정한 예배를 원하십니다.

그런데 요한복음 기자에 의하면, 많은 사람이 그의 이름을 믿었으나, 예수는 그의 몸을 그들에게 의탁하지 아니하십니다. 그 이유는 친히 사람의 속에 있는 것을 아시기 때문입니다(요 2:23, 25).

사마리아 여인은 주님이 원하신 진정한 예배를 드리는 교회에서 예배하게 되었고, 천국에서 마시는 영원히 목마르지 않는 영생수를 마시게 되었습니다. 사마리아 여인은 '에고 에이미', 메시아 곧 그리스도를 만났습니다.

본문을 통해 계속되는 단어 하나가 눈에 들어옵니다. 예수님이 여인에게 한 모금의 물을 '구합니다'(didomi, 요 4:7). 반대로 이제는 여인이 생명의 물을 '구합니다'(요 4:15). 그런데 하나님이 영과 진리로 하나님을 예배하는 자들을 '찾으십니다'(zeteo, 요 4:23).

2. 참 예배를 가르치시는 그리스도 예수

예수 그리스도는 '참 예배'를 가르치십니다. 예배의 6하 원칙인 누가(who), 언제(when), 어디서(where), 무엇을(what), 어떻게(how), 왜(why) 등을 통해 살펴보겠습니다.

1) 예배의 주체(누가)

예수님은 '아버지께 참으로 예배하는 자'가 누구인지 가르치고 계십니다. 예수님은 예배 잘 드리고 있다고 생각하고 있는 사마리아 여인에게 '당신이 하나님이 찾으시는 예배자일 수 있느냐?'고 묻고 계십니다. 요한복음 4장 23절은 예배 주체와 대상에 대해 명확하게 언급하고 있습니다. "아버지께 참되게 예배하는 자들"(요 4:23)이 예배 주체입니다. 그들은 '아버지께서 찾으시는 예배자들'(요 4:23)입니다. 아버지께서 찾으시는 자가 아닌데도 불구하고 예배 자리에 나와 있을 수는 있습니다. 하지만 아버지께서 찾으시는 예배자는, 예배에 초대해 주시고 불러 주시매 그 초대에 응한 자가 예배하는 자입니다. 초대해 주신 하나님이 우리의 예배를 받으실 대상입니다.

이런 전승은 구약에서 기원했습니다. 이스라엘은 예배 공동체입니다. 출애굽 역사 자체가 예배하기 위해서였고, 국가도 그것에 기초하여 세워졌기 때문입니다. 하나님은 이스라엘과 시내 산에서 계약을 맺으십니다. 예배하는 거룩한 백성이 되고 제사장 나라가 되라는 것이고, 그리하면 나는 너희 하나님이 되겠다고 계약을 체결하십니다. 하나님을 예배할 때만이 그들은 거룩한 백성이 될 수 있습니다. 우리도 예배를 통해서 거룩해질 수 있습니다. 예배를 갱신하며 다시금 하나님의 거룩한 백성임을 확인합니다. 그것이 그들 민족의 신앙의 축제 속에서 역사의 절기를 이룰 정도로 이스라엘은 예배 공동체를 역사 공동체로 바꾸었습니다. 그들의 역사와 삶이 하나님께 드리는 예배가 되었습니다.

2) 예배의 장소와 예배의 때

예수님은 사마리아 여인에게 예배의 장소와 예배의 때를 새롭게 가르치십니다. 우리들처럼 예배는 교회, 그들에게는 성전에서 드리는 것이라 생각하고 있는 사람에게, 예배 장소는 '이곳에서도 말고 예루살렘에서도 말고' 성전을 헐라며 '곧 이때라' 대답하시니, 도대체 예배 장소는 어디이고, 예배 시간은 언제라는 말일까요? 고정된 예배 장소(성전)가 아니라 움직이는 몸, 곧 삶 자체가 예배가 되어야 한다고 가르치고 계십니다.

여인의 조상은 수가 성 남쪽에 위치한 그리심 산[이 산은 신명기 11장 29절에 축복의 산으로 명시되어 있고, 사마리아인들은 하나님께 예배할 장소로서 예루살렘보다 더 중요한 장소로 여긴다(신 11:29, 27:12; 수 8:33)]에서 예배하지만, 유대인들은 아브라함이 이삭을 번제로 드리던 모리아 산(창 22:2)인 예루살렘(신 12:5, 16:2)에서 예배를 드리고 있습니다.

예배의 장소가 둘로 갈라지게 된 데에는 역사적 배경이 있습니다. 예루살렘 성전이 '여호와께서 자기 이름을 두시려고 택하신 곳'(신 12:5)인데, 주전 722년에 앗수르에게 북이스라엘이 점령당하고 사마리아가 혼합 종교화가 되자 유일 신앙을 지키고 있던 유대인들이 사마리아인을 이방인으로 취급하면서부터 예배의 장소가 둘로 갈라지게 되었고, 남유다와 북이스라엘로 나라가 갈라지면서 북이스라엘은 예배드리러 남쪽 예루살렘으로 가는 것을 막기 위해 사마리아 그리심 산에 예배의 처소를 마련했던 것입니다.

예배하는 장소가 "이 산에서도 말고 예루살렘에서도 말고"(요 4:21)로 바뀝니다. 그리고 예배 시간도 안식일이라는 정해진 시간이 아니라 "아버지께 예배할 때"(요 4:21)가 바로 "곧 이때"(요 4:23)로 바뀝니다. '곧 이때'는 정해진 예배 시간이 아니라 매 순간, 예배드리는 어느 순간이든 그 시간이 바로 예배 시간이라는 뜻으로, 예수 그리스도 안에서 드려지는 삶 자체를 뜻합니다.

예수님에 의해 예배의 장소도 시간도 새롭게 바뀌고 있습니다. 일반적으로 예배하는 장소인 성전은 아버지의 집이었습니다. 그러나 예수님은 예배 장소인 성전을 기도하는 처소로 바꾸십니다. '성전을 헐라' 하여 예배 처소가 완전히 새롭게 바뀝니다.

그렇다면 왜 예배자부터 시작하여 예배 장소, 그리고 예배 시간까지 완전히 바꾸시는 것일까요? 예수님은 예배에 대해 무엇을 새롭게 가르치고 계십니까? 하나님이 찾으시는 예배하는 자가 모인 곳이 바로 예배 처소여야 한다는 가르침이 여인에게 어떤 충격을 주었을까요? 남편 다섯이 있었고 지금 있는 자도 남편이 아닌 여인에게 예수님은 '하나님이 찾으시는 예배자이냐?'고 묻고 계십니다.

더구나 로마서 12장 1절에 따르면, 예배자가 드려야 할 '영적 예배'란 '너희 몸'입니다. '영적 예배'라 할 때의 '예배'(latreia)란 종으로 섬기고 봉사하는 것을 뜻합니다. 여인의 몸은 지금까지 하나님을 예배하는 몸이 아니었습니다. 욕망의 몸이요 죄를 섬기는 종이었을 뿐입니다. 이 여인이 하나님을 예배하는 자가 되려면 진정한 변화가 일어나야 합니다.

몸이 성전이 되는 일은 성전이 기도 처소가 될 때 가능합니다. 기도를 통해 변화가 일어날 수 있기 때문입니다. 예수가 하나님 아버지께 기도할 때 무릎을 꿇었습니다. '무릎을 꿇고 절하다'(proskuneo)라는 말이 바로 경배요 예배입니다. 예수가 무릎을 꿇고 기도했다는 말은 하나님께 예배했다는 말입니다. 기도를 들으시는 하나님이 현실 자체, 곧 '지금 있는 자도 네 남편이 아닌' 여인의 몸을 변화시켜 예배하는 처소가 되게 하시고, 예배하는 자로 하나님이 찾으시는 여인이 될 수 있도록 변화시켜 주신다는 것입니다. 그때가 바로 예배할 때라는 것입니다. 성적 욕망이라는 죄의 '종으로 섬기던'(latreia) 몸을 하나님께 '무릎을 꿇고 절하는'(proskuneo) 것이 예배라고 가르치십니다.

예수는 참으로 하나님 아버지께 무릎을 꿇고 절했습니다. 즉 예배했습니다. 예수가 40일 동안 성령에 이끌리어 금식기도를 할 때에, 마귀가 예수를 시험하면서 "네가 만일 내게 절하면"(눅 4:7), 즉 예배하면 천하 만국을 주겠다고 유혹합니다. 예수님은 신명기 6장 13절 말씀을 인용하며 "주 너의 하나님께 경배하고 다만 그를 섬기라" 하였으니 하나님만 예배하겠다고 물리칩니다.

무릎을 꿇은 것이 예배이고 기도인 것을 신약성경은 여러 곳에서 말합니다. '무릎을 꿇고 절하다'가 바로 '예배하다'인데, 그 단어의 헬라어 'proskuneo'는 신약성경 여러 곳에 사용됩니다. 그 단어가 사용된 모든 곳에서 예수께 무릎을 꿇고 절하여, 즉 예배하고 기도하여 고침을 받습니다. 이것은 '예수 그리스도가 참으로 우리의 예배 대상'임을 말해 줍니다.

'한 나병 환자가 나아와 절하며 이릅니다'(마 8:2). '절하다'가 '예배하다'를 뜻한다고 했습니다. 예수께서 손을 내밀어 '깨끗함을 받으라 하신 즉시 그의 나병이 깨끗하여집니다.' 성경은 예수 그리스도 안에서 예배드리는 일이 어떤 결과를 가져오는지 보고하고 있습니다.

5천 명을 먹이신 사건 후에 무리가 예수를 왕으로 삼고자 하니까 예수께서 기도하러 산에 올라가시고 제자들만 배를 태워 먼저 보내십니다. 늦게야 예수께서 바다 위로 걸어오십니다. 제자들은 그 모습을 보고 유령인 줄 알고 무서워합니다. 예수님은 안심하고 두려워하지 말라고 그들을 달래십니다. 베드로가 주님인 줄 알아보고 '자기도 물 위로 오라 하시기를' 청합니다. 물 위를 걷던 베드로가 바람을 보고 무서워 빠지면서 자신을 구원하여 달라고 소리칩니다. 예수는 "믿음이 작은 자여 왜 의심하였느냐?" 하시며 건져 주십니다. 예수가 배에 오르자 바람도 그치고 배에 있던 제자들이 "예수께 절하며 이르되 진실로 하나님의 아들이로소이다"(마 14:33)라고 찬양합니다. 제자들이 예수께 절했다는 말은 예수님께 예배했다는 말입니다. '예배한다'는 말은 결국 나를 살려 달라고 소리치는 것입니다.

이제 우리가 물어야 합니다. 우리는 사마리아 여인처럼 하나님이 찾으시는 예배자가 되어서 예배를 드리고 있습니까, 아니면 그 여인처럼 되고 싶어서 예배드리려고 이 자리에 나와 있습니까? 심지어 그런 감정이나 느낌도 없이 그냥 이곳에 나와 있습니까? 참으로 예수님께 엎드려 절하고 있습니까? 무릎을 꿇고 절하는 것이 예배라 하지만, 형식적으로 그래서는 안 되고 참으로 영과 진리로 그렇게 해야 합니다.

3) 예배의 방법(어떻게) - '영과 진리'로

예수님이 가르치시는 예배 방법도 구약에 없던 전혀 새로운 방식입니다.

(1) 영으로 드리는 예배가 참 예배입니다.

하나님은 영이시기 때문에 영이신 하나님께 예배를 드리는 사람은 영으로 예배를 드려야 합니다. '영으로 예배를 드린다'는 말은 '그리스도 안에 계신 하나님을 만나라'는 뜻입니다. 하나님은 그리스도 안에서 세상에 들어오셨기 때문입니다(요일 5:20). 따라서 참된 예배는 성육하신 성자에게 드리는 것입니다. '영 안에서'라는 말은 '그리스도 안에서'와 같은 말입니다. 예배가 그리스도 안에서의 하나님의 행위에 근거를 두고 있지 않으면 그 예배는 '영으로' 드리는 예배가 아닙니다. 앞에서 설명했듯이 우리는 '그리스도 안에서'만 예배하고 그리스도의 이름으로만 기도해야 합니다.

가나안 여인이 귀신 들린 딸을 고쳐 달라고 예수께 청합니다. 예수님은 "나는 이스라엘 집의 잃어버린 양 외에는 다른 데로 보내심을 받지 아니하였노라"고 거절하십니다. 그러자 그 여자가 와서 '예수께 절하며 이릅니다'(마 15:25). 다시 말하면 예배합니다. '개들도 제 주인의 상에서 떨어지는 부스러기를 먹는다'면서, 예수가 하나님 말씀으로 귀신을 쫓아낼 수 있다는 사실을 믿으니 이방인에게도 말씀만 하시면 말씀의 능력과 권위가 나타날 것임을 믿는다고 말합니다. 예수님이 "여자여 네 믿음이 크도다 네 소원대로 되리라" 말씀하시니, 그 말씀하신 대로 그때로부터 그의 딸이 낫습니다.

이처럼 '그리스도 안에서'란 예수님이 하나님께 예배드리는 마음을 따라 예배를 드려야 한다는 것을 뜻합니다. 예수님은 하나님 아버지께 어떤 마음으로 예배를 드리셨습니까? 예수 그리스도의 마음이 무엇입니까? 빌립보서는 '그리스도 예수의 마음'(빌 2:5)을, 즉 그리스도 예수께서 보여주신 태도를 이렇게 적고 있습니다.

> "그는 근본 하나님의 본체시나 하나님과 동등됨을 취할 것으로 여기지 아니하시고 오히려 자기를 비워 종의 형체를 가지사 사람들과 같이 되셨고 사람의 모양으로 나타나사 자기를 낮추시고 죽기까지 복종하셨으니 곧 십자가에 죽으심이라"(빌 2:6-8).

결국 '영으로 예배를 드린다'는 말은 '그리스도 안에서 예배를 드린다'는 말이고, '그리스도의 마음을 닮아 예배를 드린다'는 뜻이며, 바로 자기를 낮추고 순종하는 자세를 취한다는 말과 같습니다. 다시 말하면, 무릎을 꿇어 절한다는 것입니다. 우리는 영이신 하나님을 영 안에서, 즉 그리스도 안에서 예배해야 합니다.

(2) 진리로 드리는 예배가 바로 참 예배입니다.

진리를 아는 것은 예수님 안에 계신 참 하나님을 아는 것입니다. "영생은 곧 유일하신 참 하나님과 그가 보내신 자 예수 그리스도를 아는 것"(요 17:3)이기 때문입니다. 요한이 사용하는 '진리'라는 말은 "내가 길이요 진리요 생명이니"라 하신 예수님의 말씀대로, 예수 그리스도가 바로 진리이기 때문입니다. 예수 그리스도만이 죄인인 우리가 하나님께 이를 수 있는 유일한 길이요, 예수 그리스도가 우리의 죄를 사해 주실 때에만 하나님이 주시는 생명이 우리의 생명이 될 수 있기 때문이고, 하나님은 예수 그리스도를 통해 아버지의 뜻을 숨기지 않고 계시하시기 때문에 예수 그리스도가 진리입니다.

하나님은 예수 그리스도 안에서 드려지는 예배를 통해 인간의 죄를 사해 주시기를 원하십니다. '사람이 죄를 사해 줄 수 없다'는 논쟁이 서기관들과 예수님 사이에서 있었습니다. 예수께서 중풍병자에게 "네 죄 사함을 받았느니라"(막 2:5)라고 선언하시자 죄를 용서해 주는 일은 하나님이 행하시는 고유한 일(출 34:7; 시 103:3; 사 1:18; 렘 31:34)이기 때문에 서기관들이 나서서 하나님 한 분 외에는 죄를 사할 수 없다고 따집니다. 예수님은 '인자가 땅에서 죄를 사하는 권세'가 있다(막 2:10)는 사실을 고지하십니다.

예수님은 사제이기 때문에 죄를 사할 수 있는 권세를 가지십니다.

"우리에게 큰 대제사장이 계시니 승천하신 이 곧 하나님의 아들 예수시라"
(히 4:14).

예수님은 대제사장이시기 때문에 죄를 사해 주는 의례를 치르실 수 있습니다. 그렇다고 해서 무조건 해주는 것이 아니라 '풀어 주는' 조건이 있는데 그것은 진리를 알아야 하고, 그렇게 하여 풀리게 되면 진리 안에서 자유로운 자식들이 된다는 설명입니다.

예수님은 자기를 믿은 유대인들에게 "너희가 내 말에 거하면 참으로 내 제자가 되고 진리를 알지니 진리가 너희를 자유롭게 하리라"(요 8:31-32) 말씀하십니다. 그러자 예수를 믿는 유대인들이 "우리가 아브라함의 자손이라 남의 종이 된 적이 없거늘 어찌하여 우리가 자유롭게 되리라 하느냐?"고 반문합니다. '남의 종이 된 적이 없다'는 말은 '사람을 섬기는 종들이 아니다'라는 말로서 자기들은 예수를 메시아로 믿고 있지만 그 '진리'(에메트)라는 사람 예수에게 예배를 드리지 않겠다고 답하는 것입니다. '예배는 하나님께 드리는 것이지 사람에게 드릴 수 없다'고 생각하고 있습니다. 예수님은 종이란 '죄를 범하는 죄의 종'이라는 의미라 하면서, 하나님의 집에 머물러 있을 수 없는 죄의 종들을 하나님의 아들, 곧 예수 자신이 자유롭게 해주어야만 너희가 참으로 자유로우리라고 풀어 주십니다.

'예수를 믿은 유대인들'이란 오늘날의 방식으로 말하면 교회에 다니는 우리를 뜻할 것입니다. 그렇다면 교회 다니는 사람 누구나 진리 안에서 자유로운 종이 되었습니까? 다시 말하면, 참 예배를 드립니까? 베드로는 '너희 중에도 거짓 선생들이 있어' 결국에 주를 부인하고 '진리의 도가 비방을 받을 것이라'고 경고합니다(벧후 2:1-2). 바울도 베드로와 비슷하게 '성령이 밝히 말씀하셨다'면서 "후일에 어떤 사람들이 믿음에서 떠나 미혹하는 영과 귀신의 가르침을 따르리라"(딤전 4:1)는 말을 전합니다.

　진리로 드리는 예배와는 반대의 예배가 바로 하나님을 '헛되이 경배하는' 것입니다. 다시 말하면, 거짓으로, 형식적으로만 예배하는 것입니다. 이사야를 인용하면서 마태복음은 헛되이 예배하는 것을 이렇게 말해 줍니다. '이 백성이 입으로는 나를 공경해도, 마음은 나에게서 멀리 떠나 있다. 그들은 사람의 훈계를 교리로 가르치며, 나를 헛되이 예배한다'(마 15:8-9; 사 29:13). 마음은 떠나 있으면서 입술로만 하나님을 공경하고, 예배를 사람의 훈계로만 받아들여 억지로 드리는 예배는 진실이 없는 예배, 다시 말하면 사람이 보기에 경건하게 드리는 것처럼 보이는 예배, 곧 진리가 없는 예배로, 그것은 참 예배가 아닙니다. 참 예배는 진리 안에서 드리는 예배입니다. 진리인 예수가 죄를 사해 주시는 사제이기 때문에 예배를 통해 죄가 사해져야 합니다. 그리하여 거룩하신 하나님을 예배를 통해 만나야 합니다.

(3) 영과 진리가 합쳐진 '진리의 영'으로 예배를 드려야 합니다.
　그것은 하나님의 영과 함께, 영 안에서 드리는 예배입니다. 왜냐하면 성령은 보혜사, 곧 도와주시는 분으로 우리가 진리와 영으로 예배하도록 도와주시기 때문입니다(요 14:17). 예수님은 요한복음 14장 16-17절에서 보혜사를 곧 '진리의 영'이라 하셨는데, 진리의 영이 바로 성령과 동일한 분입니다. 세상은 그분을 보지도 못하고 알지도 못하여 그분을 맞아들일 수 없지만, 우리는 성령을 알고 있으며 성령이 우리와 함께 계시고 또 우리 안에 성령이 계시기 때문입니다. 따라서 우리는 성령 안에서, 그리고 성령과 함께 진리의 영으로 예배를 드려야 합니다.

4) 예배의 이유(왜)
　예배의 이유는 구약에서 가르쳐 온 것과 크게 다르지 않습니다.

하나님은 인간을 예배 받으시기 위해 창조하십니다. "나는 여호와이니 이는 내 이름이라 나는 내 영광을 다른 자에게, 내 찬송을 우상에게 주지 아니하리라"(사 42:8)고 말씀하신 대로 하나님은 인간에게 예배 받기를 원하십니다. 우리가 지음 받은 목적 자체가 예배하기 위함 때문입니다.

"이 백성은 내가 나를 위하여 지었나니 나를 찬송하게 하려 함이니라"(사 43:21).

하나님은 예배 받으시기에 합당하신 분이기 때문에 우리는 마땅히 그분을 예배해야 합니다.

사마리아 여인은 "메시아 곧 그리스도"(요 4:25)를 만나 하나님을 예배하는 자가 됩니다. '예배하는 자'는 '하나님이 찾으시는 자'인데, 하나님이 예배하는 자를 찾으시는 이유는 예배를 받기 원하시기 때문입니다. 그것이 바로 예배하는 자가 예배해야 하는 이유입니다.

사마리아 여인은 예배하기 위해서 구원받습니다. 우리가 하나님의 나라, 곧 구원을 받았기 때문에, 그리하여 하나님을 예배하는 자로 만들어 주셨기 때문에 예배한다고 히브리서 12장 28절은 설명하고 있습니다.

"그러므로 우리가 흔들리지 않는 나라를 받았은즉 은혜를 받자 이로 말미암아 경건함과 두려움으로 하나님을 기쁘시게 섬길지니"(히 12:28).

여기서 '섬기다'라는 헬라어 동사인 '라트레우오'는 '예배하다'로 번역되어야 합니다. '우리가 하나님의 나라를 받았기 때문에, 그리고 우리가 하나님을 예배하는 자들이 되었기 때문에 받으실 만하게 하나님을 예배함으로써 우리를 예배하는 자들로 만드신 하나님께 은혜롭게 반응하는' 것이 바로 예배라고 설명을 덧붙입니다.

5) 예배의 내용(무엇을)

예배의 내용은 예수의 가르침에 의해 전혀 새로운 것으로 대체됩니다.

예배는 바로 "메시아 곧 그리스도"(요 4:25)를 만나는 데서 시작합니다. 그리스도를 만나 사마리아 여인에게 변화가 일어납니다. 하나님이 찾으시는 예배자가 됩니다. 하나님은 예배자인 사마리아 여인 자체를 원하십니다. 그러나 죄를 짓는 사람으로서의 사마리아 여인은 안 됩니다. '메시아 곧 그리스도'로 말미암아 예배하는 자로 변화된 사마리아 여인 자체가 바로 예배의 내용입니다.

하나님이 찾으시는 예배자가 된 사마리아 여인은 그리스도를 만나 "물동이를 버려두고 동네로 들어가서 사람들에게……와서 보라 이는 그리스도가 아니냐"(요 4:28-29) 소리치고, 동네 사람들이 나와 예수께 옵니다. 물동이를 버려두게 만드는 사건이 바로 예배입니다.

예배의 내용은 삶이어야 합니다. 죄의 속박 속에 종 노릇 하는 것이 아니라 참 예배자, 하나님의 찾으시는 예배자가 되어 동네 사람들 앞에 설 수 있게 된 사마리아 여인이 바로 예배 내용입니다. '와서 보라 이는 그리스도다'라고 '증언하는'(요 4:39) 자가 되는 것, 그리하여 '많은 사마리아인이 예수를 믿게 된'(요 4:39) 이것이야말로 진정한 예배의 내용입니다. 예배자의 삶이 바뀌고 예배자가 동네 사람들로 하여금 예수를 믿게 하는 것이 바로 예배입니다. 대제사장인 예수의 구속의 피로 죄 사함을 받고 거룩하신 하나님을 예배를 통해 경배하는 것이 바로 예배 내용이어야 합니다.

6) 참 예배를 드리는 삶에서의 적용

오늘 말씀을 우리의 신앙의 삶에 적용해 봅시다. 예수님은 예배에 대해 새롭게 가르치십니다. 우리가 사마리아 여인처럼 하나님이 찾으시는 예배자여야 한다는 것입니다. 사마리아 여인이 부럽지요. 메시아 곧 그리스도를 만나면 예배가 달라집니다. 하나님이 찾으시는 예배자가 될 뿐만 아니라 예배 장소도, 예배 시간도, 예배 목적도, 이유도, 내용도 다 달라집니다. 이렇게 예수에 의해 새롭게 달라진 예배 속에서 우리가 예배를 드리고 있습니까?

하나님이 찾으시는 예배자가 되어야 합니다. 그 길은 예수 그리스도 안에서만 가능합니다. 예수 그리스도는 예배 장소도 '이곳에서도 말고 저곳에서도 말고', 그런 의미에서 닫힌 예배 장소는 헐고 하나님이 찾으시는 예배자가 되어 예배하는 장소가 바로 바른 예배 장소이며, 우리는 그런 예배 장소에서 예배드리는 자가 되어야 합니다.

예배 시간은, 우리로 말하면 주일날 하루가 아니라 '바로 지금', 매 순간, 특히 몸이 있는 곳에서 어느 때나 예배하여야 합니다. 삶이 바로 예배여야 합니다.

그리고 영과 진리로 예배하는 자가 되어야 합니다. 그리스도인은 진리에 순종하는 자이지 진리를 거스르는 자가 아닙니다. 바울은 그 사실을 이렇게 표현해 줍니다.

"우리는 진리를 거슬러 아무것도 할 수 없고 오직 진리를 위할 뿐이니"(고후 13:8).

야고보는 "진리를 거슬러 거짓말하지 말라"(약 3:14)고 권면하면서 미혹되어 '진리를 떠난 자'(약 5:19)를 돌아서게 하는 것처럼 위대한 일이 없다고 지적합니다. 빌라도처럼 '진리가 무엇인지' 묻고만 있어서는 안 됩니다. '예수를 믿은 유대인들'(요 8:31)처럼 진리에 대해 듣고 알아들은 것처럼 보일지 몰라도, 실은 진리의 말씀을 들을 줄 몰라서 결국에 '예수를 죽이려 하는'(요 8:37) 자처럼 되어서는 안 됩니다.

영과 진리란 '그리스도 안에서' 예배하는 것을 뜻합니다. 하나님은 그리스도 안에서 드려지는 예배를 받고자 원하셨습니다. 예수가 길이고 진리이며 생명이기 때문입니다. 그리스도는 우리의 죄를 사해 주시는 대제사장이십니다. 예배를 통해 거룩하신 하나님을 만나려면 죄인으로서는 안 됩니다. 죄 사함을 받고 거룩한 분을 뵈올 수 있는, 하나님께서 찾으시는 예배자가 되어야 합니다.

사마리아 여인의 존재 자체가, 그리고 삶의 변화가 예배이듯이, 우리 존재 자체가, 그리고 우리의 삶 자체가 예배여야 합니다. 사마리아 여인은 '메시아 곧 그리스도'를 만났기 때문에 그것이 가능했습니다. 그것이 바로 예배 내용입니다.

하나님은 예배 받으시기 위해 인간을 창조하셨습니다. 그래서 예배자를 찾으십니다. 예수 그리스도는 사마리아 여인에게 하나님이 찾으시는 예배자의 길을 가르치십니다. 예수님은 예배를 가르치기 위해 이 땅에 오셨습니다. 우리는 예배를 가르치기 위해 이 땅에 오신 예수의 가르침을 따라 예배드리는 자가 되어야 합니다.

결론입니다.

예수 그리스도는 제자들에게 참 예배를 가르치십니다. 여기에 사마리아 여인이 등장합니다. 그녀는 왕이신 그리스도를 만나 영과 진리로 예배하는 여인으로 변화됩니다. 예수는 새로운 예배 장소와 시간, 그리고 이유와 방법 등을 가르치십니다. 아버지께서 찾으시는 예배자가 되어야 한다는 것입니다. 예수 그리스도 안에서 드려지는 삶 자체가 예배가 됩니다. 예수님이 가르치는 예배 방법에는 구약에 없던 새로운 방법이 소개됩니다. 바로 영과 진리로 드리는 예배입니다. 그 둘이 합쳐진 '진리의 영'으로 드리는 예배를 소개합니다. 예배하는 이유는 하나님이 예배 받으시기 위해 인간을 창조하셨기 때문입니다. 하나님은 예배자인 사마리아 여인 자체를 원하십니다. 그러나 죄를 짓는 사람으로서의 사마리아 여인은 안 됩니다. 메시아인 그리스도로 말미암아 예배하는 자로 변화된 사마리아 여인 자체가 바로 예배의 내용입니다. 이제 사마리아 여인의 삶 자체가 바로 예배가 됩니다.

기도를 가르치시는 예수

시편 22:24; 누가복음 22:42; 히브리서 5:7-10

○●● 예수는 전적으로 하나님의 뜻을 따라 살았습니다. 이제 우리도 예수님처럼 하나님의 뜻을 따라 살아야 하는데, 하나님의 뜻을 알 수 있는 길을 예수님은 기도를 통해 보여주셨습니다.

예수님은 "내 원대로 마시옵고 아버지의 원대로 되기를 원하나이다"(눅 22:42)라고 기도하여 아버지의 뜻을 묻고, 그 뜻대로 죽음의 길도 걸어가셨습니다. 예수의 이 기도는 '원대로 되기를 바라는' 것이었음을 알 수 있습니다. 이 단어의 원어인 '델레마'(thelema)는 '원함, 소원, 뜻하는 것'을 나타냅니다. 예를 들면, '~을 먹고자 원하다, ~을 하려고 결정하다'라는 사례에서 보듯이, '원하는 것'이고 '~을 하고자 뜻하는' 것임을 알 수 있습니다. 곧 결정하거나 뜻하게 된 동기를 포함하는 의지의 문제입니다.

그러나 주님이 올린 기도는 '내'가 원하는 것이 아니라 아버지가 원하시는 것, 곧 아버지의 뜻을 구하는 것이었음을 알 수 있습니다. 주님의 기도가 우리에게 가르치는 것이 무엇인지 알아보고, 우리의 기도도 주님의 기도와 같아야 예수님처럼 우리도 기도를 통해 하나님의 뜻을 따라 살 수 있을 것입니다.

오늘 설교의 목적은, 우리가 주님이 가르치신 기도를 하고 있는지, 아니면 주님이 그들과 같이 기도하지 말라고 명하신 것을 어기고 금하신 기도를 올리고 있는지 점검하여 하나님 아버지의 뜻을 구하는 기도를 하겠다는 결단을 촉구하는 것입니다.

1. 우리는 주님처럼, 기도를 통해 아버지의 뜻이 무엇인지 물어야 합니다

예수님은 기도를 통해 아버지의 뜻이 무엇인지 물으셨습니다. 아버지의 뜻을 알 수 있는 길은 여러 가지인데, 예수님은 그 한 가지 방식으로 기도를 제시하셨습니다. 기도는 하나님의 뜻이 무엇인지 묻는 한 사례입니다. 예수님은 기도의 모범을 보이셨습니다. 어떻게 기도하라고 가르치기도 하셨지만, 친히 기도하시면서 기도의 모범을 보여주셨습니다. 예를 들어, 우리가 오늘 읽은 말씀인 누가복음 22장 42절에 따르면, 주님은 "내 원대로 마시옵고 아버지의 원대로 되기를 원하나이다"라고 기도하셨습니다. 우리는 내가 원하는 것을 주님께 아뢰는 것을 기도라고 생각하며 기도하고 있습니다. 예수님은 예수님이 원하는 것이 있었지만 "내 원대로 마시옵고 아버지의 원대로 되기를 원하나이다"라고 기도합니다. 이것은 우리에게 우리가 원하는 것을 아버지께 구하는 것이 기도가 아니라는 것을 가르쳐 줍니다. 주님이 기도를 정의하기를, 먼저 그의 나라와 의를 구하는 것이라고 분명하게 가르치셨습니다. 그런 의미에서 기도란 아버지께서 원하시는 뜻이 무엇인지 묻는 것입니다.

그러면 아버지의 뜻을 알 수 있는 길은 무엇입니까? 아버지의 뜻을 알 수 있는 길은 기도입니다. 예수님은 기도를 통해 아버지의 뜻을 어떻게 아셨을까요? 기도하면 하나님 아버지가 직접 목소리로 들려주실까요, 아니면 하나님 아버지만의 방식으로 아들이신 예수께 가르쳐 주셨을까요? 이것이 궁금한 이유는, 우리도 기도하지만 아버지의 뜻을 명확하게 모르기 때문입니다. 기도로 하나님이 원하시는 뜻을 알 수 있다면, 예수님은 기도를 통해 응답하시는 하나님의 음성을 어떻게 들으셨을까요? 혼자 기도를 통해 깨달은 것일까요? 즉 이것이 하나님의 뜻일 것이라고 생각하신 것일까요?

예수님이 산상기도를 하신 대목에서는 그것이 구체적으로 언급되어 있지 않지만, 히브리서 기자는 예수님이 기도 응답의 목소리를 들으셨기 때문에 순종할 수 있었다고 설명해 줍니다. 우리는 '아, 예수님은 기도를 통해 하나님의 뜻이 담긴 응답인 하나님의 목소리를 들었고, 따라서 죽음의 십자가를 짊어지기로 결정하셨구나'라는 것을 알게 됩니다.

히브리서 5장 7절에 따르면, "그는 육체에 계실 때에 자기를 죽음에서 능히 구원하실 이에게 심한 통곡과 눈물로 간구와 소원을 올렸고 그의 경건하심으로 말미암아 들으심을 얻었느니라"라고 하였습니다.

먼저, 자기를 죽음에서 능히 구원하실 이에게 기도하셨습니다. 우리는 종종 기도를 우리 자신에게 하고 있다는 것을 알아야 합니다. 그리고 막연히 누구를 향해 기도하고 있는지 모르게 기도할 때도 있습니다. 그러나 주님은 분명하게 기도의 대상을 알고 계셨습니다. 무엇보다 중요한 것은 기도의 대상이 어떤 분인지를 정확하게 알고 "자기를 죽음에서 능히 구원하실 이에게"(히 5:7) 기도하고 있다는 사실입니다. 그리고 '심한 통곡과 눈물로 간구와 소원을 올리셨습니다'(히 5:7). '심한 통곡과 눈물'이라는 말은 땀방울이 핏방울 되도록 기도하였다는 것을 뜻합니다.

이처럼 먼저, 기도 대상이 나의 기도를 듣고 해결하실 수 있는 분이라는 것을 명확하게 알고 그분에게 기도해야 할 뿐만 아니라, 기도하는 마음과 태도도 너무나 간절하게, 아니 정확하게 표현하자면 '심한 통곡과 눈물로' 기도함으로 들으셨다고 말해도 좋습니다. 그러나 히브리서 기자는 다른 말을 첨가하는데, 그것은 "그의 경건하심으로 말미암아 들으심을 얻었느니라"(히 5:7)라는 것입니다. '들으심을 얻었다', 즉 '들게 되었다'는 것인데, 하나님의 응답의 목소리를 들을 수 있었던 것은 '그의 경건하심으로 말미암아' 가능했습니다. '경건함'이란 다른 말로 하면 '경외'를 뜻합니다. 기도는 하나님의 뜻을 들으려는 경외의 마음으로, 그 마음은 아버지를 존경하는 마음이요, 아버지의 뜻에 주의하려는 마음이요, 그런 의미에서 두려움을 갖는 것입니다.

구약의 시편 말씀인 다윗의 노래에서 이 마음을 읽을 수 있습니다.

> "여호와를 두려워하는 너희여 그를 찬송할지어다 야곱의 모든 자손이여 그에게 영광을 돌릴지어다 너희 이스라엘 모든 자손이여 그를 경외할지어다 그는 곤고한 자의 곤고를 멸시하거나 싫어하지 아니하시며 그의 얼굴을 그에게서 숨기지 아니하시고 그가 울부짖을 때에 들으셨도다"(시 22:23-24).

다윗은 기도를 통해 하나님의 응답을 들을 수 있는 길과 방법을 이미 우리에게 가르쳐 주었습니다. 그것은 '그를 경외하는 것이요', 또한 '울부짖을 때에 들으신다'는 것입니다. 예수님은 그 방법을 따라 그대로 기도하셨을 뿐입니다. 우리는 기도할 때에, 성경에서 그 원리와 방식, 그리고 태도를 배워서 성경이 가르치는 대로 기도해야 합니다. 자기 하고 싶은 대로 기도하는 것이 아니라, 성경이 가르치는 대로 기도해야 합니다. 경건하여 그의 뜻대로 행하는 자의 말을 하나님은 들으십니다.

요한복음 9장에는 예수님이 한 맹인의 눈에 진흙을 발라 보게 하는 이야기가 소개되고 있습니다. 맹인의 눈을 뜨게 해준 날이 안식일인지라, 바리새인들이 잘못되었다고 분쟁을 일으킵니다. 눈을 뜨게 된 사람과 바리새인들이 논쟁을 하였는데, 맹인이 말하되 자신이 고침을 받은 것은, '그 사람이(예수가) 하나님께로부터 온 사람'(요 9:33)이기 때문이라고 하면서, "하나님이 죄인의 말을 듣지 아니하시고 경건하여 그의 뜻대로 행하는 자의 말은 들으시는 줄을 우리가 아나이다"(요 9:31)라고 대답합니다. 결국 경건만이 아니라 그의 뜻대로 행하는 자의 기도를 들으신다는 것을 우리는 알아야 합니다.

2. 아버지의 뜻을 알았으면, 아버지의 뜻을 행하는 것이 바로 기도입니다

예수님은 기도를 할 때에 입술로만, 그리고 마음으로만 자기가 원하는 것을 구하는 것이 기도라고 생각하지 않으셨을 뿐만 아니라, 기도한 대로 살아가셨습니다.

> "나는 나의 뜻대로 하려 하지 않고 나를 보내신 이의 뜻대로 하려 하므로"
> (요 5:30).

그러나 우리는 우리가 원하는 대로 행하려 합니다. 우리가 가고자 하는 곳으로 가고, 우리가 원하는 것을 행하기 때문에, 살면서 가장 부딪치는 문제는 하나님의 뜻과 세상의 것이 대립할 때입니다.

> "이는 세상에 있는 모든 것이 육신의 정욕과 안목의 정욕과 이생의 자랑이니 다 아버지께로부터 온 것이 아니요 세상으로부터 온 것이라 이 세상도, 그 정욕도 지나가되 오직 하나님의 뜻을 행하는 자는 영원히 거하느니라"(요일 2:16-17).

오직 하나님의 뜻을 행하는 자만이 영원히 하나님과 거합니다.
아버지의 뜻대로 행하는 자가 얼마나 의미 있는가를 말해 주는 놀라운 이야기가 있습니다. 예수님이 공생애를 시작하면서 겪은 어려움이 있었습니다. 예수님은 공생애를 시작하기 전에 아버지 요셉이 죽은 후에 어머니 마리아와 여러 동생들을 목수 일을 하면서 돌보아 왔습니다. 그런데 공생애를 시작하면서 성전에서 가르치기 시작하니 어머니 마리아와 동생들이 먹고 사는 일이 힘들어졌고, 따라서 어머니와 동생들이 예수님을 찾아옵니다. 설교하고 있는 예수께 어머니와 동생들이 찾아왔다고 하니까 예수님은 "누구든지 하늘에 계신 내 아버지의 뜻대로 하는 자가 내 형제요 자매요 어머니이니라"(마 12:50)라고 말씀하십니다. 아버지의 뜻대로 행하는 자가 형제요 자매라는 것입니다. 자기가 원하는 대로 행하며 사는 자가 아니라, 아버지의 뜻대로 행하는 자가 하나님의 자녀라는 것입니다.

이제 성도들도 아버지의 뜻대로 살고자 마음먹었을 것입니다. 하나님의 뜻대로 행하려면, 어떻게 하면 되는 것인지 궁금할 것입니다. 그런 사람을 위해 예수님께서 한 방법을 가르쳐 주셨습니다. 요한복음 7장 17절인데, '사람이 하나님의 뜻을 행하려 하면, 이 교훈이 하나님께로부터 왔는지 내가 스스로 말함인지 알아야 합니다.' 그 차이가 무엇입니까? 주님이 부연하여 설명하시듯이, 스스로 말하는 자는 자기 영광만 구하는 것이지만, 하나님께로부터 온 뜻은 하나님의 영광을 구하는 것이기 때문에 그것은 참되다는 것입니다.

이처럼 하나님의 영광을 구하며 하나님의 뜻대로 살고자 하는 자가 궁극적으로 소원하는 기도가 무엇이겠습니까? 하나님의 영광인 하늘에 계신 아버지 하나님의 나라에 들어가서 사는 것 아닙니까? 그 나라에 들어가기 위해서는 '주여, 주여!'라고 부르며 입술로만, 그리고 마음으로만 믿으면 되는 것이 아니라는 사실에 우리는 주목해야 합니다. 그래서 주님은 "나더러 주여 주여 하는 자마다 다 천국에 들어갈 것이 아니요 다만 하늘에 계신 내 아버지의 뜻대로 행하는 자라야 들어가리라"(마 7:21)고 말씀하십니다.

결국에 아기 예수의 탄생을 축하한다는 말의 의미는 무엇일까요? 아기 예수가 오셔서 우리에게 열어 주신 하나님의 나라에 들어가는 비법을 가르쳐 주셨기 때문에, 하나님의 나라에 들어가기 위해 우리가 아버지의 뜻대로 행하는 일을 하는 것이 진정한 축하라는 것을 알게 되었습니다.

우리가 구세주인 아기 예수의 탄생을 진심으로 축하하는 일은, 그분이 오심으로 결국 우리가 하나님의 나라에 들어가는 일이라는 것입니다. 성경은 그것을 기도의 온전함이라 부릅니다.

3. 예수님의 가르침을 따라 기도하는 그리스도인

1) 기도란?(엡 2:18)

바울은 기도를 에베소서 2장 18절에서 정의해 줍니다. "이는 그를 '통하여'(dia) 우리 둘이 한 성령님 '안에서'(en) 아버지를 '향하여'(pros) 나아감을 얻게 하려 함이라." 성부와의 교제(요일 1:6-7), 성자와의 교제(고전 1:9), 성령과의 교제(고후 13:13)를 기도라고 바울은 정의해 줍니다.

(1) 오직 주 예수 그리스도를 '통하여'

기도는 오직 주 예수를 통해서만 하나님께 이를 수 있습니다. 아버지께 이를 수 있는 방법으로서의 기도는 주 예수 그리스도의 이름으로 기도함을 뜻합니다. 구약의 위대한 신앙 선배들은 예수 이름 없이 하나님께 직접 기도했습니다. 그들의 기도가 응답 받습니다. 그런데 왜 우리는 예수 그리스도의 이름으로 기도해야 합니까?

첫째, 우리 주 예수는 그리스도이기 때문에, 구원 얻기 위해 예수의 이름으로 구해야 합니다.

둘째, 그분은 심판주이시기 때문에, 심판을 위해 기도할 때 예수 그리스도를 통하여 기도해야 합니다. 베드로는 주의 날을 맞이하는 기도를 이렇게 하라고 권고합니다.

> "그러나 주의 날이 도둑같이 오리니……너희가 어떠한 사람이 되어야 마땅하냐 거룩한 행실과 경건함으로 하나님의 날이 임하기를 바라보고 간절히 사모하라"(벧후 3:10-12).

하나님 나라가 속히 임하도록 기도해야 합니다. "주의 약속은 어떤 이들이 더디다고 생각하는 것같이 더딘 것이 아니라 오직 주께서는 너희를 대하여 오래 참으사 아무도 멸망하지 아니하고 다 회개하기에 이르기를 원하시느니라"(벧후 3:9)라고 하였기 때문에, 주의 약속을 이루시기를 기도해야 합니다. 주의 약속이 있음에도 불구하고 '다 회개하기를 원하시기' 때문에 멸망하지 않고 회개하여 주의 약속을 이루시기를 기도해야 합니다. 세례 요한은 "회개에 합당한 열매"(눅 3:8)를 말하며, '옷 두 벌 있는 자는 옷 없는 자에게 나눠 주어야 하고 먹을 것이 있는 자도 그렇게 할 것이라'고 했고, 세리들에게는 '부과된 것 외에는 거두지 말라'고 했고, 군인들에게는 '강탈하지 말라'고 했습니다. 다시 말하면, 회개란 정의로운 사회를 만드는 것입니다. 우리가 할 수 있다고 생각하는 그 일에서 우리가 알 수 없는 어떤 방법으로 선한 것을 만들어 내시는 하나님께 그것을 위해 기도해야 합니다.

초대교회에서부터 예배 때에 아람어인 '마라나타'를 외치며, 이 세상을 심판할 심판주가 현재하심을 선포했습니다.

> "이것들을 증언하신 이가 이르시되 내가 진실로 속히 오리라 하시거늘 아멘 주 예수여 오시옵소서"(계 22:20).

(2) 오직 하나님 아버지를 '향하여'

우리의 기도는 오로지 '하늘에 계시는 우리 아버지'가 들으십니다. "너희가 무엇이든지 아버지께 구하는 것을 내 이름으로 주시리라"(요

16:23)고 우리 주님은 말씀하셨습니다.

(3) 오직 성령님 '안에서'

첫째, 올바른 기도의 출발점은 성령으로 거듭남입니다(유 1:17-21).

'성령님 안에서 기도하는 자'는 성령의 빛과 인도하심을 받아 성령 충만한 마음과 영혼으로 기도하는 자로서(엡 6:18), 성령 안에서 하나님과 영적인 사귐을 가질 수 있습니다. '성령 안에서 기도'한다는 말은 성령으로, 성령의 도우심으로, 성령의 힘과 능력을 받아 성령의 능력으로 기도함을 뜻합니다. 삼위일체 안에서 기도해야 합니다. '성령 안에서 기도하고, 하나님의 사랑 안에서 자신을 지키며, 영원한 생명으로 인도하시는 우리 주 예수 그리스도의 자비(은혜)'(유 1:20-21) 안에서 기도해야 합니다.

삼위일체 하나님 안에서 기도한다는 말은, 기도를 통해 '성부 하나님을 향하여' 아버지와의 깊은 사랑의 교제를 느끼며, 이름이 거룩히 여김을 받으시기를, 아버지의 나라를 위해, 그리고 내 뜻대로 마옵시고 아버지의 뜻대로 이루어지기를 간구하는 것입니다. '성자 예수님을 통하여' 기도하면서 주 예수 그리스도의 십자가 고난과 부활의 권능에 교제하며(빌 3:10), 그리스도와의 연합의 삶을 위해 기도하는 것입니다. '성령님 안에서' 거듭난 삶을 살도록, 성령의 열매를 맺도록, 그리고 거룩함과 영생을 누리도록 기도해야 합니다.

둘째, 성령님 안에서 기도하기 위하여 깨어 간구해야 합니다(엡 6:18).

'모든 기도와 간구로 항상 성령 안에서 기도하십시오. 이를 위해 깨어서 인내심을 가지고 모든 성도들을 위해 꾸준히 기도하십시오'(엡 6:18). 모든 그리스도인들이 기도와 간구를 '항상 성령 안에서' 하기 위해서는, 아직도 죄성과 연약에 빠져 성령 안에서 기도하는 것이 쉽지 않으므로, 성령 안에서 기도하기 위해서 첫째로 깨어 있어야 하고, 둘째로 인내심을 가져야 하며, 셋째로 꾸준히 기도해야 합니다. 깨어서 인내하며 꾸준히 기도한다는 말은 세상에서 찬송을 받게 하시기까지 "그(하나님)로 쉬지 못하시게 하라"(사 62:7)는 말을 뜻합니다.

셋째, 성령님의 온전한 도우심을 구하여 기도해야 합니다(롬 8:26-28). 할레스비는 성령을 '기도의 영'[영의 기도]이라 칭하며, 그 책의 마지막에서 '성령의 도우심을 구해야 한다'고 말합니다.

> 기도의 씨름이 힘들고 고된 투쟁으로 바뀌고, 하나님과의 관계가 멀어져 그분과의 교통이 막히고, 기도가 공허한 말로 변하거든, 기도의 영이신 성령님을 구하십시오. 그러면 성령님이 기도를 가로막는 죄를 깨달아 고백할 수 있게 도와주시고, 그리스도를 보배롭게 여기게 만드시어 하나님과의 관계를 위협하는 죄를 선뜻 포기하게 이끌어 주실 것입니다. ……성령님이 기도의 참 의미와 목적을 가르쳐 주시고, 무력한 가운데 있는 우리를 하나님의 마음 가까이 이끄시어 그분의 사랑으로 다시 뜨거워지게 하실 것입니다. 나아가 하나님의 뜻과 계획과 목적에 일치하는 것만을 구하게 해주실 것입니다.
>
> 《영의 기도》, 199-200쪽

성령님은 나를 위해 친히 '간구하십니다.' '간구하다'라는 말을 풀면, '[도와주기] 위하여 [연약한 상황] 안에 있는 [나를] 마침 만난다'(마 10:19-20; 요 14:16; 롬 8:34; 요일 2:1)는 뜻입니다. 엘리야의 기도를 예로 들어 풀이하자면, 엘리야가 비 오기를 기도하기 전에 이미 '큰 비 소리'를 들었기에(왕상 18:1, 41), 그 후에 '비 오기를 기도한'(약 5:18) '믿음의 기도'(약 5:15)가 바로 성령님이 인도하신 기도입니다. 엘리야가 '큰 비 소리'를 들었던 것은, 바알 선지자들을 다 죽이고 난 후라 큰 사건 하나가 해결된 뒤, 열왕기상 18장 1절처럼 여호와가 엘리야에게 임하셔서 "내가 비를 지면에 내리리라" 하신 말씀을 기억했기 때문에 그 말씀대로 이루어지도록 엘리야가 기도하고 있었기 때문입니다.

로이드 존스 박사는, 성령 안에서 기도하는 특징을 하나님의 임재를 느끼거나 하나님 앞에서 경외심을 갖게 되거나 어려움 속에서도 활기를 느끼거나 담대하게 확신이 드는 경우, 그리고 말씀의 임재 속에서든 아니면 기도 속에서든 하나님의 임재의 느낌인 불같은 뜨거움을 느끼거나 죄에서 자유로운 자라는 해방감을 가지게 되는 경우, 감사와 찬양이 넘칠 때라고 말합니다. 우리는 "마땅히 기도할 바[빌 배]를 알지 못하나"(롬 8:26)라는 바울의 말을 받아들입니까?

2) 기도의 온전함을 이루는 길은?

예수님은 부자 청년에게 기도의 온전함을 이루는 길을 일러 주면서 가르치셨습니다. 부자 청년이 예수님께 나아와 "내가 무슨 선한 일을 하여야 영생을 얻으리이까?"라고 묻습니다. 우리는 이 청년을 존귀하게 여겨야 합니다. 왜냐하면 부자인 사람이 영생에 대해 관심을 갖는 일은 쉬운 일이 아니기 때문입니다. 예수님은 십계명을 다 지켜야 한다고 말씀합니다. 그랬더니 그 청년은 십계명을 다 지켰다고 대답합니다. 우리가 신앙생활하면서 십계명을 온전하게 지키기 힘든데, 그 청년은 그것을 다 지켰다고 대답합니다. 이 말은 구약의 율법을 다 지켰다는 말과 같은데, 예수님은 율법 외에 영생을 얻기 위해서 해야 할 일이 더 있음을 가르치십니다. 예수께서 이르시되 "네가 온전하고자 할진대 가서 네 소유를 팔아 가난한 자들에게 주라 그리하면 하늘에서 보화가 네게 있으리라 그리고 와서 나를 따르라"(마 19:21) 하십니다.

우리 그리스도인들 누구나 부자 청년처럼 부족함이 없이 온전하고자 원합니다. 그러나 온전하고자 '원한다고' 해서 원하는 대로 온전해지는 것은 아닙니다. 온전해지기를 원한다면 온전해지기 위해 해야 할 일이 있는데 '온전하고자 할진대', 즉 '온전해지고자 원하면' '가서 내 소유를 팔아 가난한 자들에게 주어야'(마 19:21) 합니다. 기도는 원하는 것을 아뢰는 것인데, 원하는 것을 아뢰는 기도가 온전해지려면 반드시 부족함이 없도록 부자 청년처럼 율법을 준수해야 합니다. 그다음, 율법을 다 준수했더라도 그 사람에게 걸림돌이 될 수 있는 것, 곧 물질을 나누어 주는 일을 해야 합니다. 부자 청년에게서 배울 수 있듯이, 온전한 기도를 할 줄 알아야 합니다. 지난주 설교처럼, 우리는 하나님이 기뻐하시는 금식기도, 즉 진정한 자유함이 있는 기도가 아닌 자신만을 위한 금식기도를 하고 있듯이, 온전한 기도를 하고자 하면 소유를 팔아 가난한 자들에게 주어야 합니다. 그런데도 불구하고 우리는 소유를 팔아 가난한 자들에게 나눠 주지 않으면서도 온전한 기도를 하고 있다고 생각합니다.

예수님은 기도의 온전함을 이루는 방식을 가르치셨습니다. 우리가 읽은 신약 히브리서 기자에 따르면, 예수님은 기도의 응답인 하나님의 목소리를 들은 것뿐만 아니라 기도로 온전함에까지 이르게 되었는데, 그 비법은 "그가 아들이시면서도 받으신 고난으로 순종함을 배워서 온전하게 되셨기"(히 5:8-9) 때문이라는 것입니다. 기도는 우리에게 순종을 가르칩니다. 그러나 우리는 기도를 통해 순종보다는 우리의 소원을 구하거나 심지어 하나님의 뜻을 바꾸어 달라고 요청합니다. 그렇지만 예수는 기도를 통해 고통의 순종을 위한 능력을 달라고 합니다.

우리도 주님처럼 고난의 순종을 위한 기도를 올려야 하지, 우리가 원하는 대로 살고 싶다는 기도만 할 수는 없습니다. 우리가 원하는 대로 산다면, 그것은 예수님의 제자가 아닙니다. 예수님의 제자는 자기가 하고 싶은 대로 하며 살 수 없습니다. 자기가 가지고 싶은 대로 가지고 살 수 없습니다. 그 대신에 예수님의 제자라면 "남에게 대접을 받고자 하는 대로 너희도 남을 대접하라"(눅 6:31)고 명하셨습니다. 우리는 그리스도인이면서도 남에게 대접을 받고자 원합니다. 남에게 대접을 받고

자 원한다고 해서 남이 나를 대접해 주는 것이 아닙니다. 그래서 주님은 "남에게 대접을 받고자 원하는 대로 너희도 남을 대접하라"고 황금률을 만드셨습니다. 인정을 받고자 원하는 만큼 우리도 남을 인정해 주어야 합니다.

3) 배워서 해야 하는 기도와 하지 말아야 할 기도

기도는 배워야 합니다. 왜냐하면 제자들이 기도를 가르쳐 달라고 예수께 청했고, 예수님은 제자들에게 '이렇게 기도하라'고 가르쳐 주셨기 때문입니다. 우리는 그것을 주기도라 하여 매일 주기도를 합니다. 또한 기도를 가르치실 때에 '~과 같이 기도하지 말라'고 가르치셨습니다. '기도하라'고도 가르치셨지만 이런 사람들처럼 '기도하지 말라'고도 가르치셨습니다. 그러면 '이런 사람들'이 누구입니까? 바른 기도와 그른 기도의 차이는 무엇일까요?

예수님은 바리새인과 이방인들이 기도하는 것과 같이 기도하면 안 된다고 하셨는데, 그들은 어떻게 기도했습니까?

(1) 주님은 제자들이 바리새인보다 더 의로운 기도를 하기를 원하십니다.

주님은 제자들에게 바리새인보다 '더 나은 의'(마 5:20)를 행하지 못하면 천국에 들어갈 수 없다고 말씀하십니다. 누가복음 18장 9-14절에는 바리새인과 세리가 등장하는데, '기도'를 통해서도 '더 의롭다 함을 받은' 사례가 소개되고 있습니다. 이것을 통해 우리는 기도를 통해서도 바리새인보다 '더 나은 의'를 얻어야 함을 배워야 합니다. 천국에 들어갈 수 없는 기도 행위를 해서는 안 되기 때문입니다.

천국에 들어갈 수 있는 가능성인 '바리새인보다 더 나은 의'는 분명 행위 차원이고, '아버지의 뜻대로 행하는지'의 여부에 의해 천국에 들어가는 것이 결정되기 때문에, 아버지 뜻대로 행하는 기도에 의해서도 천국에 들어가는 일이 결정된다고 말해야 합니다. 다시 말하면 '기도도 행위이다'라고 봐야 한다는 것입니다.

예수님은 마태복음 6장 1-18절에서 '너희는 이렇게 기도하라'고 기도를 가르치셨습니다. 기도를 배워서 합니까? 우리 구주 예수 그리스도도 고난을 통해 순종을 배워서 기도를 했기 때문에 응답 받았다고 히브리서 기자는 5장에서 부연해 주듯이, 기도를 배우고자 원하면 인생의 고난의 학교에 입학하고 통과해야 합니다.

또한 예수님은 바리새인과 같이 '자기를 의롭다'고 여기며 다른 사람을 무시하며 기도하는 사람을 외식하는 자라 칭하면서 "기도할 때에 외식하는 자와 같이 [기도]하지 말라"(마 6:5)고 명령하십니다. '너희는 이렇게 기도하라'도 명령이지만, '너희는 기도할 때에 외식하는 자와 같이 [기도]하지 말라'도 명령입니다. 주님의 명령을 어기고 기도하는 것은 주님에게 죄가 됩니다. 기도가 죄가 되어서는 안 됩니다.

마태복음 6장 1-18절에는 바리새인의 경건생활이 소개되고 있습니다. 기도는 바리새인의 경건생활의 한 부분입니다. 기도는 금식과 구제, 그리고 의로움이 동반될 때 바른 것이 된다는 사실을 알게 됩니다. 바리새인은 하루에 세 번씩 기도했습니다(행 10:9). 회당과 성전에서 기도했습니다(눅 18:9-14). 장소가 문제가 되는 것이 아닙니다. 예수님도 제자들이 보는 앞에서(눅 10:21, 11:1), 사람들이 보는 앞에서(눅 3:21) 기도하셨습니다. 길거리에 서서 기도하지만 외식이 아닐 수 있습니다. 기도하는 시간이 외출 중이면 길가에서 기도할 수 있습니다.

그러나 장소가 어디이든 '사람에게 보이려고' 외식하면서 하는 기도는 바른 기도가 아닙니다. 결국에 '기도의 동기'가 중요함을 말해 줍니다. 기도의 장소가 '골방'이어야 합니다. '골방'이란 하나님을 만나는 장소, 곧 하나님이 계시는 마음의 자리요, 하나님의 음성을 들을 수 있는 양심이 살아 있는 곳을 지칭합니다.

아무도 보이지 않는 곳에서 하나님과 단둘이서만 대화해 본 사람은 골방의 중요성을 압니다. 아무도 보이지 않는 골방이라고 할지라도 얼마든지 외식하는 자와 같은 기도를 할 수 있습니다. 기도의 동기와 이유 또는 목적이 하나님 앞에서 의롭지 않으면 안 됩니다. 하나님 앞에서 바른 기도의 동기나 이유 또는 목적인지의 여부는, 바리새인과 세리의 기도의 비유에 따르면 '자기 의'를 드러내고 있는지 여부에 의해 결정됩니다. 외식하는 바리새인들은 다른 사람이 들으라고 기도합니다. 곧 '자기 의'를 드러냅니다. 그가 '자기중심적'인 사람이라는 특성을 가지고 있음을 알게 됩니다. '자기중심적'인 사람이란 '자기를 의롭다고 믿고 다른 사람을 멸시하는 자'(눅 18:9)를 뜻하기 때문에, 결국에 '자기'를 드러내고 자랑하고 인정받고 싶어 하는 죄성을 가진 사람을 뜻합니다.

그렇다면 바리새인은 기도는 그렇다고 할지라도 율법대로 살려고 한 것은 칭찬받아야 하지 않는가 생각할 수도 있습니다. 순종이 더 좋은 것 아닐까요? '토색, 불의, 간음을 하는 자들'은 십계명을 어긴 자들입니다. 십계명은 어기면서 기도는 의로워도 좋을까요? 그런데도 주님은 세리를 두고 "이 사람이 의롭다 하심을 받고 그의 집으로 내려갔느니라"(눅 18:14)라고 말씀하시는데, '의롭다 하심'은 기도의 의롭다 하심인가요, 아니면 바리새인 또는 세리라는 사람 자체를 말하는 것인가요? 혹은 행위의 의로움인가요? '의롭다 하심을 받은' 경우는 하나님 앞에서 십계명을 지키는 자나 기도하는 자나 어떤 상황이든 자기를 낮추는 자임을 뜻합니다. 계명을 지킬 때에도 하나님 앞에서 자기를 낮추는 자가 의롭다 함을 받습니다. 기도할 때에도 하나님 앞에서 자기를 낮추고 하나님을 신뢰하는 자가 의롭다 함을 받는다는 뜻입니다. 기도할 때에는 '겸손한 자'의 기도가 '의'의 충족 요건 중 한 가지를 채우고 있다는 사실입니다.

바리새인이 사람을 비교하고 자기 자랑을 하는 기도와 세리가 하나님 앞에서 죄인임을 고백하는 기도 중에서 하나님께 의롭다 함을 받는 것은 '자기의 의로운 행위'가 아니라 '하나님의 자비를 의지하는 겸손한 마음 또는 고백'입니다.

바리새인의 기도의 특성을 요약해 보면, '더 의롭다 함'을 받지 못하는 기도를 하고 있습니다. '더 나은 의'에 율법에 따른 행위는 포함시키고 있지만 기도는 제외하는 오류를 범하고 있습니다. 겸손한 기도가 아니라 '자기의 의'를 드러내고자 기도하고 있습니다. 다시 말하면 '자기를 나타내고자 다른 사람을 무시하고 있습니다. 교만은 분명 하나님 앞에서 무서운 죄입니다. '골방'이라는 '은밀히'가 필요한 사람입니다.

(2) 이방인의 기도(마 6:7-8)

먼저, '중언부언합니다.'

귀찮을 정도로 무의미한 말을 계속하는 것이 바로 중언부언입니다. 기도하는 사람에게는 그것이 중언부언이 아니라 진지하고 다급한 것일 수 있습니다. 대표적인 사례가 바로 갈멜 산 위에서 바알 신들과 엘리야가 기도로 담판을 벌인 경우입니다. 바알의 이름을 부르며 "바알이여 우리에게 응답하소서" 하나 아무 소리도 없고 아무 응답하는 자도 없는 기도가 바로 그런 기도입니다(왕상 18:26). 혹시 우리가 아무 소리도 없고 아무 응답도 없는 기도를 하고 있다면, 중언부언하는 기도를 하고 있는지도 모릅니다. '중언부언'인지의 여부는 응답 여하에 달려 있습니다.

신약성경에도 비슷한 사례가 보고되고 있습니다. 바울이 에베소 지역에 전도를 하게 되었습니다. 그 지역에 '큰 여신 아데미의 신전'만이 아니라 제우스를 모시는 신전이 있었습니다. 아는 지인의 연락으로 바울이 그곳에 들어가지 않았지만, 그곳에서는 분란이 나고 난리가 났습니다. '다 한 소리로 외쳐 이르되 크다 에베소 사람의 아데미여 하기를 두 시간이나 합니다'(행 19:34). 소요가 그친 후 바울은 그곳을 떠나 다른 곳으로 가고 맙니다.

이런 것만이 중언부언이 아닙니다. 바리새인들은 유대교의 전통인 쉐마 기도, 카디쉬, 그리고 '쉐모네 에스레' 기도문을 반복합니다. 그러면 이 기도가 중언부언이 될 수 있기 때문에 바리새인처럼 외식하는 기도를 하지 말라고 가르치는 것입니까? 우리로 치면, 주기도문에 해당하는 이 기도가 중언부언이 될 수 있는 이유는, 믿지도 않고 형식적으로 반복하고 있을 뿐만 아니라 기도는 하면서도 기도한 내용대로 전혀 살지 않을 때에는 외식하는 기도가 될 수 있기 때문입니다.

저의 설명에 주의하여야 합니다. 주기도문이 그런 가능성을 가질 수 있다는 것이 아니라, 주기도문을 그저 형식적으로 외우며 믿지도 않고 읽을 뿐이며, 더구나 기도한 대로 살지도 않으면서 반복할 경우가 그런 가능성을 가지고 있다는 뜻입니다. 그래서 루터는 "주기도문이 이미 최대의 순교자가 되고 말았다"고 한탄하고 있습니다.

그다음, '말을 많이 합니다.'

기도 시간이 긴 것을 뜻하는 것이 아닙니다. 모세는 40일 금식기도를 십계명을 받을 때 두 번이나 했습니다. 예수님도 광야에서 성령에 이끌리어 40일 금식기도를 하십니다. 기도 시간이 길어서 문제된 것이 아닙니다. 믿지 않고 기도하고, 응답되지 않는다고 계속 말을 많이 하는 것을 뜻합니다. 기도할 때에는 중심으로 믿고 기도해야 합니다. 그리고 말씀을 잘 알아 기도해야 합니다. 기도해야 할 것과 아닌 것을 잘 구분할 줄 알아야 합니다. 하나님은 우리가 '구하기 전에 너희에게 있어야 할 것을 아신다'고 하였습니다. 아신다고 해도 기도하지 않는데 주시지는 않습니다. 우리에게 필요한 것이 무엇인지 아시기 때문에 구할 것을 알려 주십니다.

기도하는 시간은 길어야 합니다. 그러나 기도의 말을 많이 하는 것보다 듣는 기도를 많이 해야 합니다. 말씀을 듣고, 하나님의 음성을 듣고, 죄의 고백이 포함되어야 합니다. 기도에 '무게'가 있다고 합니다. 하나님은 기도의 길이를 재시는 것이 아니라 기도의 무게, 깊이, 마음을 재신다는 뜻입니다.

결론입니다.

예수님은 기도를 가르쳐 주셨고, 제자들에게 가르친 대로 본인도 기도를 통해 하나님의 뜻대로 살고자 하셨습니다. 기도는 분명 '원하는 대로' 하는 것이지만, 예수님은 '내가 원하는 대로'가 아니라 '아버지가 원하시는 대로' 이루어지기를 기도하셨습니다. 예수님은 아버지의 원함, 곧 아버지가 기뻐하시는 뜻을 기도를 통해 들으셨습니다. 경건함으로 기도하셨기 때문에 들으셨습니다. 또한 응답 받은 대로 실천하며 사셨습니다. 경건하여 그의 뜻대로 행하는 자의 기도를 하나님은 들으십니다. 그러니 아버지의 뜻을 행하는 것이 기도여야 합니다. 아버지의 뜻을 행하는 자만이 하늘나라에 들어갑니다.

기도를 가르쳐 주신 예수의 가르침을 따라 기도하는 그리스도인이 되어야 합니다. 오직 주 예수 그리스도를 통하여 오직 하나님을 향하여, 그리고 오직 성령 안에서 기도해야 합니다. 하나님의 영광 가운데 함께 거하게 되는 것이 바로 기도의 온전함이 이루어지는 것입니다. 우리도 돈이 많음으로 근심하며 돌아간 부자 청년이 되고 만다면, 결국 우리는 기도의 온전함을 이루지 못하는 것이 되고 맙니다.

기도는 배워서 해야 합니다. 그리고 주님이 '그들과 같이 기도하지 말라' 명하신 대로 그들(바리새인과 이방인)처럼 기도해서는 안 됩니다. 주님은 제자들이 바리새인들보다 더 의로운 기도를 하기를 원하십니다. 바리새인과 세리의 기도를 비교해 보면 바른 기도가 무엇인지 배울 수 있습니다. 이방인들처럼 중언부언하고 말을 많이 하는 것이 기도가 아닙니다. 배운 대로 기도하는 기도자가 되어야 합니다.

제자를 부르시고 가르치시는 예수

요한복음 1:35-51

○●● 오늘 이야기는 예수님의 처음 제자들이 누구였는지, 그리고 그들이 어떻게 예수님의 제자가 되었는지를 밝혀 주고 있습니다. 예수님의 처음 두 제자가 '세례 요한의 제자들이었다'는 사실을 본문을 통해 알 수 있습니다.

세례 요한은 예수님을 "세상 죄를 지고 가는 하나님의 어린 양"(요 1:29)이라 소개합니다. 그가 예수님을 '세상 죄를 지고 가는 하나님의 어린 양'이라고 읽을 수 있는 배경에 대해 설명해 줍니다. 처음에는 나도 그를 알지 못하였지만, 성령이 비둘기같이 하늘로부터 내려와서 그의 위에 머무른 것을 보고 그가 "하나님의 아들이심을"(요 1:34) 알았고 그래서 증언한다고 전합니다. 그리하여 예수님에게 두 제자들을 보내며 예수님을 따르라고 명합니다. 따라서 세례 요한의 두 제자는 자기의 스승이신 세례 요한의 명에 따라 예수님을 따르게 된 것입니다.

이것이 세례 요한의 두 제자가 예수님을 만나게 된 첫 번째 배경입니다. 세례 요한은 자기의 제자들을 왜 예수께로 보냈을까요? 그는 자신이 그분에 비해 어떤 존재인지를 명확하게 깨달았기 때문입니다. 나는 그의 신발끈 풀기도 감당하기 어려운 사람일 뿐이고, 그리고 그는 흥하여야 하겠고 나는 쇠하여야 한다고 생각하게 된 배경은, 그가 하나님의 어린 양이실 뿐만 아니라 성령세례를 베푸실 분임을 알았기 때문입니다.

예수님을 만나 그와 함께 있어 본 안드레는 "우리가 메시아를 만났다"며 형님인 베드로를 전도합니다. 메시아, 곧 그리스도를 만난 자가 처음으로 한 일이 소개되고 있습니다. 그것은 전도입니다. 그것도 가족 전도입니다. 그리스도를 만나면 우리도 가족 전도부터 시작해야 합니다.

본문에 예수님이 제자를 택하시는 기준이 전혀 제시되어 있지 않습니다. 그러나 제자를 택하는 기준이 있었을 것이라는 추측은 분명 가능합니다. 대전제는 하나님이 보내 주시지 않으면 아무도 내게 올 수 없다는 예수님의 말씀이 제자를 택하시는 기준임에 틀림없습니다.

"아버지께서 내게 주시는 자는 다 내게로 올 것이요 내게 오는 자는 내가 결코 내쫓지 아니하리라"(요 6:37).

"내가 하늘에서 내려온 것은 내 뜻을 행하려 함이 아니요 나를 보내신 이의 뜻을 행하려 함이니라"(요 6:38) 하시면서 "나를 보내신 이의 뜻은 내게 주신 자 중에 내가 하나도 잃어버리지 아니하고 마지막 날에 다시 살리는 이것이니라"(요 6:39) 하심에 따르면, 아버지가 '내게 주신 자'가 제자가 된다고 분명하게 밝히고 계십니다.

그렇다면 예수님은 어떻게 아버지가 주신 자인지 아셨을까요? 그분은 하나님과 본질상 동일한 분이시기 때문에 신적인 능력이 있어서 척 보면 알 수 있었다고 생각할 수도 있습니다. 그러나 우리는 그분이 이 땅에 살면서 하나님의 뜻을 따르면서 신적인 권능을 행사하지 않고 순전히 순종했다는 사실을 잘 압니다. 그리고 우리와 같은 성정을 가지셨다고 말하는 성경 기자의 말대로 하나님의 뜻을 알기 위해 기도했을 것이며, 특히 성령의 인도하심에 따라 사역을 시작하고 있는 것을 보면, 기도와 성령의 이끄심이 제자를 택하는 기준을 알게 했을 것이라고 생각할 수 있습니다.

일반적으로 제자란 스승의 가르침을 따르는 사람이기 때문에, 스승이 제자를 택할 때 제자에게 어떤 이유가 있어 그를 제자로 받아들이거나 택할 것입니다. 아무나 제자로 택하신 것도 아니요, 제자가 되고 싶어 하는 사람도 허락하지 않으신 것을 보면, 그런 생각이 옳다고 봐야 합니다.

예수님이 제자를 택하신 연유가 세 가지로 소개되고 있습니다. '제자들과 함께 있고자 함이고, 가서 전파하게 하려고, 그리고 마귀를 물리칠 수 있는 권세를 주었기' 때문에 이런 일을 잘 감당할 능력을 갖춘 자를 뽑고자 하셨을 것입니다. 마가복음 3장 13절에 따르면, '자기가 원하는 자들'을 부르십니다. '마음에 두셨던 자들'을 부르십니다. '원하다'라는 말은 '뜻하다'라는 말이 됩니다. 예수님은 자기가 원하는 자들이 세 가지를 충족시켜 줄 것을 바라셨습니다. 다시 말하면, 예수가 왜 그들과 함께 있기를 원하는지, 또 전도자로 보내려는 뜻을 가르치고 귀신을 내쫓는 권능을 주실 것을 말씀하십니다.

> "자기가 원하는 자들을 부르시니 나아온지라 이에 열둘을 세우셨으니 이는 자기와 함께 있게 하시고 또 보내사 전도도 하며 귀신을 내쫓는 권능도 가지게 하려 하심이러라"(막 3:13-15).

그런데 문제는 그런 능력을 처음부터 가진 자가 없다는 것입니다. 그리고 그런 능력은 하나님의 은혜로 받아 성령의 충만함으로 채워져 가는 것이기 때문에, 처음부터 그런 능력을 가진 자를 택하지 않았을 것입니다.

설교의 목적은 설교 제목과는 다르게 '제자들이 예수를 따르는 기준'이라고 말해야 할 형국을 살피는 것입니다. 우리가 참 제자인가, 부르심을 받았고 예수의 가르침을 잘 배우고 있는가 하는 것 말입니다.

1. 세례 요한은 예수를 '세상 죄를 지고 가는 하나님의 어린 양'이라고 소개합니다

이사야는 '하나님의 어린 양'을 '여호와의 종'(사 53:4-7)이라는 개념으로 설명합니다. 미가 7장 19절에 의하면, 희생양은 우리의 죄악들을 제압합니다. 희생양이 죄를 씻는 이유는 그것들이 이스라엘의 죄를 없이 하기 때문입니다. 베드로는 베드로전서 1장 19절에서 "오직 흠 없고 점 없는 어린 양 같은 그리스도의 보배로운 피로" 우리가 거룩하게 되었다고 예수를 소개합니다. 바울 역시 예수를 고린도전서 5장 7절에서 "우리의 유월절 양 곧 그리스도께서 희생"되신 분으로 소개합니다.

1) 요한의 제자들이 예수께로 옵니다.

세례 요한이 예수님을 보고 "하나님의 어린 양이로다"라고 말하는 것을 듣고 두 제자(안드레와 익명)가 예수님을 따릅니다. 예수님은 그들에게 "무엇을 구하느냐?"고 묻고 계십니다. 그러자 그들은 "어디 계시느냐?"고 묻습니다. 당신이 사는 곳이 어디냐는 질문이 아니라 당신 속에 무엇이 있으며, 그 세계를 우리에게 열어 보여주려고 하는 것이 무엇인지 묻고 있습니다. 그 말에 예수님은 "와서 보라"고 그날에 함께 거하며 그것을 보여주셨을 것입니다.

이것을 통해 예수님이 제자들을 부르신 것이 아님을 알 수 있습니다. 더 정확하게 말하자면 세례 요한이 보냈습니다. 그러면 세례 요한은 왜 예수님을 보고 '하나님의 어린 양'이라 하여 예수님을 따르게 했을까?'가 더 궁금합니다. 그것은 세례 요한이 예수님이 세례 받으실 때에 성령이 비둘기같이 임한 것을 보았기 때문입니다. 결국 성령의 역사가 그런 일을 하고 있음을 알 수 있습니다.

본문을 통해 명확해졌습니다. 예수님이 제자를 부르신 것이 아니라 예수님이 자기들의 기준에 맞으니까 제자가 예수님을 따랐다고 말해야 옳은 것 같습니다. 물론 예수님이 제자를 부르는 주체임에 틀림없다는 사실은 잠시 남겨두겠습니다.

2) 시몬 베드로의 형제 안드레가 자기 형제 시몬을 예수께 전도해 옵니다. 결코 예수님이 부르신 것이 아닙니다.

그러면 어떻게 베드로는 전도를 받았다고 모든 것을 버려두고 예수를 따를 수 있었을까요? 요한복음에서 '우리가 메시아를 만났다'고 전도한 것밖에 없는 것을 보고, 우리 스스로에게 물을 수 있습니다. "누가 나에게 '우리가 메시아를 만났다' 하면 모든 것을 버려두고 메시아를 따를 수 있을까?" 성경에 의하면 '메시아를 만난' 것 자체가 놀라운 사건이고 인생을 바꾸어 놓을 수 있는 가능성을 담고 있습니다.

이것을 우리 상황에 적용해 보면, 만남 특히 인생을 바꾸어 놓을 수 있는 만남이 있다는 것입니다. 우리는 이것을 하나님의 섭리요 하나님의 뜻이라고 읽을 수 있어야 합니다. 그렇다면 전도란 이처럼 한 사람의 인생을 송두리째 바꾸어 놓을 수 있는 사건, 곧 하나님의 섭리요 일이라고 봐야 합니다.

이것은 예수님이 제자를 택하시는 기준이 '전도'라고 말하게 만듭니다. 전도는 요한복음 1장 41절에 따르면, 빌립이 나다나엘을 '찾아'(45절)에서 보듯이, 전도 대상자를 찾는 것입니다.

3) 빌립을 만나 "나를 따르라" 하십니다.

빌립은 나다나엘에게 전도합니다. 마치 안드레가 형제인 베드로에게 "우리가 메시아를 만났다"고 전도했듯이, 빌립은 나다나엘에게 "모세가 율법에 기록하였고 여러 선지자가 기록한 그이를 우리가 만났다"(요 1:45)고 한 사실에 비추어 보면, '성경이 말하는 그 사람'을 만난 사실이 제자가 되는 기준이 됨을 알 수 있습니다. 나다나엘은 그분이 "요셉의 아들 나사렛 예수니라"는 말을 듣고 나사렛에서 무슨 선한 것이 날 수 있느냐며 의문을 표합니다. 빌립의 단 한마디는 "와서 보라"(요 1:46)는 말이었습니다.

예수께로 오는 나다나엘을 보신 예수님은 "보라 이는 참으로 이스라엘 사람이라 그 속에 간사한 것이 없도다"(요 1:47)라고 말씀하셨을 뿐입니다. 그러자 나다나엘이 "랍비여 당신은 하나님의 아들이시요 당신은 이스라엘의 임금이로소이다"(요 1:49)라고 신앙고백을 합니다. 예수님은 "내가 너를 무화과나무 아래에서 보았다 하므로 믿느냐? 곧 그 속에 간사함이 없다는 것을 알았다고 믿느냐?"라며 "이보다 더 큰일을 보리라" 하십니다.

2. 처음 두 제자는 "우리가 메시아를 만났다"고 전합니다

우리는 세례 요한의 두 제자가 예수를 처음으로 만나는 방식의 독특성에 관심을 가져야 합니다. 예수님은 최초의 만남에서 그들이 오는 것을 보시고 그들에게 "무엇을 찾느냐?"고 물어보십니다. 즉 '무엇을 구하느냐? 무엇을 바라느냐? 원하는 것이 무엇이냐?'고 물음으로써 '찾는 목적'을 제시하라고 요구하십니다. 그러자 그들은 "랍비여, 어디에 머물고 계십니까?"라고 물어, 엉뚱한 질문을 한 것처럼 보입니다. 그러나 사실 이 말은 선생님께 배우고 싶다는 마음을 표현하는 당시의 방식일 뿐입니다. 그래서 그들은 가서 예수님이 머물고 계시는 곳을 보았습니다. 그리고는 그날 예수님과 함께 지냅니다.

그리하여 안드레는 자기 형 시몬에게 "우리가 메시아를 만났다"고 말합니다. '랍비'에서 '메시아'로 칭호가 달라졌습니다. 예수를 만나 함께 지낸 동안 랍비에서 메시아로 칭호가 달라질 수 있는 일이나 대화가 있었을 것입니다. 그 구체적인 내용이 나와 있지 않아 자세하게 알 수는 없습니다. 그러나 명확하게 알 수 있는 사실 하나는, 만남이 있었다는 것과 함께 있으면서 그분을 보았고 듣고 깨닫게 되었다는 것입니다. 이것은 예수님을 만나는 자에게 일어날 수 있는 가능성을 우리에게 보여 주고 있습니다. 예수님을 만난다고 해서 다 안드레처럼 바뀌는 것은 아니지만 예수님을 만나면 일어날 수 있는 변화가 일어난 것입니다.

우리의 인생도 메시아인 그리스도를 만나면 분명 어떤 변화가 일어나야 합니다. 그렇다면 나의 경우에 그 변화가 무엇이었습니까? 우리 가정에 예수 그리스도가 임재하시면, 그리고 우리 가정의 주인이 주님이시라면 어떤 변화가 있을 것입니다. 분명한 변화가 있었습니까? '예수의 제자로 사는 삶의 변화가 있는가?'라는 질문입니다. 만약 어떤 변화가 있었는지조차도 분명하지 않다면, 아니 의심이 든다면, 오늘 우리는 다시 한 번 우리 자신과 가정과 교회의 신앙을 점검해야 합니다.

예수님을 만난 시간, 그리고 예수님과 함께 지낸 그날은 그들에게 중대한 전환을 가져오는 날이었을 것입니다. 이 결정적인 날이 우리에게도 있어야 합니다. 살다가 힘들거나 어려운 결정을 해야 하거나 문제가 풀리지 않을 때, 주님을 처음 만난 그 시간과 날을 되돌아보아야 합니다. 거기서 다시 시작해야 합니다.

3. 제자가 되는 길

예수님은 그분의 제자가 되는 길에 몇 가지 원칙을 제시하십니다.

1) 하나님의 택하심과 부르심이 선행되어야 합니다.

"아버지께서 이끌지 아니하시면 아무도 내게 올 수 없음"(요 6:44)을 예수님은 밝히셨고, 따라서 "아버지께서 내게 주시는 자는 다 내게로 올 것"(요 6:37)이라고 하셨기 때문입니다. 이것은 제자 선택의 제일 원칙입니다. 아버지의 뜻이 아니면 주님의 제자가 될 수 없습니다. 그러면 우리는 아버지의 뜻을 어떻게 알 수 있습니까? 아버지의 뜻은 감추어져 있기 때문에 예수 그리스도를 통해서만 계시됩니다. 예수 그리스도는 진리이고 진리는 하나님의 말씀이기 때문에 진리로만 그들을 거룩하게 할 수 있습니다.

2) 주님은 "너희가 나를 택한 것이 아니요 내가 너희를 택하여 세웠다"(요 15:16)고 하심으로 주님이 제자를 택하는 주체임을 분명하게 밝히십니다.

공관복음에서는 주님이 주체가 되어 제자를 부르십니다. 그런데 요한복음에 따르면, 세례 요한이 자신의 제자들에게 예수를 따르도록 하여, 그의 '두 제자가 그[세례 요한]의 말을 듣고 예수를 따릅니다'(요 1:37). 그리하여 주님이 부르시기 이전에 사람들이 예수를 따를 수 있는 것처럼 보이게 되었습니다. 그렇지만 예수께 다가오는 그들에게 "무엇을 구하느냐?"(요 1:38)고 물으심으로써, 주님께서 무조건 제자를 세우는 것이 아니라 분명한 목적의식과 아버지의 뜻을 실현할 수 있는 가능성을 염두에 두고 계심을 알게 하셨습니다.

예수님의 제자는 자기가 원해서 되는 것이 아니라 하나님의 뜻에 의해 결정된다는 사실을 지적했습니다. 그러면 예수님의 제자가 되려는 사람은 그러한 하나님의 뜻을 어떻게 알 수 있습니까? 예수께 간 두 사람은 하나님이 자기들을 예수님의 제자로 택하시고 부르셨다는 것을 처음부터 알고 갔을까요? 우리는 그렇지 않다고 말해야 합니다. 그러나 하나님은 그 길을 인도하십니다. 인도하는 방식은 사도 요한을 통하는 것이었습니다. 하나님은 자신이 사랑하시는 사람들을 통해 일하십니다.

이제 두 제자의 입장에서 제자가 되는 가능성에 대해 알아보겠습니다. 앞에서는 '하나님께서 택하시고 부르신다'는 우선순위를 강조했습니다. 두 제자의 입장에서라면 예수님의 제자가 될 수 있는 '가능성'이 열려 있습니다. 그것이 '현실성'이 되게 하려면, 주님이 우선권을 가지고 있기 때문에 나로서는 가만히 기다리기만 하면 된다고 생각할 수 있습니다. 그러나 두 제자는 자기의 스승인 세례 요한의 '말을 듣고 예수를 따릅니다'(요 1:37). '가만히 기다리기만 하면 된다'는 생각으로 살아가는 사람들이 많이 있습니다. 하나님의 계획일지라도 하나님은 하나님께 구하는 사람들에게 주십니다. 사람들은 이것을 하나님의 주권적인 인도라고 생각하려고 합니다.

예수님은 그들에게 "무엇을 구하느냐?"고 물으십니다. 다시 말하면 진리는 찾는 것이고 얻어야 하는 목표물임을 밝히십니다. 이 사실은 인생을 살면서 하나님이 택하셨으면 '내가 가만히 있어도 하나님이 다 인도하신다'는 생각을 가진 사람들에게 많은 가르침을 줍니다. 사과 밭에 누워 사과가 내 입에 떨어지기만을 기다릴 수 있지만 그 일이 최선은 아닙니다. 저가 말하는 '찾는다'는 말은 발견한다는 말입니다. 없는 진리를 만든다는 의미가 아니라 있는 사실과 진리를 만나는 것이고, 내게 다가온 진리를 받아들이는 것을 뜻합니다. 진리를 찾는 과정에서 여러 가지 시행착오와 어려움을 겪게 됩니다.

예수님은 자신을 '길이요 진리요 생명'(요 14:6)이라 하면서 진리라고 칭하셨습니다. 이 점에서 진리는 하나님의 것입니다. 즉 인간 밖에 있는 찾아야 할 대상과 내용입니다. 그러나 예수님은 진리이신 예수님을 찾는 두 제자들에게 '무엇을 찾느냐'고 물음으로써 진리를 찾고 있는지 확인한 다음, 그들과 거하십니다.

그리고는 "그들을 진리로 거룩하게 하옵소서 아버지의 말씀은 진리니이다"(요 17:17)라며 제자들을 위해 기도하십니다. 다시 말하면, 진리를 찾는 그들을 진리로 거룩하게 하여 달라고 기도하십니다. 왜냐하면 "내가 거룩하니 너희도 거룩할지어다"(레 11:45; 벧전 1:16)라고 하나님이 명하셨기 때문입니다. 진리로 거룩해질 수 있는데, 진리란 아버지의 말씀이기 때문에 아버지의 말씀이 그들을 거룩하게 할 수 있습니다.

그러면 두 제자의 경우에 하나님의 말씀이 그들을 거룩하게 하였습니까? '거룩'이란 구별을 뜻합니다. 주님의 제자가 된 것이 바로 구별입니다. 그것이 바로 이미 거룩을 입기 시작한 것입니다. 거룩은 단번에 완성되는 것이 아닙니다. 주님의 제자가 됨으로써 거룩이 시작되었을 뿐입니다. 즉 제자의 삶은 구별된 자의 삶입니다. 이제 구별된 자의 말을 하고 생각을 하고 인간관계를 하고 세상을 볼 줄 알아야 합니다. 시작된 거룩은 성령으로 완성되어 가야 합니다. 그 첫걸음으로 "진리가 너희를 자유롭게 하리라"(요 8:32)는 선언이 그들의 삶에서 드러나야 합니다. 뿐만 아니라 '이것[거룩함]이 없이는 아무도 주를 보지 못하기'(히 12:14) 때문에 거룩함을 따라야 합니다.

3) 예수님은 하나님의 뜻을 따라 주체가 되어 '갈릴리' 어부들을 제자로 부르십니다.

갈릴리는 납달리 지역에 속합니다. 베드로는 납달리 사람입니다. 갈릴리 어부를 부르신 이유는 "아름다운 소리"(창 49:21)를 발하는 자들이기 때문입니다. 사실 예수님도 납달리 영토에 있는 가버나움에 가서 사십니다. 즉 나사렛을 떠나 스불론과 납달리 지경 해변에 있는 가버나움에 가서 사십니다(마 4:13). 그 이유를 마태는, 선지자 이사야를 통하여 하신 말씀을 이루기 위함이라고 이릅니다. 이사야 9장 1-2절은 납달리 땅 갈릴리에서 흑암에 앉은 백성에게 큰 빛이 비친다고 예언했습니다. 이사야는 야곱 때부터 내려온 납달리 땅에서 일어날 일에 대해 다시 한 번 간절한 염원을 발하고 있습니다.

야곱이 납달리에 대해 '아름다운 소리'를 발할 것이라고 예언한 대로 예수님이 바로 '아름다운 소리'인 하나님 나라의 복된 소리를 전할 분입니다. 따라서 자신만이 아니라 갈릴리 제자를 택하신 이유도 바로 야곱의 예언이 성취되기 위함임을 알 수 있습니다. 하나님의 아들인 예수처럼 '아름다운 소리'를 외친 사람이 없었기 때문에, 예수를 잡으려는 사람들조차 "그 사람이 말하는 것처럼 말한 사람은 이때까지 없었나이다"(요 7:46)라고 보고합니다.

예수님께서 어부를 부르신 이유는 '어부를 불러다가 그들을 낚게 하기'(렘 16:16) 위함입니다. 어부를 불러다가 이방 땅에 흩어져 사는 잃어버린 양들을 다시 이스라엘로 인도하기 위해서라는 게 그 이유입니다. 제자는 어부가 갖추어야 할 능력을 습관을 따라 갖고 있어야 합니다. '모으는' 역할을 할 줄 알아야 합니다. '모으는' 역할을 잘하려면, 일단은 사람들에게 말을 해야 합니다. '말씀'으로 옮기고 있는 헬라어 '로고스'의 원래 뜻은 '모으다'입니다. 사람을 모아 하늘나라를 전하는 것입니다. 그런데 누가복음은 마태나 마가가 전한 "사람을 낚는 어부가 되게 하리라"는 말 대신에 "네가 사람을 취하리라"(눅 5:10)고 표현하여 사람을 사로잡을 것이라는 임무나 과제를 설명하고 있습니다. 하나님의 뜻을 따르기 위해 사람을 사로잡는다는 것입니다. 그런 의미에서 원문대로 하자면, 사람을 취하는 어부라는 의미의 '사람들의 어부'가 가장 타당해 보입니다.

예수님은 제자들에게 "나를 따르라" 부르십니다. 이 낱말의 원어의 뜻은 '내 뒤에 오라'는 것으로, 이러한 부르심의 소명은 사사기 3장 28절과 사무엘상 11장 7절에서 보듯이 이방 세력과의 전투에 초대하고자 함인데, 예수님은 사탄과 싸워 이기도록 권세를 제자들에게 주심을 볼 수 있습니다.

4. 제자가 되면 '장차 바위'가 되어야 합니다

　진리이신 예수 그리스도의 제자가 된다는 사실은, '지금은' 비록 어떤 사람일지라도 '장차' 어떤 사람이 되어야 함을 포함하고 있습니다. 제자로 부름 받을 때의 지금과 제자가 된 이후의 '장차' 되어야 하는 제자의 삶이 언급되어야 합니다.

　우리는 이 사실을 예수님께서 예수께 온 베드로에게 지금은 "네가 요한의 아들 시몬이니 장차 게바라 하리라"(요 1:42) 하신 말씀에서 알 수 있습니다. 비록 지금은 시몬이지만 장차 게바가 되어야 합니다. 시몬이 게바가 되어야 합니다. 진리로 게바가 되어야 합니다. 특히 늘 충동적이고 불안정했으며 나서기를 좋아하고 '책망 받을 일'(갈 2:11) 한 그의 성격은 반석이 되어야 합니다. 반석이지만 동시에 예수를 '넘어지게 하는 걸림돌'(마 16:23)이 되어 사탄이라 지목받습니다.

　베드로의 경우를 통해 부르심의 참 의미를 알 수 있습니다. 베드로전서 기자는 그리스도가 우리를 위해 고난을 받으사 본을 끼쳐 그 자취를 따라오게 한 것처럼, 부르신 이유를 고난을 피하지 말고 따르게 하기 위함이라고 밝힙니다. 부르심의 소망을 가지고 있다면, 이제 그런 삶을 살고 있는가 되돌아보아야 합니다. 제자의 삶은 부르심에 순종하는 삶입니다. 부르심에 순종하는 삶을 베드로전서 기자는 고난이라고 했습니다. 그러나 그러한 제자의 삶을 살기까지 많은 일들이 일어났습니다. 제자란 스승의 가르침을 따르는 자들입니다. 그런데 베드로는 스승의 가르침을 따르는 것이 아니라 스승을 넘어지게 하는 걸림돌이 되기도 했습니다. 자기를 부인하고 자기 십자가를 지고 따르라는 두 번째 부르심에도 또 넘어집니다. 고난받아 죽는다는 수난 예고를 두 번째로 할 때에, 천국에서 누가 더 큰 자인가 하는 문제로 제자들끼리 싸웁니다.

　그러나 성령의 사람이 되고 나서는 참으로 베드로를 제자로 부르신 소명을 다 해냅니다. 그것이 바로 자기를 부인하는 일이고 십자가를 지는 일이었습니다. 베드로는 십자가를 거꾸로 지고 순교합니다. 교회가 사회로부터 비난받고 거부당하고 있습니다. 여러 요인 중에 오늘 말씀을 비추어 찾아 보자면, '사람들을 위한 물고기'가 없기 때문입니다.

사람들을 위한 물고기가 되는 것이 쉽지가 않습니다. 베드로가 그 증거입니다. 그는 세 번이나 부름을 받습니다. 갈릴리 어부 때에 부르시니 모든 것을 버려두고 예수를 따릅니다. 신앙고백을 할 때 반석이 되어 교회를 세우게 됩니다. 그러나 사탄이 되어 예수를 넘어지게 하는 걸림돌이 되고 맙니다. 자기를 진짜로 부인하고 자기 십자가를 지고 예수를 따르라고 다시금 부릅니다. 자기를 부인하라고 했는데 예수를 부인하고 저주하고 맙니다. 부활하신 주님은 갈릴리에 먼저 오셔서 다시금 '나를 따르라'고 그를 부르십니다.

성령을 받고 성령에 충만하여 제자로 부르신 소명을 따라 순종합니다. 십자가의 고난의 삶을 사는 것이 바로 부르심의 목적이라고 베드로전서 기자가 말한 대로 사람들을 위한 물고기가 되어 삽니다. 베드로처럼 사람들을 위한 물고기가 되어 사는 순종이 어렵습니까? 성령과 함께할 때에만 가능할 것입니다. 우리도 사람들을 위한 물고기가 되어 살고 싶습니다. 주님의 부르심의 소명을 들을 줄 알아야 하고, 성령의 이끄심에 따를 때에만 가능합니다. 결코 성령을 거스르고, 훼방하고, 소멸해서는 안 됩니다.

5. 제자를 양육하는 예수님의 가르침을 우리 삶에 적용하기

1) 무엇을 구합니까?

설교 제목을 예수님이 물으신 대로 "무엇을 구하느냐?"(요 1:38)라고 잡고 싶었습니다. 그러나 그들이 '메시아를 만난' 사실이 더 중요하기 때문에, 제목을 '우리가 메시아를 만났다'로 잡았습니다. 우리가 만나야 할 분은 바로 그리스도여야 하기 때문입니다.

예수님은 "너희가 나를 택한 것이 아니요 내가 너희를 택하였다"(요 15:16)라고 분명하게 말씀하십니다. 그러나 예수님은 따르는 제자들에게 "무엇을 구하느냐?"고 질문을 던지십니다. 예수님의 물음 속에는 예수께 구하는 내용이 명확해야 한다는 것을 담고 있습니다. 목적이 분명해야 합니다. '무엇을'이란 구하는 내용을 지칭하는데, 그 내용은 바로 예수가 누구인지를 아는 데서 드러난다는 것을 우리는 잘 압니다. 따라서 무엇(what)은 누구(who)를 포함하고 있어야 합니다. 우리가 그분에게서 찾고자 하고 얻고자 한 것은 그분(person)이어야 합니다. 그분으로부터 얻고자 하는 어떤 것이라면 실망할 수 있습니다.

대답을 들으신 예수는 "와서 보라"고 하십니다. '와서'라는 단어가 요한복음에서는 거의 믿음을 설명하면서 사용되고 있습니다(요 3:21, 5:40, 6:35, 37, 45, 7:37). '보다'라는 단어는 세례 요한이 세례 받은 예수에게 성령이 임하시는 광경을 보는 데서 사용되고 있음을 볼 수 있습니다. 성경에 '하나님' 또는 '왕'이라는 단어보다 훨씬 많이 사용된 단어가 바로 '말씀' 또는 '말하다'이고 '오라'는 단어입니다. 성경은 말씀의 책입니다. 하나님이 우리에게 말씀하시는 책이고, 우리를 하나님께로 '오라'고 부르는 책이 바로 성경입니다.

그러나 누가복음 24장은 사람의 눈으로 보이지 않는 예수의 모습이 있다는 것을 말함으로써, 영적인 눈이 뜨였을 때에야 볼 수 있는 것이 있다는 것을 말해 줍니다. 영안이 밝아져야 볼 수 있는 세계가 있다는 것에 주목해 봅시다.

우리가 보고 싶은 것을 보는 것이 아니라 영안이 밝아져 하나님이 하신 일을 볼 수 있어야 합니다. 이스라엘이 출애굽할 때에 애굽의 군대가 추격해 오고 앞에는 홍해 바다가 가로막고 있었습니다. 이러지도

저러지도 못하고 있을 때에 모세가 백성에게 한 말을 잊지 말아야 합니다.

"너희는 두려워하지 말고 가만히 서서 여호와께서 오늘 너희를 위하여 행하시는 구원을 보라"(출 14:13).

사람이 볼 줄을 모르면 본 자가, 곧 세례 요한이 자기 제자들에게 "보라, 하나님의 어린 양이로다"(요 1:36)라고 외친 것처럼, '와서 보라'고 청해야 합니다. 우리의 전도 언어는 바로 이것이어야 합니다. 보지 못한 사람들에게 본 사람이 외칠 수 있는 가장 중요한 말, '보라, 하나님의 어린 양을 보라'고 외쳐야 합니다. '우리가 메시아를 만났다'라고 외쳐야 합니다. 그리스도를 만난 것은 하나님의 일이기 때문입니다.

"와서 보라"고 청하실 때에 제자들은 '가서 주께서 거하시는 곳을 보고' 바로 돌아오지 않습니다. '그날 주와 함께 거합니다'(요 1:39). 예수 그리스도와 함께 있으면 무슨 일인가 일어납니다. 그것은 바로 그들로 하여금 "우리가 메시아를 만났다"고 말하게 만듭니다. 우리는 그런 방식으로 그리스도를 만나야 합니다. 우리가 주님과 함께 거할 수 있는 방식은 말씀이고 기도입니다. 말씀 속에 하나님이 계십니다. 우리가 말씀을 통해 하나님과 함께할 수 있습니다. 그리고 기도가 바로 하나님과 함께 대화할 수 있는 방식입니다.

그리스도를 만나면 어떻게 됩니까? 그리스도를 만나면 반드시 전하게 되어 있습니다. 우리 교회에 그리스도를 만난 사람마다 1년에 1명씩만 전도한다면, 우리는 3년 안에 우리의 목표인 2,000명 교회가 됩니다.

안드레가 바로 그리스도를 만나 형님인 베드로를 예수께로 데리고 옵니다. 여러 차례 가족 전도의 중요성을 말씀드렸습니다. 가족은 예배 공동체여야, 원수가 내 집안에 있으면 안 됩니다. 그러나 가족 전도가 쉽지 않다는 것을 우리는 잘 압니다. 가족 전도는 그리스도를 만나야만 일어납니다.

2) 세례 요한은 예수를 '세상 죄를 지고 가는 하나님의 어린 양'이라고 소개했습니다.

세상의 죄를 사함받고 얻게 된 구원은 예수를 믿고 추종하는 제자다운 삶 안에서 드러나야 합니다. 사도 요한은 요한1서 1장 7절에서 "아들 예수의 피가 우리를 모든 죄에서 깨끗하게 하실 것"이라고 했습니다. 그럼에도 불구하고 여전히 죄 속에 있다면, 요한1서 1장 10절이 말한 바대로 "그의 말씀이 우리 속에 있지 아니"하기 때문입니다. 예수의 피가 죄를 깨끗하게 한 사람들이 바로 교회이고, 교회는 하나님의 말씀이 선포되는 곳입니다.

제자의 길을 교회 공동체의 길로 본 본회퍼라는 신학자를 소개하고자 합니다. 그는 제자도를 강조했습니다. 제자의 삶을 단적으로 기술하고 있는 마태복음 5장 48절에 의하면, 제자직은 '하늘에 계신 아버지께서 완전하신 것같이 너희도 완전한 사람이 되는' 것입니다. 이 삶은 그리스도를 본받아 사는 삶일까요, 아니면 그리스도를 추종하는 삶일까요? 그리스도를 본받는 삶이 바로 그리스도를 따르는 삶임에 틀림없지만, 구체적으로 어떤 삶이 그리스도를 본받는 삶이고 그리스도를 따르는 삶인가요?

"부르심에 합당한 자"(살후 1:11)란 예수를 그리스도로 믿고 따르는 제자로, 그는 교회 공동체를 통해 제자의 길을 보여야 한다는 것입니다. 그런데 당시 독일 교회는 이미 제도화되어 있고, 틀을 벗어나려고 하지 않았으며, 자기 보존과 유지에만 관심을 두다 보니 사회로부터 배척당하거나 사회의 웃음거리로 등장하기 시작했다는 것입니다. 사회를 구원하고 지도하는 곳이 아니라 반대로 사회가 교회를 염려하며 제발 교회다우라고 걱정하게 되었다는 것입니다. 히틀러를 메시아로 받아들이고 말았기 때문입니다.

오늘날 한국교회는 누구를 메시아로 받아들이고 있습니까? 교회 권력이고, 교회 직분이고, 명예욕이며, 돈이라면, 이미 우리도 본회퍼가 당시 독일 교회를 바라보는 시각과 다를 바 없는 상황이 되고 만 것입니다.

그러면 그가 제시한 대안은 무엇입니까? 독일 교회가 아니라 고백교회입니다. 고백교회는 참 제자도가 살아 있는 교회를 뜻합니다. 참 제자도는 산상수훈대로 실제로 살아가는 교회 공동체를 뜻했습니다. 그런데 당시 독일 교회는 이미 제도화된 틀을 벗어나지 못하고 안주하면서 일상의 삶과 분리시키고 말았습니다. 마치 우리처럼 너무나 교회 생활은 열심인데 삶에서는 전혀 다른 이중적인 생활을 하는 것입니다.

교회는 기도하는 아버지의 집이어야 하고, 말씀이 선포되는 예배 처소여야 합니다. 그런데 교회는 이미 예수님이 금한 기도자들로 가득 차 있었습니다. 즉 바리새인의 기도를 하는 자와 이방인의 기도를 하는 자들로 가득차 있습니다. 예배는 이미 형식화되어 있어서, 주일 날 한 번 드린 것으로 모든 예배는 끝났다고 보는 것입니다.

제자의 길인 교회 공동체의 길은 '온전한 복종'을 하는 것입니다. 본회퍼는 그리스도의 말씀에 온전하게 순종하려면 제일 먼저 죄에서부터 자유자로 살아야 한다고 했습니다. 반복되는 죄짓기가 계속되어서는 안 된다는 것입니다. 기도하며 정의로운 일을 실천하는 것이라 보았습니다. 그래서 그는 정의로운 일을 실천하기 위해 히틀러를 죽이는 암살단에 가입합니다. 죄에서 자유로운 자만이 제자의 길을 걸을 수 있습니다. 기도만 하는 것이 아니라, 기도한 대로 순종의 삶을 사는 것입니다. 순종하려면 메시아를 만나야 합니다. 메시아는 바로 그리스도입니다. 예수가 바로 그리스도입니다.

결론입니다.

예수 그리스도는 제자를 부르시고 가르치시며 양육하십니다. 제자가 되는 길에 몇 가지 원칙이 제시됩니다. 가장 중요한 대전제는 하나님의 택하심과 부르심이 선행되는 것입니다. 그런 다음 제자가 예수를 택한 것이 아니라 예수님이 제자를 부르시고 세우십니다. 이것을 종합하면, 자기가 제자가 되고 싶어서 가능한 것이 아니라 하나님의 뜻에 의해 결정됩니다. 베드로의 사례를 들어 이런 원리가 어떻게 적용되었는지 살펴보았습니다. 독일의 본회퍼 목사의 사례를 들면서 진정한 제자도란 산상수훈대로 살아가는 교회 공동체를 만드는 것이라 지적했습니다.

part 2.
그리스도 예수의 전파 사역

그리스도 예수는 전하기 위해 세상에 오십니다. 전하는 내용은 결국에 구원입니다. 예수 그리스도는 하나님의 복음을 전파하기 위해 오십니다. 예수님이 전하시는 하나님의 복음은 곧 하나님의 나라입니다. 그런 의미에서 예수님은 하나님의 나라를 전하기 위해 오십니다. 뿐만 아니라 예수님은 전도하기 위해 세상에 왔다고 말씀하십니다. 예수님의 전도는 진리를 증언하는 것입니다.

구원을 전하기 위해 오신 예수
요한복음 5:34-38

○●● '전파하다'(kerusso)라는 단어의 원뜻은, 이 단어가 시합을 선포하거나 우승자가 누구인지 알리는 데서 사용된 경우에서 보듯이, 전령이 '큰 소리로 외쳐 알리는' 것을 뜻합니다. 예를 들어, 구약의 창세기 41장 43절이 소개하고 있는 대로 요셉을 총리로 세우면서 왕의 수레에 태워 무리가 사람들에게 총리 요셉에게 엎드리라고 '소리 지릅니다.' 이 단어가 중요하게 사용된 곳으로 이사야 61장 1절을 들 수 있는데, 이 구절은 구원을 전파하기 위해 오신 예수의 일을 '가난한 자에게 아름다운 소식을 전하며 포로 된 자에게 자유를 선포' 하는 것이라 제시합니다. 이처럼 하나님의 말씀을 선포하는 것은 예수의 사명입니다. 그리스도 안에서 하나님의 말씀은 창조 능력을 가집니다. 그리하여 사람을 새롭게 창조하고 성령으로 거듭나게 합니다. 예수의 복음 선포 그 자체가 '믿는 자들을 구원하는'(고전 1:21) 능력을 가지기 때문입니다.

교회의 선포인 '케리그마'(kerygma)와 교훈으로서의 '디다케'(didache)를 구분해야 합니다. 케리그마(kerygma)는 말 그대로 '선포'를 뜻하는데, 권위를 가지고 자기에게 위탁된 메시지를 선포하는 것을 뜻합니다. 이 말에는 선포하는 행위(고전 2:4)와 선포된 내용(롬 16:25; 고전 1:21)이 모두 포함됩니다. 예수 그리스도에게 나타난 하나님의 구원 행위, 즉 복음을 선포하는 것을 의미합니다.

'예수 그리스도를 아는 지식'(요 17:3)이 바로 영생입니다. 하나님의 아들인 우리 주 예수 그리스도 자체가 영생을 주실 뿐만 아니라 영생이십니다.

> "우리에게 지각을 주사 우리로 참된 자를 알게 하신 것과 또한 우리가 참된 자 곧 그의 아들 예수 그리스도 안에 있는 것이니 그는 참 하나님이시요 영생이시라"(요일 5:20).

설교의 목적은 구원을 전하기 위해 오신 예수님의 뜻대로 우리가 구원받은 자로 살고 있는지 검토하는 것입니다. 구원을 불러일으키는 말씀을 선포하셨고, 우리가 그 말씀을 들었다면 그리하여 깨달았다면, 말씀이 우리 안에서 역사할 수 있도록 결단했는지 묻고자 합니다. 구원받은 자로, 하나님 자녀로 살고 있다는 것을 삶으로 증명해 보여야 합니다.

1. 구원을 전하기 위해 오신 예수

우리는 예수가 이 땅에 오신 이유를 성경을 통해 잘 알고 있습니다. 여러 가지 중의 하나가 바로 예수를 통해 구원을 얻게 하려는 하나님의 뜻 때문입니다. 하나님은 아들 이름을 '예수' 곧 "자기 백성을 그들의 죄에서 구원할 자"(마 1:21)라 지으십니다. 예수님은 구원자로 세상에 오십니다. 자기의 이름이 뜻하는 대로 예수님은 구원을 전하십니다. 예수님은 구원의 권위를 갖고 오셨으며, 온 천하에 전파되는 복음에 반응하는 사람들(유대인과 이방인으로 구성된 교회)에게 구원의 은혜가 주어지며, 죄에서의 구원(또는 용서)은 구원자이신 예수 자신의 대속적인 죽음(또는 피)으로 가능해집니다.

예수님이 선포하신 구원의 중심은 '자신의 백성을 찾아와 구원하시는 하나님의 행위'라는 사실에 주목해야 합니다. 마태의 구원론에 대해서는 크게 세 가지 입장이 있습니다. 첫째로 행위, 둘째로 은혜-행위, 셋째로 은혜-구원의 열매(성도의 견인)입니다. 마태는 은혜를 먼저 다루고, 은혜에는 반드시 열매가 수반되어야 함을 '모호성'이라는 문학적 기법으로 '긴장감'을 불러일으킵니다. 정훈택은 마태복음의 구원론에 대한 세 가지 범주 가운데 세 번째인 입장에 서 있으며, 마태복음의 문맥을 고려해서 몇 가지 독특한 표현을 언급함으로써(행위의 구원론적 의미, 행위의 첨가 등) 마태복음에 나타난 구원론의 특징인 '모호성'을 강조했습니다.

하나님이 아들을 세상에 보내신 이유에 대해 요한복음은 '세상을 심판하시려는 것이 아니라 아들로 세상을 구원하시려는'(요 3:17) 목적 때문이라고 밝힙니다. 예수님은 아버지의 뜻대로, '내가 온 것은 세상을 심판하려는 것이 아니라 구원하려는 것이라'(요 12:47)고 전하십니다. 그래서 예수는 이 땅에 오셔서 '오늘 구원이 이 집에 이르렀다. 인자는 잃은 것을 찾아 구원하러 왔다'(눅 19:9-10)고 선언하십니다.

예수님은 '아버지께서 내게 다 이루도록 맡기신 일들'이 바로 '아버지께서 나를 보내셨다는 것을 증언'(요 5:36)하는 것이기 때문에, 예수님은 아버지가 자기를 세상에 보내신 이유와 목적을 증언해야 합니다. 다시 말하면, 예수님이 '지금 하고 있는 그 일'(요 5:36)은 바로 "너희로 구원을 받게 하려 함"(요 5:34)이라고 전하고 있습니다. 예수님은 아버지의 뜻대로 아버지가 맡기신 일인 예수를 통한 구원을 전하고 있습니다.

하나님의 뜻인 그리스도를 통한 구원을 예수님이 전한다고 해서 '내 양이 아닌'(요 10:26)데도 믿는 것은 아닙니다. "내 양[만]은 내 음성을 들으며 나는 그들을 알며 그들은 나를 따른다"(요 10:27) 합니다. 그러니 구원을 전하는 복음이 우리에게 들렸을 때에 우리에게 구원이 일어나야 합니다.

오늘 우리는 '예수를 전하는 전도자'인 그리스도에 대해 관심을 가지는 것이 아니라, 예수님이 전하는 구원이 무엇인지, 그 능력이 어떻게 구원을 가져오는지 등 '구원'에 대해 집중해야 합니다. 그것은 아버지의 뜻대로 구원을 전하는 예수님의 전파대로 '우리가 구원받았는지' 따져 보아야 하기 때문입니다. 그리스도를 통해 모든 사람이 구원을 받는 것이 아니기 때문입니다. 청함을 받은 자는 많으나 택함을 입은 자는 적기 때문입니다(마 22:14).

예수님은 요나의 전도를 예로 드십니다. 요나의 회개 설교를 듣고 니느웨가 회개를 합니다.

> "니느웨 사람들이 하나님을 믿고 금식을 선포하고 높고 낮은 자를 막론하고 굵은 베 옷을 입은지라"(욘 3:5).

누가복음 11장 32절에 따르면, 마지막 심판 때에 니느웨 사람들이 일어나 사람들을 정죄할 것인데, 이유는 요나의 전도를 듣고 회개하여 구원을 얻게 되었기 때문이라는 것입니다. 그런데 예수님의 전도를 듣는 사람들은 요나보다 큰 이인 예수님이 전도하여도 전도를 듣고 회개하고 구원 얻는 일에 관심을 두지 않기 때문에 니느웨 사람들이 일어나 정죄할 것이라는 겁니다.

예수님 자체가 그리고 그분이 전하는 구원에 대한 복음일지라도 "많은 사람을 패하거나 흥하게"(눅 2:34) 하고, 어떤 사람에게는 "부딪칠 돌"(롬 9:32)이 될 것이고 "걸려 넘어지게 하는 바위"(벧전 2:8)이며, "유대인에게는 거리끼는 것이요 이방인에게는 미련한 것"(고전 1:23)으로, "이 사람에게는 사망으로부터 사망에 이르는 냄새요 저 사람에게는 생명으로부터 생명에 이르는 냄새"(고후 2:16)가 됩니다. 구원을 고대하는 사람들에게까지 '슬픈 기색을 띠고 근심하게'(막 10:22) 만들 수 있고, 예수를 싫어하고 반대하던 '바리새인들이 이 말을 듣[으면]고 실족'(마 15:12)하게 되고 맙니다.

바울은 예수의 복음 선포 자체가 구원의 능력을 가지는 것으로 봅니다.

> "하나님께서 전도의 미련한 것으로 믿는 자들을 구원하시기를 기뻐하셨도다"
> (고전 1:21).

예수의 복음 전파를 통해 믿는 자들을 구원하시는 것이 하나님이 원하시는 뜻이었다는 것입니다. 그것은 하나님이 예수님을 이 땅에 보내신 목적이기도 합니다.

하나님은 전도를 통해 믿는 자들을 구원하기를 뜻하셨고, 예수가 전하는 말씀으로 구원하기를 원하십니다. 하나님이 원하시는 대로 예수님은 '우리가 구원을 받도록' 전하십니다. 그런 의미에서 전한 말씀이 없이는 우리에게 구원이 일어날 수 없습니다.

2. 구원의 질서

베드로가 "너희로 구원에 이르도록 자라게 하려 함"(벧전 2:2)이라고 한 것과 바울이 "두렵고 떨림으로 너희 구원을 이루라"(빌 2:12) 한 것을 보면 구원은 분명 질서(ordo salutis)를 가집니다. 예를 들면, 바울은 로마서에서도 "또 미리 정하신 그들을 또한 부르시고 부르신 그들을 또한 의롭다 하시고 의롭다 하신 그들을 또한 영화롭게 하셨느니라"(롬 8:30)하여 부르심과 칭의, 그리고 영화를 '구원' 안에 포함된 내용들로 설명합니다.

이런 구원의 질서들이 설명되려면 제일 먼저 '그리스도와의 연합'이 설명되어야 합니다. 구원의 근거인 그리스도와의 연합은 하나님의 선택에 뿌리를 두고 있습니다. "곧 창세 전에 그리스도 안에서 우리를 택하사 우리로 사랑 안에서 그 앞에 거룩하고 흠이 없게 하시려고"(엡 1:4)라 할 때 '그리스도 안에서'가 없이는 구원이 발생하지 않습니다. 그리스도 안에서 이루고자 하시는 하나님의 구원 계획을 믿고 승인해야 합니다. 오로지 참된 믿음으로 그리스도와 연합하여 그리스도의 가르침을 따르는 사람만이 구원받습니다. "들은 바 그 말씀이 그들에게 유익하지 못한 것은 듣는 자가 믿음과 결부시키지 아니함이라"(히 4:2) 하였기 때문입니다.

'참된 믿음'이란 삼위일체 하나님을 믿는 것입니다. 하나님 아버지 말씀이 진리라는 것을 믿어야 하고, 성령께서 깨닫게 하심을 전적으로 신뢰해야 하며, 그리스도의 보혈이 나의 죄 사함을 주셨다는 것을 믿어야 합니다. 결국에 그리스도인은 그리스도가 하나님의 아들로 나를 죄에서 구원할 그리스도이심을 믿어야 합니다.

구원은 하나님의 주권적 선물입니다. 구원은 인간의 공로 때문이 아니라 전적으로 하나님의 은혜로 말미암습니다. 구원을 로마서에 따라 말하자면, '의롭다 칭함을 받는 것'인데, 칭의는 '하나님의 은혜로, 값없이'(롬 3:24) 주어지는 선물입니다. '하나님의 은혜로, 값없이' 의롭다 함을 받았기 때문에, 부르심 이후에 '행위가 필요 없다'는 것이 아니라, '자랑할 것이 없다'(롬 4:1-2)는 결론에 이르게 됩니다. '행위가 아니라 믿음으로 의롭다 하심을 얻었으니, 사람이 자랑해서는 안 됩니다. 이스라엘이 실패한 이유는 그들은 '하나님의 의'를 모르고 '행위'에 의지하고 자랑하여 결국에 '자기 의'를 세우고자 했고, 결국에 하나님의 의에 불순종하고 말았기 때문입니다(롬 10:3-4).

구원에 이르게 하지 못하는 헛된 믿음과는 달리 '구원하는' 믿음이 필요합니다. 귀신도 믿습니다. 그러므로 구원하는 믿음은 귀신이 믿는 믿음과 달라야 합니다. 왜냐하면 귀신이 믿는다고 해서 귀신이 구원받는다고 우리는 말할 수 없기 때문입니다. 구원 얻는 믿음이 필요한 이유는 구원이 믿음으로 말미암아 주어지기 때문입니다. 이때의 '믿음'이란 내가 '믿는다' 해서 일어나는 것이 아니라 하나님이 의롭다 인정해 주시는 '믿음'이어야 합니다. '아브람이 여호와를 믿으니 여호와께서 그 믿음을 의로 여겨주십니다'(창 15:6). 바울은 "헛되이 믿지 아니하였으면 그로 말미암아 구원을 받으리라"(고전 15:2)고 하여, '헛된 믿음'으로는 안 된다고 가르치고 있습니다. '경건하지 아니한 자를 의롭다 하시는 이를 믿는 자에게는 그의 믿음을 의로 여겨주십니다'(롬 4:5).

이때의 '여겨지다'는 '당연히 받을 것을, 마땅히 받을 품삯을 받는 것으로 생각하다, 빚으로 주어지는 것으로 간주되다' 등으로 번역되고 있습니다. '여겨졌다'(logizomai)는 계산하거나(눅 22:37), 생각하거나(빌 4:8), 따지거나(막 11:31), 평가하거나(롬 6:11), 돌리는 것(고후 5:19) 등을 뜻합니다. 하나님은 아브라함의 믿음을 의로 생각하시고 평가하시고 계산하시고 돌리셨습니다. '이것은 아브라함이 하나님을 믿었으며, 그것이 아브라함에게 의로 여겨졌다는 것과 같습니다'(갈 3:6). '여겨졌다'란 여기서 인정해 주신 사실을 뜻합니다. '정하셨다' 또는 '간주되었다'로 보아야 합니다. 아브라함이 할례를 받기 전에(창 17:24) 하나님께서는 약속하신 것을 능히 이루실 수 있다고 믿었고 그것이 하나님께 의로 받아들여졌습니다. 믿음으로 의롭다 함을 받는 것은 하나님의 일방적인 은혜의 사건입니다(갈 2:16).

하나님께서 우리를 택하신 이유는 '우리 주 예수 그리스도를 통해 구원을 얻도록 하기 위함입니다'(살전 5:9). 이것은 현세만이 아니라 미래를 위한 것입니다.

이미 주어진 구원이 아니라, 미래의 약속에 참여할 것이라는 구원의 확신이 중요합니다. 바울에게 구원은 분명 '구원의 소망'(살전 5:8)인 미래성을 가지며, '우리 주 예수 그리스도에 대한 소망의 인내'(살전 1:3)였습니다. 이것은 재림 시 주어질 구원을 말합니다. 그러나 '여러분은 믿음을 통하여 은혜로 구원을 얻었습니다'(엡 2:8)라고 과거의 사건으로 기술하기도 하는데, 그 연유는 과거 불순종의 삶에서 자유함(구원)을 받았다는 것을 뜻합니다. 현재 우리가 누리는 '구원'을 '이미 받았다'고 만족할 것이 아니라 '부르심의 목표인 소망'(엡 4:4)을 바라보아야 합니다.

골로새서에서 구원은, '구속 혹은 죄 사함'이라는 개념으로 설명되는데, 현재의 은사로서 '우리가 하나님의 아들의 나라로 옮겨 왔습니다'(골 1:13). 미래의 소망인 부활 역시 현재의 은사로 묘사되고 있습니다(골 2:12-13, 3:1). 디모데후서에서 구원은 부르심과 같은 속성을 가진 단어로 사용되는데, 구원과 부르심은 '거룩한 삶을 향한 부르심'(딤후 1:8, 2:9, 3:12)으로 고난이 동반되는데, 이 고난은 하나님의 택함을 입은 자들이 그리스도 안에 있는 '구원을 영원한 영광과 함께 받을 수 있도록'(딤후 2:10) 하기 위한 것입니다.

디도서에 따르면, 구원은 우리가 행한 의로운 일 때문이 아니라 '중생의 씻음과 성령의 새롭게 하심을 통해서입니다'(딛 3:5). 현재 우리가 이미 구원받았지만, 미래에 주어질 구원을 바라보고 살아가야 하는 존재임을 분명하게 직시해야 합니다(갈 3:29, 4:7; 롬 8:17). 구원은 아직 보이지 않고, 참고 기다려야 합니다.

> "우리가 소망으로 구원을 얻었으매 보이는 소망이 소망이 아니니 보는 것을 누가 바라리요 만일 우리가 보지 못하는 것을 바라면 참음으로 기다릴지니라"
> (롬 8:24-25).

결국에 우리가 가진 확신이란 미래에 얻게 될 구원에 대한 소망입니다. 그런 의미에서 우리가 이미 구원을 소유했다는 것이 아니라 구원의 약속을 받았습니다. 이미 구원을 얻은 자로서가 아니라, 구원 얻기로 예정된 상속자들이라는 확신을 가져야 합니다(벧전 1:3-9).

3. 예수의 선포는 하나님 나라, 곧 구원을 가져옵니다

이제 우리는 예수님의 선포가 가지는 능력과 권세에 대해 살펴야 합니다. 다시 말하면, 말씀의 능력에 다시금 관심을 가져야 합니다.

하나님의 말씀은 단순히 소리만이 아니라 하나님이 말씀으로 천지를 창조하셨듯이 자체로 능력을 가지며, "내 입에서 나가는 말도……나의 기뻐하는 뜻을 이루며"(사 55:11)라는 말씀에서 보듯이 하나님의 뜻을 이룹니다. 하나님은 말씀으로 세상을 창조하시고 보존하시며 섭리하십니다(창 1:3; 시 33:6, 148:5; 사 48:13; 롬 4:17; 고후 4:6; 히 1:3, 11:3). 예수님은 말씀으로 바다를 잠잠하게 명하셨고(막 4:39), 병자를 고치셨고(마 8:16), 마귀를 쫓아내셨고, 죽은 자를 살리셨습니다(눅 7:14, 8:54; 요 5:25, 28).

그것만이 아닙니다. 예수님은 세리들과 죄인들, 가난한 자들과 죄수들에게 용서와 구원의 복음을 전하십니다(마 5:1 이하, 11:5, 28-30; 눅 4:18-19, 19:10). 말씀을 전하는 이유는 구원 얻도록 하기 위함입니다. 구원받도록 하나님의 말씀을 전하는 예수님의 말씀은 구원을 가져옵니다. 예수님의 전함 속에 몇 가지 중요한 항목들이 설명되어야 합니다.

우리가 정죄를 받을 것인지 구원을 받을 것인지는 그리스도에 대한 응답에 달려 있습니다(고전 1:23-24). 구원의 역사가 선포되며, 구원 역사의 선포는 그 자체가 구원을 가져다주는 사건입니다. 여기서는 단지 선포된 것의 내용이 작용하는 것이 아니라 하나님 자신이 역사하십니다. 때문에 선포는 하나님의 능력(고전 1:24)이며, 어떤 변경도 허용하지 않을 것이고(갈 5:11), 때를 얻든지 못 얻든지 전파되어야만 합니다(딤후 4:2).

선포의 목적이 실현되려면 믿음이 있어야 합니다. 예수님이 선포하시면 믿는 자들은 받아들입니다. 선포는 믿음을 가져오는 능력을 가집니다. 참된 들음은 믿음을 갖게 하며, 순종하게 합니다. 이것은 하나님의 말씀에 의해 일어납니다(롬 10:8). 믿음은 선포에 의해 나오는 것이기 때문에 이 두 가지는 동일한 내용을 가집니다(고전 15:14).

첫째, 구원의 말씀은 구원을 전하는 것이 아니라 구원을 얻을 수 있도록 해줍니다. 그렇기 때문에, 제일 먼저 말씀을 들어야 합니다. '듣는다'는 말은 수동적으로 '받아들인다'는 것을 뜻합니다. 그래야만 말씀의 창조 사역이 듣는 사람에게서 일어납니다. 다시 말하면, 예수님이 전하는 하나님의 말씀으로 구원이 일어나기 시작합니다. 그것이 바로 거듭나는 것이요 다시 태어나는 것입니다. 베드로는 말씀을 듣는 우리가 "너희가 거듭난 것은 썩어질 씨로 된 것이 아니요 썩지 아니할 씨로 된 것이니 살아 있고 항상 있는 하나님의 말씀으로"(벧전 1:23) 된 것이라 했습니다. 다시 태어났으면, 자라야 합니다. 말씀으로 양육 받았으니, 예수처럼 기도도 습관이 되어야 하고, 성경을 읽는 것도 습관이 되어야 하고, 예배도 습관이 되어야 합니다. '거룩한 습관'은 결코 하루 아침에 만들어지는 것이 아닙니다. 다시 태어난 것으로 끝난 것이 아니라, 다시 태어나서부터 계속하여 '거룩한 습관'이 형성되기까지 경건의 모양이 있어야 합니다.

둘째, 구원을 얻고 시작하는 첫걸음으로 다시 태어났으면, 이제 말씀은 수동적으로 받아들이지만 말고 능동적으로 말씀이 나를 형성해 가게 해야 합니다. 이제는 말씀이 내 안에서 살아 있어서 나의 고집, 나를 묶은 죄의 습성, 악에게 기우는 경향을 버려야 합니다. 특별히 씨 뿌리는 비유를 해석해 주시는 주님의 말씀을 통해 살폈듯이, 어떤 고난과 박해가 와도 '배반하지 않아야'(눅 8:13) 합니다. "이생의 염려와 재물과 향락"(눅 8:14) 중에서 오늘은 몸이 요구하는 향락에 대해 더욱 고민해 보고자 합니다. '향락'이라는 단어 '헤도네'(hedone)는 성적 쾌락(눅 8:14), 세상 행락(딛 3:3), 싸움을 일으키는 욕망(약 4:1), 욕정을 채우려고 잘못 기도하는 것(약 4:3)을 뜻합니다.

셋째, 말씀을 듣고 다시 태어났고, 예수님처럼 말씀을 따라 '거룩한 습관'을 만들어 가는 과정에서 '말씀을 들은 사람 중에 믿는 자가 많아야'"(행 4:4), 그 믿음으로 말씀에 순종하게 합니다. 그래서 '하나님의 말씀이 비방을 받지 않게 해야 합니다'(딛 2:5). 다시 말하면, 불순종은 하나님의 말씀을 비방거리가 되게 만들 수 있다는 것입니다. 믿음은 말씀에 순종하게 하는 힘입니다. 바울을 세워 '땅 끝까지 구원하게 하라'는 이유가 '이방인들이 듣고 기뻐하여 하나님의 말씀을 찬송하며 영생을 주시기로 작정된 자는 다 믿게'(행 13:48) 하기 위함이라는 것입니다.

4. 적용하는 삶의 실례인 성결교 여성 순교자 문준경

서울신학대학교 기독교신학연구소 연구원 자료, "한국전쟁과 성결교회 - 문준경 전도사와 이판일 장로의 순교 사화를 중심으로"(《신학과 선교》 33권 2007, 1-20)를 참고하여 살펴보겠습니다.

문준경(1891-1950)은 1927년 3월 5일 목포교회(북교동교회, 전라도 지역 최초의 성결교회) 문경자 집사의 전도로 신앙생활을 시작(37세)하여 집사가 됩니다. 김응조 목사(성결교신학교 교감, 성결신학대학교 교수)와 이성봉 목사(성결교 부흥사)의 지도를 받고, 이성봉 목사의 추천으로 1930년 40세에 서울 경성성서학원(서울신학대학교)에서 신학 공부를 합니다. 1943년 신사참배를 거부해 수차례 고문을 당했으며, 1950년 6·25전쟁 때, 공산 인민군들에게 체포되어 목포로 압송되어 옥살이를 하다가 인천상륙작전 성공으로 서울 수복 후 옥중에서 풀려납니다.

어느 주일 어떤 집사의 골방에서 비밀리에 예배를 드리다가 누군가 밀고를 해서 폭도들이 기독교 간부라는 명목으로 문준경 전도사, 백정희 전도사를 밧줄로 묶어 면 소재지 치안분소 유치장에 감금한 후, 문준경 전도사는 목포로 압송되어 정치보위부 유치장에 감금됩니다. 그곳에 이판일 장로도 감금되어 있었다고 합니다. 1950년 10월 1일 서울이 수복되면서 풀려났습니다.

1950년 9월 20일경 이성봉 목사가 인민군에게 몹시 매를 맞고 달구지에 실려와 목포 은신처에 잠시 숨어 있을 때, 문 전도사와 양딸 백정희 전도사, 그리고 이판일 장로가 같이 기도 받으러 이성봉 목사를 찾아가 섬으로 들어가겠다고 말하자 이성봉 목사는 그들을 불러 놓고 이사야 26장 20절을 읽으면서, "내 백성아 갈지어다 네 밀실에 들어가서 네 문을 닫고 분노가 지나기까지 잠깐 숨을지어다"라는 말씀으로 은둔을 권했습니다. 그러나 문준경 전도사와 백정희 전도사는 증도로 돌아가겠다는 결정을 하고, 이판일 장로도 "나 때문에 다른 사람이 희생되면 안 되지요. 차라리 내가 죽을지언정"이라며 만류에도 불구하고 임자도로 돌아갔습니다. 1950년 10월 5일 임자 진리교회에서 열매 맺은 이판일 장로와 가족 13명을 포함하여 48명이 순교했고, 증도에서는 문준경 전도사를 비롯한 7명이 순교합니다. 문준경 전도사는 피를 흘리는 순교 직전에 함께 있던 백정희 전도사와 젊은 김두학 장로를 구해 달라고 간청했습니다.

문준경 전도사의 양딸 백정희 전도사는 문준경의 순교 현장에 같이 있던 증인입니다. 문 전도사는 10년을 모녀처럼 살다가 1950년 10월 5일 새벽 2-3시경에 죽창에 찔리고 총대에 맞아 죽어가는 순간에도 '나는 죽이더라도 백정희 전도사는 죽이지 말아 달라'며 애원했으나 공산당들은 "너는 새끼를 많이 깐 반동의 씨암탉 같은 존재이기에 처형한다"며 문 전도사의 목에 총구를 들이대고 방아쇠를 당겼습니다.

1년에 약 100만 명의 관람객이 증도를 찾고 있으며, 특히 순교기념관에는 교회 및 단체 관람객이 많습니다. 문 전도사는 증도를 복음화율 90퍼센트에 이르는 복음의 섬으로 만드는 데 결정적인 역할을 했으나 1950년 10월 북한군에 의해 순교했습니다. 그녀는 한 해에 고무신이 아홉 켤레가 닳을 정도로 선교 활동을 했습니다. 문준경 전도사가 개척한 교회는 신안 일대에 100여 곳에 이릅니다. 증도에만 11개의 교회를 개척했습니다. 1964년 10월 6일 증동리 교인들이 세운 순교비문에는 이렇게 기록되어 있습니다.

> 병든 자의 의사, 아해 낳은 집에 산파, 문맹퇴치 미신타파의 선봉자, 우리들의 어머니……압해, 지도, 임자, 자은, 암태, 안좌 등지에 복음 전도, 진리, 증동리, 대초리, 방축리 교회 설립, 그대의 이름에 하나님의 은총이 영원히 깃들기를! 우리들의 어머니 문준경 전도사를 위하여 감사에 충만한 지도 증동리교회.

증도리교회에서는 전 한국기독교총연합회 대표회장 이만신 목사, 성결교단 전 총무 이봉성 목사, CCC 명예총장이었던 김준곤 목사, 한신대 총장을 역임한 고재식 박사 등 100여 명에 가까운 목회자가 배출되었습니다.

예수님의 선포 행위는 결단을 촉구합니다. 믿음을 불러일으킵니다 (눅 17:5-6). 그래서 제자들이 주께 "우리에게 믿음을 더하소서"라고 청합니다. 예수님은 '겨자씨 한 알'을 예로 들어 믿음의 능력을 설명하십니다. 겨자씨 한 알만한 믿음만 있다면 뽕나무를 바다에 던져 버릴지라도 그 뽕나무가 바다에서 계속 자랄 것이라고 합니다. 그런 의미에서 믿음은 우리가 불가능하다고 생각하는 일들이 일어나게 만든다는 것입니다. 예수님은 지금 믿음의 크고 작음에, 또는 많고 적음에 대해 말씀하시는 것이 아닙니다. 믿느냐 믿지 못하느냐의 문제이지 믿음의 많고 적음의 문제가 아니라는 것입니다.

결국 복음에 근거한 믿음(빌 1:27)이 중요합니다. 복음에 근거한 믿음이 무엇입니까? 복음(예수 그리스도를 통해 역사하시는 하나님의 구원 활동)에 대한 인간의 응답이 바로 믿음입니다. 믿음은 복음 선포인 케리그마를 통해 '들려오는'(롬 10:17), '듣고'(갈 3:2, 5) 그 말씀 아래에 자기를 내어맡기는 것을 뜻합니다. '내어맡긴다'는 말은 순종(롬 1:5)을 뜻하는데, 하나님의 은혜로 주어지는 믿음을 받아들이는 것을 뜻합니다.

구원을 불러일으키는 말씀을 선포하셨고, 우리가 그 말씀을 듣고 깨달았다면, 말씀이 우리 안에서 역사할 수 있도록 결단해야 합니다. 다시 말하면, 씨 뿌리는 비유를 통해 알게 되었듯이, 하나님 말씀이 우리의 마음밭에 뿌려지면 뿌리를 내리고 결실하도록 사탄에게 빼앗기지 말아야 하고, 고난이나 박해에도 믿음을 저버리거나 배반해서는 안 되며, 세상의 염려나 재물의 유혹 그리고 몸의 향락 때문에 온전한 결실이 없게 해서는 안 된다는 것입니다.

그런 의미에서 결단이란 뿌려진 씨인 말씀이 내 안에서 뿌리 내리도록 만드는 것입니다. 그런 일을 하는 것이 바로 믿음입니다. 예수님은 예수님의 선포 행위가 믿음을 불러일으킨다고 하셨습니다.

요나의 전도를 듣고 니느웨가 회개한 이야기를 다시 꺼내 봅시다. 듣는 사람이 누구든, 과거의 어떤 상태에 있었든 문제가 되지 않습니다. 그들에게서 하나님은 전도의 미련한 것으로 구원을 얻는 것을 기뻐하십니다. 우리가 참으로 예수가 전하거나 증언자들이 전하는 복음을 들어야 하는 이유는, 하나님 아버지가 기뻐하시는 뜻대로 우리가 구원을 얻어야 하기 때문입니다. 말씀이 전파되면 분명 무엇인가가 일어나야 합니다. 말씀이 우리에게 불러일으킬 수 있는 능력을 예수님이, 그리고 증언자들인 제자들이 전해 주었으니, 우리는 말씀 앞에서 결단해야 합니다. 이것이냐 아니냐(키에르케고르) 결단해야 합니다. 돌이킬 수 없는, 그리고 선택의 여지가 없이 닫힌 죄의 영역인 과거를 계속 짊어지고 갈 필요가 없습니다. 그 과거가 나의 미래의 삶을 결정짓게 놔둘 수 없습니다. 우리의 미래(삶)는 결단을 요구하는, 선택의 여지가 열려 있는 가능성의 영역입니다. 그리고 현재는 미래를 결정할 책임적 결단이 요구되는 상황입니다.

오늘날 우리가 예수 그리스도를 만날 수 있는 길은 지금도 예수님이 선포하신 말씀이 우리에게 선포되기 때문입니다. 우리는 그것을 '케리그마'라 합니다. 복음을 듣는 자에게는 종말론적인 결단이 일어날 수 있습니다. 그리스도는 케리그마를 통해서 믿는 자를 위해 이 세상에 종말을 가져오십니다. 우리는 하나님의 부르심에 대한 응답, 즉 결단(회심)을 통해서 과거의 죄악, 현재 계속되고 있는 잘못, 그리고 미래까지 결정할 굳어진 구습에 대해 종말을 고할 수 있습니다.

결론입니다.

예수님은 구원을 전하기 위해 세상에 오십니다. 하나님은 아들을 세상에 보내신 이유를 '구원하기 위함'이라고 하셨습니다. 예수님은 그 구원 소식을 전하기 위해 보냄을 받습니다. 교회사는 예수님이 전하신 구원을 '구원의 질서'라는 용어로 설명하고 있습니다. 구원이란 다른 말로 하면 하나님의 나라입니다. 삶에 적용한 실례로 성결교 여성 순교자 문준경 전도사의 사례를 살폈습니다.

하나님의 복음을 전파하시는 예수
마가복음 1:14-15

○●● 하나님의 말씀을 선포하는 것이 예수님의 사명입니다. 예수께서 친히 "내가 이를 위하여 왔노라"(막 1:38) 하셨기 때문입니다. 예수께서 선포하시는 말씀, 곧 예수님의 설교는 마가복음 1장 14-15절에서 세 가지 내용으로 정리할 수 있습니다. 하나님의 나라가 가까이 왔고, 회개하고, 그리고 믿으라는 세 가지입니다. 예수님은 이 세 가지 내용을 전파하십니다. 가르치는 내용인 케리그마(kerygma)는 예수 그리스도에게 나타난 하나님의 구원 행위, 즉 복음을 선포하는 것을 의미합니다.

하나님의 말씀은 바로 성경입니다. 예수님은 '모든 성경에 쓴 바 자기에 관한 것을 자세히 설명하십니다'(눅 24:27). 예수님에게 성경은 자기 증언이고 하나님의 자기 계시입니다. 하나님의 '그 아들에 관한'(롬 1:3) 증거가 바로 하나님의 복음입니다. 하나님의 복음을 전파하는 예수는 결국 구원의 지혜이고 능력인 하나님의 복음을 전파하는 것입니다.

설교의 목적은 예수님이 선포하고 전한 하나님의 복음을 우리가 듣고 있는지, 곧 하나님의 나라를 뜻하는 하나님의 통치와 주권을 인정하는 삶을 살고 있느냐는 질문을 하는 것입니다.

1. 하나님의 복음

'복음'이라는 단어는 원래 전쟁에서 승리한 기쁜 소식을 전하거나 포로가 해방되었다는 기쁜 소식을 전할 때 사용되던 용어입니다. 예수가 전파하는 하나님의 복음은 메시아 예수가 사탄에게 승리했다는 기쁜 소식을 담고 있습니다. 그리하여 '사탄에게 포로 된 자들이 해방되고 하나님의 통치가 시작되었다'는 소식을 선포하시는 것입니다.

마가복음 1장 14절의 "하나님의 복음"이라 할 때의 소유격 '의'를 복음의 근원이 하나님이시라는 의미로 '하나님으로부터 전해 오는 좋은 소식'으로 해석할 수 있습니다. 15절에 나오는 복음의 내용에 따르면, 하나님의 나라에 관한 것이므로 '하나님의 복음'을 '하나님에 관해서 선포하는 기쁜 소식'으로 해석할 가능성도 있습니다.

그렇지만 14절의 '복음'이라는 단어는 메시아 예수가 사탄과 싸워 이기고 사탄의 포로들을 해방시키는 소식이라는 의미를 내포하고 있습니다. 그럼에도 예수를 통한 자유 소식을 예수의 복음이라고 하지 않고 '하나님의 복음'이라 한 이유는, 그 메시아를 기름 부어 세우신 분이 바로 하나님이시기 때문이고 예수 그리스도밖에는 복음이 없기 때문입니다. 특히 성령을 예수에게 강림하시게 한 분이 바로 하나님이시고(막 1:10), 예수는 하나님의 영으로 사역을 시작하고 있기 때문에, 결국 예수가 선포하는 기쁜 소식으로서의 복음만이 아니라 모든 사역도 결국 하나님의 사역이라고 해야 합니다.

마가복음 1장 15절의 내용을 담고 있는 '하나님의 복음'의 내용은 한마디로 하나님 나라입니다. 그런데 일반적으로 오해하고 있는 내용 중의 하나가 바로, 예수의 대속의 죽음을 통한 복음을 바울이 강조한 대로, 개인의 회심과 영혼 구원에 국한시키는 점입니다. 물론 복음은 인간이 개인적으로 예수 그리스도를 믿어 구원과 영생을 얻는 것을 의미합니다. 그러나 15절의 하나님 나라는 사탄의 시험을 이기신 예수께서 선포하신 '하나님의 통치 또는 주권'과 연계되어 있다는 사실을 잊어서는 안 됩니다. 복음은 사회 역사적 악의 어두움, 그리고 흑암과 사망의 세력으로부터의 해방을 포함해야 합니다.

이 두 가지 내용은 '구원의 길은 예수 그리스도의 유일성에 근거해야 함'을 전제합니다. 오직 하나의 복음밖에는 없습니다. 우리에게 구원 얻을 만한 다른 이름을 주시지 않았기 때문입니다. 그분이 십자가에서 죽으셨으나 하나님이 살리셔서 구원을 허락하셨기 때문입니다. 이것만으로는 완전한 복음이 아닙니다. 악의 세력으로부터 구원하시는 하나님의 구원과 그의 영원한 나라 건설과 그의 목적에 저항하는 모든 것에 대한 그의 승리의 기쁜 소식이 바로 하나님의 복음에 속하기 때문입니다.

14절의 "하나님의 복음"은 '하나님의 나라가 가까이 왔다'는 사실과 따라서 '회개하고 복음을 믿으라'는 명령을 담고 있기 때문에, 먼저 '하나님의 나라가 가까이 왔다'는 선포부터 살펴보겠습니다.

2. '하나님의 나라가 가까이 왔다'는 말의 의미

첫째, 하나님이 다스리시는 통치를 인간의 마음속에 세워지는 하나님의 새롭고도 영적인 통치로만 이해해서는 안 됩니다. 왜냐하면 하나님의 나라가 성도들 속에 들어가는 것이 아니라 오히려 성도들이 하나님의 나라에 들어가기 때문입니다. 또 하나님의 복음이 선포되는 곳에서 하나님의 나라에 참여하고 들어가는 사람들이 늘어나기 때문입니다. 하나님의 나라는 어느 장소로 제한되지 않습니다. 공관복음 저자들은 하나님의 통치가 예수의 복음 전파로 시작되고 있다고 보고하고 있습니다.

누가복음에 따르면, 예수님은 각 성과 마을을 두루 다니시며 '하나님의 나라를 선포하시며' 또한 동시에 '악귀를 쫓아내시고 병을 고치십니다'(눅 8:1-2). 마태복음은 동일한 내용을 '예수께서 온 갈릴리에 두루 다니사 그들의 회당에서 가르치시며 천국 복음을 전파하시며 백성 중의 모든 병과 모든 약한 것을 고치신다'(마 4:23)고 보고하고 있습니다. 누가복음은 "그 후에 예수께서 각 성과 마을에 두루 다니시며 하나님의 나라를 선포하시며 그 복음을 전하실새 열두 제자가 함께하였고"(눅 8:1)라 보고합니다.

둘째, 구약의 약속들이 실현되고 있으며 약속된 성령이 성도들 안에 내주하면서 하나님의 통치가 시작되고 있지만, 최종적 완성은 미래에 있는 '이미 그러나 아직 아님' 속에 있는 하나님의 통치가 이루어지고 있는 영역을 뜻합니다. 구약의 약속으로 다니엘 7장 22절을 읽어야 합니다.

> "옛적부터 항상 계신 이가 와서 지극히 높으신 이의 성도들을 위하여 원한을 풀어 주셨고 때가 이르매 성도들이 나라를 얻었더라"(단 7:22).

다니엘은 세상 나라들과 하나님 나라에 대한 여러 환상을 봅니다. 다니엘은 보여주신 환상으로 중심에 근심하며 번민합니다. 너무 번민하니까 천사가 그 환상의 뜻을 풀이해 줍니다. 소위 넷째 나라, 세상 나라가 거룩한 하나님의 성도들을 박해합니다. 그러나 하나님은 자신의 성도들을 위하여 원한을 풀어 주십니다. '성도들이 나라를 얻는' 환상을 봅니다.

예수 그리스도는 구약에 예언된 약속들이 성취되고 있다고 선포하십니다. 우리는 이미 임한 하나님의 통치를 받는 하나님의 자녀요 백성이어야 합니다. 주께서 가르치신 기도를 매일 하면서, 성도들은 계속

'나라가 임하시오며'라고 기도해야 합니다. 하나님의 나라의 궁극적인 완성은 재림을 통해 일어날 일이기 때문입니다.

사탄이 권세를 부리는 때가 지나가고 하나님이 통치하시는 시대가 시작된다는 예수의 선포, 곧 복음에 대한 반응으로 예수께서 요청하신 것은 회개와 믿음이었습니다. '회개'란 사탄이 시키는 대로 살던 죄를 자복하는 것입니다. 이미 습관화된 구습을 벗어나야 한다는 말입니다. '믿음'은 '하나님의 통치가 가까이 왔다'는 복음을 확신하는 것만이 아니라 이 확신에 따라 행동하는 것, 곧 순종하는 것을 뜻합니다.

3. 마가복음 1장 15절에 요구된 '회개하라, 그리고 믿으라'

1) 회개하라.

예수님이 요청하신 회개는 구약의 아모스 5장 4-6절에서 제시된 회개와 같은 것으로 봐야 합니다. 다시 말하면, 구원의 절대 조건으로서 회개를 언급함에 있어서 성소를 찾아 제의적 예배를 드리는 것보다 여호와를 만나는 것, 여호와를 찾는 것이 사는 길이라는 것입니다. 성소에서 제의적 열심을 통한 통회의 표현보다는 삶을 향한 태도의 변화 안에서 하나님을 찾을 것을 아모스가 권고하고 있습니다. 진정한 회개는 오직 하나님만을 찾는 때 살 희망의 약속이 주어지며, 그렇지 않으면 심판을 통한 정죄가 있을 뿐입니다.

'회개'라는 단어의 어원을 정리해 보면, 내적으로 잘못되었다는 것을 의식하고 죄를 인식했으면 하나님 앞에 나아가 죄를 자복하며 용서를 청합니다. 그리고는 용서받은 자의 삶의 열매를 맺는 것입니다.

마가복음 1장 15절에 언급되고 있는 '회개'라는 단어는 예수님의 하나님의 복음 선포가 바로 '예수와 인격적 관계 회복'을 의미하기 때문에, 구약의 제의적 예배를 통한 회개의 의미로만 봐서는 안 됩니다.

무엇을 회개해야 합니까? 다시 말하면 회개 내용이 문제인데, 인간에게 치명적인 죄는 죄를 인식하되 회개하지 않는 죄입니다. 회개했으면서도 동일한 죄를 짓는 것은 진정으로 회개하지 않았기 때문입니다. 예수님을 알고, 예수님이 명령하신 것을 알면서도 지키지 않는 죄, 반복되는 죄를 가장 무서운 죄라 했습니다. 믿음으로 하지 않는 모든 것이 죄입니다. 성도가 되어서도 예수의 뜻과는 무관하게 우리 자신의 습관이나 삶의 방식, 그리고 사람이 살아가는 방식대로 말하고 행동하고 생각하는 일이 계속되는 것은 분명 잘못된 죄입니다.

2) 믿으라.

'믿음'의 대상 또는 내용은 "복음을 믿으라"(막 1:15)는 말에서 잘 드러납니다. '그 복음'은 '하나님의 나라가 가까이 왔다'는 예수님의 선포를 지칭합니다. 예수님의 선포를 믿는다는 말은 예수님이 전한 메시지인 그리스도의 말씀을 믿는다는 말을 뜻하고, 예수님이 전한 메시지가 '하나님의 나라가 가까이 왔다'는 기쁜 소식, 곧 복음일진대 '그 복음을 믿으라'는 말은 '그 복음에' 순종하라는 것을 뜻합니다(비고, 롬 10:16).

마가복음에서는 믿음이 행위와 분리되지 않는다는 사실에 주목해야 합니다. 다시 말하면, 믿음이란 복음의 내용에 대한 확신으로 멈추는 것이 아니라 복음을 확신하였다면 그 확신에 따라 살고 행동해야 한다는 것입니다. 하나님의 통치가 가까이 왔다는 복음을 확신하면 이 확신에 따라 행동하게 되어 있습니다. 그렇게 행동하지 않고 여전히 사탄에게 종 노릇 하며 사탄이 시키는 대로 죄를 짓는다면 그것은 참으로 믿는 것이 아닙니다.

'무엇을 믿을 것인가'의 질문은 회개와 관련하여 선제조건으로서 전제되어 있습니다. '무엇을' 믿을 것인가, 그리고 '어떻게' 회개할 것인가 하는 이 두 가지는 분리되지 않습니다. 회개를 통한 그리스도 안에서의 믿음이 하나님 나라의 백성이 되는 경로입니다. 여기서 믿음은 분명히 어떤 인물에 대한 막연한 신임이 아니라 인간 의지의 구체적 복종이며, 그리스도 예수 안에서 하나님의 뜻을 받아들이는 인격적 행동으로 이해됩니다.

마가복음에서 '믿음'이란 복음, 곧 기쁜 소식임을 확신하는 것이고 그에 따른 행동을 포함합니다. 다시 말하면, 하나님의 통치 시대가 가까이 와 있음을 확신할 뿐 아니라 이 확신에 따라 행동하는 순종을 가리킨다고 봐야 합니다. 마가복음은 믿음이란 예수가 선포하는 '하나님의 복음'을 인격적으로 받아들이고 신뢰하는 것만이 아니라 실제로 삶에서 하나님의 복음 내용대로, 하나님의 통치가 이루어지는 것을 지칭합니다.

4. 하나님의 복음을 성도의 삶에 적용하는 문제

1) 사도들이 선포한 복음

'복음'이라는 말이 '기쁜 소식'을 뜻한다고 말씀드렸습니다. 예수님이 선포하신 메시지가 바로 '하나님의 복음'이었습니다. 예수님이 선포한 복음은 하나님으로부터 기원하는 하나님의 복음이었습니다. '복음'이 본래 전쟁에서의 승리나 포로 해방의 소식을 뜻하는 단어이므로, 예수님이 선포하신 하나님의 복음은 마가복음 1장 12-13절에 담긴 예수의 광야 시험과 관련하여 메시아 예수가 사탄에게 승리한 결과 발생하는 사탄에게 포로 된 자들의 해방 소식을 가리킨다고 볼 수 있습니다.

이제 우리에게 물을 차례입니다. 예수님의 복음이 '나'에게, 그리고 '우리'에게 왜 복음입니까? 다시 말하면, 무엇이 '나'를 위한 복음이고 '우리'를 위한 복음입니까? 무엇이 나에게, 우리 가정에, 우리 일터에, 우리 교회에 좋은 소식입니까? 예수님이 전파하신 하나님의 복음 때문에 나에게 무슨 일이 일어났습니까? 우리 가정에는요?

하나님과 죄인 사이의 관계 회복만이 아니라 관계 회복된 사람을 통한 가정과 교회, 그리고 사회와의 관계가 회복되려면, 먼저 그리스도의 구속의 피를 통해 죄인이 '의롭게 되어야' 합니다. 그것은 사람들의 '자기 의'를 통해 가능한 것이 아닙니다. 하나님의 의가 죄인을 의롭다 인정해 주시고 의롭다 칭해 주셔야 합니다.

성경에서 말한 '의'란 기본적으로 관계에서 나오는 의무를 다함을 뜻합니다. 인간은 자신의 선행으로 하나님 앞에서 '의인'으로 인정될 수 없다는 것과 그러기에 오로지 하나님의 '은혜로만' '의인'이 된다고 성경은 가르칩니다. 하나님의 은혜로만 의로운 자가 되었기 때문에 이 은혜는 너무나 비싼 은혜입니다. 그런데 사람들은 하나님의 값비싼 은혜를 예배 속에서, 교회 생활 속에서, 그리고 기도 등에서 너무나 값싼 은혜로 만들고 있습니다.

아모스가 말한 대로 진짜로 하나님을 만나야 하는데, 진짜로 찾아야 하는데, 그런 생각만 하고 있는 꼴이 되고 말았습니다. 우리가 하나님의 '은혜로' '의인'이 되었다는 것은 '그러므로 의인으로 살아야 한다'는 요구와 함께, '그러므로 이제 의인으로 살 수 있다'는 가능성도 포함하고 있습니다.

바울은 복음을 그리스도를 통하여 율법으로부터 자유를 얻는 것이라 풀이하여 줍니다.

> "때가 차매 하나님이 그 아들을 보내사 여자에게서 나게 하시고 율법 아래에 나게 하신 것은 율법 아래에 있는 자들을 속량하시고 우리로 아들의 명분을 얻게 하려 하심이라"(갈 4:4-5).

복음 때문에 우리는 하나님을 "아빠 아버지라 부르게"(갈 4:6) 되었다는 것입니다. 그렇기 때문에 이후로는 내가 종이 아닙니다. 아버지의 유업을 받을 아들입니다. 하나님 아버지의 아들로 살게 되었습니다.

이제는 그리스도 안에서 이루어진 하나님의 '화해'의 구원이 개인들 간에, 사회 공동체 내에서, 민족들 간에, 그리고 온 우주적으로 실재하게 만들어야 합니다. 인간들로 하여금 먼저 하나님과 화해하게 만들고, 이어서 사람들이 서로 화해하도록 만들어야 합니다. 심지어 인간들로 말미암아 파괴되어 가면서 인간들에게 복수하는 자연환경과도 화해를 도모하게 만들어야 합니다.

사회정의가 심각하게 훼손되고 인권이 짓밟히는 처지에서도 '은혜로만' '믿음으로만' '의인 됨'의 구원론의 사회윤리적 의미를 '개인 구원'에 국한해서는 안 됩니다. 이제는 하나님의 나라, 곧 하나님의 통치가 가정과 교회와 사회 일터에 선포되어 누가복음 식으로 주 예수 그리스도의 현재적 구원의 통치가 어떻게 장애인들, 가난한 자들, 약한 자들, 소외되고 핍박받는 자들의 '치유'와 해방으로 나타나는가, 어떻게 교회가 그 '치유'와 해방의 구원을 실현하는 일꾼(agent) 노릇을 해야 하는가를 강조하여 가르칠 필요가 있습니다.

일제 강점기 때나 6·25전쟁의 때에는 복음을 요한계시록 식으로 선포하는 것이 절실히 필요했습니다. 천황숭배의 우상숭배와 대동아 공영권의 거짓 '복음'에 굴복하고 현혹되는 것을 막으며, 순교를 무릅쓰고 '예수의 증거'(하나님의 나라)를 신실히 전하여 최후의 승리를 얻도록 하기 위해서였습니다. 여수 순천 지역에는 손양원 목사님이 계셨고, 신안의 임자 진리교회의 이판일 장로는 1950년 10월 5일 가족 13명을 포함 48명이 순교했고, 증도에서는 문준경 전도사를 비롯한 7명이 순교했습니다.

그런데 예수님의 복음은 사도들의 복음과 같은 것인가요, 아니면 다른 것인가요? 예수님은 하나님 나라의 복음을 선포하셨고, 그의 사도들은 그리스도의 죽으심과 부활이라는 복음을 선포했기 때문에 그렇게 질문할 수 있습니다. 예수님이 전파하신 '하나님의 나라'라는 단어 대신에 사도들은 그리스도의 복음을 전했습니다. 다시 말하면, '십자가에 못 박히신 그리스도', '다시 사신 그리스도', '하나님의 아들', '예수 그리스도', '우리 주 예수 그리스도' 등의 개념이 주로 등장합니다. 하나님의 복음이 그리스도의 복음으로 대체되었습니다. 그리스도의 죽음이 '복음', 좋은 소식 또는 기쁜 소식이라고 전합니다. 다시 말하면, 그리스도의 죽음의 결과로 하나님의 나라가 도래하게 되었다고 사도들이 전합니다.

사도들이 전파하는 복음을 듣는 사람에게 믿음은 근본적으로 복음, 즉 '그리스도가 우리(죄)를 위해 죽고 부활했다'는 선포를 받아들이는 것을 뜻했습니다. 이 받아들임은 우리를 우리들의 대신이요 대표로 죄에 대해 죽고 신적 삶에로 부활하신 그리스도와 연합시키고 이제 '그리스도와 함께' '그리스도 안에서' 하나님 앞에 그의 됨됨이(what he is)가 우리의 됨됨이가 되게 하고, 그가 하신 일(what he has done)이 우리가 한 일이 되게 하는 것이기 때문입니다.

그래서 믿음으로 말미암아 우리는 예수 그리스도와 함께 죄에 대해 죽고 새로운 삶에로 부활하게 되는 것이며, 하나님의 아들 됨에 참여하여 하나님의 자녀들이 되는 것입니다.

사도 바울의 복음 선포에 있어서 그리스도의 죽음에 좀 더 초점이 맞추어지고, 그 대속의 죽음으로 말미암아 우리가 얻게 된 의인 됨, 하나님과의 화해, 자녀 됨 등에 무게가 실린 반면, 누가와 요한은 그리스도의 부활에 좀 더 초점을 맞추고, 예수께서 사탄을 결정적으로 물리치고 하나님 우편에 만유의 주로 높임 받으신 분으로서 지금 성령의 능력으로 교회를 통해 구원의 통치를 펼쳐 가고 계신다고 선포하는 데 무게를 싣습니다.

누가복음만은 유일하게 예수님의 승천하심을 강조하며, 성령의 능력으로 종말에 완성될 하나님 나라의 구원을 죄인들, 가난한 자들, 소외되고 핍박받는 자들, 병자들의 해방과 치유의 형태로 실현해 가고 있다는 데 초점을 두고 있습니다.

계시록은 하나님의 보좌에 앉으신 주 예수 그리스도께서 지금 교회의 선교를 통해 이렇게 사탄의 세력을 극복하고 하나님의 의와 사랑의 통치를 실현해 가심으로 하나님 나라를 완성하심을 보여주며, 히브리서는 예수 그리스도의 죽음과 부활의 구원론적 의미를 함께 강조하는 복음 선포 형식을 보여주고, 하나님의 최종적 계시자이며 우리의 대제사장이 되어 우리를 온전히 대표할 수 있도록 하기 위해 성육신하여 우리의 고난의 처지에 오신 분임을 강조합니다.

이제 우리가 '하나님의 복음'을 전파할 차례입니다. 예수님은 하나님의 복음을 제자들에게 위임하셨습니다. 이것은 명령입니다. 선교 명령은 지상 최대의 명령입니다. 우리가 참으로 구원받은 자인지는 선교 명령을 준행할 때 분명하게 확신을 가지게 됩니다. 하나님의 통치를 받는 성도라는 말은 '가서 전하라'는 예수의 선교 명령을 따르는 것을 뜻합니다.

2) 구원의 지혜이고 능력인 하나님의 복음

예수님은 성경을 "내게 대하여 증언하는 것"(요 5:39)이라 하여 성경을 '자기 증언'이라 하셨습니다. 부활하신 예수님은 엠마오로 내려가는 두 제자와 동행하시면서 "이에 모세와 모든 선지자의 글로 시작하여 모든 성경에 쓴 바 자기에 관한 것을 자세히 설명"(눅 24:27)해 주십니다. 또한 예수님에게 성경은 사탄을 이기는 강력한 무기였습니다. 우리도 마찬가지여야 합니다. 성경이야말로 세상을 이기는 강력한 무기여야 합니다. '성령의 검인 하나님의 말씀'(엡 6:17)으로 무장하여 마귀의 간계를 능히 대적해야 합니다.

바울은 로마서에서 하나님의 복음의 내용을 '그 아들에 관한 것'이라 하면서 복음은 구원을 주시는 하나님의 능력이라 했습니다.

> "이 복음은 모든 믿는 자에게 구원을 주시는 하나님의 능력이 됨이라······복음에는 하나님의 의가 나타나서 믿음으로 믿음에 이르게 하나니"(롬 1:16-17).

성경은 구원을 주시는 하나님의 '생명의 말씀'(히 4:12; 사 55:11; 렘 23:29)입니다. 이 생명의 말씀을 먹어야 사는 존재가 바로 하나님의 사람입니다. 예수님도 사람이 떡으로만 살 것이 아니라 하나님의 말씀을 먹고 살아야 한다 하셨습니다. 먹어야 할 보리떡만이 아니라 생명의 떡인 말씀도 먹어야 사는 사람이 바로 그리스도인입니다. 우리는 생명의 떡인 말씀을 먹고 살아가는 사람입니까?

바울은 디모데후서에서 "구원에 이르는 지혜"(딤후 3:15)를 성경이라 합니다. 성경은 하나님의 말씀입니다. 성경을 하나님의 말씀이라고 디모데후서 3장이 주장하게 된 배경이 있습니다. 말세에 고통의 때가 이르러 사람들이 자기를 사랑하고 돈을 사랑하며 쾌락주의의 노예가 되어 서로 속고 속는 삶의 현실에서 성경을 통해 그것을 이겨내도록 강조하기 위해 성경을 하나님의 영감으로 된 하나님의 말씀이라 강조하고 있습니다. 다시 말하면, 시대의 정신을 거스르고 그리스도의 정신으로 살 수 있는 길은 하나님의 말씀인 성경을 따르는 것이라는 말씀입니다. 따라서 성경을 하나님의 말씀으로 받아들여야 한다고 주장하는 것은, 하나님의 말씀이 그리스도인의 삶을 변혁시키기 때문입니다. 하나님의 말씀에 기초한 신앙을 가진 사람은 "그 집을 반석 위에 지은 지혜로운 사람"(마 7:24)이라고 예수님도 말씀하셨습니다. 그러면 성경은 어떻게 하나님의 사람을 온전하게 합니까?

(1) 교훈이 하나님의 사람을 온전하게 하는 경우

성경은 복음 진리를 올바르게 이끌고 가르칩니다. 마가복음에 의하면, 예수님이 공생애를 시작하여 처음으로 회당에 들어가 하나님의 말씀을 "가르치시매 뭇 사람이 그의 교훈에 놀라"(막 1:21-22) "서로 물어 이르되 이는 어찜이냐 권위 있는 새 교훈이로다"(막 1:27) 합니다. 새로운 교훈이라고 다 놀라는 이유는, 귀신이 예수의 말씀에 복종하는 사건에서 보듯이 하나님의 말씀이 가지는 권위와 능력이 예수의 가르침 속에서 나타났기 때문입니다.

그렇다고 예수의 교훈이 모든 사람을 놀라게 하는 것은 아니었습니다. 예루살렘 성에 들어갔을 때, 예수님이 하나님의 집을 기도하는 집이 아니라 장사 소굴로 만들었다며 성전을 청소하시자 "대제사장들과 서기관들이 듣고 예수를 어떻게 죽일까 하고 꾀하니 이는 무리가 다 그의 교훈을 놀랍게 여기므로 그를 두려워"(막 11:18)한 경우를 보십시오.

가르치는 교훈이 가지는 권위와 능력의 나타남에 놀라는 사람이 있는가 하면 오히려 죽이려고 하는 사람들이 소개되어, 하나님의 말씀의 교훈이 어떤 사람에게 교훈으로 작동하는지 묻고 있습니다. 우리의 경우 하나님의 말씀이 우리를 구원으로 인도하는 하나님의 능력이고 지혜가 됩니까? 아니면 사도들이 백성에게 말할 때에 백성을 가르치고 전함을 싫어하는 제사장들과 성전 맡은 자와 사두개인처럼 싫어합니까? 그런데 이들은 하나님의 말씀을 무조건 안 듣거나 싫어한 것은 아닙니다. 그들은 예수 안에 죽은 자의 부활이 있다고 가르치고 전하는 것을 싫어했습니다. 우리의 경우도 다른 내용의 말씀은 듣고 있다가 자기가 듣기 싫은 어떤 내용이 나오면 설교하는 것을 싫어하는 것과 똑같습니다. 그 사람들도 하나님의 말씀이 가지는 능력과 권위가 자신들에게 나타나기를 원합니다. 그러면서도 그것이 자신에게 나타날 수 있는 가능성에 대해서는 많은 관심을 두지 않습니다.

하나님의 말씀인 성경이 가르치고 교훈하면 그것을 따르고 듣는 하나님의 사람이 되어야 합니다. 더 나아가 '하나님 앞에서는 말씀을 듣는 자가 의인이 아니요 오직 말씀을 행하는 자라야 의롭다 하심을 얻습니다'(롬 2:13).

(2) 책망하여 하나님의 사람을 온전하게 하는 경우

'책망'(elegmon)이라는 단어는 성경에서 여러 가지로 번역되고 있습니다. 디모데후서 3장 16절에서 말하는 잘못을 꾸짖거나 나무라는 '책망'과 히브리서 기자가 믿음을 "보이지 않는 것들의 증거"(히 11:1)라 할 때의 '증거'가 바로 같은 원어입니다. 즉 범죄에 대해 적법한 '증거'에 기초해 나무라는 것을 뜻합니다. 여러분 중에 하나님의 말씀이 여러분을 잘못했다고 꾸짖거나 나무라면 듣겠습니까? 쉽게 말해서 듣기 싫은 말씀이 전해지면 그것을 듣습니까?

첫째, 예수님은 보혜사 성령님이 오시면 '죄에 대하여, 의에 대하여, 심판에 대하여 세상을 책망'(요 16:8)하실 것이라 합니다. 성령님이 죄를 깨닫게 하며 유죄를 선언하실 것이라는 말입니다. 이때의 책망이란 잘못 생각하고 있는 점을 깨닫게 하신다는 의미로 '꾸짖어 바로잡아 주시는' 또는 '깨우치시는' 것을 뜻합니다. 성령은 하나님의 말씀에 근거하여 죄에 대하여 책망하십니다.

바울도 예수님이 사용하신 이 단어를 사용하여 에베소 교회에게 "열매 없는 어둠의 일에 참여하지 말고 도리어 책망하라"(엡 5:11)고 교회의 직무를 명시합니다. 디도도 불순종하고 거짓말하며 속이는 자가 교회에 있을 경우 "그들을 엄히 꾸짖으라"(딛 1:13)고 강하게 요구하면서 '책망'이라는 단어를 사용합니다. 그래야 믿음을 온전하게 하고 진리를 배반하는 사람들의 명령을 따르지 않게 할 수 있다 합니다. 히브리서 기자는 솔로몬의 잠언(잠 3:11)을 인용하며 "주의 징계하심을 경히 여기지 말며 그에게 꾸지람을 받을 때에 낙심하지 말라"(히 12:5)고 덧붙입니다.

이처럼 '책망'이라는 단어를 우리말 성경은 '꾸짖다'라는 말로 번역했습니다. 성경은 '책망'하는 기능을 가지고 있습니다. 하나님의 말씀인 성경이 책망하는 것을 듣는 사람이 되어야 합니다.

둘째, 예수님은 이 단어를 다른 사건에서도 사용하십니다. 예수님은 '자기를 믿은 유대인들에게'(요 8:31) 진정한 자유에 대해 가르치십니다. 그들은 남의 종 된 적이 없다고 반문합니다. 예수님은 죄의 종에 대해 말씀하시면서 죄에 대해 자유롭게 되어야만 참으로 자유로운 것이라 합니다. 그러니까 그들은 자기들이 아브라함의 자손이라며 이를 반박합니다. 예수님은 아브라함이 그렇게 행하지 않았는데, 너희들이 그렇게 행하는 것을 보니까 너희는 아브라함의 후손이 아니라 너희 아비 마귀에게서 났다고 하시면서, 진리를 말해도 믿지 않으면서 "너희 중에 누가 나를 죄로 책잡겠느냐"(요 8:46) 하십니다. '죄로 책잡다' 즉 죄가 있다고 증명해 보일 수 있느냐며 '죄가 있다고 책망할 수' 없다고 단호하게 말씀하고 계십니다.

하나님의 말씀이 책망한다고 해서, 책망을 듣는 사람이 있는가 하면 거부하고 싫어하는 사람도 있다는 사실을 알게 됩니다. 또한 예수님처럼 자신이 죄가 없다는 사실을 하나님의 말씀인 성경에 근거하여 증명하고자 해야 합니다. 우리는 예수님을 따라 성경에 근거해 자신의 생각이나 행동, 그리고 말이 정당하다고 말할 수 있는 사람이 되어야 합니다. 누가 나에게 죄를 지었다고 말하면, 성경에 근거해 너희 중에 누가 나를 죄가 있다고 증명해 보일 수 있느냐고 성경 앞에서 떳떳한 삶을 살아야 합니다.

(3) 의로 교육하여 하나님의 사람을 온전하게 하는 경우

히브리서 기자는 '교육'이라는 낱말을 징계(히 12:8), 징계를 받음(히

12:7), 징계하심(히 12:5, 11) 등의 '징계'로 사용하고 있습니다. 원래 이 단어는 어린아이에서 유래하였기 때문에, 어린아이를 벌주고 때려서라도 바르게 훈련시키고 가르치는 것을 뜻합니다. 기준은 분명 옳음입니다.

"여호와는 네게 복을 주시고 너를 지키시기를 원하며 여호와는 그의 얼굴을 네게 비추사 은혜 베푸시기를 원하며 여호와는 그 얼굴을 네게로 향하여 드사 평강 주시기를 원하노라 할지니라 하라"(민 6:24-26)는 구약의 축복 기원문에 따르면, '은혜 베푸시기를' 원할 때란 교육 받을 수 있는 상황이 형성되는 때를 뜻합니다. 다시 말하면, 읽고 쓸 수 있고 자신의 가족이나 자신이 교육을 받았다면 이것은 큰 은혜라는 것입니다. 유대인들은 교육받는 것 자체가 매우 큰 은혜라고 생각합니다. 이런 사고는 한국 사람들의 정서에도 맞습니다. 자녀를 훌륭하게 키우려면 높은 교육을 시키는 것이라고 생각합니다. 그러나 그렇게 하려면 여러 가지가 필요한데, 그런 의미에서 그리스도인들은 그 경우 하나님의 복, 곧 여호와의 은혜 베푸심 때문이라 고마워합니다.

그러면 하나님은 "사람의……마음으로 생각하는 모든 계획이 항상 악할 뿐임을 보시"(창 6:5)면서도 어떻게 그를 정의의 사람으로 교육합니까? '사람 마음의 생각이 항상 악하다'는 것은 종교적인 죄악이 아니라 일상적으로 살아가면서 짓는 죄를 가리킵니다.

노아를 예로 들어 보겠습니다. 성경이 노아만은 의로운 사람이라 칭한 이유를 생각해 봅시다. 아무리 세상이 악에 물들었다 해도 바른 삶을 살 수 있다는 것을 노아가 보여주었습니다. 노아 시대의 사람들은 다 죄를 짓고 있지만 노아만은 그렇지 않았습니다. 공동체가 공동의 죄를 짓고 있기 때문에 거기에 편승하여 무리의 죄 속에 자기를 방임하고 말았던 것입니다.

제1차 세계대전 이야기도 여기에 적용해 볼 수 있습니다. 시대 상황이 그렇고, 그런 상황에서는 그것이 통용되고 있었고, 심지어 교회조차 무관심 또는 침묵으로 일관하였다고 하지만, 독일의 고백교회를 비롯한 소수는 그렇지 않았습니다. 주위 환경이 그렇더라도, 시대가 다 그렇더라도, 그리고 공동체의 흐름이 그렇더라도 노아처럼 정의를 지킬 수 있다는 사실을 교육하여 하나님의 사람으로 온전하게 만들어 가야 합니다.

그러면 노아를 예로 들어, 정의로 교육하면 하나님의 사람을 정의로 온전하게 만듭니까? 노아 방주의 이야기가 주는 교훈은 다수의 사람, 다수결이 반드시 옳은 것이 아니라는 사실을 발견하는 것입니다. 그리고 노아 시대의 사람 다를 벌하였지만, 죄를 범한 자 모두를 벌하는 것보다는 죄 자체를 없애는 것이 더 중요하다는 사실을 배우는 것이 중요하다는 것에 주목해야 합니다. 그렇기 때문에 의로 교육하고자 힘써야 합니다.

3) 하나님의 나라와 사탄의 나라, 그리고 '자기'의 나라

이 세상에는 하나님의 나라만 있는 것이 아닙니다. 성경에는 '강한 자'(막 3:27)인 '그[사탄]의 나라'(마 12:26)도 소개되고 있습니다. 하나님의 나라와 사탄의 나라만 대적하고 싸우는 것이 아닙니다. 그리스도인이 하나님의 나라에 들어가거나 임박한 하나님의 나라 안에 거하도록 놔두지 않고 방해하는 강한 자가 사탄만이 아닙니다. 저는 그것을 '자기의 나라'라 칭하고 싶습니다. 이 개념은 마태복음 16장에서 반석인 베드로를, 그리하여 교회를 세우는 베드로를 넘어지게 하는 걸림돌이라 하면서 '사탄'이라 칭하는 데서 발견할 수 있습니다. 교회를 세우는 신앙고백은 가능하지만 하나님의 일, 하나님의 나라를 세우지 못하는 베드로인 것을 보면, 자기의 나라가 하나님의 나라에 가장 걸림돌이 된 것 같습니다.

'자기의 나라'는 십자가를 가장 거부합니다. 그런데 '자기를 부인하고 자기 십자가를 지는'(마 16:24) 일이야말로 하나님의 나라를 세우는 일입니다. 사탄의 나라는 결코 '스스로 분쟁하지 않습니다'(마 12:25). 그런데 '자기의 나라'는 얼마나 스스로 분쟁하고 싸우는지 모릅니다. '스스로 분쟁하는 나라', '스스로 분쟁하는 자기', '스스로 분쟁하는 고향', '스스로 분쟁하는 집'은 스스로 서지 못합니다.

그러나 하나님의 나라는 "성령 안에 있는 의와 평강과 희락"(롬 14:17)입니다.

결론입니다.

예수님은 하나님의 복음을 선포합니다. 하나님의 복음이란 하나님으로부터 전해 오는 좋은 소식 또는 하나님에 관해서 선포하는 기쁜 소식을 뜻합니다. 마가복음 1장 15절에 따르면, 하나님의 복음은 한마디로 '하나님의 나라'를 가리킵니다. 그런 의미에서 우리는 '하나님의 나라가 가까이 왔다'는 예수님의 선포가 왜 기쁜 소식인지 알아보았습니다. 예수님은 '하나님의 나라가 가까이 왔기' 때문에 '회개하고 믿기를' 요구하십니다.

구약의 아모스 선지자는 '회개하라'는 말을 구원의 절대 조건으로 제시했습니다. '복음을 믿어야'(막 1:15) 하는 데서 보듯이, 복음이라는 기쁜 소식을 확신하고 그에 따른 행동을 해야 한다는 것을 내포하고 있습니다. 이러한 예수의 하나님의 복음 선포를 우리의 신앙의 삶에서 적용할 때에, 우리는 먼저 물어야 합니다. '나에게 복음이란 무엇인가?' 사도들이 선포한 복음은 결국에 예수님이 선포하신 하나님의 복음과 같습니다.

그러나 이 세상에는 하나님의 나라보다는 사탄의 나라가 존재합니다. 사탄의 나라보다 더 무서운 것이 있는데, 그것은 바로 자기의 나라입니다. 자기를 부인하고 사탄의 나라를 부수어야만 있게 되는 하나님의 나라가 선포되어야 합니다.

하나님의 나라 복음을 전하기 위해 보내심을 받은 예수

누가복음 4:42-44

○●● 예수님은 하나님의 나라의 복음을 전하기 위해 보내심을 받았습니다. 오늘 이야기를 담고 있는 마가복음 1장 35-39절과 누가복음 4장 42-44절은 평행 구절이지만 몇 가지 차이를 보입니다.

첫째, 마가복음에 의하면, 예수님은 기도하려고 외딴 곳을 찾으십니다. 예수님이 기도하는 모습을 누구보다도 강조하는 누가가 이 점을 언급하지 않은 것이 좀 놀랍기도 합니다. 마가에 따르면, 예수님은 "새벽 아직도 밝기 전에"라 하여 우리로 치면 새벽기도를 하십니다. 예수님은 기도하기 위해 혼자 있고자 합니다. 이것은 그가 기도에 대해 가르치실 때에 골방에 들어가기를 권하는 사항을 실천하고 계심을 엿볼 수 있게 합니다.

기도 시간이 이른 아침인 것은 유대교 경건의 한 특징이었습니다(시 5:3, 88:13, 119:147). 다윗은 아침에 주께서 나의 기도를 들으시기 때문에 "아침에 내가 주께 기도하고 바라리이다"(시 5:3) 하며 이끌어 주시고 지켜 주시기를 비는 기도를 합니다. 구약성경 여러 곳에서 새벽에 하나님이 개입하시기를 기도하면서 기다리는 장면이 적시되어 있습니다.

"새벽에 하나님이 도우시리로다"(시 46:5).

고라 자손이 큰 고독과 죽음에 직면하여 기도드릴 때에도 "아침에 나의 기도가 주의 앞에 이르리이다"(시 88:13)라고 합니다. 우리의 새벽기도가 그렇듯이, 새벽기도 시간에는 하나님의 말씀을 듣는 것과 기도하는 것이 병행됩니다. "내가 날이 밝기 전에 부르짖으며 주의 말씀을 바랐사오며"(시 119:147)라 하여 새벽에 말씀을 들으며 기도하는 깨어 있는 영의 사람이기를 소원합니다.

예수님은 새벽기도를 하면서 하나님이 보내신 목적과 이유를 다시 한 번 확인하고, 그날도 그 일을 잘 감당할 수 있도록 성령의 능력과 충만을 위해 기도하셨을 것입니다. 성령의 충만으로 하나님의 나라의 복음을 전하시고 이어 다른 마을로 가자 하시면서 하나님의 나라의 복음을 전하기 위해 보냄을 받았다고 하십니다.

둘째, 마가복음은 예수님이 보내심 받은 이유를 '전도하는'(케륏소) 일 때문이라 하지만, 누가복음은 '하나님의 나라 복음을 전하기'(눅 4:43) 위함이라고 하면서 '복음을 전하다'라는 '유앙겔리조'라는 동사를 사용합니다. '복음'으로 번역된 헬라어 '유앙겔리온'(εὐαγγέλιον)은 '좋은'이라는 뜻을 가지고 있는 부사인 '유'(εὐ)와 '사자, 천사, 목사, 전령, 보냄을 받은 자, 하나님의 사자'라는 뜻을 가지고 있는 명사 '앙겔로스'(ἄγγελος)에서 파생된 '좋은 소식을 선포하다, 복음을 전파하다, 좋은 소식을 가져오다, 기쁜 소식을 보이다, 복음을 가르치다'라는 의미를 가진 동사 유앙겔리조(εὐαγγελίζω)의 명사형입니다. '복음'이란 "하나님의 아들 예수 그리스도"(막 1:1)입니다. 복음(εὐαγγέλιον)이신 예수님이 이 땅에 오심은 '내'가 죽고 예수로 사는(through Death, in Life) 구원의 여정입니다.

'좋은 소식인 복음을 전하다'(유앙겔리조)와 전령이 소식을 '전하다' 또는 큰 소리로 '선포하다'(케륏소, khruvssw)의 차이는 거의 없습니다. 복음 전도의 내용이 바로 케리그마이고, 예수님은 하나님의 나라를 복음으로 전합니다.

오늘 설교의 목적은 예수님의 소명을 배워 예수님이 우리에게 위임하신 소명을 잘 감당하는 사람이 되어야 한다는 사실을 바로 깨닫는 것입니다. 그것은 하나님의 나라 복음을 전하고 내 가정과 일터, 그리고 공동체에서 하나님의 나라를 사는 것입니다. 먼저, '하나님의 나라'에 대해 알아보겠습니다.

1. 하나님의 나라에 대한 구약의 배경

구약에서 '하나님의 나라'라고 번역되는 히브리어 '말쿠트 야훼' (Malkut Yahweh, 대상 28:5; 대하 13:8)는 왕권이나 왕의 통치를 뜻합니다. '여호와가 왕으로 살아 계셔서 세상을 다스리신다'는 것이 구약이 이 단어로 설명하려는 내용의 핵심입니다. '왕권'이라 하면 우주의 왕권을 가지신 창조주(시 95:3)뿐만 아니라 온 세상을 지배하시는 통치자(왕하 19:15; 시 47:2-7)이신 하나님이 주이심을 나타내는 단어입니다. 통치 방법이 진리와 정의임을 "그가 임하시되 땅을 심판하러 임하실 것임이라 그가 의로 세계를 심판하시며 그의 진실하심으로 백성을 심판하시리로다"(시 96:13) 하고 시편 기자는 밝힙니다.

온 세계가 하나님의 통치의 영역에 있지만 하나님은 이스라엘을 구별하여 예배하게 하기 위해 애굽에서 불러내십니다. 즉 이스라엘에게 특별한 왕권을 행사하십니다. 하나님의 보좌는 하늘이지만 시온 산과 예루살렘에서 이스라엘을 통치하십니다(시 8:2, 99:1; 렘 8:19). 하나님은 이스라엘의 진정한 왕이십니다(신 33:5; 삼상 12:2). 그리고 이스라엘은 여호와의 나라(대하 13:8; 출 19:16)로 하나님은 이스라엘을 창조하셨으며, 그 백성을 통하여 하나님을 섬기게 하기 위하여 애굽에서 인도해 내십니다.

구약은 하나님의 통치를 미래라는 영원성에 두는데, 메시아 대망 사상과 연관되기 때문입니다. 하나님은 그 통치권을 인자에게 부여하십니다(단 7:13-14). 하나님의 통치의 미래성이란 주의 날이 임하면 악인을 심판하며 압제받는 하나님의 백성을 구원해 낼 것입니다(미 4:1; 사 9:1-6; 11:1-5).

2. 예수님이 선포하신 하나님 나라

예수님은 자신이 하실 일이 하나님 나라 복음을 전하는 일이라고 밝히셨습니다. 복음서 기자들도 예수의 그 말씀을 그대로 전합니다. 이것은 하나님의 나라가 예수님의 가르침과 전파의 핵심이라는 것을 말해 줍니다. 그런 예수님이 전하신 메시지가 하나님의 나라임에 틀림없지만, 그것이 통치인가 영역인가 논쟁을 하게 되는데, '나라'라는 '바실레이아'(basileia)는 누가복음 19장 12, 15절과 23장 42절에서는 '왕적 능력'으로, 마태복음 16장 28절에서는 '왕권'으로 번역하고 있습니다. 하나님의 나라를 미래적으로 말하는 성경 구절들이 있는가 하면(막 9:47, 10:23-25; 마 8:11; 눅 13:8), 현재하는 나라로 말하는 마가복음 10장 15절도 있습니다. 마태복음 6장 33절과 누가복음 12장 31절은 하나님의 나라를 찾아야 하는 어떤 것이라 하지만, 마태복음 11장 12절과 12장 38절은 그것을 세상에서 활동하는 능력이라 합니다.

1) 왕이신 하나님

'하나님의 나라'라고 할 때에 '나라' 바실레이아(basileia)는 왕(basileus)이 다스리는 왕국을 뜻합니다. 예수님은 하나님의 나라를 가르치실 때에 왕이신 하나님을 비유로 풀어 주십니다. '하나님의 나라'가 마태의 용어로는 천국인데, "천국은……어떤 임금과 같으니"(마 22:2), "천국은……집 주인과 같으니"(마 20:1) 등의 비유에서 하나님의 나라의 주인은 하나님 또는 주님 예수로 소개하고 있습니다.

하나님의 나라를 하나님의 통치라고 정의하면 하나님께서 어떻게 예수님의 인격과 사역 안에서, 그리고 이 세대의 종말에 나타내실 수 있는지 이해할 수가 있습니다. 그런데 우리는 앞에서 하나님이 예수 안에서 우주와 세상과 나를 통치하시기를 원하지만 사탄이 방해하고, 나의 못된 자아 또는 자기가 그것을 싫어한다는 것을 밝혔습니다.

예수님은 사탄의 '나라'(막 3:24)에 대해 말씀하셨습니다. 하나님의 나라만이 아니라 사탄의 나라가 분명 존재합니다. 또 다른 '나라'가 있는데, 베드로에게 요구하신 것과 같은, '자기를 부인하고' 할 때의 '자기 나라'가 있습니다. '자기' 나라는 하나님이 주인이 아니라 자기가 주인인 나라입니다. 예수님은 자기를 비워(kenosis) 종의 형체를 입으셨습니다. "자기를 낮추시고 죽기까지"(빌 2:8) 순종하셨습니다. 그런데 베드로로 대표되는 제자들 역시 자기를 비우지 못하고 예수를 따릅니다.

"자기를 의롭다고 믿고 다른 사람을 멸시하는 자들"(눅 18:9)인 바리새인들을 예수님은 굉장히 싫어하셨습니다. 또한 '자기'(눅 10:29)를 옳게 보이려고 '이웃이 누구냐'고 묻는 율법 교사들에게 '자비를 베푸는 자'(눅 10:37)가 되라고 가르치십니다. 그러나 예수님은 "무릇 자기를 높이는 자는 낮아지고 자기를 낮추는 자는 높아지리라"(눅 14:11)고 자기 부정의 역설을 제시하십니다.

우리 그리스도인의 주인이 누구입니까? 자기입니까, 사탄입니까, 아니면 하나님입니까? 하나님의 나라는 분명 하나님이 주인이신 나라입니다.

2) 땅(영토)

새 하늘과 새 땅이라는 미래의 하나님의 나라나 현재의 성도들의 영혼이 안식하고 있는 낙원(눅 23:43)에서는 분명하지만, 현재 이 땅에서 이루어지고 있는 현재하는 하나님 나라에서는 '장소'를 지정하기가 쉽지 않습니다. 그렇다고 성도들이 장소 없이 살고 있는 것은 아닙니다. 하나님의 나라가 '장소' 개념으로 이해되어야 하는 구절이 여럿 있습니다. '하나님 나라에 들어간다'(마 7:21, 19:24, 21:31) 또는 '하나님 나라를 빼앗긴다'(마 21:43)라든지 또는 '내 아버지의 나라에서 마신다'(마 26:29; 눅 22:30) 등의 구절이 그것을 말해 줍니다.

예수님은 어린이들을 축복하면서 "누구든지 하나님의 나라를 어린아이와 같이 받들지 않는 자는 결단코 그곳에 들어가지 못하리라"(막 10:15) 하시며, 하나님의 나라는 '들어가야 하는' '곳'이라고 분명 말씀하십니다. 예수는 '하나님의 나라'라는 장소에 들어간다고 가르치심으로 하나님의 나라가 땅, 곧 영토를 뜻하는 것을 말씀하셨습니다.

또한 죄의 유혹을 경고하시면서 하나님 나라에 들어가야 할 사람이 죄의 유혹에 빠져 범죄하게 되거든, 예를 들어 눈이 범죄하게 하거든 빼버리라 하시면서, "만일 네 눈이 너를 범죄하게 하거든 빼버리라 한 눈으로 하나님의 나라에 들어가는 것이 두 눈을 가지고 지옥에 던져지는 것보다 나으니라"(막 9:47)고 하여 하나님의 나라는 그렇게라도 해서 들어가야 하는 장소로 말씀하십니다.

어느 집을 방문하게 되었습니다. 그 집의 분위기나 질서를 무시하고 무례하게 행동할 수 없습니다. 그 집의 질서가 있고 그 집의 주인이 분명 있기 때문입니다. 자기 습관이나 살아가는 방식대로 그 집에 가서도 그 집 사람을 대하면 안 됩니다. 그 집의 주인의 뜻을 거슬러서는 안 되고 그 집의 주권을 인정해야 합니다. 그런 의미에서 '하나님의 나라에 들어간다'는 말을 장소로 이해해야 합니다.

요사이는 외국 여행이 잦아졌습니다. 참 많이 편리해졌습니다. 그런데 어떤 나라를 방문한다고 해서 내가 그 나라의 백성이 아닙니다. 한국 사람으로 미국을 잠시 방문하여 미국 땅을 밟을 경우, 그 땅의 질서와 법, 그리고 원칙을 잘 지켜야 하듯이 말입니다.

3) 시간성

하나님의 왕국 또는 통치는 현재와 미래의 시간을 동시에 가집니다. 하나님의 나라가 이미 왔지만 아직 온전히 완성되지 않았다는 의미의 '아직 아님'의 특성을 가집니다.

마태복음 12장 28절의 "하나님의 나라가 이미 너희에게 임하였느니라"는 말씀은 누가복음 17장 21절에 "하나님의 나라는 너희 안에 있느니라"는 말씀과 병행 구절인데, 누가복음은 바리새인들이 하나님의 나라가 어느 때에 임하나이까 물을 때에, 예수께서 하나님의 나라는 볼 수 있게 임하는 것이 아니요 또 여기 있다 저기 있다고 못한다고 지적하면서 하신 대답입니다.

그렇지만 어떻게 바리새인들을 향하여 하나님의 나라가 '너희 안에' 있다고 말할 수 있단 말입니까? 예수를 믿지 않고 거부하는 바리새인들의 마음속에 하나님의 나라가 있단 말일까요? 우리는 '너희'에 대한 바른 이해를 해야 합니다. '너희'란 바리새인들을 향하여 하는 대답이 아니라, 그들이 질문했지만 예수께서 그 답을 하면서 바리새인들만이 아니라 대답을 듣고 있는 제자들이나 여성 제자들을 보면서 '너희'라고 하신 것이라 봐야 합니다.

우리가 풀고자 하는 문제는 시간성과 장소의 문제입니다. 두 문제가 혼재되어 있습니다. '어느 때에' 임하는지 질문하지만, 대답은 '이미' 임했을 뿐만 아니라 그 장소가 '너희 안에'라 하여 장소와 시간이 동시에 언급되고 있음을 알 수 있습니다. 물론 마태복음 12장 28절은 하나님의 나라가 '이미' 임했다 함으로써 시간의 문제를 답하고 있는 것으로 보이고, 누가복음에는 시간을 나타내는 부사가 사용되고 있지 않지만, '너희 안에 있다'고 하여 '너희 안에 임한' 하나님의 나라가 시간적으로는 이미 현재하고 있음을 전제하지 않고는 말할 수 없는 개념을 통해 설명되고 있습니다. '너희 안에 임한' 시기를 구체적으로 언급하지 않았다고 해서, 아직 임하지 않은 하나님의 나라를 너희 안에 있다고 할 수 없습니다.

하나님의 나라는 이처럼 이미 현재하는 측면이 성경에 여러 차례 언급됩니다. 그러면서도 동시에 미래성을 가지고 있음도 강조하고 있다는 것을 주목해야 합니다. 우리는 현재하는 하나님의 나라만큼이나 미래에 임할 하나님의 나라를 중시해야 합니다. 왜냐하면 하나님의 나라가 미래에 궁극에 완성될 것이기 때문입니다. 그리고 예수께서 그런 점을 여러 차례 말씀하셨기 때문입니다. 요한복음 17장에서 볼 수 있듯이, 예수님은 종말에 하나님의 나라에서 제자들과 함께 있기를 기도하십니다. 그 기도가 반드시 응답되도록 우리는 하나님의 나라에 들어가야 합니다.

구원의 과정으로서 거룩함이라는 성화는 하나님의 나라를 완성해 가는 과정에서 채워야 하는 내용입니다. 예수께서 선포하신 하나님의 나라는 '이미'와 '아직 아님'의 틀 속에 있는데, 그리스도의 오심과 사역으로 '이미' 하나님의 통치가 현재 가운데 시작되었지만, 이제 그리스도가 그들 안에 임하여 거룩해 가야 합니다. 하나님의 나라가 임하여 그 나라를 전하는 제자들은 복음을 말하는 것뿐만이 아니라 복음을 살아내는 것을 의미하며, 그저 하나님의 이야기를 하는 것이 아니라 하나님과 동행하는 삶을 사는 것이어야 합니다.

하나님의 나라가 나의 가정과 일터, 그리고 교회 공동체 안에 임하여 있지 않다면 어떻게 다음에 임할 수 있다는 말입니까. 이미 현재하는 하나님의 나라를 사는 사람이 궁극에 하나님의 나라에 참여할 것입니다. 그러나 천국이 이 땅에만 있다고 말해서는 안 됩니다. 궁극적으로 도래할 새 하늘과 새 땅이 있다고 분명 말씀하셨기 때문입니다. 시작되었으나 궁극적인 완성을 목표로 나아가야 하고, 나아가나 과정이 진실해야 합니다. 그리고 결국인 완성은 시작 없이 불가능하고, 과정을 통해 튼튼하게 세워져 가야 합니다.

4) 백성

하나님의 나라에는 백성이 있어야 합니다. 성도들은 출생하는 것이 아니라 위로부터 다시 태어나야 합니다. 거듭남으로 회개하고 믿음으로 되는 것입니다. 자연적으로 하나님의 백성이 되는 것이 아니기 때문에, 그리스도인은 하나님의 나라에 들어가는 사람이 되어야 합니다. 그리스도인이라 해서 다 하나님의 나라에 들어가는 것이 아닙니다.

하나님의 나라 사람은 하나님의 나라가 성령 안에서 정의와 평화와 희락이기 때문에 하나님의 정의를 하수같이 흐르게 해야 하고, 평화를 만드는 사람이어야 하고, 행복하고 기쁜 가정과 사회, 그리고 공동체를 만드는 사람이어야 합니다. 바울이 잘 정리했습니다.

> "하나님의 나라는 먹는 것과 마시는 것이 아니요 오직 성령 안에 있는 의와 평강과 희락이라"(롬 14:17).

이 항목들은 성령의 열매와 같습니다. 성령의 열매는 눈에 보이지 않지만 분명 삶에서 나타나야 합니다. 성령이 주인이 되셔서 하나님의 주권과 통치가 회복되고 실현되면 그것은 삶에서 나타나며, 특히 인간관계에서 나타나야 합니다.

그러기 위해서는 일차로 죄인이어서는 안 됩니다. 죄를 짓는 사람이어서는 안 되고, 죄를 반복하여 계속 짓는 사람이라면 정말로 안 됩니다. 마가복음은 하나님 나라에 들어가기 위해서는 남을 실족하게 해서도 안 되고, 자기 손이나 발, 그리고 눈이 범죄하게 하면 찍어 버리거나 빼 버리는 것이 더 낫다(막 9:42-47)고 예수님의 뜻을 전합니다.

이러한 사상은 구약에서부터 있어 왔습니다. 하나님의 나라는 거룩한 나라이기 때문에 거룩한 백성이어야 하고, 하나님의 주권을 인정하는 백성의 출현을 기대했습니다. 하나님 나라의 백성은 왕 같은 제사장이 되게 하여 하나님의 형상을 회복하고 공의와 의를 행하도록, 그리고 더 이상 죄를 짓지 않는 자가 되도록, 다시 말하면 습관적으로 죄를 반복하지 않도록 해야 합니다.

예수님은 제자들 중에 베드로와 요한, 그리고 야고보가 보는 자리에서 옷(막 9:3) 또는 얼굴(마 17:2; 눅 9:29)이 해같이 변형됩니다. 하나님의 나라에 들어가는 사람은 변형되어야 합니다. 죄의 모습이나 죄의 기질 그대로 들어갈 수 없습니다. 사람이 온전히 바뀌어야 합니다. 베드로와 요한, 그리고 야고보가 증인입니다. 그러면 궁극적인 변형이 그들이 본 것처럼 이 땅에서도 일어날 수 있다는 말입니까, 아니면 저 하늘에서만 가능하다는 것입니까? 분명 예수는 이 땅에서 변형되셨습니다. 스데반은 성령이 충만하여 하늘의 하나님의 영광을 봅니다. 그리고 하늘이 열리고 예수께서 하나님 우편에 서신 것을 봅니다.

하나님의 백성이 바로 교회입니다.

"그러나 너희는 택하신 족속이요 왕 같은 제사장들이요 거룩한 나라요 그의 소유가 된 백성이니……너희가 전에는 백성이 아니더니 이제는 하나님의 백성이요 전에는 긍휼을 얻지 못하였더니 이제는 긍휼을 얻은 자니라"(벧전 2:9-10).

죄인이지만 동시에 의인인 사람들입니다. 보이지만 보이지 않는 교회입니다. 언제나 개혁되어야 할 교회로 땅 위에 하나님의 나라가 시작되어야 할 곳이지만 새 하늘과 새 땅을 앞당겨 오는 표징이요 메시아적 백성인 것입니다.

5) 주권(통치)

하나님의 나라에는 주권이 있어야 하며 통치와 지배 원리가 있습니다. 예수님은 하나님의 나라의 주권을 몇 가지로 언급하셨습니다.

(1) "너희는 먼저 그의 나라와 그의 의를 구하라"(마 6:33).

그리스도인은 먼저 하나님의 나라를 구해야 합니다. 하나님이 다스리시는 증거는 그의 의를 구하는 데서 구체화되어야 합니다. 그런데 우리는 살면서 실제로는 자기가 생각하고 옳다고 여기고 하고자 하는 것을 추구하며 삽니다. 하나님의 정의가 아니라 내가 생각하는 것이 정의입니다. 하나님의 의만이 구원하는 능력이 있습니다. 나의 의는 심지어 나 자신에게까지 신뢰를 얻지 못할 때가 많습니다. 다시 말하면, 상황과 필요에 따라 바뀌기 때문입니다.

우리가 중시해야 하는 개념은 일차적으로 '먼저'라고 하는 시간 부사입니다. 그리고 하나님의 '나라'라는 개념과 하나님의 '의'에 대해 잘 이해해야 합니다. 하나님의 의는 사람의 의나 세상의 의가 아니라 '더 나은 의'이고, '새로운 의'의 모범을 보이신 예수의 의(마 3:15, 5:20)로, 예수를 따르는 마태 공동체가 추구해야 할 의입니다.

이 '의'는 무엇보다 바리새인의 '의'보다 나아야 합니다. 예수님은 산상수훈에서 그리스도인이 바리새인의 '의'보다 더 나아야 하는 경우를 구제나 기도, 그리고 금식의 세 가지 믿음생활의 예를 통해 설명하십니다. 사람에게 보이려고 구제나 기도나 금식을 하는 바리새인들은 사람에게 보임으로 오는 영광을 이미 누리고 있기 때문에 더 이상 하나님으로부터의 상급이 없는 것입니다. 진정한 경건은 자신이 행한 선행을 잊어버릴 만큼 동기가 순수해야 합니다. 신앙 행위의 '동기의 순수성'이 참으로 존중되어야 합니다.

예수님은 "너희 의가 서기관과 바리새인보다 더 낫지 못하면 결코 천국에 들어가지 못하리라"(마 5:20)고 말씀하셨습니다. 서기관들과 바리새인들은 '말만 하고 행하지 않는 자들'(마 23:3)이고, 잔치나 회당에서 윗자리에 앉는 것을 좋아하는 자들이며(마 23:6), 성전의 금을 제단보다 더 좋아하는 자들(마 23:16-22)로 겉은 깨끗한 척하나 속은 탐욕과 방탕으로 가득한 자들(마 23:25-26)입니다. '더 나은 의'란 따라서 이런 자들의 신앙 행위를 본받아서는 안 되는 신앙 윤리 행위를 포함하고 있는 것이라 해야 합니다.

그들은 '독사의 자식들'로 회개의 기회를 주어도 회개하지 않는 자들입니다(마 23:33). 또한 '천국의 문을 닫아 놓고 사람들을 가로막아 서서 자기도 들어가지 않으면서 들어가려는 사람마저 못 들어가게 하는'(마 23:13) 지옥불에 던져질 자들입니다. 이들은 하나님의 은총을 받을 짓을 전혀 하지 않는 자들입니다. 그러나 마태 구성원들은 회개하며 요한이 '의의 도'로 온 것을 믿는 자들입니다(마 21:31-32).

(2) "하나님의 나라가 이미 너희에게 임하였느니라"(마 12:28).

하나님의 나라는 예수만이 우리 안에 임하게 하실 수 있습니다. 예수가 '하나님의 성령을 힘입어 귀신을 쫓아내는 것'(마 12:28)을 보게 될 때에 하나님의 나라가 우리에게 임하였다 하였으니, 우리는 일차로 하나님의 영이 하시는 일을 볼 줄 알아야 합니다. 베드로는 하나님이 예수 안에서 행하신 일을 마귀에게 눌린 사람을 고치는 일이라고 보고합니다.

> "하나님이 나사렛 예수에게 성령과 능력을 기름 붓듯 하셨으매 그가 두루 다니시며 선한 일을 행하시고 마귀에게 눌린 모든 사람을 고치셨으니 이는 하나님이 함께하셨음이라"(행 10:38).

우리는 일단 '하나님의 영이 일하시는 사건'이 있고, 그 일어난 일이 어떤 일인지 어떻게 일어났는지, 그리고 그것이 어떻게 가능했는지 등을 알아야 합니다. 하나님의 성령을 힘입어 어떤 일들이 일어나면 그것이 무엇이든 그것을 보고 하나님의 나라가 이미 우리 안에 임한 것으로 보라는 것입니다. 우리는 하나님의 성령, 곧 주가 하시는 일을 볼 줄 알아야 합니다.

그 한 사례를 들겠습니다. 출애굽하는 이스라엘 백성을 애굽 군대가 뒤에서 쫓아오고 있습니다. 앞은 홍해가 가로막고 있습니다. 그 상황에서 이스라엘 백성은 모세를 원망하며 왜 우리를 출애굽시켜 죽게 하느냐며 따집니다. 모세는 말합니다. 우리는 가만히 서서 "여호와께서 오늘 너희를 위하여 행하시는 구원을 보라"(출 14:13) 하신 대로 하나님이 하신 구원을 보면 됩니다.

또 다른 예를 봅시다. 아람 군대가 엘리사를 잡으려고 옵니다. 엘리사의 사환인 청년이 그들 군사와 말과 병거를 보고 두려워합니다. 엘리사는 "그의 눈을 열어서 보게 하옵소서"(왕하 6:17)라고 기도합니다. 하늘의 병력이 땅의 병력보다 많은 것을 봅니다. 그리하여 더 이상 두려워하지 않습니다. 하늘의 병력을 볼 줄 알아야 합니다. 하나님의 나라가 이미 안에 있는 사람은 하늘의 병력을 볼 줄 알아야 합니다. 눈을 열어 보게 하시니 그가 불말과 불병거가 산에 가득하여 엘리사를 지키고 있는 것을 봄으로써 하나님의 나라가 임하여 있는 것을 느끼게 됩니다.

사람이 '자기'를 이끌어 가는 것이 아니라 하나님의 영이 그 안에 있어 그를 이끌어 가는 것이어야 합니다. 그 사람이 아니라 하나님의 영이 일하고 계심을 어떤 상황 전개나 흐름, 그리고 하나님의 영이 함께 하시는 사람의 행동이나 기도, 그리고 살아가는 방식을 보고 알 수 있습니다. '하나님의 나라가 이미 너희 안에 임한' 자는, 예수께서 말씀하신 것처럼, 성령이 일하고 계신 것을 보면 빨리 눈치채야 합니다.

그런데도 불구하고 그리스도인들조차 하나님의 나라가 이미 임하였는데도 불구하고 그것을 알아보지 못한 경우가 많습니다. 무시하기도 하고 관심을 가지지 않기도 합니다. 하나님의 영이 하시는 일이 우리 가정이나 우리가 살아가는 삶 속에서 일어나면 우리는 예수의 말씀을 따라 하나님의 나라가 이미 임했다는 것을 깨달아야 합니다.

3. 하나님 나라의 복음을 전하는 자의 삶의 적용

1) 하나님 나라와 교회

예수님은 제자들로 하여금 하나님의 나라의 복음을 전하게 명령하시고 파송하셨습니다.

첫째, 누가복음 8장 1절과 10절에 따르면, 예수께서 각 성과 마을에 두루 다니며 하나님의 나라를 선포하시며 그 복음을 전할 때에 열두 제자와 함께하십니다. 하나님의 나라는 비밀을 담고 있기 때문에 제자들에게는 허락되었지만 다른 사람에게는 깨닫지 못할 내용임을 밝히십니다.

둘째, 누가복음 9장 2절에서 예수님은 하나님의 나라를 전파하도록 열두 제자를 파송하십니다. 제자는 예수님에 의해 하나님의 나라를 전파해야 하는 소명을 받습니다. 열두 제자들만이 아니라 70인의 제자를 파송할 때에도 "하나님의 나라가 너희에게 가까이 왔다"(눅 10:9) 선포하라 하십니다.

셋째, 사도행전 20장 25절에서 바울은 에베소 장로들에게 고별 연설을 하면서 '내가 여러분 중에 왕래하며 하나님의 나라를 전파하였다'(행 20:25)지만 '여러분 중에서도 제자들을 끌어 자기를 따르게 하려고 어그러진 말을 하는 사람들이 일어날 줄을 안다'(행 20:30)고 밝힙니다.

넷째, 사도행전 28장 31절에서 바울은 로마에 잡혀 있으면서도 2년간 자유로운 선교 활동을 펼칩니다. 그때 그는 '하나님의 나라를 전파하며 주 예수 그리스도에 관한 모든 것을 담대하게 가르칩니다'(행 28:31).

예수님의 명령을 따라 교회는 하나님의 나라의 복음을 전하여야 합니다. 교회를 하나님의 나라와 같은 것으로 이해하는 사람도 있지만, 교회는 하나님의 나라를 세우는 기관으로 하나님이 허락하셨다고 봐야 옳습니다. 교회는 세상 속에 있지만 세상을 치유하고 구원으로 이끄는 도구여야 합니다. 신자는 죄인이지만 동시에 교회에서 의인으로 공표되어야 합니다. 종교개혁자 칼빈은, 교회를 보이는 교회와 보이지 않는 교회, 가시적 교회와 비가시적 교회로 나눕니다. 교회는 어떤 유형적 제도와 동일시될 수 없으며 오히려 산 자와 죽은 자를 다 포함한 모든 예정된 자의 총수로 보편적 교회를 말했습니다. 유형적 교회가 불완전할지라도 그리스도의 몸인 교회와 계속적인 교통을 유지할 것을 강조했습니다.

교회가 받은 소명이 무엇입니까? 예수의 소명, 예수가 보냄을 받은 목적과 교회의 소명 또는 존재 이유가 같아야 합니다. 교회의 소명은 하나님의 나라 복음을 전파하는 것이어야 합니다. 그리고 교회 자체가 하나님의 나라가 실현되는 곳이어야 합니다. 예수님은 교회에 '매고 푸는 권세'(마 16:19, 18:18)를 부여하십니다. 지교회가 가지고 있는 사법적 권세를 사람이 가지고 있는 것처럼 오해하는 경우가 많습니다. '맨다'는 말은 어떤 것이 율법에 맞지 않는다고 선언하는 것이며, '푼다'는 말은 어떤 것이 율법에 맞는 것이라고 선언하는 것입니다. 교회의 치리로 말미암은 어떤 결과가 시사되어 있다고 봐야 합니다.

교회는 죄인이 모인 곳이 아니라 의인만 모여 있는 곳이 되고 말았습니다. 교회는 예수님이 하나님의 나라를 전하고 섬겼듯이 하나님의 나라를 전하고 섬겨야 합니다. 섬기는 사람이 모인 곳이 교회여야 합니다.

하나님의 나라가 실현되는 곳이 바로 교회여야 하고, 가정이어야 하고, 그리스도인의 삶의 자리여야 합니다. 예수님은 하나님의 나라가 너희 안에 임했다고 하셨기 때문입니다.

2) 하나님의 나라의 복음 전파는 평신도가 담당했습니다.

성령에 의해 최초로 세워진 예루살렘 교회가 성령을 속이는 일과 스데반의 일로 인한 외부의 핍박 때문에 전도자들이 흩어지면서, 처음으로 사마리아 교회가 일곱 일꾼 중의 한 명인 빌립에 의해 세워집니다. 전도자가 평신도였음을 알 수 있습니다. 초대교회 평신도 전도자를 우리는 잘 압니다.

소아시아의 바울의 믿음의 아들 디모데(행 16:3), 두아디라 시의 옷감 장사하는 루디아(행 16:14), 데살로니가 사람 아리스다고와 아시아 사람 두기고(행 20:4), 겐그레아 교회 자매 뵈뵈(롬 16:1), 바울의 동역자 브리스가와 아굴라(롬 16:3) 등등 이루 말할 수 없도록 하나님의 나라 복음을 전파하는 사람들은 평신도였습니다.

사도행전과 여러 서신들에 나타난 전도 활동과 초대교회, 가정을 통해서 나타난 관계전도, 그리고 자신들의 생활 가운데 삶을 통한 불신 이웃에 대한 전도 활동, 그리고 직장생활을 통한 관계전도로 초대교회가 부흥하고 확장되었습니다.

현대 교회가 복음 전도의 사역에서 성공하려면, 복음 증거와 삶의 일치성이 있어야 합니다(고후 4:1-5). 예수님은 복음 증거자의 삶이 우선되어야 좋은 열매를 맺을 수 있다고, 마태복음 7장 17-18절에서 열매보다 나무가 먼저 되라고 하십니다. "이같이 너희 빛이 사람 앞에 비치게 하여 그들로 너희 착한 행실을 보고 하늘에 계신 너희 아버지께 영광을 돌리게 하라"(마 5:16)라는 말씀 그대로 생활함으로써 초대교회 신자들은 그들의 평상시 생업을 통해서도 복음을 전파하는 평신도 전도 사역을 감당합니다(행 18:1-3).

빌립이 사마리아에 선교합니다. '빌립이 하나님 나라와 및 예수 그리스도의 이름에 관하여 전도함을 그들이 믿고 남녀가 다 세례를 받습니다'(행 8:12). 그 사람 중에 자칭 큰 자 시몬이라는 사람이 있어 '시몬도 믿고 세례를 받은 후에 전심으로 빌립을 따라다닙니다'(행 8:13). 다시 말하면 전도자가 됩니다. 문제는 그 시몬이 사도들의 안수로 성령 받는 것을 보고 돈을 내고 그 권능을 갖고자 합니다. 그래서 베드로는 "네

은과 네가 함께 망할지어다"(행 8:20)라고 하며 교회에서 출교시키고 맙니다. 그 일로 베드로와 그는 적대관계가 되고, 베드로가 그 사람 때문에 죽게 됩니다.

이 사건은 우리에게 여러 가지를 생각하게 만듭니다. 빌립과 자칭 큰 자 시몬은 둘 다 믿고 세례를 받은 평신도 전도자들입니다. 그런데 진짜가 있고 가짜가 있습니다. 진짜 평신도 전도자 한 명을 소개하고자 합니다. 엘리자베스 요한나 쉐핑(Elisabeth Johanna Shepping, 1880-1934, 서서평)입니다.

그녀는 광주 제중원에 있는 동안 한센 환자들을 돌봅니다. 그리고 1922년 6월에 광주에 전도부인(bible women) 양성학교를 시작합니다. 오늘날 한일장신대학교의 전신입니다. 부모의 반대나 가난으로 학교에 갈 수 없고, 결혼 후 아이가 없어 학대받는 여인들 등 불우하고 교육의 기회를 놓친 여인들을 위해 그녀의 침실에서 성경을 가르친 것이 발전하여, 정부에서 공식적으로 인정한 3년제 사립학교인 이일학교가 되었습니다. 서서평은 이렇게 학교를 세워 전인교육에 힘씁니다.

〈동아일보〉는 1934년 6월 28일자 신문에 "자선(慈善), 교육사업(教育事業)에 일생(一生) 받힌(바친) 빈민의 자 모 서서평 양 장서"라는 제목과 '생전에는 재생한 예수의 명칭, 모범할 근면 력행의 일생' 그리고 '이국 분투 22년'이라는 부제로 그의 죽음을 사회면 기사로 특필했습니다《바보야 성공이 아니라 섬김이야-엘리제 쉐핑 이야기》, 양국주, 226-227쪽).

"서서평은 타자마 부인에게 '장례 치르고 남은 내 살림을 조화임에게 주십시오'라고 했다. 그러나 그가 남긴 것이라고는 고작해야 덮고 있던 담요 반 조각, 일주일 품값에 해당하는 돈 7전과 강냉이 가루 2홉이 전부였다. 그는 자신이 덮고 있던 담요의 반을 찢어 춥고 배고픈 사람에게 나누어 줄 만큼 사랑을 몸소 실천했다. 김윤식 장로의 목격

담에 의하면, 엄동설한에 문둥병자 두 명이 거리에서 떨고 있는 것을 보고 집에 달려가 하나밖에 없는 담요를 가져다가 둘로 나누어 하나씩 덮어 주었다고 한다."(《조선을 섬긴 행복》, 양창삼, 282쪽)

"하얀 소복을 입은 이일학교 제자들이 운구를 맡았다. 행렬 선두에는 가장 사랑했던 제자 오복희가 꽃다발을 들었다. 13명의 양딸과 수백 명의 양림천 거지, 한센 환자들이 뒤를 이었다. '어머니! 어머니!' 하고 목놓아 우는 그들의 통곡소리에 조객들은 눈물바다를 이루었다. 그 소리가 마치 비행기 소리와 같았다고 했다."(《조선을 섬긴 행복》, 양창삼, 284쪽)

"이외에도 이일학교의 선생으로 만나던 조아라는 이후 광주 여성운동사에 우뚝 선 인물로, 김필례는 광주를 넘어 한국 중등교육 현장과 여성 운동사에 가장 세심한 영향력을 끼친 인물로 발전하게 되었다.……서평의 리더십 안에서 가장 시혜를 보았던 사람이 이효경과 이금전이다. 특히 이들은 1929년 몬트리올에서 열린 국제간호부회의 연례회의에 서평 혼자 파송되었음에도 불구하고 동료 서양 간호사들에게 모금하여 이들을 동행시키고 토론토 대학에서 간호학을 이수하게 하였다. 해방 후 조선간호부회가 대한간호협회로 변신하고 국제간호협회로 가입하는 과정에서 서평이 이루고자 했던 소망과 방문간호, 예방간호 영역에서 독보적 지형을 넓힌 분들이다."(《바보야 성공이 아니라 섬김이야-엘리제 쉐핑 이야기》, 양국주, 121-122쪽)

그가 세운 한일장신대학교(구 이일학교) 교정에 세워져 있는 우리에게 남겨준 메시지는 "성공이 아니라 섬김"(Not Success but Service!)이라는 문구입니다.

2012년 3월 19일 〈조선일보〉 문화면에 실린 이태훈 기자의 글을 참고합니다.

"이번 여행에서 500명 넘는 조선 여성을 만났지만 이름을 가진 사람은 열 명도 안 됐습니다. 조선 여성들은 '돼지 할머니' '개똥 엄마' '큰년' '작은년' 등으로 불립니다. 남편에게 노예처럼 복종하고 집안일을 도맡아 하면서도 아들을 못 낳는다고 소박맞고, 남편의 외도로 쫓겨나고, 가난하다는 이유로 팔려 다닙니다. 이들에게 이름을 지어주고 한글을 깨우쳐 주는 것이 제 가장 큰 기쁨 중 하나입니다."(1921년, 서서평이 내슈빌 선교부에 보낸 편지)

서서평은 여기에 만족하지 않고 한국 최초의 여성신학교인 이일학교(현 한일장신대의 전신)를 세워 여성들을 가르쳤다. 조선간호부협회(현 간호협회의 전신)를 세우고 일본과 별도로 세계 간호사협회에 등록하려 애썼던 이도 서서평이다. 한글 말살정책이 진행 중인 일제 치하에서 간호부협회의 소식지와 서적들은 모두 한글 전용을 고집했다. 조선사람들에겐 출애굽기를 가르치며 독립의 확신을 심어 주려 애썼다.

서서평은 조선인 목회자 등 동역자들과 함께 50여 명의 나환자를 이끌고 서울로 행진을 시작했다. 강제 거세 등으로 나환자들의 씨를 말리는 정책을 펴고 있던 일제 총독부에 나환자들의 삶터를 요구하기 위해서였다. 소식을 들은 전국 각지의 나환자들이 이 행진에 합류했다. 서울의 총독부 앞에 이르렀을 때 동참한 나환자들의 숫자는 530여 명에 달했다. 결국 총독부도 두 손을 다 들었다. 소록도 한센병 환자 요양시설과 병원은 이렇게 시작됐다."

"한국판 테레사, 서서평을 기억하시나요"(조현 한겨레 종교전문기자, 2012. 3. 14.)라는 사회종교면 기사도 실었습니다.

서서평이 활동했던 광주·전남은 1930년 45만 가구 220만 인구 가운데 굶주리는 인구가 무려 88만 명, 걸인이 11만 명에 이르렀다고 한다. 서서평은 1년 가운데 100일 정도 나귀를 타고 전라남북도와 제주도까지 전도여행을 다니며 병자들을 돌보고 여성들을 교육시켰다. 서서평의 당시 일기엔 '한 달간 500명의 여성을 만났는데, 하나도 성한 사람이 없이 굶주리고 있거나 병들어 앓고 있거나 소박을 맞아 쫓겨나거나 다른 고통을 앓고 있었다'고 시대 상황을 말해 주고 있다. 서서평은 당시 이름조차 없이 '큰년이', '작은년이', '개똥어멈' 등으로 불리던 조선 여성들에게 일일이 이름을 지어 불러 주고 자존감을 살리도록 했다. 그리고 자신이 세운 이일학교 여학생들과 함께 농촌으로 가서 매년 3~4만여 명의 여성들을 교육시켜 존중받을 한 인간으로서의 삶을 일깨웠다.

그는 한 나환우가 역시 나환우였던 아내가 죽자 병든 자신이 더 이상 키울 수 없어 버리려던 아이를 데려다 양아들로 삼은 것을 비롯해 버려진 아이 14명을 양아들·양딸로 삼았다. 소박맞거나 오갈 데도 없는 미망인 38명도 데려와 한집에서 함께 살았다.

1926년 이 땅의 한 매체는 서서평 인터뷰 기사에서 그를 '사랑스럽지 못한 자를 사랑스러운 존재로 만들고, 거칠고 깨진 존재를 유익하고 아름다움을 지닌 그리스도인으로서 단련된 생명체로 만들고자 하는 것이 서서평의 열정'이라고 썼다.

서서평이 별세하자 선교사 동료들은 그를 '한국의 메리 슬레서'라고 추모했다. 메리 슬레서는 아프리카 나이지리아로 가서 버려진 아이들을 돌보다 숨져 아프리카 아이들의 어머니로 추앙된 인물이다.

또 1930년대 미국 장로회는 전 세계에 파견된 수많은 선교사 가운데 한국 파견 선교사로는 유일하게 서서평을 '가장 위대한 선교사 7인'으로 선정했다. CGNTV(사장 이용경 장로)가 기획 제작한 다큐영화 "서서평, 천천히 평온하게"가 개봉 7일 만에 누적 관객 5만 명을 돌파하며 한국 기독교 다큐 영화의 새 장을 열어가고 있다.

결론입니다.

제목은 "하나님의 나라 복음을 전하기 위해 보내심을 받은 예수"입니다. 예수님은 하나님의 나라라는 복음을 전하기 위해 이 세상에 오셨습니다. 예수님은 그 일을 소명으로 알고 보내신 하나님 아버지의 뜻에 순종하십니다. 그리하여 복음을 전하기 위해 온 마을을 다니십니다.

예수님이 전하는 하나님의 나라가 왜 복음입니까? 하나님이 왕으로 통치하시기 때문입니다. 결코 세상이나 사탄이 나를 지배하는 것이 아니고, '자기'가 주인인 그런 것이 아닙니다. 그러면 하나님은 어떻게 나를 지배하실까요? 예수님은 그것을 하나님의 성령이 활동하는 영역으로 들어가는 것이라 하셨습니다. 그 시간은 '이미' 현재하고 있으나 '아직' 완전하게 임하지 않았습니다.

그리스도인이 바로 하나님의 백성이어야 하고, 하나님의 나라의 자녀여야 합니다. 그런 의미에서 내가 바로 하나님의 거룩한 자녀여야 합니다. 그러면 '나'는 어떻게 하나님의 통치를 받습니까? 예수님은 "너희는 먼저 그의 나라와 의를 구하라" 하셨습니다. 바울이 말한 대로 하나님의 나라는 '성령 안에서 의와 평강과 희락'이 있는 곳이어야 합니다. '하나님의 나라가 이미 임하였기' 때문에 내 안에, 내 가정에, 내 공동체와 일터에 하나님의 나라가 실현되고 있어야 합니다.

하나님의 나라라는 복음을 전하는 자가 바로 교회여야 합니다. 우리의 삶은 하나님의 나라임을 증명해야 합니다. 하나님의 나라는 목사만이 전하는 것이 아니라 신약성경을 보면, 평신도가 전합니다. 그런데 진짜와 가짜 전도자가 있습니다. 진짜 전도자의 예로 한일장신대를 세운 서서평 간호사 선교사를 소개했습니다.

전도하기 위해 오신 예수

역대상 21:1-6; 마가복음 1:38-39; 데살로니가전서 2:17-18

○●● 예수님은 "내가 이를 위하여 왔노라", 즉 전도하기 위해 이 땅에 오셨다고 밝히십니다. 복음을 전하고, 하나님 나라를 전파하십니다. 그로 인해 그리스도인이 복음을 듣게 되었고, 하나님 나라가 내 몸 안에, 가정 안에, 그리고 일터와 사회 공동체 안에 임하게 되었습니다.

예수는 전도자였습니다. 그의 전도에는 많은 어려움과 방해꾼이 있었습니다. 그의 전도를 듣고 '다 크게 화가 나서 일어나 동네 밖으로 쫓아냅니다'(눅 4:28-29). 가장 큰 방해꾼은 사탄입니다. 그러나 예수님은 사탄을 물리치셨습니다. 제자들을 전도자로 파송하셨을 때에, 그들이 돌아와 귀신들도 자기들에게 복종하는 선교보고를 하자 예수님은 '사탄이 번개처럼 떨어지는 것을 보았다'고 긍정하십니다. 많은 방해꾼이 있음에도 전도에 열매가 있던 이유는 예수님 안에 하나님의 영이 함께 하셨기 때문입니다.

그의 선교는 이미 "성령의 능력으로"(눅 4:14) 시작되었습니다. 바울도 "내 말과 내 전도함이 설득력 있는 지혜의 말로 하지 아니하고 다만 성령의 나타나심과 능력으로 하여"(고전 2:4)라고 말하여 전도는 오로지 성령의 능력으로 가능함을 밝힙니다. 예수님은 승천하시기 전에 제자들에게 최후 유언을 남기십니다. "땅 끝까지 이르러 내 증인이 되라"고 전도자로서의 삶을 명령하셨습니다. 우리는 예수님처럼 전도자로 살아야 합니다.

설교의 목적은 전도하기 위해 오신 예수님을 닮아, 그리고 승천하시기 전에 제자들에게 당부하신 대로 '증인의 삶을 살자'는 다짐을 새롭게 하되 전도를 방해하는 세력을 이기는 성령의 능력을 갖추도록 가르치는 것입니다.

1. '전도'하기 위해 이 땅에 오신 예수

여기서 '전도'란 마태에 따르면 회당에서 가르치는 일과 천국 복음을 전파하는 일로 나누어집니다. 그러나 마가에서는 가르치는 일과 전파하는 사역이 나뉘지 않습니다. 가르치는 내용은 "때가 찼고 하나님의 나라가 가까이 왔으니 회개하고 복음을 믿으라"(막 1:15)는 것이었습니다. 이것이 바로 마태가 말한 천국 복음입니다. 전도하기 위해서는 다른 마을에 있는 회당으로 가야 합니다. 그것이 바로 길입니다. 이 '길'은 분명 걸어서 다른 곳으로 갈 수 있는 도로입니다. 성경은 그리스도인의 인생을 나그네 길을 걷는다고 표현하여 본향인 하늘나라에 이르러야 한다고 말합니다.

2. 전도를 방해하는 사탄

전도하기 위해 다른 곳으로 가야 하는데 그 길을 방해하는 요소가 있습니다. 바울은 "가고자 하였으나 사탄이 우리를 막았도다"(살전 2:18)라고 방해꾼이 있음을 말합니다. 그러면 전도를 막는 사탄은 도대체 누구이고 무엇이고 어떤 것을 지칭합니까? 도대체 그가 누구이기에 하나님의 명령이고 하나님의 일인 전도를 막는다는 말입니까? 우리는 사탄을 타락한 천사라고 알고 있습니다.

천사들의 본성은 여러 가지로 설명됩니다. 하나님과는 달리 그들은 피조된 존재들입니다. 그들은 영적이고 무형적인 존재들입니다. 그리고 성경 여러 곳에서 그들은 이성적이지만 도덕적이며 불멸하는 존재로 그려지고 있습니다. 그러나 그들 전체가 선하지 않고 악하기도 합니다. 악한 천사들이라 해서 창조될 때부터 악하다고 말하지 않는 이유는, 하나님께서 만드신 모든 것이 보시기에 좋았기(창 1:31) 때문입니다.

그렇지만 베드로후서 2장 4절의 "범죄한 천사들"이라는 문구나 "자기 지위를 지키지 아니하고 자기 처소를 떠난 천사들을" 가두셨다는 유다서 6절에 근거해 타락한 천사로 지칭되고 있습니다. 타락한 원인을 교만이라고 규정해 오고 있는데, 이때 교만이란 '하나님과 같이 되고자 하는 죄'를 지칭합니다. 타락한 천사는 다른 천사들을 함께 끌어내어 군대를 형성하고 그를 따르는 자를 귀신이라 칭하는데, 귀신의 군대는 로마 군대의 여단 규모인 '레기온'(막 5:9)이라는 이름도 있는 '그(사탄)의 나라'(마 12:26)를 가지고 있습니다. 그 우두머리를 우리는 '사탄'이라 부릅니다.

1) 하나님의 대적자인 사탄

그런 의미에서 사탄은 하나님의 대적자(적대자)입니다. 그가 하는 일에 따라 그를 여러 가지 명칭으로 부릅니다. 여호와 하나님이 지으신 들짐승 중에 가장 간교하여(창 3:1) 하나님의 창조의 면류관인 아담을 넘어뜨렸고 죄를 창시한 자이기 때문에 '아볼루온'(파괴자)이라 부릅니다. 그 이후로는 하나님의 백성들을 계속 넘어뜨리려고 정죄하며 고발하는 고발자(디아볼로스)가 됩니다. 예수님은 이 디아볼로스를 "너희 아비 마귀에게서 났으니……거짓말쟁이요 거짓의 아비"(요 8:44)라 칭하십니다. 마귀가 하는 일은 당연히 진리를 거스르는 것으로, "뱀이 그

간계로 하와를 미혹한 것같이 너희 마음이 그리스도를 향하는 진실함과 깨끗함에서 떠나"(고후 11:3)게 하는 일을 지시합니다. 요한일서 기자는, 죄를 짓는 자를 마귀에게 속한 자라고 하면서 '마귀는 처음부터 범죄'하였다고 말하며 "하나님의 아들이 나타나신 것은 마귀의 일을 멸하려 하심이라"(요일 3:8)고 예수가 이 땅에 오신 이유를 분명하게 밝힙니다.

이들이 하는 일이 구체적으로 무엇일까요? 오늘 본문과 관련하여 설명하자면, 전도를 방해합니다. 전도의 길을 가로막고 있습니다. 분명하게 알게 된 사실은, 그들은 하나님과 하나님의 나라를 끊임없이 반항하며, 선택된 사람들을 눈멀게 하고 그릇 인도하려고 하며, 사람들을 유혹하여 악을 행하게 한다는 것입니다. 전도를 방해하는 사탄의 전략에 대해 주목하면서 우리는 근본적으로 다음과 같은 질문을 하게 됩니다. 왜 과학적 사고가 지배하는 세계 속에서 여전히 마귀, 귀신, 사탄, 악한 영 등의 개념들을 다루고 있는 성경에 주목해야 하는 것일까요?

2) 전도를 방해하는 사탄의 전략을 이기는 성령의 힘

우리의 삶의 세계는 진리보다는 거짓, 사실보다는 꾸밈, 아름다움보다는 미움 등의 소위 '악한 것'들이 더 우리를 넘어뜨리려 합니다.

신학적으로 말하자면, 우리는 성경의 가르침대로 하나님께서 부르신 자로, 효력 있는 소명을 받은 자입니다. 하나님은 예수를 통해 하나님 나라에 초대하셨습니다. 그 하나님 나라에 들어가기 위해서는 하늘에서부터 다시 태어나는 거듭남, 곧 중생이 필요합니다. 중생 없이는 결코 하나님 나라를 볼 수도 없고 들어갈 수도 없습니다. 예수님이 가져오신 하나님 나라라는 엄청난, 내가 몰랐던 세계가 내 앞에 딱 서 있을 때, 그 나라 앞에서 나는 죄인이라는 사실, 내가 그 나라에 들어갈 수 없다는 사실을 깨닫고 소위 회개하고 회심하게 되었습니다. 회개하여 죄 사함을 받아 성령을 선물 받고 나는 비로소 그리스도인이 되었습니다. 즉 의롭다 칭함을 받게 되었습니다. 이제 의로운 자가 그리스도와 연합하여 성령의 인도를 따라 거룩한 자가 되어 가고 있습니다. 이 성화가 바로 성령의 열매입니다.

그런데도 불구하고 첫 단계에서부터 나는 늘 흔들립니다. 자신을 되돌아보면서 하나님이 참으로 나를 부르셨나 의문을 가집니다. 하나님이 나를 부르셨다는 것을 깨달으려면 성령이 아니고는 알 수 없는데, 성령이 임하여 하나님이 나를 부르시고 소명을 주신 것이 확실한지 의문이 드는 것입니다. 하나님께서 부르셨고, 성령이 그것을 깨닫게 하셨는데, 도대체 누가 이 엄청난 하나님의 일을 가짜라고 의심하게 할 수 있다는 말입니까? 성경을 보면 사탄이 바로 그 일을 했습니다. 마귀가 바로 그런 일을 합니다.

3) 악한 영적 존재들

그런데 악한 영적 존재들, 예를 들어 사탄은 우리가 볼 수 있는 세계 속에 '존재'하는 것이 아닙니다. 그렇다고 그것들이 존재하지 않는다고 말할 수도 없습니다. 그것들은 어떤 물체가 존재하는 것처럼 눈에 보이게 존재하지 않지만 모든 것 속에 끼어들어 있습니다. 우리를 참 그리스도인이 되도록 가장 방해하는 요소가 바로 모든 것에 참여하고 있는 그들입니다. 바울이 말한 대로 원하는 바 선은 행하지 않고 원치 않는 잘못을 저지르게 만드는 악입니다.

이런 악이 여전히 나를 괴롭히고 있는 것을 누가 부정할 수 있다는 말입니까? 나는 그런 악의 존재에서 정말 자유로운 자입니까? 아니면 죄에서 자유하지 못하는 진리를 알고 행하는 자라는 말입니까? 진리를 증언하기 위해 이 땅에 오신 예수님 때문에 진리를 알고 진리가 자유하게 함을 따라 자유자로 살고 있습니까, 아니면 여전히 자유하지 못한 그리스도인으로 살고 있습니까?

악한 영적인 존재들을 그리스어로는 '다이몬'(daimon)이라 하여 사도행전에서 아테네 사람들이 예수의 부활을 전하는 바울의 전도를 듣고 '이방 신'이라 한 것을 보면 단어의 의미를 알 수 있습니다. 그래서 성경의 기자들은 이 단어를 사용하기를 꺼려하여 중성 형용사였다가 명사가 된 '다이몬니온'이라는 단어를 사용합니다. 구약성경에서 이 개념이 집중적으로 사용되기 시작한 것은 바벨론 유배 이후로 이란과 갈대아 사상, 곧 '이 세상은 악한 신과 선한 신이 존재한다'는 이원론 사상을 접하게 되면서 집중적으로 사용됩니다.

다시 설명하자면, 고대 이스라엘은 일원론이기 때문에 '오직 하나님만이 참 신이다'라는 사상을 가지고 있었습니다. 따라서 이들에게 귀신이란 "그들은 하나님께 제사하지 아니하고 귀신들에게 하였으니 곧 그들이 알지 못하던 신들"(신 32:17)이었습니다. 그렇기 때문에 욥기에서도 보듯이, 사탄조차도 하나님의 허락을 받고 일합니다. 그러다가 포로기 이전과 이후로 어떻게 급격하게 달라지는지, 다윗 왕의 말년에 행한 인구조사에 대한 보고를 보면 알 수 있습니다.

포로기 이전의 저자는 하나님의 진노가 그의 백성을 향하여 불타올랐기 때문에 하나님께서 다윗을 '부추겨서'(삼하 24:1) 인구조사를 하게 되었다고 적고 있습니다. 그러나 포로기 이후에 이 사건을 기록한 역대기 사가는 이 사건을 기록하면서 사탄(실제로는 대적자)이 다윗을 부추겨서 다윗이 그 일을 저지르게 되었다고 설명하고 있습니다(대상 21:1). 그러다가 신약의 시대가 되면, 사탄은 예수를 유혹하는 자로 등장합니다. 예수의 사역을 무너뜨리려고 하는 자로 소개됩니다. 바울의 말처럼, 전도의 길을 가로막는 일을 하는 자가 바로 사탄입니다.

그러면 사탄, 곧 마귀는 어떻게 전도의 길을 막습니까? 막는 방법을 알기 위해 "사탄이 우리를 막았도다"(살전 2:18)라는 문장에서 보듯이 사탄은 사람인 '우리'를 막는데 어떻게 막는지 그것에 대해 먼저 살펴보겠습니다. 사탄이 사람을 이용해 전도를 막는데, '막는다'는 단어가 사도행전 24장에서 사용되고 있습니다.

바울이 벨릭스 총독 앞에서 전도를 하고 있습니다. 그런데 바울이 고발을 당합니다. 고발자는 대제사장 아나니아입니다. 아나니아가 어떤 장로들과 변호사인 더둘로와 함께 예루살렘에서 64마일이나 떨어진 가이사랴까지 내려와 바울을 고발합니다. 더둘로가 벨릭스 앞에서 바울을 고발한 죄목을 들면서, 이 고발로 "당신을 더 괴롭게 아니하려 하여 우리가 대강 여짜옵나니"(행 24:4)라고 말문을 여는데, '괴롭히다'라는 단어가 바로 '사탄이 우리를 막았도다'와 같은 단어입니다.

고발자인 대제사장 아나니아의 변호사인 더둘로는 우리는 바울의 전도를 막으려는 것이지 벨릭스를 괴롭게 하려는 것이 아니라고 변론하고 있습니다. 사탄은 전도하는 사람을 고발하여 괴롭히고 있습니다. 성경의 입장에서 보면 사탄은 아나니아 및 장로들의 고발자들을 꼬셔 바울을 고발하였고, 그리하여 바울이 전도를 못하게 꾸미고 있습니다. 바울은 전도를 방해하는 사람을 사탄이라고 했습니다.

바울은 길이 막힌 사례를 로마서에서도 언급합니다. 바울이 로마에 전도하기 위해 방문할 목적으로 편지를 보내면서 "내가 너희에게 가려 하던 것이 여러 번 막혔더니"(롬 15:22)라고 하여 사탄이 전도의 길을 가로막고 있다는 것입니다. 사탄은 전도하는 사람을 전도지로 못 가게 막습니다. 또는 전도하려고 가던 길을 못 가게 막습니다. 우리는 이것을 통해 배워야 합니다. 전도의 길이 막히면, 그것이 '사탄이 우리를 막고' 있다고 읽을 줄 알아야 합니다. 또한 바울이 로마서에서 쓴 것처럼, 가는 길을 막으면 사탄이 막고 있구나 하고 깨달아야 합니다.

4) 사탄의 방해를 이기는 길인 기도

그러면 사탄의 방해를 이겨낼 길이 무엇입니까? 우리는 기도를 방안으로 생각합니다. 그래서 기도합니다. 바울도 길을 열어 달라고 기도하고 있습니다. 그러면 사탄은 기도를 방해하지 않을까요? 베드로는 사탄이 기도를 방해한다는 것을 깨달았습니다. 베드로 자신이 사탄이라고 책망받은 일이 있으니까요. 그 말은 기도하는 사람이라고 해서 사탄이 방해를 못하는 것이 아니라는 사실을 그가 깨달은 것입니다. 어떻게 보면 기도하는 사람일수록 사탄이 더 방해합니다. "남편들아 이와 같이 지식을 따라 너희 아내와 동거하고 그를 더 연약한 그릇이요 또 생명의 은혜를 함께 이어받을 자로 알아 귀히 여기라 이는 너희 기도가 막히지 아니하게 하려 함이라"(벧전 3:7) 할 때에 '기도가 막히지 아니하게'가 바로 그 단어(에콥토)입니다. 사탄은 기도도 막습니다.

사탄이 하는 방해는 내용에 있어서 우리가 놀랄 만한 전도뿐만 아니라 기도까지 포함됩니다. 전도나 기도는 성경이 명령하는 하나님의 일입니다. 사탄은 이런 하나님의 일을 막습니다. 그러면 사탄이 막고 방해하는 하나님의 다른 일이 또 있을까요? 사탄은 그리스도인들이 진리를 증언하는 길만 막는 것이 아닙니다. 사탄은 그리스도인들이 진리에 순종하지 못하도록 막습니다. 바울은 도대체 "너희가 달음질을 잘 하더니 누가 너희를 막아 진리를 순종하지 못하게 하더냐"(갈 5:7)며 진리에 순종하지 못하도록 막는 사탄을 책망합니다.

그러면 전도를 막고 기도를 막고 진리에 순종하지 못하게 하는 자를 교회는 어떻게 해야 할까요? 바울은 사탄의 노릇을 하는 "너희를 어지럽게 하는 자들을 스스로 베어 버리기를 원하노라"(갈 5:12)고 강하게 요구하고 있습니다. 교회를 어지럽히고 교회의 전도를 막는 자들을 출교시키라는 것입니다.

3. 전도하기 위해 세상에 오신 예수의 명을 따라 전도하는 자

말씀을 우리 삶에서 적용할 차례입니다.

1) 전도하는 거룩한 습관

전도는 '전도의 영'으로 가능합니다. 전도의 영이 함께해야 합니다. 우리의 열심이 아니라 전도의 영이 있어야 합니다. 그리스도인은 하나님으로부터 다 소명을 받았습니다. 부름을 받은 것 자체가 소명이고 부른 이유가 있고, 거기에는 전도가 포함되어 있습니다. 부르심을 깨달았다는 말은 성령이 깨닫게 하셨다는 말인데, 결국 성령을 받아 놓고도 성령이 내 속에서 일하지 못하도록 하는 것은 성령을 모욕하는 일입니다.

'사탄이 우리를 막았도다'라는 말에서 알 수 있듯이, 전도자를 막습니다. 사람을 막습니다. 전도하지 않는 사람을 사탄이 막을 리 없습니다. 사탄은 방해하고 막을 필요가 없는 경우 건드리지 않습니다. 전도하니까 방해하고 여러 가지 방식을 동원해 막습니다.

전도의 가장 큰 적은 사탄만이 아니라 전도에 대한 무관심입니다. 전도는 하나님의 일이고 하나님 나라를 세우는 일인데, 하나님 일에 관심을 두지 않는 것은 심판 때에 가장 무서운 죄가 됩니다. 심판 때에 있을 가장 무서운 죄는 주를 위해서, 주님이 말씀하신 가르침을 받은 대로 행하지 않는 것이라 했습니다. 주님의 가르침의 핵심은 '가서 증인이 되라' 명하신 것입니다. 주의 명령을 행해야 함을 알면서도 관심을 두지 않고 행하지 않는 것은 죄입니다. 신앙을 가지고 있는 우리에게 가장 무서운 죄는 전도에 무관심한 죄입니다.

특히나 사마리아 여인처럼, '메시아 곧 그리스도'를 만나면 물동이를 버려두고 동네로 뛰어들어가 '와서 보라 그리스도가 아니냐' 소리쳐야 합니다. 그리스도를 만나 놓고도 무관심하다는 것은 참으로 무거운 죄일 수 있습니다.

전도는 거룩한 습관이 되어야 합니다. 그리스도의 가르침을 배워 습관이 되게 해야 합니다. 습관이 안 되어 못하고 있는 그리스도인들이 많습니다. 삶에서 습관이 되어 있어야 합니다. 전도하고 싶어도 가정을 먹여 살려야 하고, 직장 때문에, 시간이 없어서 등의 이유를 댑니다. 그러나 일터가 그리스도를 전하는 전도 장소여야 합니다. 가정이야말로 가장 전도가 우선적으로 이루어져야 하는 장소입니다. 예수님의 첫 제자가 형님인 베드로를 주께 전도하였듯이 말입니다. 예수님도 성령에 이끌리어 고향에서 먼저 복음을 전합니다.

직장생활에서 입술을 열어 그리스도를 전하는 것은 놔두고라도, 그리스도인이라 하면서, 거짓말을 밥 먹듯 하고 자기중심적이고 이기적으로 행동을 해서, 당신이 믿는 하나님이라면 나는 믿기 싫다는 소리를 듣거나 당신을 보니 교회 다니지 않는 것이 좋겠다는 생각이 들도록 해서는 안 됩니다.

2) 바울 이후 가장 위대한 전도자인 휫필드의 19세기 선교행전

《조지 휫필드(George Whitefield)의 일기》(조지 휫필드, 1714-1770, 엄경희 옮김, 지평서원, 2015)라는 책은 18세기의 사도행전이요 선교행전이라 할 수 있습니다. 이것은 교회사의 가장 위대한 한 시대였던 18세기 부흥 역사를 이해하는 데 큰 도움이 되는 일기입니다.

휫필드는 18세기 영국에서 일어난 복음주의 대각성운동의 주역이자 복음 전도자였습니다. 우리나라에도 잘 알려진 로이드-존스는 《조지 휫필드》(정영식 옮김, 새순출판사, 1986)라는 책을 편찬하면서, 그의 나이 25세에 신대륙에서 대각성의 회개운동을 일으켜서 미국인의 80퍼센트가 그의 설교를 한 번 이상 들었고, 1천만 명 이상이 그의 설교를 듣고 회심했다고 전하며, 존 라일(J.C. Ryle)은 "18세기 인물들 가운데 그의 이름 앞에 다른 사람을 내세운다면 불공평한 일이다"(14쪽)라고까지 했습니다. 라일 목사는 《세기를 뒤흔든 전도자 조지 휫필드》(홍종락 옮김, 홍성사, 2003)라는 책에서 휫필드가 자신의 공생애 33년간, 한 번 항해에 두세 달씩 걸리는 영국과 미국 사이 대서양 횡단을 무려 열세 번이나 하면서 7차에 걸친 미국 순회 선교여행을 했고, 큰 대중집회만 1만 8천여 회, 작은 집회까지 하자면 약 3만여 번에 걸친 대중 설교를 했다고 밝힙니다. 이는 평균 매일 하루에 서너 차례씩 6-8시간씩 설교하기를 1년에 1천 번 이상, 30여 년간 3만 번이나 지속한 수치입니다.

복있는사람 출판사에서 2015년에 낸 《18세기 위대한 복음 전도자》라는 책 말미에서 에드윈 C. 다간은 이렇게 말했습니다. "사도 시대 이래 설교 역사에서 조지 휫필드보다 더 위대하거나 더 가치 있는 이름이 없다"(1,198쪽). 이 책에는 다음과 같은 감동적인 일화가 적혀 있습니다.

> 휫필드의 설교를 자주 듣던 한 소년은 어린 나이로 세상을 떠나면서 작은 목소리로 '휫필드 씨의 하나님한테 가야 해요'라고 말했다고 한다. 휫필드의 설교는 배운 사람과 못 배운 사람, 부자와 가난한 자, 흑인과 백인, 젊은이와 노인 할 것 없이 모든 이들에게 효력을 발했다(1,185쪽).

모든 참된 신앙 부흥에서 언제나 성경은 탁월하고 중심적인 위치에 있었습니다. 하나님의 말씀의 강력한 선포와 가르침, 곧 성경은 하나님께서 부흥의 불을 지피는 데 사용해 오신 중요한 수단이었습니다. 담대한 하나님의 말씀 선포 없이는 교회가 세속문화, 물질주의, 감각주의에 확고하게 맞설 수 없습니다. 어느 날 휫필드는 그동안 읽었던 모든 책들은 옆으로 다 치워 둔 채 오직 성경만을 무릎 위에 놓고 묵상합니다. 그는 말씀 한 구절 읽고 기도하고, 또 말씀 한 구절 읽고 기도하는 가운데 자신의 죄를 자각하고 회개합니다. 그는 하나님께서 자기 죄를 용서하셨다는 사실을 깨달으면서 그 순간 그는 거듭남을 체험하였습니다. 여기에서 그의 전도의 능력이 나타나기 시작했습니다.

그의 설교를 들은 유명한 인물 중에 벤자민 프랭클린이라는 사람이 있는데, 프랭클린의 자서전에 휫필드의 전도 영향을 엿볼 수 있는 장면이 있습니다.

> 그는 크고 뚜렷한 목소리를 가지고 있었으며, 억양과 강세가 매우 분명하였기 때문에 대단히 먼 거리에서도 듣고 이해할 수 있었고, 청중들이 아무리 많더라도 그들이 침묵할 때면 더욱 분명히 들을 수 있었다. 그는 어느 날 저녁 상가의 중간과 2번가의 서쪽편이 수직으로 교차하는 지점에 있는 법원 계단 꼭대기에서 설교하였다. 상가 맨 위에 있었던 나는 그의 목소리가 어느 정도 멀리에서도 들리는가를 알아보기 위해 길을 따라 강 쪽으로 걸어갔다. 그 결과 나는 그의 목소리가 산책길에 접어들 때까지 계속 들리는 것을 알았다.

프랭클린은 "휫필드의 설교 하나로 필라델피아 주민들의 삶이 바뀌다니 정말 놀라운 일이다. 마치 종교에 대해 멀리하거나 무관심하던 온 세상이 종교에 빠지고 있는 듯했다"고 전합니다.

휫필드가 미국에서 활동할 당시, 미국에서 가장 영향력 있던 목회자는 청교도의 정신을 이어받은 조나단 에드워즈였습니다. 휫필드는 1740년 10월 17일 뉴잉글랜드 노샘프턴(Northampton)에서 영적 각성운동을 전개한 조나단 에드워즈를 만난 후 이렇게 기록했습니다. "에드워즈는 견고하고 훌륭한 그리스도인이다. 나는 뉴잉글랜드에서 그와 필적할 만한 사람을 본 적이 없다고 생각한다." 이틀 후(19일) 주일의 일기에는 에드워즈 부인에 대해 "온유하고 고요한 영혼으로 장식하고 있었고, 하나님의 일을 확고한 마음으로 이야기했다"고 기록했습니다. 에드워드와 휫필드의 전도 사역으로 미국 전역에 더욱 확산된 대각성운동의 결과로 100여 년 뒤, 우리나라에까지 미국 선교사들이 복음을 들고 찾아오게 된 것입니다.

휫필드는 1740년 뉴잉글랜드 지방을 순회하면서 설교를 계속함으로써 대각성운동을 확장시켜 나갑니다. 1740년 10월 12일 보스턴에서의 작별 설교에는 2만 명이 모였습니다. 교회사가들에 의하면, 대각성운동 기간 동안 휫필드보다 더 많은 복음 전파와 그리스도 안에서의 회개의 역사를 불러일으킨 설교자는 없었다고 합니다. 1750년 인구가 겨우 34만 명이었을 때, 이 기간 동안에만 25,000-50,000명 정도의 사람들이 뉴잉글랜드 지방에 있는 교회에 등록했다고 전해지고 있습니다.

휫필드와 동시대를 살면서 감리교를 만든 웨슬리는 휫필드의 죽음에 조의를 표하며, "수천, 수만 명의 죄인들을 회개시킨 사람들에 대하여 들어 보신 적이 있습니까? 무엇보다도 그토록 많은 죄인을 어둠 속에서 빛으로, 사탄의 권세에서 하나님께로 옮겨놓은 축복의 도구가 되었던 사람에 대하여 들어 보신 적이 있습니까?"라고 말했습니다.

이제 한국교회는 말씀 중심의 초대교회 본연의 모습으로 돌아가야 합니다. 하나님의 말씀인 성경을 들고 교회는 전도해야 합니다. 젊은이들은 가치관을 잃고 방황하고 있고, 사회는 점점 더 병들어 가고 있고, 물질 숭배가 교회 속에서 자라고 있습니다. 그리스도인 가정에서 이혼이 급증하고, 교회의 사회에 대한 영향력은 힘을 잃고 있습니다. 초기 한국교회에는 특별한 프로그램이 없었고 오늘날과 같이 교회 안에서 문명의 이기를 누리지 못했는데도 영적 생명력으로 충만했습니다.

교회를 살리는 것은 프로그램이 아니라 전능하신 삼위일체 하나님이시며, 교인의 심령을 바꾸시는 분도 말씀을 통해 말씀과 더불어 역사하시는 성령 하나님이십니다. 가장 중요한 것은, 말씀을 통해 말씀과 더불어 역사하시는 성령의 능력을 힘입는 교회가 되는 것입니다.

그의 전도로 말미암은 부흥의 결과는 놀라운 것이었습니다. 쇠퇴하였던 잉글랜드 교회가 소생함을 받았고 크게 부흥하였습니다. 회심자들이 교회에 몰려와 설교를 듣기 원했고, 교회에 속하려고 노력했습니다. 교회는 교인들에게 성경을 가르치고 읽는 일이 프로그램이 되었습니다. 그리하여 교회는 생명력으로 가득 찼으며, 온 교회가 살았고 활력으로 충만하였던 것입니다. 교회는 생기가 넘치고 활기찬 모습으로 회복되었습니다.

결론입니다.

예수님은 전도하기 위해 이 땅에 오셨습니다. 그러나 사탄은 하나님의 명령이고 하나님의 일인 전도를 막습니다. 베드로는 그들을 '범죄한 천사들'이라 밝힙니다. 다시 말하면, 하나님의 대적자들입니다. 그들의 방해를 이기고 전도하는 길은 성령의 인도를 받는 것입니다. 전도를 위한 기도를 할 때에 성령에 이끌림을 받는 기도를 함으로써 이겨낼 수 있습니다.

우리는 예수님처럼 전도자로 살아야 합니다. 그 길은 전도의 영으로 가능합니다. 그러나 많은 방해 요소들 중에 전도에 대한 무관심만큼 잘못된 것도 없습니다. 그래서 마지막으로 전도가 우리에게 거룩한 습관이 되어야 한다고 제안했습니다.

15장

진리를 증언하려고 세상에 오신 예수
요한복음 18:37-38

○●● 예수님은 진리를 전하기 위하여 이 세상에 오셨습니다. "내가 이를 위하여 태어났으며 이를 위하여 세상에 왔나니 곧 진리에 대하여 증언하려 함이로라"(요 18:37) 주께서 친히 말씀하십니다. 이제 그 진리는 나와 무관한 진리가 아니라 나와 관계하는 진리여야 합니다. 그 진리가 나의 진리가 되어야 합니다. 그 말은 곧 진리가 나를 자유롭게 해야 한다는 뜻입니다. 그것은 진리의 영이 가능하게 합니다. 실천적인 적용 차원에서 진리의 영이 어떻게 나를 자유롭게 하는지 규명하겠습니다.

따라서 설교의 목적은 진리를 증언하려고 세상에 오신 주님이 누구인지 살핀 다음, 예수가 증언한 진리가 어떻게 나를 자유롭게 하는지 감사하는 시간을 갖는 것입니다.

1. "내가 곧 길이요 진리요 생명이니"(요 14:6)

요한복음이 말하는 '진리'란 "내가 곧 길이요 진리요 생명이니"(요 14:6)라 하신 대로 예수 그리스도 자신입니다. 진리는 예수 그리스도이기 때문에, 인간이 추구해서 얻어진 것이 아니고, 우리가 그리스도 안에서 하나님의 현실에 접근할 수 있게 되었습니다.

1) "내가 곧 길이라."

먼저 "내가 곧 길이라" 하신 것처럼 예수님은 "나로 말미암지 않고는 아버지께로 올 자가 없느니라"(요 14:6) 하시면서, 너희에게 오는 길이지만 동시에 '내가 너희를 위하여 거처를 예비하러 가는'(요 14:2) 길이 바로 '나'라는 의미로 예수님이 '길'이라 하셨습니다.

예수님이 우리를 위하여 오시는 길도 길이고, 예수님이 우리를 위하여 가시는 길도 길입니다. 오는 길이나 가는 길이나 예수님은 생명에 이르는 참된 길입니다. '아버지'가 바로 길로 다다를 목표점이라면, 예수님은 자신을 아버지께로 가는 '길'(hodos)이라 하신 것입니다. 이때 '길'이란 목표점에 다다를 수 있는 다른 길이 없이 오직 그 길만이 유일한 길을 뜻합니다.

예를 들어 한 중풍병자를 네 사람이 메고 나옵니다. 무리 때문에 메고 '들어갈 길을 얻지 못하게'(눅 5:19) 되었습니다. 그래서 기와를 벗기고 병자를 침상째로 무리 가운데로 예수님 앞에 달아 내립니다. 다른 길이 없습니다. 구원의 생명을 얻는 다른 길이 없습니다. 그래서 베드로는 "다른 이로써는 구원을 받을 수 없나니 천하 사람 중에 구원을 받을 만한 다른 이름을 우리에게 주신 일이 없음이라"(행 4:12) 합니다. 하나님께 다다르고자 하는 자가 갈 수 있는 유일한 길이 바로 예수입니다. 예수라는 길로 말미암지 않고는 아버지께 올 자도 없고 갈 자도 없습니다.

2) "나는 진리요."

예수님이 "나는 진리요"라고 하신 것처럼, 예수님은 "이를 위하여 세상에 왔나니 곧 진리에 대하여 증언하려 함이로라"(요 18:37)고 하셨습니다.

요한은 진리의 반대가 거짓이라고 보았습니다. 진리는 삼위 하나님의 특성을 나타냅니다. 성부 하나님은 "유일하신 참 하나님"(요 17:3)이시고, 예수님은 성육신한 "진리"(요 14:6)이시며, 성령은 "진리의 영"(요 14:17, 15:26, 16:13)이십니다. 아버지 하나님을 참 하나님이라 한 이유는 그분만이 진리의 근원이시기 때문이고, 예수님이 그 진리를 증언하려고 오셨기 때문입니다. 성령이 '진리의 영'이신 이유는, 성령께서 신자를 통해 예수에 대한 진리를 세상에 증언하시기 때문입니다(요 15:26-27, 16:8-11). 그리스도가 전해 주신 진리를 알고 그 진리가 자유롭게 하는 삶을 사는 우리는, 예수 그리스도가 하신 것처럼 진리를 증언해야 하고, 진리를 행하기 위해 이 땅에 오신 것처럼 진리 안에서 자유로운 삶을 살아야 합니다. 진리를 행할 때 진리의 능력이 나타납니다. 진리의 능력이 바로 자유롭게 하는 것입니다. 자유란 죄에서 해방되는 것을 뜻합니다.

3) "나는 생명이라."

예수는 "나는 생명이라" 하셨습니다. 예수는 양에게 생명의 꼴을 주고자 하십니다.

"내가 온 것은 양으로 생명을 얻게 하고 더 풍성히 얻게 하려는 것이라"
(요 10:10).

요한은 예수가 '생명'을 죽음과 대립적으로 보고 있는 것으로 이해합니다. 빛의 세계와 어둠의 세계는 다른 세계입니다. 요한은 예수와 사탄으로 이 두 세계를 설명합니다. 사탄은 메시아인 예수를 거부하고(요 8:31-47), 자기들의 죄를 부인하며(요일 1:8, 10), 예수의 대속적인 희생을 받아들이지 않습니다(요 4:10).

그리스도인은 생명의 꼴을 먹어야 합니다. 일용할 양식만을 주시는 것이 아니라, 영의 양식인 하나님의 말씀을 먹어야 사는 존재입니다.

우리는 주님의 양입니다. 주님이 이끄시는 대로 가야 좋은 꼴을 공급해 주십니다.

2. "진리를 알지니 진리가 너희를 자유롭게 하리라"(요 8:32)

요한복음 8장 31절은 예수께서 '자기를 믿는 유대인들에게 이르시는' 내용을 소개하고 있습니다. 예수를 믿는 유대인들이 되었으니 이제 '내 말 안에 거하여 참 제자가 되라'는 요구이고, 참 제자가 되어 '진리를 알아 진리가 너희를 자유롭게' 만들게 해야 한다는 것입니다.

1) 예수님의 말 안에 거하는 믿는 자

예수를 믿는 유대인들이 원하는 것이 무엇이었을까요? 참 제자가 되고 싶었을까요? 문맥을 보면, 예수를 믿는 자가 되었으니 이제 제자가 되어야 한다는 것을 예수께서 가르치고 계신 것으로 보입니다. 그런데 참 제자가 되는 길로 예수가 제시하신 두 길 중에 먼저 "너희가 내 말에 거하면"의 조건을 구체적으로 언급하고 있지 않은 것을 보면, 이 문제는 별반 큰 문제가 없어 보입니다. 그러나 실상은 그렇지 않습니다. 결국에 예수님이 그들에게 "어찌하여 내 말을 깨닫지 못하느냐 이는 내 말을 들을 줄 알지 못함이로다"(요 8:43)라고 지적하신 것을 보면 이것이 큰 문젯거리입니다. 즉 참 제자가 되려면 예수님의 말에 거하여야 합니다.

그런데 듣지 아니한 것을 보니 하나님께 속하지 아니한 자인 줄 알게 됩니다. 이 말씀은 우리에게 충격을 줍니다. 하나님께 속하지 아니하면서 예수를 믿는 자가 될 수 있다는 말이니까요. 혹시 우리가 바로 이런 유의 예수를 믿는 유대인이 아닌가요?

하나님의 말씀이기 때문에 진리로 받아들여야 할 터인데, 예수가 전하고 있기 때문에 진리가 아니라고 그들(예수를 믿은 유대인들)은 생각하고 있습니다. 왜 '예수'라는 사람이 전하면 그것이 진리가 될 수 없습니까? 진리는 전하는 사람에 의해 진리가 우리에게 알려집니다. 예수님의 지적처럼, 하나님의 말씀을 진리라고 받아들이고 그리고 진리를 증언하는 예수의 말씀을 잘 듣고자 하면 '하나님의 말씀이 하나님이 보낸 자에 의해 증언되고 있음'을 받아들여야 합니다. 사람 '예수'가 아니라 하나님이 보낸 사람 예수가 진리를 증언하고 있다고 보라는 것입니다.

그런데 예수를 믿은 유대인들은 예수의 말에 거하지 못합니다. 예수님은 '내 말이 너희 안에 있을 곳이 없다'(요 8:37)고 지적합니다. 그들이 '내 말을 깨닫지 못하기' 때문이고 '내 말을 들을 줄 알지 못하기'(요 8:43) 때문이라는 것입니다. 예수님은 하나님이 세상을 이처럼 사랑하여 아들을 세상에 보내셨음에도 불구하고 사람들이 진리인 예수를 부인하고 따르지 않는 이유는 "사람들이 자기 행위가 악하므로 빛보다 어둠을 더 사랑한 것"(요 3:19) 때문이라고 지적하셨습니다. 예수를 '믿은' 사람은 되었지만, 그렇다 해서 예수님의 참 제자가 되지는 못하고 있습니다.

예수님은 참 제자가 되는 길을 가르치셨습니다. 그것은 믿는 그리스도인이 "내 말에 거하여야"(요 8:31) 참 제자가 된다는 것입니다. 참 제자가 되어야 비로소 '진리가 너희를 자유롭게' 한다는 것입니다. 진리로 자유롭게 되려면, 먼저 진리를 알아야 합니다. 그런데 빌라도는 "진리가 무엇이냐?"고 묻고 있습니다. 우리는 진리가 무엇이냐고 묻는 자가 아니라 진리를 아는 자가 되어야 합니다. 진리를 알아야 자유로운 자가 되기 때문입니다.

2) 진리를 알아 자유로워지는 자

진리를 안다는 말은 "진리가 너희를 자유롭게 하리라"는 말을 뜻합니다. 일단 '자유'란 무엇인지부터 알아보아야 합니다. 보통 '자유'를 내 마음대로 선택할 수 있는 상황으로 이해하고 있을 텐데, 여기서는 그런 의미가 아니라 진리가 열어 보이는 그 세계, 곧 하나님의 현실에 참여하여 함께하는 것을 뜻합니다. 다시 말하면, 하나님은 진리이신데 진리이신 하나님의 세계를 우리에게 열어 보여주실 때에 그 속에 참여하여 하나님의 진리가 우리를 인도하고 그것에 맞추어 나가는 것입니다. 그런 의미에서 성경 저자들은 자유를 크게 세 가지 범주 안에서 사용합니다. "죄를 범하는 자마다 죄의 종"(요 8:34)이기 때문에, 우리를 구속하는 죄에서의 자유(롬 6:18 이하)라는 문맥에서, 율법으로부터 자유(롬 7:3-4; 갈 2:4), 그리고 죽음으로부터 자유(롬 6:21-22, 8:21)를 뜻할 때 사용되고 있습니다.

(1) 죄에서 자유

'죄에서 자유'란 첫째로 죄의 삯인 사망에서 벗어나는 것을 뜻할 뿐만 아니라, 둘째로 죄가 정죄하는 데서부터 자유로운 것도 포함되며, 그리고 셋째로 죄의 세력에서 자유가 바로 그것의 참 의미임을 알 수 있습니다. 하나씩 살펴보겠습니다.

첫째, 죄의 삯인 사망에서 자유입니다.

> "죄를 범하는 자마다 죄의 종이라"(요 8:34).

하나님의 아들인 예수 그리스도께서 주신 참 자유란 죄에서 자유를 뜻합니다. "죄의 삯은 사망"(롬 6:23)이기 때문에 죄의 결과인 죽음에서의 자유가 바로 죄에서 자유를 뜻합니다. 예수님은 우리가 예수의 제자가 되면 죽음에서 벗어난다는 것을 가르치셨습니다. "나를 믿는 자는 죽어도 살겠고 무릇 살아서 나를 믿는 자는 영원히 죽지 아니하리니"(요 11:25-26)라고 말씀하셨기 때문입니다.

둘째, 죄의 정죄로부터 자유입니다.

죄에서 자유란 죄의 정죄로부터 자유함을 뜻합니다. 과거의 죄나 현재의 습관적인 죄의 반복을 통해 우리는 스스로를 송사할 뿐만 아니라, 사탄이 내 속에서 자꾸 정죄하는 생각을 집어넣어 죄에서 자유함을 얻었다는 것을 부정하게 만듭니다. 그러나 바울은 "의롭다 하신 이는 하나님이시니 누가 정죄할" 수 있느냐며, 예수 그리스도가 우리를 위하여 간구하고 계시니 두려워하지 말라고 가르칩니다(롬 8:31-34). 따라서 자신을 자꾸 괴롭히고 예수에게서 멀어지게 만드는 것이 사탄의 짓이라는 것을 깨달아 자유함을 얻어야 합니다. 사탄의 노예로 살아서는 안 됩니다. 사탄은 우리가 자유로운 자가 되었음에도 불구하고 자꾸 참으로 자유로운 자인지 증명하라고 유혹합니다. 사탄의 계략을 이기려면 참으로 예수의 제자가 되어야 합니다. 예수의 참 제자가 되는 길은 진리이신 예수님을 따라 하나님을 섬기고 이웃을 섬기는 것입니다.

셋째, 죄의 세력에서 자유입니다.

죄의 세력 또는 권세가 어떻게 구원받은 우리를 여전히 괴롭힙니까?

가장 먼저, 바울은 로마서 7장 15절에서 "내가 행하는 것을 내가 알지 못하노니 곧 내가 원하는 것은 행하지 아니하고 도리어 미워하는 것을 행함이라" 하여 죄의 권세가 여전함을 피력합니다. 이것을 역설적인 무능력이라 칭해 봅시다. 다시 말하면, 알고 있으면서도 그렇게 안 되는 것 말입니다. 그래서는 안 된다는 것을 알고 다짐하지만 그 분위기나 그 사람 또는 어느 상황이 주어지면 언제 그랬느냐는 식으로 그대로 행하고 있는 자신을 볼 수 있습니다. 모르는 것이 아니라 알고 있습니다. 어거스틴은 모르고 지은 죄도 용서를 구했는데, 하물며 알면서도 저지른 죄라면 더욱 그리해야 할 것입니다. 알고 있다고 해서 그대로 행해지지 않습니다. 아는 것과 행하는 것이 다른 데서 죄의 세력을 볼 수 있습니다.

그것만이 아닙니다. 인간의 의지도 죄의 세력 아래 놓여 있을 수 있습니다. 우리가 마음먹는다고 다 그대로 하던가요. 바울도 '원하는 것은 행하지 않고 도리어 미워하는 것을 하는'(롬 7:15) 자신의 의지를 봅니다. 바울이 고백한 대로 "내가 원하는 바 선은 행하지 아니하고 도리어 원하지 아니하는 바 악을 행하고"(롬 7:19) 있을 뿐입니다. 죄의 힘이 인간의 의지를 지배하고 있는 실태를 매일 우리는 계속하여 경험하고 있습니다. 어거스틴은 이것을 노예의지라 하였습니다. 자유의지란 오로지 하나님만이 가지십니다. 그래서 인간은 하나님의 은혜에 의지하는 수밖에 없습니다. 그러나 펠라기우스와 같은 사람은 인간에게 자유의지가 있다고 말합니다. 선한 것이나 좋은 것을 행할 수 있는 의지가 있다는 것입니다. 그러나 어거스틴은 악을 행하는 의지는 강해도 선하거나 좋은 일을 하려는 마음이 인간에게는 너무 없다고 봅니다. 저는 어거스틴이 옳다고 봅니다. 전적 타락을 지지한 칼빈이나 원죄를 주장한 어거스틴처럼 의지까지도 죄의 세력 아래 놓여 있습니다.

죄의 권세는 무의식적인 행동까지도 지배합니다. 쉽게 말해서 내가 아닌 것이지요. 분명 나 자신이지만 나는 아니라고 말하고 싶은 것 말입니다. 원하는 것은 행하지 아니하고 "만일 내가 원하지 아니하는 그것을 하면 이를 행하는 자는 내가 아니요 내 속에 거하는 죄"(롬 7:20)라고 바울은 기술합니다.

참으로 곤고한 사람입니다. 모든 것이 죽을 지경입니다. 어떤 행동도 살펴보면 다 죄의 권세 아래 있고, 죄는 의지까지도 지배하고 있으며, 심지어 무의식적인 영역까지도 다 죄 아래 있습니다. 주님은 이런 죄의 종으로 살고 있는 우리를 진리로 자유하게 하신다고 선언하고 계십니다.

그러면 참으로 우리를 죄에서 자유롭게 만드는 진리인 하나님의 말씀으로 자유자가 되었습니까? 하나님의 말씀인 진리로 자유롭게 된 자의 사례를 제시하겠습니다. 그가 바로 바울입니다. 바울은 성경이 말하는 자유 개념을 바르게 파악하였습니다. '자유' 개념이 나오게 된 배경을 통해 자유 개념이 가지는 참 의미를 알 수 있습니다.

'자유' 개념은 구약에서 기원합니다. 출애굽의 경우에서 보듯이 노예에서 벗어나는 해방을 뜻합니다. 출애굽한 이스라엘은 자유자로 살아야 합니다. 자유자로 살되 이제는 제사장의 나라요 거룩한 백성이 되어 살아야 합니다. 거룩한 백성으로 자유롭게 살려면 새로운 것에 스스로 속박되어야 합니다. 즉 하나님의 말씀인 토라에 순종함으로 거룩한 백성이 되어 살 수 있습니다. 여기서부터 '자유'의 의미가 달라지기 시작합니다. 애굽에서의 해방이 바로 자유이지만, 해방시켜 주신 하나님의 통치와 지배를 받으면서 애굽의 노예가 아니라 하나님의 종이 되어 사는 일이 일어납니다. 자유롭게 만들어 주신 자의 뜻을 따라 노예가 되고 종이 되는 일이 일어납니다. 이것이 바로 성경이 말한 자유입니다.

이제는 자유자로 살게 되었으니 내 마음대로 살자는 저급한 종류의 자유가 아니라 신바람이 나서 스스로 자유롭게 해주신 분에게 나의 자유를 온전히 드리는 일, 곧 전적인 순종이 비로소 일어나기 시작합니다. 자유자만이 자신의 존재를 참으로 존재이게 이끕니다. 과거의 짐에서 또는 죄악의 굴레와 습관 속에 갇혀 있던 나를 자유롭게 해주셔서 참으로 내가 드러날 수 있도록 이끌어 주심이 바로 진정한 자유입니다.

예수님도 바로 이런 의미의 자유를 말씀하셨습니다. 죄에서부터 자유이지만, 하나님의 의를 위해서는 종이 되는 것이 바로 진짜 자유라는 것입니다. 출애굽을 시켜 주어도 다시 애굽을 그리워하며 옛날로 되돌아가고자 합니다. 구습을 떨쳐 버리고 새로운 존재가 되어 새로운 거룩한 습관을 만들어 가야 합니다. 바울은 자기가 '어떻게 우상을 버리고 하나님께로 돌아와'(살전 1:9) 즉 죄에 대한 종살이를 벗어나 하나님의 종이 되었는지를 밝힙니다. 자신은 이제 그리스도의 종입니다(롬 1:1). 의의 종입니다(롬 6:18).

(2) 율법으로부터 자유

율법으로부터의 자유란 율법을 통하여 의로운 자로 인정받고자 하는 욕구로부터 자유로워지는 것을 뜻합니다. 구체적으로 예를 들어 설명하자면, 율법을 어기려고 일부러 죄를 짓는 그리스도인은 없습니다. 하나님의 법인 율법을 지키려고 합니다. 그런데 마음먹은 대로 잘 안 지켜집니다. 그때 고민이 생깁니다. '율법을 지키고자 하는데 왜 마음먹은 대로 안 되지' 하며 자책하기도 합니다. 율법을 지켜야 한다는 명제가 나를 속박하기 시작합니다. 자유롭지 못합니다.

그때, 예를 들어 '네 이웃에 대하여 거짓 증거하지 말라!'는 제9계명에 대해 '자신은 거짓말하지 않고 있으며' 또한 '이런 말은 거짓말이 아니라 정당한 참말'이라 생각할 뿐만 아니라 합리화하고 '이런 것까지 거짓말이라 하면 도대체 어떻게 살란 말인가' 반박도 하면서 자기의 입장에 따라 해석하여 제9계명을 해석하고 정당화합니다. 그리고 순수한 마음으로 하나님의 뜻과 계명을 따르고 있는 것처럼 보이지만 실제로는 자기 생각과 뜻대로 행하고 있는 것조차 하나님은 이해해 주실 것이다, 이런 상황에서라면 어쩔 수 없다는 식으로 자기 행위를 정당화하는 것이 바로 율법에 속박되고 있는 자의 모습입니다.

(3) 죽음으로부터 자유

모든 죄는 삯으로 죽음을 가집니다. 차로 운전하는 경우를 들어 설명해 봅시다. 무리한 끼어들기를 하다가 고속버스가 추락하여 많은 사람을 죽게 만들었습니다. 자기만 죽는 것이 아니라 다른 사람을 죽게 만드는 일을 절대 해서는 안 됩니다. 세계의 평화를 위협하고 있는 자

살 테러 등은 참으로 인류사회에서 멸절되어야 할 범죄입니다. 이것이 종교의 이름으로 실행되고 있는 것은 참으로 안타까운 일입니다.

3. 진리가 자유롭게 하는 삶

요한복음 8장에는 예수님이 "진리가 너희를 자유롭게 하리라"(요 8:32)며 진정한 자유를 선포하자, 예수의 말을 알아듣지 못하고 "우리가 남의 종이 된 것이 없거늘 어찌하여 우리가 자유롭게 되리라 하느냐?"며 엉뚱한 소리를 하고 있는 "자기[예수]를 믿은 유대인들"(요 8:31)이 소개되고 있습니다. 도대체 예수를 믿은 유대인들이 누구입니까?

이들은 예수를 믿기만 하지 그 믿음이 그들을 자유롭게 하는 삶의 세계를 경험하지 못하고 있습니다. 예를 들어 기도를 할 뿐이지 기도를 들으시는 하나님이 응답하시는 것을 체험하지 못하고 사는 사람과 같습니다. 성경을 읽을 뿐이지 성경의 능력이 나의 삶을 변화시키고 새롭게 살게 만드는 힘을 체험하지 못하는 사람과 같습니다.

그래서 예수님은 아브라함을 예로 드십니다. 그랬더니 그들은 "우리 아버지는 아브라함"이라고 대답합니다. 그러자 예수님은 "너희가 아브라함의 자손이면 아브라함이 행한 일들을 할 것이라"고 하시며, 아브라함의 자손이 되었으니 이제는 아브라함처럼 행해야 한다고 가르치십니다. 아브라함의 자손의 능력과 축복은 아브라함의 자손이 된 데서 나타나는 것이 아니라 아브라함처럼 순종하며 따를 때에 나타납니다.

다시 한 번 강조합니다. 그리스도인이 된 것, 큰 축복입니다. 그러나 그리스도인으로서 사는 것, 곧 아브라함처럼 믿음을 행동으로 순종하는 것이 중요합니다. 아브라함은 진리의 증언, 곧 하나님의 말씀을 들은 즉시 행합니다. 예수님은 아브라함의 예를 통해, 제자가 되고자 하는 자기를 믿은 유대인들에게 진리를 아는 것도 중요하지만 진리의 증언을 행하는 것이 바로 진리의 증언이라고 가르칩니다.

그런데 그들은 아브라함 자손이기는 해도 아브라함처럼 행하지는 않고 있습니다. 그러면서도 '나는 아브라함의 자손이다'라고 합니다. 그래서 예수님은 '아브라함은 이렇게 하지 아니하였다'고 하십니다. 그러자 그들은 "지금 하나님께 들은 진리를 너희에게 말한 사람인 나[예수]를 죽이려"(요 8:40) 하고 있습니다. 그러나 아브라함은 하나님의 말씀을 듣고 그대로 순종했지, 하나밖에 없는 자식을 내놓으란다고 하나님의 사자를 죽이려 하지 않았다고 꼬집고 있습니다.

이 말씀에 그들은 또다시 "아버지는 한 분뿐이시니 곧 하나님이시로다"(요 8:41)라고 '아버지'를 영적 아버지라고 아버지의 의미를 다르게 사용합니다. 그러자 예수님은 '하나님이 너희 아버지였으면' 너희가 나를 사랑했을 것이라 꼬집습니다. 너희의 아버지와 나[예수]의 아버지가 같다면, 우리가 이렇게 서로 말이 안 통할 리가 없다는 것입니다. 그런데도 너희들이 '내 말을 깨닫지 못한'(요 8:43) 것을 보니 너희 아버지는 하나님이 아니요, 거짓말한 것을 보니 너희는 거짓의 아비인 마귀의 자식이라고 내치고 맙니다.

이제 이 말씀에 기초해 우리 자신에게 물어야 할 차례입니다. "예수를 믿은 유대인", 곧 그리스도인인 우리가 아브라함의 자손입니까? 요즘으로 말하자면 우리가 교회 잘 다니는 구원받은 사람입니까? 주일날 예배드리고 교회 잘 다니는 그리스도인입니까? 그렇더라도 예수님의 평가에 따르면 마귀의 자녀일 뿐일 수 있다는 것입니다. 그러면 우리가 참으로 아브라함의 자녀인지 마귀의 자녀인지 판가름할 수 있는 비결은 다름 아니라, 즉 "내 말을 들을 줄 알지 못함이로다"(요 8:43)의 판가름은 "아브라함이 행한 일들을 할 것이거늘"(요 8:39)입니다.

그러면 아브라함이 행한 일이 무엇인지 알아봅시다. 우리는 창세기 22장에서 시험 받는 아브라함의 이야기를 읽었습니다. 여호와께서 아브라함에게 "이삭을 번제로 드리라!" 명하십니다. 아브라함은 아무 대꾸 안 하고 아침에 일찍이 일어나 떠납니다. 그 말은 아내에게도 아들 이삭에게도 심지어 자신에게도 하지 않았음을 뜻합니다. 칼을 잡고 아들을 잡으려고 하자 여호와의 사자가 "내가 이제야 네가 하나님을 경외하는 줄을 아노라"(창 22:12)라는 하나님의 메시지를 전합니다. '이제야' 알았다는 말의 의미가 무엇일까요? 두 번째 오신 여호와의 사자가 "네가 이같이 행하여 네 아들 네 독자도 아끼지 아니하였은즉 내가 네게 큰 복을 주고"(창 22:16-17)라고 약속합니다.

그러면 '이제야' 알았다는 말의 의미가 무엇인지, 그리고 '이같이 행하여'가 큰 복을 얻을 수 있었던 이유가 궁금합니다. 예수님이 말씀하신 아브라함의 후손은 어떻게 행하여야 합니까? 아브라함이 독자 이삭을 바친 행동은 먼저 하나님의 말씀이 있었기 때문이고, 하나님의 말씀은 거부해도 될 내용을 담고 있는 것이 아니라 참이라는 것을 알았기 때문에 따랐을 것입니다.

이사야는 세상 앞에서 하나님의 증인인 이스라엘, 곧 아브라함의 후손이 말씀에 어떻게 순종해야 하는지 가르칩니다. 이사야 43장 9절에 따르면, "이전 일들을 우리에게 들려주겠느냐"며 아브라함의 이전 일을 다시금 들려줍니다. 일차로 '증인을 세워야 합니다.' 그런 다음 자기들의 옳음을 나타내 보여야 합니다. 그러면 듣는 자들이 그 증언이 '옳다'(사 43:9)고 증명해 주어야 합니다. 이 일을 하려고 이스라엘을 증인으로 여호와의 종으로 택하였다는 것입니다. 이스라엘 구원자는 이렇게 하나님의 말씀이 진리임을 증언해 주어야 합니다.

이사야의 말대로 아브라함의 순종의 행위는 여호와가 '이제야' 알게 된 것으로, 아브라함이 아들을 제물로 바치는 '행위'가 왜 그리 마음에 드셨을까요? 느헤미야는 그에 대해 훌륭한 답을 줍니다. 느헤미야는 옛적에 여호와께서 아브람을 택하시고 갈대아 우르에서 인도하여 내시고 아브라함이라는 이름을 주시며 그와 언약을 맺은 이유를 '그의 마음이 주 앞에서 충성됨을 보셨기'(느 9:8) 때문이라고 합니다. '그의 마음이' 주 앞에서 어떠했기 때문이라는 것입니까? 아브라함의 마음이 여호와 앞에서 '충성되었다'고 번역되어 있지만, 원문에 따르면, '아브라함의 마음이 여호와의 앞에서 진실함을 아시고' 언약을 맺으십니다.

마음이 어떠한지 '진실'이나 '참' 또는 '진리'인지 드러나야 합니다. 아브라함의 마음이 진실한 것을 아신 이유는 그가 순종했기 때문입니다. 여기에서 진리, 진실, 참은 그것이 참인지 아는 것도 중요하지만, 예수를 믿은 유대인들처럼 믿기만 하고 듣기만 할 뿐이지 "들을 줄 알지 못하는"(요 8:43) 것이어서는 안 되고, 아브라함처럼 "이같이 행하여"(창 22:16)야 합니다. 행하여야 진리는 그 능력이 나타납니다. 행한 것을 보시고 주님은 아브라함에게 언약을 맺으며 복을 더하십니다. 복은 행할 때 내려집니다. 믿을 때 의롭다 여기십니다. 그러나 믿음으로 행할 때, 여호와는 '이제야'(창 22:12) 아브라함의 마음이 진실함을 알았다며 축복해 주십니다. 그러므로 진리는 아는 것도 중요하지만 '자기[예수]를 믿은 유대인들', 곧 오늘날의 신앙인들에게는 행하는 진실이 따라야 합니다.

결국에 하나님의 진리 말씀을 증언하거나 참으로 들으려면 마음의 진실로 해야 합니다. 예수님은 하나님의 말씀이 옥토 마음밭에 뿌려져야 열매를 맺는다고 말씀하십니다. 진리의 증언은 마음밭이 아름다워야 합니다. 느헤미야가 해석한 것처럼, 아브라함의 마음이 여호와의 앞에서 진실함을 보시고 하나님은 언약을 맺으셨습니다.

시편 기자는 "그러나 그들이 입으로 그에게 아첨하며 자기 혀로 그에게 거짓을 말하였으니 이는 하나님께 향하는 그들의 마음이 정함이 없으며 그의 언약에 성실하지 아니하였음이로다"(시 78:36-37) 하며 진리에 불순종하는 자의 모습을 폭로하고 있습니다. 진리는 마음으로 따르는 것입니다. 마음으로 따른다는 말은 믿어야 가능합니다. 아브라함은 여호와의 언약이 25년을 통해 흔들리기는 하지만 반드시 이루어진다는 것을 깨달았고, 그를 통해 아들을 제물로 바치라는 여호와의 명령도 진리를 따르는 것이 옳다는 믿음을 따라 그렇게 했던 것입니다.

4. 진리를 증언하기 위한 삶의 적용 원리인 진리의 성령

우리의 주제는 '진리' 개념입니다. 그리고 그 진리가 하는 일, 곧 '너희를 자유하게 한다'는 것을 꼼꼼하게 살펴야 합니다. 진리는 하나님의 진리이고 예수님이 진리입니다. 그 진리가 나를 자유하게 하는 이 영역은 나의 삶에서 일어나야 하는 내용입니다. 따라서 '너희를 자유롭게 하리라' 한 일이 일어나지 않았다면, 진리는 그냥 진리일 뿐입니다. 그런데 우리는 삶에서 나를 자유롭게 하는 그 '진리'를 위해서 '나를 자유롭게 하는' 삶에서의 변화를 무시하거나 경시하는 경향이 있습니다.

1) 진리의 성령

진리의 성령이 오시면 그가 우리를 그 진리 가운데로 인도하실 것입니다.

> "진리의 성령이 오시면 그가 너희를 모든 진리 가운데로 인도하시리니 그가 스스로 말하지 않고 오직 들은 것을 말하며 장래 일을 너희에게 알리시리라" (요 16:13).

진리의 영을 예수님은 또 다른 보혜사라 칭하십니다.

> "보혜사 곧 아버지께서 내 이름으로 보내실 성령 그가 너희에게 모든 것을 가르치고 내가 너희에게 말한 모든 것을 생각나게 하리라"(요 14:26).

이사야 선지자는 성령의 인도를 다음과 같이 말합니다.

"너희가 오른쪽으로 치우치든지 왼쪽으로 치우치든지 네 뒤에서 말소리가 네 귀에 들려 이르기를 이것이 바른길이니 너희는 이리로 가라 할 것이며"(사 30:21).

원래 '위로자'라는 히브리어 '메낙헴'은 창세기 5장 29절에서 '안위'라는 말로 번역되어 있는데, 노아가 바로 위로자가 될 것이라는 뜻입니다. 이사야는 하나님이 바로 고난당하는 자들을 직접 위로하신다고 전합니다. "여호와께서 그의 백성을 위로하셨은즉 그의 고난당한 자를 긍휼히 여기실 것임이라"(사 49:13) 하였을 뿐만 아니라 "너희를 위로하는 자는 나 곧 나이니라"(사 51:12)고 야훼 하나님이 바로 위로하시는 하나님이심을 밝힙니다.

'위로자'는 '진리의 영'이며 그 영은 예수의 이름으로 하나님이 보내는 분이십니다. 여기서 "내 이름으로"(요 14:26)라 할 때의 예수의 이름은 다름 아니라 '진리'를 가리킵니다. '보혜사'란 '위로자'를 뜻하고 '성령'인 '진리의 영'을 지시합니다. 그런데 예수님은 아버지께서 "또 다른 보혜사"(요 14:16)를 너희에게 주신다고 말하여, 진리의 영과는 다른 위로자를 뜻하는 것처럼 보이게 합니다. 그러나 다른 위로자 말고 바로 '진리의 영'이 바로 그분임을 강조하기 위함입니다. 요세푸스의 《유대인의 역사》를 읽어 보면, 에세네 공동체 안에 대사제 '위로자'(메나헴)가 헤롯에게 그의 장래에 대해 예언했다고 전하며 '위로자'가 활동하고 있었다는 것을 밝힙니다. 그는 헤롯이 죽은 다음에 일어난 반란으로 대략 2천 명이 죽임을 당할 때 처형되었다고 합니다.

진리의 영이 임하시면 일어나는 일들을 성경은 여러 가지로 설명합니다. '영'(루아흐)의 원래 뜻은 '바람, 숨'으로 하나님의 바람과 진리의 말씀은 밀접하게 연결되어 있습니다. 창세기 1장 2-3절에 의하면, 하나님의 바람(루아흐)이 수면 위에 있었고 하나님이 말씀하십니다. "빛이 있으라!" 그러자 빛이 있었습니다. 이처럼 영(루아흐)이 말씀하심으로 세상이 창조됩니다. 바람을 사람의 코에 불어 넣자 사람이 생령이 됩니다.

> "여호와 하나님이 땅의 흙으로 사람을 지으시고 생기를 그 코에 불어 넣으시니 사람이 생령이 되니라"(창 2:7).

부활하신 예수가 제자들에게 말씀하시고 "그들을 향하사 숨을 내쉬며 이르시되 성령을 받으라"(요 20:22) 하시매 성령으로 새로운 사람이 창조됩니다.

2) 사도 요한 교회의 진리의 영

사도 요한은 교회에 '진리 안에서 살아가는 이들이 있는 것을 보고'(요이 1:4) 기뻐합니다. 이것은 우리가 적용할 근거를 제공하는 구절입니다. 진리 안에서 살아가는 이들이 바로 우리 교회여야 합니다. 예수님은 "아버지께로부터 나오시는 진리의 성령이 오실 때"(요 15:26) 교회 안에 진리 안에서 살아가는 이들이 있을 것을 기대하셨습니다. 그래서 예수님은 "진리의 성령이 오시면 그가 너희를 모든 진리 가운데로 인도하시리니"(요 16:13)라고 진리의 영이 하실 일이나 과제를 밝히십니다.

사도 요한은 "진리를 행하는 자"(요이 1:4)를 '진리를 따르는 자'라 하여 "진리를 따르는 자는 빛으로 오나니 이는 그 행위가 하나님 안에서 행한 것임을 나타내려 함이라"(요 3:21)고 밝혀 하나님 안에서 행한 자임을 명백히 합니다.

우리 교회는 진리 안에서 살아가는 이들인지 물어야 합니다. 구체적으로 무엇이 그 증거입니까? 예수님은 진리는 자유롭게 한다고 말씀하십니다. 따라서 진리 때문에 자유자로 살아야 합니다. 역사 속에서는 자유가 아니면 죽음을 달라고 해방 전쟁을 하기도 했습니다. 자유자란 거룩함을 닮아 가는 근원이고 원천입니다. 자유자에게 부여된 내적 삶의 원동력을 살려내야 합니다. 내적 자아를 일깨워 새로운 삶의 세계를 살아가게 하는 힘이 바로 진리 안에 있기 때문에 자유자로 살아야 합니다. 죄에서 자유하고 구원받은 자가 바라보는 세상은 과거의 존재가 아니고 새로운 가능성이 앞에 놓여 있는 세상입니다. 죄에서 자유함이 가져다 둔 새 구조로, 사람들에게 나를 옛날처럼 대하지 못하도록 적극적으로 대처해야 합니다. 그런 새로운 세계는 주님이 진리로 만들어 주신 것이기 때문에, 그리고 진정한 자유로 새 삶을 살도록 만들어 놓으신 세계이기 때문에, 주님의 진리가 자유롭게 하는 세계가 되도록 만들어야 합니다.

3) "진리가 너희를 자유롭게 하리라."

자유의 영이 임하였으니, 이제 자유자로 살아야 합니다.

그리스도가 자유를 주신 사건이 왜 그리 중요한 의미를 가집니까? 이스라엘 민족 자체가 노예 민족이었는데, 하나님의 은혜로 자유를 누리는 제사장의 나라요 거룩한 백성이 되었기 때문입니다. 그래서 하나님이신 우리 주가 오시면, 그분도 억눌린 자들에게 자유를 가져다주셨습니다. '자유는 은혜로 받았다'는 구원의 체험(신 15:12-15; 렘 34:8-22) 때문에 이스라엘 민족은 지금도 '노예'에 대해서 너그럽고 인도적입니다 (출 21:2-11, 26-27; 신 15:12-18).

이스라엘 민족이 '자유'를 그토록 강조하는 이유를 알았을 뿐만 아니라, '자유'란 구원(노예에서 자유)인데, 이것은 영적인 의미만이 아니라 역사적이고 구체적인 삶의 현실에서의 자유라는 것에 우리는 주목해야 합니다. 우리가 생각조차 하지 못했던, 자유를 실현하는 역사, 곧 '희년' 같은 기독교의 기본 정신을 우리는 삶에서 실천하고 누려야 합니다. 누가는 하나님의 종말론적인 구원으로서의 자유의 복음을 전합니다(눅 4:18; 사 16:1).

바울은 "그리스도께서 우리를 자유롭게 하려고 자유를 주셨으니"(갈 5:1)라고 함으로써 그리스도를 우리에게 자유를 주신 분이라고 말하고 있습니다. 바울은 무엇보다도 죄와 율법에서의 자유(해방)이고(갈 4:21-31; 롬 7:3; 고전 7:39), 죄와 죽음, 허무와 멸망에서의 자유(롬 6:18, 20, 22, 8:2, 21)라고 구체적으로 자유의 항목을 나열합니다. 이 자유는 그리스도를 믿고, 그 세례를 받은 자에게 성령의 역사에 의해 이 세상의 한 가운데서 현실로 주어집니다(고전 9:1, 19, 10:29; 고후 3:17; 갈 2:4). 그리스도 안에 있는 자유란 결코 이기적인 것이 아니고, 바울 자신이 실천하고 있는 대로(고전 9:1, 19) 그리스도에게로의 신앙에 기초하여 이웃에 봉사하는 사랑에 대한 자유, 사랑으로써 서로 쓰이는 자유로서만 현실로 가질 수 있습니다(갈 5:13).

사도 요한은 '진리(=그리스도)가 너희를 자유롭게 한다'(요 8:31-47)고 말했고, 야고보는 복음을 '자유의 율법'이라 불러(약 1:25, 2:12), 구체적인 사랑의 행동의 중요성을 강조했습니다. 베드로는 그리스도인이 하나님의 종에 합당하게 자유를 쓸 것을 권하고 있습니다(벧전 2:16).

지금까지 여러 제자들의 자유에 대한 이해를 살펴보면서, 우리는 '자유'라는 개념이 사회 역사적인 개념만이 아니라 죄에서부터의 자유라는 영적인 개념도 있다는 것을 눈여겨보았습니다.

우리는 그리스도인인데, 아직도 무엇에서 자유함을 얻지 못하고 있습니까? 구약성경은 우상숭배를 가장 금기시했습니다. 그러나 신약성경에서는 물질 숭배를 금합니다. 주님이 "너희가 하나님과 재물을 겸하여 섬기지 못하느니라"(마 6:24)고 말씀하셨기 때문에, 바울은 "탐심은 우상숭배"(골 3:5)라고 말합니다. 구약시대의 우상숭배는 바알 신에 의해 대표됩니다. 바알 신은 바로 다산과 풍요, 곧 성과 물질에 마음을 빼앗긴 것을 우상숭배라고 하는데, 우상숭배가 현대 그리스도인들에게조차 저질러지고 있습니다. 신앙인과 교회 안에 팽배해 있습니다.

그런데 주님은 이 죄에서 우리를 자유롭게 하신 분입니다. 그러니 자유를 얻은 자답게 이제 더 이상 다시는 종의 멍에를 메지 맙시다.

"그리스도께서 우리를 자유롭게 하려고 자유를 주셨으니 그러므로 굳건하게 서서 다시는 종의 멍에를 메지 말라"(갈 5:1).

"형제들아 너희가 자유를 위하여 부르심을 입었으나 그러나 그 자유로 육체의 기회를 삼지 말고 오직 사랑으로 서로 종 노릇 하라"(갈 5:13).

4) 진리의 영이 자유롭게 하는 사례

진리의 영이 자유롭게 하는 사례를 바울을 통해 배워 보고 싶습니다. 바울은 말의 분노에서 자유로운 자여야 함을 가르칩니다.

바울은 에베소서 4장 25-32절에서 분노를 일으킬 수 있는 환경과 상황에서 벗어나는 소극적인 대처법뿐만 아니라 어떤 좋은 일을 행함으로써 분노에서 자유로울 수 있는 길이 있음을 말해 줍니다. 예를 들어서 말로 인해 일어나는 상처나 분노에서 자유로울 수 있는 길이 있다고 합니다(엡 4:25-27, 29). 말로 인한 상처나 분노에 대처하는 소극적인 방식과 적극적인 자유 방식 중에서 먼저 소극적인 대처 방식부터 알아보겠습니다.

상대방이 말도 안 되는 욕을 하거나 비방을 하거나 거짓으로 진리를 왜곡하여 고발하는 등 억장이 무너지는 소리를 할 때 분에 못 견딜 수 있지만, 일단은 '진리가 예수 안에 있다'(엡 4:21)는 사실을 상기하면서 '하나님을 따라 의와 진리와 거룩함으로 지으심을 받은 새사람을 입어야'(엡 4:24) 한다고 전제를 답니다. 진리로 지으심을 받은 새사람이라고 해서 마냥 쉬운 것은 아니지만, 진리로 새로워진 사람은 '거짓을 버렸기' 때문에, 거짓으로 진리를 이기려고 하는 싸움이 승리하지 못한다는 사실을 아는 것으로 분노를 이겨낼 수 있습니다.

이제는 말로 말미암은 분노에 적극적으로 대처하여 자유롭게 되는 비법을 찾아보겠습니다. '거짓을 버린' 것만이 아니라 '참된 것을 말하는 것입니다'(엡 4:25b). '거짓을 버리고'가 소극적인 대처방식이라면 '진리를 말하는' 것은 적극적인 자유 방식을 뜻합니다. '거짓을 버리라'가 금지 명령이라면 '참된 것을 말하라'는 긍정 명령입니다. 말로 생긴 분노를 이기는 방식도 두 가지가 있음을 알 수 있습니다.

분노에서 자유로워지려면 진리로 새사람이 되어야 합니다. 그리고 일단은 소극적인 방식이지만 '거짓을 버려야' 합니다. 그런 다음 적극적인 대처 방식으로 '참된 것을 말해야' 합니다. 하나님 말씀으로 자유자가 되어, 옛 사람처럼 더러운 말(엡 4:29), 분노를 일으키는 말, 거짓으로 꾸며서 진리를 바꾸는 자에서 벗어난 다음, 이제는 '선한 말을 하여 듣는 자들에게 은혜를 끼쳐야'(엡 4:29) 합니다.

그러면 '거짓을 버리고 진리를 말하는'(엡 4:25) 삶이 주는 여유와 자신감과 하늘의 위로를 알고 있기 때문에 분노하지 않습니다. 거짓을 버리고 진리를 말하는 자를 지키신다는 신념을 가지고 있기 때문에 모함이나 거짓으로 말미암은 분노에서 자유로울 수 있습니다. 실제로 우리가 살다 보면 거짓과 불의로 자신을 나타내려 할 때보다 진리의 말을 할 때 자신감이 더 솟구치고, 따라서 분노를 이기게 된다는 것을 잘 알 수 있습니다. 이 마음을 잠언 기자는 "거짓 입술은 여호와께 미움을 받아도 진실하게 행하는 자는 그의 기뻐하심을 받느니라"(잠 12:22)고 읊습니다.

진리의 성령이 오시면 우리를 진리로 인도하여 진리가 자유롭게 하는 역사가 어떻게 일어나는지 실례를 들어 보겠습니다. 일본의 가톨릭 작가 엔도 슈사쿠는 《침묵》이라는 소설에서 17세기 초 일본 그리스도

교 선교의 한 역사를 소개합니다. 이 소설은 1587년 일본의 도요토미 히데요시가 그리스도교를 박해하면서 나가사키에서 26명의 성직자와 신자들을 화형에 처하는 것을 시작으로 피비린내 나는 순교의 역사가 전개되는 상황을 그리고 있습니다.

1614년 모든 가톨릭 성직자들에게 추방령이 내려졌습니다. 그럼에도 37명의 성직자가 신자들을 버리고 갈 수 없어서 일본에 남아 있었습니다. 1632년 3월 22일 교황 사절이었던 안드레아 신부에게 페레이라 신부가 나가사키에서 써 보낸 편지가 오늘날까지 전해옵니다. 페레이라 신부가 배교했다는 소식이 포르투갈 예수회 본부에 보고됩니다. 17세기에 일본에 도착한 포르투갈 신부들은 그런 의미에서 일본을 어떤 새로운 식물도 뿌리내릴 수 없는 하나님의 늪이라고 표현했습니다.

마틴 스콜세지 감독의 영화 "사일런스"(Silence, 2016)가 사순절을 맞이한 현재 극장에서 상영되었습니다. 17세기 포르투갈 출신 예수회 신부 '크리스토바오 페레이라'(리암 니슨)가 일본에 선교를 위해 들어갔다가 선불교로 개종한 뒤 무신론을 주장하는 책을 펴냈던 충격적인 실화를 바탕으로 한 작품입니다. 영화는 그의 제자인 로드리게스(앤드류 가필드)와 가루페(아담 드라이버)가 스승의 생존과 배교 사실을 확인함과 동시에 중단된 선교의 맥을 잇기 위해 일본으로 밀항하며 시작됩니다.

포르투갈 출신의 가톨릭 예수회 지도자인 신부 크리스토바오 페레이라는 에도 막부 시대에 선교 활동을 위해 일본으로 건너갔으나 선불교로 개종한 뒤 불교학자가 되어 일본인 아내를 얻습니다. 예수회의 지도자였던 사실이 무색하게 배교 후 그의 행보는 놀랍도록 파격적이었습니다. 1636년 《기만의 폭로》라는 책을 통해 신이 존재하지 않는다는 것을 공개적으로 역설하고, 가톨릭 교회를 비판해 사람들을 충격에 빠뜨렸습니다. 이러한 페레이라 신부의 실제 이야기는 지금까지도 종교 역사상 가장 큰 파문을 일으킨 사건으로 기록되어 회자되고 있습니다.

그러나 소설 《침묵》에서 페레이라 신부는 추방령에도 불구하고 일본에 남아서 신자들을 보살피다가 관헌들에게 체포되어 배교를 강요당합니다. 예수의 그림이 그려진 목판을 밟고 지나가면 배교로 인정이되어 살 수 있습니다. 만일 신부가 예수상을 밟고 배교한다면 이미 체포되어 죽음만을 기다리고 있는 신도들의 목숨을 살릴 수 있었습니다. 신부는 진리라는 예수를 부인할 수 없다는 순교 정신과 형식상 배교로 생명을 살리는 일 중에 어느 것을 택할 것인지 하나님께 묻습니다. 페레이라 신부는 종교를 위한 순교보다 '진리가 너희를 자유롭게 하리라' 한 것을 얻고자 예수의 그림이 그려진 목판을 밟으려고 나가자, 목판 속의 그분이 그 신부를 향해 "나를 밟아라. 괜찮다. 너의 고통을 잘 안다. 너희의 고통을 나누기 위해 나는 이곳에 왔다. 그 고통을 위해 십자가를 들었다. 지금 너와 함께 있단다"고 말을 걸어옵니다.

우리는 진리가 당연히 '우리에게 자유를 가져다주는 줄' 생각합니다. 진리가 '너희를 자유롭게 하지' 못하면, 또는 않으면, 그 진리는 진리가 아닌 것입니다. 진리는 우리를 자유롭게 해야 합니다. 진리는 우리를 자유롭게 하니까 진리입니다. 그러나 우리는 자유가 없어도 좋으니까 진리 자체인 예수는 죽으면 안 된다고 생각합니다. 진리인 예수님은 죽음을 통해서만 자신의 진리를 우리에게 가져다주었습니다. 예수님이 우리에게 '너희가 진리를 알면 진리가 너희를 자유롭게 하리라' 증언하셨으면, 그 자유가 우리에게 있어야 진리가 살아 있는 것이 됩니다.

지금까지 자유 없는 진리를 예수에게서 생각할 수 없다는 사실을 말씀드렸습니다. 진리란 자유이고, 그 자유는 무엇보다도 생명을 살리는 힘임을 밝혔습니다. 그러하다고 해서 모든 사람에게 진리가 자유를 가져오는 것은 아닙니다. 더구나 우리의 경우 손양원 목사님은 순교하셨습니다. 그러면 손양원 목사님은 "진리가 너희를 자유롭게 하리라" 하신 말씀을 다르게 받아들였을까요? 아닙니다. 손양원 목사님의 순교는 불의와의 전쟁, 그리고 거짓 앞에서 진리인 예수 자체가 가지는 크심, 위대함, 그리고 거룩함을 보여주었습니다.

우리는 '진리가 자유이다'라고 할 때의 '자유이다'가 일어나야 한다는 사실을 강조했습니다. 그렇다고 '진리' 자체를 놓쳐서는 안 됩니다. 진리 자체는 예수이기 때문입니다. 그러나 성경은 진리인 예수님이 "진리가 너희를 자유롭게 하리라" 말씀하신 사건이 어떤 의미를 가지고 우리의 삶을 변화시키는지 주의했을 따름입니다.

결론입니다.

예수는 진리를 증언하기 위해 세상에 오셨습니다. 예수님은 친히 "내가 곧 길이요 진리요 생명이니"라 하셨습니다. 그리고 진리인 자신을 바르게 알면, 그 "진리를 알지니 진리가 너희를 자유롭게 하리라" 말씀하셨습니다. 예수님의 말씀대로 진리를 알아 자유로워지는 자가 누구인지 살폈습니다. 그것은 무엇보다 죄에서의 자유를 뜻합니다. 진리가 자유롭게 하는 삶을 살고 있습니까?

part 3.
그리스도 예수의 고치는 사역

　가르치고 전파하며 고치시는 예수의 사역 중에 이제 고치는 사역을 살필 차례입니다.
　예수님은 고치시고 치유하시기 위해 세상에 오십니다. 고치시는 사역을 하나님의 나라의 일환으로 여기셨습니다. 하나님의 나라에 들어가게 하려면 아픈 자를 낫게 하시고 병든 자를 치유하며 귀신 들린 자들을 고쳐 주셔야 합니다. 그 일을 하기 위해 먼저 성령이 충만하여 사탄에게 시험 받으십니다. 그러나 성령을 힘입어 사탄의 시험을 이겨내십니다. 그리고는 구체적으로 마귀의 일을 멸하려고 오신 목적대로 물리치시고 귀신 들린 사람들을 치유해 주십니다.
　예수님을 반대하는 사람들은 예수님을 귀신 들린 자라고 비난합니다. 귀신은 귀신의 왕의 명령만 따르기 때문이라는 이유를 댑니다. 그러나 예수님이 귀신을 내쫓거나 병을 고치는 연유는 병을 고치는 주의 능력이 예수님과 함께하였기 때문입니다.

성령이 충만하여 사탄에게 시험 받으시는 예수
누가복음 4:1-13

○●● 오늘 이야기는 사탄이 예수를 넘어지도록 유혹하는 이야기입니다. 이 유혹은 예수님이 성령세례를 받으신 후에 일어납니다. 예수님이 받으신 성령세례의 효능과 기능을 무효화시키기 위해 마귀가 작동하고 있다고 봐도 무방합니다. 마귀는 예수에게 성령세례를 받고 하나님의 아들로 인정되었으니 참으로 하나님의 아들인지 증명해 보이라는 식으로 유혹합니다.

그런데 누가는 성령세례를 받은 예수가 성령의 충만을 입어 성령에게 이끌리어 마귀에게 시험을 받고 있다고 기술합니다. 이것은 우리에게 중요한 사실을 지적해 줍니다. 우리는 지금까지 성령세례를 강조했습니다. 성령세례를 받은 사람에게 성경이 요구하는 것이 있는데, 그것은 바로 성령 충만을 받으라는 것입니다. 그 사례가 예수님의 경우에 일어나고 있습니다.

성령세례를 받으면 40일 금식해도 배가 안 고픈 것이 아닙니다. 성령세례를 받았더라도 성령의 충만을 입어야 40일 금식기도를 감당해낼 수 있습니다. 그래서 누가는 "예수께서 성령의 충만함을 입어"(눅 4:1) 40일 금식기도하고 있다고 설명하고 있습니다. 성령 충만을 받으면 40일 금식기도 해낼 수 있습니다.

오늘 우리는 이 '성령의 충만'에 주의를 해야 합니다. 오늘의 주제가 바로 성령 충만입니다. 따라서 설교의 목적은 우리가 성령 충만으로 신앙생활하고 있는지 검토하는 것입니다. 성령을 소멸하고 훼손하고 근심시키며 훼방하고 있으면 안 됩니다.

그러면 예수님은 성령에게 어떻게 이끌리어 사탄의 시험을 극복합니까?

1. 성령의 충만은 하나님의 말씀에 순종하게 합니다

사탄은 예수를 시험하는데, '시험'이라는 단어는 test가 아니라 temptation, 곧 테스트가 아니라 유혹을 뜻합니다. '유혹하다'라는 말이 맞는 이유는, 하나님의 아들이 하나님의 아들인지 증명해야 하나님의 아들이 되는 것은 아니기 때문입니다. 천지를 창조하신 분에게 돌을 빵이 되게 하라는 것은 무시이지 유혹거리가 아닙니다.

그런데 예수님은 공생애 동안 실제로 오병이어라는 기적을 통해 자기가 하나님의 아들의 능력을 가지고 있음을 드러내십니다. 사탄이 유혹할 때에는 거부했다가 자신의 존재를 드러내기 위해서는 그것을 통해 자기가 하나님의 아들임을 증명하십니다. 그 이유는 하나님이 친히 출애굽한 이스라엘 백성을 광야생활 동안 만나와 구름기둥과 불기둥으로 이끄심으로 백성들에게 하나님이 우리와 함께하심을 알게 하셨듯이 예수님 또한 그것을 나타내셔야 했기 때문입니다.

요한복음은 오병이어의 기적을 생명의 떡과 연결시킵니다. 그러나 예수님은 자신이 하나님의 아들임을 증명하는 진짜 여부는 '사람이 떡으로만 사는 것이 아니라 하나님의 말씀으로 살아야 한다'고 대답함으로써 하나님의 말씀에 순종하는 것이라고 대답하십니다. 하나님의 말씀에 순종하는 길은 '인간의 죄를 대속하기 위해 희생제물이 되어야 한다'는 이사야 53장의 말씀을 자신이 실현하는 것입니다. 그 길이 더 어려운 일이고, 그것이 육체적인 유혹이나 시련보다 더 힘든 일입니다.

이사야의 예언은 하나님의 말씀입니다. 이 하나님의 예언의 말씀이 예수께서 순종하심으로 참으로 하나님의 말씀이 됩니다. 곧 사람은 떡으로만 사는 것이 아니라 하나님의 말씀으로 살아야 하나님의 말씀이 성취되고 완성된다는 것입니다. 말씀이 우리에게 주어지면, 그 말씀에 우리가 순종할 때 그 말씀이 우리에게서 하나님의 말씀의 능력으로 바뀝니다.

예수님은 자신이 하나님의 아들이라는 존재의 정체성을 명확하게 가졌는데, 그것은 하나님의 말씀이 예수 안에서 성취되어 가는 과정 속에서 끊임없이 성령께서 도와주셔야만, 곧 성령의 충만함을 입어야만 일어날 수 있다는 것을 말해 주는 증거입니다. 우리가 예수님처럼 하나님의 말씀으로 사는 존재여야 하는 이유는, 하나님의 말씀이 내 안에서 계속해서 하나님의 나라를 이루어 가는 것을 하나님이 원하시기 때문입니다. 그런 이유 때문에 하나님은 예수를 통해 우리에게 성령을 부어 주시고, 그리하여 우리 속에 거하신 성령은 계속하여 은사를 주시고, 능력을 더해 주셔서 우리가 하나님의 자녀로 살기를 원하시기 때문입니다. 다시 말하면, 성령님은 우리 안에 거하시는 예수 그리스도와의 연합의 삶을 온전하게 이루도록 필요한 능력을 더해 주시기 때문입니다.

오늘은 우리가 어떻게 성령의 충만함을 입을 수 있는지 살피는 시간이 아닙니다. 오늘은 우리가 성령의 충만함을 입어야 한다는 필요성과 사실을 명확하게 알아야 하는 시간입니다. 다시 한 번 언급하고자 합니다. 성령의 충만함은 성령세례를 받은 사람에게 일어난 성령의 일입니다. 따라서 우리는 지금까지 성령세례를 받은 사람이어야 한다는 설교를 했습니다. 성령세례를 받은 우리는 이제 성령의 충만함을 입어야 하는 이유를 예수님의 사례를 통해 명확하게 깨달을 수 있습니다.

2. 마귀는 성경으로 우리를 시험하지만, 성령은 하나님 말씀으로 마귀의 유혹을 이기도록 이끄십니다

본문에는 신명기의 말씀이 예수에 의해 세 번이나 인용되고 있습니다(신 8:3, 6:13, 16). 마귀도 시험을 유리하게 이끌도록 성경을 인용합니다. 이것을 통해 우리가 알 수 있는 것은, 성경을 읽는다고 성경의 능력이 나에게 임하는 것이 아니라는 것입니다. 성령 충만을 받아야만 하나님의 말씀의 능력이 나에게 임합니다.

마귀가 예수님을 높은 곳으로 데리고 가서 세상의 모든 나라를 보여 주고 난 뒤에 "당신이 내 앞에 경배하면 모두 다 당신의 것이 될 것이오"라고 한 유혹에 대해, 예수님은 "[성경에] 기록되어 있다. 너는 주 너의 하나님께 경배하고 그분만을 섬겨라"(눅 4:8; 신 6:13)라고 답하십니다. 마귀의 시험과 유혹을 이겨내려면 성령 충만을 입어야 하고 성령의 도움을 받아야만 합니다.

금식하여 배가 고픈 예수께 먹고사는 의식주 문제로 넘어지게 유혹했듯이, 두 번째로 세상의 모든 나라를 주겠으니 자기에게 경배하라고 마귀는 유혹하고 있습니다. 이것을 통해 성령세례를 받은 자는 누구를 예배할 것인지 명확하게 밝혀야 합니다. 성령세례를 받은 자는 고난을 허락하시는 하나님을 경배해야 합니다. 고난을 허락하시는 하나님을 예배하는 자가 되려면 성령의 충만함을 받아야 합니다.

누가복음 4장 12절은 신명기 6장 16절을 인용하고 있으며, 마귀가 예수를 유혹할 때 사용한 구절인 누가복음 4장 10-11절은 시편 91편 11-12절을 인용한 것입니다. 마귀는 예수님이 성경을 가지고 대답을 하니까 성경으로 예수에게 묻습니다. "[성경에] 다음과 같이 쓰여 있기 때문이다. 그분은 너를 위해 당신 천사들에게 너를 보호하라고 명령하실 것이다. 네 발이 돌에 차이지 않도록 그들이 손으로 너를 받쳐 줄 것이다."

시편을 인용하여 제시한 마귀의 유혹에 대한 예수님의 대답은 신명기 6장 16절 '너희가 맛사에서 주 너희 하나님을 시험한 것처럼, 그분을 시험해서는 안 된다'입니다. 마귀의 유혹은 합리주의의 옷을 입은 것처럼 보입니다. 사탄의 유혹에는 고난이 없습니다. 영광을 추구하고, 높은 권세를 차지하라는 내용입니다. 고난을 피하려고 예수 믿을 수 있습니다. 그러나 성령세례를 받은 사람은 고난을 피할 수 없습니다. 왜냐하면 성령세례를 받은 예수가 십자가의 고난을 감당해야 할, 하나님의 기뻐하는 자였기 때문입니다. 출애굽한 이스라엘 백성이 40년간 광야생활을 하게 된 연유는 고난의 시험을 통과해야 했기 때문입니다.

예수님이 마귀의 유혹을 받은 장소는 광야입니다. 구약성경에서 '광야'는 이스라엘과 하나님 사이의 '시험'의 장소이기도 하였습니다. 이스라엘의 광야 경험은 하나님이 그들이 '당신의 계명을 지키는지 지키지 않는지 그들의 마음속을 알아보려고 시험하신 것'(신 8:2)이기도 합니다. 예수님은 '40일' 동안 유혹을 받았다고 합니다. '40일'은 40년 동안의 이스라엘 광야생활과 모세가 40일간 음식 없이 산 위에 있었던 일(출 34:28; 신 9:9), 그리고 엘리야가 40일간 하나님의 산을 향하여 도피한 일(왕상 19:2-6)을 연상시킵니다.

구약에서 하나님의 맏아들(출 4:22)로 인정된 이스라엘이 광야에서 겪은 시험과 틀이 예수님의 시험과 아주 비슷합니다. 신명기 6-8장의 내용은 광야에서의 이스라엘의 경험을 반영하고 있습니다. "당신이 하나님의 아들이라면, 이 돌에게 빵이 되라고 말해 보시오"라는 마귀의 유혹에 예수님은 "[성경에] 기록되어 있다. 사람은 빵만으로 살지 못한다"(눅 4:4; 신 8:3)는 말씀으로 답변하십니다.

우리는 그리스도인입니다. 이 정체성은 중요합니다. 신분의 변화는 그리스도인이 갖추어야 할 능력과 권위에서 나타나야 합니다. 예수님이 그리하셨듯이, 정체성의 물음은 40일 금식기도 속에서 확립되어야 합니다. 금식기도 기간에는 누구나 먹고사는 문제로 넘어질 수 있습니다. 그러나 그리스도인은 살아가면서 떡으로만 사는 것이 아니라 하나님의 말씀으로 살아야 합니다. '떡을 먹지 말라'는 말이 아니라, 떡으로만 살아서는 안 된다는 가르침입니다. 이스라엘이 애굽 탈출 뒤에 '갈대 바다'를 건너고 광야를 지나면서 배고픔과 우상숭배의 유혹을 받은 것처럼, 예수 또한 세례 받은 뒤에 광야로 나가 마귀에게서 유혹을 받습니다.

마귀가 예수님도 시험하여 넘어지게 만들려고 하는데, 우리에게는 더하겠지요! 그러므로 우리가 마귀의 시험을 이길 수 있는 길은 성경에 대한 올바른 이해가 뒷받침되어 있어야 합니다. 하나님을 시험하고 하나님보다 높아지고자 하는 인간의 명예욕에 대해 성경이 무엇이라 가르치는지 잘 깨달아 알아 올바로 대처해야 합니다. 그리고 권력욕을 이길 수 있는 길이 있는가요?

오늘 우리는 베드로전서 5장 8절과 9절을 읽었습니다. 베드로는 마귀를 대적하라고 명합니다. 왜냐하면 "마귀가 우는 사자같이 두루 다니며 삼킬 자를 찾기"(벧전 5:8) 때문이라는 것입니다. 그런데 바울은 누구에게 이 말을 하고 있느냐 하면, 베드로전서 5장 1절에 "너희 중 장로들에게 권하노니"라고 하여 장로들에게 권면하고 있습니다. 사실 장로는 오늘 우리의 용어로 하자면, 성령세례를 받고 성령의 충만을 입어야 할 사람들이기 때문입니다. 다시 말하면, 처음에 시작하면서 언급했듯이, 예수님의 경우에서 보듯이, 성령세례를 받고 나서 성령의 충만함으로 금식기도하고 있을 때에 사탄이 시험하고 있기 때문입니다.

3. 성령 충만은 하나님 나라를 위해 필요하지, 세상 나라를 세우려는 것이 아닙니다

사탄은 '천하 만국' 곧 '이 세상의 신'입니다.

예수님은 마귀에게 '주 너의 하나님을 예배하고 그만을 섬기라'고 합니다. 우리가 성령 충만함을 계속 받아야 하는 이유는 하나님을 예배하기 위해서는 늘 성령 충만해야 하기 때문입니다. 하나님의 나라를 위해서이지 세상의 나라, 곧 '자기' 나라를 위해 성령 충만은 부어지지 않습니다.

저의 개인적인 해석에 의하면, 예수님은 자신에게 임한 성령의 이끄심 자체가 '자기'의 존재를 드러내기 위해서가 아니라 겸손하게 아버지만을 의존하게 만드는 데 목적이 있다는 것을 너무나 잘 알고 계셨습니다. '자기'를 위해서가 아니라 하나님의 아들로, 그리고 하나님이 기뻐하시는 자로 살도록 성령 충만이 부어진다는 사실을 예수님은 명확하게 알고 계셨습니다.

그러나 예수님은 '자기'가 하나님의 말씀에 순종하는 자임을 밝히십니다. 하나님의 말씀에 따르면 하나님의 아들은, 고난받는 종이어야 합니다. 하나님의 나라를 이루기 위해서는 예수의 '자기'를 죽여야만 합니다. 성령 충만과 성령의 이끄심은 예수님에게 "자기를 비우게"(빌 2:7) 하여 하나님의 나라를 세우게 합니다. 따라서 우리도 성령 충만함을 받아 '자기'의 의식주라는 물질의 문제, '자기' 존재의 명예를 부인하는, 그리고 결국에 하나님의 나라를 이루는 하나님의 자녀로 살아야 합니다.

마귀는 참으로 우리를 넘어지게 하는 자입니다. 왜냐하면 기도를 통해서도, 헌금을 통해서도, 그리고 심지어 말씀을 들으면서도 하나님을 시험하도록 유혹하기 때문입니다. 기도는 믿음으로 해야 함에도 그리고 하나님께 기도해야 함에도, 바리새인처럼 사람들 들으라고 자기를 나타내려고 기도하기 때문이고, 헌금도 기복신앙, 특히 무당처럼 헌금하니 그만큼 복을 많이 달라는 식으로 헌금하고 있기 때문이고, 하나님의 말씀을 듣기만 하고 하나님의 말씀을 나의 순종을 통해 성취하려는 예수님의 경우와는 다르게 목이 곧은 백성인지라 거부하고 무시하기 때문입니다.

4. 삶의 적용

사탄이 예수님을 시험할 수 있을까요? 시험에 통과한 자에게 성령을 부으셔야 하지 않을까 생각되기도 하지만 '성령의 부으심을 받은 자에게 사탄의 유혹이 임한다'는 사실이 명확하게 드러나고 있습니다. 그리하여 '시험' 여부에 의해 하나님과의 관계가 위협을 받게 될 수도 있습니다. 따라서 성령세례를 받은 사람이라 할지라도 유혹을 받게 된다는 사실에 주의하여야 합니다. 더 정확하게 말하자면, 성령이 시험을 받도록 이끌고 계십니다. 우리는 성령님이 시험을 받지 않도록 도우시는 분이라고 생각하지만, 예수님의 경우에서 보듯이, 성령님은 우리가 시험을 받지 않도록 도우시는 분이 아니라 시험을 받도록 이끄십니다.

사탄과 마귀만이 예수님을 시험하고 유혹하고 넘어지게 하려던 것이 아닙니다. 예수님은 시험하는 바리새인들에게 "예수께서 그들의 악함을 아시고 이르시되 외식하는 자들아 어찌하여 나를 시험하느냐"(마 22:18)며 잘 대처하십니다. 예수가 4천 명을 먹이신 일 이후에도 '바리새인들이 나와서 예수를 힐난하며 그를 시험하여 하늘로부터 오는 표적을 구합니다'(막 8:11). 예수님은 그들을 상대도 하지 않고 다른 곳으로 가버리십니다. 우리가 잘 아는 사건으로 서기관과 바리새인들이 음행 중에 잡힌 여자를 끌고 와서 "고발할 조건을 얻고자 하여 예수를 시험"(요 8:6)하였으나 "너희 중에 죄 없는 자가 먼저 돌로 치라" 하시니 다 떠나고 맙니다.

1) 예수의 시험 받으심에 대한 제자들의 해석

예수의 시험 받으심에 대한 제자들의 해석에 주목할 필요가 있습니다. 즉 그 사건의 의미를 어떻게 받아들여야 하는지를 말해 줍니다.

첫째, 히브리서 기자의 해석입니다.

히브리서 기자는 성령에 이끌리어 시험을 받으러 광야로 가신 예수님의 이야기는 '신율'에 의한 목적이 있었음을 말합니다. 히브리서는 4장 15절에서 시험 받으신 이유를 '모든 연약한 자들을 긍휼히 여기실 주가 되기 위함'(히 4:15)이라고 밝힙니다. 히브리서 기자가 2장 18절에서 "그가 시험을 받아 고난을 당하셨은즉 시험 받는 자들을 능히 도우실 수 있느니라" 한 증언과 예수께서 죄 없으신 구주이심을 사실적으로 증언한 요한일서 3장 5절에서 "그가 우리 죄를 없애려고 나타나신 것을 너희가 아나니 그에게는 죄가 없느니라" 한 증언은 예수의 시험이 시험의 상황이나 시간에 우리와는 차이가 있으나, 시험 받았다는 사실성, 또는 시험 받고 있다는 사실성이 똑같다는 것을 말해 줍니다.

히브리서 기자의 말대로, 모든 연약한 자, 특히 시험 받는 자를 돕기 위해 시험을 받으셨는데, 그것이 '나를 위해' 그런 것으로 받아들여야 합니다. 나를 위해 시험도 받으신 주님입니다. 그렇게라도 돕고 싶어 하신 것입니다.

둘째, 베드로의 해석입니다.

베드로는 자신이 사탄에 의해 넘어진 경험이 있습니다. '대적 마귀가 우는 사자같이 두루 다니며 삼킬 자를 찾고' 자기가 바로 그런 경험이 있기 때문에 따라서 "근신하라 깨어라"(벧전 5:8) 하며 "너희는 믿음을 굳건하게 하여 그를 대적하라"(벧전 5:9)고 강하게 요구합니다. 사탄은 대적해야 하는 존재입니다. 결코 내 안에 편안하게 살도록 놔두어서는 안 됩니다. 마귀가 내 안에서 한 번 집을 지으면 결코 스스로 분란하여 그 집을 무너뜨리지 않습니다. 마귀가 내 안에서 자기 집으로 알고 편안해하고 굳어진 습관이 되게 해서는 안 됩니다.

베드로가 말한 대로, '근신하고 깨어 있고, 그리고 믿음을 굳건하게 한다'는 것이 무엇을 뜻한다고 생각합니까? 죽음을 앞두고 예수님이 베드로에게 하셨던 말씀, 곧 "시몬아, 시몬아, 보라 사탄이 너희를 밀 까

부르듯 하려고 요구하였으나 그러나 내가 너를 위하여 네 믿음이 떨어지지 않기를 기도"(눅 22:31) 하였기 때문에 내가 살 수 있었다는 것을 상기하면서, 주께서 '나를 위하여' 믿음이 떨어지지 않기를 기도하고 계신다는 것을 믿으라는 것입니다. 베드로가 말한 대로, 주님이 나를 위해 기도하고 계신다는 것을 믿어야 합니다. 베드로는 주님이 자기를 그 위기에서 구해 주신 경험에 근거해 "주께서 경건한 자는 시험에서 건지실 줄"(벧후 2:9)을 믿으라 권고합니다.

예수님의 경우 시험의 종류가 세 가지였습니다. 그러나 우리는 더 많을 수 있습니다. 예수님의 경우를 들어 적용해 보자면, '돌이 떡이 되게 하라'는 유혹에는 '떡으로만 사는 것이 아니라 말씀으로 살아야 하는 존재', 곧 하나님의 아들인지는 증명해야 하는 것이 아니라 하나님의 말씀으로 사는 것입니다. 사탄이 예수의 40일 금식기도 때문에 배고픔의 유혹을 건드린 것처럼 우리를 넘어지게 건드리는 유혹거리가 나에게는 무엇인지, 우리 가정에는 무엇인지 잘 살펴야 하고, 금식 기간이었듯이 하고 있는 일이나 상황 속에서 그런 일들이 일어난다는 것을 잘 깨달아야 합니다.

하나님의 아들이라면 뛰어내려 보라고 유혹하고 하나님의 아들인 것을 증명하라는 유혹에 대해, 하나님을 시험하는 존재여서는 안 됩니다. 그리고 세상, 곧 천하만국을 보이며 '경배하라, 예배하라'고 유혹하지만, 우리는 하나님만 경배하고 예배하는 존재여야 합니다.

시험의 종류가 세 가지만이 아닙니다. 마귀는 유혹자, 시험하는 자입니다. 우리 가정에, 일터에, 교회에 누가 유혹자이고 시험자입니까? 자기 자신이고, 가까이 있는 사랑하는 사람이지 전혀 낯선 나라의 이름도 모르는 사람이 아닙니다.

사탄은 반드시 물리쳐야 합니다. 그리고 우리는 사탄의 시험에 승리해야 합니다. '현대인들은 특히 오늘날 그리스도인들은 사탄이 이 세상이나 가정이나 직장이나 교회를 지배하고 있다는 것에 별 반응하지 않는다'고, 히틀러가 600만 대학살을 저지르도록 허용한 독일과 독일교회를 향해 틸리케라는 신학자가 《기도》라는 책에서 한 말을 주목할 필요가 있습니다. 당시 독일교회는 600만 유대인을 죽이고 세계 1, 2차 대전을 일으켜 무수한 사람들을 죽이고 있는 히틀러가 사탄이 아니라 메시아라고 보기도 했습니다. 그리고 그가 "기독교를 유대인으로부터 보호하기 위하여"라고 의회에서 연설한 것 속에 거짓이 들어 있다는 것을 교회가 지적하지 못하고 말았습니다.

"교회는 그리스도의 승리를 설교해야 하고, 또한 교회는 그리스도의 승리에 참여하도록 그리스도인을 초대해야 한다"는 틸리케라는 신학자가 남긴 말을 교회는 들어야 합니다. 그리스도의 승리는 사탄을 물리치는 예수의 광야 유혹에서 이미 일어났고 예수님은 그것을 제자 공동체 안에서 일어나게 했습니다. 예루살렘 초대교회는 아나니아와 삽비라의 성령을 속이는 거짓으로 예루살렘 교회가 무너지고 있다는 것에 주목합니다. 인간의 이성으로 성경이 말하는 사탄을 거부해도 아무 것도 얻어지는 것이 없다는 것에 주의해야 합니다. 그리스도가 사탄을 물리치는 승리 위에 세워지는 하나님의 나라가 우리 앞에 당당하게 주어져 있습니다.

성령을 충만하게 받은 사람을 마귀가 시험하거나 예수가 '성령에 이끌리어 시험을 받는다'는 사실에 주목할 필요가 있습니다. 성령을 충만하게 받을수록 마귀가 반드시 시험한다고 생각하는 것이 더 정당합니다. 강한 악의 시험을 받는 것이 바로 성령을 충만하게 받았음을 증명해 보이는 길입니다. 마귀는 약한 자를 시험하지 않고 강한 자를 시험하며, 성령에 이끌리어 시험을 받듯이, 강한 사람이기에 시험을 받습니다. 마귀도 우리가 할 수 없는 것을 하라고 시험하지 않습니다. '성령의 충만함을 입어' '성령에 이끌리어' 시험을 받는다면 결국에 승리할 것임을 이미 알고 있는 것입니다. 그리스도인은 패배하기 위해 존재하는 자가 아니라 성령과 더불어 승리한 그리스도인이 되기 위해 존재합니다. 누가는 마태처럼 '성령에 의해서' 시험을 받는 것이 아니라 성령 안에서 시험 받고 있음을 말합니다.

세 가지 시험 종류에서도 보듯이, 유혹은 전적으로 예수와 하나님의 관계를 끊어 놓으려는 내용으로 가득 차 있습니다. 마귀와 예수의 싸움의 진짜 승부는 하나님의 말씀을 인용하고 있다는 점에서 드러납니다. 하나님의 말씀을 자기 방식으로 이해하고 적용하는 것, 그리고 무엇보다 말씀을 듣기만 하고 무시해 버린 것이 문제가 되고 있다는 것에 주목해야 합니다. 다시 말하면, 말씀을 말씀대로 지켜 행하려 할 때에 시험이 옵니다. 진리의 말씀인 성경을 진리가 아닌 것처럼 무시하거나, 듣거나 읽고 말며 또한 다르게 적용하는 것처럼 마귀가 원하는 것이 없다는 것을 알아야 합니다.

마귀는 시험하는 자, 유혹하는 자입니다(마 4:1). 마귀를 조심해야 하는 이유는 마귀의 유혹은 너무나 치명적이기 때문입니다. 마귀가 예수님이 성령세례를 받고 하나님의 부르심의 소명을 받은 것을 알고 있으면서도, 더구나 성령이 비둘기같이 임하여 하나님의 아들임을 명확하게 밝혔는데도 그것을 증명해 보이라며 그것을 부인하고 있는 것을 보면 알 수 있습니다. 예수님은 마귀의 유혹을 정말로 유혹으로 여기지만 예수가 유혹을 이기는 길은 오로지 성령의 충만함을 입어 성령에 이끌리실 때라고 누가는 진술합니다.

2) 성령 충만으로 사탄의 유혹을 이겨야 합니다.

성령세례와 성령 충만은 예수의 경우에 분명히 다른 사건입니다. 성령세례는 마가나 마태에 의하면 세례를 받을 때에, 누가에 의하면 세례를 받은 후 기도하실 때에 일어납니다. 성령세례를 받은 후에 광야에서 40일 금식기도를 하십니다. 40일 금식기도를 잘 해내기 위해 예수에게 성령이 충만하게 임합니다. 그런 의미에서 성령의 충만이란 40일 금식기도를 잘 해내기 위해 하나님께서 성령을 충만하게 주심을 뜻합니다. 이 말을 다르게 표현하자면, 우리는 성령세례 받은 것으로 끝나서는 안 되고, 성령세례를 받은 사람이 하나님의 자녀로 살려면, 그리고 성령세례를 베푸시며 부르신 하나님의 소명을 바르게 깨닫고 따르려면, 반드시 성령의 충만이 있어야 한다는 것입니다.

성령의 충만은 중요한 하나님의 일이 있을 때마다 받아야 합니다. 그런 의미에서 성령세례는 한 번에 이루어지는 일이지만 성령의 충만은 계속 반복되어야 합니다. 예수님의 경우도 여러 차례 성령이 충만하게 임합니다. 예수님은 성령으로 잉태됩니다. 성령세례를 받을 때에도 하늘에서 성령이 임합니다. 시험을 받을 때에도 성령이 충만합니다. 시험을 이기고 고향에 돌아가 "주의 성령이 내게 임하셨으니"(사 61:1)라는 이사야 말씀을 읽은 것도 "성령의 능력으로 갈릴리에 돌아가셨기"(눅 4:14) 때문입니다. 주님의 별세에 대해 모세와 엘리야와 함께 이야기를 나눌 때에 구름 속에서 하나님의 소리가 들립니다. 이런 사례들은 하나님의 중요한 일을 감당하려면 성령의 계속적인 충만함을 입어야 함을 말해 줍니다.

성령세례를 개인의 이익 목적으로 사용하거나 죄로 소멸하면 안 되는 사례가 바로 사울 왕의 경우입니다. 그래서 오늘 우리는 사무엘상 16장 23절을 읽었습니다. 다윗 왕이라도 죄를 지으면 성령 충만은 사라집니다. 사울 왕도 다윗 왕도 성령세례를 받지만, 죄 때문에 성령세례의 유효성이 사라지고 맙니다. 사울 왕과는 달리 다윗 왕은 죄를 지을 때에 회개합니다. 그리하여 회개의 효능은 회복됩니다. 그렇지만 죄를 지을 때마다 성령의 충만함의 내용과 질, 그리고 능력은 더 이상 나타나지 않습니다.

성령세례와 성령 충만에 대해 설교하는 횟수를 예로 든다면, 성령세례를 1회 해야 한다면, 성령 충만은 10회 해야 합니다. 연유는 성령세례는 한 번이지만 성령 충만은 계속되기 때문이고, 죽을 때에 성령세례를 받는 경우를 제외하면 성령세례 받고 나서 계속해서 성령세례 받은 자의 승리의 삶을 살아야 하기 때문입니다.

예수님의 경우도 성령세례 받은 이후에 중요한 하나님의 일을 하실 때마다 성령이 채워집니다. 제자들의 경우도 성령세례는 한 번이지만, 성령 충만은 반복되기 때문입니다. 그리고 성령 충만에 대한 설교가 더 많아야 하는 이유는, 성령 충만할 때에 그 결과로서 외적인 성령의 은사(고전 12장)가 주어지고 내적인 성령 열매(갈 5:22-23)가 맺히기 때문입니다.

성령 충만과 성령세례의 관계는 성령세례로 시작된 하나님 나라가 성령 충만으로 계속되고 세워져야 하는 데서 잘 드러납니다. 성령 충만의 외적 흔적 중에 교회에 필요한, 그리고 구원받은 자의 삶을 살게 하는 은사들이 주어지는 것이기 때문에 더욱 중요합니다. 예를 들어 사도행전의 설교자들이 성령 충만하여 설교하는데, 설교할 때마다 성령 충만해야 하기 때문입니다. 성령 충만은 소멸되기 때문에 계속 채워져야 합니다.

이것을 우리에게 적용하면, 성령세례는 예수님이 우리에게 주시는 세례입니다. 그러면 성령은 우리 안에 내주하시게 됩니다. 내주하시는 성령님이 우리 안에서 우리에게 주시는 성령의 은사는 아주 많고 필요할 때마다 성령의 충만함을 받아야 합니다. 성령의 충만함이 없이는 성령의 열매를 맺을 수 없습니다. 성령세례를 받은 사람에게 성령의 충만이 주어집니다. 성령의 충만이란 성령이 우리 안에 거하시며 우리에게 주시는 은사입니다. 그래서 우리는 그것을 성령의 은사라고 말합니다. 성령이 주시는 은사를 잘 감당하여 성령의 열매를 맺어야 합니다.

성령세례를 받았다고 해서 성령의 열매가 자동적으로 맺히는 것이 아닙니다. 그래서 누가는 예수님이 성령의 충만으로 광야에서 40일 동안 금식기도하셨다고 말합니다.

그런 다음, 예수님께서 마귀의 시험을 이겨내려면, 성령에게 이끌리셔야 합니다. 성령세례를 받고 성령의 충만함을 입어 40일 금식하고 있는 예수님께서 성령에게 이끌리어 마귀의 시험을 이겨내십니다. 마귀라는 존재에 대해 오늘 우리는 경각심을 가져야 합니다. 마귀가 누구고 무엇을 하기에 우리도 예수님처럼 성령세례를 받은 자로서, 그리고 성령의 충만함을 입고 더 나아가 성령에 이끌려야 마귀의 시험을 이길 수 있는지 알아야 합니다.

결론입니다.

예수님은 가르치고 전파하며 고치는 사역을 담당하십니다. 그중에서 오늘은 고치시는 사역을 알아보았습니다. 예수님은 치유하는 의사로 세상에 오셨습니다. 예수의 치유 사역이 시작되는 배경으로 사탄이 예수님을 시험하는 사건을 살펴보았습니다. 예수님은 성령의 충만을 받아 하나님의 말씀에 순종하십니다. 마귀가 성경으로 예수님을 시험하지만 예수님은 성경으로 시험을 이기십니다. 마귀는 우리도 성경으로 시험하고 있습니다. 오직 성령님이 하나님의 말씀으로 마귀의 유혹을 이기도록 도우십니다. 성령 충만은 하나님의 나라를 위해 필요하지 세상의 나라를 세우는 데 사용될 수 없습니다.

예수님이 사탄의 시험을 받으시는 사건에 대해 히브리서 기자는, 그리고 베드로는 근신하여 깨어 있으라 권면합니다. 베드로는 사탄의 시험에 넘어지고 만 경험이 있습니다. 그렇지만 주님께서 자기를 시험에서 건지신 은혜를 전하면서 주께서 경건한 자를 시험에서 건지실 줄을 믿으라고 합니다. 참으로 믿어야 합니다.

마귀의 일을 멸하려고 오신 예수
마가복음 1:38-39; 요한일서 3:8

○●● 예수님은 마귀의 일들을 멸하기 위해 오셨고 그 목적을 친히 완성하여 우리가 그것을 믿는 그리스도인이 되었음에도 불구하고, 만일 우리가 여전히 마귀의 일을 한다면 뭔가 크게 잘못되었습니다. 따라서 예수님의 말씀인 "내가 이를 위해 왔노라"라는 말씀대로 내가 참으로 '마귀의 일들'을 더 이상 저지르지 않는지, 아니면 예수를 믿는 그리스도인이면서도 여전히 내가 마귀의 일을 계속하고 있는 것은 아닌지 살펴보고자 합니다. 그리하여 결론으로 예수님이 세상에 오신 목적대로, 참으로 나는 마귀의 자녀로 마귀의 일을 계속하고 사는 것이 아니라 하나님의 자녀로 하나님의 일을 하면서 살아야 한다는 사실을 확인하고 돌아가야 하겠습니다. 따라서 설교의 목적은 마귀의 자녀로 사는 것이 아니라 하나님의 자녀로 살고자 결단하는 것입니다.

1. 마귀의 일들을 멸하려고 오신 예수님

예수님이 마귀의 일들을 멸하기 위해 오셨는데, 마귀는 따로 존재하는 것이 아니라 구약의 사울 왕에게서 보듯이, 성령의 사람으로 기름부음을 받지만 악한 영이 들어 주의 종들을 죽이는 자가 되는 것처럼 그 사람 속에 존재합니다. 신약의 베드로도 마찬가지 경우입니다. 반석이 될 수 있는 신앙고백을 하여 교회를 세우지만 동시에 걸림돌이 되어 예수를 넘어지게 하는 사탄이 되고 맙니다. 반석과 걸림돌은 따로 존재하는 것이 아닙니다.

'실족하게 하는' 또는 '걸림돌이 되어 넘어지게 하는 자'가 바로 사탄이기 때문에, 예수님의 하나님의 말씀 선포는 그들에게 실족하게 만들고 걸림돌이 되어 넘어지게 만들기 때문에 그들에게 예수는 사탄일 수 있습니다. 그래서 바리새인들은 예수님을 귀신 들렸다고 합니다. 반대로 예수님은 그들을 귀신 들렸다고 비난하십니다.

예수님은 베드로가 하나님의 일은 생각하지 않고 사람의 일만 생각하는 것을 사탄이라 하셨습니다. 하나님의 나라, 하나님의 일이 기준이지 '내'가 기준이 되어 나를 힘들게 하고 넘어지게 했다고 사탄이라고 해서는 안 된다는 것입니다. 예수는 요한의 제자가 올 때에, "나로 말미암아 실족하지 아니하는 자는 복이 있도다"라고 말씀하셨습니다. 예수님은 제자들 모두에게 "너희가 오늘 밤에 모두 다 나를 부인하리라" 하셨고, 실제로 그들이 예수는 부인하는데, 예수님의 제자들 모두가 넘어집니다.

예수님은 고치는 의사로 오셨습니다. 고칠 때 육체적 질병의 원인이 마귀와 사탄 때문이기에 그것들을 '말씀으로 명령하여' 물리치십니다. 그러나 마귀는 육체적인 고통만이 아니라 사람의 생각, 마음 깊은 곳의 숨은 욕망, 자기중심적 생각, 특히 인간관계나 가정이나 일터 등의 구조 안에 악한 틀로 자리 잡고 있습니다. 따라서 예수님은 이런 사탄의 나라를 깨고 하나님의 나라가 임하게 하고 있습니다. 마귀는 거짓말하고, 속이고, 자기중심적으로 자기를 사랑하고, 돈을 사랑하는 일 등으로 하나님의 나라를 거부하게 합니다. 예수님은 이런 마귀의 일을 멸하려고 오셨습니다. 예수님이 가져오신 하나님의 나라는 먹고 마시고 입는 세상이 아니라 성령 안에서 의와 평강과 희락입니다. 하나님의 정의가 세워지도록 마귀의 거짓을 물리치고 대적해야 합니다.

오늘 본문은 예수님이 마귀의 일을 멸하려고 이 땅에 오셨다고 전합니다. 성경은 마귀의 일을 하는 자를 마귀의 자녀라고 칭합니다. 그런데 오늘날 그리스도인들은 자신이 사탄이고 마귀의 자녀라고 생각하지 않을 뿐만 아니라 그런 용어 사용하기를 꺼립니다. 현대 교회는 마귀나 사탄 또는 귀신 등의 용어를 싫어합니다. 그런 소리 들으려고 교회에 온 것이 아니라고 항의합니다.

그러나 성경은 사탄이나 마귀, 그리고 귀신 또는 악한 영들 등의 용어를 사용하고 있을 뿐만 아니라 그런 용어들로 마귀의 일들을 설명하고 있습니다. 특히 예수님이 그런 용어를 사용하시면서 대적자들과 싸우십니다. 그렇기 때문에 우리는 예수님을 따라서 진리를 증언하고 진리를 행하고, 진리가 자유롭게 하는 삶을 살지 못하도록 하는 마귀의 권세를 부수고 마귀의 일들을 되풀이하지 않도록 해야 합니다.

요한일서 기자에 따르면, '하나님의 아들이 나타나신 것은 마귀의 일들을 멸하시기 위함'(요일 3:8)입니다. '마귀의 일들', 곧 '마귀가 저질러 놓은 일들'이란 죄를 계속하여 짓는 것을 뜻합니다. 죄를 짓는 사람이 바로 '마귀의 자녀'(요 8:44)입니다. 마귀는 창조된 존재로 권세를 가집니다.

"만물이 그에게서 창조되되……권세들이나 만물이 다 그로 말미암고 그를 위하여 창조되었고"(골 1:16).

"마귀는 그 누구도 만들거나 낳거나 창조하지 않았다. 누구든지 마귀의 자녀는 낳음으로써가 아니라 본받음으로써 된다"고 어거스틴은 말했습니다.

그러면 구약의 사울을 통해, 그리고 신약의 베드로를 통해 성령과 악한 영 곧 반석이면서 걸림돌이 동시에 되고 있는 인간 존재의 모습을 살펴보아야 합니다.

2. 성령의 사람으로 기름 부음 받았던 사울이 악한 영이 들어 죽은 자의 영을 부름

사울은 하나님의 사람이요 성령의 사람으로 기름 부음 받은 자이나 하나님을 떠나 악한 영이 든 사람이 되어 귀신, 곧 죽은 자의 영을 부르는 사람이 됩니다. 사무엘이 기름병을 가져다가 사울의 머리에 부을 때만 해도 '하나님의 영이 사울에게 크게 임하므로 그가 그들 중에서 예언을 합니다'(삼상 10:10). 그러나 사울이 버림을 받은 연유는 그가 '여호와의 말씀을 버렸으므로 여호와께서도 왕을 버려 왕이 되지 못하게 하신 것입니다'(삼상 15:23). 여호와께서는 사울을 이스라엘 왕으로 삼으신 것을 후회하십니다. 그래서 하나님은 마음에 든 자 다윗을 왕으로 기름 부으십니다. 이제 '여호와의 영이 사울에게서 떠나고 여호와께서 부리시는 악령이 그를 번뇌하게 합니다'(삼상 16:14). 여호와의 영이 떠나고 악령이 들어 사울이 저지르는 죄는 무서운 것이었습니다.

사울은 자기를 편들지 않고 다윗 편을 들었다고 놉의 제사장 85명을 죽일 뿐만 아니라, 제사장 성읍인 놉의 남녀와 아이들도 죽입니다. 더 나아가 엔돌의 신접한 여인을 찾아 죽은 사무엘을 만나고자 합니다. 사울은 그 이유를 '하나님은 나를 떠나서 다시는 선지자로도, 꿈으로도 내게 대답하지 아니하시기로 내가 행할 일을 알아보려고'(삼상 28:15)라고 합니다. 그러나 블레셋과의 전투에서 그는 죽고 맙니다.

3. 반석이면서 걸림돌인 베드로

베드로는 반석이면서 동시에 걸림돌로 제자의 삶을 살았습니다(마 16:18, 23). 이 동시성은 인간 존재의 역설이고 괴리입니다. 교회를 짓게 될 반석이지만 동시에 교회를 무너뜨리는 사탄, 곧 걸림돌이기 때문에

"물러가라"고 책망받습니다.

그런데 우리 스스로는 자신을 '걸림돌'이라 생각하려고 하지 않습니다. 여기서 '걸림돌'이란 예수를 넘어지게 하는 방해물이라는 뜻으로, 예수를 '죄로 유혹하고 있는 자, 실족하게 하는 자'라는 뜻을 가집니다. 걸림돌 또는 '넘어지게 하는 자'라는 '스칼달론'은 원래 짐승을 잡기 위해 올가미를 쳐 놓은 것을 뜻합니다. 덫을 놓아 걸려든 짐승을 잡듯이, 결국에 죄를 짓게 하는 것을 뜻합니다. '마귀가 쳐 놓은 올무'가 얼마나 무섭습니까? 그것이 구체적으로 어떤 것들인지 정확하게 알 필요가 있습니다.

'스칸달리조'라는 동사는 신약성경에 27번 사용되는데, 그중에서 25번을 예수님이 사용하십니다. 주로 마태복음에서 사용되는데(13회), 천국에 들어가지 못하도록 죄를 짓게 하는 눈이나 손이라면 '내버리라'(마 5:29-30)고까지 예수님은 강한 어투로 명하십니다. 이 동사가 사용된 몇 사례를 통해 마귀의 올무가 무엇인지 밝혀 봅시다.

세례 요한이 제자를 예수께 보내어 "오실 그이가 당신이오니이까" 묻자 예수님은 "맹인이 보며 못 걷는 사람이 걸으며 나병환자가 깨끗함을 받으며 못 듣는 자가 들으며 죽은 자가 살아나며 가난한 자에게 복음이 전파된다 하라" 하십니다. 그러면서 예수님은 "나로 말미암아 실족하지 아니하는 자는 복이 있도다"(마 11:6)라고 하여 예수님이 그들에게 걸림돌이 되고 넘어지게 할 수도 있다고 말씀하시는데, 이것은 시므온이 성전에서 아기 예수를 안고 축복할 때 부모에게 말한 내용이기도 합니다. "이는 이스라엘 중 많은 사람을 패하거나 흥하게 하며 비방을 받는 표적이 되기 위하여 세움을 받았다"(눅 2:34)는 예언 속에서 이미 드러난 이야기입니다.

예수님은 많은 사람을 패하거나 흥하게 합니다. 예수님 때문에 넘어지고 망하는 사람이 있습니다. 인간 누구나 자신을 괴물, 다른 사람을 힘들게 하고 넘어지게 하는 걸림돌이라 여기지 않습니다. 그러나 베드로가 그러했습니다. 다른 사람을 넘어지게 하고 힘들게 하는 사람이 걸림돌인데 사탄이라 책망을 받습니다. 사탄은 남을 넘어지게 하는 자입니다.

예수님은 씨 뿌리는 비유에서도 '넘어지는 자' 곧 걸림돌이라는 용어를 사용하시는데, 그들은 예수님이 진리인 하나님의 말씀을 전해도 "그 속에 뿌리가 없어 잠시 견디다가 말씀으로 말미암아 환난이나 박해가 일어날 때에는 곧 넘어지는 자"(마 13:21)입니다. 환난이나 박해 등이 바로 넘어지게 만드는 요인입니다. 예수님은 이 비유에서 사탄을 말씀을 빼앗아가는 도둑이라 하셨습니다.

> "아무나 천국의 말씀을 듣고 깨닫지 못할 때는 악한 자가 와서 그 마음에 뿌려진 것을 빼앗나니"(마 13:19).

그냥 훔쳐가는 것이 아니라 빼앗아 가는 탈취범입니다.

다음으로 예수님과 가장 대적 관계를 형성했던 사람들 이야기를 하려고 합니다. 정결의 문제는 유대법과 장로 전승에 따르면 아주 중요한 사항입니다. 예수님의 제자들이 장로들의 전통을 지키지 않고 먹을 때에 손을 씻지 않았다고 공격을 합니다. 그러자 예수님은 예루살렘에서 파견된 바리새인과 서기관들에게, 하나님께 드려야 한다는 이유로 부모에게 드려야 할 돈을 드리지 않는 그들의 행위를 외식이라고 비판하십니다. 그 말을 들은 그들이 기분이 상했을 것이고 예수와 적대관계를 맺게 되니까 제자들이 불안하여 예수님께 "바리새인들이 이 말씀을 듣고 걸림이 된 줄 아시나이까"(마 15:12)라고 합니다. 그러지 말았어야 한다는 의미로 안타까워합니다.

예수님은 '그냥 두라'고 대수롭지 않은 것처럼 처리하십니다. "사태를 키우지 말고 대립하지 말고 넘어지게 하지 마시지 그랬습니까"라고 제자들이 안타까워하는 장면입니다. 사람들이 서로 실족하게 하고 넘어지게 하고 걸림돌이 되는 때가 있다고 예수님은 말씀하십니다. 그때가 바로 종말의 때라고 합니다. "그때에 많은 사람이 실족하게 되어 서로 잡아 주고 서로 미워하겠으며"(마 24:10)라고 하시면서, 특히 거짓 선지자들이 많이 일어나는 그때라고 부연 설명하십니다.

베드로만 걸림돌이 되어 예수를 넘어지게 하는 것이 아닙니다. 가룟 유다에게 사탄이 들어가 예수를 팔 생각을 획책하는 그때에 예수님은 잡혀서 죽는다는 것을 말씀하십니다. 그때가 바로 최후만찬의 때였습니다. 식사를 마치고 가룟 유다는 예수를 넘겨주려고 나가고 없고, 예수는 제자들과 함께 감람산으로 기도하려 오르십니다. "그때에 예수께서 제자들에게 이르시되 오늘 밤에 너희가 다 나를 버리리라"(마 26:31)고 말씀하시는데, '버리다'라는 말이 바로 '예수로 인하여 실족할 것'이라는 말입니다. 예수님은 죽음 앞에서 제자들 모두가 예수님 때문에 걸려 넘어질 것이라고 예언하십니다.

그러자 베드로는 "비록 모든 제자들이 주님 때문에 걸려 넘어진다고 할지라도 나는 절대로 걸려 넘어지지 않을 것입니다"라고 호언장담하지만, 닭 울기 전에 세 번 주님을 부인하고 맙니다. 제자들에게 예수님이 바로 넘어지게 하는 원인자입니다. 제자들의 입장에서 보자면, 예수님만 아니었으면 그들은 넘어지지 않았습니다. 그들의 입장에서 보면 예수님이 바로 걸림돌입니다. 이것은 베드로를 걸림돌이라 책망하신 내용과 정반대되는 사건입니다.

4. 예수와 예수의 대적자들은 서로 귀신 들렸다고 비난합니다

예수의 모든 이적이 악한 영으로부터 비롯되었다고 예수의 적대자들은 주장합니다. 마태복음 9장 32-34절에서 예수는 귀신 들려 말 못 하는 사람을 고치십니다. 바리새인들은 예수가 '귀신의 왕을 의지하여 귀신을 쫓아낸다'(마 9:34)고 비난합니다. "이가 귀신의 왕 바알세불을 힘 입지 않고는 귀신을 쫓아내지 못하느니라"(마 12:24) 하여 예수를 바알 세불이라고 단정합니다.

마가복음 3장 21절에서는 예수의 가족들이 '그가 미쳤다'는 소문을 듣고 예수를 찾아오는 것으로 되어 있는데, 3장 30절에서는 그 뜻을 "이는 그들이 말하기를 더러운 귀신이 들렸다 함이러라"고 하여 '미쳤 다'는 말의 의미를 풀어서 설명해 줍니다. '그들'이란 '예루살렘에서 내 려온 서기관들'(막 3:22)로 예수를 고발하기 위해 고발거리를 찾으려고 온 자들입니다.

요한복음 7장 20절에 따르면, 유대인들이 예수를 향해 "당신은 귀 신이 들렸도다. 누가 당신을 죽이려 하나이까"라고 말하여, 터무니없 이 거짓말하는 자라는 의미로 '귀신이 들렸다'는 말을 사용합니다. 그 들은 우리가 당신을 죽이려 하지도 않았는데, 당신은 "너희가 어찌하 여 나를 죽이려 하느냐"(요 7:19)고 말하느냐는 것입니다. 그러나 요한복 음 7장 25절에 따르면, 유대인들이 예수를 죽이려고 한다는 소문이 예 루살렘까지 퍼졌고, "예루살렘 사람 중에서 어떤 사람이 말하되 이는 그들이 죽이고자 하는 그 사람이 아니냐" 하여 실제로 그들이 예수를 죽이려고 고발할 핑곗거리를 찾고 있었음을 알 수 있습니다.

어쨌든 '귀신 들렸다'는 말은 터무니없이 거짓말로 일을 꾸미는 문맥 으로 사용하고 있음을 볼 수 있습니다. 그러나 예수님은 '귀신'을 하나 님 나라와 연관하여 사용하십니다. 마태복음 12장 28절은 귀신이 쫓겨 나간 상태를 하나님 나라의 임재와 연결해서, 하나님의 영이 없는 사람, 하나님의 통치를 받지 않는 사람, 하나님의 주권을 인정하는 않는 사람 을 귀신 들린 사람이라고 말씀하고 계십니다. 하나님의 일은 생각하지 않고 사람의 일만 생각하는 베드로를 예수님은 사탄이라 지명하셨고, "사탄아 내 뒤로 물러가라"고 물리치십니다. 하나님의 나라를 거부하고 하나님의 일을 생각하지 않는 사람이 바로 마귀이고 사탄입니다.

요한복음 8장 44절 이하에서 예수님은 예수 그리스도를 믿지 않고 고백하지 않는 자가 바로 마귀라고 칭하십니다. 뿐만 아니라 진리이신 예수를 그리스도로 믿지 않는 것을 보면 하나님께 속하지 않은 자이기 때문이라고 그 원인을 밝히십니다. 예수는 자기를 '귀신이 들렸다'(요 8:48) 하는 자들에게 "나는 귀신 들린 것이 아니라 오직 내 아버지를 공경함이거늘 너희가 나를 무시하는도다"(요 8:49)라고 반박하십니다. '너희가 나를 무시하고 있다'고까지 말씀하신 것을 보면 사태의 심각성을 깨달을 수 있습니다. 하나님께 예배하는 삶을 아버지를 공경해서가 아니라 귀신 들렸기 때문이라고 말한다면 참으로 안타까운 일이기 때문입니다.

유대인들이 예수를 귀신 들렸다고 하는 것은, '나[예수]를 무시하기'(요 8:49) 때문이라는 예수님의 대답을 통해 알 수 있듯이, 예수님이 행하신 또는 말씀하신 내용을 가지고 그렇게 말하는 것입니다. 요한복음 8장에서 예수는 유대인들을 먼저 "너희는 너희 아비 마귀에게서 났다"(요 8:44)고 하면서 그 이유를 두 가지, 곧 행위의 문제와 진리의 문제로 나누어 근거를 대십니다. '너희 아비의 욕심대로 너희도 행하고자 한다'는 것과 '진리가 그 속에 없으므로 진리에 서지 못하고 거짓을 말하기 때문'(요 8:44)이라고 그렇게 말씀하신 이유를 대십니다.

요한복음 8장 47절의 "하나님께 속한 자는 하나님의 말씀을 듣나니 너희가 듣지 아니함은 하나님께 속하지 아니하였음이로다"라는 말씀에 따르면, 예수 그리스도를 이해하지 못하고 그의 말씀을 깨닫지 못하면 믿는 자나 믿지 않는 자나 예수께서 말씀하신 하나님께 속한 자가 될 수 없습니다.

5. 마귀의 일을 멸하려고 오신 예수를 따라 사는 삶의 적용 문제

1) 사탄인지 아닌지 검증하는 기준: 하나님 나라

베드로는 자기 생각을 따라 말했을 뿐입니다. "주님, 그리 마옵소서!" 우리는 신앙생활하면서 베드로처럼 자기 생각을 따라 '주님 그리 마옵소서'라고 말하는 여러 경우들을 만납니다. 인간은 누구나 자기 입장에서 생각합니다. 그러나 '주님 그리 마옵소서'라는 말은 하나님의 일은 생각하지 않고 사람의 일만 생각하는 사탄의 생각일 뿐입니다. 그런데도 그리스도인들은 자신이 다른 사람을 힘들게 하고 넘어지게 하고 있는 걸림돌, 사탄이라 생각지 않습니다. 예수님이 베드로를 사탄이라 칭하신 것을 떠올려 보십시오. 이 말을 생각해 보면, 사탄은 베드로의 생각 속에서 역사하고 있습니다.

사람들은, 비록 그가 그리스도인일지라도, 남을 넘어지게 하고 힘들게 하고 괴롭히고 집단 따돌림을 하고, 그리하여 죄를 짓게 하고, 하나님의 일과 뜻을 이루지 못하게 하면서도 자신을 사탄이라 여기지 않습니다.

서로가 마귀의 일을 하고 있다며 걸림돌이라 하는 상황에서 누가 참으로 마귀의 일을 하는 마귀의 자녀인지에 대한 기준이 필요합니다. 예수님은 그 기준을 제시하십니다. 그것은 바로 '하나님 나라', '하나님의 일'입니다. 하나님의 나라는 성령을 힘입지 않고는 일어날 수 없고 성령에 의지해서만 귀신을 쫓아낼 수 있기 때문에 '하나님의 성령을 힘입어 귀신을 쫓아내는 것이면 하나님의 나라가 이미 임하였다'(마 12:28)고 예수님은 선언하십니다.

'나'를 반대하고 나를 넘어지게 하는 사람은 누구나 걸림돌이요 사탄이 되는 것이 아닙니다. '자기'가 기준이 아닙니다. 예수님도 예수님 자신이 기준이 아니라고 말씀하십니다. 예수님도 성령에 힘입어 귀신을 쫓아내고 그리하여 하나님의 나라가 임하도록 하여야 합니다. 그런데도 귀신을 쫓아내고 있는 예수를 귀신 들렸다고, 미쳤다고 말하는 것은 성령을 부인하는 꼴이 되기 때문에, 그자는 용서받을 수 없다고 말씀하고 계십니다.

2) 바울이 경계한 '마귀의 올무'(딤후 2:26)

사탄은 끊임없이 사람들을 올무에 걸리게 할 방법을 궁리하기 때문에 "마귀의 올무"(딤후 2:26)라고 바울은 표현합니다. '올무'란 짐승을 잡는 덫이나 함정 또는 올가미(출 23:33; 삼상 18:21; 겔 12:13)를 뜻합니다. "마귀의 올무"(딤전 3:7)란 성도를 실족시키는 사탄의 방식을 뜻합니다. 마귀의 주된 목표는 자신이 노리는 사람을 사로잡아 자기 뜻대로 이용하는 것입니다. '올무'란 어떤 짐승을 잡기 위해 쳐 놓은 덫을 말하는데, 사냥꾼은 짐승이 지나다니는 습성이나 발자국 등의 흔적을 보고 그곳에 덫을 칩니다. 마찬가지로 사탄 역시 우리들의 말의 습성, 급한 성격, 어느 것만 건드리면 쉽게 무너지는 기질, 예를 들어 불같이 타오르는 성적 욕망을 이기지 못하고 저지르게 만드는 상황 또는 흔적 등을 잘 알아 두었다가 위장하여 때를 기다립니다. 어떤 사람의 경우는 그것이 죄를 용서받지 못하고 끊임없이 죄책감에 시달리도록 잊지 못하는, 그리하여 죄를 용서받은 자로 살지 못하게 하는 성향일 수 있습니다.

바울은 사탄이 우리를 넘어뜨리려고 올무를 놓고 있는 항목을 디모데후서 3장 2-4절에서 몇 가지로 제시합니다. 그중에서 자기는 어떤 올무에 가장 약한지 자기를 점검할 수 있어야 합니다. 다시 말하면, 바울은 "너는 이것을 알라"(딤후 3:1)고 말합니다. 자기가 어떤 마귀의 올무에 쉽게 넘어지는지 꼼꼼하게 체크하라는 것입니다. 그 항목들은 "자기를 사랑하며 돈을 사랑하며 자랑하며 교만하며 비방하며……" 등입니다.

(1) 자기 사랑

바울이 말한 대로, 우리 속에 '자기를 사랑'(딤후 3:2)하는 마음으로 가득 차 있다면, 그 속에 하나님의 영이 거할 수 없다는 사실을 우리는 잘 알고 있습니다. 예수 그리스도만 내 속에 못 들어오는 것이 아닙니다. 다른 사람들이 어쩔 수 없는 관계 속에서 내 속에 있다고 할지라도 언제든지 마귀에 의해 움직여져 다른 사람을 부정하고 모함하고 넘어뜨릴 것입니다. 그중에서 무엇보다 다른 사람이나 상황이 자기를 무시하고 인정하지 않을 때에는 보통 강하게 거부하고 반발하는 것이 아닐 것입니다. 그것을 보통 교만과 시기라고 표현합니다. 내가 해야 할 일을 다른 사람이 차지하거나, 내가 그 일을 통해 먹고 사는데 그것을 무너뜨리려고 한다는 생각을 하면, 그때부터 그 사람은 소위 제정신이 아닙니다.

예수를 죽이려고 고발하는 종교지도자들의 핵심 이유가 무엇입니까? 겉으로는 신성모독이고 마귀가 들렸기 때문이라고 이유를 대지만, 실제의 이유인즉슨 시기하는 마음 때문임을 빌라도는 압니다. 빌라도는 재판정에서 예수에게 죄가 없다는 것을 알았고 고발한 사람들인 '대제사장들이 시기로 예수를 넘겨준 줄 알았습니다'(막 15:10). 대제사장들이 왜 예수를 죽이도록 미워하고 시기하게 되었습니까? 많은 무리가 예수를 따르므로 자기들이 해야 할 일이 없어지는 것이 그토록 싫었던 것입니다.

> "바리새인들이 서로 말하되 볼지어다 너희 하는 일이 쓸데없다 보라 온 세상이 그를 따르는도다 하니라"(요 12:19).

결국에 '자기를 사랑'하는 문제가 중심에 있었기 때문입니다.

(2) 사탄의 올무: 지옥불인 말

야고보는 사탄의 올무의 첫 번째 항목으로 말을 제시합니다. 야고보는 혀를 불에 비유했습니다(약 3:6-8). 어떤 사냥꾼은 동물을 은신처에서 나오게 하기 위해 초목의 일부분에 불을 지른 다음 도망하는 동물을 잡습니다. 마찬가지로, 성령세례를 받은 참 그리스도인은 거짓을 버리고 진리의 말인 로고스 곧 하나님의 말씀을 입에 담아야 합니다. 그런데 우리는 한 입으로 하나님을 찬양하면서 동시에 하나님을 부정하는 말을 합니다. 예수님은 사람들이 "마음에 가득한 것을 입으로 말함이라"(마 12:34)고 하여 마음에 생각한 것을 말로 표현한다고 지적하십니다. 마음속에 악한 것이 가득 차 있으면 당연히 내뱉는 말이 다 악한 말들일 것이고, 거짓일 것입니다. 디모데후서 3장 2-4절의 내용들로 마음속에 가득 차 있다면, 그것을 내뿜는 말들이 사람을 해칠 것입니다.

(3) 사탄의 계책

우리는 사탄에게 속지 않아야 합니다. 왜냐하면 "우리는 그 계책을 알지 못하기"(고후 2:11) 때문입니다. 예를 들어 보겠습니다. 살다 보면 성적 유혹처럼 강한 것이 없는데, 성적 유혹과 사탄의 계책을 어떻게 구분하고 알 수 있습니까. 그래서 바울은 성적 유혹, 곧 "음행을 피하기 위하여 남자마다 자기 아내를 두고 여자마다 자기 남편을 두라"(고전 7:2)고 결혼제도를 그렇게 해석합니다. 성적 유혹뿐만이 아니지요. 물질에 대한 유혹도 이에 못지않습니다. 그래서 바울은 믿음의 아들 디모데에게 편지하면서 "부하려 하는 자들은 시험과 올무와 여러 가지 어리석고 해로운 욕심에 떨어지나니 곧 사람으로 파멸과 멸망에 빠지게 하는 것이라"(딤전 6:9)며 물질의 유혹에 아주 조심해야 한다고 주의를 줍니다.

바울은 "마귀의 간계를 능히 대적하기 위하여 하나님의 전신갑주를 입으라"(엡 6:11)고 비법을 알려 줍니다. 그는 하나님의 전신갑주를 진리, 의, 평안, 믿음, 구원, 그리고 하나님의 말씀이라고 제시해 줍니다. 왜 특히 성령으로 말미암은 하나님의 말씀이 필요합니까? 성경에 나와 있는 마귀 들린 모든 사람들의 특징은 한 분 하나님을 믿고 예수 그리스도는 하나님의 아들이라는 것을 믿기 때문입니다.

밀턴은 《실낙원》이라는 작품에서 사탄의 계책을 여러 가지로 말하지만 몇 가지로 정리할 수 있습니다.

첫째, 자기모순적 성격을 가진 자입니다. "그는 찬란하고 탁월한 존재로 나를 창조하였다."(4권 43-4) 창조되었으나, 스스로 태어난 자라는 의식을 가집니다. "나 자신의 활력에 의해 나 스스로 태어나고 나 스스로 커졌다."(5권 860-1)

둘째, 교만입니다. 예수를 메시아로 임명한 것에 대한 반대가 아니라 신에게 반역하려는 교만한 의도가 그 속에 있었다는 것입니다. 즉 자기가 예수보다 우위에 있다는 자만 때문에 타락합니다. "우리의 힘은 우리의 것, 우리의 오른손은 우리의 동태가 누구인가를 실증하기 위해 최고의 행업을 우리에게 가르칠 것이다."(5권 864-66) 천사의 타락은 자만심 때문이었습니다. "모든 선은 가버렸다. 악이여 너 나의 선이 되라"(4권 110)에서 외치는 사탄의 발언에서 보듯이, 악의적 자만심이 원인이었습니다.

셋째, 그러나 무엇보다 사탄의 특성은 사기와 거짓말에서 드러납니다. 라파엘의 경고에서 이 사실이 명백해집니다. "폭력으로써인가? 아니다. 그것이라면 막을 수 있을 텐데. 속임과 거짓말로써다."(5권 242-43)

넷째, 인간을 유혹하고자 하는 이유도 조물주에 대한 복수심과 질투심 때문입니다. "사탄은 지금도 그대의 상태를 시기하고, 어떻게 하면 그대를 순종에서 유혹해 낼까 하고 음모를 꾸미고 있느니라. 그것

은 그대도 행복을 빼앗겨 영원의 재앙이라는 형벌을 함께 받게 하려 함이로다."(6권 900-4)

다섯째, 사탄에게는 회개, 곧 뉘우침이 없습니다.

(4) 마귀를 대적하라.

"마귀를 대적하라 그리하면 너희를 피하리라"(약 4:7).

야고보는 하나님이 우리를 시험하지 않으신다고 확실하게 강조합니다. 이때 시험은 참으로 믿는지 알아보려는 테스트(test)가 아니라 넘어지게 하려는 유혹(temptation)을 지칭합니다. 그러면 사람이 시험을 받는 것은 자기 욕심에 끌려 미혹된 것이라는 것입니다. 바울도 야고보와 이 문제에 대해 비슷한 입장을 표명합니다.

"사람이 감당할 시험밖에는 너희가 당한 것이 없나니 오직 하나님은 미쁘사 너희가 감당하지 못할 시험 당함을 허락하지 아니하시고 시험 당할 즈음에 또한 피할 길을 내사 너희로 능히 감당하게 하시느니라"(고전 10:13).

귀신이 사람 속에 들어가서 하는 일에 대해 성경은 다양하게 설명합니다. 귀신은 거짓말하게 합니다(왕상 22:21-23).

"한 영이 나아와 여호와 앞에 서서 말하되 내가 그를 꾀겠나이다 여호와께서 그에게 이르시되 어떻게 하겠느냐 이르되 내가 나가서 거짓말하는 영이 되어······ 이제 여호와께서 거짓말하는 영을 왕의 이 모든 선지자의 입에 넣으셨고 또 여호와께서 왕에 대하여 화를 말씀하셨나이다"(왕상 22:21-23).

예수님도 마귀를 "진리에 서지 못하고 거짓을 말할 때마다 제 것으로 말하나니 이는 그가 거짓말쟁이요 거짓의 아비가 되었음이라"(요 8:44)고 말씀하셨습니다.

결론입니다.
예수 그리스도는 마귀의 일을 멸하려고 오셨습니다. 마귀가 저질러 놓은 일들이란 죄를 계속하여 짓는 것을 뜻합니다. 죄를 계속하여 짓는 사람을 마귀라 할 때에 그런 사람이 따로 존재하는 것이 아닙니다. 구약에서는 성령의 사람으로 기름 부음 받았던 사울 왕이 악한 영이 들어 죽은 자의 영을 부르는 사람이 된 것을 예로 들 수 있습니다. 신약에서는 반석이면서 동시에 걸림돌인 베드로를 예로 들었습니다. 예수와 대적자들은 서로 귀신이 들렸다고 비난합니다.

그러면 우리의 삶에 이 문제를 적용하기 위해, 먼저 우리는 내가 참으로 하나님의 백성이고 자녀인지, 아니면 사탄의 일을 하고 있는 자인지 검증해 봐야 합니다. 그 기준은 '하나님 나라'에 있습니다. 바울은 우리에게 마귀의 올무를 경계하라고 권고합니다. 예를 들면, 우리 속에 자기를 사랑하는 마음으로 가득 차 있다면, 그 속에 하나님의 영이 거할 수 없습니다. 또는 그가 지옥불이라 칭한 말에서 사탄의 올무를 알 수 있습니다. 사탄의 계책을 잘 알아 속지 않아야 합니다. 그리고 마귀를 대적해야 합니다.

귀신 들린 사람을 치유하시는 예수

마태복음 8:28-34; 마가복음 5:1-20; 누가복음 8:26-39

○●● 육체적 질병을 고치시는 의사인 예수에 대해 살폈고, 하나님의 일은 생각하지 않고 사람의 일만 생각하는 사탄, 곧 사람 마음의 생각을 통해 일하는 사탄의 속성에 대해 분석해 보았다면, 오늘은 귀신 들린 '사람'을 치유하시는 의사 예수를 만나 보고자 합니다.

치유가 필요한 사람을 고치시는 예수는 영육만이 아니라 그 '사람'의 가정, 그리고 공동체까지 치유하여 회복하고 인간다운 삶을 살도록 치유하십니다. 따라서 설교의 목적은, 하나님의 성전인 '그리스도인'과 가정, 그리고 공동체에서 고치시는 의사 예수를 만나 행복한 삶을 살도록 만드는 것입니다. 그리고 누가 귀신 들린 사람인지 성경이 지적하는 내용을 고찰하여 바른 그리스도인의 삶을 살도록 결단하게 하는 것입니다.

1. '사람'을 고치시는 예수 그리스도

귀신 들린 사람이 있는 가정이 평안할까요? 귀신 들린 사람이 속한 공동체는 어떠합니까? 환영받지 못하는 가족 일원이 있으면 참으로 감당하기 힘듭니다. 가족이지만 너무 힘들어 같이 살지 못하고 따로 사는 사람이 있다면, 그 '사람'을 치료하여 가족이 같이 살도록 치유하시는 예수님을 만나야 합니다. 가족 구성원이나 직장, 그리고 교회 공동체 또는 모임이나 회의에서 '제정신이' 아니어서 하는 일이나 말이나 행동 때문에 너무 힘든 사람이 있다면 참으로 고통스럽습니다. "정신이 온전하여"(막 5:15)라고 번역된 헬라어 '솝흐로네오'는 '정신을 차리다'라는 의미의 '제정신으로'라는 뜻으로, '온전한 정신으로' 또는 '멀쩡한 정신으로' 등으로 번역되고 있습니다.

바울은 '제정신'이라는 단어를 사람이 '믿음의 분량대로 지혜롭게 생각하는'(롬 12:3) 것이라는 의미로 사용합니다. 베드로도 만물의 마지막이 가까이 왔으니 '정신을 차리고'(벧전 4:7) 기도하라 명합니다. '제정신이' 들면 전혀 다른 사람이 되는, 즉 속된 말로 헤까닥 하고 나면 물불 안 가리고 소리 지르고, 폭력을 쓰고, 난리를 피우는 사람을 예수님은 고치고 계십니다.

귀신 들린 사람의 정신분열 현상을 우리는 성경에서 읽을 수 있는데, 자기 정체성의 혼란을 겪고 있는 것을 볼 수 있습니다. 한 인격 안에 다른 인격이 들어와 공존하므로 현대어로 말하자면, 정신분열 증상을 보입니다. 마가복음 1장 24절을 보십시오. 귀신이 "우리가 당신과 무슨 상관이 있나이까"라고 했습니다. '우리'라고 했다가 "나는 당신이 누구인 줄 아노니 하나님의 거룩한 자니이다"라고 하여 1인칭 '나'를 주어로 사용하여 '나'만이 아니라, 내 속에 '우리'라는 다른 영 혹은 귀신이 있다고 말합니다. 우리는 이런 사람을 자아 분열의 증상을 앓고 있는 사람이라고 봅니다. 가버나움에서 예수님이 더러운 귀신 들린 사람을 고치십니다. 그 사람은 "우리를 멸하러 왔나이까"(막 1:24)라고 예수님께 소리치지만, 예수님은 "그 사람에게서 나오라" 꾸짖으십니다. 그리하여 '더러운 귀신이 그 사람에게 경련을 일으키고 큰 소리를 지르며 나옵니다'(막 1:26).

현대 그리스도인들조차 '귀신 들린 사람'을 지칭하는 것을 좋아하지 않습니다. 특히 가족 구성원이나 관계가 가까운 사람에게 그런 용어를 사용하기 힘듭니다. 그러나 예수님이 어떤 사람을 '귀신 들린 사람'이라 칭하실 때의 그 사람의 면면을 살펴보면 우리 일상에서 만나게 되는 사람입니다.

자기가 사는 집이 있는데 그 집에서 사는 것이 아니라(눅 8:27) 집을 뛰쳐나와 다른 데서 사는 사람은 분명 정상이 아닙니다. '여러 번'(막 5:4), 다시 말하면 그런 제정신이 아닌 것이 이미 습관이 되어 버린 사람의 특징을 묘사해 주고 있습니다. 이미 면역이 되었다고 우리가 말하는 그런 경우입니다. '아무도 그를 제어할 힘이 없는' 폭력적이고 막무가내인 사람의 모습을 그려 주고 있습니다.

자기 맘대로 안 된다고 '돌로 자기 몸을 해치는'(막 5:5) 유형의 사람을 우리는 일상에서 만납니다. 아주 폭력적인 사람 있잖습니까. 그러면서도 자기보다 힘센 사람에게는 굽신거리며 '달려와 절하는'(막 5:6) 사람을 우리는 우리 주위에서 자주 만납니다. 올바른 사태 인식, 즉 예수를 하나님의 아들이라 알고 소리치는 사람이면서, 그 사람이 진리의 사람이기 때문에 진리에 순종하기보다는 내가 원하는 대로 내버려 두라는 의미로 '나를 괴롭히지 말라'(막 5:7)고 반항합니다. 자기 원하는 대로 살고 싶다는 것입니다. 자기가 예수에 의해 쫓겨나게 된다는 사실을 잘 알고 있어서 내버려 두라는 의미로 돼지 떼로 들어가게 해달라고 합니다. 물속으로 뛰어 들어가는 돼지 떼는 죽지만 죽더라도 내 맘대로 하겠다고 돼지 떼로 보내 달라고 말하는 사람이 바로 귀신 들린 사람입니다.

이런 부류의 사람은 예수님이 보시기에 고침이 필요한 사람입니다. 그런 사람을 의사로서 바르게 진단하고 고쳐 주어 사람답게 살도록 만들어 주고 싶다는 것입니다. 가족에게, 어떤 모임이나 공동체에 환영받지 못하고 떨어져 지내야 하는 외로운 사람이 바로 내가 아닌지 물어 봐야 합니다. 다시 말하면, 주님이 보시기에 내가 바로 치료가 필요한 사람은 아닌가 하는 것입니다. 현대 의학용어로 하자면, 정신착란 증상을 보이는 사람을 고쳐서 사람답게 살게 만들고자 원하시는 것입니다.

공관복음 기자들은 예수님이 바로 이사야의 예언인 "우리의 연약한 것을 친히 담당하시고 병을 짊어지셨도다"(사 53:4) 함을 성취하고 계신 (마 8:17) 분이라고 소개하고 있습니다. 우리는 공관복음의 기자들처럼, 우리의 연약한 것을 친히 담당하시고 고쳐 주시는 의사인 예수가 필요한 사람일 수 있습니다. 비록 예수님은 위의 특성을 가진 사람을 '귀신 들린 사람'이라 하셨지만, 그런 의미에서 나와는 무관한 사람이라 생각하는 것과는 달리, 그런 사람의 모습을 보이고 있는 '내'가 바로 예수님이 보시기에 치료가 필요한 사람은 아닌지 되돌아보아야 합니다.

2. 누가 귀신 들린 사람인가?

마가는 예수의 사역이 귀신 축출에 있음에 주목하여 그것이 이사야가 예언한 그리스도의 출현으로 보게 되었다고 보고합니다.

귀신 들림이란 사람이 무엇에 사로잡혀 있어 그리고 억눌려 있어, 즉 죄 아래 있어 사람다운 삶을 살지 못하고 있음을 지칭합니다. '더러운 귀신 들린 사람'이라는 말을 원문에 맞게 옮기자면 '더러운 영에 사로잡혀 있는 사람'인데, 사람이 뭔가에 사로잡혀 있다면 그 사람의 삶은 분명 치료가 필요합니다.

1) 귀신 들린 사람

그러면 '더러운 영에 사로잡혀 있는 상태'는 구체적으로 어떤 상태를 뜻할까요? 마가복음 5장 1절로부터 시작된, 거라사 지역에서 귀신 들린 사람을 치유하시는 사건을 통해 우리는 귀신 들림의 다양한 증상을 설명할 수 있습니다. 더러운 귀신이 사람 안에 거함으로써(2절) 여러 증상의 원인이 됩니다. 귀신이 들면 특이한 육체적인 힘을 발휘하며(3절), 돌발적인 감정을 분출하거나 갑작스러운 분노를 표출하고(4-5절), 영적인 일을 거부하며(7절), 때로는 투시력 같은 비범한 능력, 곧 예수가 누구인지를 알아봅니다(7절).

첫째, 그의 거처가 무덤이었다는 말은 그의 삶 자체가 죽은 것이나 다를 바 없다는 말입니다. 말이 사는 것이지 죽지 못해 산다고 말하는 그 경우입니다. 그 경우는 사람마다 다를 수 있지만, 돈이 있고 없고의 문제만은 아니라고 봐야 합니다. 세상적으로 잘사는 가정일지라도 그곳에 사는 사람이 느끼는 정도가 죽은 것이나 다를 바 없다면 그 경우에 해당한다고 봐야 합니다.

둘째, 그의 상태가 계속되고 있을 때에는 더욱 치료가 힘듭니다. 예를 들어 '더 이상 아무도 그를 수갑으로도 결박할 수 없었다'는 미완료형 동사는 여전히 제어가 힘든 상태가 계속되고 있다는 것을 말해 줍니다. 우리는 이런 사람의 질병의 상태를 정신병원의 환자를 연상하면 쉽게 이해할 수 있습니다. 이렇게 상태가 계속되고 있는 것을 볼 때에, 차라리 처음 그리했을 때에 치료했더라면 하는 아쉬움이 남습니다. 처음부터 그 사람이 악한 영이 든 것은 아닐 것입니다. 사로잡혀 있는 상태가 계속되고 있는 것이 더 문제입니다.

셋째, 밤낮 무덤과 산에서 부르짖으며 돌로 자기 자신을 상처 내고 있었다는 상황 보고에 따르면 일종의 발작 상태와 유사합니다.

2) 예수님의 반응

이런 사람이 예수님을 보았을 때 반응하는 단계를 주목하여 보십시다. 그가 멀리서 예수를 보고 달려와 엎드리고 큰 소리로 부르짖고 있습니다. "나와 당신이 무슨 상관이 있나이까?"라는 말은 "지극히 높으신 신의 아들 예수여, 나에게 당신은 누구고, 당신에게 나는 누구입니까?"라고 묻는 것입니다. 조금 쉽게 풀어 보자면, 당신은 하나님의 아들이지만 당신을 하나님의 아들로 고백한다는 것이 나와 무슨 상관이 있느냐는 것입니다. 그러면 그는 "당신은 나의 주님이시요, 나는 당신의 종입니다"라고 고백했어야 합니다. 그러나 귀신 들린 사람, 곧 무엇에 붙잡혀 사는 사람, 악한 영에 사로잡혀 있는 자는 본성상 벗어나는 것을 싫어합니다. 종에서 벗어나 자유자로 사는 것이 익숙해 있지 않다 보니, 예수님이 자유롭게 하시는 주님이라는 것을 고백할 수 없었을 것입니다.

3. 주께서 행하신 큰 일

마가복음 5장 9절 이하에서 거라사 사람을 사로잡고 있던 '더러운 영의 정체'를 밝히고, '귀신 들렸던 사람에게 무슨 일이 일어났는가'를 살펴봅시다.

예수님은 8절에서 "더러운 귀신아, 그 사람에게서 나오라"고 명령하시지만 귀신이 복종하지 않았습니다. 예수님의 말씀이면 병든 자가 고침을 받는 이야기와는 너무나도 다르게 귀신이 예수님의 명령을 따르지 않습니다. 그 대신에 "우리를 돼지에게로 보내어 들어가게 하소서"라고 청합니다. 그랬더니 더러운 귀신들이 나와서 돼지에게로 들어가매 돼지 떼가 바다에서 몰사합니다(막 5:13). 몰사한 것은 더러운 귀신들이 스스로 그렇게 한 것입니다. 왜 그들은 스스로 자멸할까요? 왜 구원을 바라지 않을까요? 그들은 '자기들이 군대로 숫자적으로 많다'면서 당연히 자기 혼자 빠져나오기가 쉽지 않을 것입니다. 그리고 돼지 떼가 집에서 기른 길들인 떼가 아니라 놓아서 먹여 기른 떼라서 자기 맘대로, 돼지 떼의 속성이 그대로 살아 있었습니다. 이런 이유로 돼지 떼에 들어가기를 청한 것입니다.

돼지 떼를 치던 사람이 여러 마을에 말하니 사람들이 어떻게 된 일인지 보려고 옵니다. 귀신 들렸던 자가 '정신이 온전하여 앉아 있습니다'(15절). 이 일로 인해서 사람들이 '예수께로 오는' 일이 일어납니다. 그들은 와서 '보고' 그리고 두려워합니다. 그리고 본 사람들은 '귀신 들렸던 사람에게 일어난 일과 돼지들에 관해서' 사람들에게 '자세히 말합니다.'

귀신 들렸던 사람이 주님과 함께 있게 해달라고 간청합니다. 그러나 예수님은 "네 집 권속들에게로 가라. 그리고 주께서 너에게 얼마나 큰일을 행하셨는지, 그리고 너를 얼마나 불쌍히 여기셨는지를 가서 알리라" 하십니다. 가정이 다시금 회복됩니다. 그리고 주님과 함께함이 무엇인지를 삶에서 보여주어야 합니다.

20절을 보면, 귀신 들렸던 사람은 '떠나가서 예수께서 자기에게 얼마나 큰일을 행하셨는지를 데가볼리에서 전파하기 시작합니다.' 귀신 들렸던 사람에게서 일어난 삶의 변화가 '주님이 자기에게 행하신 큰 일'을 알리는 계기가 됩니다. 선교와 전도는 가정에서부터 시작되어야 합니다. 병 고침을 받은 많은 사람들 중에 오늘 본문처럼 '주께서 큰일을 행하신'(막 5:19) 사람이 별로 없는데, 왜 예수님은 제자의 삶을 살도록 하지 않으셨을까요? 일곱 귀신이 들린 막달라 마리아는 평생 예수님을 따라다닙니다.

제일 먼저 '주께서 네게 어떻게 큰일을 행하셨는지'(막 5:19) 알리라고 명하십니다. 예수 안에 나타난 하나님의 권능을 전하라는 뜻입니다. '큰일'이란 귀신의 세력을 뛰어넘는 하나님의 권능이 행사되었음을 뜻합니다.

19절에 먼저 가족에게 알리라 명하십니다. 참으로 가족을 힘들게 하고 가족이 제어할 수 없는 사람(3-4절)이었는데도 불구하고 고침을 받앉다는 것을 보여주라고 명하심으로써 가족과의 관계를 먼저 회복하게 하십니다. 정신이 온전해진 것을 보여주라고 하십니다. 술만 먹으면 꼭 악한 영이 든 사람처럼 가족을 힘들게 하는 사람이 있습니다. 술이 깨면 정신이 멀쩡하여 후회합니다. 예수님이 고쳐 주신 귀신 들린 사람은 이런 사람과 다릅니다. 예수님을 만난 사람, 예수님이 치유해 주신 사람은 분명 다릅니다.

19절에 큰일을 행하신 이유가 '너를 불쌍히 여기셨기' 때문이라고 설명합니다. 그는 가서 '예수께서 자기에게 어떻게 큰 일 행하셨는지를 데가볼리에 전파합니다'(막 5:20).

4. 귀신 들린 사람을 고치시는 예수를 믿고 사는 삶의 적용

1) '사람'을 고치시는 예수

우리는 귀신에 대해 관심을 두고자 하는 것이 아니라, 귀신 들린 사람을 치료하시는 예수님에 관심을 두고 있습니다. 그분은 사람이 사람답게 살지 못하는 틀, 구조, 상황, 인간관계, 그리고 가정을 회복시켜 주시기를 원하십니다. 다시 말하면, 사람을 살리고자 하십니다. 귀신 들린 사람의 모양이나 형태가 정신질병을 가진 사람 또는 사회 격리가 필요한 사람으로 이해될 수 있습니다.

현대인들이 오늘의 사건을 이해하는 어려움 또는 난색을 표하는 이유가 분명 있습니다. 그것은 '귀신'이라는 단어가 주는 어색함 때문입니다. 제자들이 낯설었던 것은, 귀신 들린 사람과 인격적인 대화를 한다는 것입니다. 예수님 자신이 사탄에게 시험을 당하실 때에도 둘 사이에 인격적인 대화가 있었던 사실이 있지만, 귀신 들린 사람과 인격적인 대화를 한다는 것은 많은 것을 생각하게 만들었을 것입니다. 귀신이 아니라 귀신 들린 사람일지라도 사람을 살리고 계시는 예수님을 눈여겨보았을 것입니다. 공관복음 기자들이 소개하는 이 사건 속의 예수는 이사야가 예언한 치료자 그리스도라는 표상이 정당하다는 것입니다.

이 사건을 우리의 삶에서 적용할 때, 무엇보다 먼저 우리는 '우리의 연약함을 담당해 주시며 치료해 주시는' 의사인 예수님의 치료가 필요한 사람이 바로 '나'이고, 나의 가족 중에 있을 수 있고, 우리 공동체 안에 있음을 알아야 합니다.

당시 사건이 발생한 후에 그 사건 때문에 취하는 사람들의 태도나 입장이 소개되고 있습니다. 귀신 들린 사람이 정신이 온전해져 있는 것을 보고 놀란 것도 사실이지만, 죽은 돼지 떼 때문에 예수께 그곳을 떠나기를 청하는 무리도 등장합니다. 사람이 중요한 것이 아니라 많은 숫자의 돼지 떼, 곧 재산 손해가 예수께 그곳에서 떠나도록 요청하게 하는 더 큰 요인으로 작용하고 있는 것을 볼 수 있습니다. 돼지를 치던 사람이야 이런 엄청난 재산 손해가 크게 작용했을 것입니다. 돼지를 치던 사람의 말을 들은 거라사 주민들은 그 실상을 보고, 정신이 온전해졌을 뿐만 아니라 예수의 제자들과 같이 말씀을 듣고 있는 사람을 보고 크게 놀라서 예수께 그 지방에서 떠나 달라고 간청합니다.

그런 엄청난 사건을 겪으면 예수를 믿는다거나 또는 찬송하는 다른 곳에서의 반응과는 달리 두려워하지만(눅 2:9; 막 4:41; 마 28:8) 믿지는 않습니다. 하나님의 일이 발생하여 놀랍고 두렵지만 믿지 않는 이곳 사람들을 보고 '믿음'이라는 것이 얼마나 하나님의 선물인지를 배우게 됩니다.

그들의 요청대로 예수님이 그 지방에서 떠나실 때 고침을 받은 사람에게 사명을 주십니다. 제자가 되어 예수와 동행하기를 원하는 그 사람의 바람과는 달리 가족에게 돌아가라고 명하십니다. 사람답게 가족과 행복하라 명하십니다. 이것은 명령입니다. 고침을 받은 사람은 예수님에 대해 증거합니다. 그는 자기 마을로 돌아가 자신에게 일어난 일을 전파합니다.

이 이야기를 통해 우리의 삶에서 적용하고자 할 때에, '사람'을 고치시는 예수님의 가치관을 더욱 눈여겨보아야 합니다. 수천 마리 돼지를 잃더라도 사람이 정상적인 존재가 되는 것이 더 중요합니다. 돈보다 사람이 더 중요해야 합니다. 사람을 살리는 일을 해야 합니다. 악령으로 말미암아 비인간적 삶을 사는 사람들에게서 귀신을 쫓아냄으로써 정상적 삶을 살게 하시는 예수님이십니다. 무지와 고집과 이기심 등으로 구습과 전통에 얽매여 시달리는 인간들을 그 무거운 짐에서 풀어 주시기도 했습니다.

2) 귀신 축출 사건의 의미성

예수님은 성령을 충만하게 받고 가르치며 전파하며 고치는 일을 시작하십니다. 성경을 가르치며 하나님 나라를 전파하는 일은 고통 받는 자들을 고치는 치유 사역과 함께합니다. 특히 치유 사역을 보고 많은 사람이 예수를 구원자로 믿고 따르게 되고 무리가 날로 늘어납니다. 그들은 예수가 필요해서 예수를 찾아오는 사람들이었습니다. 아프고 병들고 가난하며 남에게 무시당하고 살아가는 사람들이었습니다. 당시는 병이 죄를 지었기 때문에 생긴 것이라는 이해가 있었습니다. 죄를 지은 사람은 예루살렘 성전에도 들어갈 수 없었습니다. 하나님의 성전에 들어가지 못한다는 말은 사제를 통해 속죄 의식을 받을 수 없다는 것이고, 그것은 하나님의 책에 그 사람의 이름이 없기 때문에 하늘나라에 들어갈 수 없다고 사고하게 되었습니다.

그러한 그들에게 복음이라는 기쁜 소식을 전하며 억눌린 자들에게 자유를, 눈먼 사람들이 보게 되고 걷지 못하는 사람이 걷게 되는 하나님 나라가 예수님에 의해 시작됩니다. 그러나 그것을 부정한 것이요 잘못된 것이라고 보는 사람들이 있었습니다. 설령 그렇다고 쳐도 치유의 기적조차 거부되는 것은 부당해 보입니다.

그렇지만 예수님은 귀신 들린 이들을 치유해 주십니다. 그것을 본 마태 기자는 이사야의 예언이 성취되고 있다고 보게 됩니다. 이사야는 '우리의 연약한 것을 친히 담당하시고 병을 짊어지신'(사 53:4) 그리스도를 예언했지만, 마태는 예수님의 귀신 치유를 보고 그 예언이 성취되었다고 말합니다. 많은 예수님의 역사 중에 왜 유독 귀신 들린 사람을 고치시는 사역을 보고 이사야의 예언 성취라고 생각했을까요?

궁극적인 이유는 이들이 고침을 받고 성전에 속죄 예물을 드리고 속죄할 수 있게 하여 심판의 날에 구원받을 수 있도록 하는 것이었습니다. 예수에 의해 고침을 받은 한 나병환자에게 예수님은 "삼가 아무에게도 이르지 말고 다만 가서 제사장에게 네 몸을 보이고 모세가 명한 예물을 드려 그들에게 입증하라"(마 8:4)고 하시는데, '입증하라'는 말은 하나님의 책에 그 사람이 속죄 예물을 가져왔다고 기록해 달라고 요구하라는 의미입니다.

현실의 아픔과 고난, 그리고 가난이나 질병 때문에 성전에서 예배드릴 수 없고 제사장에게 속죄 제사를 드리게도 할 수 없어서 다음 세대에도 구원받지 못한 자로 살아야 하는 사람들을, 예수님은 말씀의 잔치에 초대하여 들려주고 가르쳐 주셨으며, 하나님 나라를 전파하며 초대하십니다.

그러면 어떤 연유로 멍청이, 미친 사람, 바보, 맹인, 신체 불구자, 귀머거리 등의 사람은 예루살렘 성전에 들어가지 못한다는 것입니까? 그들이 새로운 언약 공동체에 들어올 수 없다는 이유는 부정했기 때문만이 아니라, 토라를 듣지 못하거나 토라를 읽지 못하거나 토라를 알아듣지 못하고 배운 것과는 무관하게 살아가는 바보들에게 토라를 가르쳐 주어도 깨닫지 못하고 자기 멋대로 살기 때문입니다.

그러나 우리는 하나님 말씀을 잘 들을 수 있고, 하나님 말씀을 잘 읽을 수 있으며, 하나님 말씀의 가르침과 내용과 의미를 잘 깨달으면서도 하나님 나라에 이름이 없는 경우는 무엇 때문인가요?

예수님이라서 귀신을 쫓아내는 것이 아니라, 예수님 안에 계시는 성령님이 그 일을 하십니다. 바울이 에베소에서 성령세례를 베푼 후에 귀신을 쫓아내는데 '하나님이 바울의 손으로 놀라운 능력을 행하게 하십니다'(행 19:11). 병이 떠나고 악귀도 떠납니다. 예수님과 바울의 공통점은 그들이 성령세례를 받고 성령이 충만하여 그 일을 하고 있다는 점입니다.

예수님은 사탄을 '강한 자'(마 12:29)라고 표현하십니다. 강한 자를 이기신 예수님이심을 사탄의 시험을 이길 때에 증명하셨고, 이제는 시험을 이길 뿐 아니라 사탄을 물리치십니다. 사탄의 시험을 이기는 일만이 능사가 아니라, 사탄을 대적하고 물리쳐야 합니다. 하나님의 나라를 대적하는 자가 바로 강한 '세상 임금'입니다.

그런데 사탄은 예수님을 '하나님의 거룩한 자', '하나님의 아들' 또는 '지극히 높으신 하나님의 아들'이라고 부르고 '예수님이 그리스도인 줄도 압니다'(눅 4:41). 사탄은 예수의 오심이 자기들에게 파멸이요(막 1:24; 눅 4:34), 고통(마 8:29; 막 5:7; 눅 8:28)이라고 생각합니다. 그리고 자기들을 영원한 저주의 장소인 음부로 보내지 말 것을 예수께 간청합니다(눅 8:31).

귀신 들림에 대해 성경이 가르치는 치료와 현대 의학이 치료하는 관점의 차이가 치료의 방향에도 큰 영향을 미치고 있습니다. 일반적으로 의학계에서는 귀신 들린 이유가 유전적 결함에 의한 정신분열이라고 규정하고 있습니다. 그러나 성경은, 반드시 일치하는 것은 아니지만, 대부분 정신적 혼란과 육체적 병리 상당수가 영적인 상태와 관련이 있다고 말합니다. 특히나 악한 영에 붙잡혀 있는 경우와 많이 연결합니다. 귀신 들림을 반드시 정신분열로만 볼 수도 없기 때문에 다양하고 정확한 접근이 필요합니다.

마찬가지로 교회도 귀신 들림을 조심스럽게 접근할 필요가 있습니다. 귀신 들렸다고 말할 수 있는 현상으로 정신을 잃고 혼수상태에 빠지거나 제정신이 아닌 상태에서 소리를 치는 경우가 있는데, 기도할 때에도 이런 현상이 일어나기도 합니다. 교회 안에서는 약물 치료를 거부하지 않지만, 약물 치료 없이도 치료받은 사례가 빈번합니다. 정신분열을 유전적 결함으로 보고 치료보다는 증상의 완화를 목적으로 하고 있는 치료 의학의 방식보다는 "네 믿음이 너를 구원하였다"는 말씀을 통해 고침을 받고 죄 사함까지 얻는 경우를 성경은 증언하고 있습니다.

교회는 예수님이 귀신 들린 사람을 치료하는 역사를 치료 의학에 빼앗기고 있는 실정입니다. 그러나 교회는 예수님의 세 가지 사역 중에 하나인 '고치시는 사역'을 잃어버리면 안 됩니다. 예수님의 사역에서 귀신 축출이 중심이었고(다섯 번), 그 일을 통해 하나님의 나라가 왔다고 예수님이 선포하셨기 때문입니다.

"그러나 내가 만일 하나님의 손을 힘입어 귀신을 쫓아낸다면 하나님의 나라가 이미 너희에게 임하였느니라"(눅 11:20).

교회는 정신분열을 조장하는 곳이 아니라 치료하는 곳이어야 합니다. 예수는 귀신 들린 자를 치료하심으로 한 개인의 치료만을 목적으로 한 것이 아니라 가족 구성체와 사회의 변화를 도모하셨습니다.

3) 귀신 축출과 하나님의 나라 도래

우리는 예수님의 귀신 축출 사역을 귀신이라는 악의 세력을 물리치고 사람들을 그 세력으로부터 구원하는 종말론적인 구원 사건, 곧 하나님 나라의 도래(막 3:27)로 보아야 합니다. 이 종말론적인 사건은 개인적으로 보면, "집으로 돌아가 주께서 네게 어떻게 큰 일을 행하사 너를 불쌍히 여기신 것을 네 가족에게 알리라"(막 5:19)라는 말씀에서 보듯이 악한 영에 사로잡혀 있어 인간다운 삶을 살지 못하는 불쌍한 영혼을 치유해 주시는 하나님의 구원 행위입니다.

그러나 예수님의 치유 사역은 단순히 개인의 질병 치료에만 목적이 있는 것이 아니라, 그 질병과 관련된 사회적 치유와도 연관되어 있습니다. 다시 말하면, 나병환자를 치유하여 제사장의 확인을 받게 하여 사회생활을 할 수 있도록 만드셨습니다(막 1:40-45). 중풍병자를 치유하실 때에는 서기관들과 논쟁하면서까지 병 고침만이 아니라 죄 사함의 용서를 받고 새로운 인생을 시작하게 하십니다(막 2:1-12). 그리고 혈루증 여인을 치유하실 때에도, 그 여인을 공개적으로 사람들에게 밝혀 더러운 병에 걸려 낙오자로 살아왔지만 이제부터는 그녀를 치유받은 여인으로 대하라고 대중에게 소개하십니다(막 5:25-34). 다시 말하면 예수님의 치유 사역은 단순히 개인의 치료에 국한된 것이 아니라, 사회의 억압 구조나 틀 속에서 인간다운 삶을 영위하지 못하는 구조악을 깨고 사람답게 살도록 만들어 주시는 것입니다.

예수님 당시에 '귀신 들렸다'고 점찍어 버리면 그 사람은 사회에서나 가족에게 매장을 당합니다. 그래서 지배 계급은 그 사회에서 사회 질서나 체제를 위협하는 자를 '귀신 들린 자'라고 규정해서 병리를 위해 격리시키고, 가족에게서조차 떨어져 살게 만들고 말았습니다. 그 증거들이 성경에 소개됩니다. 한 사례로 유대교 지도자들은 그들에게 회개를 외치며 새로운 메시아 도래를 선포하는 세례 요한을 몰아내기 위해 그의 금욕적 식사 태도를 근거로 대면서 "떡도 먹지 아니하며 포도주도 마시지 아니하매 너희 말이 귀신이 들렸다"(눅 7:33)고 몰아붙였습니다. 예수님이 유대교 사회에서 추방된 사람들 또는 죄인들과 식사 교제를 하셨기 때문에 바리새인 서기관들이 보기에 예수는 선지자가 아니었습니다(막 2:16). 안식일 법을 어기면서 안식일의 참 주인이 누구이고 안식일에 행한 선한 일에 대해 가르치는 예수를 그 사회에 그대로 내버려 두어서는 안 될 인물로 간주하여 그를 처치하려는 계획을 세웁니다(막 3:6). 그래서 그들은 하나님의 나라의 도래를 선포하고 귀신 축출의 능력을 행사하는 예수에 대해서 '네가 귀신이 들렸다'(요 8:48, 52)고 돌로 치려고 합니다.

예수님 외에도 당시에 귀신 축출자들이 활동하고 있었음에도 불구하고 예수님에 대해서만은 강하게 거부하며 '귀신 들린 자'로 매도한 이유는, 예수님이 자신들의 정치 세력과 체제를 거부하고 있다고 보았기 때문입니다. 이에 대해 예수님은 자기의 사역이 하나님의 권능으로 악의 세력을 물리치는 하나님의 종말론적인 구원 활동이라고 선포하십니다(막 3:22-30). 하나님 나라의 통치와 도래는 인간을 지배하고 있는 악한 세력을 물리치고, 병마를 고쳐서 새로운 삶을 살도록 만드는 사건인 동시에 당시의 악의 구조 또는 잘못된 지배 체제 구조를 깨고 그 사회의 일원으로 새롭게 출발하도록 돕는 하나님의 사역이었습니다. 이것은 예수님의 하나님 나라 도래와 더불어 시작되었습니다.

예수님이 성령세례를 받고, 성령이 충만하여 성령에 이끌리어 광야에서 마귀의 시험을 이기십니다. 그리하여 이제 성령의 능력을 가지고 첫 사역지로 예수께서 나신 곳으로 갑니다. 그곳에서 하나님 나라를 선포하십니다. 그러나 친척들과 고향 사람들은 예수님의 하나님 나라를 거부합니다. 예수라는 '사람'이 요셉의 아들이라는 이유 때문인데, 그것은 예수님 안에서 역사하는 '성령의 능력'을 그들이 볼 수 없기 때문입니다. 그러나 하나님의 나라는 성령의 사람에게만 임합니다. 성령의 사람이 아니면 그 나라에 들어가지 못합니다. 성령의 능력은 사람의 속에 임하는 것이라 사람의 속에 임하는 성령 하나님을 볼 수 있어야만 하나님의 통치를 받을 수 있습니다.

결론입니다.

　우리는 귀신 들린 사람을 치유하시는 예수 그리스도에 대해 알아보았습니다. 예수 그리스도는 '사람'을 고치십니다. 물론 그 사람은 귀신이 들렸습니다. 그런 사람이 가족 중에 있다면 그 가족이 얼마나 힘들고, 공동체에 있다면 그 공동체가 얼마나 힘들겠습니까? 그러면 누가 귀신 들린 사람입니까? 본문의 경우, 거처가 집이 아니라 무덤이라는 말은 살아가는 것이 정상적이지 못함을 뜻합니다. 그런 상태가 계속되고 있었다는 것은 지속적으로 힘든 삶을 살아야 한다는 것을 말합니다. 주께서는 이런 사람을 고치는 큰 일을 행하십니다. '큰 일'이란 귀신의 세력을 뛰어넘는 하나님의 권능이 행사되었음을 뜻합니다.

　우리는 '사람'을 고치시는 예수님이 필요한 사람입니다. 교회 또한 그 일을 하는 곳이어야 합니다. 성령이 함께하시면 그 일이 교회 안에서 일어날 수 있습니다. 따라서 교회는 귀신을 내쫓고 하나님의 나라를 전하고 세우는 곳이어야 합니다.

예수를 비난하는 대적자들
("지금 네가 귀신 들린 줄을 아노라")

요한복음 8:37-59

○●● 예수님을 대적하는 자들은 예수가 율법을 지키지 않고 신성모독을 범한 죄인이며, 귀신 들린 자이며, 거짓 예언자라고 봅니다. 오늘 설교의 목적은 병을 고치시는 주의 능력이 예수님과 함께하여 중풍병자를 고치신 것처럼, 우리 역시 죄 사함뿐 아니라 병을 고침 받아야 한다는 것을 밝히는 것입니다.

1. 예수는 '율법을 지키지 않는 자'

적대자들이 보기에 예수는 율법을 지키지 않는 죄인일 뿐입니다. 그 이유는 그가 안식일에 밀 이삭을 자른 제자들을 저지하지 않았고(막 2:23-28; 마 12:1-8; 눅 6:1-5), 안식일에 허리가 꼬부라진 여인을 고치며 안식일을 범하였고(눅 13:10-17), 수종병 든 사람을 고치고(눅 14:1-6), 그리고 '정결법에 따라 손을 씻어야 한다'는 장로의 전통을 따르지 않고 음식을 먹는 제자들을 비판하지 않았기(막 7:1-23; 마 15:1-20) 때문입니다. 실제로 예수님은 적대자들이 죄인이라고 상대도 하지 않는 사람들과 그리고 세리들과 식사를 합니다. 부정 탄다고 만지지도 않는 나병환자를 만지거나, 더구나 죽은 사체를 만지는 일 등을 하십니다. 그리고 유대인들은 부정하다고 생각하는 음식조차도 "모든 음식이 다 정결하다"

고 말씀하십니다. 예수님을 반대하는 사람들이 보기에 예수는 신명기 21장 20-21절을 어기는 '먹기를 탐하고 포도주를 즐기는 사람이요 세리와 죄인의 친구'(마 11:19; 눅 7:34)일 뿐이라는 것입니다.

2. 예수는 '신성모독의 죄를 범하는 자'

요한복음 5장 1-18절에서 예수님이 안식일에 38년 된 병자를 고치시는 일로 안식일 법을 어긴다고 지적하자, 예수님께서 "내 아버지께서 이제까지 일하시니 나도 일한다"(요 5:17)고 답하십니다. 이에 적대자들이 예수님을 신성모독이라는 죄를 범하는 자라고 몰아붙입니다. 그것만이 아닙니다. "이 사람이 어찌 이렇게 말하는가 신성모독이로다 오직 하나님 한 분 외에는 누가 능히 죄를 사하겠느냐"(막 2:7)는 말로, 죄를 용서하는 일을 하는 예수는 분명 신성모독을 범하고 있다는 것입니다. 산헤드린 재판정에서도 예수가 "손으로 지은 이 성전을 내가 헐고 손으로 짓지 아니한 다른 성전을 사흘 동안에 지으리라"(막 14:58)고 주장한 것은 분명 신성모독의 죄에 해당한다는 것입니다. 예수님 시대에도 자신을 메시아라고 주장하는 사람들이 있었지만, 그것 때문에 그들이 재판을 받은 것이 아니었는데도, 대제사장이 자신의 옷을 찢으며 예수만은 신성모독에 해당하는 죄를 지었다고 주장합니다.

3. 예수는 '귀신 들린 자'

오늘 우리가 살필 주제이기도 한 것으로, 그들은 예수가 귀신 들렸다는 것입니다. 예수님의 모든 이적이 악한 영으로부터 비롯되었다고 예수님의 적대자들은 주장합니다.

마가복음에 의하면, 예수님의 귀신 축출 사역은 그의 공생애의 첫 번째 사역이었고(막 1:21-28), '거라사'라는 이방인 지역에서 행하신 첫 번째 사역도 귀신 축출이었습니다(막 5:1-20). "오늘과 내일은 내가 귀신을 쫓아내며 병을 고치다가 제삼일에는 완전하여지리라"(눅 13:32)는 누가의 보고가 말해 주듯이, 예수님의 중심 사역은 귀신 축출이었고 병을 고치는 일이었습니다. 예수님의 귀신 축출 사역은 그의 참된 정체를 알지 못했던 고향 사람들이나 친척들에게, 즉 예수가 성령세례를 받고 성령이 충만하여 성령의 능력으로 귀신 축출 사역을 하고 있다는 것을 깨닫지 못하고 있는 사람들에게 예수님을 오해하게 만들고 있습니다. 귀신 축출 사역으로 가장 심각한 도전을 받으며 심지어 귀신 들렸다고까지 모함을 받게 된 배경은 당시 유대교 종교지도자들과의 갈등 때문이었습니다(막 3:22-30).

그러면 당시 유대교 종교지도자들은 왜 예수에 의한 귀신 축출 사역을 반대하며 귀신 들렸다고 몰아붙이며 적개심을 나타냈을까요?(막 2:1-3:6) 당시 종교지도자들은 예수의 귀신 축출로 생긴 사회의 변화, 곧 예수를 따르는 무리의 형성을 시기하여 예수를 귀신 들렸다고 고발합니다(막 3:22-27). 몇 바리새파 사람들도 그 일을 행했고(마 12:27), 심지어 사제 계층에 속한 사람도 있었는데(행 19:13-14), 왜 예수님이 귀신을 내쫓는 사역에 대해서는 그토록 반대하였을까요?

마가는 안식일에 회당 안에 더러운 귀신 들린 사람이 있었다고 보고하지만, 이것은 안식일에 회당에 들어올 수 없는 사람이 들어와 있는, 즉 유대교의 정결법을 위반한 사례이기 때문에 사실 많은 문제를 야기하는 보고입니다. 그들이 체계화한 정결법에 따르면 성전의 제사 제도나 안식일 법, 그리고 십일조에 관한 규정은 엄격하게 지켜지고 있었습니다. 예수님이 서기관들과 벌인 갈등과 충돌의 내용은 대부분 정결법과 관련되어 있습니다(막 2:1-3:6, 7:1-23). 이것이 종교 지도층을 위협하는 요소였기 때문에 유대 종교지도자들은 예수를 죽이려고 했던 것입니다.

악한 자를 이기시고 하나님의 성령을 주시는 예수님을 위하느냐 반대하느냐(마 12:30-31; 막 9:39-40) 혹은 믿느냐(마 8:10, 9:28, 15:28), 그렇지 않으면 믿지 않고(마 13:58) 마음을 완악하게 하며(막 3:5) 하나님 나라의 명백한 증거를 거스른 까닭으로 성령 훼방죄를 짓느냐 하는 것(마 12:31)도 중요한 이유일 수 있습니다.

1) 예수님이 유대인들을 향해 마귀의 자식이라고 하신 연유

요한복음 7장 20절에 따르면, 유대인들이 예수를 향해 "당신은 귀신이 들렸도다 누가 당신을 죽이려 하나이까"라고 말합니다. 여기서 '귀신이 들렸다'는 말은 터무니없이 거짓말하는 자라는 의미로 사용됩니다. 그들은 자기들이 예수님을 죽이려 하지도 않았는데 예수님이 "너희가 어찌하여 나를 죽이려 하느냐"(요 7:19)고 말했다는 것입니다. 그러나 요한복음 7장 25절에 따르면, 유대인들이 예수를 죽이려고 한다는 소문이 예루살렘까지 퍼졌고 "예루살렘 사람 중에서 어떤 사람이 말하되 이는 그들이 죽이고자 하는 그 사람이 아니냐" 하여 실제로 그들이 예수를 죽이려고 고발할 이유를 모으고 있음이 드러납니다. 어쨌든 '귀신 들렸다'는 말은 터무니없이 거짓말로 일을 꾸미는 문맥으로 사용하고 있음을 볼 수 있습니다.

그러나 예수님은 '귀신'을 하나님 나라와 연관하여 사용하십니다. 마태복음 12장 28절은 귀신이 쫓겨 나간 상태를 하나님 나라의 임재와 연결해서, 하나님의 영이 없는 사람, 하나님의 통치를 받지 않는 사람, 하나님의 주권을 인정하지 않는 사람을 귀신 들린 사람이라고 말하고 있습니다. 하나님의 일은 생각하지 않고 사람의 일만 생각하는 베드로를 예수님은 사탄이라 지명하셨고, "사탄아 내 뒤로 물러가라"고 물리치십니다. 하나님의 나라를 거부하고 하나님의 일을 생각하지 않는 사람이 바로 마귀이고 사탄입니다.

요한복음 8장 44절에서 예수님은 예수 그리스도를 믿지 않고 고백하는 신은 마귀라고 대답하시며, 믿는다고 할지라도 그리스도의 말씀을 이해하지 못하고 깨닫지 못하는 자들이 부르는 하나님 역시 마귀라고 말씀하십니다.

요한복음 8장 47절의 "하나님께 속한 자는 하나님의 말씀을 들나니 너희가 듣지 아니함은 하나님께 속하지 아니하였음이로다"라는 말씀에 따르면, 예수 그리스도를 이해하지 못하고 그의 말씀을 깨닫지 못하면 누구나 예수께서 말씀하신 하나님께 속한 자가 될 수 없습니다.

유대인들은 예수 그리스도를 향하여 인간과 디아볼로스의 중간 단계인 귀신(daimonion)이 들렸다고 말합니다(요 8:48, 52). 8장에서 언급된 '디아볼로스'는 인간 세계에서 활동하는 악한 영들과 귀신들의 우두머리라고 할 수 있으며, 이는 사탄(satanas)과 동일시됩니다. 요한복음에서 가룟 유다는 디아볼로스이며(6:70, 13:2), 사탄이 그를 통해 역사한 자로 기술되고 있습니다(13:27). 요한복음 8장 48절에 유대인들이 예수를 "귀신이 들렸다 하는 말이 옳지 아니하냐"고 하자, 예수님께서 "나는 귀신 들린 것이 아니라 오직 내 아버지를 공경하고"(요 8:49) 있음에도 너희가 나를 무시하고 있다고 반박하십니다. 유대인들이 예수를 귀신 들렸다고 말하는 연유는 그들이 "나[예수]를 무시하기"(요 8:49) 때문이라는 예수님의 대답을 통해 예수님이 행하신 또는 말씀하신 내용을 가지고 그렇게 말하고 있다는 것을 알 수 있습니다.

요한복음 8장에서 예수님은 유대인들에게 먼저 '너희는 너희 아비 마귀에게서 났다'(요 8:44)면서 그 이유를 두 가지, 곧 행위의 문제와 진리의 문제로 나누어 근거를 대십니다. '너희 아비의 욕심대로 너희도 행하고자 한다'는 것과 '진리가 그 속에 없으므로 진리에 서지 못하고 거짓을 말하기'(요 8:44) 때문이라고 그렇게 말한 연유를 대십니다.

예수님이 말씀하시는 진리, 즉 "진실로 내가 너희에게 말하는데, 누구든지 내 말을 지키면 영원히 죽음을 보지 않을 것이다"(요 8:51)라며 말씀을 지키면 죽음을 보지 않을 것이라고 말씀하시니, 그들은 "이제 우리는 당신이 귀신 들렸다는 것을 알게 되었소"(요 8:52)라고 말합니다. '귀신이다'라는 말을 들은 유대인들은 예수를 '귀신이 들렸다'고 너도 마찬가지라는 식으로 대꾸합니다.

그러나 예수님은 '나는 귀신 들린 것이 아니라 너희가 나를 무시하고 있다'(요 8:49)고 하시면서 그 근거로 '나는 내 영광을 구하지 아니한다'(요 8:50)고 말씀하시는데, 유대인 너희들도 하나님의 영광을 구하지만 그들과 예수의 차이는 "너희는 그를 알지 못하되 나는 아는"(요 8:55) 데서 생기고, 또한 "그의 말씀을 지키는"(요 8:55) 데서 참으로 아버지 하나님을 알고 하나님 아버지의 영광을 구하는 여부가 결정된다고 답변하고 계십니다. 그들은 예수가 아버지를 안다고 말하자, 예수의 나이가 50도 안 되었는데 어떻게 안다고 할 수 있느냐고 따지고 있고, 예수님은 아브라함이 나기 전부터 "내가 있느니라"(요 8:58)고 답하십니다. 그들이 그 때문에 돌로 치려고 하니까 예수님이 피하고 맙니다. 다시 말하면, 신앙적으로 말도 안 되는 말을 하면 귀신 들렸다고 말하고 있음을 볼 수 있습니다.

따라서 귀신이 들렸는지의 여부는 행위와 말 속에서 검증되어야 합니다. 알지도 못하면서 믿을 수 있고, 아버지의 영광을 구하며 산다고 생각할 수 있습니다. 그러나 참으로 하나님 아버지를 알아야 믿을 수 있고, 믿어야 아버지의 영광을 구할 수 있습니다. 다시 말하면, 하나님의 말씀을 믿고 말씀을 지켜야 하나님 아버지께 영광을 구할 수 있습니다. 귀신도 '믿고 떱니다.' 그러나 우리의 믿음은 귀신도 믿는 믿음과 달라야 합니다. 하나님을 바르게 알지 못하고 믿으면 귀신이 믿는 것과 똑같을 수 있습니다. 바로 알고 믿는 것만이 아니라 하나님의 말씀을 지켜야 합니다.

이 행위의 문제를 통해서도 우리는 '귀신의 행위'라는 말을 해야 할 판입니다. 다시 말하면, 귀신은 하나님의 말씀을 지키지 않고 자신이 원하는 대로 행합니다. 귀신은 진리의 말을 하지 않습니다. 귀신은 하나님의 말씀을 지키는 순종을 하지 않습니다. 예수님이 진리를 말하여도 믿지 않는 것이 아니라, 진리를 말하기 때문에 믿지 않습니다. 이것이 바로 사탄의 본성입니다.

"내가 진리를 말하는데도 어찌하여 나를 믿지 아니하느냐"(요 8:46).

하나님께 속한 자는 하나님의 말씀을 듣습니다. 요한복음 8장 38절이나 13장 2절에서, 요한은 진리가 없기 때문에 예수 그리스도를 죽이려는 자들은 가롯 유다와 같이 마귀의 짓을 하면서 마귀의 자식들이 된다는 것을 밝히고 있습니다.

2) 행위와 진리의 말

먼저, 마귀는 '정욕을 행하는'(요 8:44) 자, 곧 정욕대로 사는 자입니다. 악한 영들은 어두움을 좋아합니다. 그 이유는 빛보다는 어두움을 더 사랑하기 때문입니다. 다시 말하면, 그들의 행위가 악하기 때문입니다(요 3:19). 반대로 진리의 말보다는 '거짓말하는 자'(요 8:44)입니다. 하나님의 말씀이 진리인데, 하나님의 말씀이 마음에 뿌려지면 사탄(새)이 빼앗아 가버립니다(마 13:19).

따라서 예수님이 예수님을 대적하는 자들을 '귀신이 들린 자'라고 말씀하신 것은, 그들의 말과 행위가 신앙의 말과 행위와는 다르기 때문입니다. 사탄이 광명의 천사로 포장하듯이 속과 겉이 다르게 가장하는 인격을 가진 자가 바로 귀신 들린 자라는 말은, 하나님 말씀을 진리로 알고 따르지 않고 자기가 생각하는 대로, 자기가 원하는 대로 욕망을 따라 행동하는 자를 가리킵니다.

바울은 "그리스도와 벨리알이 어찌 조화되며 믿는 자와 믿지 않는 자가 어찌 상관"(고후 6:15)하느냐고 부정했습니다. 벨리알은 '부정적인 태도'나 '악한 생각을 가진 자들'을 지칭하는 말로 사용됩니다. 그래서 '불량배'로 번역되는 곳이 열세 군데나 됩니다(신 13:13; 삿 19:22, 20:13; 삼상 10:27, 25:17, 25, 30:22; 삼하 20:1; 왕상 21:10, 13; 대하 13:7; 잠 6:12, 16:27). 악인이나 사악한 자로 세 군데 쓰이고 있습니다(삼하 16:7, 23:6; 나 1:15). 다시 말하면, 악마가 아니라 구체적인 사악한 행위나 불량한 짓을 하는 사람들에게 사용되고 있습니다. 그런 의미에서 믿는 자와 믿지 않는 자가 조화될 수는 없다고 말합니다.

쿰란 문서에는 벨리알이 경건한 사람들을 넘어지게 하는 세 가지 덫인 '간음과 재물, 그리고 성전 모독'으로 활동하고 있습니다.

바울이 그리스 아테네에서 복음을 전할 때에 그 성에는 에피쿠로스와 스토아 철학자들이 많았는데, 바울이 그들과 논쟁을 합니다. 그들은 바울을 '이방 신들을 전하는 사람'(행 17:18)이라고 봅니다. 그들이 전혀 알지 못하는 내용을 말하기 때문이었는데, 그것은 '예수와 부활을 전하기 때문이었습니다'(행 17:18). 그들이 바울을 '이방 신들을 전하는 사람'으로 알았다고 할 때의 이방 '신들'을 '다이모니온'이라 했습니다. 이때의 '다이몬'은 귀신이 아니라 그냥 아테네에서는 들어 보지 못한 새로운 내용을 말하는 '신들'로 표현되고 있습니다. 에피쿠로스와 스토아 철학자들은 신들인 다이몬을 '새로운 가르침'(행 17:19)의 내용과 '그 무슨 뜻인지 알고자 하였습니다'(행 17:20). 그래서 바울이 그들에게 예수님을 전합니다. 그런데 그 용어가 다분히 철학적입니다.

"우리가 그를 힘입어 살며 기동하며 존재하느니라……우리가 그의 소생이라" (행 17:28).

다시 풀어 보자면 '우리는 하나님 안에서 살며 움직이며 존재하기 때문에, 우리는 하나님의 자녀이다'라고 말할 수 있습니다.

4. 예수는 '거짓 예언자'

예언자가 하나님의 영을 갖고 있는지 아니면 악한 영을 가지고 있는지의 문제는, 그가 참 예언자인지 아니면 거짓 예언자인지를 판가름하는 중요한 기준입니다. 거짓 예언자를 우리는 하나님의 영을 받은 것으로 가장하여 사람들을 속이는 자라고 하는데, 귀신에게 사로잡힌 또는 귀신의 능력 아래 있는 자라고 보기 때문입니다. 유대인들도 예수님에게 "우리가 너를 사마리아 사람이라 또는 귀신이 들렸다 하는 말이 옳지 아니하냐?"(요 8:48)라고 따지고 있습니다. 자신들이 싫어하고 하나님을 참으로 예배하는 자가 아니라고 보는 사마리아에 복음을 전하는 것을 보고 예수는 귀신이 들렸다고 보는 것입니다.

5. 삶의 적용

예수가 대적자들을 향해 '귀신 들렸다'고 말할 때의 '귀신 들림'의 의미가 무엇입니까?

우리는 '누가 귀신 들린 사람이냐'고 물어야 합니다. 예수를 보고 귀신 들렸다고 말합니다. 대적자들만이 아니라 예수의 가족들도 '미쳤다'고 말합니다. 서기관들은 '바알세불에게 붙잡혀 있다', '악마들의 지배자를 통해 그들을 쫓아낸다'고 주장합니다. 귀신이 들린 사람이란 누구일까요? 사탄이 하는 일 몇 가지를 소개해 보겠습니다. 그것을 통해 누가 사탄이고, 누가 귀신 들린 사람인지 추론할 수 있을 것입니다.

1) 말씀을 빼앗아가 버립니다(막 4:15).

예수님이 씨 뿌리는 비유를 주셨습니다. 말씀이 길가에 뿌려지매 새가 와서 씨를 먹어 버린다고 풀이하는데, 이 새가 바로 사탄으로 "사탄이 즉시 와서 그들에게 뿌려진 말씀을 빼앗는 것이요"(막 4:15)라고 해석해 주신 풀이에 따르면, 말씀을 빼앗아가 버리는 일을 사탄이 합니다.

사탄이 말씀을 빼앗아가 버린 사례를 우리는 사탄이 예수를 말씀으로 시험하는 경우에서 발견할 수 있습니다. 성령세례를 받으신 예수님이 성령에 이끌리어 사탄의 시험을 받으실 때에 사탄은 하나님 말씀을 인용합니다. 예수님이 '하나님의 아들'이라는 사실은 예수님이 성령세례를 받으실 때 하늘에서 난 소리요, "이 돌들로 떡덩이가 되게 하라"는 유혹은 출애굽기 16장에 언급된 하나님께서 이스라엘을 보호하시고 먹을 것을 주신다는 말씀에 기초해서 시험하는 내용입니다. 예수에게 하나님의 아들이어든 성전에서 뛰어내리라며 시편 91편 11-12절을 인용하기도 합니다. 예수님의 대답은 세 번의 경우 모두 하나님의 말씀으로 이루어집니다. 하나님의 말씀은 인용한다고 해서 그 능력이 나타나는 것이 아닙니다. 사탄은 결코 말씀에 순종하지 않습니다. 말씀에 순종하지 않는 자가 바로 사탄입니다. 우리는 예수님이 오늘 인용하신 말씀에서 그것을 읽을 수 있습니다.

예수님이 사탄의 시험을 받으실 때처럼, 사탄도 예수님을 말씀으로 시험합니다. 하나님의 말씀은 시험의 도구가 아니라 말씀을 지키고 먹어야만 사는 하나님의 자녀가 되는 은혜의 방편입니다. 예수님은 자신을 '귀신 들렸다'고 고발하여 매장시키려는 유대인들에게 '귀신 들렸다'는 말의 참 의미는 '말씀을 지키는' 여부에 의해 결정된다고 하시며, 그렇기 위해서는 진리의 말씀을 올바로 아는 부분부터 다시 시작해야 한다고 말씀하고 계십니다. 유대인들도 '하나님의 영광'을 구한다고 생각하거나 말하지만, 너희 아버지는 거짓의 아비인 마귀라고 말하여 사실은 아버지 하나님이 다름을 말씀하고 계십니다. 바른 앎과 행위의 문제가 중요합니다. 바른 앎과 행위의 문제는 '아는 것만큼 믿는다'는 원칙에서 시작하여 '알기 위해 믿고, 믿기 위해 아는' 순환관계를 세운 다음에 그것에 기초해 '아는 것과 믿는 것이 하나가 되어 온전한 것이 되도록' 해야 합니다. 그리하여야 하나님 말씀으로 살게 됩니다.

2) 복음을 믿지 못하게 만듭니다(고후 4:4).

사탄이 하는 일 중에 우리가 가장 주의해야 할 것은, 믿지 못하도록 마음을 미혹하여 복음의 광채를 맛보지 못하도록 만든다는 사실입니다. 고린도후서 4장 4절에 따르면, 사탄은 '이 세상의 신'으로 사탄이 하는 일은 믿지 않는 사람들이 복음의 빛을 보지 못하게 만드는 것입니다. '이 세상 임금'(요 12:31, 16:11)이며 '이 어둠의 세상 주관자들'(엡 6:12)이 바로 마귀입니다. 마귀는 믿지 않는 사람들의 마음을 어둡게 하여 하나님의 영광이신 그리스도의 복음을 보지 못하도록 만듭니다.

그러면 마귀는 믿는 사람들을 어떻게 유혹합니까? 복음을 전하지 못하도록 방해합니다. 사도행전 16장에는 바울이 기도하는 장소로 가는데, 귀신 들린 한 여종이 '이 사람들은 가장 높으신 하나님의 종으로 지금 여러분에게 구원의 길을 전하고 있다'고 소리를 지르는데, '여러 날 동안 계속해서 이렇게 하자'(행 16:18), 즉 복음 전파를 방해하자 바울이 괴로워하였고 돌아서서 그 귀신을 쫓아냅니다. 그 일로 바울과 실라가 감옥에 갇힙니다. 바울은 복음 전파 사역을 방해하는 악령의 역사를 복음 사역에 대한 훼방으로 보고, 귀신 들린 자를 쫓아냅니다.

3) 질병의 원인이기도 합니다.

그것은 육체적인 질병만이 아닙니다. 그 사람의 생각을 사로잡고 있어 '하나님의 일은 생각하지 않고 사람의 일만 생각하게 합니다.' 더 나아가 가족 구성원 사이에서도, 그리고 어떤 공동체에서도 환영받지 못하게 만들어 사람다운 삶을 살지 못하게 하는 것입니다.

결론입니다.

예수님의 대적자들은 예수님을 향해 '네가 귀신이 들렸다'고 비난합니다. 그 말은 몇 가지 뜻에서 사용되었습니다. 무엇보다 먼저, 예수님이 율법을 지키지 않았기 때문에 그렇게 말합니다. 예수님의 대적자들이 보기에 예수는 귀신 들린 사람임에 틀림없는 일들을 하고 있다는 것입니다. 또한 그들이 보기에 예수는 신성을 모독하는 죄를 범하는 자일 뿐입니다. 우리가 잘 아는 대로 예수님이 죄 사함을 선언하기 때문입니다. 또는 '성전을 헐라. 그리하면 내가 사흘 동안에 지으리라'는 말을 하는 것은 미쳤고 귀신이 들렸기 때문이라는 것입니다.

오늘의 중심 주제이기도 한데, 귀신을 내쫓는 것을 보니 그들이 보기에 예수는 귀신 들린 자가 틀림없다는 것입니다. 그들의 공격에 예수님은 이제 반대로 그들을 향해 마귀의 자식이라고 하십니다. 그러자 그들은 노발대발합니다. 그러나 마귀의 자식인지의 여부는 행위와 말 속에서 검증할 수 있다는 것이 예수님의 지적입니다. 귀신은 하나님의 말씀을 행위나 말 속에서 드러내지 않기 때문이고, 귀신이 진리의 말을 하거나 진리를 따르는 행위를 하지 않기 때문이라는 것입니다. 또한 그들은 예수가 거짓 예언자라고 비난합니다.

오늘의 주제를 우리의 삶에서 적용하고자 할 때에는 귀신 들렸다고 말할 수밖에 없는 행위나 말을 하고 있는지 검토해 보아야 합니다. 사탄은 말씀을 빼앗아가 버립니다. 복음을 믿지 못하게 하고 질병을 주기도 합니다. 이런 일들이 우리에게서 일어나고 있으면 우리는 주께로 나아가야 합니다.

"병을 고치는 주의 능력이 예수와 함께하더라"

누가복음 5:17-26; 마태복음 9:1-8; 마가복음 2:1-12

○●● 오늘날은 병이 들면 병원을 찾습니다. 하나님의 은총에는 특별은총만이 아니라 일반은총도 있기 때문에 의사를 통해서도 일하십니다. 그런데 성경에는 의사이신 예수님이 병을 고치시는 이야기가 많이 나옵니다.

오늘 설교의 목적은 병을 고치는 주의 능력이 예수께 함께하시어 중풍병자를 고치신 것처럼, 우리 역시 주의 능력으로 죄 사함뿐 아니라 병을 고침 받아야 한다는 것을 밝히는 것입니다.

1. "병을 고치는 주의 능력이 예수와 함께하더라"

누가복음은 "병을 고치는 주의 능력이 예수와 함께하더라"고 전합니다. 병 고치는 능력은 하나님의 영의 능력입니다. 예수는 성령을 받으시고 이후에 주의 능력이 그에게 임합니다. 누가복음에 따르면, 성령이 비둘기 같은 형체로 그에게 임합니다(눅 3:22). 예수께서 "성령의 충만함을 입어"(눅 4:1) 공생애를 시작하십니다. "성령의 능력으로"(눅 4:14) 회당에서 가르치십니다. 누가는 사도행전 10장 38절에서도 이 사실을 다시 한 번 명확하게 언급합니다.

"하나님이 나사렛 예수에게 성령과 능력을 기름 붓듯 하셨으매 그가……마귀에게 눌린 모든 사람을 고치셨으니 이는 하나님이 함께하셨음이라"(행 10:38).

예수님은 마귀에게 눌린 사람을 고치셨습니다. 현대 그리스도인은 마귀나 사탄을 인정하지 않으려고 하는데, 그렇게 되면 하나님이 예수 안에서 행하신 마귀에게 눌린 사람을 고치는 일은 일어날 수 없습니다. 병자를 치유하시는 하나님의 능력은 누구에게나 임하지 않습니다. 오늘 본문에 따르면, 주의 능력이 중풍병자에게 임했습니다. 중풍병자를 치유하시는 하나님의 능력을 보고 사람들은 놀랍니다. 이유 중의 하나는 그 병은 하나님의 저주를 받은 것이라 생각해 왔기 때문입니다.

병을 고치는 주의 능력이란 성령의 능력을 지칭합니다. 주의 능력이 한 일은 두 가지입니다. 하나는 죄를 사하는 것이고, 다른 하나는 병을 고치는 것입니다. 우선순위는 있어야 합니다. 죄 사함이 먼저입니다. 죄 사함도 주의 능력으로 말미암은 것이기 때문에 '죄' 때문에 온 질병을 고치는 능력으로 죄를 사하고 계십니다. 병을 고치는 주의 능력이 바로 죄를 사하는 능력과 같은 능력인 것을 알 수 있습니다.

2. 등장인물인 중풍병자와 바리새인과 율법교사

1) 침상을 들고 나가는 중풍병자

중풍병자는 침상에 들려 왔으나 침상을 들고 나가도록 고침을 받았습니다. 스스로 아무것도 할 수 없던 사람이 예수를 만나 스스로 일어나 집으로 돌아갈 뿐만 아니라 예수 안에서 일하시는 하나님을 찬양하는 사람이 됩니다.

그는 인생을 살면서 스스로 아무것도 할 수 없는 사람이었습니다. 실제로 그는 믿음조차도 표현하지 않았습니다. 그는 자기 믿음으로 무엇을 한 사람도 아니고, 친구들의 믿음이 그에게 그런 일이 일어나게 했습니다. 혹시 그가 믿음을 가지고 있었는지 모르지만, 지붕을 뜯어 구멍을 내고 그 사람을 예수 앞에 내린 네 사람의 믿음이 그런 일이 일어나게 만들었습니다. 네 친구의 행하는 믿음은 '인자'이신 예수 앞에 어떤 어려움과 난관에도 불구하고 병자를 데리고 와야 한다는 결단에 따른 행함을 포함하고 있습니다.

중풍병자는 남의 도움만 받고 사는 사람이었습니다. 남에게 신세만 지고 사는 사람이었습니다. 가족에게조차 짐이 되는 사람이었을 것입니다. 스스로 아무것도 할 수 없는 사람 안에서 하나님은 일하십니다. 예수님도 똑같이 말씀하셨습니다. '나는 스스로 아무것도 할 수 없노라.' 그래서 예수님은 제자들에게도 너희는 '내가 아니면 아무것도 할 수 없다'고 말씀하셨습니다. 스스로 아무것도 할 수 없는 사람 안에 주의 능력이 임하면 놀라운 일들이 일어납니다.

예수님의 죄 용서의 선언을 듣고 그 용서가 일으키는 변화를 체험한 사람이 되어 사람들 앞에서 '곧 일어납니다.' 그리고 자신이 누웠던 상을 가지고 하나님께 영광을 돌리며 자기 집으로 돌아갑니다. 행복한 삶을 살 수 있는 가정으로 돌아갑니다. 승리의 귀가입니다. 집에서조차 가족을 힘들게 하던 사람이 당당한 가족의 일원이 되어 살 수 있게 되었습니다.

그는 이제 주의 능력이라는 흔적을 가진 자가 되었습니다. 그는 자신의 존재가 자랑거리요, 사람들의 입에서 하나님을 찬양하고 영광을 돌리게 하는 고귀한 존재가 되었습니다. 그 존재 자체가 사람들에게 하나님의 능력이 나타난 자임을 증거하는 인물이 되었습니다. 이 모든 일이 일어나게 된 것은 예수님을 만났기 때문입니다. 예수님이 그를 완전히 다른 사람으로 만들어 놓으셨습니다.

2) 예루살렘에서 온 바리새인과 율법교사

또 다른 부류의 사람들이 등장합니다. 그들은 아무것도 할 수 없는 사람과는 달리 모든 것을 할 수 있는 권세를 가졌고, 그들에 의해 모든 것이 진행되고 있습니다. 전자는 병을 고치는 주의 능력이 예수와 함께하여 예수로 말미암아 죄 사함을 받고 병을 고치는데, 그들은 병을 고치는 주의 능력이 예수와 함께하는 것을 보고도 그것을 부정하는 사람들입니다. 뿐만 아니라 그것을 부정하기 때문에 주의 능력이 그들에게 임하지 않습니다. 이게 문제입니다. 주의 능력이 자신들에게 일어나야 할 것 아닙니까! 그들은 주의 능력이 그들에게 나타나야 힘이 나는 사람들 아닙니까?

그런데도 그들이 주의 능력을 맛보지 못한 이유는 그들의 '생각'(눅 5:21) 때문이라고 성경은 지적합니다. 이때의 '생각'이라는 원어는 다른 곳에서는 '다툼, 변론, 의심, 시비' 등으로 번역되고 있습니다. 제자들이 그들에 대해 다툼을 일으키고 예수에게 시비를 걸고 있다는 단어를 사용한 이유는, 하나님의 능력이 나타나 사람을 살리는 일보다는 자기들의 권위와 이익을 더 중시하는 사람들이라 보았기 때문일 것입니다.

그런데 예수는 이들의 마음의 '생각'을 다 아시는 통찰력 있는 분입니다. 요한복음에 따르면, 유월절에 예수가 표적을 행하는 것을 보고 그의 이름을 믿는 사람이 많아졌습니다. 그런데도 불구하고 그의 이름을 믿는 사람들에게 그의 몸을 의탁하지 않으셨습니다. 그 이유는 '친히 모든 사람을 아시기'(요 2:24) 때문이라 했습니다. 예수님은 '사람의 속에 있는 것을 아십니다'(요 2:25). 따라서 예루살렘에서 내려온 바리새인과 율법교사들이 '마음에 악한 생각'(마 9:4)을 하고 있다는 것을 알고 계십니다. 예수님은 요한복음 3장의 니고데모와의 대화에서 다시 태어나는 거듭남이 없이는 사람의 마음속에 있는 '생각'들이 바로 작동하거나 기능하지 못한다고 가르치셨습니다.

우리도 살다 보면 사람의 마음속을 들여다볼 수 있는 사람처럼 사람의 마음을 읽는 경우가 있습니다. 사태가 진행되는 과정에서 이런 말을 하고 이런 행동을 할 것이라 이미 예측하는 능력을 가지고 있기 때문입니다. 어떤 사람이 말하는 순간의 태도나 얼굴빛이나 행동양식 등을 보고도 어느 정도 읽을 수 있습니다. 예수님은 이것보다 더 큰 능력으로 사람 마음속을 읽어 내십니다. 그런 분을 우리가 속일 수 없습니다. 진실로 믿어야 합니다. 진실로 믿는지 여부는 그분이 인정해 주어야 하지, 내가 잘 믿는다고 생각해서 결론 날 일이 아닙니다.

예수님은 그들의 마음 상태나 생각하고 있는 것, 그리고 어떤 것을 싫어하고 있다는 것까지 잘 알고 계십니다. 그들은 하나님의 능력이 나타나는 것을 보고도 싫어하는 사람들입니다. 문제는 그들이 하나님의 능력을 찬양하고 하나님의 능력을 찾아다니며 그것을 전해야 할 임무를 가진 사람들이라는 것입니다. 그런데도 그들은 예수 안에 임하신 고치는 주의 능력을 인정하지 않을 뿐만 아니라 하나님의 영광을 찬양하지도 않습니다.

적대관계 속에 있는 사람들의 '생각'까지 알고 계시는 분에게 시비를 거는 상황입니다. 마음속에 생각하는 것만이 아니라 '마음으로 믿는 것조차' 진실하지 못하다는 것을 아시고, 그들에게 의지하지 않으시는 예수님입니다. 사람은 상황에 따라 언제나 변할 수 있기 때문에 그럴 것입니다. 또는 믿는 자가 되게 하려고 표적도 보여주면서 믿는 자가 되게 하셨는데, 그런 그들을 믿지 못하고 그들에게 자신의 몸을 의탁하지 않으신다면 어떻게 해야 하겠습니까. '어느 정도 진실해야 믿어 줄까요?' 그런 주님 앞에 서면 나는 얼마나 부끄럽고 전라인 것처럼 몸 둘 바를 모를까요.

제자들에게 '사람을 믿지 말라' 가르치십니다. 제자를 보고 '너희를 믿지 못하겠다'고 하는 말이 무슨 말일까요? 예레미야 선지자의 입을 빌려, 여호와를 의지하는 것이 아니라 '사람을 믿으며'(렘 17:5) 사는 사람은 저주를 받을 것이라 했습니다. 믿을 사람 없고 사람을 믿지 말라 하시니, 결국에 하나님만 믿을 수밖에 없는 것을 인정하게 됩니다.

그들의 '생각'에는, 죄가 용서받으려면 성전의 희생제의라는 수단을 통해야(레 4:20) 하는데, 예수가 중풍병자가 용서받도록 하나님께 간청하지 않고 감히 하나님을 대변해서 말했기 때문에 이런 사단이 벌어졌다는 식입니다. 그리고 그런 일은 자신들이 해야 할 일이라는 것입니다. 죄를 용서하기 위해 하나님이 제정하신 절차들을 무시하면서, 그러한 절차들을 수행할 권리를 가진 관리들의 권위에 예수가 도전하니 그것을 가만 놔둘 수 없다는 것입니다. 결국 예루살렘에서 내려온 바리새인과 율법교사들과 예수의 싸움의 속 내막은, 성전에 전승되어 오는 질서를 무시하고 예수가 하늘에서 내려온 권위를 힘입어 제사장들과 그 대변인들인 서기관들의 성전체계의 종교적 독점에 도전하고 있기 때문이라는 것입니다.

그럼에도 불구하고 예수님은 중풍병 환자에게 '네 죄가 용서받았다'고 선언하십니다. 이 선언이 논쟁거리가 되는데, 죄를 용서하는 것과 병을 고치는 행위 그 자체가 아니라 그것을 행한다고 '누가 선포할 것인가'라는 문제가 제기되었기 때문입니다. 그들의 입장에서는 '죄가 사해졌다고 말해 줄 수 있는' 주체는 자기들뿐이라는 것입니다. 그들이 이 점을 그토록 놓치기 싫어하는 진짜 이유가 있습니다. 자기들이 바로 그런 권위를 가진 자라고 자기를 내세우고 싶기 때문만이 아니라, 무엇보다 이 문제가 물질 이득과 연결되어 있기 때문입니다. 즉 사함을 선포하려면 제물을 바쳐야 하는데 제물을 바치려면 돈이 필요하고, 제물을 바치기 위해 성전세를 내고 성전에 들어가야 하는 등의 돈 문제가 이면에 깔려 있기 때문입니다.

3. "죄 사함 받았느니라"

'죄 사함 받았다'는 선언 자체는 그 사람이 죄를 지었다는 것을 전제하는 말이며, 그 죄 때문에 질병에 걸렸다는 것을 이미 깔고 있습니다. 그 사람이 무슨 죄를 지었는지 구체적으로 적시되어 있지 않지만 그는 분명 죄인이었다는 것이 사회적으로도 통용되고 있었습니다.

'사함 받는다'(막 2:5)는 동사는 죄를 사하시는 주체가 하나님이심을 표현하는 신적 수동태로 사용되고 있습니다. 그리고 '하나님께서 너희 죄를 사하셨다'고 선포하는 예수님이 하나님의 용서를 중재하는 자임을 나타냅니다. 공격자들이 말한 것처럼, 하나님의 특권을 침범하는 월권을 행사하는 것이 아닙니다. 이러한 선언은 나단 선지자도 선포하고 있습니다(삼하 12:13). 예수는 '내가 너희 죄들을 사하여 준다'고 선언하지 않고 '네 죄들이 사하여진다'고 선언하실 뿐입니다.

예루살렘에서 온 바리새인과 율법교사들은 '누가 죄들을 사할 수 있는가'라고 묻지만 예수는 '인자가 땅에서 죄들을 사하는 권세가 있다'고 답하여, '누가'의 문제가 중요한 것이 아니라 '어디서'에 대하여 '땅에서'라는 대답이 주어지고 있습니다. 예수의 입장에서는 일차적으로 병을 고치는 주의 능력이 예수 안에 함께했을 뿐만 아니라 그 능력으로 병을 고쳐야 하는 사명을 받았고, 더럽다고 성전에도 들어갈 수 없는 중풍병에 걸린 사람이 여기 있기 때문에 지금 바로 이 자리에서 하나님의 그 일을 해야 하겠다는 것입니다. 그래서 예수는 바로 여기, 사람이 살아가는 땅에서 죄가 사해진다고 답하십니다. '땅'이라는 장소만이 아니라 지금 이 순간이라는 '오늘'이 중요한 시간 이해로 등장합니다.

그들과 예수님의 차이점은, 그들은 죄의 문제를 해결해 주지 않고 있지만 예수님은 죄 사함의 문제를 땅에서, 이 순간에 해결하고 있다는 것입니다. 죄 사함을 통한 인간의 해방은 지금 여기서 벌어지는 사건이어야 한다는 것입니다. 예수님은 주의 능력으로 사람을 고치고 죄를 사하지만 그들이 하는 일은 그것을 못하게 막는 일뿐입니다. 누가 하나님의 일을 하고 있습니까.

예수님은 하나님이 예수 안에서 '지금' 그리고 '여기서' 주의 능력을 행사하고 계시기 때문에, 저기 저곳이 아니라 바로 이곳이 하나님의 능력이 임하는 장소여야 한다는 것입니다. 그리고 다음이 아니라 지금이 바로 하나님이 함께하시는 시간이어야 한다는 것입니다. 왜 그토록 시간과 장소가 중시되어야 합니까? 중풍병 환자에게는 그것이 아주 중요합니다. 성전에 들어갈 수 없는 사람에게는 성전 밖에서도 죄 사함의 선언이 있어야 합니다. 예수가 이곳을 지나가고 나면 다시 그는 고침과 죄 사함을 받을 수 없기 때문에, 지금 예수를 만나는 시간이 그에게는 구원의 시간인 것입니다.

예수님은 하늘에 계신 하나님만 치료하실 수 있다고 생각하는 바리새인과 율법교사들을 반박하며, 예수 안에 병 고치는 주의 능력이 함께하고 있음을 밝히십니다. 예수님은 하나님이 병을 고치는 일을 예수 안에서 행하고 계신다고 설명하고 있는 것입니다. 인간 안에서 병을 고치는 하나님을 그들도 부인하지 않을 것입니다. 그러나 그 사람이 바로 예수라는 것에 그들이 반대하는 연유는 앞에서 설명했습니다.

이 일로 이제 사람이 사람의 죄를 용서할 권세를 가질 수 있다고 보게 되었습니다. 그리하여 이것은 인간 상호간의 죄 사함에 대한 가능성을 열어 줍니다. 유대 사회에서 죄 용서는 하나님의 전권이지만 죄 용서를 사람들에게 선언하는 일은 대제사장에게 부여된 특권이었습니다(참조. 레 9-16장). 모세법에 따르면, 성전 제의의 속죄적 기능은 하나님에 의해 제정되었으며(레 27:34), 그것의 집행은 제사장의 권리였습니다(레 4:20-35; 민 15:25-28). 그런데 예수님은 사람이 죄를 사하는 권세가 있다고 선언하심으로써, 하나님이 예수 안에서 죄 사함과 병을 고치는 일을 하시듯이 이제 제자들에게 "너희가 누구의 죄든지 사하면 사하여질 것이요 누구의 죄든지 그대로 두면 그대로 있으리라"(요 20:23)는 죄 사함의 권세를 위임하십니다.

그러면 이제 구체적으로 죄와 질병의 관계를, 이어서 믿음과 치유의 관계를, 마지막으로 죄 용서와 치유의 관계를 살피도록 하겠습니다.

1) 죄와 질병의 관계

병자의 질병을 고치시면 됐지 왜 죄 사함을 선언하셨을까요? 죄 사함을 받고 그가 달라진 것이 무엇이었나요? 병 고침을 받고 침상을 들고 나가는 일은 했지만, 그가 죄 사함을 받고 한 일이 소개되고 있지 않습니다. 그가 무슨 죄를 저질렀기에 그 죄를 사함 받았다는 것입니까? 중풍병 환자의 죄가 무엇이었을까요?

'죄'라는 원어를 보았더니, '하마르티아'(Hamartia)입니다. 성경에 언급된 '죄' 개념을 어원적으로 살펴보면, 인간이 신과 같이 되고자 하는 교만을 '휘브리스'라 합니다. 뱀의 거짓말에 속아 자신이 스스로 주인이 되고자 하는 무서운 교만 죄가 바로 휘브리스입니다. 이것은 특별히 어떤 말이나 행동, 그리고 일들의 동기를 중시합니다. 자기가 주인이고자 하는 죄는 무서운 죄입니다. 베드로에게, 나를 따르려거든 자기를 부인하고 자기 십자가를 지고 나를 따르라 명하신 것을 보면, 자기가 주인이 되는 것은 하나님 앞에서 죄입니다. 하나님이 주인이 아니라 자기가 자기 인생의 주인이 되는 것은 분명 무서운 죄입니다.

그러나 중풍병자의 '죄'는 '하마르티아'입니다. 그 낱말을 풀이하면, '과녁을 빗나가다'라는 뜻입니다. 하나님을 잘 믿고 하나님의 뜻대로 행하고자 하는 사람들이 저지를 수 있는 죄의 항목입니다. 출발은 좋았지만 결과, 곧 목표점인 과녁에서 빗나가고 말았습니다. 그는 인생의 결국이 실패인 사람이었습니다. 그의 뜻대로 된 일이 하나도 없습니다. 그가 할 수 있는 일이 하나도 없습니다. 하나님의 뜻대로 살지 못했습니다. 그런 의미에서 과녁을 벗어나 실패한 결과가 주어지고 말았습니다.

과녁을 빗나가고 말았기 때문에 결국 죄인인 것입니다. 과녁을 빗나가고 말았기 때문에 하나님과의 관계만이 깨진 것이 아니라 사람들 사이의 관계도 원만하지 못했을 것입니다. 이런 사람은 하나님의 피조물인 자연과도 융합하지 못하고 사회 질서에도 잘 적응하지 못했을 것이며, 가정생활도 힘들었을 것입니다.

하나님의 뜻대로 살고 행하여 하나님의 나라에 들어가야 하는데, 그렇게 하겠다고 믿음생활하지만 결국에 빗나가고 만 사람들이 저지를 수 있는 죄 말입니다. 하나님을 믿지 않은 죄를 지은 것이 아니라 하나님을 믿지만 그 믿음에 합당한 열매를 맺지 못해 하나님 나라에 들어가지 못한 죄를 뜻합니다.

이번에는 질병의 원인을 알아보겠습니다.

첫째, 죄로 말미암아 벌이 옵니다.

그런 의미에서 질병은 죄 때문에 생긴 것입니다. 중풍병자가 '죄 사함을 받았기' 때문에 죄가 용서되었지만, 죄에 대한 벌이 용서받은 것이 아님을 알아야 합니다. 죄의 값인 벌을 주신 분도 하나님이십니다. 유대인들은 질병을 죄의 결과로 보았습니다.

"네가 악을 행하여……여호와께서 네 몸에 염병이 들게 하사……여호와께서 폐병과 열병과 염증과 학질과 한재와 풍재와 썩는 재앙으로 너를 치시리니" (신 28:20-22).

레위기는 제사장의 속죄 행위와 하나님의 용서를 다음과 같이 담고 있습니다.

> "제사장은 그가 범한 죄를 위하여 그 속건제의 숫양으로 여호와 앞에 속죄할 것이요 그리하면 그의 범한 죄를 사함 받으리라"(레 19:22).

질병이 죄의 값인 사례가 바로 백성을 계수한 다윗의 '큰 죄'(삼하 24:10) 때문에 '전염병'(삼하 24:15)으로 백성이 7만 명이나 죽은 사건입니다. 시편 기자는 중병에 걸린 사람의 죄 때문에 병이 들었다고 하나님의 벌로 이해하고 있음을 "내가 지은 죄 때문에, 나의 뼈에도 성한 데가 없습니다. 내 죄의 벌이 나를 짓누르니, 이 무거운 짐을 내가 더는 견딜 수 없습니다"(시 38:3, 새번역)라고 참회합니다.

출애굽기 34장 6-7절을 새번역에 따라 옮겨 보겠습니다.

> "주님께서 모세의 앞으로 지나가시면서 선포하셨다. '주, 나 주는 자비롭고 은혜로우며, 노하기를 더디하고, 한결같은 사랑과 진실이 풍성한 하나님이다. 수천 대에 이르기까지, 한결같은 사랑을 베풀며, 악과 허물과 죄를 용서하는 하나님이다. 그러나 나는 죄를 벌하지 않은 채 그냥 넘기지는 아니한다. 아버지가 죄를 지으면, 본인에게뿐만 아니라 삼사 대 자손에게까지 벌을 내린다'"(출 34:6-7, 새번역).

신약성경도 마찬가지입니다. 예수님은 성전에서 병을 고쳐 주신 사람을 다시 만나서 "네가 나았으니 더 심한 것이 생기지 않게 다시는 죄를 범하지 말라"(요 5:14) 당부하십니다. 질병을 사탄이 준 것이라 하면서 안식일에 등이 굽은 여자를 치유하시며 말씀하시기도 합니다.

> "열여덟 해 동안 사탄에게 매인 바 된 이 아브라함의 딸을 안식일에 이 매임에서 푸는 것이 합당하지 아니하냐"(눅 13:16).

그래서 사람들은 죄로 인하여 하나님이 진노하실 것이며 그로 인하여 질병이나 고난을 당하는 것을 두려워합니다. 하나님은 사랑의 하나님이신 동시에 죄의 값인 벌을 받을 자를 면죄하지 않는 정의를 실현하시는 하나님입니다. 이 두 가지 속성을 우리는 예수 그리스도의 십자가와 부활에서 읽을 수 있습니다. 죄의 값을 갚도록 요구하시는 정의의 하나님의 뜻을 실현하기 위해 예수님은 십자가를 지십니다. 그리스도께서 우리의 죄를 위해 형벌을 대신하여 받으셨기 때문에 우리는 하나님의 용서인 부활을 맛보게 되었습니다.

둘째, 사탄 때문입니다.

"마귀에게 억눌린 사람들을 모두 고쳐 주셨습니다"(행 10:38, 새번역)라는 말에서 사탄이 질병을 일으키고 있음을 알 수 있습니다. 보다 명확한 근거는 누가복음 13장 16절입니다. 육체적 질병에 걸린 여인은 사탄에게 매여 있었던 자로 간주되고 있습니다. "그러면 열여덟 해 동안 사탄에게 매인 바 된 이 아브라함의 딸을 안식일에 이 매임에서 푸는 것이 합당하지 아니하냐." 다시 말하면, 질병의 원인이 사탄임을 말해 줍니다.

셋째, 하나님의 섭리와 뜻 때문에 병에 걸리기도 합니다.

나면서부터 맹인 된 사람을 치유하여 줄 때에, 제자들이 예수께 묻습니다.

"랍비여 이 사람이 맹인으로 난 것이 누구의 죄로 인함이니이까 자기니이까 그의 부모니이까"(요 9:2).

제자들도 궁금해서 물었을 것입니다. 예수님은 "이 사람이나 그 부모의 죄로 인한 것이 아니라"고 답하시면서 또 다른 중요한 이유가 있다고 설명하십니다. 즉 "하나님이 하시는 일을 나타내고자 하심"(요 9:3) 때문이라고 대답합니다. 치유하기 힘든 시각장애가 있습니다. 하나님이 그 일을 예수 안에서 하고자 하십니다. 그러니 누구의 잘못 때문이라고만 생각하지 말라는 것입니다. 예수는 "이 병은 죽을병이 아니라 하나님의 영광을 위함이요 하나님의 아들이 이로 말미암아 영광을 받게 하려 함이라"(요 11:4) 하면서 죽은 나사로를 다시 살리십니다.

넷째, 자연질서 파괴도 죄로 말미암기도 합니다.

소돔과 고모라의 멸망은 그들의 성적인 타락으로 말미암은 하나님의 징계요 심판입니다. 지진을 통해 심판하고 계십니다. 그러나 현대인들은 지진을 하나님이 주신 심판이라 생각하려 하지 않습니다. 얼마 전 일본 쓰나미가 발생했을 때, 그것은 일본이 다신교 국가이기 때문에 하나님의 심판이라고 말한 목사의 설교가 정당한 것인지 논란을 벌였기 때문입니다.

2) 믿음과 치유의 관계

믿음 때문에 기적이 발생한 경우와 기적을 보고 믿음이 생긴 경우로 나누어 봐야 합니다.

첫째, 중풍병자를 데리고 온 네 친구의 믿음을 보시고 예수님은 죄 사함을 선언하십니다. 중풍병자의 치유도 네 친구의 믿음의 결과로 이루어집니다. 네 사람의 믿음은 입술로 하는 신앙고백의 믿음이 아니라 행하는 믿음이었습니다.

일반적으로 믿음은 행함이 아니라고들 하는데, 예수님은 그들의 행함을 믿음이라 하셨습니다. 예수님이 보시기에 그들의 행함 속에 믿음이 가져야 할 어떤 내용들이 있었기에 중풍병자를 고쳐 주셨을까요? 그것은 행함이 마음속으로만 믿는 것이 아니라 현실에서 쉽게 일어나지 않는 결과에 영향을 미치고 있기 때문입니다. 다시 말하면, 믿음이 아니고는 그런 행위를 할 수 없다는 것 때문입니다. 그런 의미에서 그의 믿음을 담대한 믿음이라 해야 합니다. 그리고 네 사람이 중풍병자를 들어올려서(떼메고) 운반해 온 것 자체가 그 사람이 네 사람에 의해 받아들여지고 용서되었기 때문이라는 것입니다. '들어 올려진' 행위는, 낱말을 풀이하다 보면 '죄를 속하다, 받아들이다, 용서하다'는 의미를 가지고 있기 때문입니다. 그들의 행위가 믿음인 이유는, 그들의 믿음이 죄인(병자)도 용서하시는 하나님의 사랑을 신뢰하였기 때문이라는 것입니다.

그들의 믿음을 보시고 정작 죄 사함을 선포하신 대상은 그들이 아니라 중풍병자입니다. 그러면 그러한 믿음을 가진 그들에게 돌아간 것은 무엇입니까? 예수님은 네 사람의 믿음을 따로 칭찬하지 않으셨습니다. 왜냐하면 그들의 믿음이 어떤 일을 일으키고 있는지 보고 있기 때문입니다. 그들은 특히 '보고 놀라 하나님께 영광을 돌리는' 무리들에 포함되어 있는 일부분이었을 것입니다. 그들은 자신들의 믿음이 얼마나 하나님께 영광을 돌리게 되었는지 미처 생각하지 못했을 것입니다.

네 친구인 "그들의 믿음을 보시고"(눅 5:20) 예수님은 죄 사함을 선언하시는데, 친구의 믿음을 보고서 중풍병자의 죄를 사할 수 있을까요? 죄를 사하려면 먼저 죄를 고백하고 용서를 청해야 하지 않을까요? 네 친구의 믿음을 보시고 질병을 고치셨다면 몰라도 중풍병자의 죄가 사해지고 있습니다. 예수님이 질병에 걸린 중풍병자의 죄를 사하신 것을 보면, 질병은 분명 죄와 연계되어 있음에 틀림없습니다. 중풍병자의 병은 죄로 인하여 왔기 때문에 예수님도 질병의 치유를 죄 용서 선언을 통하여 행하신 것입니다.

믿음 때문에 치유가 일어납니다. 혈루증 앓는 여인은 예수님의 옷에 손만 대어도 구원을 얻으리라고 생각하고 그리합니다. 그랬더니 예수님이 "딸아 네 믿음이 너를 구원하였으니 평안히 가라 네 병에서 놓여 건강할지어다"(막 5:34)라고 하시면서 예수님의 능력에 대한 깊은 신뢰로 자기를 내어맡기는 것이 바로 믿음인 것을 가르쳐 주십니다.

심지어 전혀 믿음이 언급되지 않는데도 예수의 구원 의지인 '불쌍히 여기시는' 마음 때문에 고쳐 주신 경우도 있습니다. 나병환자를 치유하신 경우인데, "예수께서 불쌍히 여기사 손을 내밀어 그에게 대시며 이르시되 내가 원하노니 깨끗함을 받으라"(막 1:41) 하십니다. 예수의 마음, 곧 예수가 원하시면 고침을 받습니다. 예수가 원하신 이유는 불쌍히 여기셨기 때문입니다. 그래서 우리는 늘 기도해야 합니다. "다윗의 자손 주 예수여, 이 죄인을 불쌍히 여기소서" 소리친 것처럼, 외쳐야 합니다.

믿지도 않고 예수를 배척하는데도 고치시는 경우가 있습니다. 고향 사람들이 예수를 배척합니다. 그래서 그곳에서는 아무 권능도 행하실 수 없지만 '소수의 병자에게 안수하여 고치셨습니다'(막 6:5). 그리고 그들이 믿지 않음을 이상히 여기십니다.

둘째, 기적을 보고 믿음이 생기게 된 경우도 소개되고 있습니다. 안식일에 회당에서 손 마른 자를 치료하신 사건(막 3:1-6)을 들어 설명해 보면, 그는 입술로 어떤 신앙고백을 하지 않았습니다. 그는 예수님께 어떤 행동을 하거나 신앙고백을 하지 않았습니다. 그럼에도 불구하고 예수님은 반대자인 바리새인들에게 안식일에 선을 행하고 생명을 구하는 일의 중요성을 알리기 위해 병자를 치료하십니다.

예수님이 행하신 이적은 제자와 청중을 믿음의 세계로 인도합니다. 예수께서 가나 혼인집에서 물을 포도주로 바뀌게 만드십니다. 이 첫 표적을 보고 '제자들이 그를 믿습니다'(요 2:11). 광풍이 부는 바다에서 예수님은 주무십니다. 다급해진 제자들이 예수님을 깨우고 예수님이 바다를 꾸짖으시니 바다가 잔잔해집니다. 무서워하는 제자들에게 "너희가 어찌 믿음이 없느냐"(막 4:40) 책망하시며 믿음이 무슨 일을 할 수 있는지 보여주십니다.

셋째, 또 다른 경우가 있습니다. 예수는 열병에 걸린 시몬의 장모를 치유하셨을 때처럼 죄 사함 선언 없이 치유하실 수 있었을 것입니다.

그러나 그렇게 하시지 않고 죄 사함과 치유를 연결시키신 것은, 죄 사함이 자신의 치유 사역과 관련하여 중요한 의미를 가짐을 보여주시기 위함이었을 것입니다.

3) 죄 사함과 치유의 관계

중풍병자의 경우 죄 사함만이 아니라 질병을 치유 받습니다. 그러나 이 일이 일어날 것을 시편 기자는 이미 노래했습니다.

"그가 네 모든 죄악을 사하시며 네 모든 병을 고치시며"(시 103:3).

죄 사함과 치유는 하나님의 사역인데, 이를 예수의 사역으로 소개하는 것은 예수를 신적인 존재로 소개하는 것과 같기 때문입니다. 특히 죄 사함을 배타적으로 하나님께 연관시키는 유대인들에게 죄 사함의 권세에 대한 예수의 주장은 신적 존재라는 주장으로 여겨질 수밖에 없었을 것입니다. 결국 예수님은 죄 사함과 치유를 말씀 그대로 이루기 위해 그 일을 하고 계신다는 것입니다.

예수님이 죄 용서를 선언하셨음에도 불구하고 그는 여전히 침상에 누워 있었습니다. 죄로부터 자유롭게 되었지만, 질병은 사라지지 않았습니다.

하나님은 자신을 "악과 허물과 죄를 용서하는 하나님"(새번역, 출 34:7)이라 하셨고, 이사야 43장 25절에서도 하나님은 자신을 "죄를 용서하는 하나님"(새번역)으로 소개합니다. 죄 사함은 하나님으로부터만 오는 것이 성경의 진술입니다(시 130:4).

본문의 사건에서 치유가 죄 사함 권세의 증명이 될 수 있는 이유는, 질병의 원인이 죄일 경우에 가능합니다. 바벨론 탈무드(b. Ned 41a)는 "병자는 그의 죄를 사함 받기까지는 그의 질병으로부터 회복되지 않는

다"고 적고 있습니다. 질병이 치유된 것 자체가 죄 사함을 입증한 것입니다. 그런 의미에서 치유는 죄 사함의 증거가 될 수 있습니다. 마가복음 3장 29절도 성령을 모독하는 죄가 사함 받지 못한다고 함으로써 성령의 사역이 곧 죄 사함임을 암시합니다.

세례 요한은 하나님의 나라를 위해 회개를 요청하였습니다. 예수님은 하나님 나라를 선포하기 시작하십니다. 세례 요한처럼 하나님의 나라를 위해 회개를 요청하셨고, 이것을 이어받은 제자들도 성령을 받기 위해 죄를 회개할 것을 요구했습니다.

예수님은 죄 용서를 위해 중풍병자에게 회개했는지 묻지 않으셨으며, 회개를 요구하지도 않으셨습니다. 죄 용서를 위한 회개를 요구하신 이가 바로 예수님이었습니다. "회개하라, 천국이 가까이 왔느니라" 선포하신 이가 바로 예수님입니다. 그럼에도 불구하고 죄 사함이 선언된 이유는 예수의 불쌍히 여기심 때문이었을 것이라고, 여러 복음서들을 통해 추측해 볼 수 있습니다.

4. 삶의 적용

1) 오늘

누가복음 5장 26절에 따르면, 모든 사람이 "오늘 우리가 놀라운 일을 보았다"라고 소리칩니다. '오늘' 우리는 놀라운 일을 보아야 합니다. 그 '오늘'은 예수 안에서 하나님이 함께하셔서 행하신 능력이 발생한 날입니다. '오늘 구원이 너희 집에 이르렀다'고 하신 그 시간을 말합니다. '오늘'은 우리 인생에서 중풍병자처럼 죄를 사해 주시고 병을 고쳐 주시는 주님을 만나는 날이어야 합니다. 내일로 미룰 수 없는 날입니다. 오늘은 구경만 하는 날이 아니어야 합니다. '오늘' 우리는 놀라운 일을 보아야 합니다.

예수님은 '오늘' 예수를 만나 예수 안에서 일하시는 하나님의 능력을 맛보기를 원하십니다. 말씀을 주시면 '오늘' 내가 듣고 "이 글이 오늘 너희 귀에 응하였느니라"(눅 4:21)는 말씀대로 말씀이 나의 삶의 자리에서 주의 능력으로 함께하여야 합니다.

삭개오에게 하신 말씀처럼, 주께서 "오늘 네 집에 유하여야 하겠다" 말씀하시면, 오늘이 바로 주님이 나의 집에 오시는 날이어야 합니다. 주님이 내 집에 오셔서 나의 집의 모든 것을 보시고 필요한 것을 채워 주실 것입니다. 삭개오 집에 가장 필요한 것, 곧 "오늘 구원이 이 집에 이르렀으니"(눅 19:9)라고 선언하신 것처럼, 주님이 내 집에 유하셔야 구원이 내 집에 이릅니다. 우리는 보통 죄 사함을 내적인 더러움으로만 국한시키려 합니다. 그러나 병을 고치시는 주의 능력은 내적인 것만이 아니라 침상에 누인 채 들려 왔지만 나갈 때에는 일어나서 자기 집으로 돌아가며 삶의 변화를 가능하게 합니다. 우리는 신앙적인 차원의 죄 용서만을 소원해서는 안 됩니다. 삶 자체가 치유되어야 합니다. 인간관계가 전적으로 치유받아야 합니다. 사람답게 살 수 있도록 되어야 합니다.

2) 죄와 벌

질병은 죄 때문에 주어진 것입니다. 그것을 정한 분은 하나님이십니다. 죄는 용서해 주시면서 벌을 주시는 하나님을 정죄할 수 없습니다. 구약에서는 제사를 통해 죄가 용서되었습니다. 그러나 신약에 와서는, 하나님은 예수 안에서 죄만이 아니라 벌조차 사하자 하십니다. 다시 말하면, 예수를 십자가에서 대속의 죽음을 죽게 하여 우리 죗값을 지불하게 하십니다. 그리하여 우리로 하여금 하나님의 영광에 참여하게 하십니다. 죽음을 이기고 사람이 할 수 없는 일을 하나님은 예수 안에서 행하십니다.

죄로 말미암아 질병과 고난과 죽음이 왔습니다. 하나님이 정하신 대로 죽음이 사람의 일이 되었습니다. 그렇지만 이제 하나님은 예수 안에서는 하나님의 일을 하고자 하십니다.

벌은 죄의 삯이고 "죄의 삯은 사망"(롬 6:23)입니다. 중풍병자의 경우 죄가 사해졌다고 그가 바로 일어난 것이 아니었습니다. 그런데 현대 그리스도인들의 경우에 하나님이 주신 벌이라도 그것을 받겠다는 이가 별로 없습니다. 하나님이 주신 벌이라도 그것이 자기 입장에서 벌이 아니라 하며, 조금만 참고 견디면 이 고통을 벗어날 수 있다고 여깁니다. 그런 의미에서 하나님을 두려워하지 않는 그리스도인이라 말해야 할 것 같습니다.

현대 그리스도인들은 벌을 벌로 여기지 않고 벌을 자기 편리하게 대응하고 삽니다. 또한 자기가 신이 되어 이 상황에서 이럴 수밖에 없었던 일이기 때문에 이것은 벌이 아니라 상황이 만들어 놓은 것이라고 거짓으로 자기를 위로하기도 합니다. 거짓과 기만이 자리 잡고 있습니다.

죄와 벌에 대해 항변하고 항의까지 합니다. 용서하시는 하나님이신데 죄는 사하시면서 왜 벌을 꼭 주느냐고 떼를 쓰기도 합니다. 벌이 아니라 용서받기를 원한다는 것입니다. 성경 속에 계시는 용서하시는 하나님이 아닌 내가 용서하는 신이 되어 자기를 용서하고 있습니다. 그들은 자기의 생각이나 필요, 그리고 욕구가 만들어 낸 신을 믿고 있을 뿐입니다.

죄를 지은 사람이 죄를 지은 것을 죄라고 인식하지 않는 경우가 현실에서 발생할 수도 있습니다. 러시아 작가 도스토예프스키의 장편소설 《죄와 벌》을 예로 들어 설명할 수 있습니다. 가난에 찌든 대학생인 주인공 라스콜리니코프는 초인사상에 빠져 살인이라는 죄를 저지르고, 그 후에 겪는 심리적 압박감과 죄책감을 견디다 못해 여자 주인공 소냐(매춘부)를 통해 자수하고 시베리아로 유배를 갑니다. 그러나 결국에 그의 영혼은 구원을 받게 됩니다. 이 소설에서 사용된 '죄'라는 용어는 우리의 주제와 연결된 '하마르티아'라기보다는 '사람의 잘못'(파랍토마, paraptoma, 마 6:14-15)을 뜻할 때 사용된 개념입니다. 인간의 한계를 넘어서서 신과 같이 되고자 했던 교만을 뜻하는 구약의 '휘브리스'에 해당합니다.

처음에 주인공은, 노파는 사회악이고 기생충에 불과하기 때문에 정의와 주인공의 신념을 채우기 위해 살인을 해야겠다고 마음을 먹습니다. 그러나 살인을 한 후에 여자 주인공을 만나 양심의 가책과 죄를 저지른 것에 대한 불안에 잠을 못 이루다가, 벌을 받는 것이 더 자유함을 깨닫게 됩니다. 기독교적인 의미에서 죄 사함을 받는 자의 구원이 주는 의미에 가치를 둡니다.

한국에 "밀양"이라는 영화가 상영되어 한국교회에 많은 논란을 불러일으켰습니다. 자식을 죽인 살인마가 감옥에서 예수를 믿고 하나님께 용서를 받고 평안해합니다. 힘들게 용서하려고 감옥을 방문한 주인공은, 자신은 아직 용서하지 않았는데 누가 그를 용서할 수 있단 말인가 하고 울부짖습니다.

죄와 벌은 하나님이 정하신 질서이고 원칙입니다. 그러나 벌을 용서해 주시는 하나님이 예수 안에서 그 일을 땅에서 사람을 통해 행하십니다. 우리는 살면서 죄와 벌의 상관관계를 이해하기 어렵게 만드는 경우를 만나기도 합니다. 욥기에서 보듯이, 의인의 고난은 죄와 벌의 구조로 쉽게 접근하기 힘든 내용을 담고 있습니다. 자식과 재물을 다 잃고 그것을 허락하신 하나님을 이해하는 일은 참으로 힘든 것이 사실입니다. 아브라함의 항의와 같이 "의인을 악인과 함께 죽이심은 부당하오며 의인과 악인을 같이 하심도 부당하나이다"(창 18:25)라고 할 수도 있습니다.

3) 죄 사함의 권세를 가진 교회

마태복음을 보면, 이 사건을 목도한 모든 무리가 두려워하면서 "이런 권능을 사람에게 주신"(마 9:8) 하나님께 영광을 돌립니다. 원문을 충실하게 따르자면, 하나님은 죄 사함의 권세를 '사람들'에게 주십니다. 다시 말하면, 하나님이 그 권한을 예수 안에서 함께하셨듯이, 예수는 제자 공동체인 교회에 위임하십니다.

이제 교회는 죄 사함의 권세를 가진 교회여야 합니다. 그 기능을 잃으면 교회는 제대로 기능하지 못합니다. 제1, 2차 세계대전 때의 독일의 경우입니다. 히틀러를 적그리스도라고 비판하지 못하고 당시 독일 국가교회는 침묵했습니다. 침묵은 곧 동조를 뜻합니다. 그러나 본회퍼나 칼 바르트를 중심으로 고백교회가 세워지면서, 오직 예수만이 그리스도임을 고백하면서 히틀러를 적그리스도라고 말합니다. 히틀러 정권에 맞서 그가 적그리스도라 말하는 것은 죽음을 각오한 일입니다.

예수님은 먼저 교회를 향하여 "서서 기도할 때에 아무에게나 혐의가 있거든 용서하라 그리하여야 하늘에 계신 너희 아버지께서도 너희 허물을 사하여 주시리라"(막 11:25)고 선포하셨습니다. 그리고 부활하신 주님께서 제자들에게 "너희가 누구의 죄든지 사하면 사하여질 것이요 누구의 죄든지 그대로 두면 그대로 있으리라"(요 20:23) 선언하셨습니다.

이제 교회는 하나님과의 화해를 먼저 이루어야 합니다. 이것에 기초해 이제 교회는 세상을 구원하기 위한 주께서 주신 권세를 가지고 온 세상으로 나아가야 합니다.

결론입니다.

병을 고치는 주의 능력이 예수와 함께하셨습니다. 그 주의 능력으로 예수님은 죄를 사하고 병을 고치셨습니다. 죄 사함 선언 때문에 서기관들과 논쟁을 하게 됩니다. 그러나 예수님은 하나님의 능력으로 죄를 사할 수 있는 권세를 가지고 계심을 밝히십니다. 그리고 그 권세를 교회에 위임하십니다. 이제 교회는 죄 사함의 권세를 가진 자로 세상을 구원하는 복음을 선포해야 합니다.

오히려 예수는 질병 치유가 더 어려운 일이라고 덧붙이십니다. 질병의 원인은 여러 가지입니다. 중풍병자가 죄 때문에 그런 병을 가진 것임에 틀림없지만 그의 죄가 구체적으로 어떤 것인지 언급이 없습니다. 그런데 '죄'의 원어가 '하마르티아'인 것을 보면, 원뜻에서 읽을 수 있듯이 '과녁을 빗나가는' 것입니다. 하나님의 사람으로 결국 살지 못하고 있다는 것입니다. 예수님은 그를 치료하여 다시금 가정으로 돌아가게 만드십니다. 그 사람은 자신의 존재 자체로 하나님의 영광을 찬양하게 하는 사람이 되었습니다. 오늘, 그리고 이 땅이 주의 구원이 임하는 시간이고 장소여야 합니다.

제3부

십자가

제3부의 주제는 '십자가'입니다. 예수 그리스도의 십자가가 무엇인지, 그리고 그것이 우리에게 어떤 의미를 주는지 살피고자 합니다.

무엇보다 먼저 그리스도의 십자가는 그의 고난을 지칭하는 것입니다. 그래서 우리는 먼저 그리스도의 고난에 대해 알아보아야 합니다. 성경은 그리스도의 십자가를, 하나님이 사랑하신 아들의 죽음이라 합니다. 하나님은 십자가에서 죽으시는 아들의 고난을 침묵으로 지켜만 보고 계신 것이 아니라, 십자가에서 함께 고난을 당하십니다.

그러면 그리스도의 고난인 십자가는 그리스도인이 받는 고난과 다른 것일까요? 그리스도인이 받는 고난과 그리스도가 받은 고난이 다르기도 하지만 같음을 알 수 있습니다. 예수님은 십자가에서 말씀하십니다. 그중에서 한 강도의 고백이 낙원에 이르게 하는 십자가인 사실을 주목하게 되었습니다. 십자가의 죽음의 자리에서 제자들도 아직 가지 못한 낙원에 이르는 사람이 된 강도는 누구이고 얼마나 복인일까 자꾸 생각하게 됩니다. 십자가는 저주만이 아님을 알 수 있습니다.

예수님은 십자가에서 하나님께서 자신을 세상에 보내신 목적과 뜻을 다 이루었다고 완성을 외치십니다. 주가 다 이루신 일이 무엇인지 살펴보아야 합니다. 그러한 선언이 그러면 우리의 삶에서 구체화되고 있는지 되돌아보아야 합니다.

마지막으로 예수님은 어머니에게 "여자여, 보소서 아들이니이다"라는 고백을 하면서 자신의 육신의 어머니를 칭송하고 죄스러움을 전합니다.

시기 때문에 죽는 예수

마태복음 27:11-26; 마가복음 15:6-15; 누가복음 23:13-25; 요한복음 18:39-19:16

○●● 재판 받는 예수님에 대해 기독교는 흥밋거리로 삼지 않습니다. 법정에 서는 일이 즐거운 일은 아닙니다. 예수에 대한 로마의 재판은 형식적으로는 법 절차를 지킨 것이지만, 법으로 가린 종교적 악은 추악함을 드러냅니다. 사복음서는 로마 법정 이전에 종교재판이 있었음을 보고합니다.

종교재판정은 언제나 신의 법에 합당하게 진행됩니까? 재판을 보고하고 있는 사복음서 기자를 따르자면, 예수는 세 번의 종교재판을 받습니다. 1심의 재판 법정은 가야바의 집이고 재판 개시 시간은 이른 아침 짧은 시간으로, 두 번의 재판이 진행됩니다. 산헤드린 공의회의 유대 법정은 거짓 증거를 찾으며 거짓 증인들을 소환하나 증거가 제시되지 못합니다.

누가복음은 로마 재판의 심문 절차를 따라 사건을 개요해 줍니다. "너희가 이 사람을 내게 끌고 왔도다"(눅 23:14)라는 말을 통해 먼저 체포가 이루어집니다. '백성을 미혹하는 자'라는 죄명으로 고소되었습니다. 고소되어 "보라 내가 너희 앞에서 심문하였으되"(눅 23:14), 심문의 결과는 "너희가 고발하는 일에 대하여 이 사람에게서 죄를 찾지 못하였다"(눅 23:14)고 판결합니다. 그 판결이 정당했다는 것을 다른 재판관도 지지해야 합니다. '헤롯 안디바도 그에게서 죄를 찾지 못하여, 예수를 돌려보냅니다'(눅 23:15). 죄가 없기 때문에 풀어 줍니다.

"보라 그가 행한 일에는 죽일 일이 없느니라"(눅 23:15).

그리하여 최종적으로 재판관은 "그러므로 때려서 놓겠노라"(눅 23:16)는 판결을 내립니다.

로마 법정의 재판이 '예수에게 죄가 없다'고 선언하고 끝났지만, 대제사장과 원로들은 무리를 선동하여 바라바를 놓아주고 그 대신 예수를 처형하라고 요구합니다. 결국에 빌라도는 예수에게 십자가 처형을 언도합니다. 누가는 이 불의한 재판 진행 과정을 소개하면서 "넘겨지리라"(눅 9:44)는 예수에 대한 예언이 성취되고 있음을 보고합니다.

재판을 담당한 빌라도는 고발한 대제사장들과 백성의 장로들이 예수를 시기하여 죽이려 한다는 것을 압니다. 시기는 사람을 죽이는 무기입니다. 바울은 '시기'와 같은 죄를 짓는 사람은 하나님의 나라를 유업으로 받지 못한다고 말합니다.

오늘 설교의 목적은, 예수의 재판의 형식적인 차원보다는 내용적인 본질인 '시기' 죄를 짓는 것을 가볍게 생각해서는 안 된다는 사실을 그리스도인의 삶에서 적용하는 길을 찾는 것입니다.

1. 산헤드린 공의회 유대 종교재판

1) 제1심

'성전을 헐고 다시 세울 자'(마 26:61-63a)라는 죄명에 대한 두 사람의 증언에 '이 사람의 말'(마 26:61)이라고 한 것은 보면, 이들이 예수님을 따르는 자는 아닌 것 같습니다. 그런 의미에서 예수의 말씀의 의도와 내용을 정확하게 이해하지 못하고 증언하고 있음을 추측할 수 있습니다.

유대인들이 예수께 성전을 정결하게 하는 행위를 정당화할 수 있는 '이적의 표지'를 보여달라고 요구했을 때 예수께서 "너희가 이 성전을 헐라 내가 사흘 동안에 일으키리라"(요 2:19)라고 말씀하셨는데, 이 말씀의 뜻을 요한복음은 2장 21절에서 "예수는 성전 된 자기 육체를 가리켜 말씀하신 것이라"고 해석했지만, 제자들도 이해하지 못한 이 말의 뜻을 두 증언자가 이해했을 가능성은 아주 적습니다.

두 증언자의 말에 예수님은 대답하지 않습니다. 말 자체는 사실이기 때문이고, 그 말에 대한 해석을 한다면 몰라도 그것이 아닌 이상, 그리고 그 말 자체만으로도 분노할 성전의 책임자인 대제사장, 곧 이스라엘 종교지도부가 심문하고 있는 상황에서, 더 나아가 성전모독죄에 해당하는 예수의 선언은 종교지도부에 대한 심판이었기 때문입니다. 예수님이 어려움에도 불구하고 그렇게 한 이유는, 자신이 성전을 헐고 짓는 권한을 가진 자임을 증거하기 위해서였습니다.

예수님의 침묵은 대제사장 등 고발자들의 죽이고자 하는 분노를 가라앉히지 못했을 뿐만 아니라, 예수님이 전에 "내가 너희에게 이르노니 성전보다 더 큰 이가 여기 있느니라"(마 12:6)라고 한 신성모독 발언을 확인시켜 준 것에 불과하였습니다. 그러나 우리는 예수님의 침묵을 대제사장의 입장에서만 바라봐서는 안 됩니다. 다시 말하면, 자신이 그렇게 말씀하신 의미를 설명하실 수도 있지만 침묵하신 이유는 구약의 성경 말씀인 이사야 53장 7절 "그가 곤욕을 당하여 괴로울 때에도 그의 입을 열지 아니하였음이여 마치 도수장으로 끌려가는 어린 양과 털 깎는 자 앞에서 잠잠한 양같이 그의 입을 열지 아니하였도다"라는 말씀을 응하게 하려 하였기 때문입니다. 이 사실에 우리는 주목해야 합니다.

2) 제2심

두 번째 죄목은 '네가 그리스도냐?'(마 26:63b)는 것으로 "네가 하나님의 아들 그리스도인지 우리에게 말하라"고 요구합니다. 예수님은 대답하십니다.

"이후에 인자가 권능의 우편에 앉아 있는 것과 하늘 구름을 타고 오는 것을 너희가 보리라"(마 26:64).

예수님은 자신이 다니엘 7장 13-14절에서 예언한 거룩한 인자이고, 하나님의 우편에 앉아 있는 거룩한 분(시 110:1-2)임을 구약의 말씀을 통해 답변하십니다. 자신이 누구인지를 밝히는 것도 말씀에 기초합니다.

3) 제3심

세 번째 죄목은 '신성모독자'라는 것입니다. 신성모독한 자는 '여호와의 이름을 모독하며 저주한'(레 24:11) 자로서, 그자는 돌로 쳐 죽여야 합니다. 대제사장은 확신에 찬 죽일 죄목을 찾았고, 따라서 최고 공의회인 산헤드린 의회에 이 죄목으로 상소하고, 예루살렘 공의회에서조차도 이 죄명으로 인해 '사형에 해당'(마 26:66)한다고 판결하였습니다. 문제는 사형에 해당한다고 해도 산헤드린은 죽일 수 있는 권한이 없다는 것입니다. 로마 법정만이 사형권을 가지고 있습니다. 따라서 산헤드린 관료들은 자기들이 예수께 행사할 수 있는 최고의 분노, 곧 예수의 얼굴에 침을 뱉고 주먹으로 때리며(마 26:67) 경멸합니다. 그리고 로마 법정에 죽여 달라고 로마법에 고소합니다. 종교법이 세상법으로 나가게 된 배경입니다.

마태복음 27장으로 넘어가면서, 산헤드린이 예수를 정죄하고 빌라도에게 이송합니다(마 27:1-2). 이제 예수에 대한 로마의 재판(마 27:11-26)이 진행됩니다. 유대 종교재판처럼 로마 법정에서도 3심, 곧 대법원까지 가게 됩니다. 세 차례의 진행이란, 먼저 빌라도 앞에 서게 되었고(27:2, 11-

14), 그다음 헤롯 안티파스에게로 가고(눅 23:6-12), 마지막으로 사형 판결을 내리는 빌라도 앞에 다시 서게 됩니다(마 27:15-26).

2. 로마 법정 재판 보고

빌라도 앞에 선 예수의 재판 과정을 보다 자세하게 설명하고 있는 요한복음 18장 28절-19장 16절까지를 살피면서 설명해 보고자 합니다.

1) 제1심: 행악자

1심의 제목은 '행악자'(요 18:30)입니다. 무슨 일로 고발하느냐고 묻자, 고발자들이 "이 사람이 행악자가 아니었더라면 우리가 당신에게 넘기지 아니하였겠나이다"(요 18:30)라고 대답합니다. 그러나 예수가 행악을 저지른 증거가 없으므로, 그리고 종교재판을 열고 죽여 달라고 로마 법정으로 온 것을 알고 있으므로 그 죄목으로 죽일 수 없으니 빌라도는 "너희 법대로 재판하라"고 판결을 내립니다. 그 판결을 받고 고소자들이 '우리에게는 사람을 죽이는 권한이 없다'고 함으로써 재심으로 갑니다.

2) 제2심: 유대인의 왕

그 이유로 빌라도가 다시 관정으로 들어갑니다. 즉 제2심을 엽니다. 죄목이 달라집니다. "네가 유대인의 왕이냐?"(요 18:33)고 묻습니다. 예수님은 왕이긴 해도 진리에 대하여 증언하러 온 진리의 왕이라 대답하십니다.

"네 말과 같이 내가 왕이니라 내가 이를 위하여 태어났으며 이를 위하여 세상에 왔나니 곧 진리에 대하여 증언하려 함이로라"(요 18:37).

빌라도가 묻습니다. "진리가 무엇이냐?" 그리고 빌라도는 그에게서 아무 죄도 찾지 못했다고 판결합니다.

3) 제3심: 하나님의 아들

제2심에서도 무죄 판결이 내려지니까 유대 관리들은 백성들을 동원합니다. 그리고 자기들의 법대로 하면 그가 당연히 죽을 것인데 그 이유가 "그가 자기를 하나님의 아들이라"(요 19:7) 하였기 때문이라는 것입니다. 백성을 선동하고 힘을 규합하여 마치 폭동을 일으키려는 것처럼 보이니까, 19장 9절에 의하면 빌라도가 '다시 관정에 들어가서' 최종 판결을 내립니다. 그러면서 '내가 너를 놓아줄 권한도 있고 십자가에 못 박을 권한도 가지고 있는데, 왜 말을 안 하느냐'고 예수께 반문합니다. 빌라도의 아내가 꿈 이야기를 하면서 예수를 죽이지 말라고 요구하고, 자기도 그에게서 죽일 죄를 발견하지 못하지만 "민란이 나려는 것을 보고"(마 27:24) 무리 앞에서 손을 씻으며 자기는 무죄하며 너희가 죗값을 받으라고 하면서 예수를 그들에게 십자가에 못 박도록 넘겨줍니다.

3. 우리 신앙 삶에서의 적용

1) 재판정에 서신 예수

재판 과정 중의 예수님의 반응과 태도에 많은 감흥을 받습니다. 죽을 수 없는 분이 죽어야 하는 아이러니 앞에서, 죄명이 될 수 없는 죄명 앞에서, 그리고 죽일 죄를 발견하지 못해 풀어 주려고 해도 풀어 줄 수 없도록 백성을 선동하여 폭동을 일으켜서라도 기어이 죽이려는 힘 앞에서, 예수님은 죽음을 피하지 않습니다. 그 이유는 '성경을 응하게 하려 함이라'는 말씀에 순종하고자 함 때문입니다. 말씀을 응하게 하려고 죽음을 피하지 않습니다. 때로는 대답하지 않고, 때로는 말씀으로 대답합니다. 살고 죽는 것조차 말씀대로 하고자 하시는 예수님의 행적 앞에서, 겸허하게 신앙의 걸음이란 이런 것이구나 배우게 됩니다.

제자들은 예수의 이런 모습을 "죽기까지 순종하니"라고 하나님 아버지께 순종하는 모습이라고 봅니다. 우리도 예수의 고난과 죽음을 그렇게 배워야 합니다. 고난의 주님이 우리에게 주시는 메시지는 순종입니다. 구경하는 순종이 아니라 신앙의 삶으로 증명해야 하는 순종입니다. 우리가 배워야 하는 예수의 고난의 의미는 순종의 삶입니다.

진리의 왕으로 오신 예수님은 고난당하고 죽습니다. 진리가 악에 지는 아이러니를 배웁니다. 역사는 항상 진리가 승리하는 것이 아님을 우리의 삶이 증명합니다. 그럼에도 우리는 진리가 악을 이기고 승리해야 하지 않느냐고 묻습니다. 그러나 그 승리가 어떤 승리인지를 배워야 합니다. '진리가 악을 이기고 승리해야 한다'는 명제가 항상 참일 수 없는 것이 현실입니다. 그리고 그것이 반드시 기독교의 진리가 아님을 알아야 합니다. 기독교의 진리는 특히 진리이신 예수의 죽음을 두고 우리는 '진리가 악을 이기고 승리해야 한다'는 생각을 바꾸게 만듭니다. 어떻게요? 기독교는 진리는 죽음으로써 승리합니다. 악을 이김으로써 승리하는 것이 아니라, 악에게 짐으로 악을 이깁니다. 역설 같지만, 악에게 짐으로 죽음으로써 악을 이깁니다. 죽지 않고 이겨야 승리가 아니냐는 세상의 '승리' 개념에, 기독교는 죽어야만 다시 살아나는, 즉 부활이 가능한 승리를 말합니다.

기독교는 십자가에서 승리를 말하지 않습니다. 기독교는 부활을 통해 승리를 찬양합니다. 그리스도인들조차 십자가가 없는 승리를 원합니다. 그러나 성경은 십자가에서 죽는 예수를 주라 믿고 신앙고백 하는 진행 과정을 말하고 있습니다. 예수의 진리는, 그런 의미에서 진리의 왕을 따르는 우리는, 죽어야만 살게 되는 역설의 참 의미를 받아들여야 합니다. 살고자 하면 죽고, 죽고자 하면 사는 것이 예수님이 말씀하시는 신앙의 승리입니다.

2) 시기 때문에

예수님의 죽음은 우리에게 여러 가지를 가르치지만, 오늘 말씀은 예수님을 죽음으로 몰아가는 악의 세력에 주목하게 만듭니다. 악의 세력은 고발자를 통해 일하고 있는 것처럼 보입니다. 고발자들은 외형상으로 예수를 죽이기 위해, 종교재판에서부터 세상 법정인 로마 법정에 이르기까지 브레이크가 고장난 차를 타고 있을 뿐입니다. 그들은 브레이크가 없는 차를 타고 있다고 생각하지 않고, 아주 작동이 잘되는 차를 타고 있다고 생각하고 있습니다. 종교재판에서 보듯이, 예수는 그들이 말하는 법대로 하면 당연히 죽어야 할 이유가 있었기 때문입니다. 예수는 '하나님의 성전을 헐라'고 신성모독을 하고, 자신을 하나님의 아들이라 하며, 십자가의 죄명으로 붙인 '유대인의 왕' 곧 진리의 왕이라 하였습니다.

이러한 신앙적인 죄라면 율법에 따라 돌로 쳐서 죽이면 되지, 왜 세상 법정으로 끌고 가서 자기들은 죽일 권한이 없으니 죄명을 '행악자'라 했다가 '유대인의 왕'이라 바꾸고, 그것도 안 되어서 '하나님의 아들'로 바꾸면서까지 죽여 달라고 한 진짜 이유가 무엇입니까?

재판관인 빌라도는 그 진짜 이유를 알고 있습니다. 세 번의 종교재판을 통해, 그리고 세 번의 로마 법정을 통해, 죄명을 바꾸어서도 안 되니까 백성을 선동해서라도 끝까지 자신들의 행위를 고집하는 진짜 이유가 무엇입니까? 마태복음 27장 18절에 따르면, 빌라도는 "그들의 시기로 예수를 넘겨준 줄" 알고 있습니다. 무엇 때문에 그렇게까지, 즉 죽여야겠다고 하기까지 시기하게 되었습니까? 요한복음 12장 19절에 따르면 "너희 하는 일이 쓸데없다 보라 온 세상이 그를 따르는도다"라고 했기 때문입니다. '너희가 하는 일'이 쓸데없어졌기 때문입니다. 주님의 일을 하는 사람이 가장 감당하기 어려운 것은, 주님의 일이 손상되는 것이 아니라 '내가' 할 일이 손상되는 것이고, 주님의 일을 하는 '내'가 받는 상처입니다. 시기는 '내'가 하는 것입니다. 내가 장로가 되어야 하는데 저 사람이 장로가 되고, 내가 안수집사 되어야 하는데 저 사람이 안수집사가 되고 말았습니다. '나보다 저 사람이 선택된 이유가 뭐란 말인가?' 자기가 한 일이 아무 쓸모없어지고 말았다는 것입니다.

시기와 질투는 사람을 죽이는 동기이고 원인입니다. 예수님도 이 시기 앞에서 무너집니다. 하늘나라를 세우려 이 땅에 오신 분이라 할지라도 이 땅의 사람들의 시기 앞에서 무너지고 맙니다. 아무리 성전을 헐고 3일 만에 지을 수 있는 분이라고 해도, 사람들의 시기 앞에서는 아무 일도 못합니다.

그러나 예수님은 시기 때문에 자신을 죽이는 그들을 용서하십니다. 예수님의 위대성은 이때에 나타나지 '시기 하나 막지 못하고 죽어야 하느냐?'라고 생각하는 그때에 나타나지 않습니다. 시기 때문에 죽어야 한다면 죽어야지 살겠다고 맞서 싸우면, 우리는 성경의 예수가 아닌 예수를 요구하는 것이 되고 맙니다. 시기가 일어나지 않도록 일하면 되지 않겠느냐는 고민을 예수님은 하지 않으셨을까요? 그러나 시기를 당하더라도 해야 하는 것은 말씀을 응하게 하는 일입니다. 말씀을 응하게 하려는 순종이 위대한 것입니다. 시기를 당하면 예수님처럼 죽어야 합니다.

우리는 '시기'라고 하는 죄를 가벼운 죄로 여겨서는 안 됩니다. 우리가 일상에서 살면서 가볍게 생각하는 시기라는 죄를 성경은 하나님 나라에 들어가지 못하는 죄목으로 적시합니다. 가톨릭 교회는 교황 그레고리우스 이후로 '죽음에 이르는 일곱 가지 죄'(교만, 시기, 분노, 나태, 탐욕, 탐식, 정욕) 중의 하나를 시기라 가르쳐 왔습니다. 그중에서 시기를 가장 야비하고 더럽고 잔인한 죄라 했습니다. 우리나라에도 사촌이 논을 사면 배가 아프다는 속담이 있습니다.

"오! 왕이시여, 질투를 주의하옵소서. 이는 거짓을 행하는 녹색 눈의 괴물입니다." 셰익스피어의 비극《오셀로》에 나오는 대목으로, 이아고가 주인 오셀로와 그의 아내 사이를 이간질하는 표현으로 사용된 이래로 시기를 '녹색 눈의 괴수'라 합니다. 오셀로는 아내가 불륜을 저질렀다고 믿고 질투에 격노하여 결국 파멸에 이릅니다. 셰익스피어가 질투를 녹색으로 비유한 것은, 질투에 눈이 멀면 담즙이 과도하게 분비된다는 그리스인들의 믿음에서 유래합니다. '멜랑콜리'는 그리스어로 검은색을 의미하는 '멜랑'(melan)과 담즙을 의미하는 '콜레'(chole)의 합성어로 알려져 있습니다. 검은 담즙이 과도하게 나오면 우울증을 비롯한 정신병이 발생한다고 여겼습니다.

'시기'를 뜻하는 영어 단어 'envy'는 '자세히 보다'라는 어원을 가진 라틴어 '인비디아'(invidia)에서 온 것입니다. '자세히 보는' 눈 때문에 저지르는 죄가 바로 시기입니다. 눈으로 봄으로 생기는 죄지만 성경에는 어떤 대목에서는 '주목'이라고 번역되어 있기도 합니다.

우리는 '시기'라는 죽음에 이르는 병이 얼마나 무서운 죄인지 자각해야 합니다. 그것은 가족을 파괴할 뿐만 아니라, 사람을 죽이는 힘으로 작용합니다.

(1) '형들이 시기하니'(창 37:11)

요셉이 꿈속에서 하나님의 계시를 봅니다. 그래서 그 꿈 이야기를 합니다. 꿈 때문이 아니라 꿈의 내용을 이야기했더니 시기가 발동되기 시작합니다. '절하더라'는 말을 들은 '형들은 시기합니다'(창 37:11). 그리하여 형들이 꿈꾸는 자를 죽이려다 애굽에 노예로 팔고 맙니다. 형제 간의 갈등이 적나라하게 폭로되고 있습니다. 시기는 형제 사이를 갈라놓습니다. 가족 파괴범의 주범입니다. 요셉의 경우를 통해 시기하게 만드는 요인이 있다는 사실과 그 문제를 처음부터 어떻게 풀 것인지 알고자 하는 사람들에게 여러 가지를 가르쳐 줍니다.

요셉의 경우처럼 편애가 없어야 합니다. 부당한 대우를 받는다는 느낌을 받으면 누구나 시기라는 무서운 죄로 발전하게 되고, 사소한 것이 나중에는 무섭고 걷잡을 수 없는 지경에까지 이르고 맙니다. 그렇다고 하나님의 계시를 없다고 할 것입니까? 시기하지 않도록 하려면 계시 내용을 받아들일 수 있을 때까지 기다리라고 해야 할까요? 하나님의 계시와 뜻은 하나님이 반드시 이루십니다. 그것은 선으로 바꾸어서라도 이루십니다. 따라서 시기 대처법은 하나님의 계시와 뜻대로 이루어지는 역사를 볼 줄 알아 믿음으로 받아들이는 데서 시작됩니다. 요셉의 경우는 시기가 형제간의 비극만이 아니라 하나님의 계시인 꿈조차 아무것도 아닌 것으로 치부하게 만들고 말았습니다.

(2) 다윗을 시기하여 죽이려 하는 사울 왕

사무엘상 18장에 사울이 다윗을 시기하는 장면이 소개되고 있습니다. 다윗이 블레셋을 물리치고 돌아오는데, 여인들이 "사울이 죽인 자는 천천이요 다윗은 만만이로다"(삼상 18:7)라고 뛰놀며 노래합니다. 사울이 그 말에 불쾌하여 심히 노합니다. 그날 후로 사울이 다윗을 "주목하였더라"(삼상 18:9)고 번역되고 있지만, 이 '주목'에 해당하는 히브리어 '아인'은 눈을 의미하는 단어입니다. 따라서 '주목'이란 시기하는 눈으로 바라보는 것을 뜻합니다.

성경은 "그 이튿날 하나님께서 부리시는 악령이 사울에게 힘 있게 내리매"(삼상 18:10)라고 적고 있고, 사울은 다윗을 죽이려고 창을 던집니다. 시기 때문에 이런 일이 벌어졌다는 것을 들었는지는 모르지만, 솔로몬은 사람이 시체가 되더라도 뼈가 썩지 않는다는 사실을 알면서 "시기는 뼈를 썩게 하느니라"(잠 14:30)고 표현했습니다.

'시기' 때문에 짓는 죄가 얼마나 무서운 것인지 배워야 합니다. 하나님의 영이 함께했던 자이고, 예언할 줄 알았던 자이고, 기름 부음 받은 자였지만, 시기 죄가 하루아침에 그 모든 것을 무효화하고 맙니다. 하나님의 뜻을 무효화하고 변경하게 만드는 무서운 죄입니다.

(3) 밧세바를 내려다보는 다윗의 눈(삼하 11:2)

전쟁터에 있어야 할 사람이 궁에 남아 있었고 '그곳에서 보니' 심히 아름다워 보이는 여인이 목욕을 하고 있습니다. 눈이 죄를 짓게 하는 사례로 성욕을 들고 있습니다. 성욕에서 자유로운 사람은 없으며, 성욕 때문에 패망하는 경우도 많습니다. 하나님의 마음에 드는 사람일지라도 그 죄에서 자유롭지 못하다는 것은 분명해 보입니다.

하나님의 영원한 언약이 그 죄 때문에 멈추는 것은 아니지만, 그 죗값이 너무나도 무겁습니다. "칼이 네 집에서 영원토록 떠나지 아니하리라"(삼하 12:10)라고 선언된 대로, 자식이 반역하여 부모를 죽이려고 달려듭니다. 형제간에 살육이 일어납니다. 그로 인해 낳은 아이가 죽습니다(삼하 12:14). 그러면 하나님은 자신의 일에 제한을 받지 않으십니다. 기도해도 듣지 않으십니다. '하나님께 간구하되 다윗이 금식하고 안에 들어가서 밤새도록 땅에 엎드리지만'(삼하 12:16) 아이는 죽고 맙니다. 기도해도 듣지 않으시는 하나님을 만들면 안 됩니다. 다윗의 경우, 눈으로 짓는 무서운 죄가 바로 성욕을 이기지 못한 죄라는 것을 알게 됩니다.

(4) 육체의 일과 성령의 일(갈 5:19-24)

바울은, 그리스도인은 성령 안에서 살아야 한다고 가르칩니다. 그런데도 그리스도인이 성령을 거스르고 육체의 소욕대로 살고 있음이 잘못되었다고 지적합니다. 육체의 일들 중에 '시기'(갈 5:20)도 포함됩니다. "이런 일을 하는 자들[육체의 일을 하는 자들]은 하나님의 나라를 유업으로 받지 못할 것이요"(갈 5:21) 합니다.

'이 둘은 서로 대적하기 때문에 결국 여러분들이 원하는 것을 여러분들로 하여금 행하지 못하게 합니다'(갈 5:17). 성령을 받았지만 성령의 충만을 계속하여 받지 못해 생긴 문제를 심각하게 볼 줄 알아야 합니다. 성령으로 시작했으니 완성해야 할 터인데, 살아가는 과정에서 성령의 충만으로 이겨내지 못하고 그만 육으로 완성에 이르려 하고 있다는 것입니다(갈 3:3). 성령은 구원에만 관여하고 삶은 율법을 행하는 것에 의해 결정된다고 생각하는 것이 문제입니다.

'시기'는 교회나 가정, 그리고 일터 등의 공동체를 파괴하는 악입니다. 이런 악을 저지르면 구원에서 탈락한다는 것을 강조합니다. 예수 믿고 구원받는 길만이 중요한 것이 아니라 복음에 합당한 삶을 사는 것도 중요한데, 그러기 위해서는 지속적으로 성령의 충만을 입고 성령의 인도를 받아야 합니다. 날마다 성령의 힘으로 새 날을 살아야 한다는 것입니다. '이미' 성령으로 구원을 받았지만, '아직' 성령의 인도를 받아야만 완전한 구원을 얻을 수 있습니다. 성령을 받았다고 해서 그것이 과정도 결과도 다 포함하는 것은 아닙니다. 시작은 성령으로 되었지만 과정도 성령으로, 그리고 결과도 성령으로만 주어집니다.

결국 시기라는 죄악을 극복하는 유일한 길은 성령의 인도를 계속하여 받는 길밖에 없습니다. 육의 지배 아래 있지 않고 계속하여 성령의 인도를 받는 길은 '그리스도 예수의 사람들은 육을 그 정욕, 탐심과 함께 십자가에 못 박았기'(갈 5:24) 때문에 그 사실을 명확하게 인식하고 날마다 그것을 새롭게 인식하여 그리스도와 연합하는 삶을 살고자 하는 성령을 향한 열린 마음에 자신을 맡기는 것입니다.

결론입니다.
그리스도의 고난은 재판에서부터 시작합니다. 재판 절차 중에서 예수는 고난과 조롱을 당합니다. 종교재판뿐만 아니라 세상 재판도 받습니다. 산헤드린 공의회의 유대 종교재판은 절차상 3심까지 이루어지는 법을 지키는 것 같지만, 죄목을 변경하면서까지 죽음으로 옭아매려고 재판을 진행합니다. '성전을 헐고 다시 세울 자'라 했다가 '그리스도'라고 했다가 결국에 신성모독자로 고발을 합니다. 그리고는 예수를 로마 법정에 세웁니다.

빌라도가 재판관이 되고는 행악자, 유대인의 왕으로 죄목이 바뀌고, 제3심에서는 '하나님의 아들'이라는 죄목을 댑니다. 그러나 그것들은 귀에 걸면 귀고리, 코에 걸면 코걸이일 뿐입니다. 결국에 정치적 재판으로 판결나고 십자가형에 처해집니다.

재판에 임하는 예수님의 자세나 태도에 큰 감흥을 받습니다. 예수님은 죽음을 피하지 않습니다. 성경을 응하게 하기 위해서입니다. 성경은 예수님의 태도를 죽기까지 순종했다고 보고합니다. 우리가 배워야 하는 예수님의 고난의 의미는 순종하는 삶입니다.

예수님을 죽음으로 내모는 악의 세력이 있습니다. 예수님을 죽이고자 하는 진짜 이유가 밝혀집니다. 그것은 시기 때문입니다. 시기는 진리를 죽이는 힘을 가지고 있습니다. 시기하는 죄를 지으면 하나님의 나라를 유업으로 받지 못합니다(갈 5:20-21). '시기와 다툼이 있는 곳에는 혼란과 모든 악한 일이 있습니다'(약 3:16). 시기를 버려야 '그로 말미암아 구원에 이르도록 자라게'(벧전 2:1-2) 됩니다. 시기를 이기는 길은 성령의 능력과 충만으로 날마다 육체의 일인 시기를 죽이는 것입니다.

우리가 생각하는 십자가와 억지로 지는 십자가

마태복음 27:39-44; 마가복음 15:29-32; 누가복음 23:35-43; 요한복음 19:23-24

○●● 제목은 "우리가 생각하는 십자가와 억지로 지는 십자가"입니다. 십자가를 어떻게 생각하고 있느냐가 중요한 것이 아니라 억지로라도 십자가를 지고 주를 따르는 것이 중요하는 논지입니다. 십자가에 대해 구약에서부터 어떤 판단이나 생각을 하도록 말해 왔습니다. 그것은 저주라는 것입니다. 그러면 예수님의 십자가도 저주로 생각하거나 판단해도 될까요? 예수님의 십자가를 직접 보고 그것이 어떠하다 판단하거나 생각하는 것들을 소개하기도 합니다. 그런 생각과는 달리 예수님의 시체를 가져가는 사람도 있습니다. 어떤 사람은 억지로 십자가를 지고 가기도 했습니다. 오늘 우리는 '십자가'를 어떻게 생각하거나 판단하고 있는지 묻게 되었습니다. 그것이 과연 옳은지 숙고해 보고자 합니다.

오늘 설교의 목적은, 우리는 십자가를 어떻게 생각하고 있는지 묻는 것입니다. 성경의 가르침을 따라 특별히 하나님의 뜻이 담긴 십자가를 알고 있어야 합니다. 예수님의 죽음을 통해 '나를 위한' 십자가로 만드시는 하나님의 사랑을 읽어야 합니다. 억지로 지는 십자가를 통해 구원이 일어나고 그리스도의 고난에 참여하는 자가 되는 것임을 확인하고자 합니다.

1. '그는 실로 우리의 질고를 지고 우리의 슬픔을 당했다'는 사실에 대한 '우리의 생각'

이사야는 '그는 실로 우리의 질고를 지고 우리의 슬픔을 당했다'라는 사실(fact)이 있는데, 그 사실에 대해 '그는 징벌을 받아 하나님께 맞으며 고난을 당한다'고 '우리는 생각했다'고 전합니다(사 53:4). 사람들은 어떤 사실을 자기가 원하는 대로 생각하고 판단합니다. '우리가 생각한'(사 53:4) 사실 자체가 거짓이냐의 여부부터 정확해야, 사실이 참인데도 사실을 판단하는 사람이 자기 마음대로 판단하는 오류를 범했다고 말하거나 아니면 바르게 판단했다고 말할 수 있을 것입니다.

우리들은 살면서 어떤 사실을 늘 자기가 원하는 대로 생각하고 판단합니다. 자기에게 유리한 식으로 판단합니다. A라는 사실을 B라고 생각하고 있다는 것입니다. 사실을 사실로 받아들이지 않는 것도 문제이지만, '나를 위한' 또는 "우리의 질고를 지고" 슬픔을 당했는데도, 잘못했기 때문에 하나님께 벌받는다고 '생각하고 있다'는 것입니다. 따라서 '사실'에 대한 자기중심적인 생각에서 의미가 나오는 것이 아니라, 그 사실을 나의 것으로 의미를 부여하고 따라 행할 때에 능력은 나타납니다.

다시 말하면, '우리를 위해' 죽으셨다는 것입니다. 도대체 예수님의 죽음이 나에게 무슨 의미를 줍니까? '예수님이 십자가에 달려 죽었다'는 사실 자체가 왜 참이고, 그 참이 '나'와 무슨 상관입니까? '예수님의 십자가의 죽음'이 왜 수천 년을 흐르면서도 회자되고, 지금도 우리는 설교해야만 합니까? 예수님이 십자가에서 죽음으로 '우리에게' 일어난 변화가 무엇입니까? '예수님이 십자가에 달려 죽으셨다'는 사실 자체가 우리에게 주는 변화가 무엇이 있습니까?

이사야는 "그가 찔림은 우리의 허물 때문이요 그가 상함은 우리의 죄악 때문이라"(사 53:5)고 말함으로써 나와의 연관성을 분명 말해 줍니다. 사실 A를 B라고 생각할 수 있습니다. 그러나 사실 A는 '우리에게' '평화를' 그리고 '나음'을 주셨는데, 사실 A인 '그가 찔림을 당하고 채찍에 맞음' 때문에 '우리가 평화를 누리고, 나음'을 입지 않았다면 어떻게 사실 A가 참일 수 있겠습니까? 예수가 십자가에서 찔리고 채찍에 맞은 것이 나의 죄 때문이고 나를 구원하시기 위해서 그랬다면, 그 결과로 나는 나음을 입어야 하고 평화를 얻어야 하는데, '나에게 나음이 무엇이고 얻은 평화가 무엇이냐?'고 묻는 것입니다.

2. 예수의 십자가를 목도한 사람들의 십자가에 대한 생각

성경은 십자가를 지신 예수에 대해 다양한 반응들을 소개하고 있습니다. 특히 누가복음은 십자가에 대한 여러 생각들을 자세하게 소개합니다. 먼저 구경하는 백성을 소개합니다. 그 된 일을 보고 그들은 다 가슴을 치며 돌아갔다고 적고 있습니다. 반면에 예수의 십자가를 보고 비웃는 관리들을 또한 소개합니다. 하나님의 택하신 자라고 비꼬면서, 남은 구원하였으나 자신을 구원하지 못한다고 비웃고 있습니다. 누가는 또한 유대인의 왕이라 희롱하는 군인을 소개하면서 '너 자신이나 구원하라'고 희롱하고 있음을 안타깝게 보고하고 있습니다. 그리고 마지막으로 구원자라고 예수를 지칭하며 너뿐만 아니라 우리도 구원하라고 비방하는 한 행악자를 소개하고 있습니다.

마가는 지나가는 자들을 주목하는데, 그들은 "성전을 헐고 사흘에 짓는다는 자여"라고 모욕하면서 예수를 향해 십자가에서 내려오라고 소리칩니다. 그리고는 대제사장과 서기관을 등장시키는데, 그들은 한결같이 예수를 '이스라엘 왕'이라고 희롱하면서, 남은 구원하였으나 자신을 구원할 수 없는 자라고 비난하고 있습니다. 예수의 죽음은 구경거리였고, 조롱거리였고, 모욕거리였습니다.

요약하자면, 군인들은 예수를 조롱하고, 침 뱉고, 모욕했습니다. 지나가는 사람들은 십자가를 구경했습니다. 십자가에 같이 매달린 강도들도 처음에는 조롱하고 모욕합니다. 예수를 죽음으로 내몬 사람들은 십자가의 죽음을 통해 예수가 그리스도가 아님을 확증하며, 예수를 비난하고 모욕합니다.

그러나 십자가에 달린 한 강도에게 그 십자가는 주님과 함께 낙원에 이르는 장소였습니다. 예수님을 비방하는 다른 행악자를 비난하며, 예수라는 분은 행한 것이 옳지 않은 것이 없다면서 "당신의 나라에 임하실 때에 나를 기억하소서"라고 청하여, 그 누구도 가지 못한 낙원에 이르게 됩니다. 십자가는 그 강도처럼 하나님의 나라에 들어갈 수 있는 장소가 되어야 합니다. 누가는 또 백부장을 소개하는데, 그는 일어난 모든 일을 보고 난 후에 '예수님이 정녕 의인이었음'을 깨달아 하나님께 영광을 돌립니다. 십자가는 하나님께 영광을 돌리는 매체여야 합니다.

3. 예수의 시체를 가져간 아리마대 요셉

아리마대 요셉은 하나님의 나라를 기다리는 자였습니다.

> "아리마대 사람 요셉이 와서 당돌히 빌라도에게 들어가 예수의 시체를 달라 하니 이 사람은 존경받는 공회원이요 하나님의 나라를 기다리는 자라"(막 15:43).
> "공회 의원으로 선하고 의로운 요셉이라 하는 사람이 있으니 (그들의 결의와 행사에 찬성하지 아니한 자라) 그는 유대인의 동네 아리마대 사람이요 하나님의 나라를 기다리는 자라 그가 빌라도에게 가서 예수의 시체를 달라 하여 이를 내려 세마포로 싸고 아직 사람을 장사한 일이 없는 바위에 판 무덤에 넣어 두니"(눅 23:50-53).

요셉은 '예수의 제자'이기는 하나, 열두 제자에는 속하지 않습니다. 그가 '의로운' 사람이라 칭함을 받는 이유는, 유대인으로 경건한 의를 가진 사람으로서 죽은 자를 장사지내는 것이 옳다고 생각했기 때문입니다. 더구나 그가 하나님의 나라를 기다리던 자로서 유월절을 더럽혀서는 안 된다고 생각했으며, 특히 신명기 21장 22-23절에 비추어 볼 때 주검조차도 거룩하게 대하는 자세를 가지고 있습니다. 주검을 존중하는 사람이 하나님의 나라를 기다리는 자입니다. 죽을죄를 범하여 나무에 달았더라도 밤새 두지 말아야 하는 이유는, "여호와께서 네게 기업으로 주시는 땅을 더럽히지 말라"(신 21:23) 하셨기 때문입니다. 하나님의 나라, 하나님의 통치, 하나님이 기업으로 주시는 땅을 더럽혀서는 안 됩니다.

어떤 연유로 아리마대 요셉이 등장하든, 예수님보다 700년 전 사람인 이사야는 "그의 무덤이 악인들과 함께 있었으며 그가 죽은 후에 부자와 함께 있었도다"(사 53:9)라고, 예수의 주검과 무덤이 부자에 의해 장사될 것을 예언하고 있습니다. 아리마대 요셉은 이사야의 예언이 자기를 지칭하는 줄 알았기 때문에 모든 위험을 감수하면서까지 나서고 있는지 모르지만, 저에게는 그가 참으로 신앙 양심을 지키는 사람으로 보입니다. 왜냐하면 그는 사회적 신분과 지위가 있었고 재력가여서 빌라도도 움직일 수 있는 사람이었기 때문입니다. 그러나 죽음의 위험 앞에서, 그가 지금까지 쌓아올린 모든 것이 무너질 수 있는 시기에도 나설 수 있는 신앙의 용기를 가진 사람으로 다가옵니다. 이는 그가 하나님의 나라를 기다리는 자였기 때문으로 여겨집니다.

하나님의 나라를 선포하는 예수, 예수에 의해 통치되고 있는 하나님의 나라는 사람들이 생각하는 세상 왕이 아니라 진리의 왕이 이룰 나라이며 섬김과 순종을 통해 옵니다. 하나님 나라가 자신의 모든 것을 버릴 수 있는 진정한 용기를 줍니다.

그는 제자임을 숨겼으나, 이 일 후에 시체를 가져가기를 구합니다.

"아리마대 사람 요셉은 예수의 제자이나 유대인이 두려워 그것을 숨기더니 이 일 후에 빌라도에게 예수의 시체를 가져가기를 구하매 빌라도가 허락하는지라" (요 19:38).

그는 산헤드린 공회에서 예수님을 죽이기로 결정할 때 찬성하지 않은 사람이었으며(눅 23:51), 열두 제자는 아니었지만 예수님을 은밀히 따르던 제자였습니다(요 19:38). 예수는 이미 죽었습니다. 이제 모든 예수 공동체는 끝났으니 슬그머니 외면해도 그만이었을 것입니다. 하지만 그는 달랐습니다. 그의 정체가 만천하에 드러났으니 산헤드린 공회의 거센 핍박과 징계가 기다리며, 어쩌면 공회 의원 자격 박탈과 더불어 모든 기득권을 잃을지도 모릅니다.

5세기경에 쓰여진 것으로 알려진 외경 빌라도 행전에는 아리마대 요셉이 예수 그리스도의 부활 후에 겪은 이야기들이 나와 있습니다. 예수 그리스도가 부활하여 무덤에서 시체가 사라진 후, 그는 시체를 훔친 자로 오인되어 40년 형을 언도받았다고 합니다. 그가 감옥에 있을 때에 예수 그리스도가 나타났고, 그에게 성배를 주면서 이를 보호하는 수호자로 삼았습니다. 성배의 힘으로 그는 감옥에서 살아남을 수 있었는데, 매일 비둘기 한 마리가 날아와서 그에게 빵을 하나씩 주고 갑니다. 이 이야기는 엘리야 예언자가 바알 숭배자인 이세벨과 아합의 탄압 때문에 도망할 때 까마귀가 매일 빵을 날라다 주었다는 열왕기상의 전승을 연상하게 합니다.

어떻게 이런 일이 가능할까요? 어떻게 평생 쌓아 온 명성과 부와 명예를 모두 잃어버릴지도 모르는 이렇게 무지몽매한 일을 벌일 수 있었을까요? '예수는 이제 죽었다! 절망이다. 이제 예수 공동체는 해산되어야 한다. 부와 명예와 지위가 문제가 아니다. 목숨도 위험하다.' 이렇게 생각해도 아무도 모릅니다. 그러나 이러한 모든 수모와 불이익, 그리고 생명의 위협까지도 감수하면서 예수님의 시신을 돌본 요셉의 행동은 무엇이었을까요? 진정한 용기를 가지고 예수님을 따랐던 요셉의 모습은 어디로부터 왔을까요?

성경은 그 답을 말합니다. '그도 역시 제자였더라.' 그는 부자로 존경받은 공회 의원이었고, 선하고 의로운 자였으며, 하나님의 나라를 기다리는 자였습니다. 그는 공의원들의 결의와 행위에 찬성하지 않았습니다. 이 말들은 우리에게 진실한 사람이 되도록 촉구합니다. 형식적인 신앙인이 아니라, 그리하여 이사야가 말한 대로 성전의 마당만 밟는 사람이 아니라, 하나님도 감당하기 힘들어하시는 사람이 아니라 자기의 모든 것을 잃을 것을 알고도 그 일을 하는 사람이었습니다. 형식적으로 아리마대 요셉은 예수를 따르지 아니하고 예루살렘 공회의원으로 살았습니다. 그는 공회 의원으로 예배를 드립니다. 다시 말하면 예수와 함께 예배드리지 않았습니다. 그러나 우리는 그를 참 제자라고 생각하게 되었습니다. 형식이 아닌, 그리고 말씀을 듣기만 하는 자가 아니라 끝에 가서는 참으로 말씀대로 삽니다.

마태복음은 아리마대 요셉을 부자라고 소개합니다. 부자는 하나님 나라에 들어가기 힘든 부류의 사람이라고 성경은 말합니다. 부자 청년의 경우에서 보듯이, 하늘나라를 소망하면서도 재물이 많아 근심하며 돌아갑니다. 아리마대 요셉이, 신약성경에서 부자가 예수를 위해 일하고 있는 유일한 경우가 아닌가 싶습니다. 예루살렘 공회 의원이라는 정치력을 가지는 자들에게 예수를 위해 경제력과 정치력을 사용할 수 있는 사례가 바로 주검을 처리해 줄 수 있는 경우입니다. 아리마대 요셉은 의로운 사람입니다. '의로운 사람'은 시체를 만져서는 안 되며 안식일을 범해서는 안 됩니다. 그럼에도 불구하고 그는 그 일을 합니다. 그런 의미에서 우리는 부자가 되어야 하고, 정치 권력을 가진 자가 되어야 합니다. 예수의 주검, 무덤은 우리의 모든 것을 요구합니다. 우리는 예수가 살아 있을 때 제자가 되어 따르고 섬겨야 합니다. 그러나 아리마대 요셉은 우리로 하여금 참 제자는 예수의 무덤과 시체와 주검을 섬기는 자가 되도록 말해 주고 있습니다.

4. 구레네 사람 시몬: 십자가를 억지로 진 사람

로마 병사들은 시몬이라는 구레네 사람에게 예수의 십자가를 억지로 지고 가게 합니다. 십자가는 억지로 지고 가는 것입니다. 물론 주님은 "무리와 제자들을 불러 이르시되 누구든지 나를 따라오려거든 자기를 부인하고 자기 십자가를 지고 나를 따를 것이니라"(막 8:34)고 말씀하셨지만, 십자가를 지고 주를 따른 제자는 아무도 없었습니다. 그러나 주님의 제자가 아니었지만 십자가를 지고 주를 따르다가 제자가 된 사람이 구레네 사람 시몬입니다.

'구레네'는 지금의 아프리카 리비아 수도인 트리폴리 지방인데 예루살렘에서 상당히 먼 곳입니다. 그 먼 곳에서 유월절을 지키기 위해 한 달 이상을 걸어서 예루살렘을 찾아온 사람으로 추측됩니다. 그는 분명 유대인이었을 것이고, 유대 신앙에 충실하여 유월절을 지키기 위해 멀리 떨어진 예루살렘을 방문했을 정도이면, 철저하게 유대 전통을 고수하는 자였을 것으로 추측할 수 있습니다. 그가 십자가를 지고 가시는 예수님을 보고 있다가 잡혀서 억지로 십자가를 졌지만, 그에게 십자가는 저주의 십자가가 아니라 은총의 십자가가 되었습니다.

구레네 사람 시몬을 통해 배우게 되는 십자가는, '억지로' 지고 가는 것이지 자원하여 기쁨으로 따라가는 것은 아닌 것 같습니다. 기쁨으로 자기 십자가를 지고 주를 따르는 사람은 제자 중에 아무도 없었으니까요! 그러나 억지로라도 십자가를 지고 주를 따르는 자는 분명 주의 사람이 됩니다. 억지로 십자가를 지고 제자가 되어 초대교회를 섬기는 이야기를 해보겠습니다.

첫째, 구레네 사람 시몬은 안디옥 교회의 설립자 중의 한 사람입니다. 안디옥 교회는 이방인 지역에 세워진 최초의 교회이자 바울과 바나바를 파송하여 최초로 세계 선교를 시작한 교회입니다.

> "그때에 스데반의 일로 일어난 환난으로 말미암아 흩어진 자들이 베니게와 구브로와 안디옥까지 이르러 유대인에게만 말씀을 전하는데 그중에 구브로와 구레네 몇 사람이 안디옥에 이르러 헬라인에게도 말하여 주 예수를 전파하니" (행 11:19-20).

'구레네 몇 사람'이 안디옥에 이르게 되었음을 알 수 있습니다. 그런데 "안디옥 교회에 선지자들과 교사들이 있으니 곧 바나바와 니게르[흑인]라 하는 시므온과 구레네 사람 루기오와 분봉왕 헤롯의 젖동생 마나엔과 및 사울이라"(행 13:1) 하였습니다.

여기서 구브로 사람 바나바와 니게르라 하는 시므온과 구레네 사람 루기오가 이 교회를 시작한 사람들인데, 그중 니게르(흑인)라 하는 시므온이 바로 구레네 시몬입니다. 구레네 사람 시몬은 십자가를 억지로 지고 간 사건 이후 기독교로 개종하여 예루살렘에 머물며 신앙생활을 하다가, 유대인의 박해(행 8:1-3)로 안디옥으로 가서 그곳에 안디옥 교회를 설립한 것으로 보입니다.

둘째, 그의 자녀들은 로마 교회의 중요한 일꾼이 되었습니다. "알렉산더와 루포의 아버지"(막 15:21)라고 소개한 것은 그의 아들들이 잘 알려진 사람이란 뜻입니다. 구레네 시몬이 로마 교회가 잘 알고 있는 알렉산더와 루포의 아버지란 것을 강조하기 위함입니다. 성경은 그를 두 아들, 알렉산더와 루포(롬 16:13)의 아버지인 구레네 사람 시몬(막 15:21)이라고 소개합니다. 알렉산더라는 이름은 성경에도 나오지만(행 19:33;

딤전 1:20) 흔한 이름이기 때문에 성경에 나온 이름으로 시몬의 아들이라고 단정할 수 없습니다. 그러나 루포가 시몬의 아들이라는 데는 일반적으로 공감하고 있습니다. 훗날 로마의 성도들에게 보낸 글, 마가복음이나 바울 서신에 루포의 이름이 기록되고 바울로부터 문안 받을 만한 인물이라면 신약교회에 크게 이바지한 사람으로 볼 수 있습니다. 아버지의 아름다운 헌신적인 믿음이 자녀들에게 이렇게 복이 된 것을 보여주고 있습니다. 자식 잘되기를 바라는 부모의 마음은 똑같습니다. 그 비결이 부모의 헌신과 섬김에 달렸는데, 루포의 아버지는 십자가를 지고 따랐기 때문입니다.

셋째, 로마서 16장 13절에 바울이 로마 교인들에게 문안할 때 "주 안에서 택하심을 입은 루포와 그 어머니에게 문안하라 그의 어머니는 곧 내 어머니니라"고 할 정도로 구레네 시몬의 아내까지 예수를 믿고 구원받은 가정이 되었습니다. 그 아들 루포도 좋은 바울의 협력자가 되어 복음을 전하였습니다. 구레네 시몬은 억지로 십자가를 졌지만 그로 인해 큰 구원의 은총이 그의 가정에 넘쳤습니다. 그의 아내는 바울의 믿음의 어머니가 되었습니다. 여기서 루포의 어머니는 곧 시몬의 아내로, 아마도 바울이 안디옥 교회에서 바나바와 함께 사역을 할 때 시몬의 가정으로부터 큰 은혜를 입은 것 같습니다. 그때 시몬의 아내에게서 받은 사랑을 기억하며 이런 인사를 남긴 것인데, 그녀는 바울 자신의 '영적 어머니'("그의 어머니는 곧 내 어머니니라")라고 했습니다.

5. 삶의 적용

1) 십자가를 율법의 저주에서 우리를 구원한 사건이라고 본 바울

바울이 되기 전의 사울은 예수의 십자가를 직접 본 적이 없습니다. 그러나 그는 '나무에 달린 자마다 저주 아래 있는 자'(신 21:23)라는 구약의 율법에 정통한 사람답게 십자가를 신명기 말씀을 통해 '저주'라고 읽습니다. 그러나 다메섹으로 가는 도중에서 빛이신 그리스도를 만난 후에, 눈에 '비늘 같은 것이 벗어져 다시 보게 됩니다'(행 9:18). 다시 말하면, 십자가를 다르게 볼 수 있는 눈을 가지게 된 것입니다. 그리하여 그는 "우리를 위하여 저주를 받은 바 되사 율법의 저주에서 우리를 속량하셨으니"(갈 3:13)라고 십자가를 어떻게 새롭게 보게 되었는지 밝힙니다.

예수님의 십자가 사건을 '저주'라고 보았던 신명기 말씀은 하나님의 말씀입니다. 그것이 잘못일 수 없습니다. 그러나 '우리를 위하여' 저주를 받은 것이라고 볼 수 있도록 만들어지지는 않았습니다. 그런 의미에서 그것은 율법의 저주입니다. 그러나 그러한 것에서 우리를 자유롭게 하려는 것으로 십자가를 볼 수 있게 하는 것, 곧 십자가를 이사야 53장을 따라 읽으면 '나를 위한' 대속의 죽음이라고 읽을 수 있게 됩니다.

바울은 십자가를 '나를 위한' 십자가로 보려면 그분을 만나야 한다는 자신의 경험을 말해 줍니다. 십자가를 지신 그분을 참으로 만나야 십자가를 다르게 볼 수 있는 눈을 가지게 된다는 것을 체험한 사람답게 소개합니다. 그것은 십자가를 신명기의 틀에서가 아니라 이사야의 눈으로 보는 것입니다. 이사야는 '우리를 속량하기' 위한 고난으로 보라고 명합니다.

십자가는 분명 저주입니다. 저주는 저주입니다. 저주를 누군가 풀어 주어야 하고, 우리는 저주에서 풀려나고 싶어 합니다. 저주해서도 안 되지만, 특히 어떤 사람의 죽음을 저주해서는 안 되지만, 이제 우리는 남의 죽음, 저주받은 죽음이라도 풀어 주는 사람이 되어야 합니다. 바울은 십자가에서 죽은 예수를 십자가가 주는 저주를 풀어 주는 분이라고 이해하게 되었다고 말합니다.

그러면 그가 그런 십자가의 죽음을 처음부터 그렇게 바라보았을까요? 아닙니다. 그도 그렇지 않았음을 여러 차례 말합니다. '교회를 잔멸할새 각 집에 들어가 남녀를 끌어다가 옥에 넘기던'(행 8:3) 사울이 그리고 '주의 제자들에 대하여 여전히 위협과 살기가 등등하던'(행 9:1) 사울이었던 그가 어떻게 십자가를 새롭게 볼 수 있게 되었는가요?

바울은 다메섹 도상에서 빛이신 그리스도를 만난 후 십자가를 완전히 다르게 이해하게 되었다고 증언합니다. 자기가 "율법으로는 바리새인이요 열심으로는 교회를 박해하고 율법의 의로는 흠이 없는 자"였지만, "그러나 무엇이든지 내게 유익하던 것을 내가 그리스도를 위하여 다 해로 여길 뿐더러"라고 고백했습니다(빌 3:5-7). 다시 말하면, 율법을 통해 그리스도를 바라보았을 때 예수는 하나님의 저주를 받은 자였습니다. 그러나 빛이신 그리스도를 만나고 나서는 율법이 예수님을 올바로 보지 못하게 만들고 있다는 것을 깨달았습니다. 그래서 오늘 우리가 읽는 갈라디아서 3장 13절 말씀에서 '율법의 저주'라는 말을 하게 되었습니다.

율법을 통해 예수를 보면, 나무에 달린 자마다 하나님의 저주 아래 있기 때문에 예수가 하나님의 저주를 받은 자입니다. 따라서 율법으로는 바울 자신이 의로운 자인 줄 알았는데 사실은 내게 문제가 있었으며, 예수님은 나의 죄를 구원하시기 위해 십자가에서 죽으셨다는 것을 알았다는 것입니다.

예수님에 대한 전혀 정반대의 이해가 가능할 수 있다는 것에 주목할 필요가 있습니다. 우리는 어떤 사람을 전혀 다르게 이해할 수 있습니다. 내가 보아 왔고 알아 왔던 방식과는 전혀 다르게 그 사람을 볼 수 있습니다. 어떻게 그것이 가능합니까? 바울은 예수님을 직접 만났기 때문입니다. 바울이 전에는 율법을 통해, 특히 신명기 말씀을 통해 예수를 평가했습니다. 신명기 말씀이 틀린 것은 아닙니다. 율법의 의로는 흠이 없던 자였던 바울로서는 율법을 통해 세상을 보고 신앙 걸음을 걷는 것이 옳은 일이었습니다. 그러나 율법을 다 지켜 행함으로써만 의로운 것은 아닙니다.

우리는 늘 자기 입장에서 타인을 평가합니다. 하나님의 말씀을 거부하는 일까지는 안 했으면 좋겠는데, 하나님의 말씀도 자기 멋대로 해석하고 받아들이고, 거부하기도 하고 따르기도 합니다.

구약 안에는 율법을 다 지켜 행함으로 의로워질 수 없으니, 의롭게 되는 방법으로 회개나 속죄제사가 있었습니다. 율법을 '행위'의 관점에서 보았지만 '의로운' 행위를 하는 자 곧 의로운 자는, 갈라디아서 3장 12절에 따르면, 믿음에서 나오지 행위를 통해서 본 율법에서 나오지 않는다는 것입니다. 다시 말하면, 잘못한 것을 회개하고 죄 사함을 위한 속죄제사를 드림으로 의롭게 되는 구약성경의 전통이 있었는데, 바울 자신은 이제 '믿음'이 아니라 '율법의 행위들'로 살아가는 자는 의롭게 되지 않는다는 것을 깨달았다는 이야기입니다. 그러므로 바울은 '어느 누구도 율법으로는 하나님 앞에서 의롭지 못하다'는 완전한 증거를 스스로 가지고 있는 것입니다.

이제 우리가 생각해 보아야 할 몇 가지 문제가 제기됩니다.

하나님은 '율법을 행하는 자는 그로 말미암아 살리라"(레 18:5)고 율법을 지켜 행하라고 명하셨습니다. 그래서 모세는 '율법의 행위를 하지 않는 자는 누구든지 저주를 받을 것'이라고 말했습니다.

> "이 율법의 말씀을 실행하지 아니하는 자는 저주를 받을 것이라 할 것이요" (신 27:26).

그런데 바울은 자신의 경험을 기초해 '율법의 행위를 하는 자는 누구든지 저주를 받을 것'이라고 말하고 있습니다. 누가 맞는 것인가요?

그리스도께서 율법 아래 있는 자들을 그 저주에서 구속하신 것은 그가 '그들을 위하여' 저주받은 바가 되셨기 때문입니다. 그리스도께서는 '우리를 위하여 저주가 되심으로써' 구속을 성취하였습니다. 이 진술은 구약의 희생제사의 배경에서 나온 것입니다. 그렇다면 본 절은 그리스도께서 우리의 위치에서 우리의 유익을 위하여 저주의 '대상'이 되셨다는 뜻이 됩니다. '위하여'라는 전치사의 의미 속에는 대속사상이 들어 있습니다. 저주가 우리 위에 임하지 않게 하기 위해 그리스도께서 스스로 우리를 대신하여 저주의 대상이 되신 것입니다. 그 결과 우리는 율법의 저주에서, 그리고 심지어 율법 자체로부터 놓임을 받았습니다. 그래서 바울은 '그리스도께서 율법의 마침이 되신다'고 선언할 수 있었습니다(롬 10:4; 갈 2:19-20). 예수 그리스도는 신자들 위에 임할 율법의 저주를 자신의 죽음으로 대신 담당하심으로써 그들을 율법의 저주가 작용하는 영역에서 영원히 해방시키셨습니다.

"그리스도께서 우리를 위하여 저주를 받은 바 되사 율법의 저주에서 우리를 속량하셨으니"(갈 3:13).

즉 예수님은 '나무에 달린 자'에게 선언된 저주를 스스로 받음으로써 그의 백성들이 하나님의 율법을 지키지 못하여 받게 되었던 저주를 제거하십니다. 결국 바울은 그리스도가 자신의 십자가상의 처형을 통하여 스스로 저주를 받음으로, 신명기 27장 26절에 언급된 저주로부터 믿는 자들을 구속하셨다고 주장합니다. 그리스도가 십자가 처형을 통해 저주받은 이유는 저주 아래 있는 자들을 구원하기 위한 목적 때문이었습니다.

'율법의 저주'의 대상과 '영의 약속'의 대상에 '우리'와 '그리스도'를 모두 포함시키고 있습니다. 우리가 율법의 저주의 대상이 될 수 있었는데 그리스도가 율법의 저주의 대상이 되셨다는 것입니다. 그리스도가 우리를 위하여 저주를 직접 받으심으로 우리를 영의 약속, 아브라함에게 약속하신 복을 받을 수 있는 대상이 되도록 하셨다는 것입니다.

2) 베드로는 '그리스도의 고난에 참여하는 것으로 즐거워해야 한다'(벧전 4:13)고 말합니다.

베드로는 예수님의 제자이지만, 십자가를 거부한 대표적인 제자였습니다. 그리하여 그는 사탄이라 지탄을 받기도 했습니다. 그리고 심문 당하시는 예수를 멀리서 숨어 지켜보면서, 당신도 그의 한 패라는 지적에 세 번이나 부정하다가, 세 번 닭 우는 소리를 듣고 통곡하며 회개한 사람입니다. 이렇듯 십자가는 싫지만 하늘나라에서는 큰 자리를 차지하고 싶다던 그가, 예수의 십자가보다 더 힘든 십자가를 거꾸로 지고 사형을 당했다고 전해지고 있습니다.

그에게 일어난 변화가 무엇이었을까요? 십자가를 거부하던 이가 어떻게 십자가를 거꾸로 지고 가는 유일한 제자가 되었을까요? 그는 베드로전서 2장에서 '그리스도의 고난'에 대한 이해를 말해 줍니다.

그도 바울처럼 '그리스도가 우리[너희]를 위해 고난을 받으셨다'(벧전 2:21)고 전합니다. "친히 나무에 달려 그 몸으로 우리 죄를 담당하셨다"(벧전 2:24)고 전하면서, 그는 예수가 친히 나무에 달려 우리 죄를 담당하신 이유를 24절에서 이렇게 말해 줍니다.

"이는 우리로 죄에 대하여 죽고 의에 대하여 살게 하려 하심이라 그가 채찍에 맞음으로 너희는 나음을 얻었나니"(벧전 2:24).

따라서 그는 십자가를 십자가에만 놔두지 말고 나의 것으로, 나를 구원하기 위한 것이기 때문에 나의 의미로 만들어야만 한다고 말합니다. 십자가의 예수를 십자가에만 두어서는 안 됩니다. 십자가의 예수는 나를 위해 고난을 받으셨기 때문에, 그가 채찍에 맞음으로 이제 나는 나음을 얻어야 합니다. 바울이 말했듯이, 자유자로 살아야 합니다.

바울이나 베드로가 말하는 나음이 무엇입니까? 예수님이 살아생전에 몸이 아픈 자들을 고치고 영혼의 상처를 치유해 주셨듯이, 십자가에서 나를 위해 죽으심으로 이제 내가 의롭게 살고 또한 육체의 질병에서 고침을 받아 나음을 입고 마음의 병을 치유받는 것입니다. 그러나 아직도 나는 의롭게 살지 못하고 있고 나음을 입지 못하고 있다면, 예수님은 저주를 받아 나와 무관하게 십자가에서 죄인으로 죽었을 뿐입니다. 그래서 베드로는 그리스도가 나를 위해 고난을 받으셨기 때문에, 나의 죄를 담당하고 죽으셨기 때문에, 이제는 죄에 대하여 죽고 의에 대하여 살아야 한다고 말합니다. 그리고 그가 채찍에 맞음으로 내가 나음을 얻었기 때문에, 이제는 그리스도의 고난에 동참하자고 제안합니다.

그는 부당하게 고난을 받더라도 하나님을 생각하여 참자고 제안합니다. 그가 그런 제안을 한 이유가 무엇이겠습니까? 제자라는 부르심을 받은 것이 '선을 행함으로 고난을 받고 참으라'(벧전 2:20)는 것으로 보게 된 이유는, 자신은 주님이 부당하게 고난을 받으신 것을 피해서 달아났지만 주님이 떠나시고 난 후 '자기를 부인하고 자기 십자가를 지고 나를 따르라'는 주님의 명령이 뼛속까지 스며들었기 때문입니다. 이 모든 일은 부활한 주님을 만나고 나서 가능했습니다.

우리가 살면서 주님처럼 살 수는 없습니다. 그분은 '죄를 범하지 아니하였고 그 입에 거짓도 없었으며, 욕을 당하시되 맞대어 욕하지 아니하셨고, 고난을 당하여도 위협하지 아니하였고, 오직 공의로 심판하시는 이에게 부탁하셨습니다'(벧전 2:22-23). 주님은 죄를 범하지 아니하셨지만 나는 나 자신도 싫어하는 죄를 많이 범합니다. 그분은 입술에 하나님의 말씀을 담았고 거짓이 없었으나 나는 내 입술에 하나님의 말씀도 담고 나를 위한 거짓도 담았습니다. 한 입으로 주를 찬송하기도 하며 거부하기도 했습니다. 주님은 욕을 당해도 맞대어 욕하지 않으셨지만 나는 그 사람이 욕하고 화나게 하는 것의 배를 갚아 주었습니다. 그분은 고난을 당하면 위협하지 아니하시고 심판하시는 이에게 부탁하셨지만 나는 내가 심판관이 되어 원수 갚고자 했고, 나에게 준 것의 배를 되갚아 주려고 위협했습니다.

어떻게 베드로가 이런 말을 할 수 있게 되었습니까? 성경은 주님의 사랑 때문이라고 말합니다. 넘어지면 다시 일으켜 세우고, 부정해도 회개하는 마음을 주시고, '주는 그리스도요 하나님의 아들'이라는 신앙고백을 하고도 사탄의 생각으로 넘어진 베드로에게 '자기를 부인하고 나를 따르라'고 끝까지 포기하지 않고 권유하셨기 때문입니다. 누가는 예수님이 베드로를 위해 기도해 주셨기 때문이라고 말합니다.

> "시몬아, 시몬아, 보라 사탄이 너희를 밀 까부르듯 하려고 요구하였으나 그러나 내가 너를 위하여 네 믿음이 떨어지지 않기를 기도하였노니 너는 돌이킨 후에 네 형제를 굳게 하라"(눅 22:31-32).

그래서 그는 마지막으로 우리에게 '그리스도의 고난'(벧전 4:13)에 참여하라고 말해 줍니다. 베드로는 바울에게서 더 나아가 우리에게 그리스도의 고난에 동참하라고 요구합니다. 그것은 자기가 그 고난에 참여하는 것이 자신을 더 기쁘게 만들었기 때문입니다. 고난을 피하고 싶어서 십자가를 거부했지만, 결국 어떤 연유로든 십자가를 전하는 일 때문에 고난을 받다 보니 예수의 십자가의 고난이 어떤 것인지 깨닫게 되었고, 따라서 십자가의 진정한 의미는 그리스도의 고난에 동참하는 데서 드러난다고 권면하기까지 이르렀습니다. 그러므로 그리스도의 고난에 동참하는 우리 모두가 됩시다.

베드로가 십자가에 대해 생각했던 것은 사탄의 생각일 뿐이었습니다. 또한 그는 "주여 내가 주와 함께 옥에도, 죽는 데에도 가기를 각오하였나이다"(눅 22:33)라고 말했지만, 예수님은 "베드로야……오늘 닭 울기 전에 네가 세 번 나를 모른다고 부인하리라"(눅 22:34)고 말씀하셨습니다. 베드로의 각오 때문이 아니라 주님의 베드로를 위한 기도 때문에, 결국 베드로는 십자가의 고난에 동참하게 되었습니다.

우리 모두는 우리의 각오 때문에 십자가에 동참하는 것이 아님을 베드로를 통해 배웁니다. 베드로가 자신의 경험을 통해 말해 주고 있습니다. 그분의 기도가, 그분의 십자가 사랑이 우리를 '그리스도의 고난'에 동참하도록 이끕니다. 바울도 십자가의 사랑이 나를 구원했다고 이렇게 말합니다.

"나를 사랑하사 나를 위하여 자기 자신을 버리신"(갈 2:20).

우리 모두 이제 그분의 기도를, 그리고 그분의 십자가의 사랑을 거부하는 사람처럼 살지 말고 나음을 입은 자로 살고, 또한 죄에 대하여는 죽은 자로, 그러나 의를 행하다가 고난을 당하더라도 참고 사는 성도가 됩시다.

결론입니다.

우리는 십자가를 어떻게 보고 있고 어떻다고 생각하고 있습니까? 성경은 그것을 저주라고 가르치지 않습니다. '십자가'라는 어떤 사건이 있었습니다. 그 사건의 의미를 성경은 '그는 실로 우리의 질고를 지고 우리의 슬픔을 당했다'고 보고합니다. 그 사건의 의미를 어떻게 생각하느냐에 따라 그것이 나를 위한 또는 우리를 위한 십자가라고 바라보게 됩니다.

예수의 십자가를 직접 본 사람들의 십자가에 달리신 예수에 대한 여러 생각들이 나타나 있습니다. 구경하는 사람으로부터 가슴을 치며 우는 사람, 저주하는 사람, 모욕하는 사람, 비웃는 사람 등 여러 가지 모습들이 소개되고 있습니다. 반대로 그 십자가에서 주님과 함께 낙원에 이른 자도 있습니다. 그리고 그 모든 과정을 지켜본 백부장은 '이 사람은 참으로 의인이었다'고 고백합니다.

하나님의 나라를 기다리던 아리마대 요셉은 예수님의 시체를 가져가며 죽은 예수님을 돌봅니다. 그 일로 그는 지금까지 그가 쌓아올린 모든 것을 잃고 맙니다. 예수님의 시체 때문에 그는 모든 세상의 것을 잃습니다. 그러나 그 행위가 예수님을 진실로 사랑하고 믿고 있음을 증명했습니다. 구레네 사람 시몬이라는 사람은 십자가를 억지로 지고 갑니다. 십자가는 억지로 지고 가는 것임을 예수는 제자들에게 가르치셨습니다. "자기 십자가를 지고 나를 따를 것이라"는 가르침을 그대로 실행한 사람입니다. 바울은 십자가를, 율법의 저주에서 우리를 구원하신 사건이라고 봅니다. 베드로는 우리가 '그리스도의 고난에 참여하는 것으로 즐거워해야 한다'고 십자가를 바라보는 태도를 전합니다.

오늘 우리는 십자가를 어떻게 생각하고 있는지 물었습니다. 성경의 가르침을 따라, 특별히 하나님의 뜻이 담긴 십자가가 무엇인지 배웠습니다. 예수님의 죽음을 통해 '나를 위한' 십자가로 만드시는 하나님의 사랑을 읽어야 합니다. 억지로 지는 십자가를 통해 구원이 일어나고 그리스도의 고난에 참여하는 자가 되는 것임을 확인하게 되었습니다.

하나님의 사랑하는 아들의 죽음인 십자가

요한복음 3:16-17; 요한일서 4:7-11

○●● 교회에 다니는 사람이라면 사순절 기간에는 몸가짐을 달리합니다. 평상시에는 성경을 읽지 않더라도, 고난의 주님을 말하는 성경은 읽고 기도해야 합니다. 그리고 내가 그리스도인인데 이렇게 살아도 되는가 되묻고 회개해야 합니다.

사도 요한은 십자가를 하나님의 사랑이라 읽습니다. 십자가를 저주를 풀어 준 구원 행위라고 읽을 수도 있고(바울), 십자가를 버리고 떠났지만 그것은 제자의 자세가 아니므로 십자가를 지고 나를 따르라는 주님의 명령을 따라 십자가의 고난에 동참해야 한다는 요청(베드로)도 이해가 됩니다. 그런데 어떤 근거로, 그리고 무슨 이유 때문에 사도 요한은 십자가를 하나님의 사랑으로 읽어야 한다고 말할까요?

오늘의 설교 제목은 "하나님의 사랑하는 아들의 죽음인 십자가"입니다. 이 제목에는 역설이 포함되어 있습니다. 사랑하기 때문에 아들을 죽이는 하나님을 우리는 어떻게 받아들여야 합니까? 기독교, 특히 사랑을 말하는 요한 공동체의 하나님 아버지와 아들 예수의 사랑이란 어떤 의미를 가지는 것일까요?

요한 서신의 본래적인 의미를 잘 이해하려면, 그가 다음 두 가지를 말하고자 한다는 것을 꼭 알아야만 합니다. 먼저, 예수가 그리스도라는 것, 하나님의 아들이 실제로 사람이 되고 죄를 위하여 속죄제물로 죽으셨다는 것을 믿는 사람만이 참으로 하나님과 친교를 누린다는 것 (요일 2:23, 4:2, 15, 5:1, 5)과 하나님과의 친교는 교회의 형제자매들에 대한 구체적 사랑에서 입증되어야 한다는 것(요일 1:6-7, 2:4-5, 9-11)입니다. 오늘 우리가 읽은 요한일서 4장 7절 이하가 그 내용을 설명하고 있습니다.

설교의 목적은 십자가는 하나님의 사랑하는 아들의 죽음의 장소이기 때문에 우리는 예수의 십자가를 하나님의 사랑으로 읽어야 함을 밝히는 것입니다. 십자가를 저주요 속죄제물로도 읽어야 하지만, 필요에 따라서는 하나님의 사랑을 발견해야 합니다.

1. 사랑은 하나님을 아는 힘입니다(7절)

'아는 것이 힘'인 시대입니다. 오늘 우리가 읽은 성경 말씀처럼, 아버지가 내 안에, 내가 아버지 안에 있음으로 알 수 있는 지식이 있습니다. 거짓으로 잘못 알고도 안다고 착각하여 신앙생활 하는 사람을 향하여 주님은 "내가 너희를 도무지 알지 못하니 불법을 행하는 자들아 내게서 떠나가라"(마 7:23)고 하십니다. 이때 '안다'라는 단어가 원어로 'ginosko'인데 히브리어로 yada를 옮긴 것으로 "아담이 그의 아내 하와와 동침하매"(창 4:1)에도 yada가 쓰였습니다. 그래서 옛날 성경은 '동침하매' 대신에 '알게 되매'라고 번역했습니다. 손을 뜻하는 히브리어 '야드'(yod)는 '야다'와 어원이 같으며 '손으로 만지다'라는 뜻을 가지고 있어서 결국 성적인 접촉을 통해 아는 것을 말합니다.

창세기 4장 1절에 사용된 '알게 되다' 또는 '동침하매'라는 yada는 에덴 동산에서 쫓겨난 후 아담과 하와 부부 사이의 사랑을 뜻하는 것으로, 결국 임신하여 가인을 낳고 그것을 하나님 때문이라고 적고 있습니다. 아담과 하와는 서로에게 책임을 전가하며 부부 사이가 갈라졌습니다. 그러나 하나님 때문에, 즉 하나님은 부부의 관계를 회복시켜 사랑의 결실을 맺게 하십니다. '아는 것'은 곧 사랑은 하나님이 하신 일로, 그 결과는 부부의 관계 회복만이 아니라, 사랑의 결실도 맺게 됩니다. 우리도 하나님을 올바로 알아서 하나님의 지식이 우리에게 주는 화해와 결실을 가져야 합니다.

그래서 사도 요한은 요한일서 4장 7절에서 "사랑하는 자들아 우리가 서로 사랑하자"고 제안합니다. 사랑하지 아니하는 자는 하나님을 알지 못합니다(8절). 하나님은 사랑이시기 때문에 사랑하지 않는 자는 하나님을 모르는 것입니다. 어거스틴은, 하나님을 진정으로 알고자 하면 하나님이 사랑이시라는 것을 알아야만 한다고 말합니다. 보이지 않는 하나님의 마음을 진정으로 알려면, 사랑하는 마음이 아니고는 불가능하다고 했습니다. 나보다 나를 더 사랑해서 내 마음의 깊은 곳에 계시는 하나님을 만나야 하나님과의 참 관계가 회복됩니다.

어거스틴의 도움을 받자면, 사랑이란 우리의 영혼을 움직이게 하는 힘입니다. 사랑의 힘은 죽음을 이기는 데서 나타납니다. 솔로몬은 '사랑은 죽음보다 강하다'(아 8:6)고 했습니다. 사실 죽음이 강하여 모든 사람을 이깁니다. 즉 누구나 죽습니다. 그러나 참사랑의 불은 누구도 끌 수 없습니다(아 8:7). 자기의 목숨을 내놓으면서까지 생명을 구원하고자 합니다. 어거스틴은 하나님의 이러한 사랑의 속성을 《고백록》에서 물체를 끌어당기는 힘으로 풀이합니다.

> 당신의 은혜 안에 우리는 안식하는 것, 거기 당신을 누리는 것, 우리 안식이 바로 우리 자리인 것, 사랑이 우리를 그리로 당기고, 좋으신 당신의 성령은 죽음의 문으로부터 우리 비천함을 들어올리십니다.《고백록》, 13.9.9)

근대에 뉴턴이 주장한 만유인력의 법칙처럼 "물체들이 중력에 이끌려가는 목표는 다름이 아니라, 영혼들이 사랑으로 도달코자 향하는 바로 그 목표입니다"(《서간집》, 55.10.18). 어거스틴은 계속하여 사랑을 '무게'라는 개념으로 풀어 줍니다.

우리의 평화는 선한 의지 안에 있습니다. 물체는 제 무게에 의해서 제 본래의 자리로 향합니다. 무게는 반드시 아래로 향하지 않고 본래의 자리로 갑니다. 불은 위로 돌은 아래로 향하는데, 제 무게에 의해 이끌리고 자기 자리로 가는 것입니다. 물속에 부어진 기름은 물 위로 떠오르고 기름 위에 부어진 물은 기름 아래로 가라앉는데, 제 무게에 의해 이끌리고 자기 자리로 가는 것입니다. 만일 자기 자리가 없다면 존재는 쉬지 않고, 자기 자리에 놓이게 되면 안식을 취합니다. 저의 무게는 곧 저의 사랑입니다. 당신은 나를 이끄시는 곳으로 나를 데려가시는 분이십니다. 당신의 은총은 우리를 타오르게 하고 위로 인도하시며 우리를 불살라 우리를 용서하십니다.(《고백록》, 13.9.10)

2. 하나님의 사랑은 우리를 살리려는 목적을 가지고 있습니다(9절)

우리가 명확하게 알아야 하는 개념 중에 '하나님은 사랑이시라'는 행동하시는 하나님이심을 나타냅니다. 9절에서 보듯이, 하나님의 사랑이 우리에게 이렇게 나타난 바 되었기 때문입니다. 하나님의 사랑(agape)은 자기 포기, 자기 희생으로 행동합니다. 하나님의 사랑이 그리스도를 통해 우리에게 나타나고, 우리는 서로 사랑하여 우리의 사랑이 하나님께로 돌아갑니다. '하나님이 성령으로 그의 사랑을 우리 마음속에 쏟아 부으셨기'(롬 5:5) 때문에 '우리 안에' 또는 '우리 가운데' 나타나게 되었습니다. 예수님을 보내신 하나님의 행동은 사랑을 표현하는 방법이며, 그 목적은 하나님의 구원하시는 행동, 즉 "그로 말미암아 우리를 살리려 하심이라"(요일 4:9)로 구체화되고 있습니다.

사랑은 움직임입니다. 하나님은 그냥 존재하시는 분이 아니라, 사랑으로 우리에게 다가오시고 지금도 사랑으로 역사하고 행동하시는 분입니다. 우리가 살아 계시는 하나님을 만나려면, 그런 의미에서 십자가에 다가서야 합니다. 하나님을 성경 속에만 계시는 분으로 놔두지 말고 내 안으로 들어오시게 만들려면, 나를 살리려는 하나님의 사랑인 십자가를 내가 져야 합니다. 하나님은 십자가를 통해 하나님이 사랑이심을 드러내셨습니다. 그때의 사랑이란, "우리를 살리려 하심이라"(9절), 곧 '나를 살리려고' 자신의 아들을 십자가에서 죽게 하십니다.

'나'는 오늘 십자가를 나와 무관한 사건으로 성경 안에만 가두어 두어서는 안 되고, '나를 구원하기 위한' 하나님의 사랑으로 깨달아야 합니다. 행동하시는 하나님, 십자가에서 사랑을 보이시는 하나님을 우리는 믿어야 합니다. 하늘에만 계시는 하나님이 아니라, 나를 구원하시기 위해 역사 속에 오시고 십자가에 아들의 죽음을 허락하시는 고난의 하나님을 믿어야 합니다.

3. 속죄제물로 오신 독생자는 하나님이 사랑이시라는 근거가 됩니다(10절)

하나님이 자기의 독생자를 속죄제물로 세상에 보내셨다는 사실은 하나님이 사랑이시라는 사실의 근거가 됩니다. 하나님은 십자가를 통해 아들 예수가 하나님 자신의 아들임을 명확하게 밝히셨습니다. 그러나 앞에서도 말했듯이, 유교의 사상은 기독교가 말하는 하나님 아버지의 사랑을 모릅니다. 기독교는 하나님 아버지와 아들 사이의 사랑을 어떻게 표현하고 있나요? 하나님의 아들이신 그리스도는 세상의 죄를 자신 안에 받아들여 '죄 자체'가 되시고(고후 5:21), 스스로 수용한 그 죄 때문에 아버지께 심판 받으며 십자가 위에서 죽음을 맞으십니다. '죄 자체'가 되신 까닭이 아버지께 대한 사랑 가득한 순종에 있기 때문에, 십자가는 죄를 향한 아버지의 분노와 하나님과 인간에 대한 아들의 사랑이 만나는 자리가 되고, 바로 여기서 세상의 죄에 대한 아버지의 용서가 발생합니다. 그리스도의 죽음은 대리 속죄의 사건이며, 이를 통해 인류는 죄로부터 해방되고 삼위일체 하나님 생명의 자유에 참여할 수 있게 됩니다.

십자가 사건은 삼위일체 하나님의 사랑이 계시되고 전달되는 구원의 사건입니다. 삼위일체 하나님이라는 말은 십자가에 달려 죽는 예수가 아버지 하나님의 뜻을 깨달아, 그것이 죽음일지라도 받아들여 죽기까지 순종하여 자기를 비움으로 인간을 구원하기 위한 대속의 죽음이 된다는 것입니다.

자기 비움(kenosis, 빌 2:7)이란 '십자가에 죽으심'(빌 2:8)을 말합니다. 그것은 그리스도 예수의 마음으로 "사람의 모양으로 나타나사 자기를 낮추시고 죽기까지 복종하심"(빌 2:8)을 뜻합니다. 그리스도 예수께서 자신을 비워(heauton ekenosen) 종의 형체를 가져 사람들과 같이 되셨기 때문에 영광을 입게 되었습니다(exaltatio). 사람이 되신 예수님이 아들로서의 사역을 전하다가 십자가의 죽음을 택하십니다.

십자가에서 하나님이 하신 일이 무엇입니까?

"하나님이 죄를 알지도 못하신 이를 우리를 대신하여 죄로 삼으신 것은 우리로 하여금 그 안에서 하나님의 의가 되게 하려 하심이라"(고후 5:21).

그러면 예수 그리스도가 하신 일은요?

"내가 하나님의 뜻을 행하러 왔나이다 하셨으니 그 첫째 것을 폐하심은 둘째 것을 세우려 하심이라 이 뜻을 따라 예수 그리스도의 몸을 단번에 드리심으로 말미암아 우리가 거룩함을 얻었노라"(히 10:9-10).

그래서 바울은 "그리스도께서 우리를 위하여 저주를 받은 바 되사 율법의 저주에서 우리를 속량하셨으니 기록된 바 나무에 달린 자마다 저주 아래에 있는 자라 하였음이라"(갈 3:13)고 말했습니다.

4. 우리가 서로 사랑하는 것이 마땅합니다(11절)

하나님께서 이렇게 우리를 사랑하셨으니, 우리가 서로 사랑해야 합니다. "서로 사랑하는 것이 마땅하도다"(요일 4:11)라는 말은 '서로 사랑하는 것을 빚지고 있다' 혹은 '우리는 서로 사랑해야 한다'를 뜻합니다. 우리가 서로 사랑하면, 하나님이 우리 안에 거하시고 그의 사랑이 우리 안에 온전히 이루어집니다. 하나님의 사랑은 형제 사랑으로 완성됩니다. 예수님은 우리에게 "서로 사랑하라"(요 13:34-35, 15:12, 17)고 명하십니다. 바울도 우리에게 "그리스도께서 너희를 사랑하신 것같이 너희도 사랑 가운데서 행하라"(엡 5:2)고 명합니다. '서로'란 '안에 거하다'를 뜻하는데, 이것처럼 '관계'가 서로 좋을 때 가능한 일이 없습니다.

우리가 서로 사랑하는 한 하나님은 우리 안에 거하시고, 그의 사랑이 우리 안에서 계속해서 온전하게 됩니다. 왜냐하면 하나님의 사랑은 우리가 서로 사랑하는 만큼 우리 안에서 온전해지거나 완성되기 때문입니다. '서로 사랑하는' 이유가 우리에게 필요합니다. 그러나 성경은 사랑의 이유보다 사랑의 의무, 곧 '마땅하니라'를 요구합니다. "네 이웃을 네 자신과 같이 사랑하라"는 주님의 요구는 명령이고 의무입니다. 물론 주님은 우리에게 '원수도 사랑하라'고 요구하십니다. 여기서 넘어지지 말고, 우리 안에 있는 하나님의 사랑을 이웃에게, 그리고 원수에게까지 전해야 합니다.

사랑의 힘은 아는 것입니다. 하나님이 어떤 분이신지, 그리스도가 어떤 분이신지 알게 합니다. 그 지식은 우리로 하여금 구원받은 존재라는 것에 감사하게 합니다. 그리하여 서로 사랑하는 것이 마땅하다고 다짐하게 합니다. '서로 사랑하라'는 실천 명령을 받고 돌아갑니다.

5. 삶의 적용

1) 하나님이 아니라 세상을 사랑하는 것이란?

아들인 예수의 죽음을 통해 하나님의 사랑을 받은 자는 형제를 사랑하는 속에서 하나님의 사랑을 받았음을 드러내야 하며, 이런 사랑의 질서와 내용은 세상의 것이 아닙니다. 교회는 하나님의 사랑이 살아있는 처소가 되어야 합니다. 하나님을 사랑하는 일은 형제를 사랑하는 것 속에서 증명되어야 하고, 형제를 사랑하는 것은 그의 계명을 지키는 것이라는 독특성을 가집니다. 예수님이 부여하신 새 계명에 따르면, "서로 사랑하라 내가 너희를 사랑한 것같이 너희도 서로 사랑하라"(요 13:34) 하셨기 때문에 그때에야 하나님으로부터 시작된 '사랑이 온전해지기' 시작합니다. '하나님의 온전한 사랑'(요일 2:5)을 이루기 위해서는 형제를 서로 사랑해야 합니다. 그것은 결코 세상을 사랑하는 것과 병행될 수 없습니다.

요한은 하나님을 사랑하면서 세상을 사랑하는 것이 불가능하다고 보았습니다. 물론 하나님은 세상을 사랑하사 독생자를 주시고 구원하기를 원하십니다. 이 세상에는 이 세상의 것만이 아니라 하나님의 것이 침투해 들어와 있습니다. 다시 말하면, 세상은 하나님의 사랑이 드러나는 처소입니다. 하나님의 사랑은 세상에 나타나야 합니다. 이 세상에 아들 예수가 사람의 몸을 입고 나타난 것이 바로 그 증거입니다. 그래서 요한복음 3장 16절은 "하나님이 세상을 이처럼 사랑하사 독생자를 주셨다"고 말합니다. 하나님의 사랑은 우리를 살리려고 나타내신 바 되었습니다. 그래서 제자들은 하나님의 사랑을 내 눈으로 보았고 손으로 만진 바 되었다고 증언합니다.

이제 그 아들 예수를 그리스도로 믿어야만 하나님의 사랑이 꽃피기 시작합니다. 다시 말하면, 독생자를 주신 이유, 곧 멸망하지 않고 영생인 하나님의 나라에 들어가는 일이 일어나야 합니다. 이것이 하나님께서 우리를 향해 마련하신 구원 섭리이기 때문입니다.

하나님의 사랑이 내 안에 있는지 확인할 수 있는 길이 있습니다. 세상을 사랑하면 하나님의 사랑이 그 안에 있을 수 없습니다. 이 세상에 있는 모든 것이 다 하나님으로부터 온 것이 아닙니다. 세상에 있던 것입니다. 특히 세 가지는 사랑의 아버지로부터 온 것이 아닙니다. 그것은 바로 "육신의 정욕과 안목의 정욕과 이생의 자랑"(요일 2:16)입니다. 이것들은 하나님이 아니라 세상을 사랑하는 소치입니다.

성령 하나님은 사랑의 하나님으로, 하나님께로 이끌려 가는 마음의 움직임, 구원으로 이끄시는 강한 끌어당김으로 이해하면 좋겠습니다. 하나님께로 마음이 이끌려 가는 것이 아닌 세상 또는 세상의 것으로 마음을 빼앗기면 그 속에 아버지의 사랑은 없는 것입니다.

> "이 세상이나 세상에 있는 것들을 사랑하지 말라 누구든지 세상을 사랑하면 아버지의 사랑이 그 안에 있지 아니하니"(요일 2:15).

세상에 대한 사랑을 "육신의 정욕과 안목의 정욕과 이생의 자랑"(요일 2:16)으로 요약해 줍니다.

(1) 육신의 정욕

몸이 요구하는 대로 사는 것을 말합니다. 영으로 거듭나지 아니한 인간의 모든 욕망을 의미하는 것으로 이해해야 합니다. 그러면 어떻게 육신의 정욕을 정화할 수 있을까요? 이것은 사실 예수님께서 받으신 시험의 첫 번째 항목과 같은 것입니다. 금식하면서 시험을 받으셨기 때문에 빵을 떡이 되게 해보라는 시험과 마찬가지지만, 예수님처럼 '사람이 떡으로만 살 것이 아니요 하나님의 입에서 나오는 모든 말씀으로 살아야 합니다.' 또한 육신의 정욕은 인간의 죄와 악한 본성에서 나온 성욕을 뜻합니다.

(2) 안목의 정욕

눈으로 짓는 죄를 뜻합니다. 그리스도인은 하나님과의 관계 속에 있을 때에는 하나님이 주신 것으로 만족하고, 주신 하나님을 보니까 좋아합니다. 그런데 눈이 하나님보다 사람을, 그리고 세상을 보자마자 다른 사람이 가진 재물과 자신의 것을 비교하기 시작하고, 그러다 보니 나의 재물이 작아 보이고 남의 것이 탐이 납니다.

눈으로 짓는 죄를 '시기'라 하고, 셰익스피어는 '녹색 눈의 괴수'라 불렀고, 중세부터 교회는 죽음에 이르는 일곱 가지 죄 중의 하나이며 가장 야비하고 더럽고 잔인한 죄라 봤습니다. 시기 죄가 불러온 비극을 성경은 여러 실례로 소개합니다. 요셉이 꿈속에서 하나님의 계시를 봅니다. 꿈 때문이 아니라 꿈의 내용 때문에 '절하더라'는 말을 들은 '형들이 시기합니다'(창 37:11). 형제간의 갈등이 적나라하게 폭로되고 있습니다. 시기는 형제 사이를 갈라놓습니다. 하나님의 계시를 바로 읽지 못하게 합니다.

사무엘상 18장에 사울이 다윗을 시기하는 장면이 소개되고 있습니다. 다윗이 블레셋을 물리치고 돌아오는데, 여인들이 "사울이 죽인 자는 천천이요 다윗은 만만이로다"(삼상 18:7) 하면서 뛰놀며 노래합니다. 사울이 그 말에 불쾌하여 심히 노합니다. 그날 후로 사울이 다윗을 "주목하였더라"(삼상 18:9)고 번역되어 있지만, 이 '주목'에 해당하는 히브리어 '아인'은 눈을 의미하는 단어입니다. 따라서 '주목'이란 시기하는 눈으로 바라보는 것을 뜻합니다. 솔로몬은 사람이 시체가 되더라도 뼈가 썩지 않는다는 사실을 알면서도 "시기는 뼈를 썩게 하느니라"(잠 14:30)고 표현했습니다.

'시기' 때문에 짓는 죄가 얼마나 무서운 것인지 배워야 합니다. 시기는 다툼과 분쟁을 가져올 뿐만 아니라 죽음을 가져옵니다. 빌라도는 대제사장들이 시기로 예수를 넘겨준 줄 압니다(막 15:10). 시기 때문에 교회가 무너지고, 시기 때문에 진리인 예수가 죽음에 이릅니다. 야고보는 "마음속에 독한 시기와 다툼"(약 3:14)은 "땅 위의 것이요 정욕의 것이요 귀신의 것이라"(약 3:15) 하면서 "시기와 다툼이 있는 곳에는 혼란과 모든 악한 일이 있기"(약 3:16) 때문에, 시기와 다툼 같은 죄악을 이기기 위해서는 위로부터 오는 지혜 곧 성령의 은사를 받아야만 극복 가능하다고 말합니다.

안목의 정욕에서 벗어날 수 있는 길은 하나님만 바라보는 것입니다. 다시 말하면, 하나님은 우리가 바라봐야 할 대상입니다.

(3) 이생의 자랑

인간의 명예욕이나 교만을 뜻합니다. 인간 스스로 자랑하기를 열망하고, 하나님이 아닌 스스로 부유하고 권력이 막강한 인간으로 남으려는 욕망을 나타내는 것을 뜻합니다. 어떻게 이생의 자랑의 욕망에서 벗어날 수 있습니까? 높아지고자 하는 욕망, 명예욕을 어떻게 극복할 수 있을까요? 다른 길이 없습니다. 오직 하나님만 경배해야 합니다.

2) 죽음보다 강한 사랑

김성일 작가는 《사랑은 죽음같이 강하고》(홍성사, 1989)라는, 아가 8장 6절을 제목으로 한 소설을 출간합니다. 어린 딸에게 닥쳐온 위기와 가족의 수난, 아내의 위암 선고 앞에서 오래전에 떠났던 하나님과의 단독 대좌를 결심하게 됩니다. 그 만남에서 뜻밖에 마주치게 된 하나님의 뜨거운 사랑 이야기를 담고 있습니다.

> 그분이 나를 위하여 자신을 주셨으므로 나도 그분에게 자기를 드리는 것이다. 그분이 나를 위하여 노심초사하셨듯이 나도 이제는 그분의 마음을 체험하기 위하여 그분을 따라야 하는 것이다. 그분이 자기를 필요로 하는 사람들 곁에 계셨듯이 나도 또한 나를 필요로 하는 사람들 곁에 있어야 하는 것이다. 그것은 때로 힘들고 외로운 선택이지만 그분이 함께하시면 어느새 그 일은 신나는 동행으로 바뀌게 된다.
> 또 그분은 언제나 새롭고 놀라운 사건들을 준비하시고, 무섭고 떨리는 모험을 요구하시기도 한다. 그러나 이제는 그분이 우리와 동행하시므로 그 어떤 상황에 부딪치더라도 우리가 처음에 당했던 그때처럼 공포에 떨지는 않을 것이다. 하나님께서 무엇을 준비하시든 그것은 우리의 더 좋은 일을 위해서라는 것을 믿으며, 그분께서 우리를 눈동자같이 보호하고 계신다는 것을 알았기 때문이다.(246쪽)

유교의 전통을 중시하던 조선시대에 기독교가 우리나라에 처음 전파될 때에, 조상을 모시지 않는 종교라는 이유로 어려움을 당했습니다. 기독교가 중국에 전파될 때에 중국이 기독교를 거부한 이유 중 하나가, 기독교는 상놈의 종교라는 이유 때문이었습니다. 아버지가 아들을 죽게 놔두었다는 것인데, 유교가 말하는 부모님 사랑과 기독교 사랑이 매우 달라 이해하지 못했던 것입니다.

결론입니다.

하나님은 십자가를 사랑하는 아들의 죽음이라 보십니다. 이때 '사랑한다'는 말은 하나님을 바로 아는 힘입니다. 하나님은 우리를 살리려는 목적을 가지고 계십니다. 그것은 하나님이 사랑이시기 때문입니다. 우리는 하나님이 자기의 독생자를 속죄제물로 세상에 보내셨다는 사실에 근거해 하나님의 사랑을 말해야 합니다.

하나님의 사랑을 받았으니 이제 우리가 서로 사랑하는 것이 마땅합니다. 하나님의 사랑을 깨닫는 자는 이웃을 사랑하게 됩니다. 하나님을 사랑하면서 세상도 동시에 사랑하는 것은 잘못된 것입니다. 세상을 사랑하는 것이란 육신의 정욕과 안목의 정욕, 그리고 이생의 자랑입니다. 우리는 참으로 세상이 아니라 하나님을 사랑하고 있습니까? 죽음보다 강한 것이 바로 사랑입니다.

그리스도인이 받는 고난

요한복음 17:20-26; 베드로전서 4:12-19

○●● 고난을 좋아하는 그리스도인은 없습니다. 그러나 그리스도인은 고난 속에서 하나님을 만나게 됩니다. 출애굽한 이스라엘 백성을 통해 배울 수 있듯이, 광야 학교는 하나님의 약속된 땅에 들어가기 위해 통과해야 합니다. 아브라함의 경우도, 약속으로 받은 후손인 이삭을 바치도록 시험 받은 후에, '이제야 하나님을 경외하는 줄을 알았다'고 하나님으로부터 합격 소식을 듣습니다. 우리는 욥의 고난을 통해 '신정론'이라는 어려운 난제에 접근하는 법을 배우게 됩니다. 고난은 분명 죄에 대한 하나님의 징벌이기도 하기 때문입니다.

그렇지만 그리스도인이 예수 믿는 일로, 즉 선을 행함으로 받는 고난이 있다는 것을 잘 압니다. 하나님의 뜻으로 말미암은 고난은 그리스도인에게 행복을 가져다줍니다. 특히나 하나님께서 연단하려고 주시는 불 시험 같은 고난이 필요합니다. 그래서 그리스도인은 고난받는 것을 기뻐해야 한다고 가르칩니다.

우리는 그리스도 예수의 고난을 통해서야 하나님이 일하시는 방식을 바르게 배우게 됩니다. 하나님은 십자가의 고난 속에서 예수와 한 분이심을 나타내 보이셨기 때문입니다.

설교의 목적은, 성경이 제시하는 고난 대처법과 고난의 필요성을 잘 배워 고난을 통해 성숙해 가는 그리스도인이 되기를 소원하는 것입니다.

그리스도인으로 받는 고난 때문에 하나님께 영광을 돌리기를 원합니다.

1. '고난'이란 무엇인가?

고난을 좋아할 사람은 없습니다. 성경은 욥을 통해 '의인의 고난'도 소개하지만, 욥도 자신의 고난을 이해하지 못하여 하나님을 대면하여 따지고자 했습니다. 그러나 일반적으로 '고난' 하면, 구약처럼 죄에 대한 하나님의 심판 혹은 징벌(삿 2:2-4)로 이해했고, 이런 이해는 신약 시대에도 계속되어 바울도 "악을 행하는 각 사람의 영에는 환난과 곤고가 있으리니"(롬 2:9)라고 말하고 있습니다. 따라서 고난의 출처를 명확하게 아는 것이 필요하게 되었습니다.

욥의 경우 하나님을 잘 믿는다는 이유로 고난을 받습니다. 사탄은 욥이 까닭 없이 하나님을 잘 믿는 것이 아니라며, 복을 주시니까 잘 믿는 것이니 시험해 보자 청합니다. 고난을 받는 연유가 많은 것을 생각하게 만듭니다. 요셉의 경우는 하나님께서 꿈속에서 계시하신 것 때문에 미움을 받아 고난을 당합니다. 그러나 그는 결국에 하나님께서 생명을 살리기 위해 그곳에 자신을 보내셨다고 말합니다. 생명을 살리기 위한 고난이 있습니다.

우리는 '고난' 하면 출애굽한 이스라엘 백성들의 고난을 제일 먼저 떠올립니다. 예배하기 위해서 출애굽한 이스라엘 백성입니다. 예배 때문이라면 고난도 행복한 고난이 되어야 합니다. 그러나 그들은 삶이 주는 고통에 힘겨워합니다. 예배 잘 드리는 것과 삶의 고통은 때때로 따로 놀기도 합니다. 오늘날도 가족 중에 예수를 믿지 않는 사람의 핍박 때문에 예배드리러 교회 나오는 것이 너무 힘든 사람이 있습니다.

예수 그리스도께서 예루살렘에 올라가 장로들과 대제사장들과 서기관들에게 '많은 고난을 받고 죽임을 당하는'(마 16:21) 것보다 더 큰 고난은 없을 겁니다. 십자가의 수난 또는 고난이라 옮기는 passion이라는 단어는 그리스어 '파스코'(paskho)라는 동사에서 유래한 말로 '당하다, 참고 견디다, 무엇인가에 지탱하다' 등의 수동적인 뜻을 가지고 있습니다.

일반적으로 '열정'이라 옮겨, 어떤 일을 이루려고 애쓰는 마음을 뜻할 때 사용합니다. 알렉산더 대왕은 "노력하는 사람에게 불가능이란 없다"는 말로 열정의 중심을 표현했고, 미국 대통령을 지낸 벤자민 프랭클린은 "너는 머뭇거릴 수 있지만 시간은 그렇지 않다"는 말로 치열한 삶의 경쟁에서 열정을 갖고 살아야 한다고 가르쳤습니다.

우리나라에서는 '땀 흘리는 젊은이'라는, '열정락서'라는 말이 유행입니다. 열정은 이제 경쟁사회에서 필요한 덕목이 되었습니다. 열정은 긍정적으로 쓰기도 하지만 부정적으로 쓰기도 합니다. 긍정적인 열정이란 삶을 향한 생산적인 노력을 뜻하고, 부정적인 열정이란 잘못된 방향으로 흐르는 것을 뜻합니다.

그런데 'passion'이 'pathos'에서 유래한 데서 알 수 있듯이, 자기한테 미치는 어떤 작용을 감내하는 단순한 상태만이 아니라 주체가 겪는 우발적인 사고나 불행 혹은 사랑과 증오 같은 감정도 포함합니다. 예수가 십자가에 죽은 고난은 자발적인 의지를 따라 자율적으로 죽은 것인지, 타율적인 죽음인지, 타율적인 죽음이라면 대적자들한테 당한 피살 즉 유대인의 폭력인지(살전 2:13-16), 권세자들의 무지인지(고전 2:8), 아니면 하나님의 구원사적인 섭리를 따른 자발적인 희생제물인지(빌 2:7-8), 그것도 아니면 하나님의 뜻에 따른 불가피한 희생인지를(갈 1:3-4) 놓고 논란을 벌입니다.

2. 고난의 출처 또는 원인

베드로전서에서는 고난이 오는 원인 두 가지 경우를 말하고 있습니다. '선을 행함으로 고난받는 것'과 '악을 행함으로 고난받는 것'으로 나뉩니다(벧전 3:17). '하나님의 뜻대로의 고난'(벧전 4:19)과 '살인이나 도둑질이나 악행이나 남의 일을 간섭하는 자로서 받는 고난'(벧전 4:15)이 있습니다. '의를 위하여 고난을 받는 것'(벧전 3:14)이면 누구나 그렇게 힘들어하지 않을 것입니다. 나의 고난이 그리스도를 전하면서 제자로서 겪게 되는 고난인지 아니면 소위 죗값에 해당하는, 특히 인간관계에서 오는 고난과 역경과 아픔인지 명확하게 구별할 수 있어야 합니다.

오늘의 제목이 바로 "그리스도인이 받는 고난"입니다. 베드로전서 4장 16절은 "그리스도인으로 고난을 받으면"이라 하여 제목과 비슷한 말을 합니다. 신약성경 중에서 '고난받다'라는 '파스코'라는 단어를 가장 많이 사용하는 사람은 베드로입니다. 아마도 베드로는 자기가 가장 고난을 많이 받았다고 생각하는 것 같습니다.

우리는 우리가 겪는 고난이 '하나님께서 연단하려고 주시는 불 시험'(벧전 4:12)인지, 아니면 '하나님의 복음을 불순종하는 자들'(벧전 4:17)이 받게 되는 고난인지 정확하게 알 필요가 있습니다. 하나님의 뜻에 의해 오는 고난은 하나님께서 연단하려고 주시는 불 시험으로, 하나님은 그런 불 시험을 하신 이유가 "그의 영광"(벧전 4:13)에 참여하게 하기 위해서라고, 불 시험의 고난을 주시는 이유를 성경은 제시합니다.

고난의 종류에는 이미 말씀드린 대로, 연단하려고 오는 불 시험 곧 '그리스도의 이름으로 오는 고난'(벧전 4:14)과 '살인이나 도둑질이나 악행이나 남의 일에 간섭하는 자로 받는 고난'(벧전 4:15)이 있다는 것을 정확하게 알 필요가 있습니다. 그리스도의 이름으로 오는 고난이 아닌데, 즉 인간관계의 잘못으로 오는 고난인데, 그것을 그리스도의 이름으로 오는 고난이라 한다면 잘못된 이해입니다. 악행이나 남의 일에 간섭하는 일로 받게 되는 고난은 '그리스도의 고난에 참여하는 것'(벧전 4:13)이 아닙니다. 하나님이 주시는 고난은 하나님의 영광에 참여하기 위해서라고 오늘 본문은 풀어 줍니다. 구약의 사고에 따르면 '내가 거룩하니 너희도 거룩하라'는 요구에 합당하게 거룩하게 하기 위해 고난이 주어지기도 합니다. 우리의 믿음도 연단과 시련을 통해서야 정금 같은 믿음이 됩니다.

그러면 나의 고난은 '의인'이 받는 고난입니까, 아니면 '경건하지 아니한 자들'이 받는 고난(벧전 4:18)을 받고 있는 것입니까? 제자들은 자신들을 옥에 가두고 복음을 전파하지 못하게 하는 대제사장과 장로들 때문이라고 생각할 것이며, 따라서 자신들은 억울한 고난을 받고 있다고 생각할 것입니다. 그러나 반대로 대제사장과 장로들의 입장에서 보면, 제자들은 대제사장과 장로들의 명을 어기고 교회가 금한 설교를 하고 있기 때문에 제자들의 설교와 가르침 때문에 자신들이 어려움을 겪고 있다고 생각할 것입니다.

인간은 누구나 자신의 입장에서 사건을 바라보고 판단하기 때문에, 자신은 의롭고 상대가 문제라고 봅니다. 우리는 그리스도인이기 때문에, 대제사장과 장로들이 '마음에 시기가 가득하여 사도들을 잡아다가 옥에 가두었다'고(행 5:17-18), 누가처럼 제자의 입장에서 동료인 베드로와 요한의 고난을 풀어 주고 있습니다. 그러나 예수를 그리스도로 인정하지 않는 유대교의 입장에서는, 제자들의 설교는 전통과 기존의 교회를 위협하는 세력일 뿐입니다.

그러면 누가 고난을 주는 자이고, 누가 고난을 당하는 자입니까? 우리야 당연히 그리스도인이기 때문에 대제사장과 장로들이 잘못되었다고 말합니다. 인간은 누구나 자기 입장과 신앙, 그리고 가치관에 따라 고난을 주는 자와 받는 자의 위치를 정합니다.

그러면 우리는 어떻게 그리고 무엇에 근거해 '나는 억울한 고난을 당하고 있다' 혹은 '나는 의인의 고난을 당하고 있다'라고 주장할 것인지 알아볼 필요가 있습니다. 다시 말하면, 사실 내가 바로 고난을 주게 된 원인 제공자인데 자기는 그렇지 않다고 생각하고 있는지를 알려면 어떻게 해야 할까요? 다시 말하면 누가 고난을 일으키는 원인자입니까? 전통과 교회의 권위를 지키려는 대제사장과 장로들입니까, 아니면 거기에 대항해 예수를 그리스도라 전하고 증언하는 제자들입니까? 사도들이 공회에 서서 대답할 때, 베드로의 답변 속에 한 기준과 원칙이 제시되고 있습니다. 또한 대제사장 가말리엘이 제시하는 충고에도 주의할 필요가 있습니다.

베드로는 '사람보다 하나님께 순종하는 것이 마땅하다'(행 5:29)고 하지만, 베드로의 그런 답변을 들은 '그들이 듣고 크게 노하여 사도들을 없애고자 합니다'(행 5:33). 즉 사도들의 해결책이 정답일 수 없다는 것이지요. 왜요? 자기들도 하나님께 순종하고 있기 때문이라는 것입니다. 그때 제사장 가말리엘이 일어나 공회 의원들에게 신중을 기할 것을 경고하면서 사도들을 놓아주라고 충고합니다. 제자들이 답한 것처럼 하나님께 순종하는 것이 옳지만, 제자들도 그리고 대제사장과 장로들 자신들도 하나님께 순종한다고 하는데, '순종의 마음이나 태도가 있다'고 해서 그 결말까지 똑같은 것은 아니라는 것입니다. 즉 하나님이 그들의 일 배후에 계시는지는 시간이 지나면 그 결과로 알게 된다는 것입니다.

개인적으로 가말리엘의 해결책이 옳은 한 방책이다 싶은 이유는, 하나님께 순종하고자 하는 마음이나 동기나 태도는 신앙인이면 누구나 가지고 있지만, 그 순종의 결과는 다 다르게 나타나기 때문입니다. 가말리엘이 든 예처럼 '드다'라는 사람이나 '갈릴리 유다'라는 사람도 처음에는 선전하여 사람이 약 400명이나 따랐지만 다 흩어졌고 망했다는 것입니다.

우리도 누구나 자신은 순종하고 있다고 생각하기 때문에, 내가 문제가 아니라 상대방이 문제라고 보고 있기 때문에, 고난의 원인 제공자인지의 여부는 '결과'를 보고 판단할 수 있어야 합니다. 흥왕하던 교회가 망하고 따르던 모든 사람들이 흩어진다면, 그것은 하나님께 순종한 것이 아닙니다.

그러나 나의 생각과 신앙과 전통이 중요한 것이 아니라, 하나님께 순종했는지의 여부는 '결과'가 말해 준다는 것을 깨닫고, 우리 교회가 하나님의 숨은 뜻을 읽어낼 줄 알아야 합니다. 호세아가 말한 것처럼 지식이 없으면 망합니다. 여호와를 힘써 알아야 합니다. 자기 식대로 믿어서는 안 됩니다. 자기 열심으로 순종해서는 안 됩니다. 하나님은 제사를 원하시지 않습니다. 이사야도 말한 것처럼 형식적이고 입술에만 있는 예배를 싫어하십니다. 교회 다닌다고 다 참 교인이 아닙니다. 말씀을 듣는다고 다 말씀에 은혜 받고 하나님을 만나는 것이 아닙니다.

그러니 이제 우리는 교회를 살리는 일 외에는, 즉 '결과'로 우리가 하나님께 순종했는지를 알기 전까지는 자신의 열심이나 신앙이나 인간의 생각이나 전통을 내려놓아야만 합니다. 하나님께 순종하고 있는지의 동기나 마음이나 태도가 중요한 것이 아닌 이상 그것이 참인지의 여부는 결과에 의해 드러나기 때문에, 이제 우리는 성공적인 '결과'를 산출하기 위해 성경이 제시하는 고난, 곧 부활하신 주님을 만난 제자들이 맞게 되는 고난을 올바로 이해할 필요가 있습니다.

"그리스도도 너희를 위하여 고난을 받으사"(벧전 2:21)라는 말씀에서 보듯이, 주님도 고난을 받으셨습니다. 따라서 고난받는 사람이라서 슬프거나 괴로운 것은 아닙니다. 자신이 고난받고 있어서 힘들어하는 것은 의로운 고난을 받는다고 생각하기 때문입니다. 그러나 욥이 궁극에 하나님 앞에서 무릎을 꿇었듯이, 자신의 의가 자신을 의롭다고 생각하게 만들다 보니 하나님조차 이해할 수 없는 분이라고 대드는 꼴이었다는 것을 깨달았듯이 우리도 깨달아야 합니다. 결국 자기 신앙과 성격이 그를 괴롭힌 것이지요. 자기 신앙이나 성격 때문에 고난받는 사람은 욥기서를 꼼꼼히 다시 읽을 필요가 있습니다. 그리스도인이 비그리스도인들에게서 듣는 가장 칼과 같은 비난은 그리스도인들이 비그리스도인과 전혀 차이가 없다는 것이며, 또한 그리스도인들은 말로만 믿는다고 하고 자기 성격대로 믿더라는 것입니다.

'내'가 고난받는 사람이냐, 아니면 사실은 '내가' 상대방을 괴롭히는 사람이냐의 여부는 '결과'에 의해 알 수 있다고 했습니다. 고난을 주는 사람이 되어서는 안 됩니다. 사람들과의 관계에서, 그리고 교회 공동체 안에서 다른 사람 때문에 상처를 받는 경우가 많습니다. 그때 사람들마다 하는 소리가 저 사람 때문에 문제라고 말들을 합니다. 자기는 아니라는 식으로요. 그러나 '내'가 바로 고난을 주는 사람이라는 것을 읽을 줄 알아야 합니다. '나'는 아무런 잘못이 없고 저 사람이 문제인 경우도 있겠지만, 사실은 '내'가 문제인 경우도 많습니다.

3. 고난 대처법

우리 주님도 고난을 받으셨지만, 주님의 고난 대처법을 배워, 고난받는 사람으로서의 '나'의 고난 대처법을 간구할 필요가 있습니다. 예수님의 고난 대처방법을 베드로는 이렇게 소개합니다. '욕을 당하시되 맞대어 욕하지 아니하시고 고난을 당하시되 위협하지 아니하시고 오직 공의로 심판하시는 이에게 부탁하셨습니다'(벧전 2:23).

베드로는 우리에게 고난 대처법을 이렇게 알려 줍니다.

첫째, 시험을 "이상히 여기지 말고"(벧전 4:12), 오히려 "그리스도의 고난에 참여하는 것으로 즐거워하라"(벧전 4:13)고 권합니다. 고난받기를 요구하는 종교에 우리가 속해 있습니다. 사람들은 일반적으로 고난과 어려움, 그리고 역경을 벗어나기 위해 종교를 가지려고 합니다. 그런데 기독교는 고난에 대한 양면을 잘 살펴, 고난에 대처하기를 원합니다.

바울은 '그리스도와 그 부활의 권능과 그 고난에 참여함을 알고자 하였습니다'(빌 3:10). 다시 말하면 '그리스도를 알고, 그분의 부활의 능

력을 깨닫고, 그분의 고난에 동참하여 그분의 죽으심을 본받는 것이 중요하다고 말하고 있습니다.'

둘째, 그리스도의 이름으로 치욕을 당하면 복 있는 자이기 때문입니다(벧전 4:14). 왜요? 복이란, 영광의 영, 곧 하나님의 영이 너희 위에 계시는 증거이기 때문이라는 것입니다. 고난 속에서 하나님의 영이 함께합니다. 하나님의 영이 함께하는 자, 삼위일체 하나님이 함께하는 자에게 고난이 있습니다. 고난을 통해서야 하나님의 영광을 맛볼 수 있기 때문입니다. 고난을 통해서야 함께함을 깨달을 수 있습니다. 그래서 주님은 이렇게 기도로 말씀하십니다.

> "내가 아버지의 이름을 그들에게 알게 하였고 또 알게 하리니 이는 나를 사랑하신 사랑이 그들 안에 있고 나도 그들 안에 있게 하려 함이니이다"(요 17:26).

사랑하는 자, 함께하고 싶은 자에게 고통과 아픔을 주는 주님을 우리는 만나고 있습니다.

> "내가 그들 안에 있고 아버지께서 내 안에 계시어 그들로 온전함을 이루어 하나가 되게 하려 함은 아버지께서 나를 보내신 것과 또 나를 사랑하심같이 그들도 사랑하신 것을 세상으로 알게 하려 함이로소이다"(요 17:23).

사랑 때문에, 그리고 하나님의 영광에 참여하게 하려고 주시는 영광의 고난은 피하면 안 됩니다. 주님의 고통과 아픔을 드러내는 말 속에서 그것을 읽을 수 있습니다.

> "세상이 아버지를 알지 못하여도 나는 아버지를 알았사옵고 그들도 아버지께서 나를 보내신 줄 알았사옵나이다"(요 17:25).

아버지를 알기 위해서 치러야 할 것, 곧 고통은 영광스러운 상처입니다. 따라서 고난받는 것을 즐거워해야 합니다.

다만 그리스도의 이름을 전하다 받는 고난과 상처, 그리고 아픔이 아니라 자신의 전통과 신앙, 그리고 성격과 기질 때문에 받는 고난이라면, 즉 사람들 사이의 잘못에서 오는 고난, 자신의 죗값 때문에 오는 고난, 사태를 올바로 읽지 못하고 흐름을 놓치게 되어서 당하게 되는 고난이라면 그것을 그리스도의 이름 때문에 받는 고난이라 해서는 안 됩니다. 고난을 피하고 싶어서가 아니라 필요없는 고난을 받지 않기 위해서라도, 고난이 어디로부터 왔는지 정확하게 알아야 합니다.

'아버지를 알다가' 받는 고난이라면, '결과'가 분명 말해 줄 것입니다. '결과'는 하나님이 궁극적으로 판단하실 것입니다. 그러나 현실에서도, 그리고 내 몸이나 상황이 전개되는 것을 통해서도 어느 정도 읽을 수 있습니다. 교회도 사도행전이 말하듯이, 흥왕하고 망하는 것을 보고 알 수 있습니다. 초대교회 에베소 교회처럼 처음 사랑을 잃고 처음 행위를 가지지 아니하면, 그리고 회개하지 아니하면 교회의 '촛대를 그 자리에서 옮기십니다'(계 2:5).

4. 삶의 적용

그리스도인은 고난받기를 좋아해야 합니다. 바울이나 베드로가 말한 것처럼 고난에 동참해야 하고, 고난에 동참하는 것이 즐거워야 합니다. 설교 제목을 통해 말하고자 했듯이, '그리스도인의 고난'을 "선을 행함으로 고난받는 것이 하나님의 뜻일진대 악을 행함으로 고난받는 것보다 나으니라"(벧전 3:17)라는 말씀으로 다 설명하고 있습니다. 하나님의 뜻이기 때문에 고난을 받는 것이지, 악을 행하였기 때문에 받는 고난을 말하고 있는 것이 아닙니다. 베드로는 '의를 위한 고난'(벧전 3:14)

을 말하므로 의를 위해서라면 고난에 기꺼이 참여해야 합니다. 하나님의 뜻대로 말미암은 고난은 오히려 받으려고 해야 합니다.

'고난'이라는 단어의 뜻을 풀이하면서 수동적으로 받는 차원과 적극적으로 행하는 차원에서 '고난'을 살펴야 하듯이, 하나님의 뜻이고 의이기 때문에 무조건 받으라는 말이 아닙니다. 그것이 생명을 살리고 '나'를 구원하기 위함이기 때문에 적극적으로 받되 피하지 말아야 한다는 것입니다.

어떻게 해서든 고난을 피하고 싶은 마음을 위로할 설교를 해야 하는데, 거꾸로 고난받기를 좋아하는 사람이 그리스도인이라 설교하고 있으니 듣는 마음이 불편할 수 있습니다. 베드로는 '그리스도인으로 받는 고난' 때문이라면 하나님께 영광을 돌리는 것이라 적극 권장합니다. 베드로는 '그리스도인의 고난'이라는 말로써 악행이나 남의 일을 간섭하다가 생기는 결과 때문에 받는 고난, 곧 인간관계로 말미암아 생긴 고난이 일어나지 않도록 경고하고 있습니다.

반대로 고난에 어떻게 대처할 것인가는, 앞에서 말씀드렸듯이, 하나님의 뜻대로 고난을 받으면 '창조주께 의탁해야 합니다'(벧전 4:19). 이것과는 다르게 베드로는 적극적인 자세로 고난받는 것에 동참하여 즐거워하라 권면합니다. '즐거워한다'는 말의 뜻을 생각해 보면, 즐거워한다고 해서 고난이 없어지지 아닙니다. 즐거워할 뿐이지 결과는 결국 십자가를 지는 것입니다. 그렇다면 '즐거워한다'는 말은, 하나님의 뜻이기 때문에 고난이라도 즐겁다는 것이지, 고난에 대한 나의 태도나 느끼는 것 때문에 그리고 결과 때문이 아닐 것입니다.

예수님은 십자가의 고난 속에서 하나님 아버지를 가장 깊게 만납니다. 가상 7언 말씀에서 배울 수 있듯이, 아버지와 가장 멀지만 가장 가까운 말들을 토해 냅니다. 즉 마음 깊은 곳에서 대화를 하고 기도를 합니다. 우리가 살면서도 십자가의 고난을 피하고 싶지만, 십자가만큼 하나님의 사랑과 하나님께 가까이 가는 길이 없습니다.

고난이 없다면 예수를 잘 믿을까요? 고난이 없다면 교회 다닐까요? 고난이 없는데도 기도할까요? 고난이 없는 자가 성경을 읽으면 성경은 어떻게 다가올까요?

고난 때문에 이만한 사람으로 삽니다. 고난 때문에 나의 것, 나의 생명, 나의 재물이지만 다 하나님의 은혜였다고 고백할 수 있게 되었습니다. 고난 때문에 사람이 되었습니다. 고난은 나를 나 되게 만들었습니다. 고난은 '자기를 부인하고 자기 십자가를 지고 따르라'는 예수의 말씀이 얼마나 참인지 알게 만들었고, 고난 때문에 '자기를 비우게' 되었습니다.

나는 그리스도인으로 고난받기를 행복해하는 사람이고자 합니다. 하나님의 본성과 성품, 그리고 하나님의 형상에 참여하려면 나에게는 고난이 필요합니다. 고난을 통해서야 나는 하나님을 만날 수 있습니다.

결론입니다.

주님은 우리의 죄를 사하기 위해 고난받으시고 십자가에서 죽으셨습니다. 그 예수를 그리스도라 믿는 그리스도인들에게도 고난이 닥쳐옵니다. 그런 의미에서 고난은 예수만이 아니라 예수를 믿는 그리스도인에게도 찾아옵니다. 그러면 그리스도인에게 닥쳐오는 고난은 무엇이고, 어떤 종류의 것입니까? 고난의 출처와 원인을 명확하게 알아야 합니다. 고난을 잘 이기는 대처법을 베드로의 사례를 통해 소개했습니다.

베드로는 그리스도의 고난에 참여하는 것을 즐거워하라고 권합니다. 그는 고난을 '선을 행함으로 고난받는 것이 하나님의 뜻이라' 소개합니다. 하나님의 뜻에 따라 고난을 받는 것이기 때문에 의를 위한 고난인 줄 알고 기쁨으로 이겨내야 한다는 것입니다. '하나님의 나라에 합당한 자로 여김을 받기 위해'(살후 1:5) 그리스도인은 고난을 이겨내야 합니다.

낙원에 이르게 하는 십자가

누가복음 23:39-43

○●● 왜 나의 죄 때문에 그분이 죽으셔야 할까요? 예수님의 십자가의 피 때문에 내가 깨끗하게 되었다고 하는데, 나의 현재의 이 모습은 어떠합니까? 내가 살아가는 이 모습은 주님의 십자가를 지고 가는 삶입니까? 고난의 주간이므로 이 주간만이라도 주님의 고난에 동참하고자 하는데, 어떻게 하는 것이 주님의 고난에 동참하는 것일까요? 한 주간만이라도 달라져야 하겠는데, 이제는 내 안에 계신 그분이 말하게 하시는 말을 하고, 내 안에 계시는 그분의 뜻을 따라 행하고, 내 안에 계시는 성령님의 가르침과 생각나게 하는 것을 따라 생각하고 싶습니다. 그런 일들이 어떻게 가능할까요? 십자가는 그것을 가능하게 합니다.

그렇다면 십자가는 무엇입니까? 행악자에게 십자가는 낙원에 이르게 하는, 저주가 아니라 축복의 통로였습니다. 십자가의 저주를 바꿀 수 있는 재주가 그에게 있었던 것이 아닙니다. 십자가는 하나님이 정하신 뜻입니다. 사람이 바꿀 수 있는 것이 아닙니다. 십자가의 예수를 통해 하나님의 일을 하시는 하나님의 뜻과 섭리가 있기 때문입니다. 하나님은 십자가를 통해서도 하나님의 뜻을 이루십니다. 십자가에 달린 예수는 기도를 하며 십자가의 7언을 전하십니다. 십자가의 말씀이 행악자에게 들립니다. 그 말씀이 낙원에 이르게 했던 것입니다.

설교의 목적은 베드로처럼 십자가가 사탄이 되게 예수를 부인하는 장소가 아니라 행악자처럼 낙원에 이르게 하나님이 일하시는 처소가 되도록 하는 것입니다. 우리는 십자가를 통해서도 낙원에 이르러야 합니다.

1. 하나님이 정하신 뜻인 십자가

십자가는 하나님이 정하신 뜻입니다. 아들을 십자가에 내어주는 것은 하나님 아버지께서 정하신 뜻입니다. 그런데 사람들은, 특히 예수를 고발한 자들은 '그리스도도 아니면서 자신을 그리스도라 하고, 하나님의 아들이 아니면서 하나님의 아들이라 칭하는 예수, 곧 하나님을 모독한 자'를 죽여야만 자신들의 신앙의 행위가 옳은 줄 알고 있는 그들의 신앙 열심이 그렇게 만들었다고 생각할 것입니다. 그러나 이사야는 '여호와께서 그에게 상함을 받게 하시기를 원하사 질고를 당하게 하셨다'(사 53:10)면서 하나님께서 원하신 뜻이었다고 설명해 줍니다. 이러한 이사야의 말씀을 따라 베드로는 오순절 설교를 하면서, '하나님께서 정하신 뜻과 미리 아신 대로 내준 바 된'(행 2:23) 것이라고 구약을 따라 가르칩니다.

1) 예수님은 아버지가 세우신 뜻을 이루어 드리고 싶어서 십자가를 지십니다.
십자가는, 신명기의 말씀을 따라 하나님의 저주 아래 있는 증표입니다. 신명기 말씀이 틀린 것이 아닙니다. 이사야서도 신명기 말씀처럼, 예수가 유죄 판결을 선고받았다고 말합니다. 다만 죽을죄를 짓지 않았는데도 유죄를 선고받고 죽고 있습니다. '그가 체포되어 유죄판결을 받습니다'("그가 곤욕과 심문을 당하고", 사 53:8). 왜 그리합니까? 왜 자기의 영혼을 서슴없이 내맡기고, 남들이 죄인처럼 여기는 것도 마다하지 않습니까? 그 이유는 주께서 세우신 뜻을 그가 이루어 드리고 싶었기 때문입니다("여호와께서 기뻐하시는 뜻을 성취", 사 53:10). 그리고 많은 사람의 죄를 감당한 이유는 죄지은 사람들을 살리기 위해서 중재에 나선 것이었습니다("그가 많은 사람의 죄를 담당하며", 사 53:12).

2) 예수를 십자가에 내준 이유는 우리가 평화를 얻고 나음을 받고 죄 사함을 입게 하기 위해서였습니다.

사람이 어떻게 예수를 십자가에 매달게 할 수 있겠습니까? 하나님만이 예수를 십자가에 매달게 하십니다. 왜 하나님은 예수를 십자가에 내주어 '그들의 죄악을 친히 담당하게 하십니까?'(사 53:11) 이사야는 그 이유를 이렇게 대답해 줍니다.

> "그가 찔림은 우리의 허물 때문이요 그가 상함은 우리의 죄악 때문이라 그가 징계를 받으므로 우리는 평화를 누리고 그가 채찍에 맞으므로 우리는 나음을 받았도다……여호와께서는 우리 모두의 죄악을 그에게 담당시키셨도다" (사 53:5-6).

우리가 어떤 평화를 얻었고, 어떤 나음을 받았습니까? 십자가가 참으로 우리에게 평화를 주었고, 나음을 주었으며, 우리 모두의 죄악을 담당하였습니까? 십자가에 매달리고 있는 죄수들 중 한 사람에게 그런 일이 일어난 것을 보면, 하나님이 아들 예수를 십자가에 내주신 이유가 우리로 평화를 얻고 나음을 받게 하기 위함임을 알 수 있습니다.

2. 행악자를 위한 십자가

1) 십자가는 범죄자 중 하나로 헤아림을 받은 것일 뿐입니까, 아니면 많은 사람의 죄를 담당하기 위하여 자기 영혼을 속건제물로 드린 것입니까?

십자가를 전혀 다르게 바라보는 두 시각이 있습니다. 예수와 함께 십자가에 달린 두 강도가 그렇습니다. 지나가는 사람들이 머리를 흔들면서 예수를 모욕합니다. "성전을 허물고 사흘 만에 짓겠다던 사람아, 네가 하나님의 아들이거든, 너나 구원하여라. 십자가에서 내려와 보라"고 모욕합니다. 그와 같이 대제사장들도 율법학자들과 장로들과 함께 조롱하면서 말합니다. "그가 남은 구원하였으나 자기는 구원하지 못하는구나! 그가 이스라엘 왕이니 지금 십자가에서 내려오라지. 그러면 우리가 그를 믿을 터인데! 그가 스스로 하나님의 아들이라고 했으니까, 그가 하나님을 의지하고 있으니 하나님이 원하시면 이제 그를 구원하시겠지." 그 말을 들은 '강도들도 마찬가지로 예수를 욕합니다'(마 27:44).

그런데 누가복음에 따르면, 한 죄수가 예수를 모독하며 말하기를 "네가 그리스도가 아니냐? 너와 우리를 구원하라"고 말하니까, 다른 하나가 그를 꾸짖으며 "똑같은 처형을 받고 있는 주제에, 너는 하나님이 두렵지도 않느냐? 우리는 우리가 저지른 일 때문에 그에 마땅한 벌을 받고 있으니 당연하지만, 이분은 아무것도 잘못한 일이 없다"고 말하면서, 예수님께 말합니다. "예수여 당신의 나라에 임하실 때에 나를 기억하소서." 예수님은 그에게 "오늘 네가 나와 함께 낙원에 있으리라'고 말씀하십니다.

한 사건을 놓고, 그것도 동일하게 십자가에서 죽어가면서도 예수의 십자가를 전혀 다르게 해석하고 있습니다. 무엇이 이처럼 완전히 다르게 해석하게 만들었을까요?

한 죄수는 예수님의 대적자들이 소리치고 있는 것처럼, '네가 그리스도가 아니냐'고 예수를 비방하면서 자기를 구원하라고 요구하고 있습니다. 이 죄수처럼 죽음을 앞둔 사람의 최대의 관심사는 구원입니다. 죽음을 앞둔 사람일수록 그리스도가 필요합니다. 구원자이신 그리스도를 필요로 하는데, 죄수 자기는 둘째치고라도, 예수 자신도 살리지 못하고 있는 것을 보고는 예수가 그리스도가 아니라는 것입니다. 자기가 알고 잘못 믿고 있는 개념에 의해 '그리스도'의 내용이나 속성, 그리고 특성이 채워질 수 없습니다. '그리스도'의 속성이나 내용, 그리고 본질은 하나님이 정하실 일입니다. 따라서 우리는 하나님이 말씀하시는 '그리스도'가 무엇인지 올바로 알아야만 합니다.

이사야의 말씀을 따라 설명하면, 그리스도는 '많은 사람을 의롭게 하며 또 그들의 죄악을 친히 담당하는'(사 53:11) 자여야 합니다. 예수가 그리스도가 되려면 '그의 영혼을 속건제물로 드려야 하며'(사 53:10), '그가 자기 영혼을 버려 사망에 이르게 하며 범죄자 중 하나로 헤아림을 받아야'(사 53:12) 합니다. 죄수가 요구하고 있고 고발자들이 생각하는 것처럼, 그리스도는 고난을 받아서는 안 되고 죽어서는 안 되는 것이 아니라, 자기 영혼을 속건제물로 드려야 하고, 자기 영혼을 버려 사망에 이르게 해야만 합니다.

다른 죄수가 그를 꾸짖습니다. '너는 하나님이 두렵지 않느냐'고요. 우리야 우리가 저지른 일 때문에 그에 마땅한 벌을 받고 있는 것이 당연하지만, 예수님은 아무것도 잘못한 일이 없다고 말합니다. 그런 말을 한 죄수가 자신이 말하고 있는 이 말이 이사야서에 있는 줄 알고 말했는지 모르겠지만, 이사야는 "그는 강포를 행하지 아니하였고"(사 53:9)라고 죄 없는 분임을 이미 선포했습니다. 그러면서 하나님을 두려워해야 한다고 말하고 있습니다.

그러면 그 죄수는 하나님을 두려워하였습니까? 자신도 자기의 죄악 때문에 사형 당하는 죄수 아닙니까? 하나님을 두려워한 사람이 사형수가 되었다고 말하기가 쉽지 않습니다. 그가 하나님을 두려워해야 한다고 말하게 된 것은, 평상시 그의 도덕적 성품이나 가치관 또는 인성 때문이 아니라, 죽음의 자리인 십자가가 그런 생각을 하게 만든 것으로 보입니다. 그 자리는 자신에게도 구원이 일어났으면 하는 장소입니다. 그래서 그 죄수는 "예수여, 당신의 나라에 임하실 때에 나를 기억하소서"라고 예수께 청합니다. 예수님은 그 말을 듣고, "오늘 네가 나와 함께 낙원에 있으리라"(눅 23:43)고 답하십니다.

이 죄수는 그것을 어떻게 알았을까요? 십자가가 구원이 일어나야 하는 것은 자신의 상황이 요구하고 있으니까 알게 되었지만, 그 구원이 예수님의 나라에서 이루어질 것임을 어떻게 알았을까요? 이 사람은 분명 예수님이 제자들에게 "하나님의 나라는 너희 안에 있느니라"(눅 17:21)라고 하신 말씀을 듣지 못했을 것입니다. "당신의 나라에 임하실 때에 나를 기억해 주소서!" 하였으니까요. 그러면 제자들과 비교해서 봅시다. "한시도 깨어 나와 함께할 수 없더냐"고 예수님은 제자들을 책망하셨습니다. 그런데 그 나라에 함께 들어갈 첫 사람이 오늘 결정됩니다. 바로 죄수입니다. 죄수는 예수님과 함께 그 나라에 들어가는 첫 사람입니다. 따라서 십자가는 그 나라에 들어가는 장소입니다. 하나님의 나라는 "자기 십자가를 지고 나를 따르라"는 예수님의 말씀처럼, 십자가를 지고 따를 때 이루어지는 곳입니다.

아직 우리의 질문이 대답되지 않았습니다. 어떻게 그 죄수는 이런 구원이 일어나는 것을 알게 되었을까요? 그것은 그가 십자가에서의 말씀을 들었기 때문입니다. 예수님은 "아버지 저 사람들을 용서하여 주십시오. 저 사람들은 자기네가 무슨 일을 하는지 알지 못합니다"(눅 23:34)라고 하여 십자가가 용서가 일어나는 곳임을 말씀하셨기 때문입니다. 죄수는 말씀을 듣고서야 깨달았습니다. '십자가에서조차도 다른 일이 일어나고 있구나. 이것은 사람의 일이 아니구나. 이 일은 하나님 일이구나. 하나님의 나라는 이런 것이구나. 십자가에서조차 구원이 일어나게 하고, 용서를 담고 있구나.' 그래서 "그런 나라가 오면 나를 기억해 주소서" 하고 요청했습니다. 죄수는 죽음의 장소에서 예수를 만나고, 구원을 받으며, 하나님의 나라에 들어갑니다. 낙원(paradeisos)은 그리스도와의 만남과 교제가 이루어지는 곳입니다. 낙원은 그리스도와의 교제에 의해서 참회하는 죄인들 가운데 가장 악한 자들에게도 개방되어 있습니다.

2) 행악자가 말하는 '당신의 나라에 임하실' 때가 주님이 가르치신 기도인 '나라가 임하시오며'의 나라일까요?

만약에 행악자가 예수께 '당신의 나라에 임하실 때'라고 한 나라가 주님께서 제자들에게 가르치신 기도인 "나라가 임하시오며"와 같은 것이라면, 그 행악자는 이미 예수님의 기도에 대해 알고 있는 자가 틀림없습니다. 그 행악자가 알았든 몰랐든 간에 원어상으로, 주님이 '임하옵소서 그 나라가 아버지의'라 했다면, 행악자는 '임하실 안으로 그 나라를 당신의'라 했습니다. 곧 행악자는 '아버지'의 나라 대신에 '당신'의 나라라고 했고, 당신의 나라 '안에' 임한다는 전치사를 사용하고 있다는 차이가 있습니다. 결국 원어상에는 큰 차이가 없음을 볼 수 있습니다.

이것에 기초해서 우리는 말할 수 있게 됩니다. 그 행악자는 예수님에 대해 익히 알고 있었다는 것입니다. 예수님은 하나님의 나라를 가져오는 분이라는 정확한 이해를 가지고 있습니다. 우리의 생각이 맞다면, 그 행악자는 예수님이 가져오는 나라가 종말론적인 나라라는 이해를 가지고 있다는 것입니다. 종말론적인 나라야말로 성경이 말하는 나라입니다.

성경은 종말론적인 하나님의 나라가 이미 예수에 의해 임했지만, 예수의 다시 오심으로 완성될 것이라고 말해 왔습니다. '이미' 임한 하나님의 나라와 '아직' 임하지 않은 하나님의 나라 사이에서 그 행악자는 예수님에 의해 임할 하나님 나라를 소망하고 있는 것을 볼 수 있습니다.

그 행악자가 소망하는, 아직 임하지 않은 나라에 들어가고자 하는 이유는 '그 나라에서는 죄가 용서될 수 있다'는 예수님의 십자가의 기도가 그를 움직였기 때문입니다. 그자는 예수님 안에서 현재하는 나라에 참여하지 못한 불행한 자였지만, 예수 안에서 임할, 아직 임하지 않은 나라에 참여할 수 있는 자가 되었습니다. 우리는 그자를 통해 '임할 그 나라'를 확실하게 소망할 수 있게 되었습니다.

그런 의미에서 행악자는 '임할 나라'가 확실하다는 것을, 예수의 대답을 통해 우리에게 분명하도록 만들어 주었습니다. 그러니 우리는 임할 나라를 기다리며 소망 중에 사는 신앙의 삶을 힘차게 할 수 있게 되었습니다. 그는 우리에게 임할 나라가 확실하게 있다는 확증을 우리에게 준 것입니다.

3. '낙원에 이르게 하는 십자가'를 우리 삶에서 적용하기

1) 행악자가 천국에 들어가는 일도 예수님을 만나면 가능합니다. 십자가라는 죽음의 자리에서도 일어납니다.

그 사람에게 십자가는 예수님을 믿은 장소입니다. 예수님을 믿는 것은 사람이 할 수 있는 것이 아님을 또다시 증명해 줍니다. 제자들에게서 볼 수 있듯이, 예수님이 죽은 자를 살린다고 해서 예수님을 믿는 것이 아닙니다. 예수님은 십자가에서 사람을 살리고 있는 것이 아니라 죽고 있습니다. 그럼에도 불구하고 한 행악자는 그 예수를 믿습니다. 믿음은 분명 하나님의 선물입니다. 강도가 믿은 예수님을 믿고 싶습니까? 예수님의 나라, 하나님의 나라, '당신의 나라'는 죽음의 자리에서 가장 가고 싶어 하는 나라입니다. 죽음이 요구하는 또 다른 '나라' 그것이 바로 십자가입니다.

아들을 십자가에 내어준 것은 하나님의 뜻이었고, 하나님 아버지가 정하신 일이라는 것을 알았습니다. 하나님 아버지의 뜻은 우리가 평화를 얻고 나음을 받고 우리 모두의 죄악에서 구원하시려는 것이었습니다. 그 일을 위해서는 아들이 상함을 받고 질고를 당하도록 내주어야 했습니다. 아버지의 뜻을 이루기 위해서는 그런 고통과 죽음을 당해야 하는데도, 예수님은 아버지가 세우신 뜻을 이루어 드리고 싶어서 십자가를 지십니다. 우리는 하나님 아버지가 세우신 뜻을 이루어 드리고자 십자가에 동참해야 합니다. 우리는 예수 그리스도가 우리에게 명하신 뜻을 따라, 즉 제자들에게 '나를 따라오려거든 자기의 십자가를 지고 자기를 부인하고 나를 따르라' 하셨기 때문에, 우리도 십자가를 지고 주님의 고난의 길을 따라가야 합니다.

  십자가는 죽을죄를 지은 죄수에게조차도 구원의 문이 열려 있는, 하나님의 뜻과 사랑이 깃들어 있는 곳이고 낙원에 이르는 길입니다. 죽을죄를 지은 죄수가 십자가를 통해 하나님 나라와 낙원에 들어갔듯이 우리도 십자가를 통해 하나님의 나라와 낙원에 들어가야 합니다. 그리하려면 죄수처럼 하나님의 말씀을 들어야 합니다. 하나님의 말씀, 십자가의 말씀은 구원을 가져오기 때문입니다. 예수님의 십자가의 말씀은 죄수로 하여금 주어진 현실인 십자가를 새롭게 보게 만들어 줍니다. 저주가 아니라 구원이 일어나는 곳이고, 죄인을 벌하는 것이 아니라 용서해 주는 곳이고, 하나님의 뜻이 드러나는 곳입니다. 하나님은 십자가의 아들의 죽음을 통해 일하십니다. '나의 죄를 용서하기 위하여' 죽으신 하나님의 사랑을 발견하는 곳이면서 동시에 하나님 아버지와 아들 예수 그리스도의 관계가 어떤 것인지를 알게 하는 곳입니다. 아버지의 마음과 뜻을 이루어 드리고자 아들이 죽는 곳입니다.

2) 행악자는 예수님을 통해 하나님을 알고 구원받았습니다.

  행악자는 예수님을 통해 하나님 나라에 들어갈 수 있는 말씀, 곧 '죄 용서'의 기도를 듣습니다. 들음에서 믿음이 납니다. 믿음은 자기의 죄를 인식하게 하고 인정하여 고백하게 합니다. 그리고는 '하나님을 두려워하게'(눅 23:40) 됩니다. 십자가에 달린 한 죄수는 예수님의 말씀을 들고 구원을 받고 낙원에 이르는 첫 사람이 되었습니다.

　십자가에서 낙원에 이르게 된 것은 그 죄수가 예수님의 말씀을 들었기 때문입니다. 다른 죄수 역시 예수님의 기도 소리를 들었으나 그것이 구원을 가져오지 못했습니다. 우리는 말씀이 우리를 구원하는 능력이 되도록 말씀이 우리에게 베푸시는 하나님의 사랑을 깨달아야 합니다. 십자가는 하나님의 사랑과 뜻이 담긴 하나님의 사건이기 때문입니다.

　말씀이 들어와 깨닫게 될 때에야 자신이 죄인이라는 것을 인정합니다. 그리고 회개합니다. 이때의 회개란 자기의 잘못을 진정으로 뉘우치는 것을 뜻합니다. 자신의 잘못을 깨우치고 나서 "당신의 나라에 임하실 때에 나를 기억하소서"라고 간구합니다. 그의 회개는 즉각 응답 받습니다. 우리는 이 사건을 통해 회개하여 임한 당신의 나라가 '오늘' 임한다는 예수님의 응답을 통해, 하나님의 나라는 '오늘' 우리의 삶 속에서 실현되어야 한다는 사실을 배우게 됩니다. 하나님의 나라는 자신의 공적으로 들어가는 것이 아니라 회개하고 예수님의 '용서'가 자기에게 이루어지기를 믿을 때 이루어지는 하나님의 은혜입니다.

　그는 십자가라는 죽음의 자리에서 성경에서 유일하게 예수님께 "예수여"(눅 23:42)라고 다정하게 호칭하여 진지하게 간청하고 있습니다. 다른 행악자는 '당신은 그리스도가 아니냐'며, 그리스도가 나와 우리를 구원할 자 아니냐는 의미로 예수를 그리스도라 했지만, 반대로 본 행악자는 예수님께 "예수여"라고 호칭하면서 자기와 관계없는 사람이 아니라 죽음의 자리에서 만나야 할 사람, 만나고 싶은 사람으로 접근하고 있습니다.

3) 예수님은 우리에게 '나와 함께' 있고자 청하십니다. 행악자도 주님과 함께 있었습니다.

　행악자라도 '나와 함께' 있을 수 있습니다. 예수님은 우리에게 '나와 함께' 있자고 청하십니다. 예수님이 우리와 함께 거하시는 곳이 바로 '당신의 나라'입니다. 그분이 거하실 자리는 내 마음 안입니다. '주님과 함께' 있고 싶습니다.

'낙원에 있다'는 말은 '아브라함의 품에 있는 모습'을 연상시킵니다. 누가복음 16장 23절에 의하면, 부자는 음부에서 고통 중에 '아브라함과 그의 품에 있는 나사로를 봅니다.' 신약성경에서 낙원은 하늘에 속한 영역으로 의인들이 모여 있는 곳이라는 의미로 사용됩니다(고후 12:4; 계 2:7). 예수님은 그에게 "오늘 네가 나와 함께 낙원에 있으리라"(눅 23:43) 하셨는데, 예수님과 함께 있는 곳이 바로 낙원이 아닙니까? '낙원'이 어디 있고 낙원이 무엇이냐 물어서 궁금해하지 말고, 예수님과 함께 있으면 그곳이 바로 낙원이라고 해야 합니다.

낙원(파라데이소스)은 '공원, 정원'의 뜻인 페르시아어 '파르데스'(pardes)에서 유래된 것으로 이해하기도 합니다. 칠십인역(LXX)에서는 에덴 동산을 표현할 때 사용했습니다(창 2:8).

> "여호와 하나님이 동방의 에덴에 동산을 창설하시고 그 지으신 사람을 거기 두시니라"(창 2:8).

> "나 여호와가 시온의 모든 황폐한 곳을 위로하여 그 사막을 에덴 같게, 그 광야를 여호와의 동산 같게 하였나니 그 가운데에 기뻐함과 즐거워함과 감사함과 창화하는 소리가 있으리라"(사 51:3)한 미래적 에덴 동산으로서 기쁨과 즐거움이 약속된 곳입니다.

결론입니다.
십자가에 예수님과 함께 달렸던 한 사람에게 십자가는 낙원에 이르게 하는 통로였습니다. 십자가는 저주이지만 동시에 저주를 구원으로 바꾸려는 하나님의 사랑의 표현이었습니다. 그런 의미에서 십자가는 하나님이 정하신 뜻이라 해야 합니다.

예수님은 아버지가 세우신 뜻을 이루어 드리고 싶어서 십자가를 지십니다. 예수님을 십자가에 내준 이유는 우리가 평화를 얻고 나음을 받고 죄 사함을 입게 하기 위해서였습니다.

십자가에 달려 죽는 예수와 함께 두 사람이 달립니다. 그중의 한 행악자는 십자가를 범죄자 중 하나로 헤아림을 받을 뿐이라고 보지만, 다른 사람은 '많은 사람의 죄를 감당하기 위하여 자기 영혼을 속건제물로 드린 것이라' 봅니다. 두 사람 중에 한 사람은 '당신의 나라에 임하실 때에 나를 기억해 달라'고 청합니다. 그는 예수가 누구이고 무엇을 가르쳤는지를 정확하게 아는 사람입니다. 그리하여 그는 죽음의 자리에서 낙원에 이르게 되는 복인이 됩니다.

십자가는 죄수에게도 구원이 일어나는 장소입니다. 행악자가 천국에 들어가는 일이 예수님을 만나면 일어납니다. 행악자는 예수님을 통해 하나님의 나라에 들어갈 수 있는 말씀인 '죄 용서'의 기도를 직접 듣습니다. 그리하여 하나님을 두려워하게 됩니다. 예수님은 그런 그를 낙원, 곧 예수님 자신과 함께 있게 하십니다. 죽음 후라도 주님과 함께라면 우리는 그것을 소원해야 합니다.

"다 이루었다"

요한복음 19:30

○●● 예수 그리스도의 십자가를 생각하며 주님의 고난에 동참해야 하는 기간입니다. 주님의 고난에 동참하기 위해, 먼저 우리는 예수님의 십자가를 가장 잘 알 수 있는 길을 찾아보아야 합니다. 여러 가능성 중에서 오늘은 예수님께서 십자가에서 말씀하신 7언, 곧 십자가의 7언을 통해 은혜를 나누고자 합니다.

예수님은 어둡기 전에 세 가지를 말씀하십니다.

첫째, "아버지 저들을 사하여 주옵소서 자기들이 하는 것을 알지 못함이니이다"(눅 23:34). 예수님의 십자가의 말씀은, 자신을 비난하고 조롱하고 비웃는 사람들을 향하여, 그리고 자기를 고발하고 죽음으로 내몬 사람들의 죄를 용서해 달라는 청원입니다.

둘째, 십자가에 달린 강도가 "당신의 나라가 오면 나를 기억해 주소서" 청하니 "내가 진실로 네게 이르노니 오늘 네가 나와 함께 낙원에 있으리라"(눅 23:43) 하여 어느 누구도 가지 못했던 낙원에 이르는 사람이 되게 하십니다.

셋째, 어머니와 사랑하는 제자에게 하신 말씀으로, "자기 어머니께 말씀하시되 여자여 보소서 아들이니이다 하시고 또 그 제자에게 이르시되 보라 네 어머니라 하신대"(요 19:26-27)입니다.

네 번째 말씀부터는 하나님 아버지와의 관계 속에서 하신 말씀들입니다. 네 번째는 "엘리 엘리 라마 사박다니 하시니 이는 곧 나의 하나님, 나의 하나님, 어찌하여 나를 버리셨나이까 하는 뜻이라"(마 27:46)입니다. 완전히 어두워진 어두움 속에서 다섯 번째 말씀 "내가 목마르다"(요 19:28)라고 하시고, "다 이루었다"(요 19:30), "아버지 내 영혼을 아버지 손에 부탁하나이다"(눅 23:46)라고 여섯째, 일곱째 말씀을 하십니다.

오늘은 이 말씀 중에서 특히 "다 이루었다"고 하신 말씀에 대해 깊게 알아보고자 합니다.

"다 이루었다"가 헬라어로는 '테테레스타이'(tetelestai)입니다. 어원은 동사 '텔레오'(teleo)의 '끝내다, 완성하다, 완수하다'로부터 나왔습니다. 목적으로 삼았던 특정한 행위를 성공적으로 끝내는 것을 의미합니다. 예수님께서 세상에 오신 것은 하나님께서 맡기신 일을 이루기 위함이었습니다(요 4:34, 5:36, 14:31, 17:4). 예수님께서 이루어야 할 이 모든 일들은 이미 구약성경에 예언된 것들이었습니다(요 12:38, 13:18, 17:12, 19:24). 따라서 십자가에서 "다 이루어졌다"고 선언하신 내용은 구약의 모든 예언대로 예수님이 완성해야 할 일을 마지막 죽음을 통해 모두 완수하는 것을 뜻합니다.

설교의 목적은 예수가 이 세상에 오신 목적과 그것을 다 이룬 일들이 무엇인지 살펴보아 도대체 "다 이루었다"고 하신 말씀이 무엇을 뜻하는지 알아보는 것입니다. 그리하여 우리의 믿음의 삶도 우리에게 맡겨진 일이 다 이루어지도록 해야 합니다.

1. 맡겨진 일을 완성하기

"다 이루었다"고 할 때의 헬라어 '테테레스타이'는 주인이 종에게 맡긴 일을 완벽하게 다 마치고 '맡겨진 일을 다 이루었습니다'라고 보고할 때 사용하는 단어입니다. 그렇다면 주인이 종에게 맡긴 일, 곧 하나님이 아들 예수에게 맡기신 일이 무엇인지부터 살펴보아야 합니다. 그것은 구약에 이미 예언되어 있습니다.

이사야는 "하나님 아버지께서 아버지의 뜻을 이룰 사람을 불러 아버지가 기뻐하는 것을 이루리라"고 예언합니다.

> "내가 시초부터 종말을 알리며 아직 이루지 아니한 일을 옛적부터 보이고 이르기를 나의 뜻이 설 것이니 내가 나의 모든 기뻐하는 것을 이루리라 하였노라 내가 동쪽에서 사나운 날짐승을 부르며 먼 나라에서 나의 뜻을 이룰 사람을 부를 것이라 내가 말하였은즉 반드시 이룰 것이요 계획하였은즉 반드시 시행하리라"(사 46:10-11).

이사야의 문맥에서야 고레스를 지칭하지만, 그분이 바로 예수 그리스도라는 것을 우리는 잘 압니다.

구약이 예언한 것처럼, 예수님이 이 세상에 오신 것은 아버지의 뜻을 행하며 그 일을 온전히 다 이루기 위함입니다. 예수님 자신이 그렇게 말씀하십니다.

> "예수께서 이르시되 나의 양식은 나를 보내신 이의 뜻을 행하며 그의 일을 온전히 이루는 이것이니라"(요 4:34).

그러면 결국 예수님이 "다 이루었다"고 외치실 때, 그 일은 구체적으로 무엇을 뜻합니까?

예수님이 "내가 율법이나 선지자를 폐하러 온 줄로 생각하지 말라 폐하러 온 것이 아니요 완전하게 하려 함이라"(마 5:17)고 말씀하신 것에서 보듯이, 그가 '다 이루어야 할' 일, 곧 완전하게 해야 할 일은 율법을 완성하는 것입니다. "또 이르시되 내가 너희와 함께 있을 때에 너희에게 말한 바 곧 모세의 율법과 선지자의 글과 시편에 나를 가리켜 기록된 모든 것이 이루어져야 하리라 한 말이 이것이라"(눅 24:44) 하셨습니다. 예수님은 자기가 다 이루어야 할 일이 바로 율법과 선지자의 글과 시편에 기록된 모든 것이라고 명확하게 밝히셨습니다. 바울도 예수님이 '다 이루었다'고 선언하신 것을 "그리스도는 모든 믿는 자에게 의를 이루기 위하여 율법의 마침이 되시니라"(롬 10:4)고 확인합니다. 결국에 예수님이 다 이루셔야 할 맡겨진 일은 율법을 완성하는 것임이 명확하게 드러났습니다.

아버지의 뜻을 다 이루기를 원하지만 그것이 마음먹은 대로 안 되고 방해를 만나기도 할 것입니다. 예수님이 세상에 와서 아버지가 맡긴 일을 하셨지만 세상이 그를 믿지 아니했습니다. 이런 장애물을 만날 때 낙심될 수 있습니다. 그런 경우를 만나면 어떻게 해야 합니까. 해야만 할 일은 있고, 그것을 다 이루도록 놔두지 않는 방애물을 만났을 때에 여러분은 어떻게 합니까?

그러나 그것은 이미 구약성경에 예언된 것입니다. '선지자 이사야의 말씀을 이루려 하심이기'(요 12:38) 때문에 낙담만 하고 있을 수 없다는 것입니다. 우리도 살면서 주의 일인 줄 알아 열심히 해보고자 하지만 뜻대로 잘 안 되는 경우가 있는데, 예수님처럼 그런 경우를 만나도 구약에 이미 예언된 것은 아닌지 또는 일 진행은 아닌지 성경을 깊이 연구하고 물어야 합니다. 그러면 대책이 쉽게 세워집니다. 이사야 53장 1절에 따르면, 믿지 않는 것은 하나님께서 듣는 마음을 주시지 않기 때문이라는 것입니다. 하나님께서 듣는 마음을 허락하여 주지 않아서 그런 것인데 예수님인들 어떻게 하겠습니까? 하나님께서 듣는 마음을 주신 사람들을 찾아야 할 뿐입니다.

예수님이 이 땅에 와서 하는 모든 일을 보고 그것이 이사야의 예언이라고 읽을 줄 알아야 하는데, 누구도 그것을 읽지 못하고 있습니다. 뿐만 아니라 예수님이 하는 일을 보고 주의 영광을 보는 것으로 기뻐해야 하는데, 그들은 사람의 영광을 더 좋아하고 '하나님의 영광'(요 12:43)을 사랑하지 않기 때문에 그런 일이 일어날 수 없다는 것입니다. 요한은 이런 식으로 해석을 합니다. 우리도 요한처럼 예수님의 일을 구약에 예언된 하나님의 말씀을 성취하시는 분으로 읽어야 합니다. 예수님은 구약에 예언된 하나님께서 자기에게 맡기신 일을 어떤 어려움 속에서도 다 이루려고 하십니다.

가족 중에도 믿지 않는 식구 때문에 너무 힘든 삶을 살고 있는 성도가 계시는데, 하나님께서 믿는 마음을 허락하지 않으셔서 그러는데 어떻게 할 것입니까? 솔로몬처럼, 하나님의 말씀을 듣는 마음을 달라고 기도해야 하지요. 그러나 주님도 말씀하셨듯이, 아버지가 내게 주시지 아니하면 내 음성을 듣지 않는다고 말씀하시지 않던가요. 기도해도 안 되는 것이 있습니다.

이런 상황 속에서도 예수님은 "다 이루었다"고 하셨는데, 어떤 결과나 상이 그에게 있을까요? 아버지의 영광에 참여하게 되었습니다. 이 땅에 살면서 아버지의 영광에 참여할 자로 살아야 합니다. 우리도 예수님처럼 아버지가 우리를 세상에 보내신 뜻을 다 이루어야 합니다. 아버지가 예수님을 이 땅에 보내신 것처럼, 예수님도 우리를 세상으로 파송하십니다. 파송받은 사람답게 맡겨진 일을 잘 감당하여 마지막으로 '다 이루었다' 하면 우리에게도 하나님의 영광에 참여할 수 있는 기회가 열릴 것을 믿습니다.

2. 흠 없이 온전한 제물

아버지가 예수에게 이루도록 주신 역사 곧 "내(예수)가 하는 그 역사가 아버지께서 나를 보내신 것을 나를 위하여 증언하는 것"(요 5:36)이라 합니다. 아버지가 예수에게 맡기신 역사를 '다 이루어야' 하는 이유는, 아버지께서 예수를 보내며 그 일 때문에 보냈다고 아버지가 증언하고 계시기 때문이라는 것입니다.

예수님이 이 땅에 오신 이유는 하나님의 뜻을 행하기 위해서입니다. 하나님의 뜻의 구체적인 내용에 대해 예수님은 '영생을 얻는 것'인데 그들은 "영생을 얻기 위하여 내게 오기를 원하지 아니하는도다"(요 5:40)라고 힘들어하십니다. 아버지의 뜻을 행하여 '다 이루었다' 하고 싶습니다. 아버지의 일은 영생을 얻게 하는 것입니다. 그런데 아버지가 보내신 일을 하는데도, 그리하여 영생을 얻게 하여야 '다 이루었다'고 할 터인데도, 그들은 영생을 얻기 위하여 예수께 오기를 원하지 아니합니다.

그러면 어떻게 해야 하겠습니까? 보내신 이의 뜻대로 사람들을 영생을 얻도록 해야 하겠는데 오지는 않으니, 어떻게 해야 하겠습니까? 우리는 이런 경우를 만나면 어떻게 하나요? 예수께로 무리가 몰려옵니다. 5천 명도 먹이시고 다시금 4천 명도 먹여 봅니다. 그런데 그 무리들은 결국 다 떠나고 맙니다. 마지막 예루살렘 입성 때 이야기도 마찬가지입니다. 2주 후 종려주일 때의 일입니다. 길에 옷을 펴고 종려나무 가지를 흔들며 "호산나 다윗의 자손이여 찬송하리로다, 주의 이름으로 오시는 이여 가장 높은 곳에서 호산나" 하던 무리가, "소리 질러 이르되 그를 십자가에 못 박게 하소서 십자가에 못 박게 하소서"(눅 23:21) 소리치는 무리로 바뀌고 맙니다.

진짜가 있습니다. 예수께 온다고 다 진짜가 아닙니다. 교회 다닌다고 다 진짜 아닙니다. 예수의 제자가 되었다고 다 진짜가 아닙니다. 예수의 제자 중에서도 '내 떡을 나눠 먹던 나의 가까운 친구도 나를 대적하여 그의 발꿈치를 들고'(시 41:9) 맙니다. 사탄이 들어 예수를 판 가룟 유다를 지칭하는 말입니다.

그런데 이 일도 다 구약 성경에 예언된 것으로 "내 떡을 먹는 자가 내게 발꿈치를 들었다 한 성경을 응하게 하려는 것이니라"(요 13:18)고 받아들입니다. 세상에 맘대로 되는 일이 없는 형국입니다. 예수님은 어떻게 하고 계십니까? 이런 어려움을 인생에서 만나면 여러분은 어떻게 해결합니까? 자기를 배반하고, 돈 때문에 어쩔 수 없이 싫지만 그 일을 해야만 하는 제자를 보는 예수님의 마음이 어떠했을까요? 미운 감정이 왜 없었겠어요. 그래서 예수님도 "그 사람은 차라리 태어나지 아니하였더라면 제게 좋을 뻔하였느니라" 말씀하시기도 했습니다. 그러나 담담하게 "네가 하는 일을 속히 하라"(요 13:27)고 말씀하십니다. 죄지을 자는 죄를 짓습니다.

예수님은 가룟 유다에게 마음을 뺏기지 않으십니다. 그 대신에 자신이 이 세상에 존재하는 이유, 자신이 이 세상으로 보내진 목적을 명확하게 다시 한 번 확인하십니다. 하나님 아버지의 뜻이 무엇인지 명확하게 다시 한 번 확인하고 "내가 하늘에서 내려온 것은 내 뜻을 행하려 함이 아니요 나를 보내신 이의 뜻을 행하려 함이니라"(요 6:38) 다짐하며 힘차게 나아가십니다.

자기가 원하는 대로 일이 잘 진행이 안 되고 있습니까? 예수님처럼 푸시기 바랍니다. 자기를 향한 하나님의 뜻을 읽어내야 합니다. 그 속에서 만나게 되는 어려움과 난관도 하나님은 다 해결책을 주셨습니다. 말씀 속에서 찾아내야 하고, 그런 눈을 달라고 기도해야 합니다.

자기의 존재 이유와 목적을 명확하게 인지하고 있으면 어려운 난관 속에서도 해야 할 일이 보입니다. 가야 할 길이 보이지 않고 명확하지 않아도 그 일을 이루어야 한다는 소명의식이 더욱 발동하도록 하나님께 기도하며 나아가야 합니다.

우리에게 구원의 영생을 얻게 하려면, 그 길을 위해서라면 가야 할 길을 걸어가야 합니다. 그 길은 다름이 아니라 십자가 죽음의 길입니다. 요한은 "하나님이 그 아들을 세상에 보내신 것[이유]은 세상을 심판하려 하심이 아니요 그로 말미암아 세상이 구원을 받게 하려 하심이라"(요 3:17)고 구원임을 재차 강조합니다.

"하나님의 사랑이 우리에게 이렇게 나타난 바 되었으니 하나님이 자기의 독생자를 세상에 보내심은 그로 말미암아 우리를 살리려 하심이라"(요일 4:9).

바울이 갈라디아서에서 잘 표현한 대로 '그리스도께서 하나님 곧 우리 아버지의 뜻을 따라 이 악한 세대에서 우리를 건지시려고 우리 죄를 대속하기 위하여 자기 몸을 드리셨습니다'(갈 1:4). 히브리서 기자도 같은 말을 합니다.

"내가 하나님의 뜻을 행하러 왔나이다 하셨으니 그 첫째 것을 폐하심은 둘째 것을 세우려 하심이라 이 뜻을 따라 예수 그리스도의 몸을 단번에 드리심으로 말미암아 우리가 거룩함을 얻었노라"(히 10:9-10).

이처럼 예수님은 우리를 구원하시기 위해 희생제물이 되셨습니다. 그런데 '다 이루었다'고 하는 것이 성전에서 제사장들이 희생제물이 흠이 없다는 것을 확인한 후에 사용했던 말인 것에 비추어 보면, 예수님이야말로 참으로 '다 이루었다'고 하실 수 있습니다. 예수님은 인류의 죄를 구속하기 위하여 하나님이 흠이 없다고 확인하신 온전한 속죄제물이었습니다. 그런 의미에서 예수님은 '다 이루었다'고 말씀하셨습니다.

히브리서 기자는 그 일은 곧 그가 대제사장이 되어 백성의 죄를 위하여 단번에 자기를 드린 일이라 풀어 줍니다.

"그는 저 대제사장들이 먼저 자기 죄를 위하고 다음에 백성의 죄를 위하여 날마다 제사 드리는 것과 같이 할 필요가 없으니 이는 그가 단번에 자기를 드려 이루셨음이라"(히 7:27).

대제사장이신 예수는 우리의 연약함을 동정하지 못하실 이가 아닙니다. 그는 우리처럼 시험을 받으셨지만 죄가 없으신 분이기 때문입니다.

이제 예수님은 하나님의 뜻을 '다 이루시기' 위해 우리의 죄를 위하여 영원한 제사를 지내고 하나님 우편에 앉으신 것입니다.

3. 작품 완성

'테테레스타이'라는 단어는 원래 예술가들이 자신의 작품을 완성한 뒤 '다했다'고 표현할 때 사용했던 말입니다. 이런 경우에 사용해야 할 단어인 '테테레스타이'라는 단어를 사용한 것을 보면, 예수님이 이루어야 할 그에게 맡겨진 일은 예수님 혼자서 할 수 없는 삼위일체 하나님의 완성된 작품이어야 한다는 뜻입니다. 그렇다면 그것은 하나님의 나라입니다. 예수님은 하나님의 나라를 가르치고 전파하기 위해 이 땅에 오셨습니다. 하나님의 나라는 혼자 할 수 없는 어려운 작품과 같습니다.

하나님의 나라를 세우는 예수님의 모든 사역에 삼위일체 하나님이 함께하셨기 때문이라고, 예수님은 기쁜 마음으로 "나를 보내신 이가 나와 함께하시도다 나는 항상 그가 기뻐하시는 일을 행하므로 나를 혼자 두지 아니하셨느니라"(요 8:29) 고백하십니다. 베드로도 그것을 인정합니다.

> "하나님이 나사렛 예수에게 성령과 능력을 기름 붓듯 하셨으매 그가 두루 다니시며 선한 일을 행하시고 마귀에게 눌린 모든 사람을 고치셨으니 이는 하나님이 함께하셨음이라"(행 10:38).

하나님의 나라라는 어려운 작품을 완성하기 위해서는, 즉 아버지께서 보내신 뜻을 다 이루기 위해서는 "오직 내가 아버지를 사랑하는 것과 아버지께서 명하신 대로 행하는 것을 세상이 알게 하려 함이로라 일어나라 여기를 떠나자"(요 14:31) 하십니다. 다시 말하면, 예수님은 하나님의 나라를 전하기 위해 이 땅에 오셨습니다.

> "이르시되 우리가 다른 가까운 마을들로 가자 거기서도 전도하리니 내가 이를 위하여 왔노라 하시고 이에 온 갈릴리에 다니시며 그들의 여러 회당에서 전도하시고 또 귀신을 내쫓으시더라"(막 1:38-39).

누가도 예수님의 이런 모습을 인상 깊게 전합니다. "예수께서 이르시되 내가 다른 동네들에서도 하나님의 나라 복음을 전하여야 하리니 나는 이 일을 위해 보내심을 받았노라"(눅 4:43) 합니다.

하나님 나라를 완성하는 것이 바로 예수가 이 땅에 보냄을 받은 목적의 완성입니다. 예수님이 '다 이루었다'고 하시려면 하나님의 나라를 전해야 합니다. 하나님의 나라는 하나님이 주인이신 나라입니다. 예수님이 하나님의 나라를 전하지만 성령에 의하지 아니하고는 이루어지지 않습니다. 예수님이 그 사실을 친히 말씀하셨습니다.

> "내가 하나님의 성령을 힘입어 귀신을 쫓아내는 것이면 하나님의 나라가 이미 너희에게 임하였느니라"(마 12:28).

예수님은 자신에게 맡겨진 하나님의 나라를 가르치고 전파하기 위해, 혼자서가 아니라 아버지의 하나님과 성령 하나님이 함께 그 일을 하십니다. 그런 의미에서 예수님은 자신의 죽음을 통해 하나님의 나라를 가르치고 전파하고 고치는 일을 최선을 다해 다 마쳤다고 말씀하고 계시는 것입니다.

하나님의 나라는 예수님 안에서 이미 시작되었습니다. 그러나 그 나라는 우리 안에서, 교회 안에서 아직 세워지고 있습니다. 그 나라는 결국에 하나님 아버지 집에서 완성될 것입니다.

4. '빚을 다 갚다'

'테테레스타이'라는 단어는 상인들이 '빚을 다 갚았을 때' 사용했던 말입니다. 이런 뜻을 가진 용어를 예수님이 사용하셨다는 것은, 십자가의 죽음을 통해 우리가 진 죄의 빚을 다 갚아 버렸다는 것을 뜻합니다. '빚을 다 갚다'는 의미의 '다 이루었다'는 낱말이 가지는 의미를 히브리서 기자의 도움을 받아 잘 알 수 있습니다. 죗값의 지불 완료를 "자기를 단번에 제물로 드려 죄를 없이하시려고 세상 끝에 나타나셨느니라"(히 9:26)고 할 때에, 그리스도가 세상에 오신 목적은 '죄를 없게 하시기' 위해서였습니다.

그런데 그것은 모든 죄를 완벽하게 속하신 사건, 곧 빚을 다 갚으신 사건입니다. 다시 말하면, 죄의 모든 삯을 받으시고, 죄의 모든 죄책을 속하시고, 죄의 모든 주관하는 권세를 멸하셨다는 뜻입니다. 자기 목숨을 대속물로 주신다는 것은, 죄와 사망의 종 노릇 하는 우리를 해방시키시고 구속하시기 위해 값을 대신 지불함으로써 구원의 역사를 이루겠다는 뜻을 담고 있습니다. 예수님이 이 땅에 오신 것은 '잃어버린 자를 찾아 구원하려 함입니다'(눅 19:10). 잃어버린 자를 찾아 구원하려면 빚을 다 갚아 주어야 합니다. 그 길이 바로 자기 목숨을 대속물로 주신 것입니다.

그 결과로 하나님께서 그리스도의 제사의 모든 효력을 회개하며 믿는 사람들에게 적용하실 때에, 이제 모든 정죄가 제거되고 죄가 왕 노릇 하던 권세가 멸해졌다는 것입니다. 그런 의미에서 완전한 빚 청산은 예수 그리스도가 드린 "한 번의 제사로 영원히 온전하게"(히 10:14) 되었습니다.

예수님은 빚을 다 갚음으로 말미암아 "아버지께서 내게 하라고 주신 일을 내가 이루어 아버지를 이 세상에서 영화롭게 하였사오니"(요 17:4)라고 감사기도 드리고 있습니다.

5. 삶의 적용

"다 이루었다"는 십자가의 예수님의 말씀은 지금까지 말해진 어떤 말보다 가장 힘 있는 말씀입니다. 그 말씀은 성경을 새롭게 바라볼 수 있는 가장 매력적인 힘입니다. 예수님의 이 마지막 말씀은, 그의 고난과 죽음을 믿음으로 순종하여 아버지를 통한 아들의 영광을 보도록 만들었다는 데에 의미가 있습니다. 다시 말하면, 의문에 속한 계명의 율법이 완성되어 직접 우리가 하나님을 예배하게 되었다는 것입니다. 휘장이 찢겨 중간에 막힌 담이 헐렸기 때문에 이제는 직접 하나님을 예배할 수 있게 되었습니다. 이것을 우리는 영원한 의를 이루신 것이라 말합니다. '하나님의 어린양은 세상의 죄를 없이하시려고 자기를 희생제물로 드리셨습니다'(히 9:26). 그리하여 인간의 구속과 구원의 역사가 완성되었습니다. 그의 죽으심은 하나님의 공의를 완전히 만족시켰습니다.

우리가 '다 이루었다'를 통해 배울 수 있는 것은 무엇일까요? 하나님이 아들을 세상에 보내신 것처럼, 예수님도 제자들을 세상에 파송하십니다. 우리는 매주 예배 때마다 이것을 기념하여 교회는 성도를 세상으로, 가정으로, 일터로 파송합니다. 그러면 여러분은 다음 주에 하나님께 보고해야 합니다. '다 이루었습니다'라고 보고해야 합니다.

첫째, 요한계시록은 예수님께서 말씀하신 대로 '다 이루셨다'는 것을 재차 확인합니다.

"또 내게 말씀하시되 이루었도다 나는 알파와 오메가요 처음과 마지막이라 내가 생명수 샘물을 목마른 자에게 값없이 주리니"(계 21:6).

달란트 비유(마 25:14-30)나 맡긴 돈 비유(눅 19:11-27)에서 보듯이, "주인이 이르되 잘하였도다 착하고 충성된 종아 네가 적은 일에 충성하였으매 내가 많은 것을 네게 맡기리니 네 주인의 즐거움에 참여할지어다"(마 25:21)라고 칭찬해 주시는 삶을 살아야 합니다. 한 달란트 맡은 종은 주인이 무서워 땅에 묻어 놨다가 주인에게 그대로 돌려줍니다. 그를 향해 주인은 악하고 게으른 종이라며 내쫓고 돈도 빼앗아 버립니다. 그러나 다섯 달란트, 두 달란트 받은 사람들은 맡긴 일을 배나 잘 해내서 착하고 충성된 종이라 칭찬받고 주인의 즐거움에 참여하라고 인정 받습니다.

생명을 마치면서, '다 이루었다'고 말하는 값진 삶이야말로 참으로 잘 산 인생이 아닐까요? 우리는 무엇을 잘합니까? 우리는 무엇에 충성합니까? 우리가 아버지께서 세상에 있게 하신 뜻대로, 그 일을 이루기 위한 착하고 충성된 종입니까? 우리가 누구의 종입니까? 죄의 종, 욕망의 종, 권력의 종, 거짓의 종, 결국 사탄의 종으로 살고 있지는 않습니까? 우리가 무엇에 그토록 목을 매며 매달리고 있습니까?

둘째, 예수님처럼 복종하는 삶이어야 합니다. 바울은 예수님과 같은 복종의 삶을 사는 것을 "내가 그리스도와 함께 십자가에 못 박혔나니 그런즉 이제는 내가 사는 것이 아니요 오직 내 안에 그리스도께서 사시는 것이라 이제 내가 육체 가운데 사는 것은 나를 사랑하사 나를 위하여 자기 자신을 버리신 하나님의 아들을 믿는 믿음 안에서 사는 것이라"(갈 2:20) 했습니다. 그리스도인은 예수님처럼 복종하는 삶을 살아야 합니다. 아버지의 뜻대로 사는 사람이어야 합니다. 교회는 다니면서도 자기 원하는 대로 말하고, 생각하고, 가고, 살고 있지 않습니까? 우리를 구원하시기 위해 오신 예수가 내 안에 사셔야 합니다. 그분이 내 안에 사신다는 말은 그분처럼 순종하겠다는 것을 뜻합니다. 보내신 아버지의 뜻을 잊지 않고 사는 예수님이 내 안에 계시므로 내가 내 맘대로 살고 싶어도 다시 되돌아보게 되는 것입니다.

셋째, 우리는 하나님의 목적을 이루기 위해 고난도 기꺼이 감수해야 합니다. 인생의 선한 싸움을 싸우고 달려갈 길을 마친 분들은 "이제 후로는 나를 위하여 의의 면류관이 예비되었으므로 주 곧 의로우신 재판장이 그날에 내게 주실 것"(딤후 4:8)을 사모하게 되기를 바랍니다. '다 이루었다'는 말 자체가 목적을 위해서 끝까지 순종하여야 가능한 것 아닙니까. '다 이루었다'는 말은 우리로 하여금 목적이 이끄는 삶을 살 수 있도록 합니다. '다 이루신' 것처럼 우리의 생명도 목적이 이끄는 삶을 살아야 합니다.

결론입니다.
예수님은 십자가에서 일곱 가지 말씀과 기도를 하셨습니다. 그중에서 오늘 우리는 "다 이루었다"는 주님의 말씀을 묵상해 보았습니다. '다 이루었다'는 말은 맡겨진 일을 완성했다는 뜻입니다. 그중에는 흠 없이 온전한 제물을 드리는 것도 포함됩니다. '다 이루었다'는 원어를 작품을 완성했다고 할 때도 사용하듯이, 예수님은 하나님의 나라라는 작품을 완성했다고 고백하십니다. 그것만이 아닙니다. 원어에 '빚을 다 갚다'는 의미가 들어 있기 때문에, 우리가 진 죄의 빚을 다 갚았다고 말씀하고 계십니다.

그러면 이 문제를 삶에서 적용해 볼 때, 하나님께서 소명을 주시고 이 땅에 두신 목적과 이유를 다 이루었다고 우리도 말해야 합니다. 그것은 예수처럼 복종하는 삶이어야 함을 전제합니다. 우리는 하나님의 목적을 이루기 위해 고난도 기꺼이 감수해야 합니다.

"여자여, 보소서 아들이니이다"

요한복음 19:25-27

○●● 예수님께서 십자가에서 '칠언'을 말씀하십니다. 예수님은 어둡기 전에 세 가지를 말씀하십니다.

"아버지 저들을 사하여 주옵소서 자기들이 하는 것을 알지 못함이니이다"(눅 23:34).
"내가 진실로 네게 이르노니 오늘 네가 나와 함께 낙원에 있으리라"(눅 23:43).
"자기 어머니께 말씀하시되 여자여 보소서 아들이니이다 하시고 또 그 제자에게 이르시되 보라 네 어머니라 하신대"(요 19:26-27).

어두워지면서 한 가지를 더 말씀하십니다.

"엘리 엘리 라마 사박다니 하시니 이는 곧 나의 하나님, 나의 하나님, 어찌하여 나를 버리셨나이까 하는 뜻이라"(마 27:46).

완전히 어두워진 후 어둠 속에서 말씀하십니다.

"내가 목마르다"(요 19:28).
"다 이루었다"(요 19:30).

"아버지 내 영혼을 아버지 손에 부탁하나이다"(눅 23:46).

　첫 번째 말씀은 자신을 비난하고 조롱하고 비웃는 사람들을, 그리고 자기를 고발하고 죽음으로 내몬 사람들의 죄를 용서해 달라는 청원입니다. 두 번째 말씀은 강도에게 하십니다. 세 번째 말씀은 어머니와 제자에게 하신 말씀입니다. 네 번째 말씀부터는 하나님 아버지와의 관계 속에서 하신 말씀들입니다. 이것들 중에서도 오늘은 십자가에서 고통의 죽음을 죽는 예수와 그 아들을 바라보고 있는 어머니 마리아의 관계를 통해, 주님의 고난에 동참해야 하는 이유와 목적과 방법을 찾아보고자 합니다.
　십자가에 달려 고통을 당하는 아들을 바라보는 어머니의 마음은 어떠할까요? 죽어가는 아들의 모습을 지켜보는 어머니의 마음을 무엇으로 위로할 수 있을까요? 반대로 그런 고통 속에서 죽어가면서 자신을 지켜보고 있는 어머니에게 예수님이 할 수 있는 말은 무엇일까요? 어머니 마리아는 마음이 찢어지는 아픔을 가지겠지만, 아들에게 해줄 것이 아무것도 없습니다. 죽어가는 아들에게 아무것도 해줄 수 없는 부모의 마음은 어떠할까요? 반대로 어머니 혼자 두고 먼저 죽는 아들이 어머니에게 할 수 있는 말이 무엇일까요?
　예수님은 어머니 마리아에게 죽어가는 아들로 '당신의 아들'이라는 가장 최고의 사랑을 담은 말을 전합니다. '당신의 아들'이라는 예수의 십자가의 말씀은 마리아를 최초의 초대교인으로 만듭니다. 십자가의 말씀은 구원을 줄 뿐만 아니라 교인으로 살도록 힘을 줍니다. 어떤 고난이 와도 이기고 살 수 있는 힘을 줍니다.
　설교의 목적은, 예수의 십자가의 말씀이 어느 사람에게는 가장 행복해야 하듯이, 우리의 생과 사 어디에서도 하나님의 말씀이 우리에게 가장 행복한 말씀이어야 함을 드러내는 것입니다. 그리하여 예수의 십자가의 말씀이 우리를 가장 행복한 그리스도인이 되도록 만들어야 합니다.

1. 비웃음거리이고 조롱거리인 예수의 죽음

1) 십자가가 증거하는 것

십자가는 하나님의 저주 아래 있는 수치스러운 죽음일 뿐입니다. 왜냐하면 신명기법에 따르면, '나무에 달린 자마다 저주 아래에 있는 자'(신 21:23; 갈 3:13)이기 때문입니다. 사람들은 서서 구경하는 죽음일 뿐만 아니라 관리들은 비웃으면서 말합니다. "저가 남을 구원하였으니 만일 하나님이 택하신 자 그리스도이면 자신도 구원할지어다"(눅 23:35)라고 비웃습니다. 군인들도 희롱합니다.

"네가 만일 유대인의 왕이면 네가 너를 구원하라"(눅 23:37).

아들 예수가 지나가는 사람들의 구경거리가 되고 조롱받으며 비웃음을 사고 있는 것보다 어머니 마리아에게 더 마음이 아픈 것은, 아들이 죽는다는 사실일 것입니다. 아들의 죽음을 인간적으로 받아들일 수 있는 부모는 없습니다. 미치지요. 살아도 사는 것 같지 않겠지요. 무엇을 먹어도 먹는 것 같지 않겠지요. 자식이 조롱당하며, 비웃음거리로 죽어가는데 어찌 마음이 아프지 않겠습니까? 더욱 마음이 아픈 것은, 십자가에서 죽는 아들에게 하나님은 어떤 일도 하시지 않는다는 것입니다. 사람들은 예수가 십자가에서 죽는 것을 보니까 그리스도가 아닌가 보다 생각합니다. 그런데 사람들이 예수님의 십자가의 죽음을 이렇게 생각한다는 것을 700년 전(BC 745-695)에 살았던 이사야 선지자가 이미 예언하고 있습니다.

"우리는 생각하기를 그는 징벌을 받아 하나님께 맞으며 고난을 당한다 하였노라"(사 53:4).

지금 사람들의 눈에는 십자가의 예수는 그리스도로 죽고 있는 것이 아닙니다. 십자가의 죽음은 예수가 그리스도가 아님을 증거하고 있을 뿐이라고 사람들은 인식하게 됩니다.

이 상황에서 우리가 배울 수 있는 것이 있습니다. 어떤 사건이 일어났을 때, 그것을 사람의 눈으로 보면 사람들이 평가하는 것처럼 십자가에서 죽는 예수는 하나님의 아들이 아니고 그리스도가 아닐 뿐이지만, 그것을 하나님의 눈으로 보면 성경이 증언하고 있는 것처럼 십자가에서 죽는 예수님은 하나님의 아들임을 드러낼 뿐만 아니라 그리스도임을 드러낸다는 것입니다. 사람들이 보는 시각과 성경이 증언하는 시각에 차이가 있습니다. 그리스도인인 우리는 어떤 사건을, 특별히 성경의 사건을 사람의 눈으로 봐서는 안 된다는 것을 배우게 됩니다. 예수님의 십자가의 죽음은 사람의 눈으로 봐서는 올바로 이해될 수 없는 하나님의 사건입니다. 제자도 예외가 아닙니다.

그러나 그들도 예수님이 부활하신 다음, 성령을 받고 나서야 예수님의 십자가의 죽음이 어떤 의미를 가지는지 깨닫게 됩니다. 예수님이 십자가에서 고통을 당하시고 죽으신 것은 '하나님께서 정하신 뜻과 미리 아신 대로 내준 바 되었기'(행 2:23) 때문입니다. 우리는 십자가가 하나님의 사건임을 알아야 합니다. 하나님이 정하신 뜻을 행하신 것이고, 하나님이 죽음에 두셨기 때문입니다. 단지 우리가 하나님을 그런 분으로 이해하지 않는 것이 문제입니다. 따라서 우리는 이 세상에 일어나는 어떤 사건도 사람의 눈과 자기의 입장에서만 보지 말고, 하나님의 사건과 시각으로 볼 수 있어야만 합니다.

아들의 죽음을 바라보고 있는 어머니는 아들의 죽음에 대해 아무것도 할 수 없는 어머니일 뿐입니다. 어떤 위로의 말이 상황을 바꿀 수 있는 것도 아닙니다. 이 상황처럼 인간을 비참하게 만드는 것은 없을 것입니다. 어머니가 아들을, 사람들과는 다르게 하나님의 사건으로 보더라도 바꿀 수 있는 것이 없습니다. 그것이 하나님의 사건, 하나님이 일하시는 방식이 가지는 특징입니다. 어머니 마리아가 하나님이 일하시는 방식을 바꿀 수 있는 것도 아닙니다. 하나님의 아들은 죽어가고 있습니다. 하나님도 아무 일을 안 하고 계시는 것처럼 보이는데, 육신의 어머니 마리아가 할 수 있는 일은 아무것도 없습니다.

그러나 하나님은 지금 일하고 계십니다. 아들을 죽이고 있습니다. 십자가는 하나님이 일하고 계시는 순간이고 상황입니다. 우리는 그 시대의 사람들처럼, 예수님이 십자가에서 살아나야 그리스도임을 증거한다고 생각합니다. 그러나 하나님이 일하시는 방식은 사람과는 다릅니다. 하나님은 사람들의 생각과는 달리 예수를 죽음 속에 두십니다. 지금 불가능한 것이 일어나고 있습니다. 하나님의 죽음 말입니다. 죽을 수 없는 분이 죽는 일 말입니다. 이것이야말로 하나님이 하신 일입니다.

불가능한 일을 가능하게 하신 하나님을 우리는 올바로 알고 믿어야 합니다. 죽지 않게 하실 수 있는 분이 죽게 하는 일 말입니다. 우리는 불가능한 일을 가능하게 하실 하나님에 대해 알고 있기를, 하나님은 죽지 않게 하실 수 있으니까, 예수님을 살릴 수 있으니까 예수님을 십자가에 죽게 두지 말고 신의 능력을 드러내 살리라고 요구합니다. 우리는 그런 하나님에 대한 이해가 정당한 것으로 알고 있습니다. 그러나 우리는 그러한 하나님에 대한 이해가 잘못된 것이라는 것을 알아야 합니다. 물론 하나님께는 이 일이 가능합니다. 그러나 그분에게 그런 일을 행하시지 않습니다. 그분의 뜻과는 무관한 일이니까요. '하나님께서 정하신 뜻과 미리 아신 대로 내준 바 된'(행 2:23) 것입니다. 따라서 하나님의 뜻하신 바와 다른 일이 일어나게 하는 일은 그분에게는 불가능합니다.

어머니라도 아무것도 할 수 없는 상황, 그 속에서 하나님은 일하기 시작하십니다. 하나님은 어떻게 그 상황에서 일하고 계십니까? 사람들이 생각하는 방식대로 십자가에서 내려오게 함으로 일하시지 않습니다. 오히려 처참하고 수치스러운 고통의 죽음을 죽게 하십니다. '하나님께서 정하신 뜻대로 내어주신다'고 했습니다.

우리는 하나님이 일하시는 방식을 성경을 통해 배워야 합니다. 사람들뿐만 아니라 신앙인인 우리조차 고통의 상황이 주어지면, 그것을 피하게 해달라고만 청합니다. 사울이 그리했듯이, 인간의 계책과 핑계를 대면서 어떻게든 그 상황을 모면하려고 합니다. 그러나 지금 이 상황은 사람의 계략이라도 피할 수 없는 하나님이 일하시는 상황입니다.

어머니 마리아가 아무것도 할 수 없는 상황에서, 하나님은 아들의 말 속에서 일하기 시작하십니다. "여자여 보소서 아들이니이다"(요 19:26)라는 말 속에 하나님이 무슨 일을 하고 계신다는 말입니까? 이 말씀이 주어진 것에 주목해야 합니다. 사람은 십자가에서의 하나님의 말씀을 온전히 알 수가 없습니다. 그러나 하나님의 말씀은 없는 것을 있게 하시고, 있는 것을 없게 하십니다. 하나님은 천지를 말씀으로 창조하십니다. 인간인 우리가 도무지 알 수 없는 신비와 내용을 말씀은 담고 있어서 말씀 자체의 능력이 모든 것을 일어나게 합니다. "여자여 보소서, 아들이니이다!"라는 말은 우리가 이해할 수 있는 말씀이 아니지만, 그러나 그 말씀은 하나님의 능력을 담고 있습니다. 예수님의 이 말씀이 어떤 하나님의 능력을 담았습니까?

2) "여자여!"의 능력

첫째, "여자여!"라는 칭호는 '어머니'라는 칭호로는 담아낼 수 없는 하나님의 일을 하게 합니다.

'여자여'라는 칭호 속에 하나님의 신비가 담겨 있습니다. 이럴 때는 사람의 생각대로만 풀려고 하지 말고, 하나님의 신비 자체가 일하시는 방식에 주목해야 합니다. '여자여'라는 칭호는 아들이 어머니께 할 수 있는 칭호가 아닌데도 불구하고 예수님이 말씀하셨기 때문에, 예수님 자신의 신성을 강조하기 위해 그런 칭호를 사용했다고 주석을 붙이기도 합니다. 그러나 동양식의 사고에서는 이 칭호가 부당합니다. 어머니에게 어떻게 '여자여!'라고 할 수 있습니까?

저의 경험을 예로 들겠습니다. 처음 독일에 유학 갔을 때 이야기입니다. 독일어를 잘 못해 무슨 말을 하는지 잘 이해하지 못했습니다. 독일어에 나, 너, 그녀, 그 사람, 당신들 같은 인칭어가 있는데, 우리말에 아랫사람에게 하는 '너'에 해당하는 독일어 'du'를 독일 사람들이 기도할 때 하나님께 사용하는 것입니다. 놀랐습니다. 어떻게 하나님께 'du'라고 할 수 있을까 하고요. 어느 독일 집에 초대받아 가게 되었습니다. 아이가 엄마에게 '너'(du)라고 하는 것입니다. 그때도 놀랐습니다.

예수님이 사용하신 칭호도 맥락을 무시하고 이해되어서는 안 됩니다. 이 용어는 예수님께서 여러 여자를 만나면서 사용하신 칭호입니다. '여자여!'(구나이)라는 칭호는 불어로는 'Madame', 영어로는 'Woman', 그리고 독일어로 'Weib'(부인, 여자)입니다. 18년 동안 귀신 들려 앓으며 꼬부라져 허리를 펴보지 못하던 여인을 고치시며 "여자여 네가 네 병에서 놓였다"(눅 13:12) 하실 때, 사마리아 여인과 대화를 나누실 때(요 4:21), 간음하다 잡힌 여자를 부르실 때(요 8:10), 그리고 부활하신 후 막달라 마리아를 부르실 때(요 20:15)도 모두 '여자여'라고 부르십니다. 일반적으로 이렇게 칭호로 사용되고 있지만, 어머니를 그렇게 부를 수 있느냐는 논쟁이 될 수 있습니다.

그러나 예수님은 자기 어머니를 이미 이렇게 부르신 적이 있습니다. 가나 혼인잔치 때 처음 사용되었으나, 그전 열두 살 되던 해에 성전에 오르셨을 때에, 어머니가 아이에게 "네 아버지와 내가 근심하여 너를 찾았노라" 하니까 예수께서 "내가 내 아버지 집에 있어야 될 줄을 알지 못하셨나이까"(눅 2:49)라고 대답하여, 부모는 예수가 한 말을 깨닫지 못합니다. 이미 여기에서부터 예수님이 자신의 존재의 위치에 따라 칭호를 두 가지로 사용하고 있음에 주목해야 합니다.

예수님이 공생애를 시작하여 사역하고 있을 때 어머니 마리아와 동생들이 찾아옵니다. 그때 예수님은 "누가 내 어머니이며 동생들이냐"(막 3:33) 하시면서 '어머니'라는 칭호를 받을 대상을 말씀을 듣는 대상 속에 집어넣고 맙니다. 이때부터 동생들이 예수를 가장 배척하는 자들로 바뀝니다. 이때부터 예수님은 어머니와의 관계를 육신의 관계와 말씀 관계로 나누십니다. 따라서 어머니를 '여자여!'라고 칭한 것은 말씀 관계 속에서 이해해야 합니다.

둘째, 말씀 관계 속에서의 '여자여!'라는 칭호를 살펴봅시다.

'여자여!'라는 칭호가 창세기 3장 15절에 사용됩니다.

> "내가 너로 여자와 원수가 되게 하고 네 후손도 여자의 후손과 원수가 되게 하리니 여자의 후손은 네 머리를 상하게 할 것이요 너는 그의 발꿈치를 상하게 할 것이니라"(창 3:15).

이 일이 지금 십자가의 골고다에서 이루어지고 있는 것입니다. 십자가는 죽음이 일어나는 곳이고, 죽음은 여자와 원수가 된 사탄이 가져온 결과입니다. 사탄이 가져온 죽음을 여자의 후손인 예수가 뱀의 머리를 상하게 하고 있습니다. 우리는 '어머니!'라는 칭호가 아니라 '여자여!'라는 칭호가 창세기 3장 15절과 요한복음 19장 26절에서 동일하게 사용되고 있음에 주목해야 합니다. 따라서 예수님이 어머니를 '여자여!'라고 칭하신 것은 마리아를 최고로 대우하는 징표입니다. 하나님의 일을 하는 자의 반열에 올려놓았기 때문입니다. 그래서 가톨릭과 정교회는 마리아를 성모라 부르며 칭송합니다. 성모의 기도의 능력을 인정하고 있습니다.

'여자여!'라는 칭호가 세 번째로 사용되고 있는 곳이 있는데 마지막 전투가 치러지고 있는 요한계시록 12장 17절에서 볼 수 있습니다. "용이 여자에게 분노하여 돌아가서 그 여자의 남은 자손 곧 하나님의 계명을 지키며 예수의 증거를 가진 자들과 더불어 싸우려고 바다 모래 위에 서 있더라"고 하였습니다. 여자의 남은 자손이라 할 때 원어 '그 여자의 남은 씨앗'(스페르마토스)이라는 단어는 창세기 3장 15절에서 여자의 후손을 '제라'라고 하여 씨앗이라는 말로 쓴 것과 일치합니다. 여자의 남은 씨앗인 예수의 십자가의 증거를 가진 자들이 용, 곧 죽음의 사자인 사탄과 싸워 이기게 됩니다.

2. 어머니를 향한 최고의 사랑의 표현, "여자여!"

"아들이니이다"라는 예수님의 십자가의 말씀은 어머니를 향한 최고의 사랑의 표현입니다. 똑같은 사람의 말이라도 그 사람이 말한 것의 의미를 되묻고 말의 의미를 중시해야 하는 경우가 있습니다. 죽음을 앞둔 사람의 말입니다. 십자가에 달리신 예수님의 말씀은 거짓이 있을 수 없습니다. 우리가 예수님의 십자가의 말씀을 더욱 다르게 봐야 하는 이유는, 십자가에서의 예수님의 말씀은 인간의 말만이 아닌 신으로서의 말씀도 담고 있기 때문입니다. 예수님의 말씀은 언제나 우리가 귀담아들어야 하는 말씀이지만, 특히 십자가의 죽음 앞에서의 말씀은 더욱 경청해야 합니다. 우리가 알 수 없는 신비를 담고 있더라도 그것의 의미를 깨우치고자 하는 사람에게 깨닫게 하시는 하나님의 은총을 소원하면서 그 말씀의 의미를 생각해 보고자 합니다.

죽음 앞에서 어머니를 바라보며 마지막으로 할 수 있는 말, 하고 싶은 말, 마지막으로 해야 할 말이 무엇일까요? "아들이니이다." 이 말이 그렇게 좋습니다. 이 말은 수천 가지 의미를 담고 있습니다. 죽음을 맞이하면서 하는 말이기 때문에, 이 말씀은 무엇보다 어머니께 감사하다는 마음과 미안함을 담지 않았을까요? 어머니 때문에 이 세상에 하나님 아들이면서 당신의 아들로 태어날 수 있어서 고맙다는 말을 담지 않았을까요? 동시에 당신보다 먼저 세상을 떠나서 죄스럽다는, 그리고 당신의 아들이지만 하나님의 아들이기 때문에 공생애를 시작하면서 어머니와 가정을 버리고 떠났어야 했던 것을 미안해하지 않았을까요?

그래서 어머니 곁에 서 있는 사랑하는 제자에게 어머니를 부탁합니다. 그 제자는 평생 어머니를 모시고 살았다고 합니다. 초대교회 에베소 지역에 성모 마리아 교회가 있습니다. 사도 요한이 어머니를 모시고 에베소에 교회를 짓고 살았다고 전하고 있습니다.

3. 신약시대 교회의 최초 성도가 된 마리아

십자가에서의 "여자여 보소서 아들이니이다"라는 말씀은 마리아를 최초의 신약시대 교회의 성도로 만듭니다. 사도행전 1장 12절 이하는 최초 초대교회의 원형을 그리고 있습니다. 다락방에 모인 120명에게 성령이 임하실 때, 그곳에는 제자들과 함께 "여자들과 예수의 어머니 마리아와 예수의 아우들과 더불어 마음을 같이하여 오로지 기도에 힘쓰더라"(행 1:14) 했습니다. 최초의 초대교회 교인이 바로 어머니 마리아와 예수님의 동생들입니다. 십자가의 말씀이 동생들을 변화시켰습니다. 예수님을 가장 대적하던 동생들이 최초 초대교회 교인이 되었습니다.

이런 신앙의 관계는 하나님의 축복입니다. 신앙의 관계는 축복의 관계입니다. 무엇이 축복의 관계를 가져왔습니까? 하나님의 말씀이 축복의 관계를 가져옵니다. 특별히 십자가의 예수님의 말씀이 이런 축복을 가져옵니다. 말씀이 축복을 가져오는 통로가 바로 마리아였습니다. 마리아는 하나님의 "은혜를 받은 자"(눅 1:28)였습니다.

얼마나 큰 은혜를 입었고, 무슨 은혜를 받았습니까?

> "성령이 네게 임하시고 지극히 높으신 이의 능력이 너를 덮으시리니 이러므로 나실 바 거룩한 이는 하나님의 아들이라 일컬어지리라"(눅 1:35).

마리아는 신약성경에서 제일 처음으로 성령을 받은 사람으로 기록되고 있습니다. 성령을 받은 사람은 성령의 일을 하게 됩니다. 그가 성령을 받은 증거가 무엇입니까? 다시 말하면, 사람으로서는 못하지만 사람인데도 해낸 하나님의 일 말입니다. 그것은 하나님의 아들을 낳는 일입니다. 불가능한 일인데도 "하나님의 능력이 너를 덮으시어 그 일이 너에게 일어날 것이라" 하니 "주의 여종이오니 말씀대로 내게 이루어지이다"(눅 1:38)라고 대답합니다. 불가능한 일이지만 "말씀이 반드시 이루어지리라고 믿은 그 여자에게 복이"(눅 1:45) 임합니다. 마리아는 말씀이 반드시 이루어지리라고 믿음으로 말미암아 주어지는 신앙의 복을 받은 자입니다.

결론입니다.

예수님의 십자가는 사람들이 생각하기에 하나님의 저주를 받은 징표일 뿐이고, 그의 죽음은 조롱거리이고 비웃음을 줄 뿐입니다. 그러나 예수님은 하나님의 저주인 십자가에서조차 말씀을 전하십니다. 십자가에서의 말씀은, 사람들이 생각하는 것처럼 예수님이 하나님의 아들이 아니고 그리스도가 아님을 증거하는 것이 아니라, 반대로 하나님의 아들이고 그리스도이심을 증거합니다.

십자가는 사람들의 생각을 따라 이해할 때는 이해되지 않는 하나님의 일이 일어나는 장소입니다. 불가능한 것이 일어나는 곳입니다. 불가능한 것이 무엇입니까? 하나님이 죽는 일 말입니다. 그것이야말로 불가능한 일입니다. 그러나 그 불가능한 일이 일어나고 있는 곳이 바로 십자가입니다. 하나님이 아들을 십자가의 죽음에 내어주고 있습니다.

예수의 십자가의 말씀은 여러 대상들에게 주어지지만 오늘은 어머니 마리아에게 말씀하신 것을 통해 은혜를 받았습니다. 하나님의 아들을 세상에 나게 하실 때에도 말씀으로 잉태하게 하셨고, 말씀대로 이루어지도록 믿는 은총과 복을 주셨습니다. 예수님은 십자가의 마지막 죽음 속에서도 말씀으로 어머니 마리아에게 하나님의 복을 전합니다. 단지 '어머니'라는 칭호 대신에 '여자여'라는 칭호를 통해서 그 일을 하십니다. 마리아는 '어머니'로서도 복을 받았지만 '여자'로서도 가장 큰 복을 받았습니다. 창세기 3장이 말하듯이, 여자가 죄를 짓게 되어 인간에게 그 결과로 주어지는 죽음의 권세를, 예수님은 오늘 십자가에서 '여자여!'라는 칭호를 통해 물리치고 죽음을 죽이는 승리를 보이십니다.

예수님은 어머니 마리아에게 죽어가는 아들로 가장 최고의 사랑의 말을 전합니다. 당신의 아들입니다. 예수님은 하나님의 아들입니다. 성령님이 그렇게 말씀하셨습니다. 제자들의 신앙 공동체가 그렇게 고백합니다. 그런데 예수님은 자신을 당신의 아들이라고 말합니다. 어머니를 향한 가장 최고의 사랑의 말을 남깁니다.

'당신의 아들'이라는 예수님의 십자가의 말씀은 마리아를 최초의 초대교인으로 만듭니다. 십자가의 말씀은 구원을 줄 뿐만 아니라 교인으로 살도록 힘을 줍니다. 어떤 고난이 와도 이기고 살 수 있는 힘을 줍니다. 우리는 예수님의 십자가의 말씀을 먹어야만 이 험한 세상을 이길 수 있는 사람들입니다. 우리들처럼 십자가의 구원의 말씀, 치료의 말씀, 사랑의 말씀이 필요한 사람들이 없습니다. 특히 신앙의 어머니의 위대성을 간직하고 돌아가야 합니다.

제4부

부활

성경은 예수님의 부활을 그리스도론의 중심에 둡니다. 우리는 부활에 대해 여러 가지를 종합적으로 이해해야 합니다. 부활하신 첫날, '살아 있는 자를 죽은 자 가운데서 찾지 말라'며 부활은 '죽은 자 가운데서 예수님이 살아나신 사건'이라 합니다.
부활하신 날 오후에 두 제자가 엠마오로 내려가는 도중에, 부활하신 예수님과 동행하며 이야기를 나누지만 예수님인 줄을 알아보지 못합니다. 그들의 눈이 밝아지고 그들의 마음이 불이 타야 부활하신 예수님을 알아보게 됩니다.
부활하신 날 저녁에 제자들이 있는 자리에 예수님이 나타나십니다. 그들의 마음을 열어 성경을 깨닫게 하십니다. 그리하여 말씀으로 부활이 깨우쳐지도록 하고, 부활하신 예수님을 알아보게 하십니다. 그리고 그 자리에서 요한복음에 따르면, "성령을 받으라" 하시고 숨을 내쉽니다. 성령을 받으므로 그들은 믿는 자가 됩니다. 그런데 숨을 내쉬며 성령을 받으라 말씀하시는 자리에 도마가 없었습니다. 그 후 도마까지 제자가 다 모인 자리에 주님은 다시금 오십니다. 그리고 믿지 못하는 자가 아니라 믿는 자가 되라고 하십니다.
제자들이 다 자기 고향으로 돌아갑니다. 예수님은 부활 후 세 번째로 갈릴리 바닷가의 제자들에게 나타나십니다. 그리고 특별히 베드로를 다시금 부르시고 양 떼를 치도록 명하십니다.
부활하시기 전 무덤 속에 계신 3일 동안은 하나님도 아무것도 하실 수 없었습니다. 그러나 3일 만에 하나님은 일하십니다. 하나님이 하신 일이 바로 부활입니다.

"살아 있는 자를 죽은 자 가운데서 찾지 말라"

마태복음 28:1-10; 마가복음 16:1-8; 누가복음 24:1-12; 요한복음 20:1-18

○●● 죽음을 극복하는 하나님의 약속이 이사야를 통해 선언되고 있습니다. 이사야는 "주의 죽은 자들은 살아나고"(사 26:19)라 하여 죽은 자의 부활이라는 하나님의 약속을 선포합니다. 하나님의 약속은 예수님에게서 실현됩니다. 바울은 '성경대로 그리스도께서 우리 죄를 위하여 죽으시고 장사 지낸 바 되셨다가 성경대로 사흘 만에 다시 살아나셨다'(고전 15:3-4)고 약속의 실현을 공표합니다. 사복음서 기자들은 갈릴리 여인들이 부활하신 그리스도 예수를 처음 만난 것으로 보고합니다. 무덤을 찾은 그 여인들은 빈 무덤을 발견하고는 두려워하고 무서워하지만, 천사는 이사야 8장 19절 "산 자를 위하여 죽은 자에게 구하겠느냐"라는 말씀을 연상시키는 "살아 있는 자를 죽은 자 가운데서 찾지 말라"는 말을 전합니다. 갈릴리 여인들은 빈 무덤을 확인하고 예수가 부활하셨음을 목도하여 증인이 됩니다.

복음서가 공통으로 말하는 갈릴리 여인은 막달라 마리아로, 공관복음은 막달라 마리아, 야고보의 어머니인 마리아, 그리고 살로메 또는 요안나 등으로 소개하고 있습니다. 이 여인들은 예수님의 십자가 처형을 지켜본 여인들로 갈릴리 출신입니다.

"예수를 아는 자들과 갈릴리로부터 따라온 여자들도 다 멀리 서서 이 일을 보니라"(눅 23:49).

이 갈릴리 여인들은 어떻게 '예수가 부활하셨다'는 기쁜 소식을 제자들에게 알리는 기쁨을 누리게 되었을까요?

사람들은 성탄절을 기독교의 최대 축제 절기라고 생각할지도 모르지만, 기독교는 부활절을 가장 큰 절기로 지냅니다. 부활의 능력은 우리 모든 믿는 이들을 변화시킬 뿐만 아니라 우리의 과거, 현재, 그리고 미래에 대한 시간 개념을 바꾸어 버렸습니다. 주님께서 부활하신 후 역사는 기원전(BC)과 기원후(AD)로 나뉘게 되었고, 더 이상 안식일에 예배를 드리지 않고 주님이 부활하신 주일에 예배를 드리고 있습니다.

예배는 주님의 부활을 기뻐하며 축하하고 감사하는 것입니다. 따라서 우리의 주일 예배는 주의 살아나심을 증거하며, 죽음을 이기고 승리한 새로운 시작이 가능하게 되는 날이어야 합니다. 초대교인들이 예배 가운데서 매 주일 떡을 떼며 감사를 드리며 성찬을 가졌던 것은, 바로 부활하신 주님과 만나 떡을 떼며 음식을 먹었던 순간들을 기억하면서 가졌던 부활 식사였습니다(눅 24:13-43; 요 21:1-23).

마태복음 28장 1-10절에는 부활을 목도한 여인들이 소개되고 있습니다. 그들이 부활하신 주님을 보았고, 그런 다음 부활의 기쁨을 맛보았으며, 결국 주님으로부터 부활을 전하라는 명령을 받았습니다. 부활절을 가장 의미 있게 보내는 일은 마태복음 28장 1-10절 말씀처럼 세 가지, 곧 우리가 부활하신 주님을 만나야 한다는 사실과 부활의 기쁨을 만끽해야 한다는 것, 그리고 주님으로부터 부활을 전하라는 명령을 받아야 한다는 것인데, 그것은 다름이 아니라 제자들에게 부활의 기쁜 소식을 전하라는 것입니다.

설교의 목적은 살아 있는 자를 죽은 자 가운데서 찾지 말아야 함을 우리의 신앙 삶의 여러 차원에서 드러내는 것입니다. 특히 부활의 자리에서 그러합니다.

1. 여제자 막달라 마리아

오늘 제가 소개하는 인물은 막달라 마리아입니다. 그녀가 왜 그리도 새롭고 중요하게 다가오느냐 하면, 사복음서에서 예수님의 십자가 처형과 무덤, 그리고 부활 모두를 목격한 유일한 사람이기 때문입니다. 그리고 무엇보다 부활하신 예수님을 처음 목격한 사람일 뿐 아니라 제자들에게 그 기쁜 소식을 전하라고 예수님이 그에게 명하셨기 때문입니다.

이 사건의 의미는 너무나도 큽니다. 남자 제자들은 한결같이 예수의 십자가와 고난을 버리나 여자 제자들 특히 막달라 마리아는 십자가와 고난, 그리고 부활을 목도하고, 주님으로부터 제자들에게 부활의 기쁜 소식을 전하라는 명령을 받습니다.

왜 제자들은 있어야 할 자리에 있지 아니하여, 부활의 영광의 자리에 있지도 못하여, 부활 소식을 전해 듣는 자들이 되고 말았습니까? 주께서 제자를 택하여 함께 있고자 한 데는 분명 고난과 십자가도 함께 동참해 주기를 원하는 이유도 있었을 텐데 제자들은 그 자리를 버렸습니다. 십자가가 무엇이기에 그들은 십자가를 버렸습니까?

막달라 마리아는 예수님이 이 땅에 오셔서 주로 하신 세 가지 사역, 곧 가르치고 전파하고 고치는 사역을 다 목도하고 그 세 가지를 모두 가지고 있는 사람입니다.

1) 말씀을 가장 잘 기억한 사람

예수님의 가르침인 하나님의 '말씀'을 가장 잘 기억한 사람으로 성경에 그녀가 소개되고 있습니다.

예수님은 하나님의 말씀을 가르치십니다. 하나님의 말씀은 권위가 있고 능력이 있음을 그녀 스스로가 체험합니다. 예수님은 말씀으로 일곱 귀신이 들린 막달라 마리아를 치료해 주셨기 때문입니다. 고침을 받은 후에 갈릴리에서부터 예수님을 따라다니며 말씀을 듣고 식사를 대접하며 섬깁니다. 예수님의 모든 가르침을 들었습니다. 성경에서 예수님의 말씀을 잘 기억하여 예수님이 부활하셨다는 사실을 받아들이고 깨닫는 사람이 바로 막달라 마리아입니다. 누가복음에 의하면, 예수님이 생전에 가르치신 하나님의 말씀, 곧 예수가 자기를 증언하신 "예수의 말씀을 기억하고"(눅 24:8) 있던 사람이 바로 그녀였기 때문입니다.

2) 부활의 증언자

막달라 마리아는 예수님이 전파하신 하나님의 나라, 특별히 부활을 증언하는 자가 됩니다. 주님이 하나님의 나라를 선포하러 가시는 곳마다 따라다니며 섬긴 자였을 뿐 아니라, 신약성경 복음서에서 막달라 마리아는 주님의 가르침을 듣고 선교여행에도 동참했던 여자들 가운데 한 명이자 십자가 수난을 지켜보고 주님의 부활 소식을 제일 처음 접한 사람이며(요 20:11-18; 막 16:9), 제자들에게 부활 소식을 알린 사람입니다(요 20:11-18; 막 16:10). 실제로 사복음서에서 예수님의 죽음과 무덤 안치와 부활 장면에 매번 등장하는 유일한 사람이 막달라 마리아입니다.

그녀는 '무덤에서 돌아가 이 모든 것을 열한 사도와 다른 모든 이에게 알립니다'(눅 24:9). 증언자가 됩니다. 부활을 목격한 사람으로 부활을 증언하는 제자가 됩니다.

3) 말씀으로 치유받은 자

막달라 마리아는 일곱 귀신이 나간, 고침을 받은 여인입니다. 제자 중에 병 고침을 받고 제자가 된 경우는 없습니다. 이것은 우리에게 무엇을 말해 줄까요? 직접 치료를 받고 따르는 제자는 예수님과의 관계에 있어서 그렇지 않은 제자와는 다를 것이라 추정하게 됩니다. 병 고침을 받은 사람은 막달라 마리아처럼 평생 주님을 따라다니는 참 제자가 될 수 있습니다. 누가복음 8장 2-3절은 "악귀를 쫓아내심과 병 고침을 받은 어떤 여자들 곧 일곱 귀신이 나간 자 막달라인이라 하는 마리아와……자기들의 소유로 그들을 섬기더라"고 전하여 자기들의 소유로 섬겼다고 밝힙니다.

평생 따라다녔음을 알 수 있는 것은, 그녀를 "예수께서 갈릴리에 계실 때에 따르며 섬기던 자"(막 15:41)라고 소개한 데서부터 "예수께서 각 성과 마을에 두루 다니시며 하나님의 나라를 선포하시며 그 복음을 전하실새 열두 제자가 함께하였고" 마리아가 "다른 여러 여자가 함께하여 자기들의 소유로 그들을 섬기더라"(눅 8:1-3)는 말씀에서 알 수 있습니다.

이것은 우리의 삶을 살면서 신앙생활하고 있는 우리와는 근본적으로 다른 모습니다. 무엇이 그녀로 하여금 그런 삶을 살게 했으며 우리는 왜 그러지 못하고 있는지 잘 모르겠습니다. 다만 성경은 그녀가 평생을 주님을 따라다니며 식사 봉사로 섬겼을 뿐만 아니라 물질로 모든 선교 사역에 동참했다고 적고 있을 뿐입니다.

2. 세베대의 아들들인 야고보와 사도 요한의 어머니 살로메 마리아

야고보와 요한을 세베대의 아들들이라 칭한 것을 보면, 그리고 야고보와 요한의 어머니 마리아라 한 것을 보면, 세베대와 마리아는 부부로 마리아의 이름을 살로메라 소개하고 있습니다. 예수님께서 갈릴리에서 첫 제자들을 부르실 때에 세례 요한의 제자들이었던 안드레와 그 형제 베드로를 부르신 다음 세베대의 아들 야고보와 그의 형제 요한을 보고 부르십니다. '그들이 곧 배와 아버지를 버려두고 예수를 따릅니다'(마 4:22).

여기서 '아버지를 버려두고'라 한 것을 주목할 필요가 있습니다. "예수를 섬기며 갈릴리에서부터 따라온 많은 여자가 거기 있어 멀리서 바라보고 있으니 그중에는 막달라 마리아와 또 야고보와 요셉의 어머니 마리아와 또 세베대의 아들들의 어머니도 있더라"(마 27:55-56) 한 것을 보면, 어머니 마리아도 아들들을 따라 갈릴리에서부터 예수님을 따라왔고 예수님을 섬기고 있습니다. 예수께서 각 성과 마을에 두루 다니시며 하나님의 나라를 선포하며 복음을 전하실 때 "다른 여러 여자가 함께하여 자기들의 소유로 그들을 섬기더라"(눅 8:3) 한 것을 보면, 살로메 마리아도 자기들의 소유로 섬긴 것으로 봐야 합니다.

마태복음 기자가 전하는 이야기에 의하면, '세베대의 아들의 어머니가 그 아들들을 데리고 예수께 와서 절하며 무엇을 구합니다'(마 20:20). 마가복음 기자에 의하면, "세베대의 아들 야고보와 요한이 주께 나아와 여짜오되 선생님이여 무엇이든지 우리가 구하는 바를 우리에게 하여 주시기를 원하옵나이다"(막 10:35)라고 하여 "주의 영광 중에서 우리를 하나는 주의 우편에, 하나는 주의 좌편에 앉게 하여 주옵소서" 청합니다.

예수님은 야고보와 요한에게 "너희는 너희가 구하는 것을 알지 못하는도다"라고 하시면서 "내가 마시는 잔을 너희가 마실 수 있으며 내가 받는 세례를 너희가 받을 수 있느냐" 물으시니 그들이 "할 수 있나이다"라고 대답합니다. 이에 어머니 살로메 마리아가 구하는 것으로 그리고 있는 마태복음도 더 이상 어머니는 전혀 언급하지 않고 "너희는 너희가 구하는 것을 알지 못하는도다"(마 20:22)라 하시면서 "내가 마시려는 잔을 너희가 마실 수 있느냐 그들이 말하되 할 수 있나이다"(마 20:22)라고 대답하는 것으로 나옵니다. 야고보는 제자들 중에 가장 먼저 순교하고, 요한 역시 순교합니다.

야고보의 어머니 마리아는 십자가에서 죽으시는 예수님을 지켜볼 뿐만 아니라 예수께서 죽으신 뒤 셋째 날 새벽 동이 틀 때에 다른 여자들과 함께 예수님의 시체에 향료를 바르려고 그분의 무덤에 갔다가, 돌이 굴려져 있는 것을 발견합니다.

3. "살아 있는 자를 죽은 자 가운데서 찾지 말라"

두 천사는 막달라 마리아와 야고보의 어머니 마리아 등의 여인들에게 '살아 있는 자를 죽은 자 가운데서 찾지 말라'고 책망합니다. 왜냐하면 예수님은 이미 부활하셔서 여기 무덤에 계시지 않기 때문이라는 것입니다. 이 사건을 동일하게 전하고 있는 마가복음 기자는 "그가 살아나셨고 여기 계시지 아니하니라"(막 16:6)며, 그 여인들을 책망하는 뜻으로 말합니다. 그 여인들이 예수님을 잘못된 장소에서 찾았기 때문입니다.

'살아 있는 자를 죽은 자 가운데서 찾지 말라'는 말은 '현실을 잘 직시하라' 또는 '일어나고 있는 사태를 잘 파악하라'는 일차적인 의미를 지칭하는 말입니다. '포인트를 놓치지 말라'는 뜻일 것입니다. 살다 보면 우리도 일상에서 자주 이런 일이 일어납니다. 어떤 점을 놓치고 있다는 것입니까? 예수님이 누우셨던 자리가 비어 있습니다. 천사는 예수님이 살아나셨다고 전합니다.

이 사태에서 놓치지 말아야 할 점은 '예수께서 부활하셨다'는 증거로 빈 무덤이 있다는 것입니다. 그러나 그것을 믿고 받아들일 수 없습니다. 천사는 그것을 믿고 받아들이기 위해서, 예수님이 갈릴리에 계실 때에 너희에게 어떻게 말씀하셨는가를 기억해 보라는 것입니다. 이 점을 놓치고 있다는 것입니다.

누가는 아주 적절하게 마가복음 16장 6절의 생각을 표현합니다.

"어찌하여 살아 있는 자를 죽은 자 가운데서 찾느냐……너희에게 어떻게 말씀 하셨는지를 기억하라"(눅 24:5-6).

두 천사는 부활 소식을 갈릴리 여인들에게 선포하고 있는 것이 아니라, 예수님이 갈릴리에 계실 때에 너희에게 '어떻게 말씀하셨는가를 기억하라'고 가르칩니다.

예수님은 말씀하신 대로 부활하셨습니다. 부활을 증명하는 것은 빈 무덤도 가능합니다. 그것보다 더 확실한 것은 예수님의 말씀이었습니다. 생전에 제자들에게 세 번에 걸쳐 죽고 다시 살아난다는 부활의 말씀을 하셨던 것이 부활을 증명하는 가장 확실한 요소입니다. '예수의 부활에 대한 자기 증언보다 더 확실한 증거는 없다'는 사실을 천사가 지금 언급하고 있는 것입니다. "그가 말씀하시던 대로 살아나셨느니라"(마 28:6)고 천사도 부활 증언의 확실성의 원천을 확인해 줍니다.

우리는 예수님이 부활하셨다는 '그가 누우셨던 곳을 볼 수'(마 28:6) 없습니다. 그렇다고 산 자를 죽은 자 가운데서 찾고 있는 것도 아닙니다. 그저 우리는 예수님의 부활을 증언하는 제자들의 증언을 믿음으로 사실로 받아들입니다. 부활하신 역사적 사실이 없는데, 믿음으로만 부활하신 주님을 믿을 수 없습니다. 부활하신 역사적 사실은 빈 무덤보다도 예수님 자신의 부활에 대한 자기 증언이 더 확실한 원천자료입니다.

예수님의 말씀을 믿지 못하거나 신뢰하지 못한다면, 그것은 결국 부활하신 주님을 만나도 부활하신 주님인지 알아보지 못하는, 엠마오로 내려가는 제자들과 같은 꼴입니다. 우리는 예수님이 제자들에게 부활에 관해 증언하신 것을 부활의 제일 증거로 삼아야 합니다.

그러면 예수님의 부활 증언을 들은 사람들은 그것을 믿었습니까? 제자들도 믿지 못하였을 뿐만 아니라 부활하신 이후에야 그 말의 참

뜻을 알게 되었다고 증언합니다. 부활을 증언하시니까 '당신이 이런 것들을 행한다는 것을 우리에게 표징으로 보여달라'는 유대인의 말에, "이 성전을 헐라. 내가 사흘 안에 지으리라" 대답하셨습니다. 그러자 "46년 동안에 이 성전이 지어졌는데 어떻게 그것을 사흘 안에 세울 수 있다는 말이냐"며 조롱했던 유대인들도 믿지 못했습니다.

예수님은 그들이 예배하는 성전이 아니라 그의 몸의 성전, 곧 부활에 대해 말씀하신 것이었는데, 예수님이 '죽은 자 가운데서 살아나신 후에야 제자들이 이 말씀하신 것을 기억하고 성경과 예수께서 하신 말씀을 믿었습니다'(요 2:22).

이 갈릴리 여인들이 예수님의 십자가를 지켜보고 무덤을 찾습니다. 자기 소유로 섬길 뿐만 아니라 십자가의 죽음을 목격한 여인들은 예수님의 부활을 목격하고 증언합니다. 마태복음 기자는, 예수의 매장을 지켜보고 무덤을 찾아갔던 두 여인이 '무서워하지만 크게 기뻐하면서' 급히 무덤을 떠나 이 소식을 제자들에게 전하려고 달려갔다고 기록했습니다(마 28:8). 그리고 두 여인은 제자들에게 달려가는 도중에 부활하신 예수님을 만나며, 예수님으로부터 직접 부활 소식을 위임받은 것으로 보도합니다.

누가복음 기자는 여인들에게 "어찌하여 산 자를 죽은 자 가운데서 찾느냐? 그분은 여기 계시지 않고 다시 살아나셨다. 갈릴리에 계셨을 때에 너희에게 하신 말씀을 기억하라"(눅 24:6)는 천사의 말을 더합니다. 누가복음은 여인들이 예수님이 갈릴리에서 하셨던 '말씀을 기억'(눅 24:8)했다고 증언합니다. 남자 제자들은 예수님이 세 번씩이나 수난에 대해 말씀하셨지만 그 말을 깨닫지도 기억하지도 못합니다.

이 여인들의 말을 들은 사도들은 여인들이 하는 '말이 허탄한 듯이 들려 믿지 아니합니다'(눅 24:11). 누가복음은 제자들이 부활하신 예수님을 알아보지 못하고 예수님이 부활하셨다는 증언도 믿지 못하는 것으로 보고합니다. 부활하신 예수님을 보고 있는데도 예수님이신 줄 알아보지 못합니다. 무엇을 놓치고 있습니까? 부활하신 예수 그리스도를 인지하지 못한 것이지만, 누가복음 기자가 계속해서 지적하는 것은, 예수님이 부활하실 것이라고 이미 말씀하셨는데도 그 말씀을 믿지 못한 것과 같다는 것입니다. 결국 말씀을 믿지 못하는 제자들을 지적하고 있습니다.

제자들과는 달리 갈릴리 여인들은 십자가에서 죽으신 그리스도 예수에 관해 증언한 예수님의 말씀을 듣고 그 말을 끝까지 기억했기 때문에 부활하신 그리스도를 믿는 일이 가능했고, 부활 소식을 증언할 수 있었습니다. 갈릴리 여인들, 특히 '마리아라 하는 동생'은 말씀을 듣는 일을 할 때면 다른 일, 곧 식사 봉사 일도 제쳐두고 말씀을 듣곤 했습니다(눅 10:39).

부활의 사건에서 도드라지게 드러나고 있는 갈릴리 여인들, 특히 막달라 마리아와 야고보의 모친 마리아 등은 예수님의 '그 말씀을 기억'(눅 24:8)했다는 점입니다.

4. 삶의 적용: 부활의 사실성과 의미성

1) 자기의 소유로 예수님을 섬기는 사람이 됩니다.

예수님은 크게 세 가지 사실을 가르치며 증언하십니다. 첫째, 예수님은 그 자신이 섬김을 받으러 온 것이 아니라 다른 사람을 섬기러 왔으며, 그 섬김은 다른 사람을 위해 자기 목숨을 내어주는 것이라고 말씀하십니다. 둘째, 예수님은 그 '섬김'의 사명을 완수하기 위해 십자가의 수난을 당하고 죽임 받을 것이라는 점을 말씀하십니다. 셋째, 예수님은 자기의 제자가 되려는 사람은 누구든지 자기를 부인하고 십자가를 지고 따르며 수난과 박해를 당해야 한다고 말씀하십니다.

남자 제자들은 다 버리고 간 예수님을 여인들은 어떻게 예수님의 가르침대로 섬기는 자로 살 수 있었을까요? 복음서 기자들은 예수가 갈릴리에서 활동하실 때에 '죄인'으로 멸시당하던 여인들이 예수로부터 사랑과 용서를 받은 후에 예수님을 참으로 섬긴 사실을 보도하고 있습니다. 그렇다면 우리의 질문에 이런 이유로 그녀들이 예수님을 섬겼을 것이라 답할 수 있습니다. 다시 말하면, 예수님에 의해 고통과 억압과 질병으로부터 풀려나고 참사랑과 자유와 기쁨을 체험한 이 여인들이 바로 자신들의 모든 것을 바치며 예수님을 섬기고, 예수님을 따라 갈릴리로부터 예루살렘으로 섬기며 동행한 것이라 봐야 합니다.

'디아코니아'라는 말은 식사 시중보다 훨씬 포괄적인 의미를 가집니다. 이 말은 예수님과 제자들의 관계, 또한 인간들과 예수님의 관계(막 10:45)와 마찬가지로 제자들 상호간의 관계를 표시합니다. 큰 자가 되고자 하는 것과 지배하는 것을 포기하는 것을 포함하기 때문입니다. 디아코니아란 말로 연상되는 것은, 어떤 특수한 여인의 역할이 아니라 맨 밑바닥에서 최악의 일을 해야만 하는 사람들의 상황입니다. 왜냐하면 당시에는 식사 시중을 드는 사람이라면 누구든지 사회적으로 가장 비천한 신분임을 나타냈기 때문입니다. 따라서 식사 '시중을 들다'라는 단어는 정확하게 '종이 되다'라는 말로 번역되어야 문맥상 바른 번역일 것입니다.

육체적 치유를 받은 감사를 한 번 느끼고 드린 것 때문이 아니라 온 삶과 모든 정성을 그분께 드리는 헌신 때문에, 그녀는 주님의 십자가만이 아니라 부활의 영광을 목도했고 전하라는 명령을 받은 사도가 되었습니다. 그 출발은 주님으로부터 고침을 받았다는 것입니다. 주님과의 만남의 흔적이 있어야 합니다. 그 모든 것의 출발은 바로 주님과의 인격적인, 육체적인 치유의 만남이 있어야만 합니다. 시작이 있어야 합니다. 그래야 십자가도 부활도 맛볼 수 있습니다.

2) 예수의 십자가와 무덤을 지키는 사람이 됩니다.

마리아는 갈릴리에서부터, 즉 고침을 받은 후부터 계속하여 예수님을 따릅니다. 그리고 십자가의 죽음을 끝까지 지켜봅니다. 통곡합니다. 가슴을 치며 웁니다. 슬픔의 눈물을 머금고 시체에 향유를 뿌리기 위해 무덤을 찾습니다. 그 자리에서 부활하신 예수님을 만납니다. 두려워 떱니다. 무서워합니다. 부활하신 주님이 그녀에게 "두려워 말라. 평안하냐?" 위로하십니다. 우리는 부활하신 주님을 오늘도 만나야 하는데, 마리아 같은 느낌을 가져 본 적이 없습니다. 부활하신 주님을 만난 마리아는 두려워하고 무서워합니다. 부활하신 주님을 만나는 마음은 분명 두렵고 무서움인가 봅니다. 그러나 부활은 '큰 기쁨으로 빨리 무덤을 떠나' 알려야 합니다.

부활은 분명 큰 기쁨을 주는 사건이기 때문에, 마리아처럼 부활한 주가 주시는 큰 기쁨을 만끽해야 합니다. 이 큰 기쁨은 모든 슬픔, 아픔과 고통, 눈물과 좌절, 그리고 불안을 깨고 주의 평안, 주의 승리, 주의 다 이루심을 내 것으로 만들게 합니다. 좌절이 아니라 일어서게 합니다. 패배가 아니라 승리를 가져오게 합니다. 즉 십자가를 버리는 것이 아니라, 이제라도 십자가를 지고 주를 따르게 합니다. 이 기쁨으로 주께서 부활하셨다고 전해야 합니다.

부활을 전하는 자가 복이 있습니다. 부활을 목도했다고 해서 모두가 가서 부활을 기쁘게 전하는 것은 물론 아닙니다. 마태복음 28장 11절 이하에 보니까, 그 모든 것을 목도한 경비병들은 장로들이 주는 돈을 받고 시체를 도둑질해 갔다고 거짓 증언을 합니다. 어떤 사건이 전혀 다르게 전달됨을 우리는 여러 번 경험했습니다. 여자들은 모든 사역을 따라 다니며 섬겼을 뿐만 아니라 부활을 전하라는 명령을 기쁨으로 전하는 자들이었는데, 그 핵심에 바로 막달라 마리아가 있었습니다.

3) 예루살렘 교회 공동체를 섬기는 공동체로 만듭니다.

이들 갈릴리 여인들은 그리스도 교회의 기초가 됩니다. 사도행전 기자는 '갈릴리로부터 예루살렘으로 올라간 사람들'을 모두 '부활의 증인'으로 명명합니다(행 13:31). 그리고 예수님의 승천 이후 예루살렘 성 안으로 돌아가 다락방에 모여 있던 사람들을 '사도'로 칭합니다. 그런데 그 '사도들'에는 열한 제자뿐 아니라 '여인들'과 '예수의 어머니 마리아'가 있었다고 보고합니다. 사도행전 2장 1절에서 4장 37절까지 내용을 간추려 보면, 그 여인들은 성령을 받고 예수님의 부활을 증거함으로써 많은 사람이 회개하며 예수를 믿게 되었습니다.

이어서 원시 예루살렘 교회가 생기고 나서 사람들이 모여 모든 것을 공유하며 기도에 힘쓰고 전도하기를 힘쓰는데, 그 주축이 누구라고 생각합니까? 우리는 갈릴리 여인들이라 쉽게 추측할 수 있습니다. '자기들의 소유로 그들을 섬기던'(눅 8:3) 막달라 마리아를 비롯한 여인들이 초대교회에서도 똑같이 섬겼을 것이고, 그것을 본 예루살렘 공동체가 성령의 감동으로 그 일을 기쁘게 했을 것이라 생각합니다. 예루살렘 공동체는 예수에 의해 치유와 해방을 받고 기쁨과 감사하는 마음을 가지고 자기의 재물로 그리스도를 섬기며 따르던 갈릴리 여인들에 의해 새롭게 시작되어 예수님의 부활을 선포한 공동체입니다.

실제로 현재 교회도 갈릴리 여인들처럼, 자기들의 소유로 섬김과 따름의 제자직을 수행하면서 예수님의 부활을 증언하는 부활의 증인들로 인해 하나님께 영광을 돌리고 있습니다.

4) 예수를 부활하게 하신 하나님의 능력은 '우리를 위한', '나를 위한' 것이어야 합니다.

오늘날 그리스도인은 예배 때마다 사도신경을 고백하며, 부활을 믿지 않는 그리스도인은 없습니다. 문제는 성경 속의 예수님이 부활을 하든 그렇지 않든 간에, 그리스도인의 삶에 그리스도를 부활하게 하신 하나님의 능력이 없다는 것입니다. 성경은 제자들이 부활하신 그리스도를 믿지 못했다고 전합니다. 그런데 오늘날 그리스도인들은 제자들과 달리 너무나 쉽게, 그리고 아무런 이유 없이 부활하신 그리스도를 믿습니다. 그러면 누가 더 바른 신앙인인가요? 당연히 부활을 믿는 오늘날 그리스도인이라 대답해야 하겠지만, 성경도 그렇게 대답할까요?

초대교회에서부터 지금까지 예수의 부활은 한 번도 논쟁이 안 될 때가 없었습니다. 죽은 자가 다시 살아났느냐, 곧 '진짜 부활했느냐' 하고 부활의 사실성을 따지고 들면, 빈 무덤이 있었고 부활을 목격한 증언자들이 있다고 대답합니다. 그래서 성경을 믿기 때문에 부활이 역사적 사실이라고 믿는 부활 신앙은 정당하다는 것입니다. 그런데 문제는 예수를 부활시킨 하나님의 능력이 우리에게 나타나지 않는 것입니다.

그러면 예수님을 부활시킨 하나님의 능력은 무엇입니까? 예수님의 사역에서 읽을 수 있습니다.

예수님은 생전에 십자가의 죽음과 부활을 세 차례나 제자들에게 말씀하셨습니다. 그러나 제자들은 깨닫지 못하고 넘어집니다. 첫 번째 수난 예고와 부활 고지 때에 베드로는 사탄이 되어 예수를 넘어지게 하는 걸림돌이 되고 맙니다. 그리고 예수님은 "나를 참으로 따르려거든 자기를 부인하고 자기 십자가를 지고 나를 따르라" 명하십니다. 제자들은 놀랐습니다.

두 번째 수난 예고와 부활 고지를 하시자 제자들은 '이 말씀을 알지 못할' 뿐만 아니라 '이 말씀을 묻기도 두려워합니다'(눅 9:45). 그러면서 제자 중에서 누가 크냐 하는 싸움이 벌어집니다.

세 번째 수난 예고와 부활 고지 때에도 '제자들이 이것을 하나도 깨닫지 못합니다'(눅 18:34). 실제로 십자가의 예수를 다 버리며 부인합니다. 그리고 부활하신 예수를 알아보지 못하고 부활을 증언하는 말을 믿지 못합니다. 그리하여 예수님은 믿음이 없는 자들이라고 지적하십니다.

부활하신 예수님은 제자를 대하는 태도가 달라집니다. 믿지 못하는 제자들을 책망하신 것이 아니라 성령을 보내어 믿게 하십니다. 그리고 증언자로 파송하십니다. 제자들에게 아무런 변화가 일어나지 않았지만, 부활하신 예수님은 달라져 있습니다. 부활하게 하신 하나님의 능력이 그에게 나타났기 때문에, 부활하신 예수님은 과거의 예수님이 아닙니다. 하나님의 새로운 창조가 성령을 통해 나타나게 하십니다.

부활하게 하시는 하나님의 능력이 우리에게 일어나기를 원합니다. 하나님 자신에게는 하나님의 능력을 예수에게 나타나게 하는 매체가 바로 부활입니다. 따라서 부활은 하나님을 위해 의미를 가집니다. 그러나 하나님은 우리를 위해 예수를 부활하게 하십니다. 나를 위한 부활이어야 합니다. 하나님의 부활 능력이 '나를 위한', '우리를 위한' 부활 능력이어야 합니다.

여기에서부터 부활의 의미가 나에게 오기 시작하고, 나타나기 시작합니다. 예수를 부활하게 하시는 하나님의 능력은 성경 속에, 그런 의미에서 과거 속에 일어났습니다. 이제 우리들에게도 마지막 날에 곧 언젠가 미래에 일어날 하나님의 일입니다. 문제는 지금 내가 살고 있는 이 현실 속에 부활의 능력이 없다는 것입니다. '그리스도의 부활'은 과거의 사건이고, '죽은 자의 부활'은 미래의 사건일 뿐이라는 겁니다.

그러나 오늘 본문에서 읽을 수 있듯이, 천사는 부활하신 예수님을 만나는 시점을 현재로 고정시킵니다. 부활을 말씀하신 예수님의 말씀은 분명 기억 속에 있습니다. 그러나 부활하신 분은 '지금' 만나야 하는데, 그분을 만날 수 있는 길은 기억 속에 있는 그 말씀을 지금 생각하여 현재의 나의 것이 되도록 하는 것입니다. 그리하여 갈릴리 여인들은 '예수의 말씀을 기억하고 무덤에서 돌아가 이 모든 것을 열한 사도와 다른 모든 이에게 알립니다"(눅 24:8-9). 이것은 미래의 부활을 말하고 있지 않습니다. 예수의 부활을 현재의 부활로 만들고 있습니다.

우리가 놓쳐서는 안 되는 사항부터 다시 점검하며 갑시다. 예수를 부활시킨 하나님의 능력은 '너희가 죽인 예수를 하나님이 다시 살리셨다'(행 2:23-24)는 말에서 가장 강하게 표현되어 있습니다. 부활은 하나님이 일하신 것입니다. 예수가 제자들로 하여금 부활을 온 세상에 증언하도록 하신 문구는 '하나님께서 예수를 죽은 자들 가운데서 다시 살리셨다'(행 3:15, 13:30)는 것이고, 하나님의 부활케 하는 일하심은 우리를 위한, 그리고 나를 위한 일하심입니다. 그럴 때에야 부활의 의미성은 나에게 살아 있기 시작합니다.

5) 살아 있는 자를 죽은 자 가운데서 찾아서는 안 됩니다.

그런데 살아 있는 자와 죽은 자를 구분하지 못하는 사람들이 있습니다. 살아 있는 자와 죽은 자를 구분하는 가름은 '예수의 부활에 대한 자기 증언'입니다. 천사가 전한 대로 "갈릴리에 계실 때에 너희에게 어떻게 말씀하셨는지를 기억"(눅 24:6)해 봐야 합니다.

"그가 누우셨던 자리를 와서 보라" 하면 부활하신 주님을 믿을 것 같습니까? 그 자리에 와서 본 사람들은 오히려 믿지 못하고 두려워하고 무서워합니다. 그러므로 부활하신 주님을 만나려면, 말씀 속에서 만나야 합니다. 그런데 우리는 말씀 속에서 만나기보다는 '빈 무덤'이나 '목격자'들을 더 선호합니다. 빈 무덤을 보면 믿어야 할 터인데, 빈 무덤을 본 제자 중에 베드로와 사도 요한이 있습니다. 요한복음에 따르면 '무덤에 먼저 갔던 그 다른 제자(사도 요한)도 들어가 보고 믿습니다'(요 20:8).

제자라고 해서 부활하신 예수님을 알아보는 것이 아닙니다. 부활하신 예수님을 만나지 않고 빈 무덤만 보고도 믿는 제자가 있습니다. 이 차이는 깨닫게 해주시는 하나님의 은혜 때문이지 사람 때문이 아닙니다. 이사야가 말했고 예수님도 인용하신 것처럼, 하나님께서 허락해 주시지 않으면 들어도 듣지 못하고 보아도 깨닫지 못합니다.

이 사실 외에도 성경은 우리에게 부활하신 주님을 알아보게 하는 하나님의 은혜의 방편이 바로 말씀이라는 것을 상기시켜 줍니다. 말씀을 기억하면 됩니다. 부활은 말씀하신 대로 일어난 하나님의 사건입니다. 예수님을 부활하게 하신 하나님의 능력을 만나려면 말씀을 믿어야 합니다. 오늘도 하나님의 말씀이 선포되었습니다. 여전히 그냥 돌아갈 것입니까, 아니면 부활하신 예수님을 말씀 속에서 만나고 돌아갈 것입니까?

부활하신 예수님을 만나 하나님의 부활 능력을 나의 삶 속에서 체험해야 하는데, 그 길은 '이 모든 것을 다른 모든 이에게 알리는'(눅 24:9) 것입니다. 전하는 증언자가 바로 하나님의 부활 능력이 살아 있는 자입니다. 아니면 사도들처럼 여전히 '그들의 말이 허탄한 듯이 들려 믿지 못하겠습니까?'(눅 24:11)

하나님의 부활하게 하는 능력은 우리를 위한 능력이어야 합니다. 부활의 능력을 가진 자란, 더 이상 패배자의 삶이 아니라 새로운 세계를 살아가도록 열어 주는 자입니다. 죽음을 이기신 하나님의 승리였습니다. 이 하나님의 승리를 통해 하나님은 자신이 누구인지 알리십니다. 우리는 이 승리의 하나님을 만나야 합니다.

승리의 하나님은 성령을 통해 우리를 새롭게 창조하십니다. 틀 속에 갇힌 '나'나 '살아가는 세계'가 아니라, 그것을 깨고 하나님의 나라인 하나님의 통치와 지배가 일어나게 합니다. 더 이상 나는 과거의 나가 아닙니다. 세계를 바라보는 눈이 달라졌고, 세상을 대하는 자세가 달라졌고, 나에게 닥쳐올 어떤 환경이나 만남이나 일들도 하나님의 뜻대로 이루어질 것을 확신합니다. 나는 더 이상 과거의 '나'가 아닙니다. 새로움을 창조하는 부활의 능력이 나에게 나타날 것입니다. 부활하신 예수님은 이제 하나님께 돌아갈 수 있습니다. 우리의 궁극적인 목표는 하나님 집에 거하는 것입니다.

결론입니다.

주님은 죽은 자 가운데서 살아나셨습니다. 그 일을 하신 분은 하나님이십니다. 천사는 예수님이 부활하셨으니 "살아 있는 자를 죽은 자 가운데서 찾지 말라" 합니다. 그 자리에 같이했던 사람 중에 특별히 여제자 막달라 마리아와 세베대 아들들의 어머니 살로메 마리아를 자세하게 살폈습니다. 그녀들처럼 '살아 있는 자를 죽은 자 가운데서 찾지 말아야' 합니다.

부활의 의미성과 사실성을 몇 가지로 고찰했습니다. 자기의 소유로 예수님을 섬기는 사람이 된 경우와 예수님의 십자가와 무덤을 지키는 사람도 있습니다. 그들이 궁극에 예루살렘 초대교회 공동체를 섬기는 사람들입니다. 예수님을 부활하게 하시는 하나님의 능력은 '우리를 위한' 것이어야 합니다. 그러니 우리는 살아 있는 자를 죽은 자 가운데서 찾으면 안 됩니다.

마음이 불타야 보이는 부활하신 예수

누가복음 24:13-35

○●● 부활하신 날 오후에 제자 둘은 엠마오로 내려가고 있었습니다. 이들 제자는 열두 제자에 속하지 않은 자들입니다. "그들의 눈이 가리어져서"(눅 24:16) 동행하시는 부활하신 주님을 알아보지 못합니다. 예수님은 "그들의 눈이 밝아져 그인 줄 알아보게"(눅 24:31) 만드십니다. 영안이 밝아진 것은 음식 잡수실 때에 떡을 떼어 주셨기 때문입니다. 영안이 밝아진 그들이 예수신 줄을 알아보고, 길에서 예수님이 성경 말씀을 풀어 주실 때에 그들 속에서 마음이 뜨거웠다고 고백합니다(32절).

그들의 영안이 밝아진 원인은, 먼저 성경 말씀을 풀어 주셨기 때문입니다. 누가복음 24장 13-35절은 두 제자와 예수님의 도상에서의 만남(13-16절), 예수와의 대담(17-27절), 엠마오에서의 식사(28-31절), 예루살렘으로의 귀환(32-35절)으로 나뉘어 있습니다. 여행, 예언의 성취, 부활한 예수를 알아봄, 그리고 식탁 교제가 중심 주제입니다.

설교의 목적은, 엠마오로 가는 제자들처럼 마음이 불타야 부활하신 예수님을 만난다는 것입니다. 부활하신 주님을 만난 자가 한 일들이 우리의 신앙 삶에서도 나타나기를 원합니다.

1. 엠마오로 가는 길에서의 대화(눅 24:15-27): "이 모든 된 일을 서로 이야기하더라"

여행은 인생이 나그네 길임을 보여줍니다. 엠마오로 가는 길은 여행의 길이었고 엠마오로 가는 도중이었습니다. 여행을 나타내는 용어들, '가면서'(눅 24:13), '가까이 이르러'(15절), '가면서'(17절), '가까이 가매'(28절), '더 가려 하는 것'(28절), '들어가시니라'(29절), '길에서'(32절), '일어나 돌아가 보니'(33절), '길에서'(35절) 등을 통해서도 잘 나타나고 있습니다.

그 여행은 진리에 이르는 길로 부활하신 예수님을 바로 알아보게 되는 인식에 이르는 길이었습니다. 이 여행이 인식의 길이었음을 여러 단어들이 말해 줍니다. 예를 들어 '눈이 가리어져서'(눅 24:16), '예수는 보지 못하였느니라'(눅 24:24), '그들의 눈이 밝아져'(눅 24:31), '자기들에게 알려지신 것을'(눅 24:35) 등이 그 예입니다. 이 여행으로 인생이 여행이지만, 곧 나그네의 삶이지만, 슬픔을 넘어 영광으로 이끌 것이라는 확신 속에서 예수님을 따름으로 가능한 것임을 지적하고 있습니다.

엠마오로 가는 여행은 진리에 이르는 길이고, 참 인식에 이르는 길이었습니다. 진리에 이르는 길이란 참 인식에 이르는 길이고, 참 인식은 오로지 계시를 통해서만 가능하며, 계시는 오로지 말씀을 통해서만 주어집니다. 성경 말씀을 풀어 주실 때에, 곧 성경을 바르게 해석하게 해주실 때에 성경을 바르게 해석하게 해주시는 분은 성령님으로, 성령에 의한 계시를 통해 예수를 바르게 알아보게 됩니다. 참 진리를 인식한 것을 오늘 본문은 '마음으로 믿는 것'이라 부르고, 마음으로 믿으려면 오로지 성령을 통한 계시에 근거해야만 함을 가르쳐 줍니다. 계시에 근거한 믿음은 삶에서 실천, 곧 바른 신앙생활을 실천하도록 만듭니다. 다시 말하면, 깨달은 제자들이 즉시로 일어나 예루살렘으로 돌아가 증언자의 삶을 살게 된다는 것입니다.

그러면 진리에 이르는 여행은 왜 참 인식에 이르지 못하고 있는지 대화(dialog)를 통해 드러냅니다. 예수님과 친구들의 대화가 진행됩니다. '그들의 눈이 가리어졌다'(눅 24:16)라는 말은 '인식하지 못하도록 방해를 받고 있다', '무엇에 붙잡혀 있다'(ἐκρατοῦντο)는 뜻입니다. 사람은 자기가 보고 싶은 것만을 봅니다. 그러나 부활하신 예수님은 자기가 보고 싶은 것만 보는 눈으로는 바로 알아보지 못하도록 방해를 받기 때문에 알아보지 못합니다. 우리는 어떤 대상을 눈앞에 보고 있으면서도 무엇에 붙잡혀서 그것을 내가 찾는 그 대상으로 인식하지 못하는 경우가 있습니다. 제자들은 예수님이 십자가에 죽은 사실을 도저히 받아들일 수 없었을 것입니다. 그래서 그 생각만 하느라고 예수님의 부활을 전혀 생각조차 못했을 것입니다.

'그들의 눈이 밝아져'라는 'dianoigo'는 32절 '성경을 풀어'로, 45절에서는 예수님이 성경을 해석해 주심으로 "마음을 열어 성경을 깨닫게 하시고"로 사용되고 있습니다. 눈으로 보나 알지 못하다가 영으로 깨닫게 되는, 즉 영안이 밝아져야만 인식하게 되는 영적 인식 능력을 뜻합니다.

1) 믿는 것을 '깨닫지 못하는' 자 또는 '미련하여' 믿지 못하는 자

믿는 것을 '깨닫지 못하는' 자 또는 '미련한' 자라고 할 때의 'ἀνοῦς'는, 눈앞에 보이는 것을 바로 알려면 앞에 보이는 것 전부를 또는 중심을 볼 줄 알아야 하는데, 눈에 보이는 부활하신 주님의 보이지 않는 것까지 포함한 전부를 보아야 하는데, 나의 눈 곧 나의 이해 속에 있는 것만으로 보려고 하니까 바로 보지 못하는 것을 뜻합니다.

바울은 이 단어를 다음과 같은 대목에서 사용함으로써 그 의미를 설명합니다. '경건의 모양은 있으나 경건의 능력이 없는 자들의 신앙 걸음을 생각해 봅시다! 그들은 경건의 모양이 있어서 항상 배우나 끝내 진리의 지식에 이르지 못합니다'(딤후 3:5-7). 바울은 그들이 "마음이 부패한 자요 믿음에 관하여는 버림받은 자들"(딤후 3:8)이라고 무서운 말을 합니다. 쉽게 말하자면, 그들은 교회생활을 잘합니다. 그러나 진리의 지식을 따르지 않고 형식에 멈추어 자기가 원하는 대로 신앙생활을 합니다. 바울은 그 이유를 그들의 마음이 썩었기 때문이고, 자기 믿음으로 믿는 것이지 하나님이 주신 믿음으로 믿는 것이 아니기 때문이라는 것입니다. 진리의 지식을 깨닫는 것이 얼마나 중요한지 가르치는 말입니다.

2) 마음에 '더디' 믿는 자

마음에 더디 믿는 문제에 대해 살펴보아야 합니다. '더디'란 정신적으로 태만한 상태를 지칭합니다. 우리가 어떤 대상을 바로 알기 위해서는 정신을 집중하고 관심을 다른 데 두어서는 안 됩니다. 그런데 사람들은 살아가면서 많은 일들을 처리해야 하다 보니, 그 일에만 집중할 수 없어서 그 대상을 올바로 인식할 수 없는 경우가 있습니다. 그들의 관심을 빼앗아 가버린 것, 그들이 온통 관심을 가지고 해결하고 싶은 것이 있으면 보아야 할 대상을 바로 알아내지 못합니다.

십자가에 달려 죽은 예수의 무덤에 안식일 날 새벽에 막달라 마리아 등의 여인이 찾아갔더니 시체가 사라졌습니다. 베드로와 요한이 달려가 보았지만 시체를 발견하지 못합니다. 시체가 사라진 이유 때문에, 마태복음 28장에 따르면, 장로들이 군인들에게 돈을 주어 그를 도둑질하여 갔다고 소문을 내게 조작하고, 시체를 가져간 제자들을 체포하도록 명령하였기 때문에, 제자들이 흩어지고 있었습니다. 따라서 이들은 '이 일이 어떻게 된 일인가?'라는 문제를 해결하는 데만 관심을 두었지 예수님이 생전에 하신 말씀과 성경이 말하는 대로 부활하실 것에 대한 지식을 가지고 있지 않았습니다. 곧 부활하신 주님을 알아보지 못하였다는 것입니다. 부활에 대한 진리의 지식에 이르는 것이 얼마나 중요한지 모릅니다.

　부활하신 주님은 엠마오 두 제자에게 말씀으로 마음(kardia)을 뜨겁게 해주어 믿게 만드십니다(눅 24:32). 예수님은 제자들에게 모세와 모든 선지자들의 말씀들과 그 말씀들 안에 계시된 하나님의 뜻을 메시아는 한마디로 '자기의 영광으로 들어가기 위해 고난을 받아야만 한다'라고 요약해 주십니다.

　여기서 우리가 놓치지 말아야 할 사항이 있습니다. 우리는 성경을 읽을 때에, 우리가 원하는 내용이나 사실이 아니라 성경이 가르치거나 지시하는 의미와 세계를 깨닫고 그것을 현실에 적용할 줄 알아야 하고, 그대로 살아야 한다는 것입니다. 부활하신 예수님이 성경 말씀을 제자들에게 완전하게 여실[계시할] 때에, 즉 가르치고 지시하실 때에 그 내용이 제자들의 굳은 마음을 뜨겁게 하여 마음이 열리게 만듭니다. 결국에 진리의 지식에 이르려면, 그 굳은 마음을 열게 하는 것이 필요하고, 예수님은 성경 말씀을 통해 마음을 뜨겁게 하여 마음이 열려 깨닫게 하셨습니다.

3) "그들의 눈이 가리어져서."

　'가리어졌던 눈'이 문제인데, 알아볼 수 없도록 눈을 가리고 있는 것이 무엇입니까? 그들은 죽지 않고 영광을 주는 그리스도를 원했지만, 하나님은 '이런 고난을 받고 자기의 영광에 들어가야 하는 그리스도'(눅 24:26)를 뜻하셨습니다. 자기들이 원하는 하나님, 자기들이 머릿속에서 만들어낸 하나님이 아니라, 하나님이 원하시는 그리스도를 이해하지 못하고 마음에 더디 믿기 때문이라는 것입니다. 제자들은 고난을 받아야만 영광(doxa)에 들어가는 그리스도를 눈으로 볼 수 없습니다. '영광'(doxa)이란 태양이기 때문에 직접 눈으로 보면 실명하기 때문입니다. 그 사례가 바로 다메섹 도상의 사울입니다.

그런 경험을 했던 바울은, 즉 성경을 읽을 때에 마음을 덮고 있는 것이 있으면 성경을 읽어도 이해하지 못한다는 사례로 "그들의 마음이 완고하여 오늘까지도 구약을 읽을 때에 그 수건이 벗겨지지 아니하고 있으니"(고후 3:14)라고 말합니다. 우리의 눈이나 마음을 덮고 있는 수건이 바울에 따르면, '주님께로 돌아서기만 하면 그 수건은 벗겨집니다'(고후 3:16).

예를 들어 보겠습니다. 그는 십자가에 달리신 예수님을 '나무에 달린 자마다 저주 아래 있다'(신 21:23)는 말씀에 따라 저주받은 자로 알았습니다. 그러나 다메섹에서 실명했다가 비늘이 벗어진 후에 주님께로 돌아가, 수건이 벗겨진 다음에 이사야 53장 4-6절을 다시 읽어 보니 그 저주가 "그리스도께서 우리를 위하여 저주를 받은"(갈 3:13) 것이요, "하나님이 죄를 알지도 못하신 이를 우리를 대신하여 죄로 삼으신 것은 우리로 하여금 그 안에서 하나님의 의가 되게 하려"(고후 5:21) 하심이라는 사실을 깨달았다는 것입니다. 눈에서 비늘이 벗어져야 십자가와 부활하신 그리스도를 참으로 읽을 수 있습니다.

2. 식탁에서의 대화(눅 24:28-31): "그들의 눈이 밝아져 그인 줄 알아보더니"

잡히시기 전날 밤에 행해졌던 최후의 만찬에서 주님은 "떡을 가져 감사기도 하시고 떼어 그들에게 주시며 이르시되 이것은 너희를 위하여 주는 내 몸이라 너희가 이를 행하여 나를 기념하라"(눅 22:19)고 만찬을 제정하십니다. 이때에 '기념하라'(anamnēsis)는 낱말은 그가 전에 무엇인가를 이미 보았거나 들었거나 혹은 어떤 식으로든 지각하여 '기억된 것'(mneme), 머릿속에 저장된 것을 '회상하다' 또는 '상기해 보다'라는 뜻입니다.

어거스틴은 "하나님은 나의 기억 속에 계신다"라고 말했습니다. 이렇게 생각나게 하고 가르치시는 분이 바로 성령입니다. 요한복음 14장 26절에 따르면, 성령님은 보혜사로, "보혜사 곧 아버지께서 내 이름으로 보내실 성령, 그가 너희에게 모든 것을 가르치고 내가 너희에게 말한 모든 것을 생각나게 하리라"고 했습니다.

다시 생각나게 하시는 성령님(요 14:26)은 베드로의 경우, "주께서 돌이켜 베드로를 보시니 베드로가 주의 말씀 곧 오늘 닭 울기 전에 네가 세 번 나를 부인하리라 하심이 생각나서"(눅 22:61) 밖에 나가서 심히 통곡하게 만듭니다. 베드로는 이 일의 충격을 자신의 서신에서(벧후 1:12) 고백합니다. 베드로 자신이 죽을 때가 가까이 왔다는 사실을 깨닫고 인생을 되돌아보면서, 참으로 부끄러운 신앙 걸음을 걸었던 일들이 주마등처럼 스쳐 지나갔습니다. 여러 무너진 일들, 반석이 아니라 사탄이 되고 걸림돌이 되어 넘어졌던 일들 중에서 가장 기억에 남는 일은, "네가 나를 따르려거든 자기 십자가를 지고 나를 따르라"는 주님의 말씀과 달리 자기를 부인하는 것이 아니라 주님을 부인한 것이었습니다. 그래서 다른 사람들이 자기처럼 '실족하지 않았으면'(벧후 1:10) 좋겠다면서, 결국에 우리가 '구주 예수 그리스도의 영원한 나라에 들어간다'(벧후 1:11)는 것을 잊지 말아야 한다는 것을 '너희에게 생각나게 하려 한다'(벧후 1:12)면서 "내가 이 장막에 있을 동안에 너희를 일깨워 생각나게 함이 옳은 줄로 여기노니"(벧후 1:13)라고 하여 '생각나게 한다'는 단어를 사용합니다.

그리스도는 성찬의 식사 중에 알려지십니다. 성만찬, 곧 주의 만찬임을 알게 된 것은, "가지사 축사하시고 떼어 주시니"(눅 24:30, 22:19, 9:16) 깨닫게 되었던 것입니다. 제자들은 식사 교제를 통해 그리스도를 깨닫습니다. 누가복음에 따르면, 식사 교제는 죄인들과 소외된 자들을 포함시키는 관용성, 하나님 나라에 대한 가르침, 새 시대의 도래와 관련되어 있음을 드러냅니다. 누가복음에는 갈릴리에서의 세 번의 식사 교제가 일어납니다.

갈릴리에서 모든 것을 버리고 예수님의 제자가 된 세리 레위(눅 5:27-39)가 예수님을 만찬에 초대하여 섬김의 식사를 제공하는데, 소외되고 죄인으로 불리는 사람들과 함께 식사하신다는 이유로, 바리새인들이 예수는 세리와 죄인과도 식사를 하며 금식하지 않는다고 비방합니다. 이에 예수님은 하나님 나라는 스스로 의인이라고 생각하는 자들이 들어올 수 있는 곳이 아니라고 설명하시고, 하나님 나라의 새 시대가 도래했음을 '새 옷과 낡은 옷', '새 포도주와 새 부대'의 비유를 통해 선포하십니다.

두 번째 식사 교제는 바리새인이 예수님을 초청한 집에서 죄 많은 여인이 향유를 붓는 내용입니다(눅 7:36-50). 예수님을 초청한 바리새인은 예수가 선지자가 아니라 하여 환대하지 않지만, 죄 많은 여인은 그 일로 죄 용서만이 아니라 평안까지 얻고 돌아갑니다. 하나님 나라는 죄를 탕감해 주는 은혜의 나라이며 믿음으로 구원받는 나라임을 가르치십니다. 또한 하나님 나라의 백성은 죄 사함 받았음을 깨닫는 자이며, 그런 자의 마음은 사랑이 많은 행동으로 드러난다는 것입니다.

갈릴리에서의 세 번째 식사 교제 사역은 광야에서 5천 명을 먹이시는 사건입니다(눅 9:10-17). 앞의 두 식사 교제와 다른 점은, 앞의 두 사건의 장소가 레위와 시몬의 집 안이었고 예수가 초대받아 식사를 하게 되었지만, 광야에서는 예수님이 손님이 아닌 만찬의 주인으로 등장하신다는 것입니다. 예수님은 자신을 따라온 무리들을 받아들이시고 그들에게 하나님 나라의 일을 가르치시고 아픈 자들을 고치십니다. 이 '무리'들 속에는 소외되고 가난한 사람들, 병자들, 또는 그 사회에서 죄인이라고 취급받던 사람들이 있었습니다.

3. 회상 속의 대화(눅 24:32): "성경을 풀어 주실 때에 우리 속에서 마음이 뜨겁지 아니하더냐"

그리스도께서 성경을 해석해 주실 때에 제자들이 아무런 반응을 보이지 않다가(27절), 성만찬의 사건을 기억하고 다시금 길에서 말씀을 풀어 주실 때 마음이 뜨겁지 않더냐 하고 회상하고 있습니다. 성령은 '보혜사 곧 아버지께서 내 이름으로 보내실 성령 그가 너희에게 모든 것을 가르치고 내가 너희에게 말한 모든 것을 생각나게 하시는'(요 14:26) 분입니다.

두 사람은 '마음이 뜨거워진' 반응에 대해 말합니다. 마음이 뜨거워진다는 말은 '불이 탄다'(kaio)는 말인데, 하나님이 강림하시면 불이 탑니다. 모세가 불꽃 가운데 임하시는 하나님을 뵈었듯이, 사도행전에 따르면, 성령 하나님도 불같은 성령으로 임하십니다.

따라서 바른 인식은 결국에 마음이 뜨거워져야 하는데, 하나님이 임해야만 마음이 불타고, 마음이 없는 깨달음, 마음에 다가오지 않는 들음 또는 대화 나눔은, 곧 진리 인식에 이르지 못한 인식은 그것으로 끝납니다. 그러나 참 인식이란 마음이 뜨거워지는 것입니다.

'마음'이 뜨거워진 사건은 '눈'이 밝아짐과 연결되어 있습니다. 이는 개인적으로뿐만 아니라 공동체가, 삶의 모든 방향과 가치관을 바른 인식에 기초한 믿음으로 돌이킬 수 있습니다. 하나님을 마음으로 만난 사람들이 함께 있으면 그곳은 분명 달라집니다. 하나님을 만난 자는 정말로 마음이 불이 탑니다. 그분의 이름만 들어도 가슴이 뛰고, 주님의 십자가 말만 들어도 마음이 울고, 주님의 부활 소식을 들으면 무섭고 두렵지만 큰 기쁨으로 가서 전하지 않을 수 없습니다. 베드로처럼 그분 앞에서는 '나는 죄인입니다' 고백하게 되고, 바울처럼 실명하게 될 정도의 불빛으로 다가오시면 모든 것을 새롭게 볼 수 있도록 눈을 가리고 있던 비늘이 벗어집니다.

예수님은 부활을 통해 그리스도로 인식됩니다. 제자가 예수님을 그리스도로 인식하고 그리스도라 고백하게 된 배경은 부활 사건 때문입니다. 제자가 예수님을 그리스도로 고백할 수 있는 사건은 무엇이었습니까? 십자가 사건을 증거하고 있는 성경에 의하면, 십자가 사건을 목도하고 있는 지나가는 사람들, 군인들, 대제사장(서기관, 장로), 한 강도 등이 예수님에게 '네가 그리스도면 거기에서 내려오라'고 말하며 그리스도임을 부정했습니다. 부활 사건이 일어난 후인데도 '우리는 이 사람이 이스라엘을 구속할 자라고 바랐다'고 예수님이 그리스도를 바라는 자신들의 소망이 좌절되었다고 말합니다.

그들이 '그리스도이기를 바라게' 만든 사건들이 많았습니다. 변화산에서 모세와 엘리야와 함께 십자가에 대해 논의할 때에 용모가 변화되는 것을 보고는 초막 셋을 짓자 하면서, 자기가 하는 말을 자기도 알지 못하고, '구름 속에서 이는 나의 아들이니 너희는 그의 말을 들으라'(눅 9:28-36)고 함에도 그들은 누가 더 큰가 하며 논쟁을 합니다(눅 9:46).

누가복음 24장 21절은, 3년간의 제자의 삶이 결코 예수를 그리스도로 고백하게 하지 못했다는 사실과 예수가 그리스도이심을 고백하기 위해서는 다른 무엇인가가 필요함을 증거해 줍니다. 그것이 무엇일까요? 오늘 본문에 의하면 '눈이 밝아져야' 그인 줄 알아봅니다(눅 24:31). 영안이 밝아져야만 부활한 그리스도를 인식할 수 있습니다.

그러면 어떻게 그들의 영안이 밝아졌습니까? 예수께서 성경을 풀어 주셨지만 깨닫지 못하다가 떡을 떼는 성만찬을 통해 최후 성만찬이 기억나 깨닫게 되고, 이렇게 생각나고 깨닫게 하는 분이 성령이기 때문에 성령을 통해서야 부활하신 예수님을 알 수 있었습니다. 그러므로 우리가 예수님을 그리스도로 고백하려면 예수님을 그리스도로 인식할 수 있어야 하고, 예수님을 그리스도로 인식하려면 예수님을 그리스도로 인식하게 하는 깨닫게 하는 성령이 계셔야 합니다. 따라서 성령에 의하지 않고는 예수님을 그리스도로 고백할 수 없습니다.

4. 말씀의 적용: 마음이 불이 타야 보이는 부활하신 예수

1) 환대와 섬김의 신학

환대와 섬김은 매우 밀접한 관계로, 환대에 있어서 반드시 섬김의 자세가 필요하고, 진정한 섬김은 곧 환대로 연결됩니다. 이스라엘 공동체가 환대를 중시하는 이유는, 이스라엘 역사의 시작 자체인 아브라함부터 갈대아 우르를 떠나 하란으로, 하란에서 가나안으로, 가나안에서 애굽으로, 애굽에서 가나안으로 여행하며 정착을 위해 살았기 때문만이 아니라, 400년의 애굽 노예 생활에서부터 출애굽한 후 정착하기까지, 그리고 지금도 세계 각지에 흩어진 역사 때문입니다.

> "거류민이 너희의 땅에 거류하여 함께 있거든 너희는 그를 학대하지 말고 너희와 함께 있는 거류민을 너희 중에서 낳은 자같이 여기며 자기같이 사랑하라 너희도 애굽 땅에서 거류민이 되었었느니라 나는 너희의 하나님 여호와이니라" (레 19:33-34).

예수님은 엠마오로 가는 길에서 '낯선 자'(paroikos, 18절)로 등장합니다. 이 단어는 '이웃에 사는 자' 또는 '외국인', '낯선 자', '거류민' 등을 의미합니다. 예수님을 알아보지 못하는 두 제자에게 예수님은 문자적 의미에서 낯선 자입니다. 그는 예루살렘에서 모든 사람이 알고 있는 이야기를 알지 못하는 낯선 자입니다. 또한 영적인 의미에서, 예수님은 이제 이 세상에 더 이상 머물러 있지 않은 낯선 자입니다. 이제 예수님은 제자들이 고향으로 돌아가는 것처럼, 아버지로부터 보냄을 받아 사명을 다한 후 다시 아버지 집으로 돌아가는 나그네의 삶을 마치고 있습니다. 엠마오로 내려가는 두 제자는 예수님을 자신의 집으로 초대합니다. 즉 낯선 자를 환대하고 식사 교제 가운데 그를 섬김으로 대접합니다.

우리는 여기서 낯선 자로 우리 삶에 찾아오시는 예수를 발견하며, 낯선 자를 환대하고 섬김이 바로 구약에서부터 내려왔던 하나님의 뜻이었음을 이해할 뿐 아니라 하나님을 만나며 자신의 영적인 눈을 뜰 수 있는 통로가 된다는 것을 살펴보게 됩니다. 또한 환대와 섬김을 실천할 때 내가 누구인지 정체성을 확인하며, 내가 베푸는 환대와 섬김을 통해 내가 환대와 섬김을 역으로 받는 것을 봅니다. 낯선 자를 통하여 만나는 하나님을 증언하게 되는 책무를 실천하게 됩니다. 낯선 자로 임하시는 하나님과 낯선 자를 환대하고 섬길 때 체험하는 영적인 깨달음과 변화의 삶의 메시지를 담고 있는 가르침으로도 강조되고 인식되어야 할 것입니다.

두 제자가 예수님을 초대했으나 식사 도중에 예수님이 빵을 들고 축사하며 나누어 주는 역할로 바뀌는데, 여기에서 낯선 자를 환대할 때 도리어 환대를 베푼 자가 섬김을 받게 되어 주인과 손님이라는 경계가 무너지는 것을 보았습니다. '식사'라는 하나님 나라의 만찬에서는 하나님과 인간의 사귐이 가능하며, 사람과 사람 사이를 가르는 인종, 계급, 성별, 부 등의 어떤 경계도 사라지면서 진정한 참여와 사귐이 공존하는 파트너십이 형성됨에 주목해야 합니다.

2) 예루살렘으로의 귀환: 죽음을 향한 행진

두 제자는 눈이 밝아져 그인 줄 알아본 다음, 성경을 풀어 주실 때에 우리 속에서 마음이 뜨겁지 아니하더냐 회상하면서 '곧 그때로 일어나 예루살렘에 돌아갑니다'(눅 24:33). 또한 '길에서 된 일과 예수께서 떡을 떼심으로 자기들에게 알려지신 것을 말합니다'(눅 24:35).

우리도 부활하신 주님을 만나면, 엠마오로 가던 두 제자처럼 하게 되는 일이 두 가지가 있습니다.

첫째, 죽음의 자리를 피하여 도망가던 자가 죽음의 자리로 되돌아 갑니다.

"누구든지 제 목숨을 구원하고자 하면 잃을 것이요 누구든지 나를 위하여 제 목숨을 잃으면 찾으리라"(마 16:25).

부활하신 주님을 만난 그리스도인은 '나를 위하여', '주를 위하여' 목숨도 내놓는 자입니다. 나를 위해서 사는 것이 아니라 주를 위해서 사는 자여야 합니다. 내가 죽어야만 교회가 살고, 내가 죽어야만 그리스도가 내 안에서 사십니다. 주를 따르려면 나를 부인하고 나의 십자가를 져야 합니다. 나와 주님이 동시에 주인일 수 없습니다. 바울이 말했듯이 우리 속에는 주님이 사셔야 하는데, 내가 살고 있고 '나'만이 아니라 나 아닌 또 다른 '나' 곧 죄악을 짓게 하는 사탄이 살고 있습니다.

신앙고백 하는 베드로이지만, 동시에 예수를 넘어지게 하는 베드로입니다. 반석이면서 동시에 걸림돌입니다. "주는 그리스도시요 살아 계신 하나님의 아들이시니이다"라는 신앙고백을 하게 하는 하나님이 내 안에 거하여 복 있는 사람이 되지만, 하나님의 일은 생각하지 않고 사람의 일만 생각하는 사탄이고 맙니다. 그리하여 "사탄아 내 뒤로 물러가라!"고 책망을 받습니다.

이 책망을 받은 이후로, 즉 사탄이 들어온 사람이 되고 나서는 끊임없이 예수에게서 멀어지고 맙니다. 예수님의 죽음을 앞두고 함께 기도하려고 갔지만 피곤하여 잠을 자고 맙니다. 변화산상에서 변화되시는 주님의 모습을 보고 "이곳이 좋사오니 이곳에 집을 집고 삽시다!"라고 말하는데, 자기가 무슨 말을 하고 있는지 자기도 모르는 말을 합니다.

수제자인 자기를 놔두고 하늘나라에서 하나는 좌편에, 하나는 우편에 앉게 해달라는 세베대의 아들들에게 화를 내면서 누가 진짜 큰 자인지 묻습니다. 최후의 만찬 자리에서 제자 중 하나인 가룟 유다에게는 사탄이 들어가 예수를 팔려고 나가고, 감람산에 이르러서 베드로는 '내가 주와 함께 죽을지언정 주를 부인하지 않겠다'고 장담하지만, 세 번이나 부인하고 맙니다.

둘째, 부활하신 주님은 엠마오로 내려가는 두 제자에게 우리 주 예수 그리스도 자신에 관한 하나님의 말씀을 풀어 주시며 하나님의 뜻과 주권을 계시해 주셨습니다. 이 제자들처럼 우리가 믿고자 하는 하나님을 믿지 말고, 성경이 가르치는 하나님을 믿어야 합니다. 더디 믿는 자가 되지 말고, 미련한 자가 되지 말고, 말씀에 기초한 부활 신앙을 가진 자가 되어야 합니다. 그 일은 전적으로 성령이 하신 일입니다. 우리는 성령 없이는 하나님의 말씀을 읽으나 깨달을 수 없고, 하나님의 말씀의 능력과 지혜를 가지지 못합니다.

부활하신 주님을 눈으로 보고 있지만 알아보지 못한 것처럼, 하나님의 말씀인 성경을 우리가 읽는다고 다 깨닫는 것이 아닙니다. 오로지 깨닫게 하시고 생각나게 하시는 보혜사 성령님 안에서, 성령님의 인도하심을 따라 성경을 읽어야 말씀 속에서 오늘도 우리를 만나 주시는 하나님을 만날 수 있습니다. 그러나 우리는 성령님이 아무에게나 임하시는 것이 아님을 잘 압니다. 성경을 읽을 때에 성령님의 도움 없이 우리의 눈으로 읽는 것의 문제점을 지적한 것으로만 받아들이지 말고, 그렇다고 성령님이 성경을 읽는 누구에게나 임하시는 것도 아님을 알아야 합니다.

성령님은, 요한복음에 따르면, 부활하신 날 저녁에 제자들에게 나타나십니다. 즉 오후에 엠마오로 내려가는 제자들과 동행하시면서 성경을 풀어 깨닫게 하신 주님을 만난 제자들이 예루살렘으로 즉시 일어나 돌아가 증언합니다. 그 자리에 예수님이 역시 나타나셔서 제자들에게 "성령을 받으라"(요 20:22)고 하십니다. 그곳에 있던 제자들은 성령을 받습니다. 성령을 받은 제자들이 하나님의 말씀을 깨닫는 것이 다릅니다. 성령을 부어 주시고 제자들에게도 엠마오로 내려가던 두 제자들의 경우처럼 성경을 깨닫게 하시므로 '그들의 마음이 열립니다'(눅 24:45).

결론입니다.
부활하신 날 오후에 두 제자가 엠마오로 내려가고 있습니다. 예수님이 대화에 동행하지만 그들은 부활하신 예수님을 알아보지 못합니다. 그들은 미련하여 믿지 못하는 자들이고, 마음에 더디 믿는 자들일 뿐입니다. 그들이 알아보지 못하는 이유는 그들의 눈이 가리어 있기 때문입니다.

저녁이 되어 식탁에서 대화가 계속됩니다. 그때 그들의 눈이 밝아져서 예수님을 알아봅니다. 그제야 그들은 길에서 성경을 풀어 주실 때 자신들의 마음이 뜨거웠다는 사실을 회상해 냅니다. 부활하신 예수님은 마음이 불이 타야 보입니다. 마음이 불타려면 환대와 섬김이 있어야 합니다. 최후의 성만찬을 기억할 수 있는 식탁 공동체에서 환대와 봉사가 이루어졌던 것입니다. 그들은 깨달은 즉시 일어나 다시금 죽음을 향해 예루살렘으로 행진합니다.

"마음을 열어 성경을 깨닫게 하시고"

누가복음 24:36-48

○●● 오늘 말씀은 부활하신 예수님이 안식 후 첫 날 저녁때에 열한 제자에게 나타나신 이야기입니다. 요한복음에 따르면, 예수께서 두려워 문을 잠그고 있는 제자들에게 나타나셔서 '너희에게 평강이 있을지어다 하고 말씀하시고 손과 옆구리를 보이시니, 제자들이 주를 보고 기뻐합니다'(요 20:19-20). 그 자리에 없었던 도마가 의심을 하면서 "내가 그의 손의 못 자국을 보며 내 손가락을 그 못 자국에 넣으며 내 손을 그 옆구리에 넣어 보지 않고는 믿지 아니하겠노라"(요 20:25) 합니다. 여드레가 지나서 도마도 함께 있는 제자들에게 다시 나타나셔서, "네 손가락을 이리 내밀어 내 손을 보고 네 손을 내밀어 내 옆구리에 넣어 보라 그리하여 믿음 없는 자가 되지 말고 믿는 자가 되라"(요 20:27)고 요구하십니다.

우리는 예수님의 부활을 어떻게 생각합니까? 예수님의 부활은 우리에게 어떤 놀라움을 주었습니까? 예수님의 부활이 정말 우리를 기쁘게 하고 있습니까? 도마처럼 손의 못 자국을 만져 보고 옆구리에 손을 넣어 보고라도 예수님의 부활을 믿어 보고 싶습니까, 아니면 예수님이 부활을 해도 혹은 부활하지 않아도 아무런 일이 내게 일어나지 않는 그냥 이야기일 뿐입니까? 예수님의 부활이 나의 신앙의 무엇을 바꾸어 놓았습니까? 예수님의 부활이 나의 신앙생활에 무엇을 가져다주고 있습니까? 아니면, 우리는 지금이라도 예수님이 부활하셨다는 확실성을 깨닫고, 그 부활의 능력을 따라 우리의 신앙의 삶이 달라져야 합니까? 그러고 싶은데, 어떻게 하면 그런 일이 가능합니까?

설교의 목적은, 의심하고 믿지 못하던 제자들이 어떻게 예수님이 부활하셨다고 증언하게 되었는지 오늘 말씀을 따라 알아보는 것입니다. 그런 다음, 예수님의 부활이 우리 신앙의 삶에 중요한 변화를 주는 일이 일어나야 함을 아는 것입니다. 그것은 다름 아닌 우리도 부활을 증언해야 한다는 것입니다. 예수님은 우리에게 부활의 증인이 되라고 요구하십니다.

1. 예수를 가리켜 기록된 말씀

"모세의 율법과 선지자의 글과 시편에 나[예수]를 가리켜 기록된 모든 것이 이루어져야 하리라"(눅 24:44)고 하신 말씀이 무엇인지 알아야 합니다.

부활하신 예수님이 제자들 앞에 부활하신 날 저녁에 나타나십니다. 제자들은 예수님을 보고 놀라고 무서워하며 마음에 의심을 합니다. 예수님은 손과 발을 보일 뿐만 아니라 생선 한 토막까지 잡수시며 "내가 너희와 함께 있을 때에 너희에게 말한 바"(눅 24:44) 하나님의 구원 계획과 섭리를 하나님의 말씀을 들어 설명하십니다. 말씀으로 이미 가르쳤지만 깨닫지 못하는 '그들의 마음을 열어 성경을 깨닫게 하십니다'(눅 24:45).

예수님은 하나님의 구원 계획과 섭리가 가지는 세 가지를 집중적으로 설명하십니다.

첫째, '그리스도가 고난을 받아야 한다'는 사실입니다. 제자들은 하나님의 섭리와 구원 계획을 모르거나 안 믿는 것이 아니라, 그리스도가 왜 고난을 받아야 하는지를 못 받아들이고 있는 것입니다. 그러나 의인의 고난은 구약을 관통하는 중심 주제 중 하나입니다. 특별히 시편 기자는 이 사실을 아주 강조합니다(시 22, 31, 69, 118편; 사 53장). 그러면 왜 하나님은 의인의 고난을 계획하실까요? 죄 사함의 문제를 해결하기 위해서입니다. 예수의 피로 값을 치르고 교회를 사야만 죄 사함의 문제가 해결됩니다. '하나님이 자기 피로 사신 교회'(행 20:28)이기 때문입니다.

둘째, 사도행전 기자는 다윗의 시인 시편 16편 "이는 주께서 내 영혼을 스올에 버리지 아니하시며 주의 거룩한 자를 멸망시키지 않으실 것임이니이다"(시 16:10)라는 말씀을 사도행전 2장 27절과 13장 35절에서 인용하면서, 하나님이 죽은 자 가운데서 다시 일으키셨다고 부활을 증언합니다. 우리는 하나님의 말씀이 가지는 내용이 이해가 안 되는지, 아니면 말씀의 내용대로 예수님이 부활하신 사실이 이해가 안 되는지를 구분해야 합니다.

셋째, 하나님의 구원 계획이 전파되어야 합니다. 예루살렘에서 시작하여 모든 족속에게 전파되는 것은 하나님의 뜻입니다. 하나님의 뜻대로 이루어지지 않는 것이 있습니까? 반드시 이루어지지만 그것이 증인을 통해 성취되기 때문에, 제자들에게 '너희는 이 모든 일의 증인이 되라'(눅 24:48) 하신 것입니다.

이 세 가지 하나님의 구원 섭리 또는 계획 내용을 결국에 깨닫게 됩니다. 하나님의 구원 계획을 깨닫고자 하면 구약의 하나님의 말씀에 그 내용이 있어야 합니다. 예수님은 생전에 그것을 제자들에게 가르치셨습니다. 그러나 그들이 그것을 깨닫지 못했습니다. 예수님은 제자들이 성경을 깨닫기를 원하십니다. 그래서 성경을 다시 자세하게 풀어 주십니다. 이 일은 부활하신 날 오후에 엠마오로 가는 두 사람에게 하신 방식과 같습니다. 성경을 풀어 깨닫게 하는 방식이 비록 같을지라도 제자들의 경우는 엠마오로 내려가는 두 사람과는 약간 다른 점이 있는데, 결국 '마음을 여는' 방법을 달리합니다.

베드로와 바울은 사도행전 2장 14-36절, 13장 16-41절에서 예수님의 부활이 시편 16편 10절의 실현임을 선언하고 있습니다. 베드로는 시편 16편 10절 말씀을 인용하여 '그는 그리스도의 부활을 미리 내다보고서 말하기를, 그리스도는 지옥에 버림을 당하지 않고, 그의 육체는 썩지 않았다'(행 2:31)고 풀어 주면서, '하나님께서 이 예수를 살리셨으며, 우리는 모두 그 증인'(행 2:32)이라고 오순절 설교를 합니다. 바울은 안디옥 회당에 들어가 전도합니다.

"예루살렘에 사는 사람들과 그들의 지도자들이 이 예수를 알지 못하고, 안식일마다 읽는 예언자들의 말도 깨닫지 못해서, 그를 정죄함으로써, 예언자들의 말을 그대로 이루었습니다. 그들은 예수를 죽일 만한 아무런 까닭도 찾지 못하였지만, 빌라도에게 강요하여 예수를 죽이게 하였습니다. 이와 같이, 그에 대하여 기록된 것을 다 행한 뒤에, 그들은 예수의 시신을 나무에서 내려다가, 무덤에 두었습니다. 그러나 하나님께서 예수를 죽은 사람들 가운데서 살리셨습니다. 그래서 예수는 자기와 함께 갈릴리에서 예루살렘으로 올라간 사람들에게 여러 날 동안 나타나 보이셨습니다. 이 사람들은 지금 백성들에게 그에 대한 증인이 되었습니다."(행 13:27-31, 새번역)

베드로와 바울이 그러했듯이 우리는 증인이 되어야 합니다. 증인이 참 증언을 하려면, 증언할 내용을 올바로 알아야 합니다. 증언할 내용을 올바로 알기 위해서는 구약성경이 예수님의 부활을 이미 증언했다는 것을 주목해야 합니다. 그러나 바울이 풀어 주었듯이, 예수님을 죽음에 내준 자들은 안식일마다 읽는 예언자들의 말도 깨닫지 못했습니다.

베드로나 바울은 '하나님께서 예수를 살리셨다'(행 2:32, 13:30)고 하여 예수님의 부활이 하나님이 하신 일이라고 증언하고 있습니다. 예수님의 부활은 하나님이 하신 일입니다. 하나님이 하시는 일인 예수를 죽음에서 다시 살리시는 일이 이미 구약에 다 예언되어 있었다는 것입니다. 예수를 죽음에 내준 자들은 안식일마다 그것이 기록되어 있는 예언서를 읽었습니다. 그러나 그들은 성경을 읽으면서도 하나님이 무슨 일을 하고 계신지 깨닫지 못했습니다. 이처럼 우리도 성경을 읽으면서 하나님이 하신 일이 무엇인지 모르는 사람이 되어서는 안 됩니다. 우리는 하나님이 죽은 자를 살리시는 일도 구약의 예언을 따라 그 일을 하신다는 것을 알아야 합니다.

따라서 우리는 우리의 신앙의 삶에서 일어나는 무슨 일이든 그것이 하나님께서 뜻하신 일인 줄 읽으려면, 우선은 하나님의 말씀을 통해 그 사건을 해석할 수 있어야 합니다. 예수를 죽음에 내준 사람들처럼, 우리의 신앙 열심과 관점을 가지고 그 사건을 보면 그 사건을 올바로 볼 수 없습니다. 성경을 근거로 제시하면서 예수님의 부활을 설명해 주어도 부활한 예수를 알아보지 못하고 있는 경우를 누가복음 24장은 엠마오로 내려가는 제자들의 모습을 통해 보여주고 있습니다. 구약성경이 이미 예언해 놓았지만 사람들은 구약성경을 통해 예수의 일을 읽지 못합니다. 특히 예수의 부활은 제자들도 깨닫지 못하고 '놀라고, 무서움에 사로잡혀서, 유령을 보고 있는 줄로 생각'(눅 24:37)합니다.

2. 예수께서 깨닫게 하셔야 깨달을 수 있습니다

예수님께서 '성경을 깨닫게 하시려고 그들의 마음을 열어 주셔야'(눅 24:45) 그들은 깨닫게 됩니다. 예수님은 자신의 부활을 인식하지 못하는 제자들에게 '자신의 부활은 구약성경을 통해 이미 예언된 것'이라는 사실을 직접 풀어 주십니다. 하나님의 말씀도 예수님께서 그것을 깨닫도록 그들의 마음을 열어 주셔야 한다는 것을 엠마오로 내려가는 두 제자 이야기를 통해서 알 수 있습니다.

누가복음 24장의 이야기입니다. '예언자들이 말한 모든 것을 믿는 마음이 참 무디다. 그리스도가 반드시 이런 고난을 겪고서 자기 영광에 들어가야 하지 않겠는가?' 그리고 예수께서는 모세와 모든 예언자로부터 시작하여, 성경 전체에 자기에 관하여 쓴 일을 그들에게 설명해 주십니다.

저녁때가 되고 그들과 함께 음식을 잡수실 때에, 예수께서 빵을 들어서 축사하시고 떼어서 그들에게 주십니다. 그제야 그들의 눈이 열려서 예수님을 알아봅니다. 그들은 서로 말합니다. '길에서 그가 우리에게 말씀하시고 성경을 풀어 주실 때에, 우리의 마음이 속에서 뜨거워지지 않았던가?'

우리가 예수의 부활을 증언하려면, 예수님께서 성경을 깨닫도록 우리의 마음을 열어 주셔야 합니다. 결코 나의 신앙의 열심과 눈으로 읽으려고 하면 깨닫지 못합니다. 우리의 눈은 우리가 보고자 하는 것만 보는 경향이 있습니다. 사람의 눈은 엠마오로 내려가는 두 제자들의 경우처럼, 예수님과 대화를 나누고 있으면서도 예수님을 알아보지 못합니다. 자신들이 생각하고 있고 알고 있는 성경의 지식을 가지고 성경을 읽는 한, 그들은 성경이 예언하고 있는 그 일이 지금 내 눈앞의 예수의 일이라는 것을 읽어내지 못합니다. 예수의 부활을 증언하고자 하는 우리는 성경을 깨닫게 하시는 성령이 우리의 마음을 열어 주셔야만 합니다. 그렇지 않으면 시편 16편 10절에 '예수가 죽은 자 가운데서 다시 살아나야 하리라' 하신 말씀을 알지 못합니다(요 20:9).

3. 부활의 증인

부활의 증인이란 '그의 이름으로 죄 사함 받게 하는 회개를 모든 민족에게 전파'(눅 24:47)하는 자를 뜻합니다. 첫째로 죄 사함을 받게 하고, 둘째로 죄 사함을 받게 하는 회개를 전파할 때, 셋째로 부활 능력이 나타납니다.

증인은 전파해야 하는 임무를 부여받았습니다. 증인인 우리는 나의 죄를 사함 받게 하는 회개를 하는 것으로 만족할 것이 아니라 회개를 전파해야 합니다. 부활의 능력은 우리의 증언 속에서 나타나야 합니다. 우리가 증언하는 예수님의 부활은 죄를 사함 받게 하는 회개를 가져오기 때문입니다. 우리는 예수님의 부활을 증언하여 예수님의 부활의 능력이 지금도 사람들에게 일어나게 해야 합니다. 2천 년 전의 한 사건으로 끝나지 않고, 지금도 죄를 사함 받게 하는 회개가 일어나도록 우리는 부활을 증언해야 합니다.

우리는 제자들의 부활의 증언이 우리를 부활 신앙에 참여하게 만든 것을 눈여겨보아야 합니다. 그들은 예수님이 세 번이나 십자가에서 고난을 받고 죽을 것과 다시 사실 것을 말씀하셔도 믿지 못했지만, 부활의 확실성을 확인하고 나서는 예수님의 십자가와 부활 외에는 전하지 않겠다고까지 말합니다. 우리도 부활을 증언하려면, 부활의 확실성(부활의 확실성을 가지기 위해서는 첫째로 말씀, 둘째로 깨닫게 하심, 셋째로 죄 사함의 용서, 넷째로 증언 곧 전파가 있어야 한다)을 가져야 하고, 그래야만 죄 사함을 받게 하는 회개를 전파할 수 있습니다.

4. 부활하신 날 제자들 앞에 나타나신 예수께서 깨닫게 하신 것

부활하신 날 저녁에 제자들 앞에 나타나신 예수께서 제자들의 마음을 열어 성경을 깨닫게 하시는 방법과 이유를 알아봅시다.

열한 제자들이 모여 있는 다락방에 부활하신 예수님이 나타나십니다. 그 제자들에게도 성경을 풀어 깨닫게 하십니다. 열 제자들 역시 엠마오로 내려가는 두 사람처럼 '마음(kardia)에 의심했기'(눅 24:38) 때문입니다. 그런데 예수님은 열 제자들의 '마음(νοῦς)을 열어'(눅 24:45) 성경을 깨닫게 하십니다.

그런데 왜 마음이 'kardia'에서 'nous'로 바뀌었을까요? 같은 사건을 언급하고 있는 요한복음 20장 9절에 의하면, 제자들은 죽은 자의 부활에 관한 성경 말씀이 어디 있는지 아직 모르기 때문입니다. 성경 말씀이 어디 있는지 몰라 의심하는 제자들에게 주님은 성경 말씀으로 깨우쳐 주십니다. 그래서 예수님은 제자들에게 "모세의 율법과 선지자의 글과 시편에 나를 가리켜 기록된 모든 것이 이루어져야 하리라"(눅 24:44)고 가르치십니다.

그러면 부활하신 예수님이 열한 제자에게 성경을 깨닫도록 주시는 하나님의 정신인 'νοῦς'가 성경에 어떤 의미로 사용되고 있는지 살펴보아 그 의미를 정확하게 알 필요가 있습니다. 바울이 이 단어를 대부분 사용합니다. "내 마음의 법과 싸워 내 지체 속에 있는 죄의 법"(롬 7:23)이라 하여, 하나님의 뜻에 순종하고자 하는 마음과 육체의 욕망대로 하고자 하는 죄가 내 안에서 싸울 때, 죄를 이길 수 있는 하나님의 정신을 뜻하는 말로 이 단어를 사용합니다. 이 단어의 의미는 바울이 '옛 사람을 벗어 버리고 오직 심령으로 새롭게 되는'(엡 4:23) 새사람, 곧 그리스도의 영으로 중생한 사람인지의 여부를 가늠할 때, 'νοῦς를 가지고 있느냐'에 따라 판단할 때 가장 잘 드러납니다. 그런데 이 단어는 '그들의 눈이 밝아져 그인 줄 알아 볼'(눅 24:31) 때의 'διανοίγω'(dianoigo) 라는 단어로 대체되어도 맞습니다.

누가복음 24장 31절의 "밝아져"라는 단어(디아노이고)는 32절에서 "성경을 풀어 주실" 그리고 45절에서는 "성경을 깨닫게 하시고"로 번역되고 있지만, 같은 어원을 가진 단어들입니다. 이 단어는 '이해 능력을 키워' 성경을 깨닫게 해주셨다는 뜻을 가집니다. 더 정확하게 하자면, 성경의 의미와 지시하고 있는 그 세계를 모세오경 중에서 그리고 선지자들의 글 중에서 구체적으로 어디인지 지시해 줌으로써 계속하여 깨닫게 해주십니다.

성경 말씀을 들어 구체적으로 그 내용까지 풀어 주신 내용이, 엠마오의 두 제자의 경우 "그리스도가 이러한 고난을 받고 자기의 영광에 들어가야 할 것이 아니냐"(눅 24:26)이지만, 열한 제자의 경우 "그리스도가 고난을 받고 제삼일에 죽은 자 가운데서 살아날 것"(눅 24:46)에 대한 회개 전파 증인뿐만 아니라 '아버지께서 약속하신 성령'(눅 24:49)의 능력을 입을 때까지 머물러 있는 것도 더하여 첨가됩니다. 그 이유는 열한 제자들에게는 엠마오의 제자들과는 달리 성령과 함께 '사도'로 보내시는 과제가 부여되어야 하기 때문입니다.

열한 제자가 부활하신 예수님을 보고도 믿지 못한 이유가 무엇인지 밝혀지고 있습니다. 엠마오의 제자들의 경우에는 눈이 가리어진 것이기 때문에 눈이 열려 그인 줄 알아보게 하면 되었고, 마음에 더디 믿기 때문에 마음이 불이 타서 믿게 만들면 되었습니다. 그런데 열한 제자의 경우 '그들은 너무나 놀라 무서워하였고 유령을 보는 줄로 생각하였습니다'(눅 24:37).

엠마오 제자들의 경우처럼 '마음에 의심하는 것' 외에 "왜 너희는 두려워하느냐?"고 말씀하신 것을 보면, 그들은 두려워 유령을 보는 줄로 생각하고 있었습니다. 예수님은 먼저 그들이 '두려워하지 않고 유령으로 생각하지 않도록' 유령은 살과 뼈가 없지만 예수님은 손과 발이 있음을 보여주십니다. 그런데도 제자들은 '아직도 그것을 믿지 못합니다.' 그래서 그들이 구운 생선 한 토막을 드립니다. 예수님께서는 그것을 받아 그들 앞에서 잡수십니다. 이것으로 첫 번째의 문제가 해결되었습니다.

이제 두 번째 문제인 '마음에 의심하는' 문제는 성경 말씀으로 풀어 주십니다. 엠마오 두 제자의 경우는 떡을 떼어 주시는 그 순간에 '그들의 눈이 열립니다'(눅 24:31). 이어 32절에서는 동일한 단어가 '성경을 풀이해 주실 때'로 번역되어 사용되고 있습니다. '성경을 열어 주다'라는 말은 하나님의 계시(열어 보이심)를 뜻하고, 성경의 참뜻을 알려면 하나님께서 성령을 통해 마음 문을 열어 주셔야만 합니다.

식사할 때에 눈이 밝아져, 즉 '눈이 열려'(διανοίγω)와 '성경을 풀어[열에] 주실'(διανοίγω)의 경우가 같은 단어로 사용되었습니다. 단지 눈을 열어 주실 때는 성만찬으로, 그리고 마음을 열어 주실 때는 성경 말씀으로 하고 있습니다. 성경은 마음을 불타게 하여 닫힌 마음을 열게 만듭니다. 제자들, 곧 사람의 눈으로 봐도 열리지 않지만 그리고 사람의 마음으로 믿으려 해도 믿을 수 없지만, '사람의 지혜가 가르친 말로 아니하고 오직 성령께서 가르치신 것으로 하면'(고전 2:13) 성경 말씀의 의미와 신령한 세계가 열립니다. 오로지 우리 주 그리스도 예수께서 그 마음을 성경 말씀으로 열어 주실 때에만 가능합니다. 사도행전 16장 14절에 '하나님을 섬기는 루디아라 하는 한 여자가 말을 듣고 있을 때 주께서 그 마음을 열어 바울의 말을 따르게 하는' 사례를 통해서 그 사실을 명확하게 알 수 있습니다.

5. 삶의 적용

두 제자는 눈이 밝아져 그인 줄 알아본 다음, 성경을 풀어 주실 때에 우리 속에서 마음이 뜨겁지 아니하더냐 하고, '곧 그때로 일어나 예루살렘에 돌아갑니다'(눅 24:33). 또한 '길에서 된 일과 예수께서 떡을 떼심으로 자기들에게 알려지신 것을 말합니다'(눅 24:35). 우리도 부활하신 주님을 만나면 제자들처럼 해야 하는 일 두 가지가 있습니다.

1) '곧 그때로 일어나 예루살렘에 돌아가듯이' 죽음의 자리로 올라간 것처럼, 자기를 버리고 자기 십자가를 지고 주를 따라야 합니다.
　죽음의 자리를 피하여 도망가던 제자들이 죽음의 자리로 되돌아갔듯이, 우리 그리스도인 또한 마찬가지여야 합니다.

> "누구든지 나를 따라오려거든 자기를 부인하고 자기 십자가를 지고 나를 따를 것이니라 누구든지 제 목숨을 구원하고자 하면 잃을 것이요 누구든지 나를 위하여 제 목숨을 잃으면 찾으리라"(마 16:24-25).

　부활하신 주님을 만난 제자들은 '주를 위하여' 자기를 부인하고 목숨도 내놓는 자가 됩니다. 이제 자기를 위해서 사는 것이 아니라 주를 위해서 사는 자가 됩니다. 내가 죽어야만 교회가 살고, 내가 죽어야만 그리스도가 내 안에서 사십니다. 제자도의 말씀을 실제로 따르게 된 것은 부활하신 주님을 만나고 나서부터입니다. 우리가 주를 따르려면, 그리고 나를 부인하고 십자가를 지려면 부활하신 주님을 만나야 합니다.

2) 마음을 열어 성경을 깨닫게 하시는 주님을 따라 말씀을 깨달아야 합니다.
　열한 제자가 모여 있는 다락방에 부활하신 예수님이 나타나십니다. 그 제자들에게도 성경을 풀어 깨닫게 하십니다. 열한 제자들이 '마음(kardia)에 의심했기'(눅 24:38) 때문입니다. 그런데 예수님은 열한 제자들의 마음(nous)을 열어 성경을 깨닫게 합니다. 왜 마음이 'kardia'에서 'nous'로 바뀌었을까요? 요한복음 20장 9절에 의하면, 제자들은 예수가 죽은 자 가운데서 다시 살아나야 하리라 하신 말씀을 아직 알지 못하였기 때문입니다.

예수님 생전에도 세 번이나 '십자가에서 죽으나 사흘 만에 살아나리라' 예고하셨으나, 제자들은 믿지 않거나 들어도 귀담아듣지 않았습니다. 그리고 그 사건이 일어나는 현실에서 작동하도록 만들지 못하고 있습니다. 그러나 부활하신 후에 세 번이나 예수님이 "내가 십자가에서 죽고 부활한다고 말하지 않았느냐"고 말씀하시자 그들은 그제야 마음이 열려 말씀하신 것을 믿게 됩니다. 부활하신 예수님을 믿는 것이 아니라 부활하신 예수님이 말씀하신 내용을 믿게 됩니다. 다시 말하면, 부활하신 예수님이 생전에 말씀하신 것을 확증하고 마음을 열어 성경을 깨닫게 하신 것, 곧 믿게 되었다는 것을 뜻합니다.

이것은 안식 후 첫날, 곧 부활절 새벽 미명의 시간에 막달라 마리아를 비롯해 놀라고 두려워하는 여제자들에게 천사가 "그가 누웠던 자리를 와서 보라" 한 말은, 누웠던 자리를 보고 깨달으라 한 것이 아니라 '그가 살아나리라고 말씀하신 대로 살아나셨다'는 살아나셨음의 확실성, 즉 말씀인 것을 지적하며 그 말씀을 믿으라고 한 것이었습니다.

부활한 주님이 제자들 즉 믿지 못하는 두려워하는 제자들에게 마음을 열어 성경을 깨닫게 하신 이유는 믿기만 하는 것이 아니라 그들을 온 족속에게 전하는 증인으로 세우고 싶으셨기 때문입니다. 마찬가지로 우리를 부활한 주님을 확실히 만나고 증언하는 자로 삼으셨다면, 우리는 그 일을 해야 합니다. 그 일을 할 때 비로소 부활의 능력이 나타납니다. 부활의 능력이란 죽음을 이기는 사건이자, 패배자의 삶이 아니라 승리자의 능력으로 사는 것을 뜻합니다. 과거의 틀을 깨고 새롭게 창조된 부활은 분명 '하나님이 하신 일이기' 때문에 하나님의 새로운 창조 능력이 나타나야 합니다.

부활은 죽음을 이긴 새로운 창조 사역입니다. 하나님이 말씀으로 세상을 창조하셨듯이 예수님은 말씀으로 제자들을 새사람으로 새롭게 창조하셨고, 우리는 성령으로 인해 새 영 곧 정직한 영을 받았습니다.

정직한 새 영을 받은 사람답게 정의인 하나님의 의를 추구하며 살아야 합니다.

우리는 스스로 마음을 열지 못합니다. 이렇게 말하는 이유는, 제자들이 주님으로부터 부활에 관해 세 번이나 말씀을 들었고 부활하신 주님도 만났지만 깨닫지 못했을 때, 제자들의 마음을 열어 주어 성경을 깨닫게 하신 분은 예수님이기 때문입니다.

우리가 마음을 열어 부활하신 주님을 깨닫고 증언하지 못하고 있다면, 우리의 마음과 관심을 다른 곳이나 다른 것에 빼앗겼기 때문일 것입니다. 우리의 생각이나 행동 또는 지각 경향을 온통 붙잡고 있는 것, 그것이 성적인 욕망이든 물질이든 명예 욕망이든, 그것들 때문에 관심을 온통 빼앗겨 버렸다면 우리의 마음을 열어 깨닫게 해주시는 분은 주님이시기 때문에 주님에게 책임이 있다 말해야 합니다.

그러나 주님은 그 일을 하고 계십니다. 성경을 보면 그분은 지금도 말씀으로 나에게 그 일을 하고 계십니다. 그럼에도 나는 여전히 마음을 열지 못하고 나의 관심을 해결하는 일에만 온통 집중하고 있습니다. 이제 우리는 부활하신 주님을 보고자 하는 열망을 품어야 합니다. 부활하신 분, 그러나 제자들 앞에 서 계시는 그분, 말씀 속에서 부활하신 그분은 성경 속에만 존재할 뿐이고 나의 삶에서는 아무런 역할을 못한다면, 우리는 다시 물어야 합니다. 무엇이 잘못되었습니까? 부활하신 분을 놓쳐서는 절대로 안 되기 때문입니다.

3) 성령의 충만함을 받는 사람이 되어야 합니다.

부활하신 주님은 엠마오로 내려가는 두 제자에게 하나님의 말씀인 성경을 풀어 주시며 하나님의 뜻과 주권을 계시해 주셨습니다. 우리는 우리가 믿고자 하는 하나님을 믿지 말고, 성경이 가르치는 하나님을 믿어야 합니다. 더디 믿는 자가 되지 말고, 미련한 자가 되지 말고, 말씀에 기초한 부활 신앙을 가진 자가 되어야 합니다.

그 일은 전적으로 성령이 하신 일입니다. 우리는 성령 없이는 하나님의 말씀을 읽으나 깨달을 수 없고, 하나님의 말씀의 능력과 지혜를 가지지 못합니다. 부활하신 주님을 눈으로 보나 알아보지 못한 것처럼, 하나님의 말씀인 성경을 우리가 읽는다고 다 깨닫는 것이 아닙니다. 오로지 깨닫게 하시고 생각나게 하시는 보혜사 성령님 안에서 인도하심을 따라 성경을 읽어야 말씀 속에서 오늘도 우리를 만나 주시는 하나님을 만날 수 있습니다.

그러나 우리는 성령님이 아무에게나 임하시는 것이 아님을 잘 압니다. 제 말이 성경을 읽을 때에 성령님의 도움 없이 우리의 눈으로 읽는 것의 문제점을 지적한 것이라고 생각하지 마십시오. 엠마오로 내려가던 두 제자의 경우, "마음에 더디 믿는 자들"(눅 24:25)이라고 책망받던 그들이 "우리에게 성경을 풀어 주실 때에 우리 속에서 마음이 뜨겁지 아니하더냐"(눅 24:32) 하면서 '마음'이 문제였음을 밝혀 줍니다. 성령을 받고 성경을 깨닫게 하시니까 그들의 마음이 열렸습니다(45절). 이때 '마음'은 'νοῦς'(각 사람에게 이성적으로 생각할 수 있도록 주시는 하나님의 능력, 곧 믿음을 통해서 하나님의 말씀을 받아들일 수 있는 신의 정신)라는 단어가 사용되었습니다.

이 단어의 의미를 바울은 로마서 12장에서 '하나님의 뜻을 아는 마음'이라고 했습니다. '하나님의 선하시고 기뻐하시고 온전하신 뜻이 무엇인지 분별'하려면 '마음(νοῦς)을 새롭게 함으로 변화를 받아야'(롬 12:2) 합니다. 그 말은 부활하신 주님을 만난 열한 제자처럼, 마음을 새롭게 함으로 변화를 받아야 한다는 것입니다. 마음의 변화가 없이는 하나님의 말씀인 성경을 읽어도 다 깨닫는 것이 아닙니다.

하나님의 뜻인지 잘 분별하려면, 첫째로 모든 일들이 선한지(agathon) 따져야 합니다. '선'이란 보기에 '좋음'이어야 합니다. 어거스틴은 《고백록》(7권 12장)에서 하나님이 없는 것을 창조하시고 '보기에 좋았더라' 하신 것이 바로 선이라 하면서, 인간의 창조가 보기에 좋음, 곧 선이라고 말했습니다. 하나님의 창조물인 인간의 존재함이 하나님에게는 행복이요 선이요 좋음입니다. 우리에게는 창조주이신 하나님이 내 안에 계시는 것이 좋음입니다. 인간에게 가장 행복한 것은 하나님의 뜻대로 사는 것입니다. 하나님의 뜻은 '거룩함'입니다. 거룩한 백성, 제사장의 나라가 되는 것입니다.

둘째, 일이 또는 사태가 기쁨을 주어야 그것이 하나님의 뜻입니다.

> "항상 기뻐하라 쉬지 말고 기도하라 범사에 감사하라 이것이 그리스도 예수 안에서 너희를 향하신 하나님의 뜻이니라"(살전 5:16-18).

셋째, '온전하다'는 단어가 "너희 아버지의 온전하심과 같이 너희도 온전하라"(마 5:48)는 예수님의 산상수훈에서 사용됩니다. 주님은 부자 청년에게 "네가 온전하고자 할진대 가서 네 소유를 팔아 가난한 자들에게 주라"(마 19:21)고 명하시면서 '온전'의 의미가 무엇인지 가르치십니다.

'마음'(νοῦς)은 성령을 통해서 주어집니다. 문제는 예수님이 아무에게나 성령을 주신 것이 아니라는 것입니다. 오로지 제자들에게만 부어 주셨습니다. 그 증거가 바로 사도행전 4장 1-4절입니다. 부활하신 주님에 대한 말씀을 듣는다고 해서 누구나 깨닫는 것은 아닙니다. 똑같이 전했는데 거부하는 사람과 받아들이는 사람이 있습니다. 그러면 마음을 열게 하는 것이 무엇입니까? 마음을 얻을 수 있는 길이 무엇입니까? 사도행전에 의하면, "성령의 충만을 받았느냐?" 여부에 의해 갈라집니다.

문제는 성령을 아무나 받지 못한다는 것입니다. 베드로는 "모든 백성에게 하신 것이 아니요 오직 미리 택하신 증인 곧 죽은 자 가운데서 부활하신 후 그를 모시고 음식을 먹은 우리에게 하신 것이라"(행 10:41)

고 분명하게 밝힙니다. 성령 하나님이 베드로가 말한 대로 '우리에게 하신 것'이지 모든 백성에게 하신 것이 아닙니다. '우리'가 누구입니까? '오직 미리 택하신 증인'입니다. 부활하신 주님을 만났다는 것은 우리가 하나님께서 미리 택하신 증인이라고 확신을 가지라는 확증을 뜻합니다.

결론입니다.
 마음을 열어 깨닫게 하시는 부활하신 주님을 우리가 만나야만 우리가 하나님의 미리 택하신 증인이라는 것을 확신할 수 있습니다. 이 구원의 확신은 전적으로 성령을 받은 사람들만이 가질 수 있습니다. 성령을 받은 사람들만이 영안이 밝아져서 부활하신 예수님을 알아볼 수 있습니다. 성령과 함께할 때에만 주님과의 식사 자리가 주의 영광을 보는 자리가 됩니다. 성령으로만 우리의 마음이 새 마음이 되고 부드러워집니다. 이런 새사람, 그리스도와 연합하는 사람은 부활하신 주님이 허락하신 성령을 통해서 거듭난 사람입니다.
 우리는 예수의 부활을 증언하는 사람이 되어야 합니다. 증인이 되려면, 성경을 통해 예수의 일을 읽어낼 수 있는 사람이 되어야 합니다. 예수를 고발한 사람들도 성경을 읽었습니다. 그러나 그들은 깨닫지 못했습니다. 예수님 스스로가 세 번이나 죽음과 부활을 말씀하십니다. 그러나 제자들은 예수님의 죽음을 받아들이지 못하며, 부활하신 주님을 알아보지 못합니다.
 부활하신 주님을 알아보려면 성경 말씀을 통해서 깨달아야 하는데, 그리하려면 주님께서 우리의 '마음을 열어 성경을 깨닫게 하셔야' 합니다. 제자들도 예수께서 친히 그들의 마음을 열어 성경을 깨닫게 하심으로, 그리고 부활하신 주님을 직접 뵘으로 부활의 확실성을 가지게 되었습니다. 그런 일이 일어나지 않고는 우리는 부활을 증언할 수 없으며, 그리하면 '그의 이름으로 죄 사함을 받게 하는 회개'를 전할 수 없습니다.

　우리는 우리가 사랑하는 사람들조차 죄 사함을 받게 하는 회개를 시킬 수 없습니다. 그러나 부활의 능력은 그 일을 가능하게 합니다. 우리가 부활의 증인임을 다시 한 번 각인하고 한 주간을 살아야 합니다. 부활의 능력을 드러내는 증인이 됩시다. 하나님이 일으키신 부활이라는 사건은 하나님의 능력을 담고 있습니다. 죄 사함을 받게 하는 회개 말입니다. 우리는 그 일이 일어나도록 주님의 명령을 받은 증인들입니다.

"성령을 받으라"

요한복음 20:19-23

○●● 오늘 이야기는 누가복음 24장 엠마오로 내려가던 두 제자가 부활하신 주님을 만나고 예루살렘으로 돌아가, 제자들에게 부활하신 주님을 만났다고 전한 바로 뒤의 사건입니다. 요한복음은 성령이 임하는 때를 부활절 날 저녁에 이루어진 사건으로 기술합니다. 그러나 누가는 사도행전에서 오순절 성령 강림을 주님이 승천하신 이후에 일어난 일이라 적고 있습니다. 오늘 우리는 요한복음을 따라 부활절 날 일어난 사건을 살펴보고자 합니다.

요한복음에 따르면 세 가지가 일어납니다. 21절에 제자들을 파송하고 선교 명령을 내리십니다. 22절에 선교를 위한 성령을 부어 주십니다. 23절은 제자들이 선교 사명을 감당할 때에 말씀으로 매고 푸는 일을 해야 한다는 것을 명하고 있습니다. 구약의 창세기 2장 7절 "생기를 그 코에 불어 넣으시니 사람이 생령이 되니라"와 에스겔 37장 10절 "생기가 그들에게 들어가매 그들이 곧 살아나서 일어나 서는데 극히 큰 군대더라"처럼, 하나님의 생명 창조 사역과 같은 단어가 요한복음 20장 22절에 "숨을 내쉬며"라는 말로 사용되었습니다. 성령을 부어 주심으로 인해 예수님이 새로운 생명 창조를 하고 계심을 드러내고자 한 것입니다. 그래서 사도행전 2장의 오순절 사건과 요한복음의 성령을 부으심의 차이랄까 아니면 연관성을 살펴보고자 합니다.

성경이 부활하신 주님을 만난 제자들에게 일어난 변화를 말하는데, 오늘 설교의 목적은 우리에게도 부활하신 주님을 만난 흔적이 성경의 제자들처럼 있는가를 물어보고, 우리가 부활하신 주님을 만난 증인의 삶을 어떻게 살 것인지 다짐하는 것입니다.

1. 선교 명령

'보냄'은 요한복음에 널리 퍼진 주제입니다. 아버지가 아들을 세상에 보내실 때 사용한 단어가 '아포스텔로'이지만, 예수님이 제자들을 보내실 때에는 '펨포'라는 낱말을 사용합니다. 이 동사에서 우리는, 아들을 세상에 보내시면서 부여한 하나님의 능력이 제자들을 보내실 때 어떻게 계속되거나 나타날 것인가 하는 점에 주목해야 합니다.

예수님은 아버지께서 예수님을 보내신 것처럼(하나님 선교, Missio Dei), 예수님도 제자들을 파송(missio Jesu)하십니다. 이 선교 파송 때문에 제자들은 사도가 됩니다. '사도'(apostolos)란 '보냄을 받은 사람'이라는 뜻입니다. 제자란 주님이 부르실 때 가족을 버리고, 자기를 버리고, 물질을 버리고 예수를 따르는 자이지만, 사도란 예수께서 성령을 부어 주시며 선교 파송한 자들을 지칭합니다. 보냄을 받은 사도가 되었다고 해서 새로운 사명을 받은 것이 아니라, 예수께서 주신 사명을 이제 성령과 함께 실제로 수행하는 것입니다.

예수님은 생전에 제자들을 그리고 또 한 번은 70인의 제자들을 세상으로 보내셨습니다. 그러나 이제는 그 보내는 일이 그들이 해야 할 일이 되었습니다. 한 번 갔다가 돌아오면 끝나는 일이 아닙니다. "아버지께서 나를 보내신 것같이 나도 너희를 보내노라" 하실 때의 '보낸다'는 현재 진행형입니다. 제자들은 밥만 먹으면 그 일을 계속해서 해야 하는, 하나님께로부터 예수를 통해 위임받은 사명이 있었습니다.

이전에는 예수를 따라만 다녀도 되었습니다. 예수님이 가르치고 전파하고 고치시니까, 그런 의미에서라면 따라만 다녔습니다. 그러나 이제는 내가 작은 예수가 되어 그 일을 해야 합니다. 이제는 내가 가르치고, 전파하고, 고치는 사명을 해내야 합니다. 왜냐하면 예수님이 친히 '너희를 보내셨기' 때문입니다. 그리하여 보냄을 받은 제자는, 예수님이 하나님 아버지께 기도하신 것처럼 '아버지께서 내게 주신 자들을 하나도 잃지 않았으며' 등등의 기도를 이제 해야 합니다. 이제 그들은 예수님이 생전에 하셨던 그대로, 성령이 말하게 하신 것만을 말해야 합니다. 예수님이 그러셨듯이, 말씀이면 해야 하고, 말씀이 아니면 하지 않아야 합니다.

2. "성령을 받으라"

22절에 "이 말씀을 하시고"는 21절에 주어진 위임 명령을 잘 완성하기 위해 성령을 부으시고 계심을 나타냅니다. 22절에서 성령을 정관사 없이 '프뉴마 하기온'(pneuma hagion)으로 언급하고 있지만, 그렇다고 그 단어가 비인격적인 감각이나 성령의 선물로 해석되어서는 안 되고 인격임을 알아야 합니다.

예수님은 약속하신 대로 "성령을 받으라" 하십니다. '약속'이란 일차적으로 하나님이 구약의 선지자들을 통해 약속하신 것입니다. 그 약속은 누가가 사도행전 2장에서 오순절 성령 강림을 요엘 선지자의 예언이 성취된 것이라 해석한 데서 드러납니다. 요한도 요한복음 14장 17절의 약속이 성취되고 있다고 전하고 있습니다. 요한복음 20장 22절은 요한복음 17장 17-19절의 성취와 보충이고, 사도행전 2장은 보혜사 성령에 대한 약속의 성취라고 더 세분하여 나누는 학자도 있습니다(터너).

예수님은 하나님의 약속을 간구하여 제자들에게 부여하십니다. '부여한다'는 말은, 하나님이 사람을 창조하시면서 호흡을 불어 넣어 주사 사람이 생령이 되었을 때의 '호흡'과 같은 단어입니다. 창세기 2장 7절과 에스겔 37장 9절은 이 단어를 사용하고 있는데, 이것으로 죽은 자에게 생명을 주고 있는 것입니다. 결국에 생명의 영임을 알 수 있습니다. 물론 이때의 생명이란 부활하신 예수님의 생명을 말합니다.

"성령을 받으라" 할 때의 '받으라'(labete)는 2인칭 복수 부정 과거 능동태 명령형으로, '너희는 받으라'는 뜻입니다. 예수님의 인격이 성령을 통해 제자들 안에 내주하는 것으로, 이것을 통해 우리는 예수만이 성령을 부어 주신다는 것을 반드시 지적해야 합니다. 요한복음 7장 39절에 따르면, 제자들은 예수님이 하나님께 돌아가기 전에는 성령을 받지 못한 상태입니다. 사람들은 성령이 성령세례를 베푸는 줄을 압니다. 본문은 예수님이 하나님의 약속인 성령을 부어 주십니다. 이것은 동시에 세상이 성령을 받는 것이 아님을 알아야 합니다. 예수님에 의해 파송을 받는 자들만이 받습니다. 성직 사역을 감당할 수 있는 선물임을 알아야 합니다. 이것은 철저하게 21절의 선교 명령과 연관하여 22절의 "성령을 받으라"라는 예수님의 말씀을 해석하고 있습니다. 다음 구절인 23절과 연관하여 설명하자면, 성령 부으심은 죄 사함의 회개를 통해 얻는 새 생명을 얻기 위함임을 알 수 있습니다. 새 생명의 능력이 수여되었다는 해석이 좋습니다.

3. 죄 용서를 전파하는 말씀

"네가 땅에서 무엇이든지 매면 하늘에서도 매일 것이요 네가 땅에서 무엇이든지 풀면 하늘에서도 풀리리라 하시고"(마 16:19, 18:18)라고 한 마태복음에 따르면 이 권세가 교회가 세워진 후에 주어지지만, 요한복음의 "너희가 누구의 죄든지 사하면 사하여질 것이요 누구의 죄든지 그대로 두면 그대로 있으리라"(요 20:23)고 한 권세는 부활하신 후에 주님이 제자들에게 부여하십니다. '맨다'와 '푼다'는 용어는, 랍비들이 어떤 자를 출교할 것인지 아니면 공동체 안으로 받아들일 것인지를 결정할 때 사용했다고 합니다. 베드로는 아나니아와 삽비라가 성령을 속인 죄를 지었다면서 출교시키고, 성령은 생명을 빼앗아 가십니다. 바울 또한 고린도 교회에게 성령의 은사를 사모하면서 이방인도 짓지 않을 성범죄를 짓는 사람을 출교시키라고 명합니다(고전 5:1-5).

로마 가톨릭은 마태복음 16장 19절, 18장 18절과 요한복음 20장 23절에 근거해 고해성사제도를 시행하고 있지만 개신교는 이를 반대하고 있습니다. 하나님의 말씀을 전하는 사자가 되었기 때문에, 그들에게 부여된 권위를 가지고 말씀을 전하여 말씀을 듣는 사람이 어떻게 반응하느냐에 따라 용서와 심판이 확증됩니다. 이것은 사실 제자들에게 부여된 너무나 무거운 사역일 수 있습니다. 어떻게 예수 믿지 않는 형제와 자매, 심지어 부모 친척에게 그들의 죄를 사하거나 그대로 둘 수 있다는 말입니까? 이 말을 잘못 이해하여 제자들에게 죄를 사할 수 있는 권세가 있다고 말하는데, 이것은 바리새인들이 죄를 사할 권세는 "오직 하나님께만 있다!"라며 예수를 신성모독죄에 걸린다고 고소한 것과 같은 내용입니다.

선교는 구원의 선포와 심판의 선포라는 두 요소를 갖고 있습니다. 복음을 증거하는 자들은 그것을 듣는 자들이 죄를 용서하시는 예수 그리스도를 받아들이느냐 또는 받아들이지 않느냐에 따라 죄의 용서를 선언하기도 하고 정죄를 선언하기도 합니다.

예수님은 세상 죄를 지고 가는 어린 양으로서 인류를 구원하시기 위해 세상에 오십니다(요 3:16). 그러나 구원을 거부하는 자들에게는 눈 멂과 심판이 남아 있을 뿐입니다(요 9:39). 예수님의 죽음은 세상의 구원을 가져오기도 하지만 심판을 가져오기도 합니다.

부활하신 주님을 만난 그리고 성령의 기름 부음을 받은 교회는 '매고' '푸는' 권세가 교회에 부여되어 그러한 그리스도의 사역을 수행할 임무를 맡았음을 잘 알아야 합니다. 오직 예수 그리스도만이 십자가에서 죄를 사하셨습니다. 이제 제자들에게 성령을 붓고 그 일을 선포하도록 하십니다.

제자들의 이런 선포는 예수님이 말씀하신 것과 똑같은 힘을 가집니다. 예수님이 전하면 말씀이 권위가 있고 제자가 전하면 권위가 없는 것이 아닙니다. 예수님은 그 권위를 제자에게 위임하셨기 때문에 제자들은 위임된 권한으로 전하여야 한다는 것입니다. 말씀 자체의 권위가, 사도행전에서 보듯이, 똑같은 말씀을 듣고 어떤 사람에게는 '어찌할꼬!' 하고 회개하게 하고, 어떤 사람에게는 '이를 갈고 죽이고자 하는' 반응을 일으킵니다. 기도하려고 성전에 오르다가 "은과 금은 없지만 주 예수 그리스도 이름으로 권하노니 일어나 걸으라!"는 말씀 자체가 앉은뱅이를 일어나 걷고 뛰게 만듭니다.

4. 삶의 적용: 부활의 증인의 삶

1) 제자들의 삶은 부활하신 주님을 만나고 나서 전적으로 변합니다.

그 첫째로, 제자에서 사도로 바뀝니다. 이제 예수를 따르는 자가 아니라 예수를 증언하는 자로 바뀝니다. 아들의 모습 속에서, 즉 예수의 말과 행동과 생각 속에서 아버지 자신이 존재하고 아버지의 말이 선포되며 아버지의 행동이 나타났습니다. 이제 제자들도 사도로 보내심을 받았다면 그들의 말과 행동과 생각, 그리고 삶이 달라져야 합니다. 제자들은 그리스도의 사역을 수행하라는 위임을 받은 것이지 자기가 하고 싶은 새로운 일을 수행하라는 명령을 받은 것이 아닙니다. 그렇게 하려면 예수님이 그리하셨던 것처럼, 광야에서 기도하며 아버지의 뜻이 무엇인지 물어야 합니다. 아버지의 말씀을 이루기 위해 생각하고 말하며 살아가야 합니다.

부활하신 주님을 만나 성령의 기름 부음을 받은 자들이 예수를 증언하는 자들이 된 첫 증거가 동료에게 한 것입니다. 부활하신 날 저녁 곧 "성령을 받으라!"고 하신 날 그 자리에 없던 동료 도마에게 제자들이 "우리가 주를 보았노라"(요 20:25)고 증거합니다. 복음은 가장 가까이 있는 사람에게부터 전하는 것입니다. 예수님이 제자를 부르실 때 안드레가 형인 베드로에게 전하여 처음으로 예수께 온 것을 통해서도 증명됩니다. 예수님의 경우도 십자가의 죽음의 사건에서부터 나타나지만 부활하신 주님을 만난 형제들이 예수를 믿고 따릅니다.

하나님의 아들이 세상에 오신 목적 중의 하나가 '섬김을 받으려 함이 아니라 섬기려고 오셨듯이'(마 20:28; 막 10:45) 그리하여 실제로 자기를 죽이고 제자의 발을 씻기며 섬기셨듯이, 이제 보냄을 받은 자들은 참으로 섬기는 자들이 되어야 합니다. 제자들은 실제로 부활하신 주님을 만나고 나서 완전히 달라집니다. 그들은 '자기를 부인하고 자기 십자가를 지고' 예수를 따르고자 하던 이들이었으나, 부활하신 주님을 만나고 나서는 실제로 자기를 부인하고 자기 십자가를 지고 순교하는 삶을 삽니다. 그 전환점이 바로 부활하신 주님을 만나고 나서부터입니다.

부활하신 주님을 만나는 것이 왜 그토록 제자들을 다 바꾸어 놓았습니까? 예수님이 생전에 죽은 자도 살리고, 물 위로 걸으셨고, "나를 따르라!" 명하실 때 실제로 따르던 그들이었지만, 왜 부활하신 주님을 만나고 실제로 그들이 변화됩니까? 24절부터 소개되고 있는 도마 이야기를 통해서 알 수 있듯이, 믿지 못하던 그들이 믿는 자가 되었기 때문입니다. 믿는 자가 되면 일어나는 변화가 무엇인지 사도행전을 보면 알 수 있습니다. 그 변환점을 가져온 것이 바로 부활하신 주님을 만난 것입니다.

그런 의미에서 우리 삶에서 부활하신 주님을 만나는 실제적 사건이 있어야 합니다. 그러면 우리도 제자들처럼 달라질 수 있습니다. 말씀을 듣는 자가 아니라 말씀을 전하는 자가 됩니다. 말씀을 전하는 자가 말씀을 믿지 못하고 전할 수 있습니까? 말씀을 행하는 능력과 권위와 지혜가 드러나게 하는 사람의 말은 다르며, 사는 모습도 다르며, 생각하는 내용도 달라집니다. 이제 우리가 참으로 스스로 물어야 합니다. 내가 제자들처럼 부활하신 주님을 만나고 변한 사람입니까? 그렇게 하기 위해서는 22절처럼 또 다른 보혜사이신 성령의 이끄심과 도우심이 필요합니다.

2) 부활하신 주님을 만나야 성령을 받고 성령의 사람이 됩니다.

우리는 요한복음을 따라 제자들에게 성령을 직접 부어 주시는 예수님의 성령의 선물을 기쁨으로 받아야 합니다. 예수님이 성령을 직접 주셨기 때문만이 아니라 부활주일에 주신 것도 참으로 의미 있는 일이기 때문입니다. 그렇다고 해서 누가에 의해 사도행전 2장에 소개되고 있는 오순절 성령 강림을 의미가 덜한 사건으로 보라는 것은 절대 아닙니다. 이 성령의 선물을 부활주일에 발생한 참된 변화의 경험으로 봐야 한다는 것입니다.

우리는 성령 없이도 잘 사는 그리스도인이 되어서는 안 됩니다. 예수님의 가르침을 따라 선교하는 일에 조금이라도 관심을 가지고 있는 분들이라면 선교의 영을 받아야 합니다. 그리고 하나님의 영만이 교회를 살린다는 사실을 경험적으로 알고 있는 그리스도인이라면 우리 교회를 위해서도 성령의 성도로 살아야 합니다.

무엇보다도 예수께서 부어 주시는 영은 생명의 영이라 했습니다. 우리의 생명은 주님이 주신 생명으로 살아야 합니다. 생명의 영이 가정을 살리고, 생명의 영이 교회를 살리고, 생명이 영이 나라를 살립니다. 내 몸이 생명의 영이 거하는 성전이 되어야 내 몸이 삽니다. 특히 부활하신 생명의 영이 나를 죽음에서 부활하게 하십니다. 앞에서 물은 것처럼 이제 스스로에게 물어야 합니다. "나는 참으로 생명의 영의 사람인가? 나는 주가 사도로 보내신 선교 사명을 감당하기 위해 선교의 영을 가진 사람인가? 나는 교회를 살려낼 수 있는 성령의 능력을 가진 사람인가?"

3) 이제 부활하신 주님을 만난 사람, 그리고 성령을 받은 사람은 '주를 떠나서는 아무것도 할 수 없는' 사람이어야 합니다.

제자들은 요한복음 15장 5절의 말씀처럼, 성령 안에 계시는 예수의 지시하심이 없이는 아무것도 할 수 없는 존재가 되고 말았습니다. "나를 떠나서는 너희가 아무것도 할 수 없음이라"(요 15:5) 했는데도 불구하고, 우리는 예수 없이도 너무나 많은 일을 잘하고 있습니다. 아이가 어떤 학교를 갈까 결정할 때에 예수의 지시하심을 따라 아이를 보내나요? 내 아이가 누구와 결혼하는데, 예수의 지시를 따라 하나요? 주를 떠나서 결정도 잘하고, 판단도 잘하고, 실행도 잘한다면, 우리는 부활의 주님과는 무관한 사람이고, 성령의 사람은 아닙니다.

결론입니다.

우리 또한 성령을 받아야 합니다. 요한복음에 따르면, 제자들은 예수님이 부활하신 날 저녁에 성령을 받습니다. 성령을 받고 제자들에게 일어난 변화가 있습니다. 선교 명령을 수행하기 위해 성령을 받습니다. 성령을 받으므로 제자들 안에 예수님이 거하시게 됩니다. 이제 제자들에게 위임된 교회의 명령이 전달됩니다. 죄 용서를 전파하는 말씀이 위임됩니다.

이제 성령을 받은 제자들은 부활의 증인의 삶을 살아야 합니다. 제자들의 삶은 부활하신 주님을 만나고 나서 전적으로 변합니다. 부활하신 주님을 만나야 성령을 받고, 성령의 사람이 됩니다. 성령을 받은 제자란 주를 떠나서는 아무것도 할 수 없는 사람을 뜻합니다.

"믿는 자가 되라"

요한복음 20:24-29

○●● 오늘 이야기는 부활 여드레 후에, 열한 제자들이 다 참석한 자리에 주님이 다시금 제자들을 찾아오시는 사건을 담고 있습니다.

본문 이야기 속의 도마에 대해 교회사에서는 몇 가지 논란을 계속하고 있습니다. 예수께서 도마에게 "믿음 없는 자가 되지 말고 믿는 자가 되라"고 하실 때, 믿음 없는 자는 누구이고 '믿는 자가 된다'는 것은 또 무엇을 뜻하는지 잘 구분해야 한다는 것입니다. 그리고 믿음의 속성이나 내용에 대한 심도 있는 숙고가 필요한데, '보고 믿는 것보다 보지 않고 믿는 믿음이 더 귀하다'면 보고 믿는 믿음과 보지 않고 또는 보지 못하고 믿는 믿음의 차이가 무엇이고, 보지 못하고 믿는 믿음이 더 복이 있는 이유가 무엇인지 설명되어야 하기 때문입니다.

이 사건은 부활하신 날 저녁에 일어난 사건과 연관되어 있기 때문에, 오늘 사건을 올바로 이해하려면 부활하신 날 저녁에 발생한 사건을 되돌아보면서 그 사건과 연관하여 풀어 가야 합니다. 요한복음 20장 19-23절의 사건은 부활하신 날 저녁에 제자들이 모여 있는 자리에서 발생했는데, 부활하신 주님이 제자들을 세상에 증인으로 보내시면서 성령을 부어 주십니다. 제자들이 부활하신 주님을 보고 믿습니다. 그 자리에 없었던 도마에게 제자들이 예수님이 부활하셨음을 증거합니다. 그들이 성령을 받고 증거한 첫 번째 사례입니다. 예수께서 부활하셔서 제자들로 하여금 믿게 하고, 그 믿음에 기초해 선교 파송을 위한 성령을 부으셨는데, 성령을 받은 그들이 한 첫 번째 일도 바로 도마에게 부활하신 예수님을 증거하는 일이었습니다.

지금까지 교회사에서 도마를 비관론자 또는 불가지론자, 그리고 의심 많은 도마라는 식으로 부정적으로 평가하고 있습니다. 일면 맞지만 오해도 있습니다. 어떤 면에서 그런 평가를 하는지 살필 필요가 있지만, 반대로 오해인 점도 밝힐 필요가 있습니다.

설교의 목적은, 부활하신 예수님께서 제자들에게 성령을 부어 주시면서까지 제자들에게 "믿는 자가 되라"는 부탁 명령을 하신 것처럼, 우리가 성령을 받아 예수님이 인정하시는 믿는 자가 되기를 결단하는 것입니다.

1. 성경에 네 차례 소개되는 도마 이야기

1) "우리도 주와 함께 죽으러 가자"(요 11:1-16) - 비관주의자 도마

예수님이 베다니로 가서 나사로를 살리려 하실 때, 제자들은 유대인들이 두려워 "방금도 돌로 치려 하였는데 다시 가려 합니까?"라며 가지 말자고 말립니다. 그때 도마는 "우리도 주와 함께 죽으러 가자"(요 11:16)고 용감하게 말합니다. 도마는 용기가 있는 비관주의자인 것을 보여줍니다(요 11:1-16). 예수님의 사역이 온 세상에 알려질 때 그만큼의 반대 세력들이 등장하게 됩니다. 인생사에서 배우듯이, 누군가 흥하면 반드시 그를 시기하고 무너뜨리려고 하는 자가 있기 때문입니다.

2) "우리가 어찌 알겠사옵나이까"(요 14:1-6) - 불가지론자 도마

예수님이 십자가에 달리기 전에 다락방에서 고별 말씀을 주시는 상황에서, 도마는 "주여, 어디로 가시는지 우리가 알지 못하거늘 그 길을 어찌 알겠사옵나이까?"라고 묻고 있습니다. 우리는 이 질문을 불가지론자의 태도라고 부릅니다. "내가 너희를 위하여 거처를 예비하러 가노니, 내가 다시 와서 너희를 내게로 영접하여 나 있는 곳에 너희도 있게 하리라"(요 14:2-3)고 말씀하신 후에 도마를 주목하시고, "내가 어디로 가는지 그 길을 너희가 아느니라"(요 14:4)고 하시니까 "주여, 어디로 가시는지 우리가 알지 못하거늘 그 길을 어찌 알겠사옵나이까"(요 14:5)라고 탄식하는 불가지론자, 곧 정말로 알지 못하는 세계에 대해 불안해하고 어찌할 줄 몰라 하는 도마로 소개되고 있습니다.

죽음을 넘어서 있는 세상, 곧 부활의 승리는 죽어야만 시작된다는 이야기는 가르쳐도 깨닫지 못하는 내용일 수 있습니다. 우리는 그 세계는 믿음으로만 이해 가능한 세계, 곧 패러독스와 아이러니 속에서만 드러나는 믿음으로 접근 가능한 세계라고 설명해야 합니다.

그래서 예수는 도마와 같은 자들에게 "내가 곧 길이요 진리요 생명이니 나로 말미암지 않고는 아버지께로 올 자가 없느니라"(요 14:6) 하고 길과 방법을 가르쳐 주십니다. 그리스도를 통해서만 그 길이 열리고, 진리를 따르게 되고, 생명을 얻게 됩니다.

3) 이해를 추구하는 믿음을 가진 도마(요 20:24-29)

도마는 자신이 보고 확인한 것 외에는 믿지 아니하는 소위 '의심 많은 도마'로 알려져 있습니다. 예수님이 약속하셨고, 그와 함께한 제자들이 부활하신 예수님을 증거함에도 불구하고, 자신이 보고 만지기 전에는 '믿지 않겠다'고 말하기 때문일 것입니다(요 20:25). 그러나 요한복음 20장 24-29절은 의심하는 도마가 아니라 질문하는 도마, 진리를 묻는 도마로 그려지고 있습니다.

(1) 신앙고백을 위한 의심

도마는 진리를 알고 싶어서 의심을 한 사람이었습니다. 확신을 얻고자 하는 의심은 진리 인식을 위해 필요합니다. 이것은 무조건 믿는 것보다는 좋은 것입니다. 물론 주님의 말씀처럼 보지 않고도 믿는 자는 복이 있습니다. 그러나 믿기 위해서 의심하는 것을 주님은 비난하지 않으십니다. 그것이 필요한 자에게는 그렇게라도 해야 합니다.

더구나 도마는 확신에 찬 믿음을 가진 이후로는 베드로의 신앙고백보다 더 유명한 신앙고백, 곧 "나의 주님이시요 나의 하나님이시니이다"(요 20:28)라고 고백합니다. 이 고백이 베드로의 고백보다 확신에 찬 이유는, 부활하신 주님을 만나고 의심하지 않는 상태에서 고백한 내용이기 때문입니다. 요한복음 기자에 따르면, 성령을 받고 난 뒤에 한 고백이기 때문입니다.

그러니 도마와 같이 의심하는 경향이 강한 사람은 주님께서 도와주실 것입니다. 주님의 목적이 도마가 믿도록 만들기 위함이었듯이, 우리를 도와주실 것입니다. 진리를 밝히고자 하는 의심은, 즉 믿음에 이르고자 하는 의심은 믿음을 더욱 확신하게 될 것이므로, 확신에 찬 고백을 하게 되는 의심은 그리고 확신에 찬 고백을 하게 된 신앙인은 더 이상 의심하지 않을 것이기 때문입니다.

(2) 이해를 추구하는 믿음

회의 또는 의심은 그것이 새로운 진리 인식을 위한 비판과 같이 작용하여 진리를 드러내고 실현하는 목적을 가져야 하지만, 진리와 사실은 그 자체로 진리일 뿐이고 '우리에게' 또는 '우리를 위한' 진리이어야 합니다. 의심은 긍정적인 비판이고, 긍정적인 비판이 진리를 드러내며, 진리가 '우리를 위한' 진리가 되는 것을 목적으로 해야 합니다.

'우리를 위한' 진리란 '나의 주, 나의 하나님'이라는 신앙고백을 하게 하는 것으로, 이런 고백이 나오기까지의 과정을 더듬어 보아야 합니다. 도마를 보통 불가지론자 또는 회의론자라고 비난하기도 하지만, 그는 맹목적 믿음을 거부한 사람일 뿐입니다. 성경이 이를 권장하는 이유는 귀신도 믿기 때문입니다. 자기 의를 드러내는 믿음은, 바울 이전의 사울에게서 보듯이, 교회를 핍박하는 근거를 줄 뿐입니다. 이런 의미에서 기독교 신학자들은 어거스틴으로부터 시작하여 중세의 안셀름, 종교개혁자 루터와 칼빈, 그리고 20세기 칼 바르트라는 신학자에 이르기까지 '알기 위해서 믿는다'라는 이해를 추구하는 신앙(Fides quaerens intellectum)을 높이 평가합니다.

(3) 믿기 위한 의심

의심조차도 예수님을 믿기 위함이라면 필요합니다. '예수를 믿는다'는 말은 여러 가지 의미를 가지는데, 예수님이 부활하셨다는 '사실' 또는 예수님이 '부활하셨다'는 사실을 믿고자 하는 내용에 따라 다르게 설명되어야 합니다.

제자들이 주님에게 보여달라고 요구하지 않아도 주님이 보여주십니다. 또한 자신의 손과 옆구리를 보고 난 후 보지 않고 믿는 믿음에 대해서 강조하지도 않았습니다. 도마를 제외한 제자들이 그들 앞에 나타난 분이 예수님이신 것을 확신한 것은 예수께서 자신의 손과 옆구리를 보여주셨기 때문일 것입니다. 만약 제자들에게 나타난 예수가 보여주지 않으셨다면 제자들도 도마처럼 보여달라고 요구했을지도 모릅니다.

분명한 것은, 제자들은 보고 믿는 믿음을 가지고 있었다는 것입니다. 그런데 주님이 도마에게 보고 믿는 믿음을 가진 것보다 보지 않고 믿으면 더 복이 있다고 말씀하심으로 인해, 보고 믿는 믿음보다 보지 않고 믿는 믿음을 가져야 하는 것으로 생각을 하게 됩니다.

그러면 보지 못하고 믿는 믿음은 무엇이고, 그런 믿음이 정말로 가능하다는 것입니까? 도마의 경우를 잘 살펴보면, 도마는 주님에게 내가 옆구리에 손을 넣어 보지 않고는 믿지 아니하겠다고 말하지 않았고, 같은 동료 제자들에게 그렇게 말했을 뿐입니다. 그리고 실제로 도마는 주님에게 손가락을 넣어 보고 믿겠다고 말하지 않았습니다. 주님이 먼저, 도마에게 "네 손가락을 이리 내밀어 내 손을 보고 네 손을 내밀어 내 옆구리에 넣어 보라"면서, 제자들에게 보여주신 것과는 달리 넣어 보라고까지 말씀하셨을 뿐입니다.

이 말은 보고 믿는 믿음이 반드시 나쁜 믿음이라고 할 수 없다는 것을 함축해 줍니다. 그러면 보지 않고 믿는 믿음이란 무엇을 뜻합니까? '넣어봐야만 믿을 수 있다'는 실증주의적인 믿음이든 넣어 보지 않고도 믿는 믿음이든, 결국에 목적은 '믿는 자'가 되는 것 아닙니까?

4) 사도행전 1장 9-13절

예수님이 다시 갈릴리 디베랴 호수에 나타나셨을 때, 그는 일곱 제자와 함께 있다가 부활하신 예수님을 다시 만납니다(요 21:1-14). 또한 도마는 예수님이 승천하실 때에도 예루살렘에서 사도들과 함께 있었습니다(행 1:9-13).

2. 삶의 적용

1) 보지 못하고 믿는 자들은 복이 있습니다.

앞으로 믿어야 할 세대들, 즉 요한복음이 쓰인 시대만 해도, 주님이 더 이상 계시지 않기 때문에 '부활하신 예수'를 볼 수 없었습니다. 그러므로 그들은 보지 못하고 믿어야 하는 사람들입니다. 즉 '우리를 위한' 말씀입니다. 베드로도 이를 중요하게 보아 '보지 못하나 믿는' 사람들에게 베드로전서 서신을 쓴다(벧전 1:8)고 말합니다.

이적과 표적을 보고 믿는 것이 아니라, 또 다른 그리고 더 강한 이적과 표적을 계속 요구하는 이스라엘 사람들의 경우를 생각해 봅시다. 보지 않고 믿는 믿음이 귀중합니다.

(1) 보지 못하고 믿는 믿음의 귀중함

제자들도, 도마도 결국 보고 믿는 자들입니다. 그러나 주님은 승천하시고 안 계시기 때문에, 이제 보지 못하고 믿는 것이 귀중합니다.

보지 못하고 믿는 믿음이 정확하게 무엇을 뜻합니까? 보지 않고 믿는 믿음은 요한복음 4장 46-54절에 '아들의 병을 고치기 위해서 찾아온 왕의 신하 이야기'에서 엿볼 수 있습니다. 사람들은 '표적과 기사를 보지 못하면 도무지 믿지 아니합니다.' 즉 보고 나서야 믿겠다고 하지만, 예수는 왕의 신하에게 아들의 치유 장면을 직접 보여주지 않으셨습니다. 그러나 왕의 신하는 예수님의 말씀을 믿고 갔고(요 4:50), 결국에 그의 아들은 병에서 치유되었으며, 그로 인해 온 가족까지 믿게 되었습니다(요 4:53).

본다고 믿는 것이 아닙니다. 내가 보고 믿는 것은 내가 믿는 것입니다. 그러나 성경은 믿음을 하나님의 선물이라 합니다. 내가 보니까 믿을 만하고, 그래서 믿는다는 것은 선물로서의 믿음이 아닙니다.

(2) 보지 않고 믿는 일이 중요한 이유

보지 않고 믿는 일이 귀한 것은, 성령을 받으면 가능하기 때문입니다. 그리고 누가복음이 말하는 것처럼, 성령께서 말씀을 풀어 주실 때에 깨닫고 믿게 되는 믿음이기 때문입니다.

여기서 성경을 풀어 주시는 성령에 의해 믿게 되는 일에 주목할 필요가 있습니다. 보지 않고 믿는 것이 복이 있는 이유는, 성령께서 깨닫게 해주어 믿게 되었기 때문입니다. 성경은 그래서 믿음을 성령의 은

사, 곧 선물이라 합니다.

말씀을 전하는 자가 설교를 잘해서 말씀을 듣는 자들이 깨닫는 것이 아님을 알아야 합니다. 엠마오로 내려가던 두 제자의 이야기에서 알게 되듯이, 예수께서 모세의 율법과 선지자들의 글과 시편에 주에 대해 기록된 모든 것으로 성경을 풀어 주실 때에 그들은 마음이 뜨겁다고 했습니다. 성경을 풀어 주시지만 깨닫게 하고, 생각나게 하고, 기억나게 하는 성령을 통해서야 '우리가 뜨거움을 느꼈다'고 고백하고 있습니다.

따라서 목사가 설교 잘하고 못하고를 떠나서, 내게 성령이 충만하게 임하지 않았거나, 성령이 충만하게 임했다 할지라도 제자들처럼 주님과의 이전의 사건 곧 떡을 떼며 최후 만찬을 함께했던 경험이 없었다면, 깨닫지 못합니다. 부활하신 예수님을 보고 있으면서도 믿지 못하고 알지 못하는 마리아에게, 예수님이 "마리아야!" 하고 이름만 불러 주셔도 알아보게 되는 그런 만남이 있어야 합니다. 이것은 성령이 충만하게 임하여 내 안에서 작용할 수 있게 되는 여건을 말하는 것입니다.

또한 성경에서 예수님의 가르침과 설교를 듣고 회개하고 주께로 오는 자들이 있는가 하면, 오히려 예수님을 죽이고자 모의를 꾸미는 자들이 생긴다는 것과, 무슨 말이냐고 예수께 묻는 제자들처럼 깨닫지 못한 자들도 있고, 부자 청년처럼 깨닫기는 하나 걱정하며 주를 떠난 경우도 있음에 주목해야 합니다.

결국 보지 않고 믿는 믿음이 복이 있는 것은, 성령님과 우리가 예수님과의 말씀 속에서 만나야 하고 관계가 있어야 하며, 성령님이 말씀을 풀어 주실 때 삶에서의 적용 곧 변화된 삶이 있어야 하는 것, 이 세 가지가 함께 작용되어야 하기 때문입니다.

내가 참으로 복 있는 믿는 자가 되려면 성령님이 함께하셔야 하고, 성령님이 말씀을 통해 예수가 그리스도이심을 믿고 깨닫게 해주시면 즉시 일어나 예루살렘으로 돌아가야 합니다. 삶에서 증언자의 삶, 순종의 삶을 살아야 합니다. 성경을 통하여 예수님을 보아야 하며, 보고 믿는 믿음이 귀한 믿음이 됩니다. 예수님을 우리는 직접 볼 수 없지만 성경을 통하여 볼 수 있습니다. 성경을 통하여 예수님을 본다고 해서 다 믿어지는 것은 아닙니다. 오로지 깨닫게 하시는 성령을 통해서 예수님이 그리스도로, 즉 부활하신 주로 보여서 도마처럼 "나의 주시요 나의 하나님입니다!"라고 고백하게 됩니다. 고백은 삶에서 부활을 증언하는 자가 되게 만듭니다.

2) 제자들과 함께하는 자리의 축복

공관복음에 의하면, 도마는 부활절 밤에 열한 제자와 함께 있지 않아서 부활하신 주님을 만나지 못했기 때문에 선교 파송을 위한 "성령을 받으라"는 감격을 놓치고 맙니다. 그 자리에 있지 않음으로 인해 그는 너무나 큰 축복을 얻지 못한 것입니다. 제자들 누구나 주님의 현현을 보았고 성령을 받고 증언자로 세움을 입고 믿는 자가 되는데, 도마 자기만 '나는 믿지 못하겠다'고 하여 의심 많은 도마라고 불리게 되고 말았습니다. 성령을 받은 연유가 증언자로 파송받기 위함인데, 보냄을 받은 자라는 의미의 사도로 위임받는 자리에 있지 못하고 말았습니다.

그가 그 자리에 있지 못하여 예수를 배반하여 죽음으로 간 가룟 유다 다음으로 불행한 제자가 된 것은, 엠마오로 내려가던 두 제자가 경험한 것과 같이 마음이 불타는 성령 하나님의 임재를 놓쳤기 때문입니다. 성령의 임재로 마음이 불타야 내 속의 모든 죄악들이 제거되고 내 안에 그리스도가 거하여 그리스도와 연합한 자로서 살 수 있게 되는데, 그것을 놓친 사람이 되고 말았기 때문입니다.

왜 그는 그 자리에 있었어야 했습니까? 엠마오로 내려가던 두 제자에게 예수님이 말씀으로 깨우치신 것처럼, 믿지 못하는 제자들에게 예수의 부활이 왜 믿어야 하는 사건인지, '말씀을 통해서야 일어난 사건이 믿어질 수 있다'는 기독교의 진리를 제자들에게 다시 가르치시기 때문이었습니다. 열 제자들에게 말씀을 풀어 주며 가르치신 그 자리에 있지 못했던 것은 참으로 불행한 일입니다.

하나님의 말씀을 통해서만 하나님은 자신을 계시하시기 때문에, 하나님의 말씀의 저자인 성령만이 하나님의 말씀을 풀어 주실 때 깨닫게 된다는 기독교의 진리 인식의 방법이 그 자리에 있었기 때문입니다. 구약의 모세의 글과 선지자의 글을 통해서야 부활한 예수님을 사실로 인식하게 된다는 이 진리 인식의 방법은 참으로 기독교의 진리 중의 진리입니다. 그래서 주님은 그 자리에서 "성령을 받으라"(요 20:22)고 하늘의 선물과 약속을 주셨습니다.

제자 공동체는 다른 성격, 가치관, 다른 생각들을 가지고 있지만 같이 모여야 할 사람들입니다. 사도행전에 보면, 성령이 불같이 임하면 성령 충만을 받아 모이기를 힘쓰는 것이 첫 번째 현상으로 나타납니다. 그 자리에 있지 못하다 보니, 다른 모든 제자들은 얼굴 표정에서부터 말하는 목소리까지 모두가 달라져 있고, 의심이 아니라 확신에 차서 주님의 부활을 기뻐하고 찬양하는데, 자기만 "나는 내 손을 옆구리에 넣어 보지 않고는 믿지 못하겠노라"고 말하고 있습니다. 부활하신 주님이 제자들에게 선교 명령을 내리셨는데, 그것도 직접 듣지 못하고 말았습니다. 도마처럼, 즉 주님으로부터 직접 선교 명령을 듣지 못한 사람처럼, 선교 명령에 무감각한 우리가 되어서는 안 됩니다.

여러분에게 간구합니다. 말씀의 자리를 사모하십시오. 한 시간 예배 자리에 없던 것이 얼마나 큰 아픔과 불행이었습니까. 말씀을 듣는 자리는 하나님이 함께하시는 자리입니다. 하나님이 함께하시는 자리를 놓치는 것은 천하를 얻으나 아무 쓸모없는 것과 같기 때문입니다.

3) 도마를 위한 예수 그리스도

그렇지만 주님은 8일이 지나서 제자들이 다 모여 있을 때에, 즉 도마까지 있을 때에 다시 나타나십니다. 고마우신 주님입니다. 주님은 도마를 전혀 책망하지 않으십니다. 여전히 똑같이 평안을 먼저 전하신 후에, 바로 도마에게 손을 내밀어 내 옆구리에 넣으라고 하시면서 "믿음 없는 자가 되지 말고 믿는 자가 되라"(요 20:27)고 명하십니다. 그래서 주님이 다시 나타나신 이유는, 믿게 하려고 그리하셨다는 것을 알게 됩니다.

이처럼 예수님께서 다른 사람들이 아니라 제자들에게, 제자라면 가장 필요한 요소가 믿음이라는 것을 강조하신 적이 없었습니다. 우리는 예수님께서 여러 차례 제자를 믿게 하려고 말씀하시고, 이적을 보이시고, 권능을 주시는 등의 사역을 하셨음을 압니다. 그런 믿음을 따르는 무리에게 요구하신 적이 없습니다. 자기 믿음으로 고침을 받는 자들이 있음을 말씀하시기는 했습니다. 자기 믿음이 아니라도 가버나움 백부장의 믿음으로 종을 고치는 '믿음'의 중요성에 대해 말씀하시기는 했지만, 다 떠나고 남은 열두 제자 중에서도 믿지 아니하는 자들이 있다고 했습니다. 도마는 거기에 해당하는 자가 아님을 알 수 있습니다. 가룟 유다는 믿지 못하고 사탄이 들었기 때문에 예수를 팔고 맙니다.

결국 제자란 믿음을 가져야 하는 자들인데, 제자처럼 믿음을 가지기 힘든 자들이 없나 봅니다. 부활하신 주님이 믿음을 계속 강조하신 것을 보면, 특별히 부활하신 주님을 보고도 믿지 못하는 믿음의 속성에서 보지 않고도 믿는 믿음, 곧 마음으로 믿는 믿음, 하나님의 말씀으로 깨달아 가지게 되는 믿음이 중요하다는 것을 계속 지적하고 계십니다.

결론입니다.

부활 후 여드레 만에 열한 제자가 다 모인 자리에 주님이 제자들을 다시금 찾아오십니다. 특히 도마 때문입니다. 그가 부활하신 날 저녁에 제자들에게 나타나실 때 함께 있지 못했기 때문입니다. 우리는 도마를 의심 많은 자라 합니다.

성경은 네 차례에 걸쳐 그에 대해 언급합니다. 비관주의자라 할 수 있는 "우리도 주와 함께 죽으러 가자"는 말을 합니다. 불가지론자들이나 할 말인 "우리가 어찌 알겠습니까"라고 말하기도 합니다.

그러나 그는 이해를 추구하는 믿음을 가졌습니다. 다시 말하면, 신앙고백을 위한 의심을 했다는 말이고, 이해를 추구하는 믿음을 가졌으며, 믿기 위해 의심했습니다. 그를 만나 주신 주님은 보지 못하고 믿는 자들은 복 있다 하십니다. 도마를 위한 예수 그리스도이십니다.

부활 후 세 번째로 제자들에게 나타나신 주님
요한복음 21:1-23

○●● 오늘 이야기는 예수님께서 부활하신 후 제자들에게 세 번째로 나타나신 이야기입니다.

부활하신 주님이 디베랴 바다에 나타나신 사건과, 조반을 먹은 후에 예수께서 베드로에게 '나를 따르라' 다시금 부르시는 이야기로 구성되어 있습니다. 구약에 하나님이 직접 나타나신 사건들이 많은데 주께서 말씀을 해주시는 일이 드물었고, 환상도 자주 나타나지 않은 때에 주께서 계속해서 자신을 나타내실 뿐만 아니라 '사무엘에게 나타나셔서 말씀하여'(삼상 3:21) 주시기도 합니다. 주님이 계속해서 나타나시면 무엇인가 중요한 일이 발생한 것입니다. 사무엘에게 주께서 세 번이나 계속해서 나타나셨듯이, 부활하신 주님이 제자들에게 세 번 나타나십니다. 그것은 뭔가 중요한 일이 발생하고 있음을 가리킵니다.

요한복음 21장 14절에 따르면, 예수께서 죽은 자 가운데서 살아나신 후에 세 번째로 제자들에게 나타나셨습니다.

첫 번째로 요한복음 20장 19절에 "안식 후 첫날 저녁때에"라고 밝힙니다. 아버지께서 아들을 보내신 것처럼, 부활하신 주님이 제자를 파송할 때 성령을 부어 주십니다. 성령을 받아 교회가 세워진 이후에 교회를 지켜내기 위해서 매고 푸는 권세를 부여하십니다. 어찌된 연유인지 모르나 도마가 그 자리에 함께 있지 못했습니다.

두 번째는, 요한복음 20장 26절에 따르면, 여드레가 지난 후에 도마도 제자들과 함께 있는 집에 부활하신 주님이 다시 찾아오십니다. 그리하여 도마에게 믿음 없는 자가 되지 말고 믿는 자가 되라고 하십니다. 도마는 부활하신 주님을 만나 "나의 주님이시요 나의 하나님이시니이다"라고 신앙고백을 합니다. 이 고백은 부활하신 주님을 만난 제자들은 하지 못한 고백입니다. 주님은 "보지 못하고 믿는 자들은 복되도다"라고 말씀함으로써 우리들처럼 보지 못하고 믿는 것이 참 복임을 말씀해 주십니다.

세 번째가 요한복음 21장 1절에서 시작된 오늘 말씀입니다. 요한은 세 번째로 제자들에게 나타나신 사건의 의미를 어디에다 두었는지 알아봅시다.

요한복음 21장 15절부터 예수님이 베드로에게 세 번에 걸쳐 "나를 사랑하느냐" 물으시고 "나를 따르라"며 다시금 제자로 부르십니다. 따라서 오늘 우리는 세 번이나 부활하신 주님이 나타나신 이유가 무엇이고, 베드로에게 세 번이나 '나를 사랑하느냐' 물으시는 이유는 무엇인지, 그것의 의미를 제자들은 어떻게 받아들였는지를 사도행전 10장을 통해 살펴보려 합니다. 그래서 부활하신 주님이 우리에게도 나타나실 것이라는 사실을 깨달아, 우리도 실제로 그런 삶을 살아야 한다는 것이 이 설교의 핵심입니다.

설교의 목적은 하나님이 예수가 십자가에 달려 돌아가신 지 3일 만에 하신 일인 부활에 대해 정확하게 알아 우리에게도 부활하신 주님을 만난 변화를 맛보는 것입니다.

1. 요한복음 21장 1-14절 사건

요한복음 21장 1-14절에 등장하는 주인공은, 1절에 의하면 '제자들에게 자기를 나타내시기' 때문에 제자여야 하는데, 2절에서 그 대상들을 7명이라고 소개합니다. 3절부터는 주로 베드로가 등장하는데, 3절, 7절, 11절 등을 볼 때는 주인공이 베드로인 것처럼 보입니다.

베드로는 마태복음 16장에서 "사탄아, 내 뒤로 물러가라!"는 책망을 받은 후로 사건의 전면에 등장하지 못합니다. 그가 언급되는 곳마다 예수와는 소원한 관계를 가진 자로 기술됩니다. 오늘 이야기 전반부 사건 속에서도 마찬가지입니다.

1) 부활하신 날 저녁에 성령을 받고, 8일 만에 도마와 함께 모든 제자가 부활하신 주님을 보고도 갈릴리에 나타나신 주님을 알아보지 못합니다.

3절에 언급되는 시몬 베드로는 6명의 제자들과 함께 고기를 잡으러 가는 상황에서 등장합니다. 어부인 베드로가 주님의 부르심을 받고 사람을 낚는 어부가 되기 위해 주를 따른 이후로 실패한 제자의 본보기로 기술되고 있음을 알 수 있는 내용이 3절 이하에서 소개되고 있습니다. 부활하신 주님을 만나고 사도의 증언을 위임받았고, 그 증거로 성령을 받았음에도 일주일 동안 고향에 내려가 다시금 고기를 잡고 있습니다. 그러나 그날 밤에 아무것도 잡지 못합니다. 새벽녘에 바닷가에서 계시는 예수님을 제자들은 알아보지 못합니다.

예수님이 제자들에게 "그물을 배 오른편에 던지라!" 명하고 물고기가 많이 잡혀 그물을 들 수 없게 됩니다.

2) 예수께서 사랑하시는 그 제자만은 부활하신 주님을 알아봅니다.

7절에 "예수께서 사랑하시는 그 제자"는 부활하신 주님이신 줄 알아보고 베드로에게 "주님이시라!" 전하고, 그 말을 듣고 베드로는 벗고 있던 겉옷을 두른 후에 바다로 뛰어내립니다. '예수께서 사랑하시는 그 제자'는 7명 중의 하나일 터인데, 세베대의 아들 중 하나인 요한임을 알 수 있습니다. 이 둘이 늘 비교되고 있습니다. 부활하신 날 새벽녘에 막달라 마리아가 "베드로와 예수께서 사랑하시던 그 다른 제자에게 달려가서"(요 20:2) 예수님이 무덤에 계시지 않는다고 전하자, 그들이 듣고 달음질합니다. 요한이 먼저 달려가지만 베드로가 올 때까지 기다립니다. 베드로가 무덤에 들어가 보고 무덤 속에 여러 가지, 곧 세마포, 머리를 쌌던 수건 등을 발견하고 나옵니다. 이제 '예수께서 사랑하시는 그 제자'가 들어갑니다. 그런데 그는 '들어가 보고 믿습니다'(요 20:8). 왜 빈 무덤을 보고 베드로는 믿지 못하는데 예수께서 사랑하시는 그 제자는 믿게 되었는지 궁금합니다.

예수께서 사랑하시는 그 제자가 가진 '믿음'이 어떤 속성을 가진 믿음인지 요한복음 20장 9절은 보충 설명해 줍니다. 그 믿음은 예수님께서 죽은 사람들 가운데서 다시 살아나야 한다는 성경 말씀을 아직 깨닫지 못한 상황에서 '시체가 없어졌다'는 막달라 마리아의 말을 믿었다는 것이 되므로, 성경 말씀에 기초하여 부활한 주님을 믿은 것이 아님을 알 수 있습니다. 그러나 '예수께서 사랑하시는 그 제자'인 요한은 세마포와 머리를 쌌던 수건 등을 보고 그것이 무엇인지를 읽어내는데, 8절에 의하면 '믿습니다.' 예수의 물건을 보고서도 믿을 수 있게 된 요한은 분명 베드로와는 다릅니다. 오늘 이야기 속에서도 그것이 비교됩니다. 고기를 잡지 못했다가 새벽녘에 그물을 오른쪽에 던지라는 누군가의 말을 듣고 그물을 던지니 많은 물고기가 잡힙니다. 그것을 보고도 베드로는 부활하신 예수님을 알아보지 못하지만, '예수께서 사랑하시는 그 제자'는 알아보고 베드로에게 "주님이시라!"고 말합니다.

3) 제자들의 부활신앙이 아니라, 부활하신 주님의 말씀이 많은 고기를 잡게 합니다.

11절에 등장하는 베드로는 완전히 다른 사람이 됩니다. 그 많은 물고기를 결국에 끌어올리는 사람으로 바뀝니다. 베드로가 배에 올라가서, 그물을 육지로 끌어올립니다. 그것도 물고기가 너무 많아 그물이 찢어질 정도인데, 고기가 그렇게 많았으나 그물이 찢어지지 않도록 그물을 끌어올리는 사람이 됩니다.

무엇이 이렇게 변화를 가져오게 되었습니까? 베드로의 능력도 아니고, 베드로의 신앙도 아니고, 오로지 부활하신 주님이 제자들에게 나타나셨기 때문입니다. 제자들은 고기를 한 마리도 잡지 못했고, "그물을 오른편에 던지라!"고 예수께서 말씀하실 때에도 그분이 부활하신 주님이라는 것을 알지 못했습니다. 따라서 믿음으로 한 것이 아닙니다. "그물을 배 오른편에 던지라. 그리하면 잡으리라"는 주님의 말씀이 그 일을 해내게 했습니다. 그 일을 보고 나서 '예수께서 사랑하시는 그 제자'가 "저분은 주님이시다!" 하고 알아보게 되었습니다.

2. 요한복음 21장 15-23절 사건

베드로의 경우 주께서 세 차례에 걸쳐 '나를 따르라'고 부르십니다. 이 부르심은 세 번에 걸쳐 일어납니다. 부르심을 받은 베드로는 세 번의 부르심 속에서 변화되어 새로운 '자기'를 만들어 갑니다. 성경을 통해 새롭게 만들어진 '자기'에 대해 주목해 보고자 합니다.

1) 제자로 부름 받은 '자기'(마 4:19; 막 1:17)

예수님은 갈릴리 해변에서 그물을 던지고 있는 베드로를 향해 "나를 따라오라 내가 너희를 사람을 낚는 어부가 되게 하리라"(마 4:19; 막 1:17) 하시며 부르십니다. 주님이 베드로의 경우에만 '나를 따르라' 부르시는데, 그렇게 하는 이유나 목적이 매번 다릅니다. 첫 번째 부르심의 목적은 '사람을 낚는 어부', 곧 제자가 되게 하시려는 것입니다. 주님은 부르시면서 어떤 조건을 제시하지 않으시지만, 제자들은 모든 것을 버려두고 따릅니다. 제자도는 물질과 가족도 버리는 것이어야 함을 말하고자 함인 줄도 모릅니다.

소위 '소명'을 받은 사람으로 구약에서 모세를 들 수 있습니다. 소명의 부르심을 받은 예언자, 곧 부름을 받은 사람은 자신의 삶의 자리에서 떠나 이제 하나님의 말씀을 듣거나 해석하여 말씀을 전하는 자의 자리로 옮겨 갑니다. 베드로도 마찬가지입니다. 제자로 부름을 받았다고 해서 다 끝난 것이 아니었습니다. 부름에 합당하게 부단히 새로운 '자기'를 만들어 가야 했습니다.

어떻게 그는 '그물을 버려두고' 곧 가족과 재물을 버려두고 예수님을 따를 수 있었을까요? 물질과 가족보다 더 강하게 그를 이끌었던 것이 무엇이었을까요? 예수님을 만난 베드로는 예수께 "주님, 나에게서 떠나 주십시오. 나는 죄인입니다"(눅 5:8)라고 말한 것을 보면, 예수님의 부름을 따를 수 있었던 근원적인 힘은 자기를 죄인으로 보게 만드는 그리스도를 만났기 때문이라고 설명하고 싶습니다. 자기를 죄인으로 보게 만드는 주님을 만나는 것이 가장 일차적인 일이라고 봅니다. 주를 만났다 해서 모든 것이 끝나는 것은 아닙니다. 그것은 시작일 뿐입니다. 시작이 바로 완성이나 성공은 아닙니다. 그는 예수님의 제자로 예수님을 따르지만 예수를 넘어지게 하는 걸림돌이 되고 있을 뿐임을 알게 됩니다.

2) '자기'를 부인하게 만드는 십자가(마 16:24)

두 번째의 '자기'는 마태복음 16장에 소개되고 있습니다. 예수의 첫 번째 수난 예고를 듣고 난 후에 "그리 마옵소서"라고 고난을 거부했다가 사탄이라 지목받고, "하나님의 일은 생각하지 않고 사람의 일만 생각하는구나", "자기를 부인하고 자기 십자가를 지고 나를 따를 것이니라"(마 16:24)는 지적을 받습니다. 자기를 부인하는 일이나 '십자가'라는 죽음은 제자라고 해서 쉽게 받아들여지는 것이 아닙니다. 제자로 부름 받아 예수를 따르나 사탄이 되어 예수를 무너지게 하는, 반석과 걸림돌을 동전의 양면처럼 동시에 가지고 살아가고 있습니다. 죄인이었으나 의인으로 살아가는 것이 결코 쉽지 않은 것이 사실입니다.

베드로의 경우, 물질이나 가족보다도 그의 신앙생활에 걸림돌이 되는 것이 '자기'라는 사실이 밝혀지고 있습니다. '자기'라는 괴물, 곧 베드로의 경우 사탄이 거처하는 집일 뿐인 '자기'는 결코 자기 스스로 없앨 수 없습니다. 예수님이 물리쳐 주셔야, 그리고 예수님이 기도해 주셔야 세워질 수 있는 것이 바로 '자기'입니다. 이것을 통해 배울 수 있는 사실은, 그리스도의 사람은 그리스도를 통해서 새롭게 만들어져 가는 '자기'가 있다는 것입니다. 그리스도를 통해서 새롭게 만들어져 가는 '자기'를 만들기 위해서는 먼저 '자기를 부인해야 한다'는 것입니다.

그래서 예수님은 베드로에게 자기를 부인하고 '나를 따르라'고 요구하십니다. 주님을 따르고 있는 사람에게 이렇게 요구하신 것은 그가 따르고 있지만 자기를 부인하지 않고 예수를 따르고 있다는 말입니다.

재물과 가족을 버리고 주님을 따르는 것도 쉬운 일이 아닙니다. 그런데도 베드로는 사람들 대부분 가장 어렵다고 말하는 재물과 가족을 버리고 떠났습니다. 그런 그에게 더 필요한 것이 있었습니다. 그는 주님의 제자로 살아가면서도 예수의 일에 대해, 하나님의 일에 대해 자신의 생각대로 판단하고 그에 따라 행동하고 말했습니다. 그런 상황에서 '하나님의 일은 생각하지 않고 사람의 일만 생각하고' 있다고 지적받은 것을 보면, 자기 부인이란 자기 생각을 내려놓으라는 말로 들어야 합니다. 다르게 표현하자면, 하나님의 일을 더 중시하라는 것입니다.

문제는, 우리가 살아가면서 다 자기 입장과 자기 생각 또는 자기 기준과 신앙에 따라 하나님의 일을 생각한다는 점입니다. 자기 일과 하나님의 일이 명확하게 나누어져 있지 않을 뿐만 아니라 하나님의 일도 인간(자기)을 통해 성취되어야 하기 때문에, 하나님의 일을 생각하고 성취하는 '자기'가 결국 하나님 나라를 이루는 도구가 되어야 한다는 점에서 혼돈이 생기기 시작합니다.

예수님의 제자가 되는 두 번째 관문은 '자기 부인'입니다. '부인하다'라는 단어 자체의 뜻이 바로 '자기로부터 벗어나다' 혹은 '자기를 거절하다'로, 자기에 대해서 '아니오'라고 대답하는 것이 포함되어 있습니다. 이 대답인 '아니다'라는 우리말은, 헬라어 '자기 부인'이라는 '아르네오마이'(ἀρνέομαι)의 뿌리인 '아니'(arni)와 발음이 같습니다. 헬라어를 음역한 영어 'Arni'를 한국식 발음으로 표현하다 보니 '아니'가 된 것입니다. 헬라어 원문에 나오는 고유명사 "Ἀρνί(아르니)는 ἀρνέομαι(아르네오마이, deny, 자기를 부인하다)에서 온 인명(人名)으로, 예수님의 족보에 '아니'(눅 3:33)로 등장합니다.

예수님의 계보에 등장하는 사람의 이름 자체인 '아니'는 '자기 부인'이라는 뜻을 가지고 있습니다. 이것은 '자기를 부인하는' 일은 자기 스스로 할 수 있는 것이 아니라 십자가를 통해서만 가능하다는 것을 알려 줍니다. 예수님 자신도 '자기'를 부인하는 일은 십자가라는 고난을 통해서만 가능하기 때문에, 고난을 거부하는 베드로에게 "십자가를 지고 나를 따르라!"고 요구하셨던 것입니다.

3) 성령으로 말미암아 그리스도가 마음에 계시는 '자기'(요 21:19)

부활하신 예수님이 갈릴리에서 만난 후, 세 차례에 걸쳐 베드로에게 "나를 사랑하느냐?" 물으시고 "내 양을 먹이라" 하시며 "나를 따르라"(요 21:19) 말씀하십니다. 이때는 베드로가 성령을 받은 후입니다. 그 말은 성령을 받아야만 예수를 따를 수 있다는 것을 말해 줍니다. 십자가를 통해서만 '자기 부인'이 가능한데, 십자가를 거부하다가 사탄이라 지목을 받고 말았습니다. 이제 '자기를 부인하는' 일은 전적으로 성령을 통해서만 가능하다는 사실을 확인하게 되었습니다.

베드로의 경우 세 번에 걸쳐 "나를 따르라" 부르시는 의미가 다 다름이 명확해졌습니다. 첫 번째 부르심은 가족과 재물을 버리고 예수를 따르는 것이라면, 두 번째 부르심은 제자이지만 자기를 버리지 못하고 하나님의 일을 생각하지 않고 사람의 일만 생각할 때, 곧 예수를 넘어지게 하는 사탄이 되고 말았을 때에, 나를 따르고자 하거든 자기를 버리고 자기 십자가를 지고 따라야 한다는 또 다른 부르심이었습니다. 세 번째 부르심은 "어떠한 죽음으로 하나님께 영광을 돌릴 것을 가리키심이러라"(요 21:19)고 하여 부르시는 이유를 예수님이 명확하게 밝히셨습니다. 결국 자기를 버리는 것을 죽음으로 하나님께 영광을 돌려드리는 것이라 보는 것입니다.

이러한 사실을 세 차례에 걸친 부르심을 받은 경험이 있는 베드로는, 본인처럼 부르심을 받은 자들에게 예수님이 "고난을 받으사 너희에게 본을 끼쳐"(벧전 2:21) 그 자취를 따라오게 하기 위함이라고 본뜻을 전했습니다. 곧 부르심을 받아들이는 사람이 되려면 예수에게서 그 본을 배워야 한다는 것입니다.

3. 삶의 적용

부활하신 주님이 우리에게 나타나시면 어떤 일과 변화가 일어날까요? 세 번이나 부활하신 주님이 나타나시고 식사 봉사를 하신 주님의 섬김에 대해, 베드로는 그 사건에 어떤 의미를 부여하고 있는지 살펴보고자 합니다.

베드로는 고넬료의 집에서 설교하면서 부활하신 주님이 나타나서 함께 먹고 마시기도 하신 사건이 자신들에게 얼마나 큰 의미를 가지는지 설명합니다. 베드로는 그 사건의 중요성을 사도행전 10장 40-43절에서 세 가지로 말합니다.

첫째는 하나님의 주권, 곧 하나님을 위한 의미입니다. 사도행전 10장 40절에 '하나님께서 그를 살리시고, 나타나 보이게 해주셨다'고 함으로써 부활도 하나님이 하신 일이고, 제자들에게 나타나게 해주신 분도 하나님이심을 말해 줍니다. 이로써 부활하신 예수는 전적으로 하나님에 의해 태어나고, 죽고, 부활하고, 부활하신 후에도 제자들에게 나타나셨음을 알 수 있습니다.

둘째는 제자에게 필요한 확신인데, 제자를 위한 부활하신 주님의 나타나심의 의미성입니다. 부활하신 예수님이 제자들에게만 나타나신 것이지 모든 사람에게 나타나신 것이 아니라고 지적함으로써 '제자들'을 '하나님께서 미리 택하여 주신 증인'(행 10:41)으로 규정합니다. 그러므로 '하나님께서 미리 택하여 주신 증인'은 정말로 확신을 가지고 증언해야 합니다. '하나님께서 미리 택하여 주셨다'는 확신을 가질 수 있는 것은 부활하신 주님을 본 것만으로도 확인이 가능합니다. 하나님이 미리 택하여 주신 자가 하는 일은 증언하는 일입니다. 특히나 증언을 위해 주님께서 성령을 부어 주셨기 때문에 하나님이 미리 택하여 주신 자 안에 계시는 성령과 함께 확신을 가지고 증언해야 합니다. 사도행전 10장 42절은 증언 내용이 무엇인지 밝힙니다. '하나님께서 예수를 살아 있는 사람들과 죽은 사람들의 심판자로 정하셨다'는 내용을 선포하고 증언하도록 명하셨다는 것입니다.

베드로를 통해 우리는 부활하신 주님이 나타나시면 우리에게 일어날 수 있는 일을 기대해 보고자 합니다.

1) 부활하신 주님을 제자들에게 나타나게 하시는 하나님의 주권

우리의 믿음으로 예수님을 부활하게 한 것이 아닙니다. 베드로는 분명하게 하나님이 예수를 죽은 자 가운데서 부활하게 하셨고, 제자들에게 나타나게 하셨다고 밝힙니다. 베드로의 이 시각이 우리에게 필요합니다. 우리가 가져야 하는 것은, 즉 성경이 우리에게 요구하는 것은 바로 이것입니다. 사물을 읽어내거나 일어난 사태를 올바로 읽어내는 시각을 갖기를 요구합니다. 우리는 부활하신 주님이 하나님의 뜻에 따라 나에게, 우리에게 나타나셔서 자신의 모습을 보여주심에는 하나님의 뜻과 주권과 섭리가 있다는 것을 읽어내야 합니다.

베드로는 사도행전 10장 41절에서 부활하신 주님께서 제자들에게 나타나신 이유, 즉 하나님이 부활하신 주님을 제자에게 보내신 이유가 '하나님께서 미리 택하여 주신 증인'인 그들에게 나타나게 하신 것이지 모든 사람에게 나타나게 하신 것이 아님을 알아서, 나는 부활하신 주님을 만남으로 내가 바로 '하나님께서 미리 택하여 주신 증인'임을 확신하라는 것입니다. 예수를 죽은 자 가운데서 살리시고, 부활하신 주님을 제자들에게 나타나게 하신 하나님의 뜻, 주권, 섭리는 '우리가 하나님께서 미리 택하신 자'임을 알아야 한다는 것입니다.

아무에게나 부활하신 주님이 나타나시지 않습니다. 우리가 하나님께서 미리 택하신 자임을 확신하려면, 부활하신 주님이 나에게 나타나 주셔야 합니다. 부활하신 주님이 나에게 나타나셔도 제자들의 경우처럼 처음부터 알아보지 못합니다. 놀라운 것은, 부활하신 날 저녁에 이들은 이미 성령을 받았다는 사실입니다. 성령을 받았다고 해서 항상 그리고 어디서나 부활하신 주님을 알아보는 것이 아닙니다. 부활하신 주님을 우리가 믿지만 그리고 성령을 받고 예수께서 그리스도이심을 고백했지만 우리가 고기를 잡은 것은 아닙니다. 7명의 제자들처럼 밤새 수고하였지만 고기를 한 마리도 못 잡을 수 있습니다. 즉 우리의 믿음으로 부활하신 주님을 만나거나 예수를 죽음에서 부활시키는 것이 아니기 때문에, 오로지 하나님이 하신 부활 사건임을 깨달아야 합니다.

부활하신 주님을 알아보면 분명히 어떤 변화가 일어납니다.

2) 부활하신 주님이 나타나시면 제자들의 삶에서 그물이 찢어질 정도로 고기를 많이 잡는 변화가 일어납니다.

물론 그 일은 제자들이 한 것이 아닙니다. 그들은 주님이 "그물을 배 오른편에 던지라" 하실 때 그 말씀을 따랐을 뿐입니다. 이것은 문맥상 제자들이 예수인 줄을 알아보고 예수를 믿고 그 말을 실제로 행한 것이 아님을 알 수 있습니다. 예수를 알아보고 '예수께서 사랑하시는 제자'는 "주님이시라!"고 말합니다. 베드로는 주님이라는 말을 듣고 행동하는 사람입니다. 물고기고 뭐고 소용없습니다. 주님께 달려갑니다. 나머지 다른 제자들은 물고기들이 들어 있는 그물을 끌고 옵니다.

부활하신 주님을 만났지만 반응이 다 다릅니다. 그러나 어느 것 하나 잘못했다고 주님은 책망하지 않으십니다. 오히려 주님은 식탁을 준비하셨습니다. 제자들은 식탁에 참여하기만 하면 됩니다. 주님이 지금 막 잡은 생선들 중 몇 마리를 가져오라고 요구합니다. 그러자 베드로가 배에 올라가 그물을 뭍으로 끌어올립니다. 우리는 주님의 만찬에 참여해야 합니다. 우리 가정의 식탁 공동체가 주님이 함께하시는 식사가 되어야 합니다. 주님이 없는 그 식탁 자리는, 특히나 부활하신 주님이 계시지 않는 식탁 자리는 어떤 변화가 일어나지 않습니다. 식탁 자리는 주님이 마련하십니다. 부활하신 주님은 제자들을 여전히 섬기십니다. 내가 참으로 하나님께서 미리 택하신 자임을 드러내는 일은 섬기는 것입니다.

3) 우리도 '예수께서 사랑하시는 그 제자'가 됩시다!

그는 그 상황을 통해서 주님을 읽어냅니다. 어부지만 밤새 고기를 잡지 못할 수 있습니다. 그러나 그분의 말을 듣고 고기를 잡은 것을 보고 주님이신 줄 알아봅니다. 말 못하는 나귀를 들어 말하게 하시는 하나님인 줄 알고, 하나님의 말씀을 받으면 '속에서 마음이 뜨거워지는'

(눅 24:32) 사람이기를 소원합니다. '갑자기 세찬 바람이 부는 듯한 소리' (행 2:2)가 들리면 성령이 강림하신 줄을 깨닫게 되어야 합니다. 눈이 열려서 식사를 할 때에 떡을 주시는 주님을 알아볼 수 있는 영안이 밝아진 자들이기를 소원합니다. 우리 가정, 일터, 특히 공동체 속에서 우리는 주님을 읽어낼 줄 알아야 합니다.

예를 들어 보겠습니다. 나에게 허락하신 배필을 "내 뼈 중의 뼈요 살 중의 살"(창 2:23)이라 했던 아담처럼 '이제야 나타났구나, 이 사람!' 하며 알아볼 줄 알아야 합니다. '예수께서 사랑하시는 그 제자'는 어떤 것을 통해서도 주님을 알아보고, 주님께서 마음을 주실 수 있는 제자였습니다. 예수님이 십자가에 매달려 죽으면서 자기 어머니를 보시고, "당신의 아들입니다" 하고 행복했다고 전하면서, 옆에 서 있는 그 사랑하시는 제자에게 "이분이 네 어머니이다"(요 19:27)라고 말할 수 있는 제자가 되어야 합니다. 마음이 서로 통해, 깊이 사랑하는 관계가 되어서 죽음의 자리에서 어머니를 잘 모셔달라고 말할 수 있는 제자가 되어야 합니다.

'예수께서 사랑하시는 그 제자'는 예수의 이 부탁의 명령 때문에, "너희가 나를 따라오려거든 자기를 부인하고 자기 십자가를 지고 나를 따르라!"고 명하신 대로, 10명의 제자들이 순교의 십자가에서 죽음을 당하지만 요한은 그런 죽음을 맞지 못합니다. 베드로에게 "내 양을 먹이라!"고 소명을 부여하신 후에 '네가 젊어서는 스스로 띠를 띠고 네가 가고 싶은 곳을 다녔으나, 네가 늙어서는 네가 바라지 않는 곳으로 끌려갈 것이라'(요 21:18)고, 십자가에 거꾸로 매달려 죽을 것을 말씀하십니다. 베드로가 '예수께서 사랑하시는 그 제자'는 어떻게 되겠는지 묻자, "내가 올 때까지 그가 살아 있기를 바란다고 한들, 그것이 너와 무슨 상관이 있느냐?"(요 21:22)고 답하여, 예수의 어머니를 섬기기 위해서라도 순교하지 못하는 사람이 될 것을 말하고 있습니다.

결론입니다.

　부활하신 주님은 세 번째로 제자들에게 나타나십니다. 이 사건을 기록하고 있는 요한복음 21장 1-14절을 살피면, 갈릴리에서 고기를 잡고 있는 몇 제자들과 만나게 됩니다. 그들은 부활하신 주님을 만났으면서도 갈릴리에 나타나신 주님을 여전히 알아보지 못합니다. 그렇지만 '예수께서 사랑하시는 그 제자'만은 부활하신 주님인 줄 알아봅니다. 제자들의 부활신앙 때문이 아니라 부활하신 주님의 말씀이 많은 고기를 잡게 합니다. 세 번이나 부활하신 주님이 나타나시고 식사 봉사를 하신 주님의 섬김에 대해 베드로는 하나님이 예수를 살리셨다는 것과 제자들을 위해 부활하신 주님이 나타나셨다는 것을 밝힙니다.

　그러면 우리에게 부활하신 주님이 나타나시면 일어나는 변화에는 어떤 것들이 있습니까? 부활하신 주님을 제자들에게 나타나게 하시는 분은 하나님이십니다. 부활하신 주님이 나타나시면 제자들의 삶에서 그물이 찢어질 정도로 고기를 많이 잡는 변화가 일어납니다. 우리도 예수께서 사랑하시는 제자가 되어야 합니다.

3일 만에 하나님이 하신 일

누가복음 24:7

○●● 우리는 매년 부활절을 맞습니다. 그런데 현대 그리스도인들은 성경 속 제자들이 느낀 부활의 날에 대한 감격을 잘 모릅니다. 뿐만 아니라 오늘날 우리 그리스도인의 삶 속에서 부활절을 맞이하는 자세도 형식일 뿐이고 '부활'에 대한 설교 한 번 듣는 것으로 만족합니다. 이런 안타까움을 해소하고자 부활하신 주님을 만난 제자들의 경우를 살펴보았습니다.

설교의 목적은, 그리스도인들이 주 예수 그리스도의 부활이 어떻게 우리의 삶과 성경 이해에 중대한 영향을 미칠 수 있는지 살펴보아 부활의 능력을 맛보기를 원하는 데 있습니다. 우리가 그리스도와 함께 다시 살리심을 받았으면 세상의 것을 생각하지 말고 '위의 것을 찾아야'(골 3:1) 하기 때문에 삶의 적용으로 그 주제를 다루고자 합니다.

제자들의 생전의 예수와의 관계와 주님이 부활하신 이후 제자들이 예수님을 대하는 태도를 비교해 보면 우리의 관심사를 어느 정도 풀 수 있을 것입니다. 주님의 제자이나 부활 전후가 너무 다르기 때문입니다. 부활하신 예수님을 만나는 사건은 제자들에게 너무나 큰 변화를 가져옵니다.

사실 제자로 부름 받았을 때의 기쁨이나 감격을 잊을 수 없었을 것입니다. 제자들이 모든 것을 버려두고 예수를 따를 정도로 제자로 부르심은 큰 사건이었을 것입니다. 우리가 살면서 어떤 사람을 만났다고 가정과 재물을 다 버리고 그를 따르지 않습니다. 그만큼 하나님의 부르심은 정말 큰 은혜입니다. 예수님의 사역을 지켜보면서 예수님의 제자인 것이 그들에게 큰 자부심을 갖게 만들었을 것입니다. 제자들을 파송할 때에 부어 주신 마귀를 대적하고 귀신을 내쫓는 권세를 주실 때에는 말할 수 없는 기쁨을 가졌다고 성경은 보고합니다.

그러나 예수님은 제자들에게 기쁨보다 더 큰 고난과 아픔을 담은 제자도를 가르치셨습니다. "사람들을 삼가라"(마 10:17)고 세상 살아가는 비책을 가르치시기도 합니다. 그럼에도 불구하고 죽은 자를 살리신 예수님을 보고서도 예수를 믿지 않았다는 사실을 우리는 이해하기 쉽지 않습니다. 5천 명을 먹이거나 4천 명을 먹이신 사건을 목도한 그들은, 그리고 그런 예수를 왕으로 삼고자 소리치는 무리를 보면서, 예수의 제자인 것이 그들을 생기 있게 만들었을 것입니다.

제자들 모두를 향하여, "오늘 밤에 너희가 다 나를 버리리라"(마 26:31) 하실 때에 베드로가 나서서 "모두 주를 버릴지라도 나는 결코 버리지 않겠나이다" 대답하지만 그리고 '모든 제자도 그와 같이 말하지만'(마 26:35) 결국 다 주를 버립니다. 결국에 그들은 믿지 못하는 자들이요, 주님을 부인하는 자들일 뿐입니다. 부끄러운 말이지만 패배자 무리일 뿐이었습니다. 영광의 상처를 가진 위대한 공동체였을 뿐입니다.

그러나 부활하신 주님을 만난 그들은 달라졌습니다. 죽음 앞에서 도망하는 자들이 없어졌습니다. 설교를 못하는 자들이 한 명도 없습니다. 하나님의 나라를 온 세상에 전하지 못한 제자가 한 명도 없었다는 말입니다. 결정적인 전환점은 분명 부활하신 주님을 만난 것입니다. 부활하신 주님을 만나면 어떻게 이런 일들이 일어날 수 있습니까? 실패자가 성공자로 바뀌게 된 연유가 무엇일까요? 부활이 실제로 우리의 삶에 지대한 영향을 주어야 하는 이유이기도 합니다.

그리스도의 부활 사건이 가지는 다양하고 풍성한 의미에 비해 우리가 알고 있는 부활 내용은 너무나 미미하고, 그리스도의 부활로 인한 우리 삶의 변화는 아직도 부족합니다. 하나님이 그리스도의 부활을 통해 우리에게 주시려는 은혜의 선물 주머니가 아직도 수많은 그리스도인에게 있어 포장도 제대로 풀리지 않은 상태로 버려져 있는 상황입니다.

부활 전의 예수와 동행하는 제자들의 삶의 태도와 부활하신 주님을 만난 이후 제자들이 살아가는 태도가 결정적으로 달라진 것은, 부활하신 주님이 제자들에게 아버지의 약속인 '성령'을 보내 주셨기 때문입니다. 그리고 하나님의 능력이 성령 안에서 그들에게 부어졌기 때문입니다. 다시 말하면, 예수를 살리신 하나님의 능력이 그들에게 임하였기 때문입니다.

다시 한 번 정리합시다. 무엇이 이런 변화를 만들고 일어나게 하였습니까? 예수를 죽은 자 가운데서 다시 살리신 하나님의 능력이 성령 안에서 제자들에게 임했기 때문입니다. 부활은 하나님이 하신 일입니다. 하나님의 사건입니다. 부활을 통해 하나님은 자신이 어떤 능력을 가지고 있는지 직접 보이셨습니다. 따라서 부활은 하나님 자신을 위해 의미를 가집니다. 부활을 통해 하나님은 살아 계신 하나님이심을 증명하셨습니다. 부활이 하나님 자신을 위해서 의미를 가지듯 하나님은 우리를 위해 예수를 죽은 자 가운데서 일으키십니다. 다시 말하면, 우리도 죽은 자 가운데서 다시 일어설 수 있게 하기 위해서 그런 일을 하셨기 때문입니다.

설교의 목적은 하나님이 예수가 십자가에 달려 돌아가시고 '3일 만에 하신 일'이 무엇인지 정확하게 알아 우리에게도 '3일 만에 하실 하나님의 일'을 보는 것입니다.

1. 이스라엘과 초기 유대교 시대의 부활 이해

시편 기자는 죽음의 영역, 예를 들면 병이나 포로 또는 생명을 위협하는 위험들에서 자신을 살리시는 하나님의 전능하심을 찬양하고 있습니다(시 49:16, 139:8). 그러나 엄밀하게 말해서 신약성경이 말하는 육체적 부활을 뜻하는 것은 아닙니다. 이사야 25장 8절에서 "사망을 영원히 멸하실 것이라" 하면서 하나님께서 "눈물을 씻기시며 자기 백성의 수치를 온 천하에서 제하실" 것이라는 기쁜 소식을 전합니다. 그리고 이사야 26장 19절에서 "주의 죽은 자들은 살아날" 것이 명백하게 표현됩니다. 다니엘 역시 생명책에 "기록된 모든 자가 구원을 받을 것이라"(단 12:1) 하면서 "자는 자 중에서 많은 사람이 깨어나 영생을 받는 자도 있겠다"(단 12:2)고 전합니다.

"주의 거룩한 자를 멸망시키지 않으실 것임이니이다"(시 16:10)라는 다윗의 찬양을 베드로는 사도행전 2장 27절에서, 그리고 바울 역시 사도행전 13장 35절에서 무덤에서 일어나신 그리스도 안에서 성취되었다고 적용합니다. 다윗을 통한 하나님의 약속을 하나님은 예수 그리스도의 부활을 통해 성취하십니다.

2. 부활은 하나님의 사건입니다

예수를 죽은 자 가운데서 살리신 부활은 하나님이 하신 일입니다. 사람이 할 수 있는 일이 아닙니다. 하나님은 그 일을 성령을 통해 하십니다. 하나님이 성령으로 말미암아 예수를 죽은 자 가운데서 다시 살리신 사건이라는 뜻입니다. 그리고 우리가 그 일을 하시는 하나님을 믿으면, 그 믿음을 보시고 예수를 죽은 자 가운데서 살리신 권능을 우리를 위해 사용하고자 하십니다. 부활은 하나님이 하신 일이라고 제자들이 증언하고 있습니다.

1) 성령을 통하여 하나님이 하신 일인 부활(행 2장)

베드로는 오순절 성령 충만을 받고 부활은 '하나님이 하신 일'(행 2:36)이라고 설교합니다. 성령을 받고 나서야 그것은 하나님이 하신 일이라 깨달았다는 것입니다. 이 말은 예수가 스스로 부활한 것이 아님을 말해 줍니다. 하나님의 행위이지만, 나사렛 예수 그리스도 안에서 일어난 사건입니다. 제자들은, 예수님의 공생애 기간을 그와 같이 살았지만, 죽음 이후에야 하나님이 그리스도 안에 계셨다는 계시를 바르게 인식할 수 있게 되었습니다. 왜냐하면 그 사실을 알 수 있는 인식 능력은 그것을 바르게 깨달을 수 있게 도우시는 진리의 성령을 받고 나서야 가능했기 때문입니다. 요약하자면, 하나님에 의해서만 실현 가능하고 또 사실로 실현되었습니다. 그것이 바로 예수의 부활입니다.

그런데 예수 그리스도를 죽은 자 가운데서 다시 살리신 하나님은 인간의 시간과 공간 안에 그 일을 하셨습니다. 그것은 우리 또한 부활할 것을 확신시켜 주기 때문에 우리를 위해 그 일을 하신 것이라 생각해야 합니다. 그런데 하나님이 일하시는 시간과 공간은 인간의 시간이고 공간이지만 인간의 시간과 공간을 벗어납니다.

하나님의 시간은 창조이고, 하나님의 창조는 우리에게 은총입니다. 인간이 살 수 있는 공간을 만들어 주셨기 때문입니다. 인간이 살아가는 세계 속에서 하나님이 일하실 수 있게 되었습니다. 이제 우리가 살아가는 시간과 공간 안에서 하나님의 일이 발생하는 것을 볼 수 있습니다.

십자가에서 죽으시고 무덤 속에 계시나 3일만 있으면 부활하십니다. 죽음과 부활 사이는 3일뿐이었지만 하나님이 일하시기에 부족한 시간이 아닙니다. 3일은 하나님이 일하실 시간입니다. 인간의 시간에 하나님이 함께하시면, 예수를 죽은 자 가운데서 다시 살리시는 하나님의 능력이 나타나게 됩니다.

인간이 사는 시간과 공간 안에서 우리 스스로 다시 살아날 수 없습니다. 그러나 그 시간과 공간에 하나님이 함께하시면, 하나님은 죽은 자 가운데서 예수를 다시 살리는 그 일을 하실 수 있습니다. 하나님의 일하심을 보려면 3일만 기다리면 됩니다.

사도 바울 또한 하나님이 성령을 도구로 사용하시어 예수님을 일으키신다고 말해 줍니다. 하나님이 예수님의 부활 때 사용하신 성령은 현재 신자들 안에 거하십니다. 신자 안에 거주하신 성령은 비록 죽을 몸을 덧입고 있는 상태일지라도 그를 인도하여 부활생명을 살 수 있게 하십니다. 그리고 죽을 몸이 장차 부활의 몸으로 덧입혀질 것을 계속적으로 확신시키고 계십니다. 하나님은 예수를 그렇게 다시 살리셨듯이, 신자 안에 거하는 성령을 도구로 사용하여 신자들을 부활시키실 것입니다.

2) 믿음을 보시고 부활의 능력으로 일하시는 하나님(행 3장)

부활하신 주님을 만나기 전에는 자기 열심으로 믿습니다. 그러나 부활하신 주님을 만나고 성령을 받고 나서는 성령의 선물인 믿음으로 믿습니다. 부활하기 전에는 믿지 못하는 제자들이었지만 성령을 받고 나서는 믿는 제자들이 됩니다. 이제는 믿음으로 사는 제자들이 됩니다. 무엇보다 그 믿음을 보시고 하나님은 제자들과 안에서 일하십니다.

성령의 능력으로 신도의 수가 3천이나 더하는 최초의 교회가 예루살렘에 세워집니다. 이것은 분명 사람이 한 일이 아니라 '성령을 선물'(행 2:38)로 받았기 때문에 일어난 성령이 하신 일입니다. 하나님이 행하신 일인 부활한 그리스도를 만난 사람의 변화로, 베드로와 요한이 한 일을 사도행전 3장에 소개하고 있습니다.

예수가 스스로 부활하지 않았다고 말씀드렸습니다. 예수를 죽은 자 가운데서 다시 살리신 이는 하나님 아버지입니다. 아들인 예수는 "아버지께서 하시는 일을 보지 않고는 아무것도 스스로 할 수 없는"(요 5:19) 바보 아들일 뿐입니다. 심판주로 다시 오실 주님도 심판주로 앉아 계시지만, "내가 아무것도 스스로 할 수 없노라 듣는 대로 심판하노니 나는 나의 뜻대로 하려 하지 않고 나를 보내신 이의 뜻대로 하려 하므로 내 심판은 의로우니라"(요 5:30)라고 말씀하십니다.

아버지 없이는 아무것도 할 수 없는 주님처럼, 제자들 또한 주님 없이는 아무것도 할 수 없었던 자들입니다. 예를 들어, 밤새워 물고기를 잡으려 했지만 헛수고였을 뿐입니다. 그러나 주님이 말씀만 하시면, 그 말씀에 의지하여 그물을 내리면 그물이 찢어지도록 고기를 잡은 제자가 됩니다. 우리 또한 주님 없이는 아무것도 할 수 없습니다. 주님이 친히 "나는 포도나무요 너희는 가지라 그가 내 안에, 내가 그 안에 거하면 사람이 열매를 많이 맺나니 나를 떠나서는 너희가 아무것도 할 수 없음이라"(요 15:5)고 말씀하셨기 때문입니다.

그러나 주님이 우리 안에 거하시면, 다시 말하면 제자들 안에 주님이 함께하시면, 특히 부활하신 주님을 만난 제자들은 못 해낼 것이 없는 사람들이 됩니다. 그들은 결코 죄를 계속 짓는 자들이 아닙니다. 그들이 사람으로서는 해낼 수 없는 일들을 해내는 사람이 됩니다. 열방을 가슴에 안고 세계를 향해 나아가는 사람이 됩니다. 가슴을 뛰게 하는 일을 만난 자들이 되어 자기를 포기하고 십자가를 지고 주를 따르게 됩니다.

사도행전 3장에 일어서지 못하는 사람을 베드로와 요한이 치료합니다. 모든 백성이 크게 놀라며 베드로와 요한을 신처럼 떠받듭니다. 그러자 베드로가 소리치며 만류하면서 "우리 개인의 권능과 경건으로 이 사람을 걷게 한 것처럼 왜 우리를 주목하느냐"(행 3:12) 합니다. 이 일을 하신 분은 죽은 자 가운데서 예수를 살리신 하나님이시라고 증언합니다. 하나님께서 다시 살리신 예수로 말미암아 난 믿음이 일어서지 못하는 사람을 완전히 낫게 했다고 증언합니다. 예수를 죽은 자 가운데서 다시 살리신 하나님은 그 하나님을 믿는 제자들의 믿음을 보시고 제자들이 이제 작은 예수가 되어 하나님의 일을 하게 하십니다.

우리에게도 이 믿음이 있어야 합니다. 예수를 죽은 자 가운데서 다시 살리시는 하나님을 믿는 믿음이 있어야 하나님은 일하십니다. 이 사실은 앞에서 하나님이 성령으로 말미암아 예수를 죽은 자 가운데서 살리신 것과 같이 하나님께서 일하실 수 있는 또 다른 조건입니다. 베드로가 말하는 믿음을 우리가 가지고 있지요? 그러면 하나님은 일하십니다.

3. 하나님의 능력인 부활

하나님의 능력은 부활에서 읽어야 합니다. 우리가 부활에 나타난 하나님의 능력을 예수 그리스도를 믿는 경건의 삶에서 나타내려면, 그것을 증언하고 있는 하나님의 말씀을 듣고, 그 말씀의 내용인 하나님의 부활의 능력을 나의 믿음 속에서 드러나게 해야만 합니다. 그러나 우리가 잘 알고 있는 사실이 하나 있습니다. 말씀의 능력은 하나님의 말씀을 거부하는 자들에게는 절대로 나타나지 않는다는 사실입니다.

구원은 결코 인간의 능력에서 나오는 것이 아니라 오직 하나님의 능력으로만 가능하다는 사례가, 부자 청년과의 대화에서 제시되고 있습니다. 부자 청년이 '어떻게 하면 영생을 얻을 수 있느냐?'고 예수님께 물었고, 예수님의 대답을 듣고 그는 근심하며 돌아가고 맙니다. 예수님이 제자들을 향하여 부자가 천국에 들어가기가 어렵다고 말씀하시자, 제자들이 듣고 놀라서, "그렇다면 누가 구원을 얻을 수 있으리이까?"(마 19:25)라고 묻습니다. "예수께서 그들을 보시며 이르시되 사람으로는 할 수 없으나 하나님으로서는 다 하실 수 있느니라"(마 19:26)고 말씀하시면서, 하나님의 능력, 곧 하나님만이 하실 수 있는 일이 바로 구원이라고, 즉 하늘나라 들어가는 것이라고 말씀하십니다.

우리는 '부활의 능력을 가진 사람'을 '할 수 있는 사람'과 '할 수 없는 사람'으로 나누어 설명할 수 있을 것입니다. 죄를 지을 수 있는 사람이 죄를 짓지 않는 사람으로 변화되거나 또는 고난에 참여하기 싫어하던 사람이 고난에 참여하는 사람으로 바뀌는 경우를 들어 설명할 수 있다는 말입니다.

하나님의 능력 없이도 우리는 자신이 모든 것을 할 수 있는 능력 있는 사람이라고 생각할 수 있습니다. 우리가 믿고자 하는 하나님은 또는 우리가 생각하는 하나님은 전지전능하신 분이어야 합니다. 실제로 하나님은 전지전능하십니다. 그러나 십자가에서 죽는 아들의 죽음을 구경만 하는 하나님이 아니라, 다시 말하면 죽지 않는 하나님이 아니라 십자가에서 아들의 고통 속에 함께 고통하며 죽는 하나님을 성경은 말합니다. 하나님 역시 우리 인간처럼 할 수 있는 능력 있는 하나님이지만 할 수 없는 하나님이십니다.

부활하신 예수만이 아니라 무덤 속에 계시는 예수 역시 하나님의 아들입니다. 사람으로서는 세상에서 할 수 있는 일이 많이 있을지 모르나, 하나님의 세계 안에서는 할 수 있는 일이 별로 없습니다. 신앙의 세계 속에 들어온다고 해서 사람의 힘으로 되는 일이 별로 없습니다. 요한복음은 인간 우리 자신의 힘만으로는 '하나님의 말씀을 들을 수 없음'에 대해 "어찌하여 내 말을 깨닫지 못하느냐 이는 내 말을 들을 줄 알지 못함이로다"(요 8:43)라고 밝힙니다. 주의 말씀을 듣고 깨달으려면 다른 힘이 필요하다는 말로, 주님은 "나를 보내신 아버지께서 이끌지 아니하시면 아무도 내게 올 수 없으니"(요 6:44)라고 그 연유를 밝히십니다.

하나님의 능력이 사도들에게 위임되고, 사도행전에 따르면, 성령의 충만한 임재는 사도들로 하여금 능력 있는 설교를 하게 할 뿐만 아니라 병 고치는 능력을 행사하게 합니다. 사도에게 성령을 주시고 능력을 행할 수 있도록 함으로 이제 사도는 하나님의 능력을 가진 자가 되었습니다(갈 3:5).

하나님의 능력을 가진 사도라고 해서 그 능력이 항상 발휘되는 것이 아닙니다. 성령의 능력의 지속성의 속성을 잘 알아야 합니다. 성령이 소멸될 수 있고, 성령을 훼방할 수도 있으며, 나아가 성령을 근심시킬 때에는 성령이 우리 안에서 아무런 일도 하실 수 없습니다. 사도행전을 주의 깊게 살펴보면 사도들은 반복하여 성령의 충만을 받은 것을 볼 수 있습니다. 제자들의 경우를 들어 그 사실을 설명할 수 있습니다.

예수님께서 제자들을 파송하십니다. 귀신도 내쫓을 수 있는 권세를 주십니다. 그들은 기쁨으로 그 사실을 선교 보고 합니다. 예수님은 '사탄이 번개처럼 떨어지는 것을 보았다'고 인정하십니다. 그러나 이후에 아픈 아이를 고쳐 달라고 하나 제자들이 고치지 못합니다. 제자들이 예수님께 묻습니다. 예수님은 '기도' 외에는 이런 능력이 발휘될 수 없다고 책망하십니다. 이때의 기도란, 예수님이 하나님의 능력을 제자들에게 주셨기 때문에, 제자들은 그 사실을 믿고 하나님께서 그 일을 하시기를 기도해야 한다는 의미를 뜻합니다.

그러면 구체적으로 하나님의 부활의 능력은 무엇을 말합니까? 하나님의 부활의 능력은 하나님의 창조의 능력과 같은 기능을 합니다. 없는 것을 있는 것으로 부르시는 능력이 창조의 능력이라면, 죽은 자를 살리시는 능력이 부활의 능력입니다. 아브라함이 믿은 하나님은 창조의 능력을 가지신 하나님이셨습니다(롬 4:17). 부활의 능력으로 우리는 새로운 사람으로 태어납니다. 성경은 그것을 거듭남이라 합니다. 새로운 생명 창조라 할 수 있습니다.

4. 부활의 권능으로 살아가는 그리스도인의 삶

1) 고난에 참여하게 만드는 부활의 권능

부활한 그리스도를 만난 후 제자들에게 일어난 변화에 우리가 주목했습니다. 제자들을 바꾸어 놓은 것은 제자로 부르심이 아니요, 그들이 믿도록 이적을 보여주신 것 때문이 아니요, 제자로 불렀지만 주여 주여 한다고 해서 천국 가는 것이 아니라, 아버지의 뜻대로 행하는 자라 가르친다고 해서 변화되지 않았습니다. 너희 모두가 나를 부인하고 저주할 것이라 일러 주어도 부인하고 맙니다. 그런 제자들이 바뀐 사실 하나는 부활하신 주님을 만나고 나서입니다.

부활하신 주님을 만나고 나서 이제 그들은 변화됩니다. 고난을 싫어하고 그리하여 십자가를 부인하던 제자들이 '예수님의 이름을 위하여 능욕 받는 일에 합당한 자로 여기심을 기뻐하면서 공회 앞을 떠나가는'(행 5:41) 자로 바뀝니다. 이것이 바로 우리가 부활의 권능을 가져야 하는 이유입니다. 바울 또한 부활의 능력이 있어야 고난에 참여할 수 있다고 대답합니다(빌 3:10).

부활의 능력을 가진 자의 신앙 걸음은 분명 다릅니다. 두 아들을 주의 제자로 따르게 한 어머니의 기도는 주의 나라에 들어가기 위해 마셔야 할 고난의 잔을 마시게 해달라고 청합니다. 마실 수 없다고 말해도 마실 수 있다고 대답함으로 결국 고난에 참여하게 됩니다. 이처럼 할 수 있는 능력의 사람이 되어야 합니다. 부활의 능력은 참말을 하기 위해서뿐만 아니라 고난에 참여하기 위해 필요합니다. 부활의 능력이 없이는 고난에 참여하는 것이 어렵습니다. 따라서 우리는 그리스도 예수의 부활의 능력이 나의 부활의 능력이 되도록 만들어야 합니다.

인간은 '할 수 없는' 존재이지만, 주님이 그러셨듯이, 하나님 때문에, 특별히 부활의 능력을 가지신 하나님 때문에 '할 수 있는' 존재가 되어야 합니다. 진리의 말을 할 수 있는 존재, 하나님의 뜻에 순종하며 살 수 있는 존재, 어떤 두려움과 어려움도 뚫고 나갈 수 있는 힘을 가진 존재, 고난에 참여할 수 있는 존재, 그가 바로 우리입니다. 우리는 주의 부활의 능력을 가진 자들입니다. 주의 부활의 능력을 믿는 자는 가정에서, 교회에서, 일터에서 살아가는 모습이 다른 존재입니다.

2) 3일의 능력

'3일의 능력'이라는 단어를 제안합니다. 하나님이 일하시기 위해 기다리는 시간이라는 의미로 '3일의 기다림'이라고 해도 좋은 말입니다. '3일'이란 고난당하고 죽어 무덤 속에 있는 기간을 뜻합니다.

예수님이 이 단어를 세 차례나 말씀하셨습니다. 생전에 자신의 수난 예고를 세 번 하실 때에 반복하여 말씀하셨습니다. "제삼일에 살아나야"(마 16:21) 할 것을 일차로 말씀하셨고, "죽임을 당하고 제삼일에 살아나리라"(마 17:23)고 두 번째 말씀하셨으며, "십자가에 못 박게 할 것이나 제삼일에 살아나리라"(마 20:19) 하고 세 번이나 수난 고지를 말씀하시면서 하셨던 말입니다.

동일한 단어를 예수님은 요나를 인용하며 "인자도 밤낮 사흘 동안 땅속에 있으리라"(마 12:40)며 '사흘 동안'이라는 시간 전치사를 사용하십니다. 요한복음은 예수님이 부활을 지칭하면서 하신 말씀으로 "너희가 이 전을 헐라 내가 사흘 동안에 일으키리라"(요 2:19)는 말씀을 하신 것도 소개합니다.

이런 말씀을 통해 알 수 있듯이 '사흘 동안'은 죽음의 시간, 무덤 속에 있는 시간을 뜻하고, '제삼일에'는 하나님이 일하시는 시간, 곧 하나님이 예수를 죽은 자 가운데서 다시 살리시는 시간으로 말씀하신 것임을 알 수 있습니다.

(1) '사흘 동안'

이 '사흘 동안'은 울어도 소용없고 믿지 못하는 시간일 뿐입니다. 안식 후 첫날 이른 아침에 살아나신 분은 전에 일곱 귀신을 쫓아내어 주신 막달라 마리아에게 먼저 보이십니다. 그런데 다른 제자들은 '슬퍼하며 울고 있습니다'(막 16:10). 마리아에게 보이셨다고 전해도 '믿지 아니합니다'(막 16:11). 무덤에 머무는 3일 동안은 기다려야 합니다. 그러면 3일 만에 주님을 부활하게 하신 하나님을 만날 수 있기 때문입니다. 죽음의 일은 3일만 주께 맡기고 기다리면 하나님의 능력이 나타날 것입니다.

(2) '제삼일에'

구약성경에서 제3일은 구원의 날로 여겼습니다.

첫째, "오라 우리가 여호와께로 돌아가자 여호와께서 우리를 찢으셨으나 도로 낫게 하실 것이요 우리를 치셨으나 싸매어 주실 것임이라 여호와께서 이틀 후에 우리를 살리시며 셋째 날에 우리를 일으키시리니 우리가 그의 앞에서 살리라"(호 6:1-2) 하셨습니다. 제3일에 우리를 일으키신다고 했는데, 유대인에게 있어서 이 숫자들은 매우 짧은 것(적은 것)을 의미하는 동시에 가장 중요한 것(확실한 것)을 의미합니다(왕상 17:12; 왕하 9:32; 잠 30:15; 사 17:6; 암 4:8 참고). 그러므로 호세아 6장 1-2절은 이스라엘 백성들이 자기 죄를 회개하고 여호와께 돌아가면 하나님께서 그들을 가장 신속하고 확실하게 구원해 주신다는 의미로 해석할 수 있습니다.

둘째, 예수님은 요나 1장 17절을 언급하며 '요나가 사흘 낮과 사흘 밤을 고래 뱃속에 있었듯이, 인자도 그처럼 사흘 낮과 사흘 밤을 땅의 심장 속에 있을 것이라'(마 12:40)고 하며, 사흘 밤낮의 시간은 부활과 구원과 다시 사는 생명의 시간이라 하십니다. 요나가 3일 밤낮을 큰 물고기의 뱃속에 있었던 것은 예수님이 곧 3일 밤낮 동안 땅속에 계실 것에 비교해 보아야 한다는 것입니다.

셋째, 하나님이 아브라함을 시험하려고 그를 부르십니다. 일러 준 산으로 가서 '아들 이삭을 번제로 드리라' 명하십니다. 아브라함이 아침에 일찍이 일어나 하나님이 일러 주신 곳으로 갑니다. 제3일에 아브라함이 눈을 들어 그곳인 모리아 산을 멀리 바라봅니다(창 22:4). 그러나 그곳에는 여호와가 준비하신 숫양이 있습니다. 아브라함이 "우리가 너희에게로 돌아오리라"고 말한 것을 보면 아들 이삭과 함께 다시 돌아올 것을 그는 믿고 있었습니다. 아브라함은 하나님이 이삭을 죽음에서 일으키실 것이라고 분명히 확신하고 있었습니다(히 11:17-19).

그러나 아브라함의 믿음이 승리를 준 것이 아닙니다. 아브라함의 믿음이 온전히 입증된 것은 사실입니다. 그의 믿음은 하나님께서 친히 양을 준비하심으로써 확증되었습니다. 하나님이 승리를 주십니다. 하나님이 준비하신 일들을 하나님이 보이실 것입니다.

넷째, 자기를 판 형들이 식량을 구하기 위해 애굽을 찾아옵니다. 요셉은 그들이 형들인 줄 알지만 그들은 요셉을 알아보지 못합니다. 요셉은 모르는 체하며 그들을 정탐꾼이라며 '3일 동안 그들을 다 함께 가둡니다'(창 42:17). 사흘 만에 요셉이 그들에게 생명을 보전하는 길을 만들어 줍니다. 형제들이 알아채지 못하는 사이에 요셉의 첫 번째 꿈이 성취되었습니다(37:7). 꿈을 꾼 지 20년이 지나 그 일이 성취됩니다. '3일 동안'은 요셉의 꿈이 성취되고 있다는 사실뿐만 아니라, "많은 백성의 생명을 구원하게 하시려는"(창 50:20) 하나님이 일하시는 시간이 다 가오고 있는 것을 알게 합니다.

다섯째, 에스더 이야기에도 3일이 하나님이 일하시는 중요한 시간으로 소개되고 있습니다. 모르드개가 에스더에게 유다인들을 위해 임금에게 구하라고 요청합니다. 에스더 왕비는 유다인들을 다 모아 금식하며 밤낮 3일을 먹지도 말고 마시지도 말도록 전하면서 자기도 금식한 후에 규례를 어기고 왕에게 나아가리니 "죽으면 죽으리이다"라는 결심을 전합니다. 그리고는 "제삼일에 에스더가 왕후의 예복을 입고"(에 5:1) 왕을 만납니다. 그리하여 유다인들과 모르드개를 구합니다.

이것들이 바로 3일의 능력입니다. 하나님은 하나님의 부활의 능력을 행하시기 위해 3일을 기다리십니다. 사흘 동안은 하나님도 일하실 수 없는 시간입니다. 하나님은 이 3일의 능력을 우리에게도 베푸시기 원하십니다.

3) '주를 위하여 또한 우리를 위하여' 일하시는 하나님

바울은 "하나님이 주를 다시 살리셨고 또한 그의 권능으로 우리를 다시 살리시리라"(고전 6:14) 하여 주를 위한 하나님이 바로 우리를 위해 일하기를 원하시는 하나님임을 밝힙니다. 하나님은 죽은 자 가운데서 예수를 살리는 능력으로 우리를 살리기를 원하십니다. 바울은 이 사실을 로마서 6장 4-8절에서 자세하게 풀이합니다. '우리가 그리스도와 함께 죽었으면 또한 그와 함께 살 줄을 믿는다'(롬 6:8)는 것입니다. 하나님은 그리스도를 죽은 자 가운데서 살리신 것과 똑같이 우리를 '새 생명 가운데서 행하게 하기를'(롬 6:4) 원하셨습니다. '새 생명 가운데 행한다'는 말은 고난에 참여한다는 말과 같은 것으로 그것은 '죄에 대하여는 죽은 자'로 살아야 한다는 것이 바울의 가르침입니다.

죄에 대하여는 죽은 자이지만 그리스도와 함께 다시 살리심을 받았으면 어떻게 살아야 할까요? 바울은 "너희가 그리스도와 함께 다시 살리심을 받았으면 위의 것을 찾으라"(골 3:1)고 권면합니다. 이것이야말로 부활의 능력에 참여하는 자가 해야 할 사명입니다. 주의 고난에 참여하는 것이 바퀴 한쪽이라면, 위의 것을 찾는 것이 다른 쪽 바퀴에 해당합니다. 이 두 축이 잘 균형을 맞추고 있어야 합니다. 전자의 내용은 자세하게 설명했으니까 이제 '위의 것을 찾는 것'을 설명할 차례입니다.

'위의 것'은 골로새서 3장에 따르면 '하나님 우편에 앉아 계신 그리스도'(골 3:1)입니다. "위의 것을 찾으라"는 말을 골로새서 3장 2절에서 "위의 것을 생각하고 땅의 것을 생각하지 말라"고 한 것을 보면, 하나님 우편에 앉아 계신 그리스도를 생각하고 땅의 것, 곧 육신의 것 또는 세상의 것을 생각하지 말라는 뜻입니다.

땅에 발을 딛고 사는데 어찌 땅의 것을 생각하지 않으며 살 수 있겠습니까. 그러나 땅의 것이 해결되려면 위의 것에 의해서만 가능하다는 사실을 그리스도인들이 더 잘 압니다. 땅의 것들이란 육체의 일이고, 그것은 죄가 만들어 놓은 결과들과 그 영향들인 것을 잘 압니다. 그러나 위의 것인 그리스도는 그 땅의 것들인 죄를 십자가에 못 박아 버리셨습니다.

이제 십자가에서 죽으신 그리스도와 연합하여 우리 육체의 일들이 십자가에 못 박혔습니다. 그렇지만 그리스도와 연합하여 다시 살리심을 받았으니 더 이상 죄 아래 있어서는 안 됩니다. 그리스도와 연합한 자로서 거룩한 자로 사는 것이 바로 우리를 위하여 일하시는 하나님의 뜻입니다.

결론입니다.

우리는 십자가에 달려 죽으신 지 3일 만에 하나님이 하신 일에 대해 숙고했습니다. 무덤 속에 계시는 3일 동안은 하나님도 아무 일도 못하신 것처럼 보입니다. 그러나 못하신 것이 아니라 아무것도 일어나지 않았을 뿐입니다. 부활이 있어야 하기 때문입니다. 주님은 죽음 속에 계셨지만 죽은 자들에게 하나님의 나라를 전하십니다.

이스라엘과 초기 유대교 시대의 부활 이해를 소개했습니다. 예수를 죽은 자 가운데서 살리신 부활은 하나님이 하신 일입니다. 사도행전 2장은 부활을 성령을 통하여 하나님이 하신 일이라 증언합니다. 사도행전 3장은 제자들의 믿음을 보시고 부활의 능력으로 일하시는 하나님을 소개하고 있습니다. 부활은 하나님의 능력입니다.

이제 그리스도인의 삶은 부활의 권능으로 살아가는 삶이어야 합니다. 부활은 고난에 참여하게 하는 권능이기 때문입니다. 3일의 능력, 또는 3일의 기다림이라는 말로 무덤 속에 있는 기간이 가지는 의미를 성경은 어떻게 전하는지 살폈습니다. 결국에 주를 위하여, 그리고 우리를 위하여 일하시는 하나님을 말하게 되었습니다.

제5부

종말과 심판

제5부에서 우리는 '종말과 심판'을 주제로 다룰 것입니다.
성경은 세상의 종말을 말합니다. 종말론은 성경을 바로 읽은 중요한 틀 중의 하나입니다. 종말에 일어날 일을 말하는 것이 종말론입니다. 그중에 우리는 예수 그리스도를 심판주로 이야기해야 합니다. 예수 그리스도는 여러 차례 심판주로 다시 오실 것을 말씀하셨습니다. 심판주로 다시 오실 때까지 성도는 그리스도를 닮아 거룩함을 입어야 합니다. 거룩함을 입기 위해서는 먼저 주의 날을 위한 회개가 있어야 합니다.
예수님은 인자가 올 때에 일어날 징조 및 현상들에 대해 가르치셨습니다. 우리는 다시 오실 주님을 기다리면서 재림을 위한 기도를 해야 합니다. 베드로가 말한 것처럼, '정신을 차리고 마음을 가다듬고 기도하여야' 합니다.

세상의 종말

마가복음 13:33-37; 마태복음 24:32-44; 누가복음 12:35-40

○●● 예수님은 세상의 종말에 대해 가르치십니다. 예수님의 초림에 대한 약속과 예언은 성경에 456번 나오지만, 다시 오실 재림에 대한 약속과 예언은 1,518번이나 기록되어 있다고 합니다. 초대교회는 예수 그리스도가 "심판하러 오시리라"고 고백해 왔습니다. 인자가 심판하려고 다시 오실 때의 징조가 무엇인지도 가르치셨습니다. 예수님의 가르침 내용 중에는 분명 '종말'이 포함되어 있습니다. 마태복음 24장에서 예수님이 세상의 마지막에 대해 언급하신 내용을 뜻하는 '종말'이라는 단어는 그리스도의 재림을 뜻하고 있습니다.

예수님의 공생애 기간에 일어난 일을 고려할 때, 예루살렘 성전에 입성한 후에 성전을 정화하고 나신 후에 예루살렘 성전에서 나와 감람산으로 가시는데, 예루살렘 성전을 바라보고 우시며 "돌 하나도 돌 위에 남기지 아니하리니"(마 24:2; 막 13:2; 눅 19:44)라고 예루살렘 성전 붕괴를 예언하십니다. 에스겔은 하나님의 영광이 예루살렘 성전에서 떠나 감람산으로 옮겨갈 것을 예언했습니다(겔 11:23). 구약성경에서 기도의 장소로 여겨졌던 감람산(겔 11:23; 삼하 15:30, 32)은 야훼 하나님이 심판 날에 그곳에 나타나실 것으로 여겨지고 있었습니다. 여호와께서는 말일에 예루살렘으로부터 나와 감람산으로 그의 거처를 옮기실 것이며(겔 11:23), 예루살렘을 공격하는 원수의 무리를 심판하시기 위해 그들이 모여 있는 감람산에 임하시어 그 산을 두 쪽으로 갈라놓으실 것입니다(슥 14:4).

제자들이 나아와 "어느 때에 이런 일이 있겠사오며 또 주의 임하심과 세상 끝에는 무슨 징조가 있사오리까"(마 24:3) 묻습니다. 예수님의 말씀대로, 예루살렘과 성전은 주후 70년 로마군의 공격으로 함락당합니다. 그리고 유대인은 세계 각 지역으로 유배되고 분산되고 맙니다. 1948년 5월 14일 이스라엘 독립선언서가 선포되기까지 역사 없는 민족으로 남게 됩니다. 예수님의 '종말'에 대한 가르침은 공관복음서가 동일하게 다룹니다. 따라서 각 복음서를 살펴보는 방식을 택하겠습니다.

설교의 목적은, 예수님이 가르치시는 세상의 종말에 대한 선포를 경각심 있게 듣도록 하여 '종말 신앙'을 촉구하는 것입니다.

1. 마가복음(막 13장)

마가복음 13장은 세상의 종말에 관해 가르치는, 소위 종말장입니다. 먼저 예루살렘 성전이 파괴되는 사건으로 종말의 시작을 알립니다. 예수의 제자들, 특히 베드로, 야고보, 요한과 안드레가 종말의 징조에 대해 묻습니다. 예수님은 미혹을 받지 않도록 조심할 것을 경계하시면서 '재난의 시작'을 알 수 있는 징후들을 말씀하십니다. 그 재난이 제자들에게 먼저 임할 것이지만, 참고 끝까지 견디는 자는 구원을 받을 것이라고 가르치십니다.

이어서 큰 환난의 여러 가지 일들이 일어나는데, 가장 조심해야 할 내용은 '거짓 그리스도들과 거짓 선지자들이 일어나서 택하신 자들을 미혹하려 한다'(막 13:22)는 것입니다. 그때에 인자가 구름을 타고 도래하게 될 것입니다. 인자가 도래할 것이기 때문에, 너희들, 곧 제자들에게 "깨어 있으라"는 명령이 주어집니다.

마가복음 13장 33-34절을 다음과 같이 세분하여 살필 수 있습니다.
첫째, "그때가 언제인지 알지 못함이라"(막 13:33). '그때가 언제인지 알지 못하기' 때문에, '깨어 있으라!'는 명령은 준비성을 요구합니다. 둘째, "집 주인이 언제 올는지……알지 못함이라"(막 13:35).

"그러므로 우리는 다른 이들과 같이 자지 말고 오직 깨어 정신을 차릴지라" (살전 5:6).

셋째, '이 말은 모든 사람에게 하는 말입니다'(막 13:37). 예수님의 말씀을 듣고 있는 네 명의 제자에게만 해당되는 이야기가 아니라, 모든 사람에게 해당되는 내용이라는 것입니다.

1) 종말의 시간

종말의 시간은 '이미'와 '아직 아님'의 시간을 가지고 있습니다. 우리는 종말의 시대를 살고 있는 세대의 그리스도인들입니다. 예수님은 시간에 대해 가르치시면서 항상 권고와 경고의 메시지를 담고 있는데, 우리는 이 메시지에 주의해야 합니다. 하나님의 나라는 응답하는 사람들의 삶 속에 내재하고 충만히 활동하고 있지만, 메시아 예수가 이 땅에서 통치하시고 이스라엘에 언약적 약속의 실현을 경험할 마지막 시대를 기다리고 있습니다. 미래인 '아직 아님'이 현재인 '이미'를 지배하게 해야 합니다.

미래가 현재의 경건한 신앙의 삶을 지배하고 이끌게 하도록 예수님은 우리에게 말씀하고 계십니다. '현재의 경건한 삶'은 미래 때문에 주어지고, 가능하고, 힘을 얻게 됩니다. 매일의 삶에서 미래의 삶을 이미 살고 있어야 하고, 훈련해야 합니다. 언젠가 그때 가서 새로운 미래가 시작되는 것이 아니라, 이미 현재에서 시작되고 있는 미래의 삶이어야 합니다. 하나님의 나라는 이미 너희 안에 임했지, 앞으로 장차 임할 것이 아니라고 분명하게 말씀하셨습니다.

종말의 '때'는 알 수 없다는 것이 성경의 한결같은 지적입니다. 분명 종말의 때는 있으며, 하나님만이 그것을 아십니다. 그러나 예수님은 그 때가 이미 현재에서 작동하고 있다고 가르치십니다. 그런 의미에서 종말은 미래가 현재 속에서 시작되고 있다는 것입니다.

2) 미래에 대한 확신

'아직 아님'은 분명 현실에서는 간척지에 해당합니다. 간척하는 만큼 차지할 수 있습니다. 미래에 대한 확신과 자신감이 없으면 현재의 삶은 불안할 뿐이고 충분히 무르익을 수가 없습니다. 미래에 대한 확실성은, 현재의 삶을 피하거나 외면하거나 적당히 헤쳐 나가도록 만드는 것이 아니라, 미래의 강함이 적극 극복하도록 만들어야 합니다. 하나님의 나라라는 엄청난 하늘의 것이 나에게 임했습니다. 미래의 강함이 바로 하나님의 나라이고, 그 하나님의 나라가 내게 이미 현재했습니다.

현재를 가장 두렵게 하는 것이 바로 죽음의 세계입니다. 고난과 아픔과 상처와 갈등, 그 무엇보다도 죽음이 갈라놓는 무와 심연처럼 깊고 무서운 것이 없습니다. 그러나 그 죽음도 하나님의 나라에 비하면 아무것도 아닙니다. 죽음이 넘어서지 못하는 죽음 너머의 새로운 세계가, 미래에 있을 세계가 이미 내게 임했습니다. 나의 현재의 삶을 이끌고 가게 해야 합니다. 죽음을 이긴 자의 승리가 바로 현재의 삶을 사는 나이어야 합니다. 미래에 대한 확신은 너무나 큰 축복입니다.

그리스도인들은 죽은 자에 대해 너무 관대하여 그가 교회에 한 번만 나와 보고 죽었지만 하늘나라 주님 곁에 있을 것이라 유가족을 위로합니다. 그러나 그것은 주님의 영역입니다. 예수님은 여러 차례 하늘나라에 들어가는 것이 어렵다고 가르치셨습니다. 특히 사람의 능력으로는 불가능한, 하나님만이 하실 수 있는 일이라고 가르치셨습니다.

사람이 살아가면서 누구나 가지는 불안이나 염려 등은 사람에게 스트레스를 주고 병을 만들고 결국 죽음에 이르게 하는 병이 되고 맙니다. 죽음을 받아들이기 쉽지 않습니다. 죽음을 이기는 힘을 과소평가해서는 안 됩니다. 살다가 소망하며 바라는 것이 이루어지지 않음으로 인한 허탈감, 무력감보다 더 무서운 절망은 죽음에서 자유롭고 싶은 인간의 본질적인 욕망입니다.

죽음을 이긴 자의 능력 있는 삶이란 그런 의미에서 부활을 믿는 그리스도인의 승리로, 불안을 이겨내고 극복하고 자신 있게 사는 삶입니다. 자기의 욕망이나 바라는 소원이 채워지지 않고 처참하게 깨질 때 자기폭발, 자학, 낙담, 포기, 좌절하게 되지만, 이기는 방법은 세상의 질서와 운영 원리와 법칙을 무시하면 안 됩니다. 더 나아가 하나님의 뜻과 섭리, 그리고 주권에 순종해야 합니다.

미래에 대한 확신은 재림의 확실성과 밀접하게 연관되어 있습니다. 교회사는 재림의 확실성을 여러 차원에서 고백하고 있습니다. 먼저 사도신경으로 고백합니다. "하늘에 오르사, 전능하신 하나님 우편에 앉아 계시다가, 저리로서 산 자와 죽은 자를 심판하러 오시리라." 웨스트민스터 신앙고백서(33장 3조)는 "그는 그날을 사람들에게 알리지 아니하실 것이니 그들은 어느 시간에 주께서 오실는지 알지 못하므로 모든 육체적 안심을 떨어 버리고 항상 '오시옵소서 아멘 주 예수여 속히 오시옵소서'라고 기도하도록 준비되어 있게 된 것이다"라고 풀이합니다.

3) 종말에 대한 예수님의 가르침

예수님은 재림의 사실성을 가르치십니다. 예수 그리스도의 재림은 육체를 입고 인격적으로 오십니다(요 14:3; 행 1:10-11; 살전 4:16; 계 1:7, 22:7). 예수 그리스도의 재림은 볼 수 있습니다(히 9:28; 빌 3:20; 슥 12:10). 예수 그리스도의 재림은 영광스럽습니다(마 16:27, 25:31; 살후 1:7-9; 골 3:4).

재림의 사실성만이 아니라 재림을 잘 준비하도록 훈련시키십니다. 예수님은 앞에 놓여 있는 어려운 때를 잘 준비하도록 가르치고 훈련시키십니다. '준비'가 얼마나 삶에 큰 힘을 주는지 모릅니다. 겨울 추위와 한파를 이길 대비를 잘하는 일은 그 추위와 한파를 이길 힘을 줍니다. 그러나 어리석은 다섯 처녀처럼, 자신의 방식과 생각대로 등을 준비하고 기름을 준비해서는 안 됩니다. 오늘 본문에서 주님은 세 차례나 '때'에 대해 가르치시면서 '깨어 있으라'고 경고하시는데, 이 경고를 듣고 '깨어 있는 자'는 주님을 기쁨으로 맞이할 수 있게 됩니다.

반드시 주님의 가르침과 훈련, 그리고 준비 능력을 갖추어야 합니다. 주의 가르침의 능력과 영향력을 무시하면 안 됩니다. 종말에 대해 가르치신 대로, 종말을 준비하고 종말을 훈련해야 합니다. 재림을 준비한다는 것은 자신의 신앙을 돌아보고 믿음에서 깨어 있는 모습일 것입니다. 즉 하나님과 믿음으로 인격적인 교제를 계속함을 뜻합니다.

"주의하라 깨어 있으라 그때가 언제인지 알지 못함이라"(막 13:33).

4) 재림의 징조(막 13:3-8)

감람산 설교 후에, 베드로와 야고보와 요한과 안드레가 예수님께 묻습니다.

"어느 때에 이런 일이 있겠사오며 또 주의 임하심과 세상 끝에는 무슨 징조가 있사오리이까"(마 24:3).

예수님은 재림의 징조에 대해 묻는 제자들에게 "너희가 사람의 미혹을 받지 않도록 주의하라"(마 24:4)고 먼저 당부하시면서, 재난의 시작을 알리는 징조들에는 이런 일들이 일어날 것이라고 대답하십니다. 주님이 언제 오실지 모르지만, '오신다'는 사실은 확실하니, 오시면 반드시 심판(데려감과 버려둠, 천국과 지옥불)하시니, 지금 우리가 신앙생활하고 있는 교회에서 주님이 말씀하신 '마지막 때의 징조'가 일어난다면, '이미 종말이 시작되었다'는 주님의 말씀에 귀를 기울여야 합니다. 우리는 종말을 사는 성도입니다. 우리는 재림을 준비해야 하는 신자입니다. '재림을 준비한다'는 말은 종말의 징조를 살피는 일에서 시작해야 합니다.

2. 마태복음(마 24:32-44)

마태복음에 따르면, 예수님은 '깨어 있으라!'는 경고문(마 24:32-44)을 통해 세 가지(노아의 때, 두 사람, 집 주인과 도둑)를 알리십니다.

마태복음 24장 32절에 따르면, 주님은 재림의 때를 무화과나무 비유를 통해 설명하십니다. 무화과나무에 대한 비유가 공관복음에 나옵니다. 그런데 비유의 원래 목적이 하나님 나라의 도래인 것을 알 수 있습니다. 왜냐하면 "인자가 가까이 곧 문 앞에 이른 줄 알라"(마 24:33)고 가르치셨기 때문입니다. 그러나 마가복음 기자는 "인자가 가까이 곧 문 앞에 이른 줄 알라"(막 13:29)고 하여 인자가 오실 때, 곧 재림의 때는 아무도 모른다고 밝힙니다. 마태는 "이 모든 일을 보거든"(마 24:33)이라는 말로 이런 일들의 과정이 아니라, '이런 일들'을 불확실한 미래의 어느 순간으로 옮겨 놓아 임박성과 연속성을 약화시키고 있습니다. 그리하여 재림의 약속을 '심판을 준비하라'고 바꿉니다.

하나님만이 그때를 아십니다(마 24:36). 경계가 필요한 사례를, 심판을 깨닫지 못하는 삶을 살았던 노아의 날(마 24:37-39)을 통해서도 알 수 있는데, 일상적인 삶을 살지만 다가오는 일을 알지 못한 어리석음 속에 있었던 그들에게 갑작스러운 심판이 닥쳐 그들을 휩쓸어갑니다(마

24:39). 밭에 있거나 맷돌질을 할 때 하나는 데려감을 당하고 하나는 남게 되는 예를 통해서도 깨어 있어야 하는 경계를 주고 있습니다. 도둑에 대비하지 않은 집 주인이 있었는데, 그렇게 되면 자신의 소유를 잃고 말 것이 뻔합니다. 그러니 항상 준비하고 있어야 합니다(마 24:44).

준비는 지속성을 가지고 있어야 합니다. 준비는 항상 잘하고 있어야 합니다. 우리가 몰라서 행치 않았다고 핑계댈 수 있습니다. 그렇지만 제자들이 무지하여 그분의 오심에 준비되어 있지 못한다면 안 되니 잘 준비하고 깨어 있도록 만들어야 합니다.

3. 누가복음(눅 12:35-40)

예수님은 제자들이 자신이 이 세상을 떠나고 다시 올 때까지 '하나님 앞에서 어떻게 살아야 하는가'라는 종말론적인 주제를 가르치십니다. 당연히 "너희는 그의 나라를 구하라"(눅 12:31)고 말씀하심과 같이 하나님나라를 구해야 합니다. 그리스도 오심을 기다림에 관하여 제자들은 언제나 신실해야 하고, 예수가 다시 오실 것을 대비하고 있어야 합니다. 본문은 주인이 돌아오는 것에 대비하고 있으라(눅 12:35-36), 깨어 있으면서 주인을 맞이하는 종들은 복이 있다(눅 12:37-38), 인자가 다시 오는 것에 대비하고 있으라는 비유(눅 12:39-40)를 이야기하고 있습니다.

누가복음은 마태나 마가에는 없는 두 가지를 더 다룹니다. 35-37절과 47-48절의 내용은 누가복음에만 언급되고 있습니다. 누가는 '주인의 뜻을 알고도 아무런 준비를 하지 않았거나 주인의 뜻대로 행하지 않은 종'(공동번역)과 '(자기 주인의 뜻을) 알지 못하여 매맞을 일을 한 종'을 구별하고 있고, 그 종들의 '의식적인 죄'와 '의식하지 않은 죄'에 대한 형벌도 '많이 매맞을 것'과 '적게 매맞을 것'으로 구분하고 있습니다. 그리고 누가는 '많이 주어진 사람에게는 많은 것이 요구되고, 많이 맡겨진 사람에게는 많은 것이 요청된다'는 말로써, 교회 안에서 하나님으로부터 많은 은사와 책임을 맡은 사람이 더욱더 신실해야 함을 강조하고 있습니다.

깨어 있는 종의 비유(눅 12:35-38)나 밤중의 도둑 비유(눅 12:39)의 요점은 모두 같습니다. 첫 번째 비유는 주인이 혼인잔치로부터 돌아오는 것을 맞이할 준비가 잘되어 있는, 그래서 주인이 돌아온 후에 그로부터 놀라운 환대 곧 주인의 시중을 받는 종들에 대한 것입니다. 어떤 종들이 이런 환대를 받을까요? 35절에 의하면 '허리에 띠를 띠고 등불을 켜고 서 있는' 종들로, '항상 허리를 동여맨 상태로 살기 때문에, 허리에 띠를 따라는 명령을 새로이 받을 필요가 없는 그런 종이 되라'는 것입니다.

두 번째 비유인 집 주인과 밤중의 도둑 비유(39절)에서는 계속 깨어 있을 것이 강조되고 있습니다. 집 주인이 도둑을 막기 위해 늘 깨어 있을 수는 없지만, 늘 깨어 준비되어 있어야 하는 이유는, "준비하고 있으라 생각하지 않은 때에 인자가 오리라"(눅 12:40)고 말씀하셨기 때문입니다.

누가복음 13장에는 '열매 맺지 못하는 무화과나무 비유'가 소개되고 있습니다. 그런데 열매를 맺지 못해서 저주받은 무화과나무 이야기(막 11:12-14; 마 21:18-19)와 비슷하기 때문에 둘을 혼동하기도 합니다. 열매 맺지 못하는 무화과나무 비유는, 먼저 심판과 사랑의 하나님을 보여주고 있습니다. 하나님은 정의를 요구하는 분이시기 때문에 정의의 열매를 요구하십니다. 따라서 아무런 열매를 맺지 못하면 찍어 버리겠다고 하십니다. 그런 의미에서 이 비유는 '심판의 비유'임에 틀림없습니다. 비유를 듣는 청중들은 '너희는 무화과나무와 똑같은 처지에 있기' 때문에 찍힐 위기에 처해 있으니 합당한 열매를 맺지 못한 것에 대한 회개를 해야 한다는 것입니다.

그렇지만 하나님은 사랑의 하나님이십니다. 그렇기 때문에 기회를 한 번 더 주시고자 합니다. 분명 이 무화과나무는 열매를 맺을 가능성이 전혀 없는데도 더 기회를 줍니다. 한 번 더 기회를 주는 이유는 그가 의인이기 때문이 아닙니다. 오히려 만약 당장에 심판이 임하지 않고 있다면, 그것은 하나님이 우리를 용납하거나 받아들이고 있기 때문이 아니라 오직 좀 더 기다려 주시는 하나님의 자비의 표시일 뿐입니다. 그러니 한 해 더 기다려 주시는 하나님의 마음을 이해하여 회개하고 바르게 살아가는 그리스도인이 되어야 합니다.

누가복음은 무화과나무를 저주하여 말려 죽인 '이적' 이야기가 나오지 않고 있습니다. 반면에 무화과나무를 저주하여 죽여 버린 이적 이야기를 소개하고 있는 마가복음과 마태복음에서는 누가복음에 나오는 열매를 맺지 못하는 무화과나무 '비유' 이야기가 소개되고 있지 않습니다.

영국의 철학자인 버트런드 러셀은 《나는 왜 그리스도인이 아닌가?》라는 책에서, 제철이 아니기 때문에 무화과나무에 열매가 없는 것이 당연한데도 무화과나무를 저주하신 예수를 믿지 않겠다고 말합니다.

구약에서 이스라엘은 무화과나무로 상징되고 있고(사 28:4; 호 9:10; 렘 8:13, 24:1-10; 미 4:4), 열매 맺지 못하는 무화과나무는 이스라엘의 죄와 타락을 상징합니다(렘 29:17; 욜 1:12; 미 7:1). 잎은 무성한데 열매가 없는 이스라엘, 즉 종교인이 교회에 많은데 그리스도인은 없는 교회는 '영원토록 열매를 따 먹지 못하리라'고 저주받고 말았던 것입니다. 따라서 마태복음 21장 18-22절의 무화과나무에 대한 저주는 이스라엘이 당한 심판을 비유적으로 보여주신 것입니다.

누가복음 기자는 심판을 준비하는 사례로 노아를 예로 듭니다. 누가복음 17장 26절 이하의 이야기에 의하면, 노아의 방주를 예로 들며 인자의 임함도 그러하리라는 가르침을 볼 때 오늘날 우리 일상의 삶도 노아의 시대와 전혀 다르지 않다는 것입니다. 내일 지구에 종말이 오더라도 여전히 오늘 하루를 살아가는 우리의 삶에 변화가 없습니다. 하나님의 말씀이 없어서 노아의 방주에는 여덟 사람만 있었습니까?

"그들은 전에 노아의 날 방주를 준비할 동안 하나님이 오래 참고 기다리실 때에 복종하지 아니하던 자들이라 방주에서 물로 말미암아 구원을 얻은 자가 몇 명 뿐이니 겨우 여덟 명이라"(벧전 3:20).

두 번째로 롯의 처를 기억하라"(눅 17:32)고 준비하는 자의 바른 자세를 가르칩니다. '롯의 아내는 뒤를 돌아보았으므로 소금 기둥이 되고 맙니다'(창 19:26). '뒤를 돌아본 것'이 뭐 그리 큰 죄가 되는가 생각할 수도 있습니다. 그러나 '뒤를 돌아보는' 순간이 유황불이 떨어지는 순간이고, 살기 위해서 달음질하여야 하는 때라면, 그 경우는 분명 달라야 합니다. 죽음이 다가오는 순간에도 '뒤돌아보게' 만들었던 것이 무엇일까요? 죽음보다도 더 강하게 그녀의 내면의 본성을 사로잡고 있었던 것이 무엇이었을까요? 천사가 '뒤를 돌아보지 말라'고 명했으면 뒤를 돌아보지 말아야 합니다. 천사를 통해 전하는 하나님의 말씀을 듣는 것으로 끝나서는 안 됩니다. '뒤를 돌아보지 말라'고 말씀이 주어지면, 그 말씀대로 뒤돌아보지 말아야 합니다. '도망하여야 생명을 보존'하게 되니 '돌아보지 말라'(창 19:17)는 말씀에 순종할 때 사는 것이지, '말씀을 듣는다'고 사는 것이 아닙니다.

이 말씀은 제자들에게 주신 경고라고 했습니다. 제자들은 말씀을 듣고 있습니다. 그러나 말씀을 들은 가룟 유다는 롯의 아내처럼 되고 맙니다. 말씀을 듣기만 하는 제자가 되지 말고, 롯의 아내를 예로 들면서, 말씀을 참으로 믿고 말씀대로 순종하라고 가르치고 있습니다. 앞에서 언급한 다윗 왕의 예배 모습으로 표현하자면, 행위와 말과 물질에서 예배자다워야 합니다.

그러면 우리가 그리스도인으로 살면서 말씀을 듣고 순종하고자 다짐하지만 잘 안 되는 이유가 무엇일까요? 롯의 아내처럼, 죽음의 순간에도 '뒤를 돌아보게 만든 것'이 무엇일까요? 몸은 떠나가고 있는데, 마음의 미련은 남아 있는 것이 무엇입니까? 죽음에도 아랑곳하지 않고 떠나지 못하는 것, 옛날 것, 자기 집과 재산, 한마디로 말하면 '세상' 때문이라면, 그 '세상과 벗 된 것이 하나님과 원수 됨을 알지 못합니까'(약 4:4). 하나님과 세상 물질을 겸하여 섬길 수 없습니다. 신앙을 고백하면서도 여전히 세상과 구분되지 않고 있다면, 즉 거룩해지지 않았다면, 안 됩니다. 예수님의 제자로 부름 받고 예수님을 따르고 있다고 해서 그것이 하늘나라에 들어가는 보증이 아닙니다.

롯의 처는 '뒤를 돌아보았으므로 소금 기둥이 되었습니다.' 한평생 산 결과가 소금 기둥이라면, 그것은 신앙인의 삶이 되어서는 안 됩니다. 하나님은 죄인 줄 알면서도 죄를 향해 나아가는 사람을 벌하십니다. 하나님은 거룩하신 분입니다. 하나님이 계신 곳으로 갈 수 있는 사람은 악인이 아니라 거룩함을 입은 그리스도인입니다. 성령으로 거룩해지고, 천국에 들어갈 수 있는 거룩함을 입지 않고는 그 나라에 들어갈 수 없습니다. 예수님은 '롯의 처를 기억하라'고 분명하게 말씀하십니다. 예수님은 제자들에게 '롯의 처처럼 소금 기둥이 되어서는 안 된다'고 경고하고 계십니다.

부르심을 받아 제자가 되었다고 해서 그것으로 끝나는 것이 아닙니다. 예수님은 제자들을 부르시고, 말씀으로 가르치시고, 그리하여 '하나님 나라가 너희 안에 임했다'고 선언하십니다. 이것은 정말로 하나님의 주권적인 선택이고 은혜입니다. '하나님 나라가 내 안에 임했기' 때문에, 하나님 나라 안에 그리스도와 연합하여 거룩하게 살아가야 합니다. 그러나 예수님은 제자들에게 '롯의 처를 기억하라'고 하십니다. 끝이 안 좋으면 안 됩니다. 망하려고 신앙생활 하는 것이 아닙니다. '내 안에 임한' 현재의 하나님 나라만이 아니라, 아직 임하지 않은 하나님 나라에 들어가기 위해서는 거룩한 삶, 곧 성화의 삶을 살아가야 한다는 것입니다. 롯의 아내는 현재하는 하나님 나라에 만족했습니다. 그러나 그녀는 미래에 들어갈 하나님 나라에 들어가지 못하고 말았습니다.

우리의 예배는 현재만이 아니라, 미래에 하나님 나라에서 하나님을 뵈올 영광을 준비하는 예배하는 삶이어야 합니다. 롯의 아내처럼 되어서는 안 됩니다. 미래의 하나님 나라를 위한 거룩한 예배의 삶을 살아야 합니다.

결론입니다.

성경은 세상의 종말에 대해 말합니다. 예수님의 초림보다는 재림을 더 많이 언급합니다. 공관복음은 '종말'에 대해 각자의 언어로 말합니다. 마가는 마가복음 13장에서 세상의 종말에 대해 가르칩니다. 종말의 시간은 '이미'와 '아직 아님'의 긴장 속에 있습니다. 그러나 궁극적인 종말의 때는 모릅니다.

'아직 아님'은 미래의 시간 구조이지만 미래를 불안해하지 말고 확신을 가져야 합니다. 예수님은 종말에 대해, 특히 재림에 대해 가르치셨습니다. 재림이 있다는 사실성만이 아니라 재림을 잘 준비하도록 훈련시키셨습니다. 제자들은 어느 때에 이런 일이 있겠느냐고 재림의 징조에 대해 묻기도 합니다. 결국에 제자들은 재림을 준비해야 합니다.

마태복음은 깨어 있도록 권고합니다. 누가복음은 특히 하나님의 나라를 구해야 한다고 가르칩니다.

심판주로 다시 오실 그리스도
마태복음 25:31-46

○●● 예수님이 이 땅에 오셔서 가르치고 전파하며 고치신 일은 하나님 나라가 예수님 안에서 왔다는 선포였습니다. 이제 예수님은 죽음에 직면합니다. 죽음 앞에서 제자들에게 심판주로 다시 오실 것을 약속하십니다. 다시 오실 때에는 심판주로서 예수님이 가르치고 전파하고 고치신 하나님의 나라가 제자들 안에서 어떻게 성취되었는지 확인하신다는 것입니다. 모든 복음서마다 인자가 다시 오신다 가르칩니다. 그리스도의 재림은 신약성경을 관통하는 핵심 가르침 중의 하나입니다.

마태복음 25장 31-46절은 세상 종말의 때에 그리스도이신 예수가 심판주로서 다시 오신다는 내용을 다루고 있습니다. 이 본문에서 우리는 다음과 같은 몇 가지를 살펴볼 필요가 있습니다. 누가 심판하고, 누가 심판을 받을까요? 심판의 기준은 무엇인가요? '여기 내 형제 중 지극히 작은 자'에게 대한 행위 여부에 의해 판결이 난다면, 지극히 작은 자가 누구입니까? 양과 염소로 가르는 목적이나 결과는 또 무엇일까요? 본문은 기독교 가르침 안에서 풀기 어려운 난제를 포함하고 있는데, 그것은 믿음과 행함의 문제, 곧 '믿음으로 구원 얻는가, 행함으로 구원 얻는가?'라는 문제입니다. 그리고 믿음으로 말미암은 구원과 행함으로 인한 심판의 관계를 잘 살펴야 합니다.

설교의 목적은 심판주로 다시 오시는 그리스도 예수 앞에 설 자로 우리의 신앙과 삶을 반추해 보는 것입니다.

1. 심판주: 예수 그리스도

그리스도 예수는 심판주이십니다. 예수님은 '인자가 영광의 보좌에 앉으신다'(마 25:31)고 분명하게 자신이 심판주이심을 밝히십니다. 더 나아가 예수님은 자신을 '인자'(31절)로, 32절에서는 '목자'로, 그리고 34절에서는 '임금'으로 소개합니다. '인자'는 다름 아닌 '오시는 이'로서 심판주이십니다. '목자' 또한 마태에게는 낯설지 않는데, 유대인의 왕으로 태어난 예수님의 탄생을 '이스라엘의 목자'(마 2:6)의 탄생으로 소개하기도 했기 때문입니다.

'인자'는 심판을 행하는 임금입니다. '임금'은 양과 염소를 가르는 '목자'이면서 동시에 모든 인류를 대상으로 우주적인 최후 심판을 거행하는 '심판주'이십니다. 우리는 예배를 드릴 때마다 "하늘에 오르사, 전능하신 하나님 우편에 앉아 계시다가, 저리로서 산 자와 죽은 자를 심판하러 오시리라"는 신앙고백을 합니다.

자기는 이렇게 살았기 때문에 '이럴 것이라'고 기대합니다. 심판을 무시하는 사람도 있고, 심판을 연기해 버리는 사람도 있고, 심판을 가벼운 일처럼 여기는 사람도 있습니다. 심판을 무시하는 사람도 있습니다. 자기를 심판주로 세워, 자기는 이럴 것이라고 자기 스스로를 판단하게 만듭니다.

오늘 본문을 보면, 심판대 앞에 서는 사람 누구나, 즉 영벌에 처해질 사람이나 영생에 들어갈 사람이나 똑같이 '언제 우리가 이런 일을 하였느냐 또는 하지 않았느냐?'고 묻습니다. 다 자기 기준을 가지고 있고, 자기가 심판관입니다. 그러나 성경은 예수 그리스도만이 심판주이심을 말합니다.

2. 심판 대상

예수님은 '모든 민족'(마 25:32)이라는 말을 통해 심판의 대상이 모든 인류가 될 것임을 밝히셨습니다. 사람들은 심지어 그리스도인들조차 심판이 있다는 것을 별로 중시하지 않습니다. 종말에 심판이 있다는 것을 확신하는 사람의 삶은 분명 다를 것이기 때문입니다. 그리스도인들조차도 자기는 심판을 면할 것이라고 기대합니다. 양과 염소의 비유의 핵심은 예수 그리스도가 심판주로서 모든 민족 가운데서 사람들을 두 부류로 가르고 있음을 강조하고 있습니다(눅 12:8-9 병행 참고).

교회를 다니는 사람은 양이고 교회를 다니지 않는 비그리스도인은 염소라는 구분은 상식입니다. 그러나 본문에서 양과 염소를 가른다는 말은 양과 염소를 외관상으로는 잘 구분할 수 없기 때문에, 즉 교회 안에 양과 염소가 뒤섞여 있기 때문에 둘을 명확하게 가른다는 말입니다. 마치 열두 제자들 중에도 사탄의 시험을 받아 예수를 파는 자가 함께 뒤섞여 있었듯이 말입니다. 양과 염소를 가르는 심판이란 특별히 마태 공동체 안에 들어와 있는 구분하기 힘든 그리스도의 제자가 누구인지를 살피는 데서 시작되고 있습니다.

3. 심판 기준

우리는 구원과 심판에 대해 바르게 이해해야 합니다. 믿음 외에 다른 방법을 통해 구원을 얻을 수 있는 길이 없습니다. 예수님이 제시하신 구원 얻는 길을 잘 살펴야 합니다. 예수님이 하늘에서 내려오신 것은 자기 뜻을 행하기 위해서가 아니라 자기를 "보내신 이의 뜻을 행하려 함"(요 6:38)인데, '내 아버지의 뜻은 아들을 보고 믿는 자마다 영생을 얻는 이것이니 마지막 날에 내가 이를 다시 살리는'(요 6:40) 것이라

했습니다. 따라서 믿느냐 믿지 않느냐 여부가 아버지의 뜻을 행하였는지 여부의 일차적이며 중요한 기준입니다. 예수님은 성령이 하시는 일을 설명하면서, 성령이 오시면 '나를 믿지 아니하는' 것이 '죄'(요 16:9)이므로 이 죄를 성령께서 책망하신다고 말씀하십니다.

다시 한 번 명확하게 밝히고 정리합시다. 아버지의 뜻인 '예수를 믿느냐 믿지 않느냐'가 심판의 제일 기준입니다. 이제 믿는 자의 경우를 살펴야 하는데, '구원은 믿음에 의해 받는다'는 것을 분명하게 가르치고 계십니다. 믿는 자의 경우, 제자들처럼 하나님의 부르심에 의해 예수의 제자가 되고 성령에 의해 예수를 그리스도라 고백한 자들일지라도 "나더러 주여 주여 하는 자마다 다 천국에 들어갈 것이 아니요 다만 하늘에 계신 내 아버지의 뜻대로 행하는 자라야 들어가리라"(마 7:21) 하셨기 때문에, 믿고 신앙고백한 이후에 아버지의 뜻을 행하는 자로서 거룩한 자의 삶을 살았는지, 성령의 열매를 맺으며 살았는지 따진다는 것입니다.

구원은 믿음에 의해 받지만, 믿는 자에 대한 심판은 악인으로 심판 받는 것이 아니라 의인, 곧 의롭다 칭함을 받은 자로 심판받기 때문에 믿음 없는 자와는 심판 내용이 달라집니다. 본문은 심판의 기준에 대해 무엇이라고 말합니까? '임금은 어떻게 판결을 하는가?' 형제 중 지극히 작은 자에 대한 태도가 바로 심판의 기준이며 원리입니다.

일반적으로 그리스도인들은 예를 들어 간음, 부정직함, 고약한 성미로 사람을 힘들게 하거나 살인, 거짓말 등이 기준이 될 것이라고 생각합니다. 요한계시록 22장 11-15절이 바로 그런 행위 심판(각 사람이 행한 대로 갚으신다)을 말합니다. 악인들이 불의를 행하고(계 22:11), 살인을 저지르고(계 22:15), 거짓을 행하는(계 22:15) 것이라 합니다.

예수님은 심판 기준이 되는 여섯 가지 항목을 설명하십니다. '주리고', '목마르고', '나그네 되고', '벗고', '병들고', 그리고 '옥에 갇히는 것' 등의 목록은 "내가 주릴 때에"(35, 42절)와 "주께서 주리신 것"(37, 44절) 등에서 보듯이 전적으로 '임금'과 관련되어 있습니다. 즉 주님과의 관계 속에서 다루어야 합니다. 주님과의 관계 속에서 다루어야 한다는 말은 이 비유에서 영벌에 처하게 된 자들에 대한 고소장에(마 25:42-43) 그들이 범하거나 저지른 악행들에 대해서 전혀 아무런 언급도 없는 채 오직 그들이 행하지 않은 일들만 열거되고 있다는 사실을 주목해야 한다는 뜻입니다.

다시 말하면, 42-43절에서만 '아니하였고'라는 말이 다섯 번이나 반복되고 있습니다. 그들은 저지르거나 범했던 일들에 대해서가 아니라 주님 앞에서, 주님 안에서, 주님을 위해, 그리고 주님 때문에 행해야 함에도 불구하고 행하지 않았던 일들에 대해서 고소당하며 정죄당하고 있습니다. 반면에 영생에 들어갈 자들은 해야 할 일(선)을 알고 행했던 것입니다. 그런데 영생에 들어갈 자들은 특별하게 자기를 나타내기 위해 또는 자기를 알아달라는 의미에서가 아니라 주님 안에서, 주님의 도움으로, 그리고 주님을 위해 행해야 할 선을 자기도 모르게 베풀었던 것입니다.

그런데 영벌에 처할 자나 영생에 들어갈 자나, 기준이 자기 곧 '우리에게' 있는 것처럼 말합니다. 영벌에 처할 자들은 '선을 행하지 않았기' 때문이라고 했는데, 그들은 "언제 우리가 이런 일을 하지 않았습니까?"(마 25:44)라고 묻고, 영생에 들어갈 사람들조차 "언제 우리가 이런 일을 했습니까?"(마 25:37-39)라고 묻습니다. '우리 생각에', 곧 자기는 선을 행했다는 것이고, 반대로 영생에 들어갈 자들은 자기가 영생에 들어갈 일을 한 적이 없다고 생각하고 있습니다. 기준은 '내가 주릴 때에', 그리고 '주께서 주리신 것'에서 보듯이 주님에게 있습니다.

문제는 '지극히 작은 자'가 누구냐 하는 것입니다. 어떤 사람들은 '그들은 세상에서 가난하고 곤궁한 모든 사람을 가리킨다'고 말하기도 합니다. 그러나 우리는 세상에서 가난한 자들 중에는 예수를 믿지 않을 뿐만 아니라 거짓과 죄와 부정한 일들을 하는 사람들도 있기 때문에, 지극히 작은 자를 세상에 있는 모든 가난한 사람들이라고 하기가 쉽지 않습니다. 예수님이 말씀하시는 그들은 제자들로서 복음을 위하여 헌신하는 자들입니다. 그리스도가 이제 제자들 안에, 곧 우리 안에 계시기 때문에(요 15:4) 사람들이 우리에게 자비를 보이는 것은 그들이 그리스도께 반응하는 구체적인 표현이 됩니다. 그렇다고 예수를 믿지 않는 가난한 사람들을 제외시켜도 그리스도의 가르침에 위배됩니다. 그렇지만 본문이 마태복음의 제자의 윤리, 곧 증인의 윤리를 잘 강조하고 있는 것은 사실입니다.

제자들이 선교 파송을 받고 증인의 삶을 살아갈 때에, 고난과 죽음의 위협 속에서도 믿음의 경주를 잘할 수 있도록 섬기는 일을 잘해야 합니다. 그런 의미에서 전도자를 영접하는 것은 그들을 보낸 자를 영접하는 것이 됩니다. 이런 이해를 견지해야 하는 사례가 있습니다. 다메섹 도상에서 부활하신 그리스도는 바울에게 "사울아 사울아 네가 어찌하여 나를 박해하느냐?" 물으셨습니다. 사울은 예수를 직접적으로 핍박하지 않았습니다. '스데반'이라는 초대교회의 일곱 일꾼 중의 한 사람을 박해했는데, 예수님은 자신을 제자들과 동일시하여 사울에게 어찌하여 나를 핍박하느냐고 하셨고, 사울의 그런 박해가 바로 나를 박해하는 것이라고 하셨다는 것입니다(행 9:4, 22:7, 26:14). 이제 바울은 자신이 받은 고난을 고린도후서 6장 4-5절과 11장 23-27절에서 '그리스도의 일꾼으로 받은' 고난으로 설명하면서, 예수님이 언급하신 여섯 가지를 언급하고 있습니다.

예수님은 "누구든지 하늘에 계신 내 아버지의 뜻대로 하는 자가 내 형제요 자매요 어머니"(마 12:50)라고 하셨습니다. 지극히 작은 자, 내 형제에 대한 태도가 예수님에 대한 태도이며 그의 운명을 좌우한다는 심판의 원리 또는 기준은 "너희를 영접하는 자는 나를 영접하는 것이요,

나를 영접하는 자는 나 보내신 이를 영접하는 것이니라. 또 누구든지 제자의 이름으로 이 작은 자 중 하나에게 냉수 한 그릇이라도 주는 자는 내가 진실로 너희에게 이르노니 그 사람이 결단코 상을 잃지 아니하리라"(마 18:5; 막 9:37; 눅 9:48)에서 나옵니다. 이것의 사례를 우리는 구약의 열왕기상 17장 8-24절에 소개되고 있는 사르밧 과부의 이야기에서 찾을 수 있습니다.

4. 심판 결과

심판주이신 그리스도 예수가 양과 염소를 구분한 결과 "그들은 영벌에, 의인들은 영생에 들어가게"(마 25:46) 됩니다. 양과 염소로 구분하므로, 오른편에 속하는 의인들과 왼편에 속하는 그들이 나뉩니다. 의인들은 영생에 들어가지만 그들은 영벌에 처해집니다. 우리는 이것을 천국과 지옥으로 나눕니다. 심판이란 분리요, 구분이요, 나누는 것임을 알 수 있습니다. 양과 염소라는 모티브는 복 받을 자들과 저주 받을 자들을 나누는 근거로서, 복 받을 자들이란 예수의 형제로서 제자들이며, 복음 전도자들이며, 믿음으로 선교에 응답한 자들이지만, 반대로 저주 받을 자들이란 선교에 믿음으로 응답하지 못한 자들입니다.

의인을 위해서는 하나님의 나라가 상속되지만, 악인을 위해서는 영원한 지옥이 준비되어 있습니다. 의인들에게는 "창세로부터 너희를 위하여 예비된 나라를 상속하라"고 명하시며, 악인들을 향해서는 "나를 떠나 마귀와 그 사자들을 위하여 예비된 영원한 불에 들어가라"고 지옥으로 가도록 명하십니다.

양과 염소를 외관상으로는 잘 갈라낼 수 없지만, 주인만은 바르게 갈라냅니다. 그러나 사람들은 자신들이 생각했던 것과는 전혀 다른 모습으로 서게 되어 어리둥절해합니다. 즉 최후의 심판, 구원과 저주는 지금 여기서 사람들이 알 수 없고, 마지막 그때에 오직 심판주만이 판단하실 것임을 분명히 하고 있습니다.

5. 심판주를 기다리는 자의 삶

1) 심판이 있습니다.

심판의 기준까지 제시되었습니다. 비유 속의 심판의 기준인 여섯 가지 항목의 특성은, 가장 쉽지만 동시에 가장 소홀하기 쉬운 내용들입니다. 여섯 가지 항목으로 설명된 그리스도인의 일상의 삶 자체가 심판의 기준입니다.

비유 속의 의인들조차도 자신들이 "주여 우리가 언제?"(37절)라고 하며 언제 주께 여섯 가지를 했는지를 모릅니다. 이 말은 우리의 일상의 삶 자체가 섬기는 삶이어야 하고, 섬김이 습관이 되어야 하고, 섬김은 바울이 말한 '사랑으로 역사하는 믿음'을 따른 행위여야 함을 뜻합니다. 그들은 주님이 말씀하신 대로, 왼손이 하는 일을 오른손이 모르게 했습니다. 믿음으로 말미암은 구원을 강조하는 바울조차도 "하나님께서 각 사람에게 그 행한 대로 보응하시되 참고 선을 행하여 영광과 존귀와 썩지 아니함을 구하는 자에게는 영생으로 하시고 오직 당을 지어 진리를 따르지 아니하고 불의를 따르는 자에게는 진노와 분노로 하시리라"(롬 2:6-8)고, 행한 대로 보응하시는 심판에 대해 말합니다.

2) 심판주를 기다리는 자의 삶의 태도

우리의 지금의 신앙이 삶이 궁극적인 미래의 심판을 축복으로 만듭니다. 미래의 심판을 위해 구원의 현재의 삶을 심판의 기준에 맞게 살아야 합니다. '지금 여기서' 행하는 선행이 미래의 심판을 결정하기 때문입니다. 오늘부터 심판대 앞에 설 그리스도인으로 살아야 합니다. 우리는 영생에 들어가는 의인의 삶을 살아야지, '영벌에'(46절) 처해질 수 있는, 그리고 '마귀와 그 사자들을 위하여 예비된 영원한 불에 들어가는'(41절) 사람들의 삶을 살아서는 안 됩니다.

믿음으로 시작된 구원이 지금의 신앙의 삶을 통해 완성된 구원이 되도록 참으로 믿음의 경주를 해야 합니다. 우리는 믿음으로 얻은 구원, 곧 시작된 구원을, 이 땅에서 복음을 증언하는 증언자로서 하나님과 이웃을 섬기고 증언자의 삶을 사는 행위에 의해 심판을 받는다는 사실을 기억하여 이루어 가는 구원을 거룩하게 해야 합니다. '주님의 제자의 삶을 어떻게 살았느냐'에 따라 심판이 이루어지는 것을 깨달아 현실에서 참으로 제자의 삶을 살아야 한다는 다짐을 새롭게 다져야 합니다. 우리는 지금 다시금 궁극적인 결정을 해야 합니다.

그러면 구체적으로 현재 우리의 삶에서 신앙인의 어떤 삶을 살아야 한다는 말입니까? 하나님께서 선택하신 자들을 의롭다고 칭해 주셨기 때문에 의로운 자의 삶을 살아야 하는데, 의로운 자의 삶이란 하나님과 이웃을 대하는 마음가짐, 곧 동기에서부터 다릅니다. 의인들은 '지극히 작은 자'들을 어떤 목적과 이유 때문에 대한 것이 아니라 그리스도인이니까, 다시 말하면 '의롭다 칭함을 받은 자니까' 당연히 해야 하는 의무와 순수한 동기에서 대했다고 대답합니다. 다시 말하면, 자기는 모른다고 대답합니다. 주를 위해서, 주의 명령이니까 행하는 것입니다.

그러나 분명하게 지적해야 할 것은 '지극히 작은 자'는 악한 자가 아니며, 교회를 무너뜨리는 자가 아니며, 예수를 고발하고 죽이는 자들이 아니며, 예수를 팔고 넘어뜨리는 자들이 아닙니다. 그런 자들은 영벌에 처해집니다. 따라서 우리는 '악한 영'을 분별할 줄 알아 악한 영에 사로잡혀 있는 자에게 잘해 주라는 뜻이 아님을 명확하게 알아야 합니다.

내가 영생과 영벌을 결정할 수 있는 것이 아닙니다. 나는 심판주가 아니며, 심판을 받을 대상일 뿐입니다. 영벌에 처해질 사람도, 그리고 영생에 들어갈 사람도 자신의 생각과 기준으로 심판이 이루어질 것을 바라고 있습니다. 최종적으로 결정하실 심판주는 임금이신 그리스도이십니다. 구원받았음을 확신하여, 거룩한 성화의 삶을 살아가고, 성령의 열매를 맺는 삶을 살아갈 때에, 그러한 우리의 삶을 보신 심판주이신 주님이 우리를 향해, 너희는 "영생에 들어가라"고 말씀해 주실 것입니다.

우리는 일차적으로 믿음을 통해 시작된 구원을 얻었습니다. 완성된 구원을 향해 믿음의 달음질을 하여야 합니다. 그 과정에서 제일 먼저 사탄이 우리를 시험하고 무너뜨리려고 합니다. 사탄을 이기신 주님을 의지하여 "우리 죄를 사하여 주시옵고, 우리를 시험에 들게 하지 마시옵고 다만 악에서 구하시옵소서" 기도하는 삶을 살아야 합니다. 그 기도는 제자가 되도록 이끕니다. 먼저 주님을 위해서라면 가정을 버릴 줄 알아야 합니다. 자기를 부인하고 자기 십자가를 지고 주를 따라야 합니다. 그리고 모든 물질을 포기하고 제자의 삶을 살아야 합니다. 제자는 섬기기 위해 초림하신 주님을 따라, 섬기는 삶을 살아야 합니다. 제자로서 섬기는 삶의 여부로 심판대 앞에 섭니다.

3) 제자가 짓는 가장 무서운 죄

제자가 짓는 가장 무서운 죄는, '선을 행할 줄 알면서도 행하지 않는 죄'라는 말씀을 따라, 그리고 '믿음으로 하지 않는 모든 것이 죄'라는 말씀을 따라 그리스도인으로 해야 할 선을 행하지 않는 것이라 했습니다. 행하지 말아야 할 것을 행했기 때문이 아니라, 행하여야 함에도 불구하고 행하지 않는 무행위 때문이라는 것입니다.

본문에서 소개되고 있는 것처럼, 영벌에 처해질 자들의 죄목이 전혀 언급이 없습니다. 다만 '아니하였고'라는 말만 42-43절에서 다섯 번 반복됩니다. 다시 말하면, 선을 행할 줄 알면서도 행하지 않았기 때문에 영벌에 처해지게 됩니다. 반대로 영생에 들어갈 사람들은 우리가 일반적으로 생각하듯이, "이런 죄를 지으면 하늘나라에 들어가지 못해"라는 죄를 안 지어서 그곳에 들어간 것이 아니라, 그들의 생활 현장에서 불쌍한 사람들과 도움이 필요한 사람들에게 사랑의 행동, 곧 '지극히 작은 자'에게 선행을 베풀었기 때문에 '의인'이라 불리고 있습니다. 즉 이들은 선을 행할 줄 알아 행했기 때문에 영생에 들어갑니다.

심판대 앞에서 가려질 죄를 지어서는 안 됩니다. 그리스도의 제자가 된 이상은, 그리스도의 제자에게 물을 죄를 지어서 심판대 앞에서 영벌을 받아서는 안 됩니다. 그리스도의 제자가 되었으니, 창세로부터 예비된 나라를 상속받을 자로 살아야 합니다. 그리스도의 제자가 되는 길은 그리스도를 믿는 일밖에 없습니다. 그리스도를 믿고 예수 그리스도의 제자가 되었으면, 그 제자에게 묻게 될 심판대 앞에 두려움 없이 기쁨으로 서도록 제자의 삶을 올바르게 살아야 합니다.

4) 믿음으로 말미암은 구원과 행위 심판

심판의 척도는 '불쌍한 자들을 돌보는 것'이기 때문에, 믿음이 아닌 행함으로, '믿음으로 말미암은 의'가 아닌 '사랑으로 말미암은 의'에 달려 있다는 것입니다. 이렇게 되면, 지금까지 교회사가 그토록 강조한 '오직 믿음으로만 구원 얻는다'는 교리와 대치되는 것이 아닌가 묻게 됩니다. 예수님은 분명하게 "나더러 주여 주여 하는 자마다 다 천국에 들어갈 것이 아니요 다만 하늘에 계신 내 아버지의 뜻대로 행하는 자라야 들어가리라"(마 7:21)고 천국에 들어가는 기준을 말씀하셨습니다. 그렇다면 심판의 척도는 '믿음 외에 다른 방법을 통해 구원을 얻을 수 있다'는 것을 가르치는 것이 아니라, 모든 믿는 이들이 감당해야 하는 거룩한 삶, 성령의 열매 맺는 삶을 부각시키고 있는 것입니다. 선한 행위를 했다고 해서 구원 얻는 것이 아닙니다. 선행은 구원 얻은 자가 열매로 또는 결과로 맺어야 하는 내용입니다. 그런 의미에서 '믿음 외에 다른 방법을 통해 구원 얻을 수 있다'고 강조하려는 것이 아닙니다.

제자로 택함을 받았다고 해서 믿는 것도 아니고, 거룩한 성령의 삶을 자동적으로 사는 것도 아닙니다. 제자가 문제가 아니라 믿는 사람이 중요하고, 믿는 사람인 것의 증거는 성령의 열매를 통해, 즉 사랑으로 역사하는 믿음을 통해 나타납니다. 사랑으로 역사하는 믿음이 없다면, 그런 의미에서 성령의 열매가 없다면 '행하여야 함에도 불구하고 행하지 않은 죄'가 되어 심판을 받게 된다는 것입니다. '믿음의 반응이고 증거인 행위'를 말하고 있습니다. 행위가 우리를 구원할 수 없습니다(엡 2:8-9). 그렇지만 행위는 믿음을 가지고 있다는 사실을 증거해 줍니다(갈 2:10; 약 2:14-26).

결론입니다.

우리 주 예수 그리스도는 심판주로 다시 오십니다. 심판주가 예수 그리스도임을 밝혔습니다. 심판의 대상은 넓게는 모든 민족이지만, 좁게는 믿는 사람과 그렇지 않은 사람의 심판이 다름을 알아야 하니다. 또한 심판의 기준도 다릅니다. 심판 결과는 양과 염소를 가름같이 가를 것입니다.

그러면 심판주를 기다리는 자의 삶은 어떠해야 합니까. 심판이 있습니다. 심판주를 기다리는 자의 삶이란 제자인 경우 섬기는 삶의 여부로 심판대 앞에 서게 됩니다. 제자가 짓는 가장 무서운 죄는 '선을 행할 줄 알면서도 행하지 않는 죄'입니다. 그러므로 믿음으로 말미암은 구원과 행위의 심판이 있음을 바르게 배워야 합니다.

그리스도께서 재림하실 때까지의 거룩함

요한복음 17:17-19

○●● 어제는 그리스도가 심판주로서 재림하신다는 사실을 살펴보았습니다. 심판주 앞에 서게 될 때에, 우리가 당당할 수 있는가 물었습니다. 심판은 하나님의 은혜이지 두렵고 떨리는 사건이나 징계가 아니어야 합니다. 제자들의 경우에 믿고 구원받지만, 구원받은 자가 구원에 합당한 선한 열매를 맺지 못하여 벌을 받을 수 있는 경우를 살펴보면서, 제자들 안에 하나님의 나라가 임하지 않으면 안 되는 경우, 곧 심판대 앞에서 가장 무서운 죄가 무엇인지 살폈습니다. 하나님 아버지의 뜻대로 행하지 않는 죄 말입니다. 말씀을 듣고 알면서도 행하지 않는 죄가 문제가 된다고 지적했습니다.

오늘은 반대 차원에서 그리스도께서 재림하실 때까지 제자는 거룩함을 입고 살아야 한다는 제자도에 대해 숙고해 보겠습니다. '제자가 그리스도께서 재림하실 때까지 어떻게 살아야 하는가?'라는 주제가 바로 오늘 다루어야 할 핵심입니다.

종말에 교회는 "말씀으로 깨끗하게 하사 거룩하게"(엡 5:26) 되어야 합니다. 교회가 말씀으로 깨끗하게 되는 방식을 요한복음 6장을 통해 설명할 수 있습니다. 예수께서 제자로 부르지도 않았는데도 무리가 예수를 따르는 이유는 "병자들에게 행하시는 표적을 보고"(요 6:2) 낫고자 함이고, "떡을 먹고 배부른 까닭"(요 6:26) 때문입니다. 그러나 '생명의 양식을 먹어야 산다'고 권하자 그 "말씀이 어렵다"(요 6:60)며 말씀이 걸림돌이 되어 "걸려"(요 6:61) 넘어짐으로 다 떠나고 맙니다. 말씀으로 거룩해지려면 먼저 제자가 되어야 하고 제자가 되어야 베드로처럼 "주는 하나님의 거룩하신 자이신 줄 믿고 알았사옵나이다"(요 6:69)라고 신앙 고백하게 됩니다. 그런 다음에, 하나님이 예수를 세상에 보내시기 위해 예수를 거룩하게 하신 것처럼, 복음 전파하는 증인이 되도록 하기 위해 거룩함을 입어야 합니다. 제자가 되고 복음전도자가 되기 위해 거룩함을 입을 수 있는 과정이나 방법을 요한복음 6장을 통해 먼저 살펴보겠습니다. 그런 다음, 요한복음 17장의 진리인 하나님의 말씀으로 거룩해지는 방식을 찾아보도록 하겠습니다.

요한복음 6장 66-71절은 5천 명을 먹이신 사건 이후에 벌어진 이야기입니다. 제자이지만 그들 중에 '믿지 아니하는 자들'(요 6:64)이 있고 예수를 팔 자가 있다 전합니다. '세상에 믿을 사람이 없다'고 예수님이 말씀하고 계신 형국입니다. 믿지 않을 뿐만 아니라 자기를 팔 자가 제자로 곁에 있습니다. 자기를 믿지 않는 제자를 가르치는 선생이신 예수의 마음을 헤아릴 길이 없습니다. 자기를 팔 자가 눈앞에 떡하니 버티고 있는데, 그의 마음이나 말은 어떠했을까요?

그러나 예수님은 그것 때문에 하나님 아버지가 자신을 세상에 보내어 이루고자 하신 아버지의 뜻을 멈출 수 없었을 것입니다. 이기는 방법은 무엇입니까? '아버지가 알아주시겠지. 진리가 승리할 테니까 참고 견디자' 등등으로 마음을 추스르며 이겨내는 타입일까요, 아니면 방방 뛰며 분에 못 이겨 외부적으로 폭발하는 타입일까요? 이도 저도 아닙니다.

예수님은 이미 제자들에게 그것을 말씀하셨습니다. 즉 "아버지께서 오게 하여 주지 아니하시면 누구든지 내게 올 수 없다"(요 6:65) 하셨습니다. 아버지가 내게 주신 자이고, 나로 하여금 담당하도록 하셨는데 내가 어떻게 아버지의 뜻을 거역할 수 있겠느냐는 식입니다. 그러나 우리는 예수님께 묻고 싶습니다. "예수님은 그것을 어떻게 아셨습니까?" 우리도 예수님이 아셨던 것처럼, '우리 삶에서 일어난 그런 비슷한 일들을 아버지의 뜻이라고 알 수 있다면, 예수님과 같은 태도를 취했을까요?
　설교의 목적은, 그리스도께서 재림하실 때까지 거룩함을 입고 사는 성도가 되고자 결단하고 삶과 신앙을 점검하는 것입니다.

1. 떠나가는 제자

　그때부터 예수님을 따르던 제자 중에서 많은 사람이 떠나갑니다. 예수가 좋다고 쫓아다닐 때는 언제고 무슨 이유 때문에 예수님을 떠난 것일까요? 예수님의 제자들 중에는 '믿지 아니하는 자들'(요 6:64)도 있다고 하셨는데, 예수님을 전혀 믿지도 않으면서 그 제자가 될 수 있다는 사실에 놀라게 됩니다. 예수님을 믿지도 않으면서 예수님을 따라다닐 수 있고, 하나님이 그를 예수께 보내지 않으셨는데도 예수님의 제자로 예수님을 따를 수 있다는 것을 알게 됩니다. '하나님이 보내지 않으신 사람이 예수님의 제자가 되어 예수님을 따른다'는 말은 '자기의 열심이, 자기의 소원이 예수님을 따르는 제자로 만들 수 있다'는 것을 의미합니다.
　제자이면서 어떻게 예수님을 떠날 수 있을까 하는 의문이 들지만, 성경을 조심히 읽다 보면 이유가 너무 단순하지만 명확합니다. 영의 양식인 '영생하는 떡'에 대해 설교를 하니 "제자 중 여럿이 듣고 말하되 이 말씀은 어렵도다 누가 들을 수 있느냐"(요 6:60) 합니다. 쉽게 말하면, 예수님의 설교가 너무 어렵다는 것입니다. 그래서 제자들이 수군거립니다. 설교가 왜 그러냐부터 시작했겠지요. 그 모습을 보신 예수님이 한 술 더 뜨십니다.

"이 말이 너희에게 걸림이 되느냐"(요 6:61).

걸림돌이란 넘어지게 하는 것이라는 뜻입니다. 이 말씀이 걸림돌이 되어 믿지 않을 자가 있을 뿐만 아니라 "아버지께서 오게 하여 주지 아니하시면"(요 6:65), 즉 아버지께서 듣는 마음을 주시지 않으면 결코 듣지 못한다고 했습니다. 예수님은 그것은 아버지의 뜻이라는 것입니다. 자기는 좋아서 예수님의 가르침인 말씀을 듣지만 어렵고 싫습니다. 만약 우리도 떠나가는 제자들과 같은 형편에 있다면, 예수님이 말씀하신 것처럼, '아버지께서 오게 하여 주지 아니하시면 누구든지 주님께 갈 수 없다는 것입니다.' 예수님은 예수님 탓하지 말라는 것입니다.

예수님의 설교가 '어렵다'고 하는 것에 대해 예수님은 말씀이 '걸림돌'이 되는 것을 좋게도 나쁘게도 말씀하시지 않고, 그것은 하나님의 뜻이라고 보실 뿐입니다. 예수님의 이 태도가 옳지 않은가요? 말씀은 하나님의 말씀이고 하나님의 말씀이 어떤 사람에게 걸림돌이 되는 것은 하나님의 뜻 때문이라는 것입니다. 결국 떠나가는 제자는 자기 편에서 보면 마음에 안 드니까 떠나는 것이지만, 예수님이 보신 것처럼 하나님의 뜻이라는 것입니다.

따르던 무리들은 예수님을 떠났지만 남은 제자 중에 "주는 하나님의 거룩하신 자이신 줄 믿고 알았사옵나이다"(요 6:69)라고 신앙고백 하는 제자도 있습니다.

2. 신앙고백 하는 제자

베드로는 예수님이 '하나님의 거룩하신 자'이심을 어떻게 알 수 있었을까요? 예수님은 자신을 "아버지께서 거룩하게 하사 세상에 보내신 자"(요 10:36)이심을 밝힌 사실에서 보듯이, 거룩하게 하시는 분인 하나님이 거룩하게 하여서 세상에 보내셨기 때문에 예수님이 거룩하신 분인 것입니다. 자기가 자기를 거룩하게 하는 것이 아니라, 하나님이 거룩하게 만들어 주셔야 거룩하게 되는 것입니다.

요한복음 기자가 보기에 베드로는 어떻게 이런 신앙고백을 할 수 있게 되었을까 좀 더 고찰해 봅시다. 무엇을 보고 이런 고백을 하게 되었을까? 힌트가 되는 내용이 있는데, 요한복음 8장 28-29절에 따르면, 예수님은 스스로 아무것도 하지 않는다고 하십니다. 예수님과 더불어 살다 보니 예수님은 제자인 자기들과 다른 점이 너무 많습니다. '아버지께서 가르치신 대로' 어떤 일도 아버지의 뜻을 따라 '말씀하시더라'(요 8:28)는 것입니다. 그리고 예수님 안에는 예수를 보내신 아버지께서 항상 '함께하셔서'(요 8:29) 아버지께서 기뻐하시는 일을 하는 것을 보고 그런 신앙고백을 하게 되었다는 것입니다.

결국에 '아버지께서 함께하시는' 사람이 바로 거룩한 사람이라는 뜻입니다. 오직 하나님만이 거룩하신 분입니다. 그 거룩하신 분이 함께하시면, 그는 '하나님의 거룩하신 분'(요 6:69)이 되는 것입니다.

베드로의 신앙고백을 공관복음 기자들 역시 다 다룹니다. 마가복음 8장 29절에서는 "주는 그리스도시니이다"라고 했고, 마태복음 16장 16절은 "주는 그리스도시요 살아 계신 하나님의 아들이시니이다"라 했으며, 누가복음 9장 20절은 "하나님의 그리스도시니이다"라고 신앙고백 합니다. 특별히 마태복음에 따르면, 예수님은 베드로의 신앙고백을 받아들이며, 그것을 계시해 주신 분은 하나님 아버지라고 가르쳐 주십니다.

일단 우리는 신앙고백 하는 제자가 되어야 합니다. 그런 다음에 생긴 문제는 그때 가서 해결하고, 지금은 즉 일단은 신앙고백 하는 제자가 되어야 합니다. 신앙고백을 하게 하신 분은 예수님이 지적해 주신 것처럼, "혈육이 아니요 하늘에 계신 내 아버지"(마 16:17)이시기 때문입니다. 그 아버지가 바로 거룩하신 분입니다. 그런 의미에서 우리는 오늘 '제자는 우선적으로 거룩한 자로 파송을 받는다'는 것을 잘 인지하고 있어야 합니다.

신앙고백 했다고 다 끝난 것이 아닙니다. 신앙고백 하면 바로 사탄이 찾아옵니다. 이 신앙고백은 5천 명을 먹이신 사건 이후에 일어납니다. 베드로의 이런 신앙고백 후에 예수님은 자신의 고난과 부활에 관한 첫 번째 예고를 하십니다. 그때 베드로는 사탄이 되고 맙니다. 신앙고백 하는 자이면서 동시에 사탄이 되는 역설을 만나게 됩니다. 예수의 나머지 사역 기간에 보여준 제자들의 태도에 따르면, 그들은 참으로 예수를 그리스도로 믿는 것이 아니며, 하나님이 계시해 주시지만 여전히 동시에 사람의 일만 생각하는 이중적인 구조 속에 사는 자들일 뿐입니다.

신앙고백 하는 자가 사탄이 되어 하나님의 일은 생각하지 않고 사람의 일만 생각하며 살아가게 되는 제자의 삶, 곧 베드로를 향한 예수님의 마음은 어떠했을까요?

3. 예수를 팔 마귀인 제자

예수님에 대해 마귀를 데리고 하나님 나라를 전파하는 사역을 하신 분으로 오해할 수 있습니다. 그러나 가룟 유다가 항상 마귀 짓을 한 것은 아닙니다. 요한은 마귀가 유다에게 들어간 후에 유다가 예수를 팔 생각을 획책하였다고 말합니다. 다시 말하면, 제자로 부름을 받았지만 언제든지 예수를 넘어지게 하고 대적자로 걸림돌로 작용할 수 있다는 것을 깨달았어야 합니다. 이런 경고를 받았으면 마귀의 도구로 사용되지 않도록 기도하고, 참으로 예수님께 나아갔어야 합니다. 가룟 유다가 사탄의 도구로 사용되지 않을 수 있는 길은 기도밖에 없습니다.

예수님은 "거짓 선지자가 많이 일어나 많은 사람을 미혹하겠으며"(마

24:11)라고 경고하셨는데, 그런 의미에서 가룟 유다가 바로 예수님이 승천하신 후에 교회에 등장한 거짓 선지자가 아닐까요? 다시 말하면, 예수를 팔고 예수를 넘어지게 하는 가룟 유다가 초대 여러 교회를 어지럽힌 사람들이 아닌가 물어보았습니다.

예수님은 "양의 옷을 입고 너희에게 나아오나 속에는 노략질하는 이리"(마 7:15)인 거짓 선지자들을 삼가라고 명령하셨기 때문에, 우리는 가룟 유다와 같은 거짓 선지자들을 교회에서 철저하게 삼가야 합니다. '노략하는 이리'는, 믿지 않는 자들을 유혹하는 것이 아니라 믿는 자들을 노략질하는 자들을 뜻합니다. 마태복음 7장 15절에 따르면, 목장, 곧 교회로 들어와[너희에게 나아와] 너희를[너희는 바로 제자들, 곧 사역하는 자들을] 노략질합니다[헐뜯고 비방합니다]. 노략질이란 무너뜨리는 것이고, 비방하고 빼앗는 것입니다. 어떤 식으로 이 일을 합니까? 겉과 속이 다르게 일합니다. 양의 옷을 입고 나아옵니다. 겉모양만 봐서는 알 수 없습니다. 예수님은 거짓 선지자인지를 '열매를 보고 알 수 있다'(마 7:17, 20)고 하셨습니다. 초대교회들 속에 들어와 있는 가룟 유다를 찾아보고 싶습니다.

성경에 소개되고 있는 교회들 중에서 적그리스도와 거짓 선지자들의 출현으로 인해 교회가 위험에 빠진 경우를 살펴보면 고린도 교회를 뺄 수 없습니다. 고린도전서 1장을 보면, 바울파, 아볼로파, 게바파, 그리스도파로 나눕니다. 문제는 '세례' 때문이었습니다. 교회 안의 어떤 문제를 통해서도 교회는 분열될 수 있고, 대립할 수 있습니다. '세례' 문제에 어떻게 사탄이 개입할 수 있다는 말인가요? 교회에서 주의 영광을 위해 행해지거나 일어나는 사안을 통해서도 종말의 사건, 특히 그리스도의 일을 망가뜨리려는 자들이 바로 사탄의 영을 가진 자들이고, 예수님이 예언하신 것처럼, 그런 거짓 선지자들의 활동이 교회 안에 이미 시작된 것입니다.

재림을 준비하는 자들이 가장 염두에 두어야 할 일은, 재림을 준비하라는 주님의 말씀의 첫머리에 있는 적그리스도의 출현을 대비해야 한다는 말씀입니다. 적그리스도는 이미 주님의 시기에 활동을 시작했습니다. 지금 그 일을 안 하고 있다면, 이미 자기의 영역 안에 교회가 있기 때문일 것입니다. 아니면 교회가 주님이 말씀하신 준비를 안 하고 있다면, 교회는 주님의 말씀을 듣지 않는 주님 없는 교회일 뿐인 것입니다. 주님은 회당이 적그리스도의 활동 장소가 되고 있다고 책망하셨습니다.

주님은 종말의 '재난이 시작'되었다고 말씀하십니다. 이미 '시작된' 종말을 우리는 무한정 연장하려 하거나 무시하거나 무관심해서는 안 됩니다. '재림을 준비하라'는 주님의 명령은 중시되어야 합니다. 다시 오실 주님을 맞이하려는 교회의 준비는 교회를 이끄는 핵심 사상이어야 합니다. 주님의 명령을 무시하거나 관심을 두지 않는 자들은 참으로 어리석은 자이거나 정말로 비신앙인입니다. 왜냐하면 종말의 사건 속의 내용에는 심판이 있기 때문입니다. 심판을 무시한다 해서 지금 당장 큰 일이 일어나는 것은 아닙니다. 그러나 '재림을 준비하라'는 명령 속에는 '심판이 들어 있기' 때문입니다. 준비하는 만큼 하늘나라는 가까이 임하기 때문이고, 준비한 자에게 천국은 주어지기 때문입니다.

내가 천국에 들어갈 수 있는 길은 '주의 은혜'밖에 없습니다. 천국을 차지할 수 있는 길과 방법에 대해 주님은 말씀하셨는데, 그것은 '침노하는 자' 곧 재림을 준비하는 자에게 주어진다는 것입니다. '주어진다'는 것은 사람으로서는 받아들이는 수용성의 차원인데, '차지하는 수용성'이란 여러 내용들을 가지지만 무엇보다 먼저, 준비하는 것입니다. 준비의 첫 일이란 적그리스도의 출현을 막고 물리치는 일입니다. 이 일을 하여 책망 받지 않는 교회가 있다고 소개했습니다.

적그리스도들은 회당인 교회에서 당을 지어 교회를 분열시키고, 무너뜨리고자 합니다. 회당, 교회가 당짓는 곳이 되면 안 됩니다. 교회의 분열은 주님이 주인이실 때 일어난 일이 아닙니다. 제자들이 교회를 책임지고 복음을 전하기 시작하면서, 교회에서 사람이 주인이 되려고 함으로써 생겨난 일입니다. 교회의 주인은 주님이어야지 사람이 되어서는 안 됩니다. 그럼에도 주님은 보이지 않기 때문에, 보이는 사람이 그리고 실제적으로 있는 사람들 사이의 세력이 교회의 주인행세를 하게 됩니다.

사람이 교회의 주인이 되어서는 안 됩니다. 사람은 자기 의를 내세우게 되고, 바울은 자신의 경험을 비추어 자기 의가 실제로는 자기 열심에 기초한 것이고, 바른 지식에 근거한 것이 아니며, 특히 하나님의 의에 결국 순복하지 않는다고 지적해 주고 있습니다. 자기 의는 열심으로 나타날 뿐만 아니라 전통 속에서 굳어진 것으로 무너뜨릴 수 없는 견고한 성처럼 교회 안에서 작용하여, 하나님의 의인 예수 그리스도의 십자가의 죽으심을 무효화시키고 말 뿐입니다. 교회를 분열시키거나 갈라놓거나 대립과 갈등 속에 집어넣는 일은 인간사에서 자주 일어날 수 있는 환경, 문제, 사건에서 시작됩니다. 심지어 고린도 교회처럼 '세례'라는 중요한 교회의 사역에서도 발생합니다. 사람이 모여 살아가면서 닥치는 문제에서부터 시작됩니다.

4. 그리스도께서 재림하실 때까지 거룩함을 입어야 할 그리스도인의 삶의 적용

하나님이 예수를 거룩하게 하여 세상에 보내신 것처럼, 예수님은 제자를 거룩하게 하여 세상에 보내고자 기도하고 계십니다. 요한복음 17장 17-19절은 예수님이 제자들의 '거룩'을 위해 기도하신 내용입니다. 하나님 아버지는 아들을 세상에 보내기 위해 거룩하게 하셨습니다. 이때 '거룩'이란 하나님의 신성이고 본질인 거룩을 예수 안에 두셨다는 것을 뜻합니다. 그리하여 예수와 하나님은 늘 함께하였습니다. 거룩하신 하나님이 예수와 함께하면, 예수는 거룩한 분입니다. 그것과 마찬가지로 이제 예수님은 제자들을 세상에 파송하려 하십니다. 그러기 위해서는 제자들에게 거룩함을 입혀 주어야 합니다. 그 길은 예수가 제자들 안에 항상 계시는 것입니다. 그런데 거룩한 분이 제자들 안에 계시려면, 제자들을 위해 대속의 피를 흘리심으로 죄에서 자유롭게 되어 제자들이 거룩해져야만 가능합니다.

이런 생각은 구약의 이사야가 '거룩'을 하나님의 정의로 이해한 데서 시작합니다. 거룩한 하나님을 만나기 위해 "입술이 부정한 사람"(사 6:5)인 자신에게 제단에서 핀 숯으로 입술에 댈 때에 '악이 제하여졌고 죄가 사하여진'(사 6:7) 이사야 자신의 경험을 통해 거룩하신 분과 함께할 수 있는 길을 가르칩니다. 이것을 통해 우리는 배울 수 있습니다. 거룩하신 하나님과 함께하기 위해서는 죄가 사하여져야 합니다.

예수님은 거룩해지는 길로 진리를 제시하십니다. 예수님은 "그들을 진리로 거룩하게 하옵소서 아버지의 말씀은 진리니이다 아버지께서 나를 세상에 보내신 것같이 나도 그들을 세상에 보내었고……그들도 진리로 거룩함을 얻게 하려 함이니이다"(요 17:17-19)라고 기도하십니다.

바울은 예수님의 이 말씀을 디모데전서 4장 5절에서 "하나님의 말씀과 기도로 거룩하여짐이라"고 거룩해지는 방법에 대해 요약해 줍니다.

1) 진리

무엇으로 거룩해집니까? 예수님은 진리로 거룩해지도록 기도하십니다. 예수님은 하나님 아버지를 '거룩한 아버지'(요 17:11)라 칭하며 기도하십니다. 왜 예수님은 제자들이 진리로 거룩해지기를 기도하십니까? '아버지께서 나를 세상에 보내시기 위해' 진리로 거룩하게 하신 것처럼, 예수님도 제자들을 세상에 보내기 위해 "진리로 거룩하게 해주십시오!"라고 기도하고 있습니다. 이때 '거룩하게'란 '속의 영역에서 떼어내어 거룩의 자리에 갖다 놓는 것'을 뜻합니다.

거룩해지는 방법으로 진리를 말할 때, '진리로 거룩해져야 한다'는 말은 내가 진리가 아니라는 사실을 강조하고 있음을 뜻합니다. 진리를 받아들이는 것이 바로 거룩해지는 방법의 시작입니다. 내가 진리의 주인이 되어서는 안 됩니다. 내가 옳고 그름의 기준이 되어서는 안 됩니다. 내게 들어와 내 마음 안에 계시는 하나님과 예수 그리스도를 드러내야 합니다. 먼저는 진리를 수용하고 그런 다음 파송을 위해서는 진리를 능동적으로 나타내야 합니다. 일단은 진리를 수용해야 합니다.

신약성경에서 '거룩'이라는 개념은 거룩하신 그리스도로 인해 죄악된 인간이 거룩하게 되는 문맥에서 사용되고 있습니다. 예배드리는 거룩한 자들(롬 12:1)이라는 의미에서 '성도'라는 단어가 사용되고 있는 것을 보면 그것을 알 수 있습니다. 다른 의미로는 '이전 사람'과는 구별된 의미에서 '새사람', 바로 "새로운 피조물"(고후 5:17)이 되도록 하는 것입니다. 그러므로 '하나님의 기쁘신 뜻대로'(살전 4:3), 그리고 '그분의 모습대로'(벧전 1:16) 보존되어야 합니다.

하나님께서 우리를 택하신 이유는 우리로 거룩하게 하시며 구원을 얻도록 하시기 위한 것입니다(살후 2:13). 오직 하나님께서 우리에게 원하시는 것은 '거룩'(살전 4:3)이며, 또한 '하나님의 말씀과 기도로 거룩하여지며'(딤전 4:5), '진리로 거룩하여지며'(요 17:17), '그리스도의 피로써 거룩하게 하시려는 것'(히 13:12)입니다.

신약성경은 거룩을 성화(sanctificatio)라 하여 '믿는 자들 안에서 믿음과 칭의에 의존하고 따르면서, 성령의 은혜로 말미암아 성취되는 하나님의 은혜로, 이러한 것들을 통해 신자들이 그들의 타락한 모습에서 거룩한 모습으로 전환'하는 것을 말합니다. '전환'이란 '지속적인 변화'를 함축하면서도 '즉각적인 변화'도 포함합니다. 변화의 시작은 칭의 때부터 일어나서 계속적으로 싸워 나가는 과정, 곧 계속적인 회개를 뜻합니다. 회개란 우리의 말과 행동과 살아가는 모습 자체가 하나님께로 향하는 것입니다.

성화는 과정이고 사람마다 성화의 발전의 모습이 다를 수 있습니다. 성화의 점진성은 분명 지속적인 변화를 담고 있습니다. 그렇지만 확정적인 성화의 차원도 볼 수 있어야 합니다. 왜냐하면 우리가 그리스도를 믿는 즉시 우리는 죄와 사망의 법에서 해방되어 새로운 피조물이 되기 때문입니다.

우리가 분리되었다는 말은, 즉 성화라는 말은 세상 일들과의 분리를 뜻하는 거룩과 영육을 순결하고 흠없이 보전하는 일을 동시에 포함하고 있어야 합니다. 그러니 성화는 반드시 선행이라는 부르심의 열매요 표로 가져와야 합니다. 구원받고 거룩한 자의 삶 속에서 맺어지는 열매가 바로 선행이어야 한다는 말입니다. 구원받았다고 칭하는 칭의와 점진적이든 확정적인 성화를 통해서든 선행이 열매로 맺어지는 일련의 일들은 분명 하나님이 우리 믿음 안에서 행하신 일임에 틀림없습니다.

이 모든 일들은 진리인 하나님 말씀 안에서 일어납니다. 따라서 거룩함이라는 성화는 진리의 속성 중 일부분입니다. 그러면 진리는 어떻게 거룩함을 그 자체에 담고 있으면서 우리로 하여금 거룩한 열매를 맺도록 합니까? 그 일을 위해서는 진리 자체인 성경 말씀이 담고 있는 사태, 내용, 말하고 있는 의미 또는 성경 자체가 지시하는 세계가 드러나야 합니다. 그런 다음, 성경이 지시하는 삶의 세계를 나의 신앙의 삶에서 적용하고 드러내야 합니다.

2) 하나님 말씀

요한복음 17장 17절에서 제자들을 거룩하게 하는 방법으로 제시된 진리를 예수께서는 하나님의 말씀으로 연결시킵니다. 하나님의 말씀은 제자들을 거룩하게 합니다. 하나님의 말씀이 우리를 어떻게 거룩하게 합니까? 하나님의 말씀을 들어야 합니다. 하나님의 말씀을 들어야 한다는 말은 거룩해지기 위해서는 하나님의 말씀이 내 안에 들어와야 한다는 것입니다. 우리는 그 사실을 진리의 수용성이라 했듯이, 하나님의 말씀을 마음으로 받아들여야 한다는 것입니다. 그런 다음 하나님 말씀으로 거룩해지고, 그리하여 하나님의 말씀을 전하는 사람이 되어야 합니다.

3) 거룩의 참 의미는 '하나님의 뜻'

"하나님의 뜻은 이것이니 너희의 거룩함이라 곧 음란을 버리고 각각 거룩함과 존귀함으로 자기의 아내 대할 줄을 알고 하나님을 모르는 이방인과 같이 색욕을 따르지 말고……하나님이 우리를 부르심은 부정하게 하심이 아니요 거룩하게 하심이니"(살전 4:3-7).
"평강의 하나님이 친히 너희를 온전히 거룩하게 하시고 또 너희의 온 영과 혼과 몸이 우리 주 예수 그리스도께서 강림하실 때에 흠 없게 보전되기를 원하노라"(살전 5:23).

거룩의 의미는 하나님과의 깊은 관계, 상호 내주와 연결됩니다. 다시 말하면, 거룩은 하나님과 그리스도의 상호 내주의 긴밀한 교제에 제자들이 참여하는 것을 뜻합니다. 그리하여 제자들을 세상으로 파송합니다(요 17:18). 제자들을 세상으로 파송할 때에 제자들이 진리와 하나님 말씀으로 거룩해져야 하는 이유는 전도자인 제자들 속에 하나님과 그리스도께서 상호 내주하여 제자들로 하여금 자기 안에 계시는 예수를 알게 하려 함입니다(요 17:21-23).

하나님은 예수님을 세상에 보내실 때 예수님을 거룩하게 하셨습니다. 그 말은 예수 안에 거룩하신 하나님이 항상 내주하셨다는 말입니다. 그것처럼 예수는 제자들을 세상에 보낼 때 거룩하게 만드셨습니다. 다시 말하면, 거룩하신 하나님이 그리고 거룩하신 주가 제자들 마음속에 항상 함께하셨다는 것입니다.

예수 안에 하나님이 계시고, 제자들 안에 하나님과 주님이 계시는 것 자체가 바로 성화가 시작된 것입니다. 그러니 요한복음 2장에서 성전을 청결하게 하셨고, 즉 교회를 교회답게 만드셨고, 요한복음 4장 사마리아 여인과의 대화에서 영적인 예배 장소를 새롭게 주셨던 것입니다.

결론입니다.

그리스도께서 재림하실 때까지 그리스도인은 거룩함을 입어야 합니다. 제자들 안에 하나님의 나라가 임하지 않으면 안 됩니다. 심판대 앞에서 제자들이 가장 두려워하고 무서워하는 죄는 바로 하나님 아버지의 뜻대로 행하지 않은 죄, 즉 말씀을 듣고 알면서도 행하지 않은 죄입니다.

예수의 말씀을 듣고 따른다고 해서 다 제자가 되는 것이 아닙니다. 떠나가는 제자가 있습니다. 그러나 신앙고백 하는 제자가 되어야 합니다. 신앙고백을 했지만 사탄이 되어 하나님의 일은 생각하지 않고 사람의 일만 생각하여 예수를 넘어지게 하는 자, 곧 베드로의 경우를 생각해 보면, 제자라 해도 그리스도께서 재림하실 때까지 제자도, 곧 성령 안에서 거룩함을 입어야 합니다. 예수를 판 마귀인 제자도 함께 있습니다.

그러면 어떻게 거룩해질 수 있습니까. 하나님의 말씀과 기도로 거룩하여질 수 있습니다(딤전 4:5). 예수님은 제자들이 진리로 거룩해지도록 기도하십니다. 하나님의 말씀은 진리이기 때문에 진리로 거룩해져야 한다는 말은 하나님의 말씀으로 거룩해져야 한다는 것을 뜻합니다. 거룩은 하나님의 뜻입니다.

"하나님의 뜻은 이것이니 너희의 거룩함이라"(살전 4:3).

심판의 날을 위한 회개

마가복음 1:14-15

○●● 베드로후서 3장에 따르면, 베드로는 주님의 재림을 기다리면서, '재림이 반드시 있을 것이다'라는 확신을 전합니다. 사람들이야 주께서 재림이 있을 것이라고 말한 지가 2천 년이나 지났으나 그대로이기 때문에 재림에 대해 신뢰하지 않지만, 주님이 다시 오실 것을 약속하셨기 때문에 '주님은 자신의 약속을 반드시 지키실 것입니다'라고 베드로는 확신합니다. 주님의 약속임에도 불구하고 재림이 지연되는 이유는 '아무도 멸망하지 않기'를 원하시기 때문에, 주님은 '모두 회개하기를 바라시기' 때문이라고 말씀합니다. 주님은 주의 재림을 기다리며 준비하는 자에게, 회개하기를 바라십니다. 주님이 원하시는 재림 준비는 '회개'입니다. 주의 날을 위한 회개를 명하고 계십니다. 그래서 오늘 우리는 제목을 "심판의 날을 위한 회개"라고 잡았습니다. 제목에서 보듯이, 회개의 목적과 필요성은 분명하게 제시되었습니다. 심판의 날을 위해 회개해야 합니다.

설교의 목적은, 주께서 촉구하신 심판 날을 위한 회개를 진심으로 듣고 행하도록 하는 것입니다.

1. 심판의 날을 위한 회개

베드로는 심판의 날을 위한 '회개'의 목적을 '멸망하지 않기 위해서' 필요한 것이라고 설명했습니다. 주님이 다시 오시면 주님은 반드시 심판하실 것입니다. 그날을 베드로는 베드로후서 3장 10절에서 '주님의 날'이라고 표현했고, 12절에서는 '하나님의 날'이라고 했습니다. 주님의 날, 하나님의 날이 임하면, 반드시 땅에 있는 모든 것들은 파괴되고, 새 하늘과 새 땅이 드러날 것입니다. 그래서 베드로는 "여러분은 어떤 사람이 되어야만 하겠습니까?"(11절)라고 묻습니다. 다시 말하면, "어떤 종류의 생활을 해야만 마땅합니까?", "주님의 다시 오심을 기다리면서 어떤 삶을 살고 있습니까?"라고 묻고 있습니다. 어떻게 살아야 할지 생각해 보셨습니까? 주의 다시 오심을 기다리며 살고 있습니까, 아니면 주의 다시 오심에 대해 아무런 느낌이 없습니까? 베드로는 두 가지를 제안합니다.

첫째로, 거룩한 생활을 권하는데, '거룩한 생활'이란, 세상으로부터 구별되고 성화의 과정을 거쳐 하나님께 나아가는 것을 뜻합니다. 거룩한 생활을 하려면, 내가 거룩한 사람이 되어야만 합니다. 내가 이미 거룩한 사람인지를 인정해야 합니다. '거룩한 사람'이 되었음에도 불구하고 아직도 거룩한 생활을 못하고 있습니까? 그렇다면, 9절 말씀처럼, 우리에게 회개하기를 바라시는 주님의 마음을 알아야 합니다. 베드로는 거룩한 생활을 '영과 영혼과 몸'의 완전함이라고 말했습니다. 베드로는 영과 영혼과 몸의 거룩함을 위해 간절하게 기도하고 있습니다.

둘째로, 그는 '경건'이라 했습니다. 칼빈은 경건을 '하나님 앞에서'(Coram Deo) 사는 삶이라고 했다고 설명했습니다. 하나님과의 관계가 바르면 경건한 자라고 할 수 있는 사례가 바로 구약의 요셉이라고 생각합니다. 다시 말하면, '하나님 앞에서' 사는 삶을 요셉에게서 읽을 수 있습니다.

1) 성적인 유혹

요셉은 아버지의 사랑을 독차지한 아들로, 너무 자기중심적으로 컸습니다. 그것 때문에 형제들의 미움을 받아 애굽에 종으로 팔리고 맙니다. 바로 왕의 경호대장인 보디발이라는 장군의 노예 생활을 하게 됩니다. 요셉이 너무 잘생겨, 보디발의 아내가 유혹합니다. 그러나 요셉은 성적인 유혹을 물리칩니다. 어떻게 성적인 유혹을 물리칠 수 있었습니까? 요셉은 "내가 어찌 이 큰 악을 행하여 하나님께 죄를 지으리이까!"(창 39:9)라고 했습니다. '그것은 하나님 앞에서 죄가 된다'고 생각하고 성적인 유혹을 물리친 경우입니다.

우리도 요셉처럼 성의 문제를 '하나님 앞에서' 생각해야 합니다. '경건한 신앙인의 삶'은 '하나님 앞에서' '성의 문제'도 해결하게 됩니다. 성의 문제를 개인의 욕망이나 참을 수 없는 욕구 표출로만 봐 버리면 해결하지 못하지만, '하나님 앞에서' 해결 가능한 것으로 보면 그 문제도 풀리게 됩니다.

2) 쉽지 않은 돈, 곧 물질의 문제

그리스도인들에게 성적인 유혹만큼이나 '하나님 앞에서' 경건한 생활을 못하도록 넘어지게 만드는 것이 바로 물질, 곧 돈의 문제입니다. 그는 노예로 팔려 왔지만, 보디발 경호대장이 자기가 먹는 음식 외에는 간섭하지 않을 정도로 전 소유를 다 요셉의 손에 맡깁니다. 요셉은 보디발의 재산 관리를 맡을 정도로 신임을 얻습니다. 그런 신임을 얻을 정도로 돈에 깨끗했기 때문일 것입니다. 노예 생활을 하면서 돈을 가질 수 있는 기회가 주어지면 대부분 사람들은 그것을 물리치지 못할 것입니다. 그러나 요셉은 물질에서도 '하나님 앞에서' 깨끗하기를 원했습니다. 어떻게 그는 그럴 수 있었을까요? 그는 '하나님 앞에서' 돈을 생각했고 보았기 때문입니다.

3) 명예욕

그리스도인들이 성적인 문제, 그리고 물질의 문제만큼 시험에 들게 되는 것이 또한 명예의 문제입니다. 인정받고 싶어 하는 욕구는 본능이고, 높은 자리를 원하는 것은 인지상정입니다. 요셉이 애굽의 총리가 된다는 것을 우리는 잘 압니다. 이처럼 명예스럽고 탐나는 자리가 없습니다. 더구나 그는 노예였습니다. 그럼에도 불구하고 '바로와 그의 모든 신하가 이 일을 좋게 여깁니다'(창 41:37). 바로 왕과 그의 모든 신하가 요셉을 애굽 전국을 총리로서 다스리게 한 이유가 무엇입니까? 그 이유는 그가 '하나님의 영에 감동된 사람'(창 41:38)이기 때문입니다. 다시 말하면, 그는 '하나님 앞에서' 살았기 때문이고, '하나님이 함께하시는 사람'이었기 때문입니다.

성의 문제를 하나님 앞에서 해결한 사람, 돈의 유혹을 하나님 앞에서 푼 사람, 명예도 하나님 앞에서 풀었기 때문에 그는 총리가 될 수 있었습니다. 성의 문제나 돈, 그리고 명예도 하나님이 주신 것에 만족하고, 하나님을 기쁘게 하려고 애쓰는 것이 바로 '하나님 앞에서' 경건한 자로 사는 것입니다.

그렇지만 우리는 요셉과는 다르게 '하나님 앞에서' 바르게 살지 못하고, 성의 문제나 물질의 문제나 명예에 넘어지고 맙니다. 그리스도인이 되었으면서도 이런 문제들로 넘어집니다. 그래서 베드로는 우리에게 '회개하라!'고 주님의 뜻을 전합니다.

우리는 대림절을 맞이하면서, 다시 오실 주님을 영과 영혼과 몸의 거룩함을 입고 기다려야 합니다. 거룩한 성화의 삶을 살아야 합니다. 거룩하신 하나님과의 교제가 깊어지려면 우리 또한 계속해서 거룩함을 유지해야 합니다. 우리는 그리스도인이 되었지만, 내 안에 거주하는 죄악 때문에, 요셉과는 다르게 넘어지곤 합니다. 따라서 다시금 회개를 해야 합니다. 특히 내 안에 습관이 되어 굳어진 죄악을 벗어 버리지 않으면 우리는 거룩한 성화의 삶을 살 수 없습니다. 요셉이 이겨낸 세 가지 유혹들, 성적인 습관이나 물질의 욕망, 그리고 자기를 나타내고 인정받고자 하는 명예욕을 이겨내지 않으면 안 됩니다.

회개한다고 해서 기질이나 굳어진 습관, 구습으로 말미암은 성격이 달라질까요? 요셉의 경우를 들어서 다시 묻자면, 요셉에게도 그런 굳어진 습관이나 기질 또는 성격 등이 있었을 것인데, 그럼에도 불구하고 그는 어떻게 이런 문제를 극복할 수 있었을까요? '하나님 앞에서', 다시 말하면 성, 돈, 명예가 나를 위한 것이 아니라, 내가 사용하며 만족해야 할 것이 아니라 하나님을 위해서, 하나님께 감사드리기 위한 것으로, 그것들을 통해 하나님을 기쁘시게 하기 위해서 살아야 한다고 생각했기 때문입니다.

'주님의 날'(벧후 3:10), '하나님의 날이 오기를 기다리면서'(벧후 3:12) 거룩한 생활과 경건한 신앙의 삶을 어떻게 하면 살 수 있을까요? 첫 번째로 할 수 있는 답은 예수님의 말씀에서 찾을 수 있습니다. 그리고 두 번째는 구약의 에스겔을 통해서 대답해 보고자 합니다. 먼저 예수님의 말씀을 살펴보겠습니다.

2. '하나님 나라'를 기다리며

예수님은 '하나님 나라'가 오기 때문에 우리로 하여금 마음을 돌이키고 생각을 바꾸고 삶과 행동을 달리해야 한다고 가르치십니다. 사람이 살아가면서, 잘못된 것을 뉘우치고 마음을 새롭게 다잡으며 바르게 살려고 발버둥치는 것을 '회개'라 한다면, 일반적으로 마음을 고쳐먹게 되는 연유가, 내 마음대로 할 수 없는 엄청난 일이 일어났기 때문일 수 있습니다. 그런데 그런 결과가 오도록 만든 이유가 있을 것입니다. 살다 보면 자신의 과오 때문에, 자신 때문에, 그것이 성격 탓이든 말을 함부로 해서 그렇든, 처음에는 바르게 살려고 발버둥쳐 보았지만, 그만 현실의 벽에 부딪쳐 포기하게 되고 그것이 굳어져 버린 것들 때문에 그런 결과가 오게 되었다면, 그것은 자신의 잘못 때문에 주어진 것이니까 자신이 감당해야 할 짐이고 책임져야 할 죄과일 뿐입니다.

그러나 오늘 우리는 그런 이유로 마음을 돌이키거나 후회한다는 의미의 '회개'에 대해 이야기하려는 것이 아닙니다. 예수님이 말씀하시는 회개는 그런 것이 아닙니다. '하나님 나라'가 임하기 때문에, 하나님 나라에 들어가기 위해서는 회개해야 한다고 가르칩니다.

너무나 큰 새로운 사건, 나의 삶에서 엄청난 중요한 일이거나 중요한 날에는, 예를 들어 어느 회사에 들어가기 위해서는 마음가짐부터 달리합니다. 행동도 달라집니다. 그런데 그토록 들어가기 힘든 회사에 들어가서 시간이 지나면서부터는 본래의 내 기질이나 성격, 인격들이 드러나고 맙니다.

성경이 '자연인', '육체에 속한 사람' 또는 '옛 사람'이나 '부패한 육신' 등의 용어로 표현하고 있는 기질이나 성격 또는 인격 등을 바꾸지 않으면 안 됩니다. 기도한 후에, 그리고 말씀을 읽고 감동한 후에 말씀의 가르침대로 살려고 하지만, 나의 옛것들이 그대로 나타납니다. 나의 성격, 나의 기질, 나의 인격 등에 "내가 아니요 내 속에 거하는 죄"가 있기 때문이라고 바울은 말했습니다. 바울이 말한 '나'에는 성격도 기질도 인격도 다 포함되어 있습니다. 이 '나'가 주인이고, '내'가 원하는 대로 말하고 행동하고 생각하며 삽니다. 그러나 바울은 '내' 속에 내가 아닌 또 다른 '나'가 있다고 말합니다. 다시 말하면, 내 속에 거하는 죄의 통제 아래 있는 내가 있다는 것입니다.

"마음에 숨은 사람"(벧전 3:4), 곧 마음에 감춰져 있는 인격은 타고난 기질만이 아니라, 어려서부터 가정교육 등의 양육으로 형성된 것이기 때문에, 이런 것들이 아무런 변화가 없이 하나님 나라에 들어갈 수는 없습니다. 목사이고, 말씀을 전하고 세례식을 인도하지만, 마음에 감춰져있는 인격이 발동되면 넘어지고 맙니다.

성격도 마찬가지입니다. 그리스도인이 자신의 성격대로 살아서는 안 됩니다. 자신의 성질대로 믿어서는 안 됩니다. 믿지 않는 사람들은 그리스도인 직장 동료를 보면서, 저 사람은 예수를 믿고 교회를 다닌다고 하면서 자신의 성질 그대로 부리며 살며 자신의 기질 그대로이고, 저 사람의 인격 속에 그리스도가 있다는 것이 무엇인지 모르겠다고 비판합니다. 그래서 교회 다니는 그 동료를 신뢰하지 않고 싫어합니다. 사람만이 싫어하는 것이 아닙니다. 주님도 싫어하십니다. '사람은 외모를 보거니와 여호와는 중심을 보시기'(삼상 16:7) 때문에, 주님은 그런 사람을 아주 싫어하십니다. 겉과 속이 다른, 믿는 것 같으나 결국에는 다 자기를 나타내고자 하는 이중성격자를 아주 비판합니다. 나의 성격 그대로 거룩한 하나님 나라에 들어갈 수는 없기 때문입니다.

따라서 하나님 나라에 들어가기 위해서는, 즉 예수의 나라에 들어가기 위해서는 달라져야 합니다. 그 길을 성경은 '회개'라 하였습니다. 따라서 회개란 굳어진 나의 성격이, 그리고 기질이나 인격이 변화될 수 있다는 것을 뜻합니다. 그럼에도 불구하고 우리는 사람의 기질이 바뀌는 일은 있을 수 없다고 말합니다. 그러나 '회개'해야만 합니다. 우리는 그런 회개는 오로지 '우리 주 예수 그리스도를 통해서만, 그리고 성령에 의해서만 가능하다'는 것을 잘 알고 있습니다.

성령님은 우리의 기질이 변한 것처럼 보일 만큼 기질을 조정해 주실 수 있습니다. 그래서 바울은 '오호라 나는 곤고한 사람'이지만 '우리 주 예수 그리스도로 말미암아' 그 일이 일어났기 때문에 하나님께 감사하다고 말하고 있습니다(롬 7:24-25). 그래서 바울은 자신을 '그리스도 안에서 새로운 피조물이라'(고후 5:17)고 자랑합니다. 심지어 "나를 본받으라!"고까지 말합니다. 베드로는 '정욕을 인하여 세상에서 썩어질 것을 피하여 하나님의 성품에 참예하는 자가 되었다'(벧후 1:4)고 말합니다.

우리는 이렇게 질문해 볼 수 있습니다. 내가 회개한 증거로, 기질이나 성격 그리고 인격 중에 어떤 부분이 가장 많이 변했습니까? 내가 회개하였다면, 바울의 말처럼 새로운 사람이 되었는데, 그러면 나의 기질이나 성격 그리고 인격 중에서 무엇이 새로운 사람의 증거인가요?

우리는 앞에서 우리 주 예수 그리스도로 말미암아, 그리고 성령을 통해서만 변화될 수 있다는 것을 알았습니다. 그러면 우리 기질의 약점을 성령이 변화시키실 수 있다면, "왜 나는 아직도 나의 성격이나 기질 그리고 대인관계 등에서 변화되지 못했을까? 나도 요셉처럼 성 문제이든, 돈의 욕망이든, 명예 등을 하나님 앞에서 해결하고자 하는데, 나는 왜 요셉과 같은 사람이 되지 못하고 있는가? 왜 바울처럼 '나를 본받으라!' 할 만한 자신감 있는 삶을 살지 못하는가?" 깊이 생각해 보아야 합니다.

일차적인 이유는 "나를 떠나서는 너희가 아무것도 할 수 없음이라"(요 15:5)는 예수님의 말씀에 따르면, 주님을 떠나서는 할 수 없습니다. 그런데도 불구하고 우리는 주 없이 얼마나 잘살고 있고, 잘 입고 있고, 원하는 곳에 가고 있습니까? 내 성격대로, 내 기질대로, 내 인격대로 살아가는 데 전혀 어려움이 없습니다.

그 나라에 들어가기 위해서는 '홀연히 다 변화되어야'(고전 15:51) 합니다. 영도, 영혼도, 몸도 다 변화되어야 합니다. '혈과 육은 하나님 나라를 이어받을 수 없기'(고전 15:50) 때문입니다. 따라서 혈과 육, 곧 몸이 요구하는 성적인 욕망, 물질적 욕망, 명예욕에 따라 살아서는 하나님 나라를 이어받을 수 없습니다.

3. 심판의 날을 위한 회개의 적용으로서의 에스겔 6:8-10

에스겔이 말하는 '회개'는 하나님과의 관계 회복을 추구하는 방식입니다. 하나님과의 관계 회복은 하나님에 의해서 촉발됩니다. 하나님의 용서와 구원을 경험한 사람이 하나님이 주시는 내적인 변화에 의해서 자신의 죄를 기억하고, 뉘우치며, 부끄럽고 수치스럽게 여기고, 그리고 그러한 마음을 구체적인 행동으로 표출해야 합니다.

하나님 앞에 서 본 자는, 그분의 위엄과 영광 그리고 두려움을 느껴 본 자는 회개할 수밖에 없습니다. 에스겔 6장 8절의 배경처럼, 하나님께 돌아오도록 그토록 외쳐도 무시하니까 하나님께서 이스라엘을 여러 나라로 흩어 버리신 현실 속에서, 포로로 끌려가서도 죽지 않고 살아남은 자들이라면 고통과 포로생활을 겪어 본 사람들만이 가질 수 있는 생각, 곧 하나님과의 관계를 새롭게 묻게 될 것입니다. "무슨 잘못을 저질러서 하나님을 무시하는 나라에 포로로 끌려와 고생을 하고 있는가?" 되물을 것이고, 선지자와 예언자들을 보내 얼마나 돌아오도록 외쳤는데도 불구하고 그것을 무시하며 살아왔던 것에 대한 책임을 물으시는 그 하나님을 다시금 기억하고 생각하게 될 것입니다. 그리함으로 결국에 하나님이 어떤 분이신지를 정확하게 알게 되었습니다.

어떤 하나님인지 알았다면 그런 인식이 하나님께 돌아오도록 만들었을 것이고, 하나님께 돌아가는 회개는 새로운 삶을 살기 위해서 필요한 것들을 모색하게 될 것입니다. 다시 말하면, 현실의 고난을 이겨 내고 다시 회복할 수 있는 길을 찾게 될 것입니다. 그것은 '회개를 명령하신 하나님은 생명을 죽이려는 분이 아니기 때문에, 이제라도 회개하여 용서하시는 하나님을 만나고자' 원하도록 만들게 될 것입니다. 에스겔은 "회개를 통해 회복을 소망하라!"고 외칩니다.

우리는 회개를 원하시는 하나님이 어떤 분인지 알아야 합니다. 신앙과 행위의 책임을 물으시는 하나님은 징벌하시는 하나님이기도 하지만, 회개를 통해 회복시키기를 원하시는 분입니다. 주님과 같은 분이 누구입니까? 우리는 징벌을 통해서라도 회개를 원하시는 하나님의 깊으신 사랑을 느낄 수 있어야 합니다.

　에스겔이 말한 것처럼, 나에게 닥친 현실인 포로생활이 하나님의 책임 추궁 때문에 주어진 결과인데, 이 포로생활을 벗어날 수 있는 길을 하나님은 열어 주고자 하십니다. 그것이 바로 에스겔이 말하는 회개입니다. 따라서 회개는 하나님과 새로운 관계를 맺을 수 있는 가능성입니다. 에스겔은 회개를 하나님과 새롭게 관계를 맺을 수 있는, 즉 하나님의 사랑을 만날 수 있는 길이라고 보았습니다. 따라서 우리에게 닥친 현실과 내가 살아야 할 시간과 공간을 하나님 앞에서 새롭게 세워 보고자 하는 사람은 회개하여야 합니다.

　이때의 회개란, 하나님 앞에서 성 문제나 돈 문제, 그리고 명예 문제를 해결한 요셉처럼 경건하게 사는 것을 뜻합니다. 베드로가 말한 것처럼 주의 나라를, 하나님의 나라를 기다리면서 어떻게 살아야 하는지 묻는 자들이 거룩하고 경건하게 사는 것을 뜻합니다. 오늘 사례를 든 것처럼, 예수 그리스도와 성령으로 말미암아 기질이나 성격, 그리고 인격 등도 온전히 변화되는 삶을 살아가는 것을 뜻합니다.

결론입니다.
　베드로는 심판의 날을 위한 회개를 선포합니다. 우리는 주의 다시 오심을 기다리면서 회개해야 합니다. 베드로는 회개의 내용을 거룩한 생활과 경건이라 하였습니다. 베드로는 거룩한 생활을 영과 영혼과 몸의 온전함이라 했습니다. 요셉의 경우를 들어 경건을 풀자면, 성욕과 물욕과 명예욕을 '하나님 앞에서' 이겨내는 것입니다. 우리 자신의 경우라면, 기질이나 성격과 인격 등에서 거룩한 성화의 삶을 사는 것을 뜻합니다. 영과 영혼과 몸, 성욕과 물질욕과 명예욕, 기질과 성격과 인격 등에서 변화가 일어나는 것이 바로 주의 날을 기다리는 자가 회개해야 할 내용들입니다.

"인자가 올 때에"

마태복음 25:31-46

○●● "인자가 천사와 함께 올 때에"라며 다시 오실 것을 말씀하신 주님은, 재림하시면 양과 염소를 구분하실 것이라는 말씀으로 최후 심판에 대해 가르칩니다. 이 말씀에 따르면, 성도는 최후 심판을 잘 대비해야 합니다. 최후 심판을 저주가 아니라 축복으로 알고 맞이하도록 깨어 준비할 수 있는 길을 알아보고자 합니다. 마태복음 25장 31-46절을 통해 우리는 몇 가지를 점검할 필요가 있습니다.

설교의 목적은, 재림주로 예수 그리스도가 다시 오실 때에 심판하실 주님 앞에 설 수 있도록 최후 심판을 잘 대비하도록 결단하고 촉구하는 것입니다.

1. 누가 심판을 받는가?

"모든 민족"(마 25:32)이라고 했는데, 비그리스도인만 심판을 받을까요, 아니면 그리스도인도 심판을 받을까요? 예수님이 '형제'라 부르신 '지극히 작은 자'에게 행한 태도로 최종 심판이 좌지우지되는 것일까요? 마태복음에 따르면, '주여 주여' 부른다고 해서 천국에 들어가는 것이 아니라 예수님의 가르침과 아버지의 뜻대로 행하는 것이 심판의 기준이 되듯이, 예수님이 자기와 동일시하는 지극히 작은 자인 제자들에 대한 행위가 심판의 기준이 됩니다.

요한복음에 따르면, 악한 일을 행하는 자가 심판을 받습니다.

> "선한 일을 행한 자는 생명의 부활로, 악한 일을 행한 자는 심판의 부활로 나오리라"(요 5:29).

그러나 요한계시록에 따르면, 악인만이 아니라 의인도 심판을 받습니다. 특히 요한계시록 20장 11-15절에 근거할 것 같으면, 의인(성도)들과 악인들이 모두 흰 보좌 앞에 육체로 부활하여 하나님의 심판을 받기 위하여 서 있기 때문입니다.

그렇지만 마태복음 25장 31-46절에 따르면, 누가 심판을 받을 것인지 여부는 "여기 내 형제 중 지극히 작은 자"에게 행한 것과 행하지 않은 것과 아주 연관이 깊습니다. 그러면 이 '지극히 작은 자'가 누구입니까? 예수는 '형제'에 대해 규정해 주시기를, "하나님의 말씀을 듣고 행하는 이 사람들이라"(눅 8:21) 하셨기 때문에, 예수의 제자 공동체를 지칭하고 있음을 알 수 있습니다. 예수님께서 말씀하신 '작은 자'가 바로 제자들입니다.

예수님 때문에 제자를 영접하는 사람을 칭찬하시면서 예수님은 제자를 '작은 자'라고 칭하십니다. "또 누구든지 제자의 이름으로 이 작은 자 중 하나에게 냉수 한 그릇이라도 주는 자는 내가 진실로 너희에게 이르노니 그 사람이 결단코 상을 잃지 아니하리라"(마 10:42) 하십니다. 제자에게 냉수 한 그릇이라도 주는 자는 예수님 때문에 그 일을 합니다. 마태복음 25장의 비유에서도 "주께서 주리신 것이나 목마르신 것이나 나그네 되신 것이나 헐벗으신 것이나 병드신 것이나 옥에 갇히신 것을 보고 공양하지 아니하더이까"(마 25:44)라고 언급한 것을 보면, 예수님이 그러셨다면 우리가 공양했을 것이라고 답하는데, 예수님은

"이 지극히 작은 자 하나에게 하지 아니한 것이 곧 내게 하지 아니한 것이니라"(마 25:45) 말씀해 주십니다.

그렇다면 누가 양이고, 누가 염소일까요? 마태복음은 크게 예수 이야기와 제자들의 이야기, 그리고 종교지도자들의 이야기로 구성되어 있습니다. 예수님이 종교지도자들과의 적대적인 관계 속에서 제자들을 '양'으로 그리고, 그를 대적하는 자들을 '염소'에 두고 있는 것으로 볼 수도 있습니다.

예수님은 자신과 그의 제자들을 '섬기는 자'요 '낮추는 자'라고 정의하시고, 서기관과 바리새인들을 섬김을 받고 자기를 높이는 자라고 규정하십니다.

> "너희 중에 큰 자는 너희를 섬기는 자가 되어야 하리라 누구든지 자기를 높이는 자는 낮아지고 누구든지 자기를 낮추는 자는 높아지리라"(마 23:11-12).

자기를 높이는 자들과 낮아진 예수님과 그의 제자들 사이에 '갈등'이 최후 심판 때에는 양과 염소로 구분되고 분리됩니다. 오른편과 왼편으로 나눠지고, 오른편에 있는 자들과 왼편에 있는 자들로, 그리고 영벌과 영생으로 나눠집니다.

'행위'의 문제도 '나는 행했다'고 자신 스스로 생각함으로써 결정되는 것이 아닙니다. '의인들'은 주를 섬기지 않았다고 대답하지만, 예수님은 그들이 주를 섬겼기 때문에 '복 받을 자들'이라고 하십니다. 반대로 '저주받을 자들'은 자기들은 주를 섬겼다고 대답하지만 주님은 그들이 주를 섬기지 않았다고 부정하십니다. '저주받을 자들'은 행함의 기준을 '자기 생각'에 둡니다. 그래서 그들은 "우리가 어느 때에 주께서 주리신 것이나……것을 보고 공양하지 아니하더이까?"라고 묻습니다. 그들은 주를 대하는 행위와 다른 사람을 대하는 태도를 나눕니다. 그런데 예수님은 "이 지극히 작은 자 하나에게 하지 아니한 것이 곧 내게 하지 아니한 것"이라고 답하십니다.

　예수님의 기준에 의하면 누가 양이고 염소인가의 문제는 자신의 생각이나 믿음 또는 태도 여부에 의해 결정되는 것이 아니고, 심판주이신 주님께 달려 있습니다.

2. 행위 내용

　행위와 무행위가 소개되고 있는데, 행위 여섯 가지(주리심, 목마름, 나그네 되심, 헐벗음, 병듦, 옥에 갇힘)가 사소한 것이라고 생각할 수도 있지만, 주를 위해 하는 행위는 사소한 것이라도 큰 가치를 가집니다. 사소하다고 생각하는 그런 행위가 생활화되고 습관화된 것이 바로 성화의 삶인 것입니다. 행위와 무행위는 '내가 언제'라고 묻는 자들의 인식이나 생각 여부에 의해 타당성과 가치가 결정되는 것이 아니라, 최후 심판의 날에 "우리를 위하여 간구하시는"(롬 8:34) 하나님의 아들 주 예수 그리스도의 중보로 칭의의 완성을 얻습니다(롬 8:32-39).

1) 행위 결과

　행위도 행위심판 때에 찍혀 불에 던져질는지 "열매로 그들을 알리라"(마 7:20) 하셨기 때문에, 결과도 중요하지만 결과만큼이나 동기도 중요합니다. '하나님의 뜻대로 행하는 자'가 누구인지 어떻게 알 수 있는지 설명해 주시는 주님의 비유에 따르면, 두 아들 중에 '예' 해놓고 가서 일하지 않은 첫째 아들과 달리, 싫다고 했지만 돌이켜 가서 일한 둘째가 바로 아버지의 뜻대로 행하는 자라고 지적하셨으니, 결과만이 아니라 동기 또는 순종하고자 하는 마음, 그 마음은 돌이키는 마음 곧 회개하고 아버지의 뜻대로 가서 일한 마음도 중시되는 것입니다.

2) 행위 동기

그렇다면 이처럼 순종하는 마음, 섬기는 마음은 어떤 성향이나 동기 또는 태도에서 나타날까요? 히브리서 기자가 예수 그리스도께서 육체에 있는 동안에 그런 '순종하는 마음'을 '아들이시면서도 받으신 고난으로 순종함을 배웠다'(히 5:8)고 말한 것을 보면, 믿음으로 배워야 할 항목입니다. 그리고 예수는 육체에 계실 때에 "자기를 죽음에서 능히 구원하실 이에게 심한 통곡과 눈물로 간구와 소원을 올렸다"(히 5:7)고 지적하여, 고난을 통해 순종을 배웠기 때문만이 아니라, 죽을 정도로 기도했기 때문에 가능했다고 지적합니다.

결국 행위, 곧 아버지 뜻대로 행하는 섬김이란 배워야 가능하고, 기도의 능력으로 일어나는 것입니다. 이 섬김의 행위는 그 속성상 정의보다 사랑에 가깝습니다. 정의가 아니라는 말이 아니고 사랑의 속성에 더 가깝다는 말로서, 죄에서 자유롭지 못한 자가 결코 행할 수 없는 내용이라는 말입니다. 자기를 부인하고 자기 십자가를 진 자만이 살아가는 모습입니다.

3) 행위 과정

행위를 하더라도, 주님은 '왼손이' 모르게 '은밀하게' 행하도록 더 엄격한 규칙을 제시하십니다. 행하더라도 자신도 알지 못하게 해야 합니다. 예수님은 산상수훈에서 신앙인의 경건생활 중에 구제와 기도도 '은밀히'(마 6:4, 6, 8) 행해져야 '사람에게 보이려고'(마 6:1, 5, 16, 18) 행해져서는 안 된다고 가르치셨습니다. 성도가 행해야 할 항목도 특히 믿음의 마음과 사랑을 담아 은밀히 해야지, 자신을 드러내고 바리새인처럼 외식으로 행해서는 안 됩니다.

행위 또는 무행위 여부는 동기나 과정, 그리고 결과 모두를 잘 따져야 합니다. 더 중요한 사항은 그것이 주를 위한 행위인가의 여부에 달려 있습니다. "날을 중히 여기는 자도 주를 위하여 중히 여기고 먹는 자도 주를 위하여 먹는"(롬 14:6) 여부가 행위의 옳고 그름을 가르는 기준이라는 사항도 고려해야 합니다.

3. 최후 심판 기준 제시

마지막 때에 심판자가 모든 민족을 마치 목자가 양과 염소를 가르듯이 축복을 받을 자들과 저주받을 자들로 가르는데, 그 기준이 설명되고 있습니다. 주린 자들에게 먹을 것을 주고, 목마른 자에게 마실 것을 주고, 나그네 된 자를 영접하고, 헐벗은 자를 입히고, 병든 자를 돌보고, 옥에 갇힌 자를 찾아보는 일을 했는지 아니면 그 사람들을 위해 아무 일도 하지 않았는지 따진다는 것입니다. 이 비유를 주목해 보면 결국 영복과 영벌을 가르는 기준은 '선행'임을 알 수 있습니다.

그런데 우리는 최후 심판의 기준은 '믿음'과 하나님의 은총이라고 알고 있는데, 그에 대한 언급은 전혀 없고 오직 그들이 '했던 일'과 '하지 않았던 일'만이 지적되고 있습니다. 그러나 마태는 믿는 자들인 교회 공동체를 향해 기록하고 있기 때문에 믿음과 하나님의 은총을 제외한 것이 아님에 틀림없습니다.

이 비유에서 영벌에 처하게 될 자들의 죄목을 유심히 살펴보다 보면, 그들이 범하거나 저지른 악행들에 대해서는 아무런 언급이 없고 그들이 행하지 않은 일들에 대해 '아니하였고'라는 말만 다섯 번 반복되고 있습니다. 그리스도의 보혈로 씻음 받은 성도가 마땅히 행해야 할 '하나님의 뜻대로' 행하지 아니한 항목이 나열된 것으로 보입니다. '하나님의 뜻대로 행하는 자'(마 7:21)라야 하나님의 나라에 들어간다고 가르쳤는데도 불구하고 행하지 않은 것이 문제가 되고 있습니다.

반대로 영생에 들어갈 자들은 모두 악행이나 나쁜 짓들을 전혀 범하지 않았기 때문이라기보다는 '네 형제들 중에 이 작은 자'에게 사랑의 행동을 베푼 것 때문에 복 받을 자들로 분류되고 있습니다. 사랑을 베푸는 행위는 믿음에 따른 것이어야 합니다. 그래서 바울은 "사랑으로써 역사하는 믿음"(갈 5:6)을 말하며 참 믿음은 아무 일도 하지 않는 것이 아니라 사랑 안에서 작용한다고 지적했습니다.

우리는 하나님 나라에 들어가기 위해서는 전적으로 하나님의 자비와 은총이 필요하다는 견해와 최종적인 행위 심판이 어떻게 연관되는지 궁금해합니다. 율법을 준수하고 순종함으로 하나님과의 언약 관계를 계속 유지할 수 있는 것을 볼 수 있습니다. 다윗 왕이 아들 솔로몬에게 유언을 남긴 것을 보면, "너는……네 하나님 여호와의 명령을 지켜 그 길로 행하여 그 법률과 계명과 율례와 증거를……지키라 그리하면 네가 무엇을 하든지 어디로 가든지 형통할지라"(왕상 2:2-3)고 조건이 제시되어 있음을 볼 수 있습니다.

언약은 하나님의 자비와 은총에서 비롯된 것입니다. 그런 의미에서 구원은 하나님의 자비로 말미암아 시작됩니다. 언약은 무조건적인 것이 아니라 계명을 지켜 행해야 하는 의무, 곧 조건을 가지고 있습니다. 그러니 '공로' 때문에 구원받은 것이 아니고, 공로와 율법 준수를 같다고 보는 언약 관계를 지속시키는 방법이었습니다.

그렇기 때문에 우리는 일차로 하나님의 언약을 믿어야 합니다. 하나님의 자비와 은총만이 우리를 구원하기 때문입니다. 그런 다음 하나님의 은혜 안에 거하기 위해 언약을 지켜 행해야 합니다. 다시 말하면, 하나님 아버지의 뜻을 행하여야 함에도 행하지 않은 죄 때문에 심판을 받습니다. 결국에 최후 심판 때에는 이 두 가지가 모두 충족되어야 합니다. 그런 의미에서 행함도 두 가지로 나눠져, 행해야 함에도 행하지 않은 죄 문제만이 아니라 행하더라도 자신도 모르게 행해지는 행함이 있어야 합니다.

이 세 가지를 따라 정리하자면, 하나님 나라에 들어가기 위해(getting in) 하나님의 은총과 자비가, 들어가서는 머무르기(staying in) 위해 '아버지의 뜻을 행하고', 그리하여 결국에 최후 심판에 도달하도록(getting there) '사랑으로써 역사하는 믿음'이 있어야 합니다. 이 세 단계를 '믿음'이라는 개념으로 설명해 보겠습니다. 하나님의 자비와 은총을 믿어야 합니다. 이 믿음에서 시작하여야 합니다. 이제 사랑으로써 역사하는 믿음이 행해져야 합니다. 결국에 행함도 '아버지의 뜻대로' 믿음의 마음과 사랑을 담아 은밀히 행해야 합니다.

4. 삶의 적용: 최후 심판을 위한 생명책과 행위책

요한계시록에는 최후 심판을 위한 생명책과 행위의 책이 있다고 소개되고 있습니다. 사데 교회의 이기는 자들에게 주시는 약속에 따르면, '이기는 자의 이름을 생명책에서 결코 지우지 않을'(계 3:5) 것입니다.

그런데 요한계시록에는 '생명책'만이 아니라 '자기 행위를 따라 책들에 기록된 대로 심판을 받는'(계 20:12) 또 다른 책이 있다고 소개합니다. 소위 '행위의 책'은 다니엘 7장 10절에서 발견됩니다. 요한계시록은 네 번(계 2:23, 18:6, 20:12-13, 22:12)에 걸쳐 하나님께서 각 사람이 행한 대로 갚으신다는 행위 심판을 적고 있습니다.

흰 보좌 앞에 펼쳐져 있는 두 종류의 책들이 있는데, 행위를 기록한 책에는 의인의 행위만이 아니라 악인의 행위로 기록되어 있지만, 다른 한 책인 어린 양의 생명책에는 의인의 이름과 행위가 기록되어 있습니다. 의인이라 하면 하나님의 예정(계 13:8)과 예수 그리스도의 구속 사건이 기초가 되어 하나님의 은혜로 의인의 이름이 '창세 이후로 생명책에 기록된 자들'(계 17:8)임을 뜻합니다. 생명책에는 의인의 이름만이 아니라 그들의 행위도 기록되어 있다고 봐야 하는 근거는 요한계시록 20장

12절 "자기 행위를 따라 책들에 기록된 대로"라고 했기 때문입니다. 결국 생명책은, 의인들의 이름이 생명책에 기록되어 있는 이유를 이들의 행위를 토대로 설명해 주는 책임을 뜻합니다.

잘 생각해야 할 사항이 하나 있는데, 생명책에는 새로 이름이 들어갈 수 없지만 삭제될 수는 있다는 것입니다. 요한계시록의 문맥에 따르면, 짐승을 따르는 니골라당, 이세벨, 그리고 그를 추종하는 무리가 바로 그들입니다. 요한계시록 20장 15절의 "누구든지 생명책에 기록되지 못한 자"란 창세 이후로 그 이름이 생명책에 기록된 자이지만 최종 생명책에 기록되지 못했다는 의미로 해석할 수 있습니다. 그러나 중간에 행해지는 성도들의 행위에 의해 현재적 칭의가 취소되거나 미래적 칭의가 달라지지 않는다고 주장하는 사람들도 있습니다. 최후 행위심판은 우리가 이미 받은 현재적 칭의를 재차 확증하는 심판이라 할 수 있습니다.

그러면 의인이지만 무슨 이유로 생명책에 자신의 이름이 없는 것일까요? 요한계시록 20장 13절이나 22장 12절의 "각 사람에게 그가 행한 대로 갚아 주리라"는 말씀은, 다윗의 시인 시편 62편 12절 '주께서 각 사람이 행한 대로 갚는다'는 말씀의 인용이고, "인자가 아버지의 영광으로 그 천사들과 함께 오리니 그때에 각 사람이 행한 대로 갚으리라"(마 16:27)는 예수님의 말씀을 반복하고 있습니다.

시편의 악인들이 불의를 의지하고(62:10) 살인하고(3절) 또 거짓을 좋아하는 것처럼(4절), 요한계시록 22장 11-15절의 악인들도 불의를 행하고(11절), 살인을 저지르고(15절), 거짓을 행합니다(15절). 요한계시록이 22장 11절과 15절에서 말하는 심판의 기준이 구원의 하나님을 의지하기보다는 인간의 권력과 재물을 의지하는 행위 때문임을 알 수 있습니다. 즉 시편 62편 10절에 의하면 '주께서 각 사람이 행한 대로 갚으신다'고 할 때의 행위는 두 가지로 요약됩니다. "포악을 의지하지 말며 탈취한 것으로 허망하여지지 말며"와 "재물이 늘어도 거기에 마음을 두지 말지어다", 곧 권력을 의지하지 말고 재물에 마음을 빼앗기지 말라는 내용입니다. 행위대로 심판 받는다는 말은 바로 이 인간의 권력과 돈을 의지한 행위를 따라 심판 받는다는 말입니다.

시편 62편은 다윗의 시입니다. 다윗은 권력을 탈취하거나 재물에 마음을 빼앗기지 말고 보상하시는 하나님을 의지하라고 권고합니다. 다윗은 행한 대로 심판하시는 하나님 앞에서 내가 두려워하지 않고 하나님을 의지할 수 있는 이유나 근거가 무엇인지 말하고 있습니다. 다시 말하면, 행위대로 심판하시는 하나님을 두려워하지 않을 수 없는 무서운 죄를 지은 다윗이 심판주 앞에서도 심판주를 구원주로 볼 수 있었던 것은 그가 권력과 재물로 하나님을 대항하거나 속이지 않았기 때문입니다. 그런데 사람들은 하나님의 구원을 소원하면서도 권력과 재물에 마음을 빼앗기고 맙니다. 그러면 다윗은 실제로 권력과 재물로 하나님 앞에서 죄를 짓지 않았습니까? 이 문제는 사울 왕과의 비교를 통해 잘 설명됩니다.

사울 왕과 다윗 왕은 여러 가지로 비교되지만 권력과 재물을 대하는 태도가 다릅니다. 권력이 하나님으로부터 말미암는다는 것을 둘 다 잘 알고 인정합니다. 그러나 권력과 재물을 대하는 태도 때문에 사울은 주의 마음에 드는 자였음에도 불구하고 악한 영이 들고, 여호와는 '사울을 왕으로 세운 것을 후회'(삼상 15:11)하여 사울을 버리십니다. 여호와를 '따르지 아니하며 명령을 행하지 아니하였기'(삼상 15:11) 때문입니다. 권력, 곧 왕으로 세우신 이는 여호와이십니다. 그러나 그가 여호와의 명령을 행하지 아니하였기 때문에 그는 버림을 받습니다. 진정한 권력은 행사하는 데서 나타납니다. 하나님의 권력이기 때문에 하나님의 일을 하고 그 일에 순종하는 데 사용되어야 합니다. 그런데 그 권력을 하나님을 대적하는 일에 사용합니다. 사무엘의 명령을 어기고 자신이 제사를 드리고 맙니다. 사울 자신의 편을 들지 않고 다윗을 편들었다고 놉의 제사장 '85명을 죽입니다'(삼상 22:18).

다윗은 시편 52편에서 도엑에 관해 이렇게 말합니다. "너의 혀가 재난을 꾸미니, 면도칼처럼 날카롭고 기만적으로 행하는구나. 네가 선한 것보다 악한 것을, 의를 말함보다 거짓을 더 사랑하는구나. 너 기만적인 혀야, 네가 모든 삼키는 말을 사랑하는구나." 그리고 85명의 제사장을 죽인 도엑에게 "하나님이 영영히 너를 멸하심이여 너를 취하여 네 장막에서 뽑아내며 생존하는 땅에서 네 뿌리를 빼시리로다"(시 52:5)라고 하나님의 심판이 있을 것을 말합니다.

그러나 다윗은 우리아의 아내를 범하는 무서운 죄뿐만이 아니라 말년에는 사탄이 들어 하나님의 허락하지 않으신 인구수를 조사합니다. 그 일로 여호와께서 전염병을 이스라엘에게 내리시니 단에서부터 브엘세바까지 백성의 죽은 자가 칠만 명이나 됩니다(삼하 24:15). 그러나 다윗은 자기를 죽이려는 사울 왕을 세 번이나 죽일 수 있는 권력과 기회를 가졌지만, 하나님의 기름 부으신 종을 죽이지 못합니다. 사울의 왕관을 가져온 청년을 다윗은 "네가 어찌하여 손을 들어 여호와의 기름 부음 받은 자 죽이기를 두려워하지 아니하였느냐?"(삼하 1:14)며 죽이라 명합니다. 그리고 주의 종인 제사장이 와서 말하면, 그 자리에서 죄를 고백하고 용서를 구합니다. 하나님의 종은 절대 건드리지 않습니다.

사울은 또한 부의 문제, 재물로도 죄를 범합니다. 아말렉과의 전쟁에서 진멸하라는 명령을 받았음에도 '여호와의 목소리를 청종하지 아니하고 탈취하기에만 급하여 여호와께서 악하게 여기시는 일을 행합니다'(삼상 15:19).

다윗은 그가 가진 부로 여호와의 성전을 짓고자 합니다. 다윗이 금 3천 달란트를 성전 건축을 위해서 헌물합니다.

"성전을 위하여 준비한 이 모든 것 외에도 내 마음이 내 하나님의 성전을 사모하므로 내가 사유한 금, 은으로 내 하나님의 성전을 위하여 드렸노니 곧 오빌의 금 삼천 달란트와 순은 칠천 달란트라 모든 성전 벽에 입히며 금, 은 그릇을 만들며 장인의 손으로 하는 모든 일에 쓰게 하였노니"(대상 29:3-5).

그런 다음 다윗은 관료들에게 "오늘 누가 즐거이 손에 채워 여호와께 드리겠느냐?"고 물으매, 그들이 자기들 재산에서 즐거운 마음으로 헌물을 합니다.

"이에 모든 가문의 지도자들과 이스라엘 모든 지파의 지도자들과 천부장과 백부장과 왕의 사무관이 다 즐거이 드리되……백성들은 자원하여 드렸으므로 기뻐하였으니 곧 그들이 성심으로 여호와께 자원하여 드렸으므로 다윗 왕도 심히 기뻐하니라"(대상 29:5-9).

다윗을 기억하는 사람들이, 곧 다윗의 기쁨을 기억하는 사람들이 있습니다. 즐거이 여호와께 드리는 자들, 백성이 자원하여 드림으로 기뻐하고, 다윗 왕도 심히 기뻐합니다. 사울 왕도 처음에는 하나님의 마음에 합한 자였는데, 그를 버리십니다. 하나님의 마음에 드는 자 여부가 중요한 것이 아니라, 아버지의 뜻을 이루게 하는 자여야 합니다. 처음의 사울과 왕이 된 이후의 사울이 달라지고 말았습니다. 시편 62편이 말하듯이, 권력과 부 때문에 하나님의 뜻을 거역하고 순종하지 않습니다.

힘과 능력이신 하나님만을 의지하는 신실한 사람들은 자신을 멸망시키는 죄악된 행위에서 구원받기 위해 하나님을 의지하며 기다려야 합니다. 하나님은 반드시 행위대로 심판하실 것이기 때문에 권력을 탐하거나 부를 신뢰해서는 안 됩니다. 주신 권력과 부를 주를 위해 사용해야 하는데, 사용하지 않는 것이 바로 하나님 앞에서는 죄입니다.

다윗은 하나님을 구원자이시지만 심판주라 고백합니다. 하나님은 구원자이시기 때문에 신실한 종들을 구원하실 것입니다. 그러면서도 그분은 심판주이시기 때문에 사람이 행한 대로 심판하실 것입니다. 선한 행실로 자신의 믿음을 드러낸 자들은 하나님 나라에 들어갈 것이지만, 예수 그리스도를 거부하고 예수님의 형제이고 작은 자인 제자들에게 아무런 친절과 돌봄도 베풀지 않은 자들은 영벌에 처해질 것입니다.

결론입니다.

예수님은 심판주로 다시 오십니다. 예수님이 다시 오시면 최종 심판이 있게 될 것입니다. 지극히 작은 자인 제자들에 대한 태도에 의해 진행되는 심판이 오늘의 중심 주제입니다. 그리스도의 제자로서 복음을 위하여 헌신하는 자들을 바르게 대해야 합니다. 우리는 세 단계로 나누어 설명했습니다.

성도의 행위는 최종 구원에 영향을 주지 않습니다. 구원의 첫 단계에서 주어진 칭의와 최후 심판대 앞에서 주어지는 칭의는 동일한 것입니다(롬 8:35-39). 따라서 중간에 행해지는 성도들의 행위에 의해 현재의 칭의가 취소되거나 미래가 달라지는 것은 아닙니다.

최후의 행위심판은 성도들의 완벽한 행위가 아니라, 하나님의 통치를 받으며 살아왔음을 증명하는 열매로서의 행위입니다. 이 행위는 성도가 믿음을 통해 그리스도 안에 들어와 있는지, 아니면 아직 그리스도 밖에 있는지를 가늠하는 시금석입니다(고후 13:5).

'성도의 악행이 구원을 취소할 수 있는가?' 성도의 구원은 취소되지 않습니다. 그러나 구원이 취소될 것이라 생각하는 죄를 짓는다면 그 사람은 아직 그리스도 안으로 들어온 사람이 아닐 뿐입니다. 성령을 따라 살지 못하고 육신의 일을 하는 사람은 그리스도의 사람이 아니라는 말입니다. 그러나 자기는 교회에 다니고 성령을 체험하였기 때문에 그리스도의 사람이라고 결론을 냅니다. 그러나 주님은 그 사람을 '불법을 행하는 자들아 나는 너를 모르니 물러가라'고 말씀하십니다.

우리는 의인들의 선한 행위는 구원의 근거가 아니라 은총의 열매라는 것을 다시 한 번 깨달아야 합니다. 성도가 사울 왕이 저지른 것과 같이 권력과 부로 하나님을 대적한 것은 분명히 하나님을 후회하게 만들고 결국 왕위를 잃게 합니다.

재림을 위한 기도: "정신을 차리고 마음을 가다듬고 기도하라"

시편 62:12; 요한복음 17:17-24; 베드로전서 4:7-11

○●● "각 사람이 행한 대로 갚으소서"라는 심판 원리에 따라 행위를 했느냐 하지 않았느냐 판가름한다고 말씀드렸고, 한 공동체 안에 있지만 열 처녀 모두가 혼인 잔치에 참여한 것이 아니라, 지혜로운 다섯 처녀만 참여한다는 비유를 듣고 많이 놀랐습니다.

지혜로운 사람이란 예수께서 마태복음 7장에서 "나의 이 말을 듣고 행하는 자"(마 7:24)를 지칭한다고 가르치셨습니다. 예수님의 말씀을 듣고도 행하지 않는 자는 어리석은 자입니다. 마태복음 25장의 열 처녀 비유는 어리석은 처녀의 특징을 '등은 가지되 기름을 가지지 아니한'(마 25:3) 자로 묘사하지만, 지혜로운 자는 '기름을 담아 등과 함께 가져간 자'(마 25:4)로 기술했습니다. 등만 가지고 갔느냐, 아니면 등과 함께 기름도 가지고 갔느냐의 여부로 지혜로운 자 아니면 어리석은 자로 판결납니다.

그런데 예수님은 산상수훈에서 '너희는 세상의 빛이고 사람이 등불을 켜서 등경 위에 둔다'(마 5:14-15)고 가르치셨기 때문에 등불을 켜서 세상을 비추어야 합니다. 그런데 제자가 등만 준비하고 등불을 켜서 세상을 비추지 못하면 예수님의 말을 행한 자가 아닌 것이 되고 맙니다. '등'은 '믿음'을 뜻하고, '기름'은 '행위'를 뜻한다고 말씀드렸습니다. 예수의 말을 듣고도 행하지 않은 어리석은 처녀란 '믿음'만 가지고 있고, 믿음에 따른 행위가 없었다는 것을 뜻합니다.

설교의 목적은, 정신을 차리고 마음을 가다듬고 재림을 위한 기도를 하자고 제안하는 데 있습니다.

1. 다윗의 기도: "각 사람이 행한 대로 갚으소서!"(시 62:12)

다윗은 시편에서 여러 차례 '심판'에 대한 기도합니다. 시편 9편에는 심판이라는 단어가 5회나 등장합니다. 공의로 심판하여 달라고 기도합니다. 그는 특히 시편 62편 12절에서 '주께서 각 사람이 행한 대로 갚으시리라!'고 간구합니다. 그러면 하나님은 다윗의 기도대로 행한 대로 심판하십니까?

우리는 신앙생활하면서 이런저런 내용을 담아 기도하지만, 그런 기도 중 전혀 응답될 수 없는 내용이 있다는 것을 압니다. 자기 욕심을 채우기 위해 기도해도 응답받지 못한다고 했고, 기도가 죄가 되기 때문에 그런 기도는 해서는 안 된다고 가르치기도 합니다.

심판과 관련하여 우리가 무슨 기도를 해야 합니까? 죄를 지었지만 행위대로 갚으시는 주께서 용서해 주시기를 바라는 기도를 해야 합니까? 자기는 하나님의 뜻대로 행했기 때문에 하나님 나라에 들어갈 것이라고 믿고 하는 기도는 유효한 기도입니까? 다윗은 "각 사람의 행위대로 갚으소서!"라고 기도합니다. 저는 다윗이 옳다고 봅니다.

구약의 다윗의 기도는 하나님의 백성인 이스라엘의 생각, 곧 자기들은 하나님의 백성이기 때문에 천국에 들어갈 것이라는 당연한 생각이 잘못되었다고 가르칩니다. 오늘날 우리의 방식으로 말하자면, 교회 다니면 누구나 천국에 들어간다고 생각하는 것은 잘못된 생각이라는 것입니다.

예수님도 같은 가르침을 주십니다. 제자들이라고 해서 천국에 들어가는 것이 보장된 게 아니라는 것입니다. 더구나 그들은 주의 이름으로 선지자 노릇 하고, 귀신을 축출하며, 기적을 행했습니다. 무엇이 잘못되었다는 것입니까? 그런 일을 하면서도 하나님의 뜻대로 행하지 않았다는 것입니다. 하나님의 뜻대로 행하지 않은 것은 불법입니다. 우리의 삶과 행위가 없어서가 아니라, 그것은 불법 여부가 문제라고 말씀드렸습니다.

외적으로 보았을 때, 우리는 훌륭한 종교생활을 하고 있을 수 있습니다. 그러나 '양의 옷을 입고 오지만 속에는 노략질하는 이리라' 비유하는 사람들과 같이 불법을 저지르고 있으면, "이 불법을 저지르는 자들아 내게서 떠나가라!"고 주님은 명하십니다.

다윗은 '각 사람이 행한 대로 갚아 달라'고 기도합니다. 기도는 정직해야 합니다. 하나님을 대적해 놓고, 말씀을 따르지 않았으면서도 용서해 달라고 기도해서는 안 됩니다. 다윗처럼 우리 또한 심판을 위한 기도를 해야 합니다.

2. 예수의 기도: "나 있는 곳에 나와 함께 있게 하소서"(요 17:24)

요한복음 17장의 예수님의 기도는 예수님 자신을 위한 기도(1-5절)와 제자들을 위한 기도(6-19절), 그리고 오늘 우리가 읽은 20-23절에서 '나를 믿는 사람들', 곧 제자들을 통해 복음을 듣고 믿게 된 자, 곧 오늘날 우리를 위한 기도를 담고 있습니다. 예수님은 아버지께서 주신 자들이 '나 있는 곳에 나와 함께' 있기를'(24절) 간구하고 있습니다.

그렇게 되려면 예수와 우리가 하나가 되어야 합니다. 어떻게 우리가 예수와 하나가 됩니까? 23절은 교회 공동체 안에서 두 가지 항목으로 그 길을 제시합니다. 교회 공동체 안에서의 일치란, 하나님 아버지와 아들 예수와의 일치(요 17:21-23)에 근거하여 먼저 예수와 신자들 사이에서 '온전히' 하나가 되어야 하고(요 17:23 상), 그리하여 제자들 사이에서도 '사랑'으로 하나가 되어야 합니다(요 17:23 하).

1) 예수 그리스도와의 연합의 길 또는 가능성

어떻게 예수와 우리는 '온전히' 하나가 될 수 있을까요? '온전'이라는 원어인 '텔로스(telos)'는 원래 '끝, 종말, 마지막 목적'에서 왔습니다. 예수의 부름으로 제자가 되어 예수를 그리스도라 고백하고, 제자들의 권리와 의무를 다해 하나님의 뜻을 온전히 이루어 세상 종말인 심판 때에 완성되는 것을 포함합니다. 끝까지 참고 견디는 자가 결국 승리하게 된다고 가르치셨습니다. 우리가 예수만 믿으면 완전하게 됩니까? 아닙니다. '온전'이란 종말까지 포함해야 하는데, 히브리서 기자는 예수님도 '배워서 온전하게 되었다'고 말합니다.

그러면 예수는 어떻게 또는 무엇을 통해 배워서 온전하게 되었습니까? 따라서 우리도 예수님이 배워서 온전하게 된 것처럼 온전해질 수 있다고 말합니까? 히브리서 기자에 따르면, 예수는 하나님의 아들이지만 '고난으로 순종함을 배워서 온전하게 되셨습니다'(히 5:8-9). 히브리서 기자는 오늘 우리가 인용한 요한복음 17장의 기도를 '그는 육체에 계실 때에 자기를 죽음에서 능히 구원하실 이에게 심한 통곡과 눈물로 간구와 소원을 올렸다'(히 5:7)고 말하면서, 그의 기도가 응답받은 이유는 '그의 경건하심으로 말미암아' 들으심을 얻었기 때문이라고 합니다. 다시 말하면, '하나님께 맡기고 순종하였기' 때문에 기도가 응답받았다는 것입니다.

그러면 그는 하나님의 아들이었기 때문에 모든 것을 하나님께 맡기고 순종할 수 있었을까요? 아닙니다. 순종하고 싶지만 순종을 가장 방해하는 것은 바로 '나의 원대로', 즉 '자기 뜻'이 있기 때문입니다. 예수님도 '자기'가 원하는 것이 있습니다.

"내 아버지여 만일 할 만하시거든 이 잔을 내게서 지나가게 하옵소서"(마 26:39).

그는 하나님의 아들이지만 '순종을 배웠다'고 말합니다. 순종은 고난을 통해서 배워야 가능합니다.

광야 학교를 통과해야 한다고 여러 차례 설교했습니다. 고난의 학교인 광야 학교를 졸업해야 '약속의 땅에 들어간다'고 말씀드렸습니다. 그러니까 예수님은 눈물로 기도만 한 것이 아니라, 죽음이라는 십자가의 고난을 당하심으로 순종을 배워서, 즉 자기의 뜻이 있지만 하나님께 맡기고 순종하셨기 때문에 기도가 응답 받았다는 것입니다.

이것을 통해 우리 또한 예수님처럼 재림을 위한 기도를 해야 합니다. 일단 참으로 눈물로 기도해야 하고, 크게 부르짖으며 간구해야 합니다. 예수님은 "세상으로 아버지께서 나를 보내신 것을 믿게 하옵소서"라고 믿음을 위해 기도하셨습니다. 믿음 안에서 예수와의 연합이 가능합니다. 예수님과 온전히 하나가 되는 길은 믿음 안에서 가능합니다. 온전히 하나가 되어야 하는 이유는 그래야 우리가 "나[예수]의 영광"(요 17:24)을 볼 수 있기 때문입니다. 예수의 영광은 바로 아버지가 주신 영광이고, 그리하여 우리도 아버지의 영광을 볼 수 있게 될 것이기 때문입니다.

결국 우리가 예수님의 기도처럼 우리가 예수님을 닮아 온전함을 이루지 못하면, 우리는 예수님과 온전히 하나가 될 수 없습니다. 예수님과 온전히 하나가 되지 못하면 "아버지, 내가 있는 곳에 아버지께서 내게 주신 사람들도 나와 함께 있게 되기를 원합니다"라고 예수님이 기도해도 응답되지 않습니다. 예수님의 기도가 응답되려면, 우리가 예수님과 온전히 하나가 되어야 합니다. 그리스도와의 연합은 믿음의 순종을 통해 가능합니다.

2) 서로 사랑을 통한 연합

제자들 사이에서는 서로 '사랑'(요 17:23)을 통해 하나가 될 수 있습니다. 예수님이 하나님 아버지께 제자들이 서로 사랑함으로 연합하고 하나가 되게 해달라고 기도하신 것은, 그것이 제자들의 사랑의 노력으로 되는 것이 아니라 하나님의 능력 안에서 이루어지는 것임을 말해 줍니다. 하나님의 능력으로 이루어진다는 말은 하나님이 예수만을 사랑하신 것이 아니라 우리도 사랑하셨기 때문에, 우리는 하나님이 우리를 사랑하신 것을 제자들 사이에서, 즉 교회 공동체 안에서 서로 사랑으로 섬김으로 하나가 된다는 말이기 때문입니다. 우리가 하나님의 사랑으로 형제를 사랑해야 하나가 된다는 가르침입니다.

하나님이 예수님을 사랑하셨고, 예수님이 제자들을 사랑하셨듯이, 제자들 서로가 사랑해야 한다는 것입니다. 이 사랑은 의무와 명령을 담고 있습니다. 하나님의 사랑을 받은 예수님이 우리를 사랑하신 것을 나누라는 말입니다. 사랑받은 자가 사랑합니다. 우리가 하나님의 사랑을 나눌 수 있는 자입니다. 얼마나 영예로운 일입니까?

3. 재림을 위한 기도: "정신을 차리고 마음을 가다듬고 기도하라"(벧전 4:7)

오늘은 만물의 마지막이 가까이 왔으니 '마음을 가다듬고 정신을 차려 기도하라'고 가르치는 베드로의 말을 따라 '재림을 위한 기도'의 중요성을 살펴보겠습니다.

재림을 위한 기도가 중요합니다. 하나님의 주권적인 간섭을 위해 우리는 날마다 "나라가 임하옵시며"(마 6:10)라고 기도하고 있습니다. 기도만 하고 있어서는 안 됩니다. 기도는 곧 삶의 응답이 있어야 합니다. 베드로는 우리에게 '사랑하며 대접하고 우리의 영적인 은사를 실행하라'고 권면합니다. 왜냐하면 우리가 이런 일[사랑하며 대접하고 우리의 영적인 은사를 실행]을 해야 하는데, 하지 않은 것 때문에 심판받을 것이기 때문입니다.

왜 사랑해야만 합니까? 예수님이 대제사장의 기도를 하시면서 사랑하라고 명하셨기 때문입니다. 더 나아가 '사랑은 허다한 죄를 덮어 주기 때문입니다'(벧전 4:8). "그런즉 믿음, 소망, 사랑, 이 세 가지는 항상 있을 것인데 그중의 제일은 사랑이라"(고전 13:13)고 바울도 가르쳤습니다.

왜 대접해야만 합니까? '대접받고자 원하는 대로 대접하라'는 가르침이야말로 구약을 한마디로 정의하는 황금률이라고 예수님이 가르치셨기 때문입니다. 제자들 사이에는 이 황금률이 있어야 합니다. 서로 크고자 싸우는 제자들에게는 이 원리보다 중요한 것이 없기 때문입니다.

성령의 은사를 받은 대로 '서로 봉사하며' 섬기는 사람이 심판대 앞에서도 승리할 수 있기 때문입니다. 베드로는 성령의 은사를 통해서 종말의 삶을 능력 있게 살 수 있다고 가르칩니다. 맞는 말씀입니다. 종말의 삶을 사는 성도는 성령의 은사로 살아야 합니다. 특별히 성령님은 '우리가 하나님의 자녀인 것을 증언해' 주실 뿐만 아니라 '우리의 연약함을 도우시고' '말할 수 없는 탄식으로 우리를 위하여 간구하실' 뿐만 아니라 우리의 뜻대로가 아니라 '하나님의 뜻대로 성도를 위하여 간구하시기'(롬 8:27) 때문입니다.

그리스도인의 유일한 목적은 하나님의 영광을 위해 사는 것이고, 그것은 오직 예수 그리스도를 통해서만 가능하기 때문에 우리는 하나님께 영광을 돌려 드리는 기도를 하고, 하나님께 영광을 돌려 드리는 삶을 살아야 합니다.

4. 삶의 적용: 재림을 위한 기도

우리는 다시 오실 주님을 기다리면서 재림을 위한 기도를 해야 합니다. 이 기도는 참으로 아버지의 마음에 드는 기도여야 합니다. 하나님의 뜻에 맞는 기도여야 합니다. 예수님은 그 기도를 매일 하도록 주기도문 속에서 가르치셨습니다. "나라가 임하옵시며"라고 말입니다. 하나님의 나라 중에서도 우리는 최후 행위심판과 관련한 기도를 해야 합니다. 우리는 기도만 하고 기도의 삶이 없으면 그것이 아무 소용 없다는 것을 잘 압니다.

'각 사람의 행위대로 갚으시는' 심판주 앞에 설 자로 기도한다는 말은 다윗이 그리하였듯이, 기도만 하고 있는 것이 아니라 주께서 주신 권력과 물질로 하나님을 대적해서는 안 됩니다. 사울 왕이 바로 그 중인입니다. 하나님의 마음에 들었던 자였고, 성령을 받아 예언까지 한 기름 부음 받은 자였지만, 하나님께서 그를 왕으로 세운 것을 후회하사 그를 버리십니다. 이것을 본 다윗은 우리아의 아내 밧세바를 범하기 위해 우리아를 죽이게 하는 죄를 범했음에도 '각 사람의 행위대로 갚으시는' 심판주를 구원주로 바라며 소망을 가진 이유는, 그가 완전한 자였기 때문이 아니라, 권력과 물질로 하나님을 대적하지 않았기 때문입니다. 즉 하나님이 주신 은사로 하나님을 대적하는 일에 사용하지 않았기 때문에, 행위대로 심판해 달라고 기도합니다.

예수님의 가르침도 같은 내용을 담고 있습니다. 제자라고 해서 천국에 들어가는 것이 아닙니다. '주여 주여' 신앙고백 하며 선지자 노릇 하며 귀신을 쫓아내며 기적을 행한다고 할지라도 '불법'을 행하는 자들이 되면 안 됩니다. 제자들에게 불법이란 아버지의 뜻이 무엇인지 알면서도 아버지의 뜻대로 행하지 않은 것입니다. 제자들이 완전해서 하나님 나라에 들어가는 것이 아니라, 아버지의 뜻을 행했기 때문에 들어갈 수 있습니다.

그들은 "언제 우리가 불법을 행했습니까?"라고 물을 것입니다. 마태복음 25장의 왼편에 있는 저주를 받은 자들이 "주여 우리가 어느 때에 주께서 주리신 것이나 목마르신 것이나 나그네 되신 것이나 헐벗으신 것이나 병드신 것이나 옥에 갇히신 것을 보고 공양하지 아니하더이까?"(마 25:44)라고 묻는 것과 똑같습니다.

우리 교회는 예수님의 기도처럼, 예수님과의 온전한 일치와 연합을 이루었습니까? 예수님과의 온전한 연합이란 예수님의 말씀을 듣고 행하는 것입니다. 말씀에 순종하려면 예수님처럼 고난을 통해 순종함을 배워야 가능합니다.

우리 교회는 예수님의 기도처럼 성도들 사이에서 '사랑'의 연합을 행하고 있습니까? 예수님은 교회 공동체가 서로 사랑으로 연합하고 하나가 되라고 기도하셨으니 우리는 예수님의 기도대로 서로 사랑으로 하나가 되어야 합니다. 그리고 우리는 다시 오실 주님을 맞으면서 때가 가까이 왔으니 정신을 차리고 마음을 가다듬고 성도들 서로가 사랑으로 하나가 되도록 기도해야 합니다. 기도를 들으시는 하나님의 능력이 분명히 우리를 하나 되게 하실 것입니다. 성도는 주님의 기도를 따라 그리스도와의 연합을 이루도록, 그리고 성도가 서로 하나가 되도록 기도해야 합니다.

하나님의 영광(doxa=gloria)이라는 말은 사람을 하나님의 형상으로 창조하셨다는 것이고, 그런 의미에서 제자는 하나님의 영광을 드러내야 합니다. 그래서 예수님은 제자들에게 너희들의 착한 행실로 하나님께 영광을 돌리라고 명하십니다.

> "이같이 너희 빛이 사람 앞에 비치게 하여 그들로 너희 착한 행실을 보고 하늘에 계신 너희 아버지께 영광을 돌리게 하라"(마 5:16).

그런데 '영광'이라는 단어 '카보드'(kabord)가 구약에서 사용된 것을 보면, 모세가 여호와께 "주의 영광을 내게 보이소서"(출 33:18)라고 원하지만, 주를 본 자는 살 자가 없기 때문에 얼굴을 볼 수는 없고 등을 볼 것이라 하십니다. 그러나 눈에 보이는 영광(출 16:10; 레 9:6, 23; 겔 1:27-

28)도 나타나며 율법을 줄 때나 성막 또는 성전 등에 '빛나는 광채'(출 34:29-35)로 나타나기도 합니다.

그러나 신약성경에서 제자들은 변화산상에서 기도하시는 '예수님의 영광'(눅 9:32)을 봅니다. 예수님은 십자가에서 영광을 인정받기 때문에, "인자가 영광을 받았고 하나님도 인자로 말미암아 영광을 받으셨도다"(요 13:31)라고 말씀하십니다. 예수님은 대제사장의 기도를 하시면서, "아버지께서 내게 하라고 주신 일을 내가 이루어 아버지를 이 세상에서 영화롭게 하였사오니"(요 17:4)라고 하셨으므로 우리 또한 주의 "말을 듣고 행하는"(마 7:24) 지혜로운 사람이 되어 아버지를 영화롭게 해야 합니다.

구체적으로 어떤 행동을 하는 것이 아버지를 영화롭게 하는 행동일까요? 너무 어렵게 생각하지 말고, 아주 일상적인 예를 하나 들겠습니다. 혼인 잔치에 손님으로 청함을 받았을 때에 높은 자리에 앉지 말고 끝자리에 앉을 때에 '앉은 모든 사람 앞에서 영광이 있게 될 것'(눅 14:10)이라는 것입니다. 하나님 나라에는 자기를 낮추는 자가 들어가기 때문이고, 그런 섬기는 행동이 하나님의 영광을 드러내기 때문입니다.

결론입니다.

우리는 다윗처럼 심판을 위한 기도를 해야 합니다. 다윗은 정직으로 심판하시기를 간구합니다. 우리는 어떤 죄를 지었더라도 용서하시고 양의 편으로 가게 해달라고 기도할 수 있습니다. 그러나 다윗처럼 정직하게 "내 행위대로 심판하시옵소서!"라고 간구해야 합니다.

예수님도 우리를 위한 재림의 기도를 하십니다. 예수님의 기도가 궁극에 응답되려면, 기도한 대로 되어야 합니다. 예수님은 우리와 온전히 하나가 되기를 간구하셨습니다. '온전히' 하나가 되려면, 예수님이 고난으로 순종을 배우셨기 때문에 가능했듯이, 우리 또한 고난의 광야 학교에서 순종을 배워야만 온전히 하나가 될 수 있습니다. 그리고 교회 공동체 안에 서로 사랑하여 하나가 되기를 청하셨습니다. 제자들 사이에서, 곧 교회 공동체 안에서 사랑으로 하나가 될 때에 하나님의 영광을 볼 수 있습니다.

이러한 예수님의 가르침을 받은 베드로는 실제로 재림을 위한 기도를 합니다. 때가 가까이 이르렀으니 정신을 차리고 마음을 가다듬고 기도하라고 합니다. 기도만 하고 끝나는 것이 아니라, 예수님께서 교회 공동체 안에서 서로 사랑으로 하나가 되라고 기도하셨듯이 형제를 용서하고 사랑해야 하나가 된다고 가르칩니다. 구약을 요약하는 황금률대로 '대접받고자 하는 대로 대접하라'고 명하며, 성령의 은사를 받은 대로 실행하는 것이 바로 재림을 위한 기도라고 말합니다.

사순절 40일 특별새벽기도회
가르치고 전파하며 고치는 그리스도 예수

1판 1쇄 인쇄 _ 2017년 10월 25일
1판 1쇄 발행 _ 2017년 10월 30일

지은이 _ 정기철
펴낸이 _ 이형규
펴낸곳 _ 쿰란출판사

주소 _ 서울특별시 종로구 이화장길 6
편집부 _ 745-1007, 745-1301~2, 747-1212, 743-1300
영업부 _ 747-1004, FAX 745-8490
본사평생전화번호 _ 0502-756-1004
홈페이지 _ http://www.qumran.co.kr
E-mail _ qrbooks@gmail.com / qrbooks@daum.net
한글인터넷주소 _ 쿰란, 쿰란출판사
등록 _ 제1-670호(1988.2.27)
책임교열 _ 박은아 · 이화정

ⓒ 정기철 2017   ISBN 979-11-6143-062-1 93230

책값은 뒤표지에 있습니다.
이 출판물은 저작권법에 의해 보호를 받는 저작물이므로 무단 복제할 수 없습니다.
파본(破本)은 구입처에서 교환해 드립니다.